遠方之鏡

動盪不安的十四世紀

BARBARA W. TUCHMAN

A Distant Mirror

The Calamitous 14th Century

芭芭拉·塔克曼 著

邵文賓 譯

目錄

第二部

前言

時期，主角，危害

本書緣起於一種渴望：發現有史以來最致命的災難對社會的影響——此災難即一三四八——一三五〇年的黑死病（Black Death）。據估計，它使生活在印度與冰島之間的三分之一人口命赴黃泉。鑒於我們自己所處時代的諸多可能性，我對此感興趣的原因顯而易見。答案被證明是難以捉摸的，因為十四世紀飽受如此多「奇怪而巨大的危險和災禍」（用當時的人的話來說）的折磨，因而它的混亂無法追溯到任何單一起因：留下蹄印的不只是聖約翰（St. John）想像中的四位騎士，而是七個災禍——瘟疫、戰爭、苛捐雜稅、打家劫舍、腐敗政府、起義造反和教會分裂。除了瘟疫，所有這一切都源於黑死病爆發前已經存在的狀況，並在疫期結束後依舊持續。

儘管我最初問題的答案已不可尋，但這個時期——一個暴力橫生、苦不堪言、迷惑茫然、多災多難且分崩離析的時代，一個眾所周知的撒旦獲勝的時代——對我而言，似乎令人難以抗拒，並且在我看來，在類似的混亂時期中，它還頗令人慰藉。我們過去的一、二十年一直處於傲慢自大的瓦解之中，如果這是個異乎尋常地令人不適的時期的話，那麼知道人類在以前經歷過更惡劣的情景，就會令人感到寬慰。

5 前言：時期，主要人物，危害

令人好奇的是，這種「可感知的相似性」已為另一位歷史學家運用於二十世紀初期。詹姆斯・韋斯特福爾・湯普森（James Westfall Thompson）在把黑死病與第一次世界大戰的後果進行了對比後，發現了完全相同的不滿：經濟混亂，社會動盪，物價飛漲，人人利字當頭，道德淪喪，產品奇缺，工業萎靡不振，大眾恣意狂歡，揮霍無度，貪圖奢侈享受，沉湎酒色，社會和宗教都陷於歇斯底里，人心貪得無厭，視錢如命，營私舞弊，世風日下。伏爾泰說過：「歷史從不重蹈覆轍，但人總是這樣做。」當然，修昔底德將此原則當作了對自己著作的辯護理由。

瑞士歷史學家德西斯蒙迪（J. C. L. S.de Sismondi）將十四世紀扼要地總結為「對人類而言的惡劣時代」。直到最近，歷史學家們還傾向於厭惡並繞過這個世紀，因為無法將它融入一種人類進步的模式。在經歷了可怕的二十世紀之後，我們對一個喪心病狂的時代（它在敵對的、暴力事件的重壓下打破了自己的所有規則）產生了更大的同感。我們懷著苦不堪言的劇痛，意識到了「一個令人完全感受不到未來有保障的痛苦時期」的種種跡象。

六百年的距離使在人類特性中具有重大意義的那部分凸顯出來。中世紀人所處的精神、道德和物理環境都與我們自己的環境迥然不同，簡直構成了一種域外文明。因此，我們在這些異樣環境中覺得熟悉的行為特質便顯示為永恆的人類本質。如果你堅持要從歷史中學習經驗教訓，那麼它就在這裡，正如法國中古史學家愛德華・佩魯瓦（édouard Perroy）於第二次世界大戰期間一面躲避蓋世太保，一面撰寫有關「百年戰爭」的著作時所發現的那樣。他寫道：「某些行為方式，某些抗拒命運的反應，相互闡明了彼此。」

大約從一三〇〇年到一四五〇年（包括此後數年）這段時期，在我看來是個連貫一致的歷史時期，一三四八年—一三五〇年黑死病之後的五十年是其核心階段。為了將焦點縮小至一個可控的區域，我選擇了一個特殊人物的生活作為敘事載體。除了人情味之外，這也有利於強迫自己遵從真實性。我不得不追蹤一種真實的中世紀生活境遇和事件，抵達事情自然抵達之處。我認為，相較於我強制推行自己的計畫，這樣做會讓人看到有關那個時期更加真實的版本。

我提到的這個人不是國王或王后，因為有關這類人物的一切事實上都屬例外，除此之外，他們還有被過度利用之嫌；此人也不是普通老百姓，因為老百姓的生活在大多數情況下都達不到我想要的廣度；此人也不是神職人員或聖徒，因為他們超出了我的理解範圍；此人也不是女人，因為任何生活得到充分記錄的中世紀婦女都不典型。

於是選擇縮小到第二等級（the Second Estate）——即貴族——的一位男性成員，落在昂蓋朗・德・庫西七世（Enguerrand de Coucy VII）身上。他是一個偉大王朝最後的貴族，是「所有法國騎士中最富經驗、最出類拔萃的人」。他生活於一三四〇年至一三九七年間，恰巧與我打算涉及的時間段相吻合。而且，從他母親在大瘟疫中的死亡，到他本人在該世紀達於徹底慘敗時的絕佳死亡時間，都似乎是為了我的目的而設。

通過娶英格蘭國王的長女為妻，他效忠於兩個國家，在戰爭中起到了橋樑作用，這擴展了他的事業範圍，豐富了他的閱歷志趣；他在自己所處的時間和地點中的每個公開戲劇性事件中都發揮了作用，通常是主要的作用。他極富判斷力，成了當時最偉大的編年史作者讓・傅華薩（Jean Froissart）的資助人，若非如此，人們對他的瞭解會少得多。他有個嚴重的不完美之處——沒有可靠的肖像留存於世。然而，對我而言，他有個可加彌補的優勢：除了僅有的一篇於一九三九年發表的簡短文章外，沒有任何有關他的英文論著，而且除了一八九〇年的一篇僅以手稿形式存在的博士論文外，也沒有任何有關他的正式的、可靠的法文傳記。我喜歡另闢蹊徑。

我必須懇請讀者在熟悉庫西的過程中保持耐心，因為只有在瞭解他生活的時代背景與事件的情形下，才可能對他有所瞭解，而這些時代背景與事件要用前六章的內容來講述。昂蓋朗（Enguerrand中「g」的發音要很用力）在一三五八年，也就是他十八歲時，在歷史上初留印跡，這要到第七章時才會出現。

我現在要談談此項事業的艱辛之處。首先是在涉及日期、數字和鐵一般的事實時不確定的、相互矛盾的資料。在某些人眼中，日期也許是枯燥乏味、迂腐難耐的東西，但它們卻是基礎性的，因為它們確立了序列——何者在先，何者繼後——從而導致了對因果關係的理解。不幸的是，中世紀年表極難確定。中世紀的一年被認為始於復活節，既然這有可能落在三月二十二日至四月二十二日之間的任何一天上，人們便普遍傾向於將日期固定在三月二十五日。向新曆法的轉變發生在十六世紀，但直到十八世紀，它才被普遍接受，這使得一月、二月和三月發生的事件究竟屬於十四世紀的哪一年成了難解之謎——十四世紀英格蘭官方記錄中即位紀元（從國王即位時算起）的使用，以及某些其他事例中羅馬教皇紀元的使用，都使情況變得更加錯綜複雜。更有甚者，紀年者不是使用年月日來記錄事件的日期，而是使用宗教曆法來記錄——例如，說事件發生於聖母誕辰的前兩日，或主顯節後的星期一，或施洗者聖約翰節，或四旬齋的第三個星期日。

結果，這樣的日期不但令歷史學家們大感困惑，也讓十四世紀的居民自己感到茫然無措，他們極少在任何一個事件的日期上達成共識。

數字的重要性一點也不遜色，因為它們標明了在一個特定局勢中涉及的人口比例。中世紀數字——

如軍隊的數量——在編年史中的誇大被當作事實接受下來時，便導致了人們過去對中世紀戰爭的誤解，以為它與現代戰爭相類似，而實際上，現代戰爭在手段、方法或目的方面都與中世紀戰爭大相徑庭。我們應當假設，中世紀有關軍事力量、戰爭傷亡、瘟疫致死人口、革命人群、遊行隊伍或任何整體團隊的數字都被普遍誇大了幾個百分點。這是因為，編年史作者沒有把數字當作資料來用，而是把它當作文學藝術的手段，以取悅或恐嚇讀者。羅馬數字的使用也造成了精確性的缺乏和對整數的偏好。一代代歷史學家不加批評地接受並重複著這些數字。直到十九世紀末，才有學者開始重新審視歷史記錄，例如，他們從出納員的記錄中發現了一支遠征軍的真實人數。時至今日，他們仍然對下列的數字無法取得共識：拉塞爾（J. C. Russell）將法國疫前人口數定為兩千一百萬，以及費迪南・洛特（Ferdinand Lot）定的一千五百萬至一千六百萬，或愛德華・佩魯瓦定的區區一千萬至一千一百萬。人口的規模影響到了其他方方面面的研究——稅收、壽命、商業和農業、饑荒或豐收——而有些現代權威提供的數位百分百的不同。編年史作者們似乎明顯失真的數字會加引號出現在我的文本中。

人們信以為真的事實之所以存在出入，通常是口頭傳播中的錯誤或對一個抄本資料的後期誤讀造成的。例如，當一齣國際醜聞的主角庫西夫人（Dame de Courcy）被一位本該小心謹慎的十九世紀歷史學家錯誤地當成了庫西的第二任妻子時，其代價是有那麼一陣子，筆者陷入了無以復加的困惑之中。普瓦捷戰役（the Battle of Poitiers）中的奧塞爾伯爵（Comte d'Auxerre）被英格蘭編年史作者各不相同地譯為「Aunser」、「Aussure」、「Soussiere」、「Usur」、「Waucerre」，而法國《大編年史》（*Grandes Chroniques*）則將之寫作「Sancerre」，一個完全不同的人。昂蓋朗在英格蘭被寫作英傑拉姆（Ingelram）。這也就難怪，我曾把「Canolles」這個名字當成了聲名狼藉的海盜船長阿爾諾・德塞沃利（Arnaut de Cervole）名字的變體。

當情況對不上時，我才發現，它原來是另一位同樣臭名昭著的英國船長諾爾斯（Knowles）或諾利斯（Knollys）之名的變體。儘管微不足道，但此類困難可是令人沮喪的。

法蘭西王后巴伐利亞的伊莎博（Isabeau of Bavaria）被一位歷史學家描述為一個金髮碧眼的高個子，而被另一位歷史學家描述為一個「黝黑、活潑的小個子女人」。土耳其蘇丹巴雅澤（Sultan Bajazet）被他的同時代人稱為大膽冒進、雄心勃勃、渴望戰爭的人，並因攻擊迅速而得了「霹靂火」（Thunderbolt）的諢名，卻被一位現代匈牙利歷史學家描述為「娘娘腔、淫蕩多慾、猶豫不決、舉棋不定」之人。

有關中世紀的任何描述都可能（而且極有可能會）遭遇相反的或不同的敘述版本，這也許可被視為公理。女人在數量上多於男人，因為男人在戰爭中遭到了殺戮；男人在數量上多於女人，因為女人在生育時命赴黃泉。普通老百姓對《聖經》耳熟能詳，普通老百姓對《聖經》一無所知。貴族免繳賦稅；不，他們的賦稅未被免去。法國農民污穢骯髒，臭氣熏天，靠麵包和洋蔥為生；法國農民吃豬肉、禽肉和野味，常在村子裡的浴室中享受洗浴之樂。這個清單可以被無限地羅列下去。

不過，矛盾是生活的組成部分，而不僅僅是相互衝突的證據問題。我請求讀者準備發現矛盾，而非一致性。在社會的方方面面，習慣、風俗、運動、發展都有其相反趨勢。陋屋中忍饑挨餓的農民與吃香喝辣的富裕農民比肩而生。兒童有的被忽視，有的被關愛。談論榮譽的騎士，也會變成盜賊。人口減少、天災人禍與奢侈浪費、輝煌壯麗之間絕非勢不兩立。沒有哪個年代是整齊劃一或無中生有的，也沒有哪個年代是比中世紀更加經緯繁複的紡織物。

你必須還得記住，中世紀會因看待它的人不同而發生色彩上的變化。歷史學家的偏見和視角——以及他們由此做出的對材料的選擇——在六百年間發生了巨大的變化。在十四世紀之後的三個世紀，「歷史」實際上是貴族的家譜，致力於追蹤王朝脈絡和家族關聯，充斥著貴族是上等人的理念。這些古物研究者汗牛充棟的研究著作中並非只有關於王朝利益的訊息，如安塞爾姆（Anselm）就講述了加斯科涅（Gascon）領主的事蹟，他將一百里弗遺贈給被他剝奪了童貞的窮家女子當嫁妝。

法國大革命標誌著大逆轉的到來，在此之後，歷史學家將平民當作英雄，將窮人當作事實上的有德之士，而把貴族和國王視為邪惡的怪物。西梅翁・呂斯（Siméon Luce）便是其中之一，在有關扎克雷農民起義的歷史著作中，褒貶有所傾斜，但其研究則獨一無二，他的記錄都是無價之寶。十九世紀和二十世紀初的泰斗們發掘、發表史料，修撰編年史並為其做註，收集文學作品，閱讀、摘錄大段的布道文、論文、書信和其他第一手材料，為我們這些後來者鋪平了道路。他們的著作現在得到了後馬克・布洛赫（post-Marc Bloch）時代的現代中古史學家們的補充和平衡。後者採取了一種更具社會學性質的方法，找尋有關日常生活的詳盡細緻、難以否認的事實——例如，在一個特定的主教教區中出售的聖餐餅的數量，它充當了宗教儀式的指示器。

本書要感謝所有這些群體，首先要感謝重要的編年史作者。我意識到，在當今的中古史學家中，依賴編年史作者不是什麼時髦之舉，但就對這個時期的感覺及態度而言，我發現它們是不可或缺的。進一步而言，它們的形式是敘事性的，而這也是我所採用的形式。

雖說資料如此豐富，但空白依舊存在。在那裡，問題不在於相互矛盾的資訊，而在於根本沒有資訊。為了在溝壑上架起橋樑，就必須利用似乎可能而又自然的闡述，這解釋了在我的著作中「可能」和「大概」層出不窮的原因——它令人苦惱，但在缺乏記錄在案的確定性的情況下，又是不可避免的。

存在於有記錄可尋之歷史的本質中的更大障礙，是超出負荷的消極事物：壞的方面——邪惡、悲慘、衝突和傷害——不成比例的存留。這種情況在歷史上與在每日發行的報紙上如出一轍。常態不會製造新聞。歷史是依照倖存的記錄所編著，而這些記錄都極大地側重於危機和災難、犯罪和惡行，因為它們是法律訴訟、論文著述、道德家的譴責、諷刺文學、羅馬教皇的訓令等記錄過程的主題。沒有哪位教皇曾發表訓令以嘉許某事。消極事物的超載可見於宗教改革家尼古拉・克拉芒熱（Nicolas de Clamanges）的著作中，他在揭發一四〇一年不合格的、世俗的高級教士時說，出於對改革的擔憂，他將不去討論行為良善的教士們，因為「與墮落之人相比，他們無關緊要」。

災難極少像在記錄中描述的那樣看似普遍存在。存於記錄使它顯得持續不斷普遍存在，而實際上它更有可能在時間和地點上都是零星突發的。除此之外，常態的持續性通常也要大於騷亂的影響，正如我們從自己的時代所瞭解到的那樣。在看過今天的新聞之後，你預期會面對這樣一個世界：它完全由罷工、犯罪、停電、破裂的輸水管、被圍困的火車、關閉的學校、強盜、癮君子、新納粹和強姦犯構成。事實上，你有可能晚上回到家中——在幸運的一天——卻不曾遇到一、兩個此類現象。這使得我提出了如下的塔克曼定律（Tuchman's Law）：「被報導的事實是任何可悲發展之表面程度的五到十倍」（或讀者有心提供的任一數字）。

移情的困難，真正進入中世紀精神和情感價值觀中的困難，是最後一道障礙。我相信，主要的障礙是當時情況下的基督教宗教信仰這一中世紀生活的搖籃和法律，它無處不在，確實具有強制性。其持之以恆的原則是：精神生活和後世生活要優先於此時此地，要優先於地球上的物質生活。無論某些現如今的基督徒如何虔誠熱衷，這一原則都與現代世界格格不入。**此原則與其替代物**——信奉個體價值，信奉一種未必注重上帝的積極生活的價值——**之間的割裂，在事實上創造了現代世界，終止了中世紀**。

使問題加重的是中世紀社會儘管聲稱信奉對感官生活的摒棄，但並沒有在實踐中否認它，社會如此，教會更是如此。許多人嘗試擯棄感官生活，有少許獲得了成功，但人類不是普遍為摒棄而生的。沒有哪個時代比十四世紀更在意金錢和財產的了，它對肉體的關注也與其他任何時代如出一轍。沉湎於金錢、縱情於聲色之人都是不可抑制的。

中世紀基督教的首要原則與日常生活間的鴻溝是中世紀的巨大隱患。這正是遍佈於吉朋的歷史著作中的問題，他懷著一種既有意又惡意的輕率去對待這一隱患，每每將在他看來似乎是基督教理想的偽善都斥責為對人類自然功能的違忤。無論我對這位大師如何崇敬，我並不認為吉朋的方法能解決這一問題。人類本身是不可實現的基督教理想的構想者，在一千多年的時間裡，他們若不是在實踐它，也是在努力維護它。因此，它一定代表著某種需要，某種比吉朋十八世紀的啟蒙所能提供的或他優雅的反諷所能解決的更加基礎的東西。雖然我意識到了它的存在，但要認同它，需要的是更甚於我的宗教情懷。

騎士精神，這一在統治階層佔主導地位的政治理念，在理想與現實之間留下了絲毫不亞於宗教的巨大鴻溝。理想是對由武士階層所維持、在圓桌構想中得以闡述的秩序的幻想，是自然的完美形式。亞瑟王（King Arthur）的騎士為正義鋌而走險，對抗毒龍、妖孽和邪惡之徒，在一個荒蠻之地建立秩序。於是，他們現實的對應者在理論上被假定為要擔當信仰的捍衛者、正義的支持者、被迫害者的守護者。但實際上，他們本身即是壓迫者。到十四世紀，武士的暴力行為和無法無天已經變成了混亂的主因。當理想與現實間的鴻溝變得太寬時，體系便會被打破。傳奇故事一直在反映這一點：在亞瑟王的傳奇故事中，圓桌被從內部粉碎。寶劍重返湖底，努力重新來過。人有可能充滿暴力，富於破壞性，貪婪無度，易犯錯誤，卻始終保留著對秩序的幻想，並重新開始其尋找。

關於貨幣的說明

中世紀貨幣最初起源於純銀鑄造的「libra」（里弗或鎊），它等於二四〇個銀便士，後來確定下來的是十二便士等於一先令或蘇（sous），二十先令或蘇等於一鎊（pound）或一里弗。弗羅林（florin）、達克特（ducat）、法郎（franc）、里弗、埃居（écu）、馬克（mark）以及英鎊（English pound），在理論上都多少等同於最初的鎊，儘管不久後，它們的重量和含金量便都發生了變化。最接近標準的是十三世紀中葉由佛羅倫斯（弗羅林）和尼斯（達克特）鑄造的含三點五克黃金的硬幣。與硬幣名稱相聯繫的「金」字，如金法郎、金埃居或金羊毛，都標誌著真正的硬幣。當僅以貨幣之名相稱時，或如法國那樣，以里弗的其中某種形式——「parisis」、「tournois」、「bordelaise」，每種都在價值上略有差別——相稱時，上述貨幣所代表的錢的數量只是理論上的。

鑒於看到了問題的這種複雜性，我會竭力建議非專業讀者別對此感到擔憂，因為硬幣和貨幣的名稱除了購買力之外，可謂毫無意義。時不時地，在提及士兵的報酬、勞工的薪水、馬或犁的價格、資產階級家庭的生活費用、灶台稅和銷售稅的數量時，我都試圖將貨幣的數字與實際價值聯繫起來。我並不試圖將各種貨幣轉化為某一貨幣的對等物，如里弗或法郎，因為等值始終在變，就像造幣中的金銀含量始終在不斷變化那樣；更有甚者，記錄中的貨幣，雖與真實的貨幣名稱相同，但價值不同。所以，在每個案例中，我都會簡單地採納文獻或編年史中的貨幣名稱，並督促讀者將任何既定的錢數都簡單地想像為如此多的貨幣。

資料的參考

資料來源可在「參考文獻」中找到，至於特殊條目，則見於書後的「註釋」，可依頁碼和文本中可識別的句子查詢。

第一部

第1章

「吾乃庫西之主」：王朝

有五座高塔的庫西城堡矗立於皮卡第（Picardy）的山頂之上，雄偉壯觀，氣勢淩人，控制著北方通往巴黎的路徑，但它是位於首都的君主的守衛者還是挑戰者，則是個尚待釐清的問題。一個巨大的圓柱體從城堡中心沖霄而上，比四個角塔高出兩倍之多。這就是「donjon」，即城堡主塔，其規模在歐洲首屈一指，是中世紀及後來此類塔形中最偉岸的。它的直徑達九十英尺，高一八〇英尺，可在城堡受到圍困時容納一千人，使作為其基礎的城堡、鎮上鱗次櫛比的屋頂、教堂的鐘樓、環繞著山上整個建築群的厚實城牆的三十座角樓都顯得極其矮小，對它們形成保護之勢。從任何方向前來的遊客從數英里之外就可看見這座代表著貴族權勢的龐然大物，並在接近它的過程中，感受到旅行者在不信基督的土地上第一眼瞥見金字塔時的那種敬畏之情。

醉心於雄偉宏大的建築者用超乎一般尺寸的內部特徵來實現城堡主塔的巨大規模：臺階踏步為十五英寸至十六英寸，窗子位於高於地面三點五英尺之處，仿佛是為了供巨人族之用。尺寸達兩立方碼的石頭門楣在氣勢宏偉方面毫不遜色。在四百多年間，為這些匠心安排所反射的王朝展現了同樣的僭越性質。雄心勃勃、居心叵測、時顯兇殘的庫西家族讓自己根植在一塊海角之地上，它形成了天然的統領之勢。他們的山頂控制著從艾萊特（Ailette）河谷至瓦茲河（Oise）的更寬廣河谷的通道。以此為據點，他們向國王們發起挑戰，洗劫教堂，出發參加十字軍東征並戰死沙場，因犯罪而受到譴責並被逐出教會，漸漸擴大其統治領域，與皇族聯姻，形成它引以為傲的作戰口號：「神奇的庫西」。擁有法蘭西四大男爵領地之一的他們嘲笑領地之銜，採用了自己簡單傲慢的箴言：

吾非國王，非諸侯，
亦非公爵，非伯爵；
吾乃庫西之主。

這座始建於一二二三年的城堡是一次建築急劇擴張的產物，這次建築擴張還促成了宏偉壯麗的大教堂的建造，而建造這些大教堂的推動力也萌發於法國北部。於城堡建設的同時，在距庫西五十英里的範圍之內，還有四座最大的大教堂亦在建造之中——位於拉昂（Laon）、蘭斯（Reims）、亞眠（Amiens）和博韋（Beauvais）。雖然在任何地方，要建成一座大教堂都要費時五十到一百五十年才能完成竣工，但在昂蓋朗・德・庫西三世那一門心思且難以抗拒的意願之下，有著城堡主塔、角塔、防禦壁壘和地下網路的宏偉傑作庫西堡，卻不可思議地只用了七年的時間便完成。

城堡有圍牆的場地圈起了超過兩英畝的空間。它的四個直徑六十五英尺、高九十英尺的角塔，以及它的三道外圍牆體被修得與山稜齊平，形成了數道壁壘。通往府邸的唯一入口是一道固若金湯的大門，它位於靠近城堡主塔的裡側，處於守護塔、護城河和格子吊閘的保護之下。大門開向武備廣場，這是個佔地約六英畝的被圍牆環繞的空間，裡面有馬廄和其他輔助建築，有騎士比武場，以及供騎士馬匹之用的草地。再向外，在山像條魚尾似的加寬之處，坐落著約上百座房屋和一座帶方塔的教堂的城鎮。環繞山頂的週邊城牆上的三道牢不可破的大門把守著通向外部世界的通道。在面朝蘇瓦松（Soissons）的南側，山勢陡立，易守難攻；在面朝拉昂的北側，山勢與高地融為一體，一條護城河形成了另一道屏障。

在厚達十八英寸至三十英寸的城牆內部，一座盤旋而上的樓梯連接著城堡主塔的三層樓。每一層的拱形天花板上都有個敞開的洞，亦稱「眼」，它們為昏暗的內部增加了一點額外的光線和空氣，並使武器和輜重可以在不必攀爬樓梯的情況下被層層吊起。以同樣的方式，命令可以在同一時間口頭傳向整個要塞。多達一千兩百到一千五百名的重甲騎士可以集結起來，傾聽發佈自中間一層的訓令。城堡主塔有廚房，當時的一位心懷敬畏的人聲稱，它們「配得上尼祿之用」，屋頂上還有個雨水魚池。它有一口水井，有麵包烤爐、地窖、貯藏室，每層樓都有帶煙囪的巨大壁爐，還有廁所。拱形的地下通道可通向城堡的各個部份，通向露天庭院，也通向壁壘之外的秘密出口；通過該通道，可向被包圍的要塞提供糧草。觀察者可從城堡主塔的頂部瞭望整個區域，視野遠至三十英里開外的貢比涅（Compiègne）森林，這使庫西堡得以免遭奇襲。無論從設計上和實行上，該要塞都堪稱中世紀歐洲幾近完美的軍事構造，而在規模上則最為大膽創新。

造就一座城堡的是一個支配性概念：不供居住，而供防禦。作為要塞，它是中世紀生活的象徵，如[5]十字架般重要。在事事都以戀愛為要旨的《玫瑰傳奇》（*Romance of the Rose*）一書中，環繞「玫瑰」的城堡是核心結構，它必須被圍攻和滲透，以抵達性慾的目標。在現實生活中，所有的部署都證實了由暴力、預期將遭受攻擊構成的事實，它刻畫了中世紀的歷史。城堡的前身是羅馬別墅，它一向不設防，以羅馬法律和羅馬軍團為壁壘。在帝國崩潰之後，以一系列混亂衝突、分崩離析形式出現的中世紀社會屈從於無核心、無效力的世俗權威。只有教會提供了一種組織原則，這正是教會成功的原因，因為社會無法忍受無政府狀態。

在騷亂之中，核心世俗權威開始在君主政體中慢慢凝聚，一旦新勢力具有了影響力，它便一方面與教會，另一方面與貴族形成了衝突。同時，城鎮布爾喬亞正在形成自己的秩序，將自己的支持販賣給貴族、主教或國王，以換取作為自由「公社」（communes）的解放特許權。這些特許權用自由換取商業發展，這標誌著城市第三等級（Third Estate）的興起。相互競爭的群體之間的政治平衡是不穩定的，因為國王手上沒有常備軍。他不得不倚靠諸侯的封建義務來執行有限的軍事活動，後來則通過有償服務的形式而取得。規則依舊是個人的，源於土地的分封和效忠的誓言。支撐政治結構的紐帶不是公民與國家的關係，而是封臣與領主的關係。國家仍舊處於艱難的醞釀之中。

正如王室所知，庫西領地憑藉其位於皮卡第中心的位置優勢，是「王國的管鑰之一」。皮卡第北部幾乎延伸到了法蘭德斯（Flanders），西部至英吉利海峽（the Channel）和諾曼第（Normandy）邊境，是法國北部的通衢要衝。它的河流向南流向塞納河（Seine），向西流向英吉利海峽。它肥沃的土壤使其成為法國的主要農業區，牧場眾多，農田萬頃，森林密佈，其間點綴著令人賞心悅目的零星村落。很顯然，最初的文明活動始於羅馬人。十四世紀初，皮卡第為二十五萬戶、超過百萬人提供了衣食住行，這讓它（而非南部的圖盧茲）成為法國唯一一個在中世紀的人口密度高於現代的省份。它朝氣蓬勃、獨立自主，它的城鎮是最早贏得公社特許權的城鎮。

庫西領地位於傳奇與歷史之間的陰影地帶，最初曾是教會的一塊封邑，據稱由法國第一位皈依基督教的國王克洛維（Clovis）於大約西元五〇〇年贈給了蘭斯的首位主教聖雷米（St. Remi）。克洛維國王在經聖雷米皈依基督教之後，將庫西版圖授予了蘭斯的新主教轄區，依照凱撒（羅馬皇帝的頭銜）的做法為教會打基礎，正如君士坦丁皇帝（Emperor Constantine）例行地為羅馬教會打基礎那樣。借助於君士坦丁「獻土」（Donatio constantini），基督教既得以正式確立，又遭到致命的危害。正如威廉・朗蘭（William Langland）所寫的那樣：

> 當善意的君士坦丁向神聖的教會慷慨捐贈之時，
> （以土地和租約、領主與僕從的形式）
> 羅馬人聽到一位天使在上方呼喊：
> 「今日教會已飲下毒液，所有擁有彼得之力的人皆永遭荼毒。」

介於神聖與俗事誘惑兩者之間的衝突是中世紀的核心問題。當教會建立在物質財富基礎之上時，其充當精神領袖的聲明便永遠無法使其全體信眾深信不疑。教會積聚的財富越多，其破綻便愈加明顯和令人不安；它也無法解決此問題，只能在每個世紀持續地更新懷疑和異議。

在最早的拉丁文獻中，庫西被稱為庫迪西亞卡姆（Codiciacum）或庫迪亞卡姆（Codiacum），據信它源於「Codex」和「codicis」，意為被砍去了樹枝的樹幹，就像高盧人用以修建籬笆的東西那樣。在整個歷時四個世紀的黑暗時代（Dark Ages），該地始終處於陰影之下。在九一〇年——九二〇年，蘭斯大主教埃爾韋（Hervé）在山上建造了第一座原始城堡和小教堂，修了道牆來防禦古挪威人（Norsemen）入侵瓦茲河谷。來自山下的居民在主教的城牆內找到了庇護所，他們建造了上城區，後來它被稱為庫西堡（Coucy-le-

Chateau），以區別於山下的庫西村（Coucy-la-Ville）。在那些窮凶極惡的年代，該區域始終是同樣嗜血好鬥的貴族、大主教與國王之間的衝突之起因。對入侵者——南方的摩爾人 Moors），北方的古挪威人——的防禦培育了一個堅忍不拔的武士階層，他們像對付外來者那樣樂此不疲而又兇猛殘暴地相互殘殺。九七五年，蘭斯大主教奧德里克（Oderic）將封邑割讓給一個名叫德厄德伯爵（Comte d'Eudes）的名流，後者成了庫西的第一任領主。有關此人，除了姓名之外，人們一無所知，但一在山頂立足，他便在自己的後代中生成了一股異乎尋常的力量和狂熱。

該王朝最初有案可查的意義重大的活動（宗教的而非作戰的）是奧布里・庫西（Aubry de Coucy）於一〇五九年在山腳下修建諾讓聖本篤修會修道院（Benedictine Abbey of Nogent）之舉。相較於為永久禱告進行的普通捐贈，此舉規模更大，旨在既展示捐贈者的重要性，又買功邀賞以確保救贖。無論最初的捐贈是否像修道院心懷怨恨的吉貝爾院長（Abbot Guibert）在下一個世紀所抱怨的那樣少得可憐，教堂都欣欣向榮，並得到了來自庫西家族源源不斷的資金支持，其存續時間比整個庫西家族都更加長久。

7

奧布里的繼承者昂蓋朗一世是個醜聞纏身的人，按照吉貝爾院長（正如在他的《懺悔錄》中所揭示的，他本人即是被壓抑的性慾的犧牲品）的說法，他沉湎於對女人的色慾。昂蓋朗愛上了洛倫（Lorraine）領主之妻西比爾（Sybil），他被這種激情所左右，在他的堂兄弟、對他言聽計從的拉昂主教（Bishop of Laon）的幫助下，控告自己的髮妻阿代勒・瑪律萊（Adèle de Marle）犯有通姦罪，成功地與之離婚。此後，他在教會的許可下娶西比爾為妻。當時，西比爾的丈夫正在外作戰，而這位女士因與第三人通姦而有孕在身。傳聞她品行十分放蕩。

在這種墮落的家庭環境中，那位「暴怒之狼」誕生了（用另一位大名鼎鼎的修道院院長聖鄧尼斯的敘熱（Suger of St. Denis）的原話〕，他就是湯馬斯・瑪律萊（Thomas de Marle），被拋棄的阿代勒的兒子，庫西家族中最聲名狼藉和殘暴兇狠之人。湯瑪斯痛恨將其父子關係擲於懷疑之境的父親，長大後參與了最初由西比爾那位被拋棄的丈夫發起的反對昂蓋朗的無休無止的戰爭。為這些私人戰爭而戰的騎士心懷激越的熱忱，使用單一的策略，包括盡可能多地殺死或殘害敵人手下的農民，破壞盡可能多的莊稼、葡萄園、工具、穀倉和其他財產，以便減少其稅收來源，進而毀滅敵人。結果，好戰的主要犧牲品是他們各自的農民。吉貝爾院長聲稱，在昂蓋朗對洛倫的「瘋狂戰爭」中，被俘獲的人被剜去了眼睛，砍掉了雙腳，其後果在他（吉伯特院長）那個時代的該地區依然可見。私人戰爭是歐洲的天譴，人們一向認為十字軍東征是一種潛意識的發明，為的是通過發洩侵略慾，求取解脫。

當一〇九五年為了第一次十字軍東征而進行的參加十字軍並解救聖墓（Holy Sepulcher）的大徵兵到來時，昂蓋朗和他的兒子湯瑪斯雙雙參加了軍隊，帶著他們的宿仇抵達耶路撒冷，並懷著絲毫未減的相互憎恨重歸故里。庫西家族的盾徽即源於十字軍東征期間的一次功績，儘管其主人公是昂蓋朗還是湯瑪斯仍有爭議。兩人之中的一個帶著五名同伴，在未著盔甲的情況下遭到了穆斯林的突襲，他脫下自己那件邊緣綴著松鼠皮的深紅色斗篷，將它撕扯成六份，做成可供辨識的旗幟，如此裝備起來，於是這個故事得以繼續下去，他們撲向穆斯林並殲滅了他們。為了紀念此事，徽章採用了盾形，上面設計了六道橫條紋，有尖角，紅白相間，用紋章學措辭來說，即「六條漢子，松鼠皮和赤色」（赤色即紅色）。

作為母親的繼承人，湯瑪斯繼承了瑪律萊和拉費爾（La Fère）的領地，將它們加入他於一一一六年繼承的庫西地區。桀驁不馴的他追求由敵對和搶劫建立的事業，指揮各種與教會、城鎮和國王作對的活動，用敘熱院長的話來說：「魔鬼在援助他。」他攫取女修道院的領地，折磨俘虜（據說他會繫著男人的睾丸把他們吊起來，直到睾丸承受不住身體的重量而與身體分離），親自割開了三十個發起反叛的布爾喬亞份子的喉嚨，將他的城堡變成了「龍巢和賊窩」，教會開除了他的教籍。在他缺席的情況下，教會解除了他的騎士腰帶，下令皮卡第各教區在每週日都要誦讀針對他的咒語。國王路易六世（Louis VI）召集了一支攻打湯瑪斯的軍隊，成功地拿下被他竊取的土地和城堡。最終，湯瑪斯證明了救贖的希望和對地獄的畏懼之正確，這兩樣東西幾個世紀以來給教會帶來了如此多的豐富遺產。留下了慷慨的遺贈給諾讓修道院，並在普雷蒙特（Prémontré）附近又建造了一座修道院，於一一三〇年壽終正寢。他結過三次婚。吉貝爾院長認為他是「他那代人中最窮凶極惡者」。

造就了像湯瑪斯・瑪律萊這種人的不一定是好鬥的基因或仇父情結（這在任何世紀都可能發生），而是因缺乏有效的管束機制而恣意妄行的暴力習慣。

當政治力量在十二和十三世紀期間得到集中時，歐洲的能量和才幹正在以一種文明發展大爆發的形式得到積聚。在商業刺激下，一股浪潮席捲了藝術、技術、建築、學問、土地和海洋勘探、大學、城市、銀行和信用，以及豐富生活並擴大見識的各個領域。那兩百年是中世紀的鼎盛時代（High Middle Ages），在那期間，人們開始使用羅盤和機械鐘、紡車和腳踏織機、風車和水車；在那期間，馬可波羅旅行到中國，湯瑪斯・阿奎納（Thomas Aquinas）投身於知識的組織，大學在巴黎、博洛尼亞、帕多瓦和那不勒斯、牛津和劍橋、薩拉曼加（Salamanca）和巴利亞多利德（Valladolid）、蒙彼利埃和圖盧茲紛紛建立；在那期間，喬托（Giotto）描繪人的感覺，羅傑・培根（Roger Bacon）鑽研實驗科學，但丁勾勒其對人類命運的設計，並用方言加以撰寫；在那期間，宗教以聖方濟各（St. Francis）的溫和布道和宗教裁判所（Inquisition）的殘酷嚴懲兩種方式得以表達，阿爾比十字軍（Albigensian Crusade）以信仰之名讓法國南部屍

9

橫遍野，血流成河，而高聳入雲的大教堂則拔地而起，拱門層疊，創造力、技術和信仰大獲全勝。

它們不是由奴隸所建造。儘管部份地區仍舊存在農奴制，但農奴的權利和義務為習俗和法律上的追憶期限所固定，而且，與古代世界的情況不同，中世紀社會的工作是由其自身成員來完成的。

在湯瑪斯死後，庫西處於一個為期六十年較受尊重的統領時期，當時的統治者是湯瑪斯的兒子昂蓋朗二世和孫子拉烏爾一世（Raoul I）。他們與王室合作，從而使自己的領地受益。他們分別回應了十二世紀後續的十字軍東征，並相繼在聖地（Holy Land）喪命。也許是苦於這些遠征所帶來的財政緊縮，拉烏爾的遺孀於一一九七年將庫西堡的自由公社解放特許權賣了一百四十里弗。

就其進程而言，這樣的民主化並不怎麼像十九世紀歷史學家臆想中的人類歷史上的那種向自由解放穩定前進中的一步，因為它是**貴族熱衷於戰爭之行為的無意中的副產品**。十字軍戰士得用武器、盔甲、高頭大馬來裝備自己和僕從，而這一切都花費不菲，所以假如能夠活下來的話，他回到家時通常都要比他離開家時貧困，或是使他的莊園變得不再那麼富裕，尤其是因為第一次十字軍東征之後，沒有一次十字軍東征是凱旋和有所獲利的。既然不可能出售土地，那麼唯一的來源便是出售公社特許權，或是將農奴的勞役和依附關係折換為貨幣地租。在十二世紀和十三世紀經濟大發展的過程中，商業利潤和農業剩餘物資給市民和農民帶來了現金，使其可以購買權利和自由。

昂蓋朗三世被稱為「偉大的昂蓋朗」，他是庫西城堡和城堡主塔的締造者。在他統治期間，庫西的僭越之舉重現於世。作為一一九一——一二四二年間的領主，他在除庫西以外的六個封地上建造或翻修了城堡和防禦牆，包括在聖戈班（St. Gobain）的一座城堡，它幾乎與庫西同樣巨大。他參與了阿爾比十字軍的大屠殺，在其他所有可參與的戰爭中大顯身手，像他的曾祖父湯瑪斯一樣，其中包括一場針對蘭斯主教轄區的戰爭，該戰爭的導火線是一場圍繞封建權利的爭論。他被指控佔地毀林，捉拿村民，攻打大教堂的大門，將教堂元老（doyen）戴上鐐銬囚禁起來，使教士們苦不堪言。

當蘭斯大主教於一二一六年向羅馬教皇告狀訴苦時，昂蓋朗三世被逐出教會。教會下令，一旦他出現，則該教區的所有宗教活動都得終止。生活在禁令之下的人會失去參加聖禮的資格，註定會下地獄，除非他悔過自新，得到赦免。在大多數情況下，只有主教才可解除禁令，在某些情況下，教皇也可那麼做。在禁令實施期間，大批當地教士理應每年兩到三次當著教眾之面，敲響喪鐘，點燃蠟燭，在地板上擺上十字架和彌撒用書，以聖父、聖子、聖靈、聖母以及所有使徒和聖徒之名向罪人發出詛咒。據說有罪之人將被斷絕所有社會和職業關係，但這一規定給大家帶來的不便是如此之大，以至於其鄰居要麼借助於向其住宅扔石頭或其他手段來使他幡然悔悟，要麼乾脆無視禁令。在昂蓋朗三世的案例中，停止一切宗教活動是對當地的可怕判決，這使他於一二一九年進行悔過，得到赦免。但這並不能熄滅他的世俗野心，因為他還在建造那座給巴黎蒙上陰影的巨大城堡。

他在大興土木方面的迫切受到了一場與自己君主的預料必將爆發戰爭的刺激，因為在未成年的路易九世、即未來的聖路易（St. Louis）在位期間，昂蓋朗三世曾率領一個貴族聯盟反對王室。就像有些人所說，他甚至打算取而代之、自己當國王。他從母親阿利克斯・德德勒（Alix de Dreux）那裡繼承了王室血統，她是腓力一世（Philip I）之女。他的城堡主塔意在超越羅浮宮的皇塔，被視為一種挑釁和有企圖的姿態。年幼國王的母親在攝政期內頂住了威脅，但庫西之主始終是一支需要對付的力量。昂蓋朗三世通過婚姻來積聚財富和對外關係。他的第一任和第三任妻子都是相鄰的貴族家族之女，她們給他帶來了位於皮卡第的額外莊園，而他的第二任妻子是馬奧・薩克斯（Mahaut de Saxe），薩克森公爵（Duke of Saxony）獅子亨利（Henry the Lion）之女，英格蘭的亨利二世（Henry II of England）與阿基坦的埃莉諾（Eleanor of Aquitaine）的外孫女，獅心王理查（Richard the Lion-hearted）的侄女，後來成了神聖羅馬帝國皇帝的薩克森的奧托（Otto of Saxony）的姐妹。其中一位妻子為他生下的女兒嫁給了蘇格蘭國王亞歷山大二世（Alexander II）。

在建造庫西堡的過程中，昂蓋朗三世雇用了（依照泥瓦工的標記估算）約八百位石匠，無數輛牛車將石頭從採石廠拖至山上，還雇了八百名其他匠人，如木匠、屋面工、鐵匠和鉛匠、漆匠以及木雕匠。城堡主塔的門楣上刻著一位與獅子搏鬥的未著盔甲的騎士的半浮雕像，它象徵騎士之勇。城堡和要塞的牆壁上都裝飾著油彩包邊和奇花異草編制的花環，其規模與整個結構相匹配。安裝著壁爐架的煙囪被修建在牆體裡面，形成了城堡各個部份的特色。不同於屋頂上的洞，這些煙囪是十一世紀技術進步的結果，它通過為單個房間供暖，使得領主及淑女們得以走出大家一起吃飯取暖的公用大廳，將業主與其僕從分隔開來。沒有任何其他的發明會在舒適與高雅方面比之更加進步，雖然其代價是擴大了社會差距。

藏在二樓的一個內角的是個自帶煙囪的小房間，它也許是庫西夫人的化妝間。在那裡，她可以從窗子望見綿延的河谷，河谷中時不時地露出一座鄉村教堂的鐘樓，在一叢叢樹木之後直刺天空；在那裡，她可以像夏洛特女郎[1]一樣，看著從山下蜿蜒而上的道路上來往的行人。除了這間小屋子外，領主及其家人的住處都處於城堡內而外部根本無法接近的部份。

亞眠是皮卡第地區令人驕傲的富庶繁榮之都，已有百年的公社歷史。一二〇六年，它的市民獲得了施洗約翰（John the Baptist）的一片頭蓋骨。為了替這個遺物尋找到恰如其分的聖龕，他們決定建造法國最大的教堂，「高於所有的聖徒，高於所有的國王」。到一二二〇年，建材已收集完畢，大教堂著名的拱頂在緩步上昇。就在那十年中，昂蓋朗三世在他的城堡主塔旁邊，修建了一座比聖路易幾年後將要於巴黎建造的聖禮拜堂（Sainte Chapelle）還要大的宏偉壯麗、富麗堂皇的教堂。它穹頂巍峨，金碧輝煌，雕樑畫棟，色彩斑斕，彩色玻璃窗熠熠生輝，美不勝收，使得下一個世紀最偉大的收藏家讓・德貝里公爵（Jean，Duc de Berry）考慮用一萬兩千金埃居（gold ecus）來購買它們。

昂蓋朗三世現在是聖戈班、阿西斯（Assis）、瑪律萊、拉費爾、福朗布賴（Folembray）、蒙米拉伊 12
（Montmirail）、瓦西（Oisy）、克雷夫科爾（Crèvecoeur）、拉費爾泰—奧庫爾（La Ferté-Aucoul）和拉費爾泰—戈（La Ferté-Gauche）的領主，莫子爵（Viscount of Meaux），康布雷城主（Castellan de Cambrai）。早在一〇九五年，王室即已從教會那裡收回了對庫西領地的主權；它現在直接由國王掌握，它的領主效命於國王本人。在十二世紀和十三世紀，庫西的領主鑄造自己的錢幣，就像拉昂主教那樣。王室封臣有義務應國王之徵召提供騎士，根據其能夠提供的數量來判斷，此時的庫西在整個王國中是位列前茅的無稱號貴族，地位僅次於公爵領地和州郡，後者除了效命法國國王外，實際上擁有獨立的領主權利。根據一份一二一六年的記錄，庫西領地擁有三十名騎士，相形之下，安茹公爵（Duke of Anjou）有三十四名騎士，布列塔尼公爵（Duke of Brittany）有三十六名騎士，法蘭德斯伯爵（Count of Flanders）有四十七名騎士。

一二四二年，昂蓋朗三世在大約六十歲時，從馬上重重摔下，被他的劍尖刺穿了身體，一命嗚呼。他的長子暨繼承人拉烏爾二世（Rou II）此後不久加入了聖路易一二四八至五〇年的結局悲慘的十字軍東征，並在埃及戰死沙場。他的弟弟昂蓋朗四世成了他的繼承者（這是種中世紀的封爵制），而昂蓋朗四世的

1 譯者註：夏洛特女郎（the lady of Shalott），據丁尼生詩歌《夏洛特女郎》中的描寫，夏洛特領主之女打從出生後便一直受到詛咒，被囚禁在屋子裡，只能通過魔鏡窺看世間景色，否則便性命不保。

一項罪名成了社會公正的一大進步的催化劑。

當拉昂的三個年輕侍衛拿著弓箭但沒有帶供重大狩獵使用的獵狗靠近昂蓋朗四世的林地時，昂蓋朗四世在沒有進行任何審判或類似過程的情況下，下令將他們吊死。此類事件中的免罪已不再是勢所必然，因為國王是路易九世，他是個統治地位與其虔誠孝順相當的封建領主。他下令逮捕了昂蓋朗四世，逮捕他的人不是與他地位相當的貴族，而是法院的衙役，這與所有罪犯都如出一轍。他被囚禁在羅浮宮，儘管鑒於他的地位，未戴枷鎖。

一二五六年，當昂蓋朗四世被傳喚受審時，王國中最重要的貴族——那瓦勒國王（King of Navarre）、勃艮第公爵（Duke of Burgundy）、巴爾和蘇瓦松伯爵（Count of Bar and Soissons）——都陪伴在他左右，因為他們不祥地感覺到了對他們特權的考驗。昂蓋朗拒絕服從案件調查，因為這觸及了他的人格、榮譽、地位和貴族遺產，他要求由與他地位相當的貴族來評判，並以決鬥的方式審判。路易九世嚴詞拒絕，他說考慮到窮人、教士「以及值得我們哀憐的人」，如果允許以決鬥的方式審判，就有失公正了。通常而言，非貴族可以在這種情況中雇用一位勇士來代替自己，但路易國王視其為一種過時的方式。在冗長而激烈的爭論過程中，國王不顧貴族們的堅決反對，命令庫西之主受審。昂蓋朗四世被判有罪，儘管國王意在死刑，但貴族們勸說他放棄了這一念頭。昂蓋朗四世被判支付一萬兩千里弗的罰款，這些錢部份被用於為被他吊死的人的靈魂做彌撒，部份被送至阿卡（Acre）以幫助護衛聖地。這造就了司法史，後來則成了封路易九世為聖徒的一個引用例證。

庫西的財富使昂蓋朗四世重獲王室青睞，一二五六年，當路易國王打算購買期望中的真十字架（True Cross）時，他借給了國王一萬五千里弗。不過，他繼續以暴行為業，直至進入十四世紀，於一三一一年死於七十五歲高齡，沒有子女，不過有一些遺產。他給庫西村的麻瘋病院留下每年二十蘇（相當於一里弗）的永久財產，以便居住在裡面的人「每年在禮拜堂中為我們的罪行祈禱」。當時的二十蘇相當於一個騎士或四個弓箭手一天的酬勞，可雇一輛馬車和兩匹馬達二十天，或者從理論上說，相當於一個雇農兩年的酬勞。所以，我們可以假設它保證了合理的祈禱者人數，儘管對昂蓋朗四世的靈魂而言，這個數目也許不夠。

當那個儘管結了兩次婚卻無子嗣的無人哀悼的領主死去時，王朝被傳給了他嫁給吉尼斯伯爵（Count fo Gu.nes）的姐姐阿利克斯的後代。她的長子繼承了吉尼斯的土地和頭銜，而她的次子昂蓋朗五世，則成了庫西之主。昂蓋朗五世在他的姻叔父蘇格蘭的亞歷山大的宮廷中長大，娶了國王的侄女貝利奧爾的凱薩琳・琳賽（Catherine Lindsay of Baliol）為妻，僅僅當了十年的領主。在短期內迅速繼承了他的地位的是他的兒子紀堯姆（Guillaume）和孫子昂蓋朗六世，後者於一三三五年繼承了該領地，五年後成了昂蓋朗七世的父親。昂蓋朗七世是庫西家族的最後一人，也是本書的主角。通過進一步與法國北部和法蘭德斯有權有勢的家族聯姻，庫西家族繼續編織著勢力和影響力的同盟，並在此過程中獲取土地、稅收和許許多多的紋章。他們可以展示多達十二枚盾徽：布瓦讓西 Boisgency）、艾諾（Hainault）、德勒（Dreux）、薩克森、蒙米拉伊、魯希（Roucy）、貝利奧爾、蓬蒂厄（Ponthieu）、沙蒂永（Ch.tillon）、聖波爾（St. Pol）、蓋爾德雷斯（Gueldres）和法蘭德斯。

14

庫西家族保持了一種無出其右的顯赫感，在實施君主制後仍舊自行其是。他們以王室的方式私自設立審判法庭，按照國王的臣僚制度來組織自己的家臣：一位騎士統帥，一位大僕役長，一位掌管用獵鷹和獵犬狩獵的負責人，一位掌管馬廄的負責人，一位掌管森林和水源的負責人，以及分別掌管廚房、麵包房、地窖、水果（其中包括香料以及用以照明的火把和蠟燭）和傢俱陳設（包括花毯和旅行時的寄宿地）的負責人或大管家。這個級別的大領主通常還會雇用一個以上的住家醫師、理髮師、教士、畫師、樂師、吟游歌手、秘書和抄寫員，一名占星師、一名弄臣和一名侏儒，外加眾多侍從和侍衛。一位主要的家臣充當城堡主來管理莊園。在庫西，五十名騎士加上他們自己的侍衛、隨從和僕從，構成了一支五百人的常備衛戍部隊。

外在的富麗豪華十分重要，因為它代表著一種身份地位，這需要身著領主制服的大量扈從、場面壯觀的宴會酒席、比武大會、狩獵活動和消遣娛樂，尤其是在送禮和花銷方面要出手寬綽，慷慨大方，因為他的追隨者賴此為生，所以這被頌揚為貴族最受人讚賞的品性。

貴族地位源於出身和祖傳，但必須通過「高貴地生活」——即通過劍——來加以鞏固。假如一個人的家世高貴，從父母、祖父母一直追溯到第一個武裝騎士都是貴族，那麼他就是個貴族。實際上，該規定是有漏洞的，而地位也是流動的、不確切的。一個確定無疑的準則是功能——即武裝實踐。上帝建立三個等級，這三個等級各自擁有指定的任務，為整體利益服務，武裝實踐即是第二個等級應發揮的功能。教士要為所有人祈禱，騎士要為所有人戰鬥，而老百姓則要埋頭苦幹，好讓所有人都有飯吃。

因為最靠近上帝，所以教士最先出現。他們被分成兩個等級：隱修者和教士，後者指那些在普通信眾之間典躬行使命的人。統轄這兩個等級的是高級教士——修道院院長、主教和大主教，他們等同於世俗世界裡的大領主。高級教士與未受到良好教育、僅靠微薄收入過活的窮教士之間毫無共同之處。第三等級則更加缺少同質性，被分成雇主和勞工，從富賈大亨、律師、醫生，到熟練的手工業者、打零工的人和農民，範圍廣泛，無所不包。不過，貴族堅持把所有非貴族合併成一個普通族類。一名在最後一位勃艮第公爵的宮廷中效力的貴族寫道：「在好城鎮中，商人和工人無須多述，因為，除了其他方面的原因，這個等級由於其層次卑微而無力具備偉大品質。」

理論上，貴族發揮作用的目的，不是只為戰鬥而戰鬥，而是為了保衛其他兩個等級，維持正義和秩序。他應當保護人民免於壓迫，與暴君做鬥爭，培養美德——即人類的更高貴品質，他的信仰基督教的同時代人認為（若非它的創始人這樣認為的話），那些渾身泥點、愚昧無知的農民無力具備這樣的品質。憑藉充當保護者的能力，貴族被免除了人頭稅或灶台稅等直接稅賦，儘管未被免除貢金和銷售稅。不過，從比例上看，這些稅從窮人身上拿走得要比從富人身上拿走得多。其假設是繳稅是不體面的；騎士的持劍臂要向國家提供自己的服務，正如祈禱者供養教士，並使他們也免除了灶台稅。貴族的正當理由在於「在戰爭中亮出自己的身軀和財產」，但實際上，規矩就如狂風勁吹的天空中的雲朵那樣，變化多端，流散不定。教士的稅務一旦涉及保家衛國的金錢時，也是長期而激烈的爭論主題。

課稅就像放高利貸，其根據的原則根本模糊不清，而臨時的加稅、免稅和不可能指望有確定數量的返還的安排更是讓它混亂不明。基本原則是國王在平日應當「自給自足」，但既然他自己的稅收也許不足以保家衛國或滿足其他政府目標，那麼他的臣民就可能被徵稅，以使他能夠像湯瑪斯・阿奎納明確地指出的那樣，「以共同利益來為共同利益服務」。這一責任源於更深層的原則，即「君主由上帝任命，不是為了一己之私，而是要謀求民眾的共同利益」。

15

天生處於貴族等級的人固執地將寶劍作為其身份的象徵，這不僅是為了免稅，而且是為了本身的形象。「我們之中，沒有誰的父親曾老死家鄉，他們全都死於戰場的刀光劍影之中。」一位騎士在十三世紀的《武功歌》（Chanson De Geste）中堅定地說。

馬匹是貴族的坐騎，是使他淩駕於他人之上的基座。除了英語，在其他所有語言中，騎士這個詞——法語為「chevalier」——都意味著騎在馬背上的勇士。眾所周知：「在一個小時的作戰中，騎於良駒之上的勇士的作為可能要多於十個乃至一百個步卒的作為。」軍馬（destrier）的培養目標是「強壯、暴躁、敏捷、忠誠」，它只有在作戰時才可騎乘。在路途上，騎士騎著自己的騎用之馬（它們同樣得到了高品質的餵養，只不過氣質較為安靜），而他的侍從則在他的右手邊牽著他的軍馬——軍馬之名即由右側（dexter）而來。為了滿足軍隊服務之需，馬匹與騎士被視為不可分離的，沒有坐騎的騎士只不過是個普通人。

戰爭是騎士的頌歌。《武功歌》中的主人公加蘭・洛赫萊因斯（Garin li Loherains）說：「如果我的一隻腳已經邁入天堂，我也會退出來，投入戰鬥！」吟游詩人貝特朗・博恩（Bertrand de Born）本人就是一位貴族，他說得更清楚明白：

我充滿欣喜地看到
牢固的城堡被包圍，柵欄倒塌，勢如破竹，
眾多貴族被擊倒在地，
死傷者的馬匹在漫無目的地遊蕩，
當戰鬥打響時，讓所有出身高貴的人
一心只想著砍斷頭顱，斬去臂膀，
因為死亡更勝於被征服而苟活……

我告訴你，最讓我欣喜若狂的是聽到
來自作戰雙方的「戰鬥！戰鬥！」的吶喊，
以及失去了騎手的戰馬的嘶鳴，
還有「救命！救命」的呻吟。
我喜於看到雙方的大小人物
倒在壕溝中和草地上，
看到被矛柄刺穿的死者！
上帝，請抵押您的領地、城堡、城市，
但永遠不要放棄戰爭！

但丁描繪了地獄中的貝特朗・博恩，他將自己被砍掉的腦袋挑於身前當燈籠使。

貴族從土地所有權和稅收中得到權利，以踐行對於其領地上的所有非貴族的權威，只有教士和身為自由城鎮之公民的商人除外。大領主的權威會擴展到「高級別的正義制裁」，即生殺予奪之權，而較次要的騎士的權威則限於牢獄、鞭笞或「低級別的正義制裁」的其他懲罰。其基礎和辯護理由始終是其保護職責，這體現在領主對其貴族的誓言中，它在理論上與貴族對領主的誓言一樣必須遵守——而貴族的誓言「只有在領主遵守自己的誓言時」才必須遵守。中世紀的政治結構在理想上是種契約，它以服務和忠誠來換取保護、正義和秩序。正如農民理當提供產品和勞動力一樣，領主理當向其最高君主提供執政服務，和平時期提供諫言，戰爭時期則提供軍事服務。所有情形下的土地都是考慮因素，發出並被接受的效忠誓言是約束雙方的封印，包括國王在內。

並非所有貴族都是像庫西家族那樣的大領主。爵位最低的騎士是只擁有一座莊園和一匹駑馬的人，他享有著與擁有大塊土地的領主相同的祭儀，卻享受不到與之相同的利益。法國所有級別的貴族達二十萬人，他們生活在四萬到五萬個家族中，佔據了超過百分之一的人口。他們的範圍頗廣，從稅收超過一萬里弗的大公國，到擁有一兩個充當屬下的騎士、收入低於五百里弗的小城堡主，再到處於階梯最底端的窮騎士。他沒有屬下，只有那些出身卑微的人才聽命於他，他唯一的封邑是一座房屋和幾塊與農民擁有的數量相當的土地。他的收入也許是二十五里弗或更少的租金，這些收入得用於供養家庭和僕人，以及他賴以為生的騎士裝備。他靠馬匹和武器為生，仰賴其君主或任何需要其服務的人過活。

無論是否獲得過騎士的腰帶和馬刺，一個侍衛天生即為貴族，但在不失去其貴族地位的情況下，常常需要法律程序來決定一位紳士是否可以從事其他活動。例如，他是否能出售自己葡萄園中的葡萄酒？——這是個微妙的問題，因為國王會定期出售自己的葡萄酒。在一三九三年的一樁判決此問題的案例中，一則皇家律令語義相當模糊地聲稱：「貴族不宜充當酒店老闆。」根據另一項判決，貴族可以在失去地位的情況下獲得交易執照。眾所周知，貴族子嗣「長期像出售布匹、糧食、葡萄酒和其他一切商品的商人那樣過活，或是像生意人、皮貨商、鞋匠或裁縫那樣謀生」，但此類活動顯然會使他們失去貴族的特權。

十四世紀的一位神職人員奧諾雷・博內特（Honoré Bonet）清楚地闡明了問題的根本原因，他在其《戰爭樹》（*Tree of Battles*）中進行了勇敢的嘗試，試圖闡明軍事活動的現有法規。他寫道，禁止從事商業活動的原因是，確保騎士「沒有理由為獲取世俗財富之慾望而放棄從武之責」。

17

越來越關注生為貴族者這部份的人如何界定，因為他們的地位已被外來者的封爵所淡化。王室發現像授予城鎮特許權一樣，將封邑授予普通人（他們會支付可觀的金錢以換取貴族稱號）是種相當有利可圖的資金來源。被授予爵位的人都是些滿足了國王之需的有錢人，或者他們是律師和公證員，一開始在金融和司法管理的各個方面輔助國王，漸漸地隨著政府事務變得日益錯綜複雜，他們便形成了一群職業公務員和王室臣僚。他們被稱為「穿袍貴族」（noblesse de la robe），以區別於佩劍貴族；生而為貴族的人嘲諷他們為暴發戶，憎恨他們篡奪了他們的諫言權利，而這其實或多或少都是因不履行職責而失去的。

結果，飾有紋章的盾徽——祖先的外在標誌，代表著攜帶武器的權利，它一旦被賦予一個家族，即不能被其他家族所佩帶——逐漸成了盲目崇拜的對象。比武大會上，必須陳列盾徽，作為出身貴族的證據；在某些比武大會上，要求陳列四塊盾徽。隨著外來者的日益滲透，虛榮心也與日俱增，十五世紀中葉的一天，一位武士騎馬入伍，身後跟著一隊手持三角旗的人馬，三角旗上列著不下三十二枚盾徽。

即使貴族地位已被固定為一種社會等級秩序，但有些貴族因沒有生下男性繼承人而消失，或因沒落為較低階層而消失，再加上接受封爵者的湧入，這都使得貴族班底變得流動不定。據估計，貴族家庭的消失率是一個世紀消失百分之五十，一個王朝的平均持續時間是三到六代人，時間從一百年到兩百年不等。這種沉降過程的一個例子發生在一個名為克呂塞爾（Clusel）的家族中，它擁有一塊位於盧瓦河谷的小封邑。一二七六年，它為一位騎士所掌管，這位騎士顯然沒有多少資源來維持自己的武裝，淪落到像非貴族那樣，必須親手耕種田地，操作磨坊。他的三個孫子出現在地方誌中，一個依舊是侍衛，一個已變成了教區神父，第三個則成了縣主的收租人。過了八十五年之後，這個家族再無成員被稱為貴族。在另一個例子中，一個名為吉夏爾・韋爾（Guichard Vert）的侍衛於一二八七年英年早逝，他的家族開始搖

18

搖欲墜。吉夏爾留下了兩張床、三條毛毯、四條床單、兩張小地毯、一張桌子、三條板凳、五塊鑲板、存放在食櫥中的兩條火腿和一塊鹹腰腿肉、地窖裡的五隻空桶、一個國際象棋棋盤，一頂頭盔和一柄長矛，但沒有劍。雖然沒有現金，但他立下遺囑，以分十期的方式，從他每年約六十里弗的稅收中拿出兩百里弗贈給妻子，其他的收入則用於修建一個為其靈魂祈禱的小教堂。他把衣物作為禮物遺贈給朋友和窮人，並免除了佃戶的兩年租稅，其中大部份的佃戶已經處於拖欠狀態。這樣一個家族，在實際條件上幾乎與普通人沒有什麼區別，仍會竭力保持其與貴族的聯繫，將兒子送去充當侍衛，以便他們有機會得到禮物和津貼，或是去當教士，以期利用這多種管道中的一種致富。

一位日益沒落的騎士也許會遇到一個蒸蒸日上、事業有成的農民。在購買或繼承了自由身份之後，一位興旺發達的佃戶會給自己添地加租，漸漸把體力活留給僕人去做，從領主或教會那裡獲得封邑，學著練習武藝，娶一個貪財的侍衛之女為妻，慢慢融入上層，直到他本人作為侍衛（domicellus）被記錄在案。為領主服務的管家有更大的機會使自己致富，而假如他還使自己成為領主的左膀右臂的話，便時常會得到報償，獲得一塊擁有僕從和租金的封邑，也許還會得到一座經過加強的莊園。他開始穿得像個貴族，佩帶寶劍，養獵狗和獵鷹，背負著長矛和盾牌的戰馬。讓家世顯赫的貴族們最為憎恨的就是暴發戶們模仿他們的衣著和舉止，從而模糊了社會內在秩序的界線。衣著光鮮富麗被認為是貴族的特權，他們理當通過禁止他人穿著的衣物來表明身份。為了將此原則確立為法律，阻止「各色人等那令人無法容忍的、過度奢華的服裝威脅到他們的等級和地位」，禁奢令（sumptuary laws）頻頻發出，試圖將人們可穿的衣服和可花的錢數固定下來。

經過傳令者在地方法院和公眾集會上的大聲宣告，每個階層和收入水準的人的衣物質地、顏色、所綴皮毛、裝飾品和珠寶的精確分級被確立下來。布爾喬亞大概被禁止擁有馬車或穿白鼬毛皮，農民只能穿黑、褐兩種顏色的服裝。佛羅倫斯允許醫生和行政官享有貴族的特權，可穿著錦緞，但不允許商人之妻穿著色彩繁複、有條紋或有方格圖案的長袍、錦緞、有花紋的天鵝絨，以及鑲有金銀的紡織品。在法國，收入在六千里弗以上的領主及其夫人可以每年定製四套服裝；收入在三千里弗的騎士和方旗武士每年可定製三套服裝，其中一套為夏裝。男孩一年只能擁有一套衣服，不是一座城堡的女城主（chatelaine）或收入少於兩千里弗的少女（demoiselle）每年不得擁有一套以上的服裝。在英國，根據一三六三年的法律，身價一千英鎊的商人有資格享用身價五百英鎊的騎士的飲食和衣著，身價兩百英鎊的商人的飲食衣著等同於身價一百英鎊的騎士。在這個例子中，翻倍的財富等同於貴族性。人們還致力於規定吃飯時可擺放多少菜肴、嫁妝中可積攢什麼樣的外套和亞麻布製品、婚宴上可以有多少名吟游歌手。在熱衷於固定和穩定身份的潮流中，妓女被要求穿條紋服裝，或是裡朝外的外衣。

僕人仿效其主子穿長而尖的鞋子和袖子懸垂下來的服裝是被嚴格禁止的，這一方面是因為他們的袖子會在服侍用餐時落入肉汁中，他們綴有毛皮的褶邊會在泥地裡拖拽，但更是因為他們的裝腔作勢。英國編年史學家亨利・奈頓（Henry Knighton）寫道：「在老百姓中，人們是如此引以為傲地在服裝和飾物方面相互攀比，以致少有可能將窮人與富人、僕人與主人、教士與其他人區別開來。」

普通人的金錢開銷使貴族感到痛苦，不只是因為他們看到它給商人階層帶來的利益要大於給他們本人帶來的利益。教士認為，這種開銷耗盡了教會的金錢，於是在道德層面上對之加以譴責，說奢侈浪費本身便是邪惡的，有損於美德。總的來說，禁奢令受到青睞，因為它是種控制奢靡和促進節儉的手段。據信，如果人們能夠學會節約錢財，那麼國王就可在需要的時候獲得錢財。經濟思維還不接受消費是刺激經濟的手段這種理念。

事實證明，禁奢令是無法強制實行的；像之後一個世紀的飲酒那樣，裝扮的權利與禁令形成對抗之勢。當佛羅倫斯的官員在街道上追著婦女檢查其禮服、進入房間搜查其衣櫥時，他們的發現往往是驚人的：繡葡萄葉和紅葡萄的白色大理石花紋的絲綢布料，淡黃底子上繡紅白玫瑰的外衣，還有一件外衣是「藍色面料製成，上面遍佈著白色的百合花、白色和紅色的星星、羅盤以及白色和黃色的條紋，以紅色條紋布做裡子」，就仿佛衣服的主人在試著看挑釁可以達到何種程度。

對於擁有多塊封邑和城堡的大領主來說，身份不是問題。他們飾以黃金浮雕的外套和以貂皮為襯的天鵝絨斗篷，他們繡著家族飾章、詩句或心愛女子的首字母的色彩斑斕的開衩束腰外套，他們襯著彩色襯裡的懸垂的扇形衣袖，他們來自哥多華（Cordova）的紅色尖頭長皮鞋，他們的戒指、羚羊皮手套以及懸著鈴鐺和小飾物的腰帶，他們數不勝數的帽子——蓬鬆的蘇格蘭寬頂羊毛圓帽、皮製便帽、風帽和帽檐、鮮花製成的花冠、盤捲的包頭巾、各式各樣的頭飾：蓬鬆的、打褶的、扇形的，或被卷成一條帶長尾的口袋、被稱為帽上長尾的——這些都是無法模仿的。

剛進入十四世紀時，法國處於至高無上的地位。它[2]在騎士精神、學問知識和基督徒熱忱奉獻方面的優越性被認為是無庸置疑的，而作為傳統上的教會翹楚，它的君主符合「最虔誠的基督徒國王」之模式。它王國中的子民認為自己是蒙受神恩的選民，在地球上，上帝通過他們來發佈自己的諭旨。有關第一次十字軍東征的經典法文解說被定名為「Gesta Dei per Francos」（《由法國人完成的上帝的偉績》）。神恩在一二九七年得到確認，當時，法國兩次發起十字軍東征的國王路易九世，在其死去將近二十五年後被宣佈為聖徒。

十二世紀的吉拉爾德斯・坎布倫西斯（Giraldus Cambrensis）注意到，「法國騎士的聲譽統治了世界」。在法國這塊土地上，「騎士精神得到了良好貫徹」，粗魯的德意志貴族前來學習禮貌舉止，在法國君主的宮廷中品評體驗；來自全歐洲的騎士和君主聚集在皇宮中，陶醉於馬上長矛比武、眾多的節日以及多情的殷勤求愛。按照更偏愛法國宮廷而非自家宮廷的盲眼國王波希米亞的約翰（John of Bohemia）的說法，在法國宮廷的居住生活，提供了「世上最具騎士風度的旅居經歷」。正如西班牙著名騎士唐佩羅・尼諾（Don Pero Niño）所描述的，法國人「是慷慨大度的禮物饋贈者」。他們知道如何體面地款待陌生人，他們讚揚公平的行為，他們說話彬彬有禮，言談可親，「興高采烈，他們投身於歡樂之中，並尋求歡樂。他們非常多情，男人和女人都是如此，並且以此為傲」。

由於羅馬的入侵和十字軍東征，法語被位於英格蘭、法蘭德斯以及那不勒斯和西西里王國的貴族階層當成第二母語。它被法蘭德斯富豪，被耶路撒冷王國殘餘部份的法庭，被其他國家的學者和詩人用作專業用語。馬可波羅用法語口述其《遊記》（*Travels*），聖方濟各吟唱法語歌曲，外國的吟游詩人模仿法語的《武功歌》來編造自己的冒險故事。當一位威尼斯學者將自己城市的拉丁語編年史翻譯成法語而非義大利語時，他解釋他選擇的依據是「法國語言目前通行於全世界，聽起來和讀上去比任何其他語言都要更加令人愉快」。

哥德式大教堂這種建築被稱為「法式風格」；一位法國建築師受邀設計倫敦橋；威尼斯從法國進口身著最新服裝的玩偶，為的是能跟得上法國時尚的腳步；雕刻精美的法國象牙製品便於攜帶，擴散到基

2 編者註：原文用「她」指代法國，為符合中文習慣，改成它。

督教世界的邊疆。尤其是，巴黎大學提升了法國首都之名，在教員的聲譽及神學和哲學的研究聲望等方面都勝過了其他所有的大學，儘管這些研究在遵守傳統學風的經院哲學（Scholasticism）中已步步僵化。巴黎大學的教員人數在十四世紀初葉已達五百多人，從世界各國被吸引而來的學生數不勝數。它像一塊磁石般吸引了最偉大的思想：義大利的湯瑪斯・阿奎納於十三世紀在這裡授課，就像他自己的老師、德意志的大阿爾伯圖斯（Albertus Magnus）和他的哲學對手、蘇格蘭的鄧斯・司各脫（Duns Scotus）那樣，而在下個世紀，兩位偉大的政治思想家——帕多瓦的馬西略（Marsilius of Padua）和英格蘭聖方濟各會士奧卡姆的威廉（William of Ockham），也在此任教。憑藉大學的美名，巴黎成了「歐洲的雅典」。有人說，智慧女神在離開希臘和羅馬之後，將巴黎變成了自己的家園。

巴黎大學從一二〇〇年起就擁有的特權許可是其最大的驕傲。由於不受民法約束，大學在論及基督教權威時同樣桀驁不遜，總是與主教和教皇發生衝突。「你們這些坐在自己桌邊的巴黎大師們似乎覺得，世界應當由你們的論證來統治。」羅馬教皇的使節、不久後成為教皇博義八世（Boniface VIII）的班乃迪克・卡埃塔尼（Benedict Caetani）大光其火地說。他提醒他們：「世界被委託給了我們，而不是你們。」未被此言說服的大學認為自己在神學方面像教皇一樣具有權威，儘管它承認，基督的教區教士與它自身地位相當，是「世界的兩道光」。

在這個西方世界的樂土，一三三五年庫西家族的遺產一如它在古時候那樣豐厚。在艾萊特河（Ailette）的澆灌之下，庫西的土地被稱作黃金穀（vallée d'or），因為它樹木茂盛，葡萄園遍地，莊稼茁壯，河流中的魚類豐富。聖戈班的巨大森林覆蓋了超過七千英畝的土地，長滿了原始的橡樹和山毛櫸、白蠟樹和白樺樹、柳樹、赤楊樹和搖曳顫動的白楊樹、野櫻桃樹和松樹。鹿、狼、野豬、蒼鷺和各種各樣的其他鳥類以此為家，因而它是獵人的天堂。憑藉賦稅、地租和日益轉化為金錢的五花八門的封建會費，憑藉過橋費和因使用領主的磨粉機、酒榨機、麵包爐所繳納的費用，庫西這種規模的莊園每年的稅收在五千里弗至六千里弗之間。

自庫迪西亞卡姆的樹幹時期起就形成的封邑裡的一切，都以位於城堡大門前的大獅子石壇（家臣們就是從那扇大門走進來呈獻租金和效命之意的）作為象徵。石壇位於三頭俯臥的獅子之上，三頭獅子中，一頭在狼吞虎嚥地吞吃一個小孩，一頭在吞吃一隻狗，位於它們之間的第三頭獅子則默然不動。在上方端坐著第四頭獅子，它氣勢強大，雕刻家所能激起的全部威嚴莊重即是如此。諾讓修道院院長或他的代理人一年三次——復活節、五旬節、聖誕節——前來表達對這塊最初由奧布里・德庫西撥給僧侶的土地的尊敬之情。該典禮的儀式像蘭斯的任何一次王室加冕儀式一樣細緻複雜和深奧難懂。

院長代表騎在一匹棗紅馬上（或者，依照某些說法，是騎在一匹金毛銀鬃馬上），馬尾和馬耳修剪得十分齊整，配著耕地用馬的馬具。院長代表攜帶著一根皮鞭、一袋麥種和一隻裝著一二〇個炸肉餅的籃子。這些都是用裸麥麵製成的新月形的油酥糕點，裡面的餡料是用油烹製過的小牛肉餡。一隻狗緊隨其後，它的耳朵和尾巴也經過修剪，脖子上繫著炸肉餅。代理人在通往庭院的入口處圍著一個石十字架繞行三圈，每繞行一次，都會甩響皮鞭，然後下馬，跪在獅壇邊，如果直到此刻，裝備和表演的每個細節都正確無誤的話，他就可以繼續進行儀式。隨後，他登上獅壇，親吻上面的獅子，放下炸肉餅，外加十二條麵包和三份葡萄酒，以示自己的效忠之意。庫西之主會拿走三分之一的供品，將其餘的分給聚集在一起的管家和城鎮長官，並在效忠檔上加蓋封印，封印呈現的是一位戴著主教冠、長著山羊腳的修道院院長。

異教徒，野蠻人，封建制，基督徒，從裹著屍布的過去中積聚下來，這便是中世紀社會——以及構成西方人的多個層面的元素。

第2章

生而不幸的世紀

當庫西家族的最後一人出生時，他的采邑正如日中天，但他的世紀已經麻煩連連。一次氣候上的寒冷在該世紀剛剛到來時即席捲而來，開啟了即將到來的痛苦不幸。波羅的海在一三〇三年和一三〇六——〇七年凍結了兩次；接下來的幾年，氣候莫名寒冷，風暴不斷，大雨如注，裏海的水位上升。當時的人們無法知道，它是自那後來被稱作「小冰期」（Little Ice Age）的氣候的開始，它是由極地和阿爾卑斯山型冰川的推進所造成的，一直持續到一七〇〇年前後。他們也不曾意識到，由於氣候的變化，人們逐漸失去了與格陵蘭島的聯絡，居住在那裡的古斯堪的納維亞居民正在滅絕，糧食種植從冰島消失，在斯堪的納維亞半島上大幅減少。但他們能夠感覺到變冷的天氣，並心懷恐懼地留意到它的結果：種植季節變短了。

這意味著災難，因為上個世紀人口的增長已經與農業技術達到精妙的平衡。鑒於那個時代的工具和方法，豐饒土地的開墾已經被推向極限。在沒有充足灌溉和施肥的情況下，農作物的產出不可能增加，貧瘠的土地也不可能豐產。除了通過水路，商人沒有其他設備將大批糧食從有盈餘的產地運送出去。內陸的城鎮依靠當地資源為生，當這些資源減少時，居民就會挨餓。

一三一五年，在堪比《聖經》中大洪水的無休止的連綿淫雨之後，歐洲全境的農作物顆粒無收，饑荒，那《啟示錄》中的黑騎士，變得家喻戶曉。之前人口的增加已經超過了農業生產的增加，人們營養不良，更難以對抗饑餓和疾病。各地傳出人們靠食子為生的消息，波蘭窮人靠從絞架上放下的被吊死的人的屍首充饑。也就在同一時期，痢疾傳染病流行開來。在一三一五——一三一六年橫掃歐洲的大饑荒之後，局部的饑饉會間歇性地復發。

毫不遜色於氣候變化的人類活動標誌著十四世紀是個生而不幸的世紀。在十四世紀的最初二十年，接連發生了四個不祥事件：法國國王對教皇的突襲；教廷遷到亞維農（Avignon）；對聖殿騎士（Templars）的迫害；牧羊人（Pastoureaux）的起義。最致命的是教皇博義八世受到了綽號「美男子」的法國國王腓力四世（Philip IV）派出的特使的襲擊。問題源於世俗與教皇權威的較量，這番較量的起因是腓力在未徵得教皇同意的情況下向教士徵收所得稅。教皇的反應是，於一二九六年發佈挑戰性的詔書《教士不納俗稅》（Clericos Laicos），禁止教士向任何世俗統治者繳納任何形式的賦稅。他意識到，高級教士們在對其國王的忠誠與對教皇的順從之間越來越明顯的猶豫不決的趨勢，是對教皇作為基督代理人（Vicar of Christ）統領天下之權力的威脅。儘管美男子腓力對他有難以克服的敵意，博義八世還是於一三〇二年發佈了第二份詔書《一聖教諭》（*Unam Sanctam*），這是有史以來發出的對教皇權力至上的最決絕的聲明：「對於每個人而言，要想得到救贖，就必須臣服羅馬教皇。」

腓力於是召集了一次會議，控告教皇散佈異端邪說、褻瀆上帝、謀殺、雞奸、買賣聖職、使用巫術（包括與一位妖精或惡魔寵物為伴）以及在齋戒日不行齋戒。與此同時，博義八世起草了一份詔書，開除國王的教籍，這促使腓力訴諸了武力。一三〇三年九月七日，國王的特使在反教皇的義大利武裝軍隊的幫助下，在教皇的夏季休養地、羅馬附近的阿納尼（Anagni）捉到了六十八歲的教皇，搶在發布開除教籍之前先發制人，並強行將他帶到一次會議面前。經過三天的騷動之後，博義八世被阿納尼的市民解救出來，但暴行帶來的衝擊是致命的，他在不到一個月的時間裡便與世長辭。

對教皇的暴行並未恢復民眾對受害者事業的支援，而這一事實成了一種變革手段。一直是中世紀夢想的教會普救說的潮流正在退去。博義八世那無所不包的聲明在訂定之前就已過時。「阿納尼之罪」（Crime of Anagni）的間接後果是教廷向亞維農的遷移，在這場「巴比倫之囚」（Babylonian Exile）中，道德淪喪初露端倪。

遷移發生時，在美男子腓力的影響之下出現了一位法國裔教皇——克雷芒五世 Clement V）。這位教皇沒有前往羅馬就職，這主要是因為他害怕義大利人報復法國人對博義八世的對待，儘管義大利人說，那是因為他養了個法國情婦——美麗的佩里戈爾伯爵夫人（Countess of Périgord），富瓦伯爵（Count of Foix）之女。一三〇九年，他定居在靠近羅納河（Rh.ne）河口的普羅旺斯的亞維農。這在法國勢力範圍之內，儘管準確說來，它不在法國，因為普羅旺斯是那不勒斯和西西里王國的封邑。

從此以後，相繼產生了六位法國教皇。亞維農成了一個實際上奢華壯麗的世俗王國，具有巨大的文化吸引力，聖職買賣在此層出不窮。因遷出羅馬神聖教廷和被普遍視為法國的工具而勢力衰減的教廷致力於經營世俗意義上的名望和權力。它聚焦於財政和教皇政府的每個能夠帶來稅收的過程的組織和集權化。除了它來自什一稅和教士的第一年收入以及來自教廷封邑的應得收入等常規稅收外，每個教職、每次提職、每項任命或晉升、每個條例的實施、每項最高法庭的裁決或每項索賠的判定、每次赦免、特赦和免罪，以及教會具備和擁有的一切，從紅衣主教的帽子到朝聖者的紀念物，都可以出售。此外，教廷還會從所有的無償贈予、遺贈和對祭壇的供奉中分一杯羹。它接受來自英格蘭和其他王國的每戶每年呈給教皇的一便士獻金（Peter's Pence）。它在慶典年份中兜售額外的特赦，徵收十字軍東征特別稅，而十字軍東征年年被大張旗鼓地宣揚，十字軍卻極少離開家鄉一步。一旦偉大的衝動逐漸衰滅，對聖戰的熱誠便基本流於紙上談兵。

由七百個主教職位和成千上萬個較低的僧職構成的有俸聖職是教皇收入中最有利可圖的來源。漸漸地，教皇們將越來越多的有俸聖職留給自己來任命，從而破壞了甄別原則。由於被任命者通常對教區而言是陌生人，或者是某位紅衣主教眼中的紅人，這種行為便引起了教士內部的怨恨。假如一次主教選舉照舊舉行，則教廷會收取它的確認費用。為了獲得被授予的有俸聖職，主教或修道院院長會向教廷行賄以獲得任命，無論在哪裡任職，都會把自己第一年收入的三分之一乃至全部付給教廷以換取這項任命，而且他們知道自己死時，其個人財產將回到教皇手中，他的繼任者必需支付所有未予支付的費用。

開除教籍（excommunication）和實施詛咒（anathema）是教會可以行使的最為極端的手段，本應針對異端和可怕的罪行——「因為通過這些懲罰，一個人就會與忠誠脫節，轉投撒旦的懷抱」——它們現在被用於榨取不服從的祈禱者的錢財。在一個案例中，有一位主教，除非他的繼承人同意承擔他的債務，否則他就要剝奪其按基督教徒方式下葬的權利。令該主教教區大為驚駭的是，人們看到自己的主教未聽懺悔地躺在那裡，失去了救贖的希望。因此類目的而濫用宗教力量的做法使得開除教籍進入被人輕蔑的狀態，降低了人們對教會領袖的尊重。

金錢可以買到所有類型的特許：將孩子立為嫡嗣（其中大部份都是教士和高級教士的孩子）；[1] 肢解屍體，以迎合將屍體埋在兩個以上的地方的風俗；允許修女保留兩個侍女；允許皈依的猶太人探望其未皈依的父母；在受不同程度禁止的血緣關係內結婚（按照第二、三、四級的禁止程度來收取浮動的費用）；與不

27

信基督的穆斯林做生意（根據船貨規模收取每條船的費用）；接受達到特定價值的被偷盜物品。所有這些款項的收取和清點大多由義大利銀行來操作，這使動手清點現金成了教皇宮殿中的一種常見景象。教廷的一位西班牙職員阿爾瓦爾・佩拉約（Alvar Pelayo）報告說，無論何時走進宮殿，「我都會看到掮客和神職人員在埋頭清點在其面前堆積如山的錢財」。

後果最為嚴重的特許是將有俸聖職任命給年齡達不到教規所規定的二十五歲的候選人，或是任命給從未被授予神職或從未參加過必需的讀寫能力考試的人。對不合適的或缺席的教士的任命本身即變成了一種職權濫用。十四世紀初期，在波希米亞，一個七歲的男孩被委派到一個年收入達二十五基爾德的教區；另一個人被連升三級，每升一級，便購買一次針對不常駐和推遲獻身神職的特許。貴族家庭年紀輕輕的兒子們不斷地在十八、二十或二十三歲時被任命為總主教之職。他們的任期很短，因為每次晉升都會讓教廷增加一筆收入。

不識字的教士或出於無知而在整個聖餐儀式中犯下愚蠢錯誤的教士是另一醜聞。一三一八年，特勒姆（Durham）的一位主教無法理解或讀出拉丁文，在自己獻身神職的儀式上，在對著「Metropolitanus」（大都市的）這個詞絕望地糾結了半天之後，用方言咕噥著說：「對這個詞，我們就將就著讀吧。」後來，在任命神聖教團候選人時，他遇到了「aenigmate」（透過昏暗的鏡子）這個詞，這一次，他不加掩飾地惱羞成怒，咒罵道：「我的聖路易啊，寫下這個字的人可真不懂體諒人！」無能的教士使人們驚慌錯愕，因為教士理當是掌管俗人靈魂的人，是人與上帝間的媒介。編年史學家赫里福德的亨利（Henry of Hereford）

1 在一三四二—一三四三年得到合法授權的六一四人之中，有四八四人是教士。

在描寫那些可以從羅馬教廷買到任何職位的「無能且無知的人」時，直擊這種驚慌的要害，他寫道：「看看……在他們治下的那些人的危險情形，顫抖吧！」

當教會的活動被以金錢來計算時，它們的宗教內容便喪失殆盡。理論上看，對罪惡的寬恕只能通過懺悔來獲得，但當冒犯者可以估算旅途費用並以等量的金額購買寬容時，前往羅馬或耶路撒冷的朝聖者的悔過便毫無意義。

教皇——正如佩脫拉克所指出的，是「加利利（Galilee）的窮漁民」的接班人——如今「懷中揣滿黃金，身上披著紫衣」。一三一六年至一三三四年在位的教皇若望二十二世頗有點傳說中的弗里吉亞國王彌達斯（Midas）的風采，他花費一一七六金弗羅林從大馬士革（Damascus）為自己購買了四十塊黃金面料，並花更多的錢購置皮毛，包括一隻綴著貂皮的枕頭。他的隨從的衣物每年要花費七千弗羅林至八千弗羅林。

他的繼任者本篤十二世和克雷芒六世在亞維農的一塊俯瞰羅納河的岩石上分階段地建造了一座巨大的教皇宮殿，它龐大而不諧調的眾多屋頂和塔樓缺乏統一的設計。它圍繞內部庭院而建，風格如同城堡，有用於防禦的城垛和十二英尺厚的牆體，古怪的金字塔式煙囪從廚房伸出，有宴會廳和花園，有財務室和辦公室，有以玫瑰裝點窗戶的禮拜堂，有以鍋爐供暖的供教皇使用的蒸汽浴室，還有一扇通向公共廣場的大門，虔誠的信徒們會聚集在廣場上看著教皇騎著白騾子走出來。戴著寬大的紅色高帽的高貴的紅衣大主教們在這裡進進出出，用佩脫拉克的話說，他們「富可敵國，厚顏無恥，貪得無厭」，相互攀比著誰的套房更富麗堂皇。一位主教要為自己的馬匹建造十間馬廄，另一位則租下五十一座房屋的多個單元來安頓他的全部家臣。

宮殿走廊充斥著教廷的公證人和官員，以及出發去執行公務或完成任務返回的高級教士。請願者及其律師在接待室焦急地等待著，朝聖者擠在庭院裡，準備接受教皇的祝福，此時，正有一隊教皇的親戚耀武揚威地穿過大廳，他們有男有女，錦緞毛皮加身，身邊跟隨著他們的貼身騎士、侍衛以及家臣。滿屋子的武裝軍士、接待員、大管家、專職教士、管事和約四百名的僕人，所有人都可獲得衣食住行和薪水。

瓷磚地面上裝飾著設計精巧的鮮花、虛構出來的動物、構思精妙的紋章。克雷芒六世熱愛奢侈品和美，他在自己的私人服裝中使用了一〇八〇塊貂皮，請來馬泰奧・焦瓦內蒂（Matteo Giovanetti）和西莫內・馬丁尼（Simone Martini）派的畫家在牆壁上繪製《聖經》中的場景。然而，克雷芒自己書房的四壁上卻覆滿了一個貴族的世俗享樂場景：獵鹿，獵鷹，果園，花園，魚塘，還有一群身份不明的裸體沐浴者，他們是女人，也可能是兒童，這要取決於觀看者的眼睛。其中沒有宗教主題。

在宴會上，教皇的賓客坐在法蘭德斯掛毯和絲綢帳縵之下以金碟銀盤用餐。對到訪的君主和使節的款待可與任何世俗宮廷的壯觀景象相媲美。教皇的消遣、招待會乃至比武大會和球賽，都是俗世的翻版。

「我生活在西方的巴比倫。」佩脫拉克於十四世紀四〇年代寫道，在那裡，高級教士在「放縱無度的盛宴」上恣意享受，騎著雪白的高頭大馬，「它們披金戴銀，錦衣玉食，而假如上帝不檢查這盲從的奢靡的話，它們很快就會被打上黃金馬掌」。儘管佩脫拉克自己可說是個墮落的教士，他卻有著教士的習慣，會以雙倍的力量譴責任何他不贊同的事物。在他看來，亞維農變成了「一座令人噁心的城市」，儘管無法確定這是因為世俗的腐敗或是因為它狹窄擁擠的街道實際上的污穢和惡臭。這座城市擠滿了商人、畫家、使節、冒險家、占星師、小偷、妓女，還有不下四十三家義大利銀行的分支機搆（在一三三七年）。它不像教皇宮殿那樣，有精良的裝備來處置污水。教皇宮殿有座塔樓，它最下面的兩層配備有專用廁所。這些廁所中安裝著石製廁座，汙物會注入低於地表的坑中，從廚房排出的水和一道有意在此轉向的地下水流會沖洗這個坑。可是，在城中，惡臭使得來自亞拉岡（Aragon）的使節頭暈目眩，使佩脫拉克搬出城去，到附近的沃克呂茲（Vaucluse）「去延長性命」。

因為比羅馬更平易近人，亞維農吸引了來自歐洲各地的訪客，它流水般的金錢為畫家、作家和學者、法律和醫藥專家、吟游歌手和詩人提供了支援。即使腐敗，它也是慷慨資助文學藝術的米西納斯（Maecenas）。人人都嘲笑亞維農，可人人都前往那裡。聖布麗吉塔（St. Brigitta）是位寡居的瑞典貴婦，住在羅馬，她滔滔不絕地譴責當時的罪惡，將教皇的城市稱為「一塊充滿驕傲、貪婪、自我放縱和腐敗的土地」。但腐敗總是連袂而生，假如教廷有罪，則它並非沒有搭檔。在一個政治平衡變換不止、各個統治者都不斷需要金錢的現實世界，教皇和國王彼此需要，並做出必要的調整。他們處置疆土和主權、重甲騎兵、聯盟和借款。一個常用的方法是為十字軍東征課稅，它使得各國國王可向國內教會徵收所得稅，國王們很快便認為這是一種權利。

教士們也是同夥。當高級教士們身披華服之時，低級教士將不再安於清貧。許多人都發出抱怨，就如一三四二年的坎特伯雷大主教（Archbishop of Canterbury）那樣，說教士們衣著如同凡俗之人，穿著紅、綠相間的棋盤格圖案的短外套，「短得不堪入目」，袖子則過分寬大，為的是露出皮毛或絲綢內襯；他們頭戴風帽，身披「長得驚人的」披肩，足登尖而有衩口的鞋子，裝飾著珠寶的腰帶上懸掛著鍍金的錢包。更糟的是他們不削髮，留著鬍鬚，長髮及肩，違反規範，使得「令人憎惡的流言蜚語在人群間傳播」。有的人養小丑、狗和獵鷹，有的人帶著儀仗隊出國訪問。

買賣聖職的行為也不可能只存在於上層。當主教以一年的收入來購買有俸聖職時，他們會把這筆費用往下分攤，於是腐敗之風遍及各個等級，從聖徒和傳道者，到祭司和隱居教士，直至托缽修道院的行乞修道士和售賣免罪符者。正是在最後這個層面上，普通百姓見識了教會的物質主義，沒有誰比出售免罪符的人更粗鄙的了。

這些人應該是受教會委任的，出售免罪符者出售對於從暴飲暴食到殺人越貨的所有罪行的赦免，取消所有貞潔或齋戒的誓言，寬恕所有有關金錢的懺悔，這些錢大都被他們收入囊中。當被委派去為十字軍募集錢財時，據馬泰奧・維拉尼（Matteo Villani）所言，他們從窮人那裡獲取替代金錢的「亞麻或羊毛製品，或者傢俱、糧食和飼料……欺騙那些人。那就是他們對十字架的奉獻方式」。他們販賣的是救贖，利用人們的需求和輕信出售它的贗品。在喬叟（Chaucer）筆下的那個坎特伯雷朝聖者群體中，唯一真正令人憎惡的人物就是出售免罪符者：他那串成一串的鎖，他那閹人般的無體毛的皮膚，他那兔子眼睛般瞪視的雙目，他那對自己生意的花招和騙術無恥的認可。

正規的教士討厭出售免罪符者，因為他們擾亂懺悔的工作，因為他們使靈魂陷入危險（既然他的商品是偽造的），還因為他們侵入教士的領地，在宴會日募款，或主持葬禮及其他儀式，賺取本該歸教區教士收取的費用。不過，教會體系允許他這麼做，因為它會分享其利潤。僧侶和巡遊各地的行乞修道士的罪行更令人不安，因為他們更加自負於其上帝僕從之身份。他們以誘騙女色而臭名昭著。他們向鄉下姑娘和人妻兜售皮毛、緊身褡和溫順的小狗，「以獲取她們的愛情」，十四世紀詩歌中的行乞修道士「在良人離家時來到我們夫人面前」。

他既不恕罪，亦不赦羞，
因為他也許會看出女人的罪孽，
可私下裡並不以此為非，
倒是會在她的肚中留下一粒種子，
有時還一發兩中。

在薄伽丘的故事中，在法國的寓言故事（fabliaux）中，在當時所有的流行文學作品中，教士的禁慾[31]都是個笑話。教士不是與情婦住在一起，就是在獵豔途中。「一位教士與一個嫁給了騎士的貴婦雙宿雙飛」，一篇故事的開頭這樣不帶感情色彩地寫道。在另一篇故事中，「教士跟他的愛人奔床而去」。在農夫皮爾斯當廚子的女修道院中，佩內爾嬤嬤是「一位教士的尤物」，她在「櫻桃成熟的時候懷上了孩子」。薄伽丘筆下無賴嘴臉的行乞修道士幾無例外，都是在尷尬的情形下被抓現形，成了他們自己好色的犧牲品。在現實生活中，他們的罪惡沒那麼可笑，卻帶著威脅，因為如果一個行乞修道士如此缺乏神聖感，他又何以拯救靈魂？這種背叛感解釋了為什麼行乞修道士這樣頻頻成為人們強烈憎恨的對象，有時甚至是攻擊的對象，因為，如一三二七年的一部編年史所言：「他們的舉止不似行乞修道士應有的舉止。」

依照聖方濟各的理想，行乞修道士理應周遊世界，廣做善事，在窮人和被遺棄者中赤腳而行，將基督之愛帶給最底層的人，只乞討生活必需品，不要錢財。一個最大的矛盾之處是聖方濟各建立的拒收財產的教團吸引了有錢人的支援和捐贈，因為它的純粹似乎提供了神聖的保證。在彌留之際，騎士和貴婦們會讓自己身著聖方濟各會士的服裝，相信假如死後穿著它下葬，他們就不會下地獄。

聖方濟各會需要土地和財富，修建自己的教堂和修道院，發展自己的等級制度——這一切都與建立者的初衷相反。不過，聖方濟各理解這一過程。一次，當一位新信徒希望得到一本詩篇時，他的回答是：『「當你有了詩篇時，你就會希望擁有一本每日祈禱書，而當你有了一本每日祈禱書時，你就會像個大爺似的坐在椅子上，對你的兄弟說：「兄弟，把我的每日祈禱書拿來。」』

在一些僧侶團體中，僧侶有固定的零用錢和私人資金，他們會藉以放貸。在有些教團中，他們每天可以喝一加侖的啤酒，吃肉，戴珠寶，穿毛皮裝飾的長袍，雇用僕人。在富裕的女修道院中，僕人的數量有時會超過主人的數量。得到有錢人寵愛的聖方濟各會士為他們布道，與他們一起用餐，在貴族家中設辦公室，充當顧問和本堂神父。有些人仍然會在窮人中間赤腳行走，堅持扮演著自己的角色，並因此得到崇敬，但如今大多數人都穿著上好的皮靴，不再受人愛戴。

像出售免罪符者一樣，他們欺騙村民，向人們兜售自己突發奇想出來的神聖遺物。薄伽丘筆下的行乞修道士奇波拉（Cipolla）出售報喜天使（Angel Gabriel）的一根羽毛，說它是在天使報喜期間落在聖母房間裡的。作為諷刺，這並沒有誇大真實的行乞修道士的所作所為，曾有一位修道士兜售上帝對摩西說話時身邊的荊棘。有些人出售功德庫（Treasury of Merit）的匯票，而根據聖方濟各教團的規定，這些匯票本當存放在天堂裡。當人們問及這些仿羊皮紙的好處時，威克利夫（Wyclif）答道：「可以蓋芥末瓶。」行乞修道士是日常生活的一個元素，他們被輕蔑卻又被尊重和畏懼，因為，畢竟他們掌握著救贖的鑰匙。

這些諷刺與控訴之所以能夠保存下來，是因為有文字記錄。它們給人留下的印象是唯利是圖和偽善狡詐已彌漫至教會的方方面面，似乎它行將土崩瓦解，但是，一個在文化方面控制力如此強大、在社會結構中如此根深蒂固的機制是不會輕而易舉地分崩離析的。基督教是中世紀的母體：就連烹飪指導也號召「在你可以說一段求主祈憐之禱告的時間內」煮一枚雞蛋。它控制出生、婚姻、死亡以及食與色，制定法律和醫療規章，向哲學和學術提供主題。教會的成員資格不可選擇：它是強制性的，不可替代，這使它大權在握，不易撼動。

作為生活不可分割的組成部份，宗教既讓步於滑稽戲，又不會受其傷害。在每年一度的耶誕節期的狂人節（Feast of Fools）上，教會的每個儀式和物品，無論多麼神聖，都會受到嘲諷性頌揚。一位「dominus festi」（即狂歡帝）會從低級教士——普通教士、副助祭、教堂教士和唱詩班秘書，他們大多教育程度低下，薪金菲薄，戒律鬆懈——中被選出，在他的主宰日，一切都會被顛倒過來。人們在一個剃頭慶典上，一面說著污言穢語，做著下流動作，一面將狂歡帝加封為傻瓜們的教皇或主教、修道院院長；讓他裡朝外地穿上教士的法衣；在用荒謬的胡言亂語做彌撒的同時，在聖壇上玩骰子，吃黑布丁和香腸；搖晃用「臭氣熏天」的舊鞋製成的香爐；戴著野獸面具、打扮成女人或吟詩人的模樣，在各個教士辦公室裡主持辦公；在唱詩班中唱下流歌曲；在「教皇」朗讀祝福的打油詩時，放聲長號、大聲狂笑，或是把鐘敲得叮噹亂響。當狂歡帝招呼眾人隨他出行，違則把屁股打裂時，所有人都從教堂洶湧而出，在城中遊行，讓「帝王」坐在一輛手推車裡拖著他一路前行。在他發放虛假的赦免令時，他的追隨者們發出噓聲，咯咯大笑，嘲諷挖苦，做出各種手勢。他們用「惡名昭彰的表演」和對粗鄙說教中的說教的布道者的滑稽模仿，逗得旁觀者開懷大笑。赤身裸體的男人們拖曳著糞車，將糞便扔向眾人。縱酒狂歡和手舞足蹈伴隨著行進隊伍。整個過程就是一場滑稽戲，由耳熟能詳、冗長乏味、常常毫無意義的儀式構成，是一次「教士法袍下天生粗鄙行為」的大釋放。

在日常生活中，教會是慰問者、保護者、醫治者。聖母瑪莉亞和守護聖人向困頓者施以援手，為人們提供保護，以對抗潛藏在每個人道路上的惡魔和敵人。手工業行會、城鎮和集會都有保護聖人，個人也有。弓箭手和弩手的保護聖人是聖塞巴斯蒂安（St. Sebastian）這位死於箭下的殉道者；麵包師的保護聖人是聖奧諾雷（St. Honoré），他的旗幟上有把銀爐鏟和三條紅麵包；水手的保護聖人是帶著他從海裡救起的三個兒童的聖尼古拉（St. Nicholas）；旅行者的保護聖人是肩上扛著嬰兒時的耶穌的聖克里斯多夫（St. Christopher）；慈善同業會通常選擇聖馬丁（St. Martin）為保護聖人，他把自己的半幅斗篷給了窮人；未婚少女的保護聖人是聖凱薩琳（St. Catherine），據說她一直都非常美麗。保護聖人是人一生中特別的陪伴者，他治癒傷口，平復悲痛，在極端的情況下還可創造奇跡。他們的形象會出現在遊行隊伍的旗幟上，雕刻在市政大廳和禮拜堂的入口處，作為圓形裝飾出現在人的帽子上。

最重要的是，聖母瑪莉亞是永遠仁慈、永遠可靠的安慰之源，她充滿了對人類脆弱的同情，不在意法律和審判，時刻準備對任何有困難的人做出回應；她身處所有不平等、傷害和無意義的危害之中，是個永遠不會辜負期望的形象。她將囚徒從其地牢中解救出來，用自己的乳汁使饑餓的人蘇醒。當一位農人母親帶著被荊棘刺瞎眼睛的兒子前往聖鄧尼斯教堂，在聖母瑪莉亞前跪下，默誦「福哉瑪莉亞」時，聖母瑪莉亞用一件神聖的遺物——耶穌的指甲——在孩子頭頂打出十字架的符號。「旋即，」編年史作者報告說，「荊棘退出，炎症消失，那位母親帶著不再目盲的兒子歡天喜地地回了家。」

麻木不仁的殺手也仍有機會接近她。不管一個人犯下何種罪行，哪怕是人人唾棄他，他也依舊不會被聖母瑪莉亞棄置不顧。在《聖母的奇跡》（*The Miracles of Notre Dame*）這組在各個城鎮上演的大受歡迎的戲劇中，聖母瑪莉亞救贖了各種各樣的壞人，他們通過悔改行為獲得了她的恩典。一個被指控與女婿亂倫的婦人雇兩個人刺殺了女婿，即將被綁在火刑柱上燒死。她向聖母祈禱，聖母立即現身，令火停止燃燒。地方法官被這奇跡所折服，釋放了那個被判刑的婦人，婦人在將自己的家財分給窮人之後，進了家女修道院。通過祈禱表達虔誠的行為最為重要。一個人從教會獲得的不是公正，而是寬恕。

除了安慰之外，教會還提供答案。近千年來，它一直是在反覆無常的世界中提供生活之意義和目的的核心機構。它斷定，人的世俗生活只不過是走向上帝和新耶路撒冷這個「我們的另一家園」的流放通道。佩脫拉克在寫給兄弟的信中說，生活什麼都不是，只是「一次邁向我們尋找中的永恆家園的艱難而疲憊的旅行；或者，假如我們忽略自己的救贖，它便是一條通向永恆死亡的同樣毫無快樂而言的道路」。教會提供的是救贖，只有通過既定的教會儀式，通過其任命的教士的允許和幫助才可獲得此救贖。「Extra ecclesiam nulla salus」（教會之外無救贖）是條法規。

救贖之外的選擇是地獄和永遠的折磨，它們在當時的藝術中得到了非常逼真的描繪。在地獄中，被詛咒的人被綁著舌頭吊在火焰樹上，無悔意的人在火爐中被炙烤，不信上帝的人在惡臭的煙霧中窒息而死。邪惡的人落入一個深淵的黑水之中，依照其罪行被淹到不同的深度：通姦者淹到鼻孔，迫害朋友者淹到眉毛。一些人被怪魚吞下，一些人被惡魔齧咬，一些人被毒蛇、被火焰或冷冰折磨，饑餓者被懸在頭頂卻永遠也夠不著的水果折磨。在地獄中，人們赤身裸體，無名無姓，被人遺忘。難怪救贖如此重要，末日審判（Day of Judgement）會出現在所有人的腦海中。在每座大教堂的入口上方，都刻有鮮活生動的提示，上面是無數罪人，他們被惡魔捆綁著，押向一口被燒得通紅的大鍋，而天使則引導著少數被選中的人朝著相反的方向前進。

在中世紀，沒有人懷疑，絕大多數人都將永遠地受到詛咒。「Salvandorum paucitas，damnandorum multitudo」（少數被拯救，多數被詛咒）是個嚴厲的原則，從奧古斯丁（Augustine）到阿奎納都恪守這一原則。諾亞及其家庭被當作被救贖的那部份人，據估算，其人數通常為千裡挑一甚至萬裡挑一。無論被選中的人多麼少，教會都會向所有人提供希望。救贖將永遠向不信仰上帝的人關閉，但不會向有罪者關閉，因為原罪是生活的固有狀態，在必要的時候，可通過懺悔和赦免被一筆勾銷。一位拉羅德派（Lollard）布道者說：「再轉爾身，再轉爾身，爾之罪惡深重之靈魂，唯上帝知汝惡行，乃不棄汝於不顧。轉爾之身，向吾禱告，稱頌上帝，則吾將收憐於汝，賜汝恩典。」

教會向既無禮節也無尊嚴的人提供這兩者。它是美和藝術的源泉，對於它們，所有人都有辦法靠近，許多人都可出手創造。在石頭上雕刻一位傳道者長袍上的折褶，懷著無限的耐心將明亮的馬賽克薄片貼入站在天堂唱詩班中的有翼天使的畫像中，站在一所大教堂中殿那向上無限延展的空地上，身處不斷向上延伸，延伸到一座幾乎看不到的穹頂的柱子的包圍中，心知這是人類為了向上帝表示敬意，這一切都賦予了最底層者以驕傲，能夠使最卑微的人成為藝術家。

教會，而非政府，通過向俗人灌輸施捨，讓他們獲得美德和在天堂的立足之地的信仰，來幫助照料社會上的無助者——窮人和病人，孤兒和殘疾人，麻瘋病患者，盲人，白癡。基於這個原則，基督教的慈善推動力是自私但有效的。貴族在城堡門邊向所有到來者提供日常救濟，給他們硬幣和來自飯廳的殘羹剩飯。來源不同的捐贈源源不斷地湧入醫院這一基督教慈善最喜歡的接收地。商人們通過把固定比例的利潤撥給慈善的方式，使自己在與非基督徒進行交易時變得心安理得。這部份錢財會進入劃在作為窮人代表的上帝名下的分類帳目中。基督教的一種具有特殊美德的義務是給窮家女孩捐助嫁妝，使之能夠出嫁，例如，十四世紀加斯科涅的一位封建領主曾留下一百里弗給「那些讓我破處的女子，假如能夠找到她們的話」。

法人團體會把幫助窮人作為一種責任接受下來。手工業行會的規定是每簽署一份買賣合同，就要存下一便士的慈善金，這被稱為「上帝的便士」。教區的俗人會議監督維護「窮人名錄」和救濟金銀行。過節時，一個例行的做法是邀請十二位窮人上宴會桌，而在「聖週四」（Holy Thursday），為了紀念基督，市長或其他貴族要為一名乞丐洗腳。當聖路易實施這個儀式時，他的同伴和傳記作者茹安維爾大人（Sire de Joinville），拒絕參與，說觸摸這樣的人的腳會讓他生病。愛窮人並非總是那麼輕而易舉。

整體上看，教士可能並不比其他人更淫蕩、貪婪和不值得信任，但因為他們理當比常人更善良、更靠近上帝，所以他們的不達標會引起更多的關注。如果說克雷芒六世奢侈成性，那麼他也慷慨大方，是個熱心腸。出售免罪符的人令人反感，而在坎特伯雷旅行者中的教區教士則仁慈親切而受人尊敬，總是風雨無阻地隨時準備赤腳去探訪自己教區中最遙遠和最貧窮的家庭。

以身作則，
用公正將鄉親拉入天堂是他的職責所在。

不過，不滿之風日盛。教皇的收稅人遭到了襲擊和攻打，就連主教也自身難保。一三二六年，在一場反教士的衝突中，倫敦的一群烏合之眾砍下了主教的頭顱，將他赤裸的身體遺棄在街頭。一三三八年，兩個「教會負責人」聯手兩名騎士和「一大群鄉下佬」襲擊了康斯坦茨主教（Bishop of Constance），造成幾位侍衛身負重傷，並將主教囚在監牢。在信教者內部，不滿表現為嚴肅的形式。在義大利出現了弗拉蒂切利派（Fraticelli），這是方濟各會的一個教派，在另一場擁抱貧窮的運動中，定期地試圖取締教會的受贈基金，使得教會痛苦難耐。弗拉蒂切利派或精神方濟各會（Spiritual Franciscans）堅定認為基督一直生活在沒有財產的狀態中，所以他們宣揚回歸那種狀態，說那是「仿效基督」的唯一正確方法。

貧窮運動源於基督教教義的精髓：棄絕物質世界——這一主張與古典時代存在巨大的裂痕。它堅持認為上帝是積極的，而世俗大眾是消極的，世界壞到了無可救藥的地步，只有通過棄絕世俗的快樂、物品和榮譽才可獲得神聖性。戰勝血肉之軀是齋戒和禁慾的目的，它摒棄此世的快樂，為的是在來世獲得報償。金錢是惡魔，美麗是徒勞，兩者皆轉瞬即逝。雄心抱負帶來驕傲，對獲取的渴求帶來貪婪，對肉體的渴求帶來色慾，對榮譽的渴求，甚至對知識和美的渴求，帶來的是虛榮。既然這一切都會轉移人們的注意力，使人放棄追求精神生活，那麼它們就是罪惡的。基督教的理想是禁慾主義：否定肉體的人。其結果是，在教會的影響下，生活變成了一場與感官的持續抗爭，變成了一場對罪惡的持續投入，這導致了對赦罪的持久穩固的需求。

神秘教派不斷地興起，竭力掃除物質世界的全部渣石，通過切斷與世俗捆綁在一起的財產鎖鏈，變得更加靠近上帝。它們深嵌在教會的領地和建築中，教會的唯一反應只能是將這些教派說成異端而加以聲討。弗拉蒂切利派固執地堅持主張基督及其十二弟子都一貧如洗，這給亞維農的教廷帶來了極大的不便，教廷於一三二五年將弗拉蒂切利派的教義斥責為「虛假和有害的」異端邪說，而當該教派拒絕停止其活動時，在接下來的十年中，將他們和其他相關派別在不同時間段開除了教籍。普羅旺斯精神方濟各會一個特別頑固的團體的二十七名成員受到了宗教裁判所的審判，其中四人於一三一八年在馬賽被燒死在火刑柱上。

向教皇至高無上的權力發起世俗的挑戰也蔚然成風，它聚焦於教皇加冕皇帝的權力，使對國家權力的主張和對教會權力的主張形成對峙。教皇試圖將這種世俗流派開除教籍，方法是剝奪帕多瓦的馬西略這位該流派最大膽的宣導者的資格，後者於一三二四年寫的《和平的保衛者》（*Defensor Pacis*）是對國家至高無上權力直截了當的肯定。兩年後，鬥爭的邏輯使得約翰二十二世開除了英格蘭方濟各會士奧卡姆的威廉的教籍，後者作為「不可戰勝的博士」，以其強有力的推理著稱於世。在說明一種名為「唯名論」（nominalism）的哲學的過程中，奧卡姆打開了一扇通向有關物理世界的直覺認知的危險大門。他在某種意義上可說是知識份子自由的代言人，教皇意識到了自己禁令的含義。作為對開除教籍的命令的答覆，奧卡姆立即就七十個錯誤以及七種異端邪說提出對約翰二十二世的指控。

在生意人中，世俗精神雖未挑釁教會，卻在本質上發揮著抵觸作用。資本主義企業儘管此時掌握了一個制高點，實質上卻與基督教對商業的態度相違背，後者所持的是一種積極的對抗態度。它認為金錢是魔鬼，據聖奧古斯丁的說法，「生意本身就是種魔鬼」，超過支持商人之最低所需的利潤即為貪婪，通過收取貸款利息來以錢生錢的做法是犯了放高利貸之罪，購買整宗貨物後以較高的零售價將其原樣出售的做法是不道德的，要受到教會法規的處罰，總之，聖傑羅姆（St. Jerome）的格言可一言以蔽之：「商人的經營固然無罪，但總非上帝所喜。（Homo mercator vix aut numquam potest Deo placere.）」它進而認為，銀行家、零售商和生意人生活在日常的罪惡行為中，生活在以「公平價格」為核心的道德法規所導致的日常矛盾中。此「公平價格」建立在這樣一種原則基礎上：一種手藝應當供給每個人以生計和對眾人都公平的回報，但不可再多。價格應當設置在「公平」的水準上，這意味著勞動力價值加原材料價值。為了保證沒有人能獲得任何其他人都沒有的優勢，商業法規禁止工具或技術的發明，禁止以低於已設定價格的標準出售物品，禁止借助人造光線在夜間工作，禁止額外雇用學徒、妻子及未到法定年齡的兒童，禁止為商品做廣告或是讚揚它們，促使他人購買。就對開創性的抑制而言，此法規與資本主義企業直接相左。它是對商人的否定，因而甚至比對耽於聲色者的否定更具日常破壞性。

沒有什麼經濟活動比投資和有息借貸更難以抑制的了：它是西方資本主義經濟興起和私人財產建構之基石——而它的基石是罪惡的高利貸。沒有比高利貸理論更令人傷腦筋的中世紀思維了，沒有比它更令人困惑和迷茫的清算方式了，沒有比它更不可調和的大混亂了。社會需要金錢的借貸，而基督教教義對此嚴令禁止。它是種基本的二分法，但教義是如此有彈性，「就連聰明人」也難以把握它的條款。從實際意義上說，高利貸不被認為是在徵收利息本身，而是在收取高於正當數額的利率。這項社會所需的卑鄙勾當被留給了猶太人，而假如沒有猶太人可利用，那就得生造出猶太人來。當神學專家和聖典學者喋喋不休地爭論並徒勞地想要決定百分之十、百分之十二點五、百分之十五或百分之二十的利率是否恰當時，銀行家則在繼續以市場可以承受的任何利率進行借貸和投資。

商人常因違背了關乎自己生意的種種法規而繳納罰金，然後一如既往地自行其是。威尼斯和熱那亞的財富來源於與敘利亞和埃及的不信基督者的交易，儘管教皇禁止這種交易。據說在十四世紀之前，人們「幾乎難以想像商人的保險箱上未畫著蹲踞在蓋子上的魔鬼」。很難說商人在數錢時是否也看到了魔鬼，或者他是否心懷內疚地生活。從普拉托（Prato）商人法蘭西斯科・達蒂尼（Francisco Datini）的信件來判斷，他是個麻煩纏身的人，但他的苦惱更多地是對損失錢財的恐懼所引起，而非由對上帝的恐懼所引起。他顯然能夠在基督教與生意經之間加以調和，因為他的分類帳上的題詞是「以上帝和利潤之名」。

貧富差別日益加劇。由於控制著原材料和生產工具，物主便可以減少工資，進行標準的剝削。窮人如今視他們如寇仇，他們不再是保護者，而是剝削者，戴夫斯（Dives）這樣被交給地獄之火的富商大賈是惡狼，而窮人自己則是羔羊。窮人們感覺到了一種不公平，這種不公平感找不到矯正途徑，從而演變成了一種反叛精神。

中世紀理論設想，君主或統治者應當對欺壓的指控做出反應，調查並下令進行必要的改革，以確保賦稅平等地落在富人和窮人身上。但這種理論並不比其他中世紀理想更符合現實，而正因為如此，菲力浦・博馬努瓦（Philippe de Beaumanoir）在一二八〇年至一二八三年寫道：「暴力活動層出不窮，因為窮人將不再忍受這種痛苦，卻又不知道如何獲取自己的權利，只能通過起義，靠自己去奪取。」他報告說，窮人成立協會，拒絕為了「像以前那麼低廉的價錢」工作，「而是將根據自己的依據來抬高價錢」，並對不加入他們的人施以「某種折磨和懲罰」。這在博馬努瓦看來似乎是種違背公益的可怕行徑，「因為共同利益不能蒙受停止工作的損失」。他倡議將這些人抓起來，判以很長的刑期，然後再每人罰六十蘇，這是傳統上向破壞「公共治安」的行為所徵收的罰款。

最持久的動亂髮生在法蘭德斯的紡織工人中。在法蘭德斯，經濟的發展最為強勁。紡織業是中世紀的汽車業，而法蘭德斯則是資本主義發展在都市社會醞釀緊張局勢和敵對情緒的溫床。

一旦因共同的手藝而團結起來，那麼良工巧匠、旅行者和學徒的行會就會遍佈在各行各業之中，而雇員則為階級仇恨所分裂。行會現在成了由雇主管理的團體，工人在其中沒有話語權。依靠婚娶獲得貴族頭銜並在其城市房產之外買下鄉村莊園的富商大亨發展成了一個權貴階層，它控制著城市的政府部門，以偏向自己利益的方式去管理它。他們建立教堂和醫院，建造巨大的紡織品市場，鋪設街道，開鑿運河系統，但更大部份的市政花銷要靠葡萄酒、啤酒、泥煤和糧食的銷售稅來彌補，而這大多沉重地落在了窮人頭上。他們在管理集團中互利互惠，如「根特的三十九人」（Thirty-nine of Ghent），它得名於三個十三人一組的團體在生活和服務方面的每年輪流執政；或如阿拉斯（Arras）的十二位地方法官，他們每四個月在內部輪換一次；或如盧昂的百人同儕（Hundred Peers of Rouen）之寡頭政治，它每年都會任命市長和市議員。創造財富並努力向上爬的下層布爾喬亞可以頻頻滲透這種壟斷，但被輕蔑地稱為「藍指甲」（blue nails）並極易失業的工匠卻沒有政治權利。

在遊行抗議的呼聲下，中世紀生活的許多部份是相互支援的，因為它是種集體生活，各個團體、結社、協會、同業會的成員數不勝數。人們從不獨處。就連在臥室，已婚夫婦也常常會在自己的僕人和孩子的陪伴下睡覺。除了遁世者和隱士，隱私不為人所知。

就像貴族有自己的騎士團那樣，普通人也有貿易或鄉村「confrérie」，即同業會，它環繞在其生活的每個緊要關頭。這些團體的成員通常從二十人至一百人不等，組建目的是為了慈善和社會服務，以及世俗生活中的消遣娛樂和宗教儀式。當一位成員踏上朝聖之旅時，他們會送他到城門口；當他離世時，他們會為他送葬。如果一個人被判死刑，其他成員就會陪他到絞刑架下。如果他意外溺水，就像在波爾多（Bordeaux）所發生的事情那樣，他們會在加倫河（Garonne）中搜尋他的屍體長達三天。如果他死於破產，協會會為他提供屍衣和葬禮花銷，並幫助孤兒寡婦的生活。巴黎毛皮製作工會在生病的成員無力工作期間支付他一周三蘇的工錢，並給他三蘇的一周恢復期工錢。協會的錢來自按收入比例收取的會費，會費按週、月或季度支付。

同業會組織上演宗教戲劇，提供音樂，充當演員和舞臺管理。它們舉行比賽、運動和遊戲，頒發獎 40
賞，在特殊場合，還會邀請演說者或宣教士。在盛大節日，在用鮮花裝點街道之後，各同業會還會加入遊行隊伍，每個同業會以一個團體的形式行進，穿著自己亮麗鮮豔的服裝，在隊伍前打出自己的橫幅，展示自己的保護聖人的雕像或畫像。成員受習俗和誓言的約束，在某些同業會，成員會戴上面具以隱藏身份，好讓團體內部的所有人都平等相處。

如果同業會捐贈教堂窗戶，委託製作壁畫、唱詩台或精裝圖書，那麼其成員就可以驕傲地成為像貴族和富商大賈那樣的藝術資助人。通過自己的協會，他們可以作為捐助者資助醫院，向窮人分發救濟金和食物，或承擔某些種類的費用，以此博取美名——就像巴黎雜貨商資助盲人及布商資助城市監獄中的犯人那樣。同業會提供了一種極具社交性的生活環境，其中有慰藉，有時也有社交所帶來的耗損。

一三二〇年，因為饑荒，鄉村窮人的悲慘境遇在一場奇怪而歇斯底里的群眾運動中突然顯現而出，這場運動名為「牧羊人」（Pastoureaux），因為它的發起者是牧羊人。雖然農民不像城市貧民那樣流離失所，但他們也感受到了富人的壓迫，並永遠都在與千方百計地盤剝農民的勞動成果和服務的地主進行抗爭。可追溯至一二五〇年的莊園法庭的案例顯示，農民齊心協力地故意拒絕耕種領主的土地、打穀、翻曬乾草或碾磨。他們堅持了一年又一年，儘管遭到罰款和懲罰，仍舊拒絕屈服，自作主張地處置土地，加入襲擊管家或救援債務纏身的其他農人的團體。

地主對農民的壓迫使那個時代陷入困頓，並喚起了警告之聲。「你們貴族就像貪得無厭的惡狼，」 41

十三世紀訓誡與道德故事的作者雅克・維特里（Jacques de Vitry）說，「因此你們應在地獄號叫……你們掠奪百姓，靠窮人的血汗為生。」農民含辛茹苦一年所能收穫的一切，「騎士和貴族在一小時內就吞噬殆盡」。貴族強徵不合法的賦稅，進行沉重的勒索。維特里警告大人物們不要蔑視卑賤者或激起他們的仇恨，因為「水能載舟，亦能覆舟。眾所周知，許多農奴已經殺死了主人或燒掉了他們的房子」。

一則當時流傳的預言說，貧民將會揭竿而起，反抗強權，推翻教會和一個未指名道姓的強大君主政體，在血流成河之後，一個統一在十字架下的新時代將破繭而出。一個脫教的僧侶和一個被解除僧職的教士在貧民中散佈有關新十字軍東征的含混傳言，與此傳言相伴隨，上述預言「像一場疾風暴雨般突如其來地」將法國北部的農民和背井離鄉的貧民刮進一場向南方進發的大規模進軍。在人們的想像中，那裡有前往聖地的渡船。他們所到之處，追隨者和軍隊群起回應，他們搗毀城堡和修道院，燒毀市政廳和稅收記錄，打開監獄，釋放囚徒，而當他們到達南方時，則投入了對猶太人的集中攻擊之中。

農民向猶太人借貸以渡過困難時期，或得以購買農具或犁鏵，由此帶來的負債長期存在。當美男子腓力於一三〇六年放逐猶太人時，農民以為這些債務被一筆勾銷了，但腓力之子路易十世又把猶太人帶了回來，條件是讓他成為合夥人，從恢復的債務中分得三分之二的份額。這種行為使久已有之的怨恨變本加厲，驅使在大眾狂熱支持下的牧羊人運動屠殺了從波爾多到阿爾比（Albi）的幾乎所有猶太人。儘管國王下令保護猶太人，但地方當局無力遏制攻擊，有的地方還助紂為虐。

教會使人們相信，猶太人是邪惡的，這種信仰是如此根深蒂固，致使最虔誠的人成了憎惡最甚的人，其中聖路易更是無人堪比。假如猶太人是邪惡的，那麼殺死和洗劫他們便是神聖的工作。麻瘋病患也是牧羊人運動的攻擊對象，其理由是他們與猶太人簽署了可怕的契約，在水井裡下毒，而一三二一年，一條皇家法令正式開啟了對他們的迫害。

牧羊人運動危及亞維農，襲擊教士，威脅說要奪去教會的財產，從而在一個下層民眾揭竿而起的時代，憑藉暴動，使特權階層不寒而慄，膽戰心驚。教皇約翰二十二世下令將暴動者開除教籍，禁止任何人為他們提供資助，違者處死，並且批准動用軍隊去對付他們。在此情況下，牧羊人運動最終被鎮壓。教皇的舉措十分奏效，牧羊人運動像中世紀遲早會暴發的每一場貧民暴動那樣，以吊在樹上的屍體而告終。

42

在這個不幸的世紀，再沒有什麼因素比國家的壯大與國家財政手段之間的持續脫節更能招致麻煩的了。儘管集權政府正在形成，但徵稅依舊包裹在這樣一個概念裡：稅收代表一種需要徵得同意的緊急措施。在竭盡所有其他資金來源之後，美男子路易於一三〇七年向聖殿騎士（Templar）宣戰，這發生在其統治期內最聳人聽聞的階段。他的同時代人相信，這種做法招致了對其國家的詛咒，而人們對自己時代的看法變成了其歷史的一個因素。

聖殿騎士這一傲慢的修道士騎士團的衰落之徹底和驚人可謂舉世無雙。聖殿騎士形成於十字軍東征期間，成為教會捍衛聖地的左膀右臂，但它已從禁慾和貧窮的理想轉而成為正常效忠管道之外的巨大來源和一道國際勢力網。從一開始便被免去了繳稅義務的他們像銀行家那樣為宗座（Holy See）積聚財富，用低於倫巴底家族（Lombards）和猶太人的利率成為放貸者。他們不行慈善，也不像聖約翰騎士團（Knights of St. John）那樣資助醫院。他們在法國有兩千名成員，擁有北歐最大的金庫，其總部設在聖殿山（Temple），這是他們在巴黎的難以被攻克的堡壘。

給他們帶來毀滅的不僅是他們的錢財，還有他們實際上是個自治飛地的現實情況。源自其秘密儀式的邪惡名聲成了毀滅他們的手段。國王腓力憑藉一次餓虎撲食般的襲擊，在一夜之間攻佔了巴黎聖殿山，並逮捕了法國境內的所有聖殿騎士。為了證明沒收該騎士團財產的正當性，對他們的主要指控是異端，作為證明，國王的公訴人將根植於中世紀人們頭腦中的每一種陰暗的迷信和對妖術與惡魔崇拜的可怕想像都羅列了出來。對聖殿騎士們的指控是：他們教唆獸行和偶像崇拜，拒斥聖禮，將靈魂出賣給魔鬼，崇拜以一隻巨貓形式出現的魔鬼，相互行雞奸之罪，與惡魔和魔女交媾，要求人們開始否認上帝、基督和聖母，方法是向十字架吐口水三次，對之撒尿並施以踩踏，分別在口唇、陰莖和屁股三個地方向該騎士團的團長奉上「恥辱之吻」（kiss of shame）。據說，為了加強實施這種種行為之決心，他們會喝下一種用死去的聖殿騎士成員及自己私生子的骨灰製成的藥粉。

巫術、魔法和妖術之要素在中世紀生活中被視為理所當然，但腓力在為期七年如同情節劇般的聖殿騎士審判中利用它們來證明其異端行徑的做法，使得它們令人畏懼地大行其道。此後，對妖術的指控成了打倒敵人的慣用手段，也是宗教裁判所最愛使用的追捕異端，尤其是那些財產值得沒收的異端的方法。在接下來的三十五年中，在圖盧茲和卡爾卡松（Carcassonne），宗教裁判所憑此指控處罰了一千人，燒死了六百人。法國司法由此變得腐敗，對巫術的狂熱迫害模式流毒於此後的數個世紀。

腓力威逼亞維農（Avignon）的首位教皇克雷芒五世授權對聖殿騎士的審判，並憑藉這一授權，對他們進行殘酷的折磨，目的是榨取招供。中世紀司法注重舉行恰當的審判，慎重地不對沒有犯罪證明的人進行判決，但它取得證明的方式是招供而非證據，而招供通常都是通過刑訊逼供而來。聖殿騎士中有許多都是老人，他們被拷打、夾拇指、挨餓，被用權重吊起來，直到關節脫臼，牙齒和指甲被一個一個拔掉，骨頭被契子折斷，雙腳懸於火上。兩次行刑之間總是有所停頓，「問題」每天都會再次提出，直到屈打成招或是受害人死亡。三十六人死於這種刑訊逼供；一些人自殺身亡。大團長（the Grand Master）雅克・莫萊（Jacques de Molay）以及其他一百二十二人不堪折磨，承認曾向十字架吐口水或犯有宗教裁判所強加在他們頭上的其他各種罪行。「如果要求他承認自己殺害了上帝本尊，他也會供認不諱。」一位編年史作者說。

這一過程會拖延下去，貫穿教皇、國王和宗教裁判所那持續很久的司法權限，而被用鎖鏈吊起、幾乎不給進食的受害人則會出入於地牢，接受進一步的審訊和淩辱。六十七位鼓起勇氣否認其招供的人被當作故態復萌的異端活活燒死。在克雷芒五世那徒勞無益的軟弱掙扎之後，法國的聖殿騎士團以及它在英格蘭、蘇格蘭、亞拉岡、卡斯提爾（Castile）、葡萄牙、德意志和那不勒斯王國的所有分支都被一三一一——一三一二年的維埃納會議（Council of Vienne）廢止。根據官方的說法，它的財產被轉給了聖約翰醫院騎士團（Knights Hospitalers of St.John），但在維埃納坐於教皇右手邊的美男子腓力的存在暗示，他不會聽從這樣的安排。實際上，在此之後，聖約翰騎士團向他支付了一大筆錢，他聲稱那是聖殿騎士虧欠他的。

事情到此還沒有結束。一三一四年三月，曾經是國王的朋友及其女兒教父的大團長及他的中尉頭目被帶往豎立在巴黎聖母院前面廣場上的絞刑架，以再次確認其供狀，並被教皇使節判決終身監禁。可是，當著擠得水泄不通的貴族、教士和普通民眾的面，他們宣告自己和騎士團無罪。沒有了最終的正當理由的國王下令將兩人處以火刑。第二天，當柴捆燃燒之時，雅克・莫萊再次宣稱自己無罪，大聲呼喊說上帝將是他的復仇者。依照後來形成的傳統，他向國王及其十三代子孫發出詛咒，並且在他被燒死之前，人們聽到他傳喚腓力和教皇於一年之內到上帝的審判座前與他相見。不到一個月的時間，克雷芒真的死了，接著在七個月後的十一月，腓力在其四十六歲的盛年，於一次騎馬事故的數星期後，莫名其妙地死去。聖殿騎士詛咒的傳說由此形成，像大多數傳說一樣，被用以解釋事件之後的奇怪巧合。腓力彌留之際所描述的症狀一直被判斷為腦中風之狀，但對於充滿敬畏的當代人而言，其原因無疑是聖殿騎士的詛咒，它在夕陽的紅色光芒的映照下，隨著火刑柴堆的滾滾濃煙向天庭飄浮而去。

就彷彿詛咒在腓力的子孫身上得到了應驗似的，卡佩王朝（Capetian dynasty）伴隨著美男子腓力之子奇怪的一式三份的命運，突然地衰弱下去。他的兒子們作為路易十世、腓力五世和查理四世相繼即位，每人的在位時間都不到六年，分別在十七、二十八和三十三歲時死去，每人都未留下男性繼承人，儘管他們一共有六名位妻子。長子四歲的女兒讓娜（Jeanne）被她的叔叔所僭越，他加冕自己為腓力五世。在此事件之後，他召集來自三個等級和巴黎大學的貴族們舉行會議，會議自然批准了他針對當時情形所提出的原則：「女人不得繼承法國王位。」由此誕生了著名的薩利克「法典」（Salic「Law」），它製造了一條不讓女人繼承王位的永久禁令，而在此之前，也從未有過女王的存在。

三個兄弟中的最後一位於一三二八年的死亡給王位繼承留下了懸念，這導致了西方歷史上迄今為止最長的戰爭。有三人宣稱自己是繼承人——美男子腓力的一個外孫和兩個侄子。外孫是英格蘭的十六歲的愛德華三世，他是嫁給了愛德華二世的美男子腓力之女伊莎貝爾之子。人們普遍相信，伊莎貝爾與其情人合謀殺害了自己的國王丈夫，對自己的兒子產生了邪惡的影響。他宣稱自己具有直系血統，強有力地提出要求，可這一主張在法國並不受歡迎，這不是因為它傳自一個女人，而是因為這個女人令人畏懼和厭惡，並且在任何情況下，都沒有人希望那位英格蘭國王坐上法國的王座。

另外兩個宣稱有權繼承王位者分別是美男子腓力的一個兄弟之子和他的一個同父異母兄弟之子，即瓦盧瓦的腓力（Philip of Valois）和埃夫勒的腓力（Philip of Evreux）。前一位時年三十五歲，出身顯赫，在法國宮廷和貴族中廣為人知，他毫不費力地成為更為理想的選擇，在沒有公然反對的情況下，被法國王公和貴族確立為國王。作為腓力六世（在位一三二六——一三五〇年），他開始了瓦盧瓦王朝。他的兩位競爭對手都正式接受了這一選擇，愛德華親自來到王宮，將自己的雙手放在腓力六世的雙手之間，以示對吉耶納公國（Duchy of Guienne）的敬意。另一位腓力得到了那瓦勒王國（Kingdom of Navarre）作為補償，並娶被僭越的讓娜為妻。

儘管腓力六世維繫了宮廷的昌盛，但他小時候並未期望會當上國王，所以缺乏某種帝王的特質。他的王位有些來之不易，這似乎讓他感到不安，他的同時代人習慣地稱他為「le roi trouvé」（被找到的國王），就彷彿他是在蘆葦叢中被發現的似的，這讓他幾乎無法平靜下來。或許，他堂姐妹們潛藏的權利對他構成了威脅。他對妻子唯命是從，也就是那位「跛腳壞皇后」讓娜•德布戈涅（Jeanne de Bourgogne），儘管她是藝術和所有前來宮廷的學者的資助人，可既沒有人愛戴她，也沒有人尊重她。腓力六世像他的曾祖父聖路易一樣虔誠（儘管在智力或意志力方面相差甚遠），為真福直觀（Beati.c Vision）這一包羅萬象的問題所迷醉：被祝福者的靈魂是一進入天堂就立即會見到上帝的面容，還是他們必須等到末日審判時才可見到上帝。

這個問題確實令人憂慮，因為代表人類的聖徒的調解只有在得到許可面見上帝時才是有效的。包含聖徒遺物的聖龕要得到稅收，需仰賴民眾的這樣一種信心：一位特定的聖徒能夠親自向萬能的上帝發出籲求。腓力六世兩次召集神學家當著他的面就此問題展開爭論，當教皇派往巴黎的使節傳達了教皇約翰二十二世對真福直觀的懷疑時，腓力六世陷入了「巨大的憤怒」。「國王尖銳地申斥了他，並威脅說要像對阿爾比教徒那樣燒死他，除非他收回所說的話，還接著說出，假如教皇真的執此觀點，他將視其為異端。」腓力憂心忡忡地寫信給教皇，認為否認真福直觀將破壞對聖母和聖徒之調解的信仰。幸運的是，為了國王的精神安寧，一道教皇敕諭宣稱在經過徹底的調查之後，教皇認為受祝福者的靈魂確實會與神聖的本體（Divine Essence）面對面。

腓力的統治開始得順風順水，王國繁榮昌盛。饑荒和傳染病的影響已成過去，不祥的徵兆被人們所遺忘，在腓力六世統治的第一年，一次獲勝的競賽將有異議的法蘭德斯永遠地納入法國人的統治之下。王室與六個大封地中的五個——法蘭德斯、勃艮第、布列塔尼，以及南方的阿馬尼亞克（Armagnac）和富瓦（Foix）——的關係相當緊密。只有被英格蘭國王當作法國國王的封地所掌握的吉耶納（或阿基坦）是個持續多年的衝突之源。在此處，在英格蘭人的擴張努力與法國人重新收回封地的努力之間形成了持續的對抗。

當衝突達於危急關頭時，它於一三三八年帶來了將庫西家族與另一個執政家族——奧地利的哈布斯堡家族（Hapsburgs）——聯繫在一起的婚姻。正是這次聯姻，導致了昂蓋朗七世的出生。它由腓力六世親自安排，此刻他正在尋求聯盟為即將到來的與英格蘭的鬥爭中做準備。一三三七年，腓力宣佈沒收吉耶納，於是愛德華三世宣佈自己為合法的法蘭西國王，並且準備交戰。愛德華的對抗聲明與其說是為戰爭製造藉口，不如說是想通過戰爭來解決圍繞吉耶納的主權而進行的無休無止的衝突。當英格蘭軍隊登陸法蘭德斯，準備發起攻擊時，雙方都在緊張激烈地於低地國家和萊茵河兩岸尋找同盟。

國王腓力所關心的，不僅是尋求更多的同盟，還要確保處於戰略要地的庫西男爵領地的忠誠。作為豐厚的獎賞，他讓昂蓋朗六世拉起了奧地利的凱薩琳（Catherine of Austria）的纖手，她是利奧波德一世公爵（Duke Leopold I）之女，是同樣家世顯赫的薩伏伊伯爵（Count of Savoy）阿馬迪厄斯五世（Amadeus V）的孫女。薩伏伊家族是從法國延伸至義大利的——一個橫跨阿爾卑斯山區域的自治統治者，他們本身就是一張將其與遍及歐洲——以及歐洲之外的王室串聯起來的王公貴族婚姻網路的中心。凱薩琳的七個姑姑中的一位是拜占庭皇帝帕里奧洛加斯王朝安德羅尼卡三世（Andronicus III Paleologus）的妻子。

婚姻是國際關係及貴族間關係的組織結構，是疆域、主權和聯盟的首要來源，是中世紀的重要外交事務。國家與統治者之間的關係根本不取決於一般的疆界或自然的利益，而是取決於王朝間的關聯和荒誕的堂表親關係，它可以讓一位匈牙利王子繼承那不勒斯的王位，讓一位英格蘭王子聲稱自己是卡斯提爾的繼承人。在織布機的每個點上，君主們都在強行插入自己那帶著由兒女構成的線縷的梭子，這些來來往往的梭子織就了一種人造結構，它既締結了許多婚姻，也造成了許多相互衝突的繼承聲明和敵意。法蘭西的瓦盧瓦家族，英格蘭的金雀花家族 Plantagenets），波希米亞的盧森堡家族（Luxemburgs），巴伐利亞的維特爾斯巴赫家族（Wittelsbachs），奧地利的哈布斯堡家族，米蘭的維斯康提家族（Visconti），以及那瓦勒、卡斯提爾和亞拉崗家族，布列塔尼公爵家族，法蘭德斯、艾諾和薩伏伊伯爵家族，都被編織進了一個縱橫交錯的網路之中。在編織這個網路時，有兩件事從未得到過考慮：當事人對婚姻的感情，以及受牽連的民眾的利益。

儘管婚姻當事人的自願承諾在理論上為教會所需，而且「我願意」被認為是當著教士之面簽訂的婚姻契約的教理精髓，但實際上的政治會忽略這種要求，有時會帶來令人不快的結果。路德維希皇帝

（Emperor Ludwig）在女兒尚未學會說話之前便為她訂了婚，處處替她發聲，而當她終其一生一言不發時，則被認為是得到了上帝的審判。

此類統治者不把近親結婚的禁忌所帶來的任何可預知的後果放在心上，而近親結婚的風險家喻戶曉，所以教會禁止四等親之內的婚姻。只有當君主們渴望終止一場已經帶來不便的訂婚或拋棄一個礙手礙腳的配偶時，才會想起有關近親結婚這一禁忌。事實證明，為了獲得依照請願人的級別收取的費用或政治好處，教會總是會要麼欣然地將有關血緣的規定擱置一邊，同意一樁婚姻，要麼隨和地重申規定，將之作為離婚基礎。

商討哈布斯堡——庫西婚姻的經濟條款，就需要法蘭西國王與奧地利公爵之間於一三三七—一三三八年簽訂的兩項條約。利奧波德公爵給女兒四萬里弗爾的嫁妝，而國王腓力從王室財產中分配給她及她的子女兩千里弗的年金。國王送給昂蓋朗六世一萬里弗作為禮物，還許諾再給他一萬里弗以償清他的債務。昂蓋朗反過來要授予他妻子六千里弗，並在捍衛國土、抗擊英格蘭的愛德華入侵時，率領自己的家臣參加王室軍隊，而後者對於國王而言是最為根本的東西。

在戰爭開始時，它幾乎不太像一場危險的鬥爭，因為法蘭西是歐洲的主宰力量，其軍隊在它自己眼中和在別人眼中一樣值得誇耀，它使英格蘭或其他國家的軍隊都相形見絀，而她兩千一百萬的人口是英格蘭略多於四百萬的人口的五倍。不過，擁有阿基坦（Aquitaine）和與法蘭德斯的結盟給了愛德華位於法蘭西邊境的兩個據點，並且使他在向「自稱為法蘭西國王的瓦盧瓦的腓力」發出無禮的挑戰時，有了不只是空口說白話的底氣。雙方都不知道，他們正在發動一場比他倆的生命更加長久的戰爭，它將生成自己的生命力，蔑視旨在終止它的談判、休戰和條約，一直延續到他們兒子活著的時候，以及他們的孫子和曾孫、玄孫直至第五代子孫活著的時候，給雙方都帶來巨大的破壞。而當它的危害遍及歐洲之時，將變成對行將結束的十四世紀的最後折磨。

昂蓋朗六世在一三三九年被徵召參戰之前，幾乎沒有時間生兒育女。在北方，英格蘭人正從法蘭德斯向前推進，一支一千五百人的武裝軍隊包圍了屬於庫西家族的瓦西城堡（castle of Oisy）。昂蓋朗的家臣展開了英勇的防禦戰，致使英軍被迫撤退，雖然他們的頭領是約翰·尚多斯爵士（Sir John Chandos），事實證明，他是英方最著名的軍隊將領。為了報復自己的失利，尚多斯燒毀並掠奪了位於庫西領地的其他三個城鎮和較小的城堡。同一時間，昂蓋朗六世已加入了國王的隊伍，以捍衛位於法蘭德斯邊境的圖爾內（Tournai）。一三四〇年，當一場毫無意義的戰役正步步推進時，他的兒子，第七位也是最後一位昂蓋朗，呱呱墜地。

第3章
青春與騎士精神

儘管作為長子和一個偉大王朝的繼承人，嬰兒昂蓋朗七世對其父母而言十分寶貴，但他卻很有可能不是天生可以激發出溺愛之情和溫柔之意愛慕對象的嬰兒。中世紀不同於現代的特點中，沒有一個像對兒童興趣之相對缺乏那麼令人震驚。與兒童相關的情感極少出現在藝術、文學或記錄在案的證據中。兒時的基督當然被反覆描繪，通常都是在他母親的懷中，但在十四世紀中葉之前，他一般都是被一個即使在哺乳時都很冷淡的母親僵硬地抱著，遠離她的身體。若非如此，聖嬰就會獨自躺在地上，有時包在繈褓之內，有時則赤身裸體，而一位面色凝重的母親在茫然地呆望著他。她與孩子的疏離意在表明他的神性。假如普通母親會感覺到一絲較溫暖、較親密的情感，那麼它也很少在中世紀藝術中得到表達，因為聖母瑪莉亞已成了先入為主的為人母的態度。

在文學中，兒童的角色基本都會夭折，通常是因為某個害怕預言的國王或某個考驗妻子承受力的丈夫下了命令，他們就被淹死或掐死，或遺棄在森林裡。女人很少作為母親出現。她們在通俗故事中是輕佻女子、鴇母和給丈夫戴綠帽子的妻子，在戲劇中是聖徒和殉道者，在愛情故事中是熱烈而不合法的愛情求之不得的對象。偶爾，母親身份也許會突破重圍。例如，當一位英格蘭布道者在一次布道中點出某種道德時，談及一位母親如何「於冬日誕下一子，兒身寒慄，母乃取一稻草置於身下暖之，非為愛草而

49

暖之也……乃為暖兒身也」。偶有插圖或石刻上會出現教孩子學步的父母，一位替伏在她膝上的孩子梳頭或捉蝨子的農家母親，一位較為優雅的、用四根針為孩子織衣服的十四世紀的母親；有一篇來自一位聖徒的對「嬰兒之美」的感謝致辭；在一篇出自十一世紀的《修女戒律》（*Ancren Riwle*）中，描述了一位跟孩子玩捉迷藏遊戲的農家母親，當孩子哭著找她時，她「伸出雙臂，輕跳上前，擁抱他，親吻他，擦去他的眼淚」。這些都是個別的陳述，它們使得其間的空白更加引人注目。

中世紀插圖表現了從事其他各類活動的人——做愛和死去、吃飯和睡覺、在床上和在浴室、祈禱、打獵、跳舞、耕種、遊戲和打仗、交易、旅行、閱讀和書寫——可是就是很少跟兒童在一起，以至於人們不禁要問：為什麼不？

人們普遍認為母愛，如同性一樣，太過與生俱來而無法根除，但也許在某些不受歡迎的狀態下，它會有所萎縮。當時嬰兒死亡率極高，估計達三分之一或三分之二。有鑑於此，對一個幼兒投入的愛意也許得不償失，於是，借助某些自然的法則（就像被圈養的齧齒動物在數量過多時停止繁殖一樣），母愛會受到抑制。也許頻繁的養兒育女使生育遭到了貶值。一個兒童出生、死亡，然後被另一個兒童所取代。

有錢的貴族和布爾喬亞家庭會比貧民生育更多的孩子，因為他們結婚時年齡較小，還因為雇用乳母，他們的不育期較短。他們養大的孩子也較多，通常有多達六至十個幼兒能夠長大成人。昂蓋朗七世的祖父紀堯姆·德·庫西養大了五兒五女；他的兒子拉烏爾養大了四兒四女。英格蘭的愛德華三世和菲莉帕王后（Queen Philippa）的十二個孩子中，有九人活到了成年。據估計，平均而言，結婚年齡在二十歲的婦女有十二年的生育期，算上由於死胎、流產和護理等造成的嬰兒安全出生的間隔，中間有約三十個月為時相當長的間隔期。按此比率，每個家庭的平均生育人數大約為五人，其中有一半可以生存下來。

像所有其他事物一樣，兒童時代也非千篇一律。愛、搖籃曲和搖籃確實存在。諾瓦拉的菲力浦（Philip of Novara）在十三世紀寫道：「上帝賜給兒童三個禮物作為恩典：愛和認識用自己的乳汁養育他的人；向陪他玩耍的人表現『快樂和愛』；激發撫育他的人心中的愛和柔情」。在這三者中，最後一點最為重要，因為「如果沒有了這一點，他們在嬰兒期就會如此污穢不潔和使人氣惱，如此頑皮淘氣和反覆無常，以致幾乎不值得把他們養大成人」。然而，菲力浦提倡一種嚴格的教養，因為「少有兒童因過於苛嚴而死去，卻有許多兒童因太過肆意而殞命」。

提供養育兒童之建議的書籍十分罕見。有一些有關禮節、家務、品行和家用藥物的書籍——即經過裝訂的手抄本，甚至還有外語詞彙的格言手冊。讀者可以找到各種建議：在宴會前如何洗手和清理指甲，為防口臭如何吃茴香和大茴香，如何吐痰和用刀剔牙，不能在袖子上擦手或在桌面上揉鼻子和眼睛。一個女人可以學習如何製作墨水、毒鼠藥和沙漏；如何製作用葡萄酒和香料調製的甜酒（即加香葡萄酒）——這是中世紀最受歡迎的飲料；如何照顧籠子裡的寵物鳥，讓它們進行繁殖；如何取得僕人的性格參考，確保他們用手撚或吹氣來熄滅床頭的蠟燭，「而不是用他們的襯衫」；如何種植豌豆和嫁接玫瑰；如何去除家中的蒼蠅；如何用浸在熱水中的雞毛清除油斑；如何讓丈夫冬有無煙的爐火、夏有無蚤的床鋪並以此使之心情愉快。書籍會給年輕的已婚婦女提供建議，教她們如何齋戒、施捨並在「睡回籠覺之前」在晨禱的鐘聲裡祈禱，如何在公共場合高貴而端莊地行走，不要「眼睛骨碌亂轉地耍粗鄙的小聰明，像飛奔的雄鹿那樣伸長脖子，像逃跑的馬兒一樣左顧右盼」。她還可以找到書籍，瞭解如何在丈夫外出征戰時管理財產，如何制定預算，承受圍困，瞭解財產保有期和封建法律，以便丈夫的權利不被侵犯。

但她很少能找到給母親提供的書籍，瞭解如何哺乳、裹繈褓、洗澡、斷奶、喂固體食物，以及照顧嬰兒的其他複雜程序，儘管對於種族生存而言，這些似乎要比餵養籠中鳥或讓丈夫感到舒適更加緊要。在提及哺乳時，它通常是因為其情感價值而得到普遍提倡——由十三世紀的一位百科全書編纂者英格蘭的巴托洛梅烏斯（Bartholomew of England）在其《物性書》（*Book on the Nature of Things*）中提出。在哺乳過程中，母親會「最溫存地疼愛自己的孩子，擁抱他，親吻他，懷著最熱切的心情撫育並照看他」。同一時期的一位醫生，在法國行醫的西耶納的阿爾多布蘭迪諾（Aldobrandino of Siena），建議要常常清理和換尿布，一天洗兩次澡，用拌著蜂蜜和牛奶的麵包粥來斷奶，在學校要有充分的玩耍時間和非受迫性的教導，要有時間睡覺和娛樂。但他仁愛的教導是否廣為人知或被人遵循，則不得而知。

總之，嬰兒和幼兒在五、六歲之前似乎一直是自生自滅，得不到很多關注。這種做法可能在兒童的性格上以及可能在歷史上造成的影響只能憑藉臆測來想象。也許，中世紀嬰兒期相對的情感空白可以解釋中世紀的人們對生命以及苦難的不經意態度。

不過，兒童確實有玩具：玩偶和套在老鼠身上的嬰兒推車、木頭騎兵和武器、陶土小動物、風車、皮球、羽毛球拍和羽毛球、高蹺、蹺蹺板和旋轉木馬。按照英格蘭的巴托洛梅烏斯的說法，小男孩會像所有時代的小男孩那樣，「生活得無憂無慮」，「一心只想著玩兒，天不怕、地不怕，就怕挨小棍子揍，看到什麼就想要什麼，說笑就笑，說哭就哭，不讓媽媽給自己洗臉梳頭，剛把他弄乾淨，轉眼又髒得一塌糊塗」。在巴托洛梅烏斯看來，女孩的舉止要好些，跟自己的母親也更親熱。如果孩子能長到七歲，他們得到承認的生命便開始了，多多少少像個縮小版的成人。兒童時代就已經結束。在中世紀的行為中，孩子氣十分引人注目，因為它標誌著無力約束任何種類的衝動，而孩子氣許是因為這樣一個事實：

充滿活力的社會的相當大部份人實際上都非常年輕。據估計，有約一半的人口不到二十一歲，有約三分之一的人口不到十四歲。

貴族家庭的男孩在七歲之前長於婦人之手，她教給他舉止禮儀，有時還教些字母。重要的是，母親的保護聖徒聖安妮（St. Anne），通常都被畫成在教自己的孩子，即聖母瑪莉亞，學習如何讀書。從八到十四歲，貴族子弟會被送到鄰近的領主城堡中當差，就像下層群體的男孩長到七、八歲時要去另一個家庭當學徒或僕人那樣。貼身服務不被認為是有辱人格的：作為成人的聽差甚至侍衛要幫助自己的領主沐浴更衣，照看他的衣物，侍奉他用餐，同時享有貴族地位。作為免費勞動的回報，領主會為自己同儕的兒子提供免費的學校教育。男孩會學習騎馬、作戰、放鷹行獵，這是貴族生活的三種首要的物質元素，他還要學習下棋和雙陸棋戲，學習唱歌跳舞、彈奏樂器、作曲以及其他浪漫技能。城堡的本堂神父或當地修道院會向他提供宗教教育，教他初步的閱讀和寫作，有可能還會教他一些非貴族男孩所上的語法學校的課程內容。十四、五歲時，男孩成為侍衛，這時，戰鬥訓練得到了強化。他會學習如何用槍矛刺穿作為槍靶的遊動假人，使用劍和其他各種各樣的致命武器，了解紋章和馬上長槍比武的規則。作為侍衛，他要牽著主人的戰馬上戰場，在步戰之時牽住它。他幫著管家打理城堡事務，保管鑰匙，充當受信賴的信使，在旅途中攜帶錢包和貴重物品。課本學習在此過程中沒有一席之地，儘管一位年輕貴族根據他的愛好，可學點兒幾何學、法律、演說術，在極少數情況下，還可學點兒拉丁文。

貴族莊園中的婦女在拉丁文和其他學校教育方面常常比男人更有成就，因為儘管女孩不會像男孩那樣，在七歲時離開家庭，但她們的教育受到教會的鼓勵，以便一旦其父母希望讓她們帶著適當的捐贈獻身上帝時，她們能夠更好地得到信仰方面的指導，更適應在女修道院中的宗教生活。除了用法語和拉丁語閱讀和寫作之外，她們還學習音樂、天文學以及一些醫藥和急救知識。

最後一位庫西家族成員進入的是這樣一個世界：在這個世界裡，運動受到人或馬的速度的限制，新聞和公開聲明由人聲傳遞，太陽下山後，大多數人便失去了光亮。黃昏，人們會吹起號角，敲響鐘聲，宣告宵禁，在此之後禁止工作，因為既然工匠看不見，也就不能表現完美。富貴之家可以憑藉火把和蠟燭延長時間，但對另一些人而言，夜晚就像大自然計畫的那樣漆黑一片，天黑之後，寂靜會把旅行者包圍。「鳥兒、野獸和人都無聲無息，安然入睡」，薄伽丘寫道，「半落未落的樹葉懸在樹梢，潮濕的空氣盤踞於靜淑的安寧之中。只有星辰還在閃爍，照亮了他的道路。」

鮮花覆滿了田野和林地，形成了日常生活一個可加珍愛的元素。野花和花園中的花朵被編進了貴族男女所戴的花冠，點綴著地板和宴會桌，於王室遊行隊伍之前散佈於街道之上。猴子是常見的寵物。乞丐遍地都是，其中大多是跛足、盲人、病人、殘疾人或是偽裝成這類人的人。沒有腿的人靠綁在手上的木頭殘樁拖著身體前行。女人被視為魔鬼的誘惑，而與此同時，對聖母瑪莉亞的狂熱崇拜又會使一位婦女成為愛和崇拜的核心對象。醫生受人尊敬，律師通常遭人憎恨和懷疑。蒸汽尚未被套上韁繩，梅毒尚無介紹，麻瘋病仍然存在，火藥開始使用，儘管尚無效用。土豆、茶、咖啡和煙草尚不為人所知，熱辣的加香葡萄酒是買得起它的人最喜愛的飲料，普通百姓喝啤酒、淡啤酒和蘋果酒。

非教士階層的人已放棄穿著長袍，而穿起了緊身的分腿褲。他們通常會將臉剃乾淨，儘管山羊鬍和髭鬚會時不時地流行。騎士和侍臣接受了一種時尚，穿起名為喙形尖頭鞋的過長過尖的鞋子——它們常常不得不被綁紮在小腿肚周圍，以使穿它們的人能夠走路——以及極短的束腰外衣。一位編年史作者抱怨說，這種外衣讓臀部和「身體其他應當掩藏起來的部位」都露了出來，引起了普通百姓的嘲笑。女人使用化妝品，染髮，拔頭髮以加寬前額，她們還拔眉毛，儘管這麼做使她們犯下了虛榮之罪。

使高貴者驟降而（較罕見地）使卑微者上升的命運之輪是一個不確定的世界中不穩定生活的流行形象。世俗生活的狀況是固定不變的，在這樣的生活中，人們並不期望看到人類或社會在道德上或物質上的進步。個人也許會通過自身努力來增加美德，但整體的改善將不得不等到基督再臨之時和新時代的開端。

時間、曆法和歷史都在基督教系統中得到估算。創世之日要比羅馬的建立早四千四百八十四年，現代歷史源於基督的誕生。在那之後，歷史事件由教皇朝廷進行編年，該王朝始於聖彼得（St. Peter）王朝，它被固定在西元四二年－六七年。當下的事件依照它與宗教節日和聖徒紀念日的關係來加以記錄。一年始於三月——依照喬叟的說法，「世界是在這個月開始的，當時，上帝先創造了人」。正式的說法是一年始於復活節，因為這是個可變動的節日，可落在三十天的時間段裡的任何一點上，所以歷史年代是不精確的。一天的時間以祈禱時間來命名：午夜左右的晨禱，淩晨三點左右的頌贊，晨經（天亮後的第一個小時，在日出時分或早晨六點左右），晚上六點的晚課，睡覺時的晚禱。時間的計算基於太陽和星辰的運動，它們是大自然的計時裝置，為人所悉知，且被小心謹慎地觀察。大約就在昂蓋朗七世出生之時，機械鐘逐漸用於市政廳的高塔上和富裕之家，帶來了精確和所有科學觀察的可能。

人們的生活與令人費解之事密切相關。沼氣的閃爍光芒只能是仙女或妖精；螢火蟲是未受洗禮的死嬰的靈魂。在地震那可怕的顫動和裂縫中，或被雷電擊中的樹木的熊熊火焰中，超自然的神物近在眼前。風暴是徵兆，心臟病或其他疾病的突然發作所帶來的死亡可能是魔鬼的傑作。魔法存於世上：魔鬼、仙女、男巫、鬼魂和食屍鬼觸摸並操縱著人的生活；異教徒的迷信和儀式盤踞在民間傳說中，藏於教士和聖禮之下，甚至與之相伴相隨。行星的影響可以解釋任何不如此就無法解釋的事情。天文學是最尊貴的科學，占星術是僅次於上帝的最大決定因素。

煉金術，可以將低劣金屬變成黃金的哲學家之點金石的尋找，是最流行的應用科學。在那道彩虹的盡頭，還埋藏著治病的靈丹妙藥以及長生不老之藥。愛究根問底的頭腦會通過實驗和觀察去調查自然科學。牛津的一位學者保留了從一三三七年至一三四四年這七年內的全年天氣記錄，他注意到，聽起來更清楚的鐘聲或聲音傳得更遠的鐘聲通常是濕度增加的信號，預示著雨水的到來。精神抑鬱和焦慮被認為是一種疾病，儘管抑鬱、失望、悲哀以及倦怠的症狀會被教會判定為懶惰（accidia）之罪。用三角測量法進行測量得到了運用，牆和塔的高度由俯臥在地的僧侶借助一根棍子來進行測量。眼鏡自世紀之初即已得到運用，老人因而在晚年可以進行更多的閱讀，也大大地延長了學者的研究壽命。紙作為一種比羊皮紙更廉價和更大量的物質生產，開始使多次複製成為可能，也使文學作品的擴大發行成為可能。

能源依靠人力和畜力，也依靠由風和水推動的齒輪軸。風和水的力量轉動著磨盤，用以鞣革、洗滌、鋸木頭、榨橄欖油、鑄造鐵器，將燕麥磨成糊來做啤酒，搗漿造紙和製作繪畫顏料，帶動完成羊毛面料最後一道工序的漂洗工的大桶、高爐鼓風機、鑄造用的液壓錘和兵器製造者所使用的砂輪。製造廠使鐵的運用大幅增加，導致林地的樹木已被伐光以供應鑄造燃料。它們使人的能力得到極大的擴充，致使教皇雷定三世（Pope Celestine III）於十二世紀九〇年代下令，風車必須繳納什一稅。手動工具——車床、手搖曲柄鑽和鑽頭、紡車、輪式鏵犁——在上個世紀也已提高了生產工藝和生產力。

旅行這一「消息之母」將世界各地的消息帶到城堡和村落，城鎮和鄉村。在要麼塵土飛揚、要麼泥濘不堪的有車轍的道路上，朝聖者和小商販、帶著馱畜隊的商人、外出巡視的主教、收稅人和王室官員、行乞修道士和出售免罪符的人、流浪學者、吟游詩人和傳道者、編織起城市與城市間的溝通網路的信使和急差構成了川流不息的人流。像庫西家族這樣的大貴族，還有銀行家、高級教士、修道院、法院、市政府以及國王及其議會都雇有自己的信使。在該世紀中葉，英格蘭國王身邊有十二位信使與之形影不離，隨時準備出發，當他們在路上時，每天的報酬是三便士，每年購買鞋子的費用是四先令八便士。為了符合更偉大的法蘭西陛下的身份，法國國王雇用的信使多達一百人，而一位大莊園主會雇用兩位或三位信使。

騎馬旅行一天平均可走三十英里至四十英里，儘管這會因環境而有很大的變動。信使如果騎馬，在不走夜路的情況下，一天可走四十英里至五十英里，若是步行，則可走約這一半的路程。在緊急情況下，若有良駒和好路（這很罕見），並且不搭載貨物，則他可一小時走上十五英里；若有等候他換乘的馬匹的話，則他一天可走一百英里。威尼斯和布魯日這些大的商業城市相互間保持著固定的郵政服務，它們組織高度嚴密，七天可走七百英里。馱畜隊一天可走十五英里至二十英里；軍隊在受輜重拖累且步行的情況下，有時一天只能走不到八英里。

從法蘭德斯至那瓦勒的縱深距離，按照通常的演算法，是二十至二十二天的行程，從布列塔尼海岸到羅納河岸邊的里昂的橫向距離，是十六天的行程。翻越阿爾卑斯山前往義大利的旅行者通常借道塞尼峰（Mont Cenis），經過位於薩伏伊境內的尚貝里（Chambéry）前往都靈。由於從十一月到次年五月都受到大雪圍困，所以這個山口要花五到七天的時間才可穿越。經由此道從巴黎到那不勒斯要花上五周時間。從倫敦到里昂的航程要用十八天，從坎特伯雷到羅馬要用約三十天，這要取決於穿越英吉利海峽的時間。這個時間無法預測，通常非常危險，有時甚至會致命，時間從三天到一個月都有可能。一位名叫埃爾韋・萊昂（Hervé de Léon）的騎士因一場風暴而在海上停留了十五天，除了跌入大海的馬匹損失外，他抵達時是如此憔悴和虛弱，「以致他從此永遠失去了健康的體魄」。這就難怪，按照一首民謠所言，當朝聖者走海路前往孔波斯泰拉（Compostella）或更遠的地方時，「他們的心開始下沉」。

除了靠划槳手供給動力的單層甲板大帆船外，船隻都得任由天氣的擺佈，儘管索具已有所改善，搖擺的船尾舵給予了船隻更大的控制力。地圖和海港航圖得到了應用，羅盤使航行得以離開海岸線，使商船得以冒險穿越遠海。結果，能夠裝載五百噸甚或五百噸以上貨物的大船被用於這些航程。借助河流和運河的駁船運輸要比馱畜隊便宜很多，即使在每個便利地點當地莊園主都要向他們強行收取費用。在繁忙的塞納河和加倫河沿岸，每六、七英里就有一個收費處。

貨車和農民的二輪貨運馬車被用以短途貨運，但因為輪式交通工具在冬日常常無法通過道路，且沒有道路和橋樑的連接系統，所以貨運騾隊始終是最基本的運輸工具。由串成一線的三到四匹馬拉的四輪貨車可供女士和病人使用。騎馬的女士在飄散的裙裾的掩護下跨坐在馬上，但橫座馬鞍即將於本世紀結束之前出現。對於騎士而言，乘坐馬車有違騎士精神，而且無論在何種情況下，他都不會騎牝馬。

在夜幕降臨之前，旅行者們會停止趕路，貴族旅行者會在附近某個允許他們入內的城堡或修道院棲身，而包括朝聖者在內的大量徒步旅行的普通旅行者，則在城門外的客棧住宿打尖。他們有權在任何一所修道院食宿一晚，不可被趕走，除非他們要求再住一夜。商人和其他人可住小旅館，儘管這些小旅館通常人滿為患，骯髒不堪，佈滿跳蚤，一個房間放好幾張床，一張床上要睡兩個旅行者——根據被法國國王派往德意志的詩人德尚（Deschamps）那令人作嘔的報告，在德意志，一張床要睡三個人。他抱怨說，更有甚者，無論是床上還是桌子上都沒有乾淨的亞麻布，旅店老闆提供的食物無從選擇，在此帝國旅行的人除了啤酒之外找不到其他飲料；跳蚤、老鼠躲也躲不掉，波希米亞的人過著豬一樣的生活。

鑒於旅途之艱辛和時間之漫長，人們的旅行有時卻達到驚人的程度——從巴黎到佛羅倫斯，從法蘭德斯到匈牙利，從倫敦到布拉格，從波希米亞到卡斯提爾，穿越大海，翻越阿爾卑斯山，橫渡河流，像馬可・波羅那樣前往中國，或像巴斯婦人（Wife of Bath）那樣三次前往耶路撒冷。

位於世俗社會上層的昂蓋朗階層的精神傢伙是什麼？早在哥倫布之前，他們就知道世界是個球體，這一知識來自對星辰運動的熟知，因為星辰的運動只有從一個球狀的地球的角度出發才是可以理解的。據教士戈蒂埃・梅斯（Gautier de Metz）在其《宇宙萬象》（*Image du Monde*）這部當時被最廣泛閱讀的百科全書中形象生動的說法，一個人可以像一隻環繞蘋果飛行的蒼蠅那樣環遊世界。在他看來，從地球到星辰的距離是如此遙遠，所以假如一塊石頭從星辰上落下，要花超過一百年的時間才可到達我們的星球，而一個每天一刻不停地走二十五里格[1]的人，要花七一五七又二分之一年才能到達星辰。

在視覺上，人們描繪被上帝攬在懷中、人處於其中心的宇宙。人們知道，月亮是離地球最近的星球，它自己不會發光；日蝕是月亮位於地球與太陽之間時的時段；雨是太陽從地球上提取走的濕氣，它濃縮為雲，然後又以雨的形式落回到地上；雷電之間相隔的時間越短，電源便越靠近。

然而，人們會透過由傳說中的童話故事構成的薄霧去看待遠方的國度——印度、波斯及更遙遠的地方，這些童話故事偶爾會揭示一點有關現實的有用訊息：高聳入雲的森林，成群結隊地遊走、七年就會

1 編者註：里格是一種被廢棄的長度單位，在不同歷史時期和世界不同國家所表示的長度從二點二四公尺到六點六四公尺不等，在法國的不同時期所表示的長度從三點二五公里到四點六八四公里不等。

變老的有角侏儒，在葬禮柴堆上自殺的婆羅門，長著狗頭和六個腳趾的人，獨眼、獨腿、走起路來像風一樣快的「巨人」，只有當它在處女的膝上入睡時才可抓到的「麒麟」，眼淚是銀子的亞馬遜女子，用爪子為自己進行剖腹產的黑豹，樹葉上長出羊毛的樹木，三百英尺長的蛇，有著寶石眼睛的蛇，由於太過熱愛音樂所以為了謹慎起見用尾巴將自己的一隻耳朵堵起來的蛇。

伊甸園也存在於塵世，它時常會出現在地圖上，位於遙遠的東方，據信由一座高山、一大片海洋或一道火牆與其餘世界阻隔開來。在人間天堂中，種植著各種各樣的樹木和花朵，它們色彩絢麗，散發出上千種永不消散的香氣，還可治病救人。鳥兒的歌聲與森林中樹葉的沙沙聲、流過寶石般的岩石或比銀子還明亮的沙灘的溪流的潺潺聲和諧地融為一體。一座帶有水晶柱和碧玉柱的宮殿遮擋了奇異的光線。無風無雨，不冷不熱，使天堂完美無缺；沒有疾病、腐敗、死亡或悲傷會進入那裡。坐落其中的山峰高得碰觸到了月球——但在這裡，科學思維插入進來：十四世紀《多國編年史》（*Polychronicon*）的作者宣稱，那是不可能的，因為那樣會造成月蝕。

對於地球及其現象的解釋都充滿了神秘感。當火熄滅時，它會發生什麼情況？為什麼人的膚色各有不同？為什麼陽光會讓人的皮膚變黑，卻會讓亞麻布變白？沉甸甸的地球怎麼能懸在空中？靈魂如何找到前往來世的道路？靈魂存在於何處？瘋狂由什麼造成？中世紀的人覺得自己為謎團所包圍，可是，因為上帝的存在，他們願意這樣去理解：原因被藏了起來，人不能瞭解一切事物的本源；「它們是按照上帝的意願形成的。」

這並沒有終止一個不斷被提出的問題：為什麼上帝允許魔鬼、疾病和貧窮的存在？為什麼他不讓人失去犯罪的能力？為什麼他不確保人人都上天堂？永遠也不會令人完全滿意的答案是上帝有時對魔鬼也無能為力。據具有無上權威的聖奧古斯丁所言，所有人都因其原罪而在魔鬼的掌握中，因此需要教會和救贖。

有關人類行為的問題在沙德拉克（Sidrach）的書中找到了答案，據說他是諾亞的後裔，上帝將常識當作禮物送給了他，這些知識最後由托雷多（Toledo）的幾位大師編成了一本書。一個聾啞人在心中會聽到什麼樣的聲音？回答：亞當的聲音，也就是希伯來語。謀殺、搶劫和襲擊哪個最糟糕？這三個都不是最糟糕的，最糟糕的是雞奸。戰爭終有一天會停止嗎？永遠不會，除非地球變為天堂。根據十四世紀的法典編纂者奧諾雷・博內特（Honoré Bonet）所言，戰爭起源於魔鬼對上帝的戰爭，「因此，如果在這個世界上出現戰爭和戰役，這並不值得大驚小怪，因為它們最早存在於天堂」。

昂蓋朗所能接受到的教育建立在七種「人文科學」的基礎之上：語法，科學的基礎；邏輯，它區分真假；修辭，法律的源泉；數學，秩序之源，因為「沒有數字便沒有一切」；幾何學，測量科學；天文學，最高尚的科學，因為它與神性和神學相連；最後是音樂。醫學儘管不在人文科學之列，卻與音樂相類似，因為它的物件是人身的和諧。

歷史是有限的，包含在可以理解的侷限之中。它始於「創世紀」，其終結被設置在並非無限遙遠的未來，與之相伴的是基督再臨，這是痛苦的人類的希望，在末日審判之後出現。在那個時間跨度中，人不是社會或道德進步的主體，因為其目的是來世，不是此世的改善。在此世，人會依照上帝的委派與自身進行無休止的鬥爭，在此過程中，他也許會取得個人的進步，甚至勝利，但集體的改善只有在與上帝最終團聚時才可到來。

普通人主要依靠耳朵來獲取知識，即通過公開的說教、神秘劇、敘事詩朗誦、民謠和故事獲得，但在昂蓋朗在世期間，接受過教育的貴族和上層布爾喬亞的閱讀隨著手抄本的增加而有所增長。有關常識的書籍大多要追溯到十三世紀，用法語和其他便於俗眾使用的方言寫成（或從拉丁語翻譯成這些語言），是在數個世紀中的每一世紀都為人所熟知的文學作品的主要來源。一個十四世紀的人還會從《聖經》、愛情故事、動物寓言、諷刺作品以及有關天文、地理、宇宙歷史、教會歷史、辯術、法律、醫藥、放鷹狩獵、打獵、作戰、音樂和許許多多特殊學科的書籍中汲取知識。寓言是個引導性的概念。人們認為《舊約》中的每個事件都在即將出現在《新約》中的寓言中有預先的描繪。大自然中的一切都隱藏在與基督教教義的某個方面有關聯的寓言意義之中。寓言人物——貪婪者、理智者、禮貌者、愛人者、偽裝者、為善者、迎美者、傳惡者——都是故事和政治論文中的人物。

有關偉大英雄、有關布魯特斯（Brutus）和亞瑟王、有關希臘與特洛伊的「強力爭鬥」、有關亞歷山大和尤里烏斯・凱撒、有關查理曼（Charlemagne）和羅蘭（Roland）如何與撒拉森人（Saracens）作戰、崔斯坦（Tristan）和伊索爾特（Iseult）如何相愛和違反教規的詩史，都是貴族家庭的愛物，儘管他們並不排斥較為粗俗的東西。「Fabliaux」，即有關普通人生活的猥褻故事也會像在酒館那樣在貴族大廳中講述。巴黎的梅納吉耶（Ménagier of Paris）是昂蓋朗七世的同時代人，一個富裕的布爾喬亞份子，曾在一三九二年自己六十歲時，為年輕的妻子寫了一本有關家庭和道德教誨的書。他閱讀或擁有的書籍包括《聖經》、《金色傳奇》（*The Golden Legend*）、聖傑羅姆的《神父的生活》（*Lives of the Fathers*）、聖奧古斯丁、聖格列高利（St. Gregory）、李維、西塞羅的著作、《玫瑰傳奇》（*Roman de la Rose*）、佩脫拉克的《格里塞爾達的故事》（*Tale of Griselda*），以及其他一些不那麼為人所知的書目。若弗魯瓦・德拉圖爾・蘭德里（Geffroy de La Tour Landry）騎士是略早於昂蓋朗七世的同時代人，他於一三七一年為自己的女兒寫了一本警示故事書，他對莎拉（Sarah）、拔示巴（Bathsheba）和黛莉拉（Delilah）像對特洛伊的海倫（Helen of Troy）、希波呂忒（Hippolyta）和狄多（Dido）一樣熟悉。梅納吉耶太過道貌岸然，不願閱讀奧維德（Ovid），但這位羅馬詩人依然為其他人所熟知。亞里斯多德是政治哲學的基石，托勒密（Ptolemy）是「自然」哲學的基石，希波克拉底（Hippocrates）和蓋倫（Galen）則是醫學的基石。

當時的作家很快便能找到讀者。在但丁生活的時代，他的詩篇被鐵匠和趕騾人所吟誦；五十年後，在一三七三年，閱讀的增加使佛羅倫斯市政府根據市民的請願，提供針對但丁作品的為期一年的公共演講課程，為此籌措了一百金弗羅林的數額以支付給演講者，他每天都要發表演講，只有神聖的節日除外。被指定的人是薄伽丘，他寫了有關但丁的第一部傳記，並親自抄寫了整部《神曲》，作為送給佩脫拉克的禮物。

在本世紀末的一部義大利語傳記辭典中，最長的條目給了尤里烏斯・凱撒和漢尼拔（Hannibal），但丁佔了兩頁，阿基米德（Archimedes）、亞里斯多德、亞瑟王和匈奴王阿提拉（Attila the Hun）各佔一頁，佩脫拉克佔兩欄半，薄伽丘佔一欄，較契馬布埃（Cimabue）和喬托（Giotto）略短，馬可波羅佔三行。

昂蓋朗七歲時，他的父親在與英格蘭人的作戰中死去，時間大約與一三四六年決定性的克雷西戰役（Battle of Crécy）同時，但他是死於這場戰役還是其他交鋒則無法確定。對於此時的昂蓋朗而言，慣常的模式突然間被顛覆了。

當一塊屬於一位對國王而言非常重要的武士成員的封邑被留在孤兒寡母手中時，控制權問題便變得至關重要，而在王國已經處於戰爭狀態時，就更是如此。在昂蓋朗年齡尚幼時，國王任命了兩人為庫西男爵領地的督管者，一是其御前會議負責人讓・內勒（Jean de Nesles），即德奧弗蒙特大人（Sire d'O. émont），一名舊貴族成員，另一位也是王室圈內成員，馬蒂厄・魯瓦（Matthieu de Roye），德奧諾伊大人（Sire d'Aunoy），法蘭西弓弩手的掌門人，一位行使對所有弓箭手和步兵的統帥權的官員。兩人都是皮卡第的領主，其領地離庫西都不遠。昂蓋朗的叔叔讓・庫西，阿夫蘭古大人（Sire d'Havraincourt），被提名為昂蓋朗的監護人和私人顧問。他的母親，奧地利的凱薩琳，在四面楚歌的情形下，迅速與已故丈夫的眾多兄弟姐妹達成了一項協定（在他還活著的時候，他掌管著他們的共同財產）。他們被確定擁有不同的城堡和莊園，而沒有兄弟姐妹的昂蓋朗七世被確定為領地內重要區域的繼承人，包括庫西、瑪律萊、拉費爾、布瓦西—恩—布里（Boissy-en-Brie）、瓦西—恩—康布勒齊（Oisy-en-Cambrésis）的領地和它們的城鎮及從屬區域。

在一三四八年或一三四九年，昂蓋朗的母親再婚，這大概是她自己或她自己家族的選擇，她嫁給了一位奧地利同胞或德意志人，此人名叫康拉德・馬格德堡（Conrad de Magdebourg），亦名哈代克（Hardeck）。凱薩琳在此次婚姻中沒有生育子女，而在不到一年的時間內，她和丈夫即雙雙殞命，成為一場突襲歐洲並使昂蓋朗成為孤兒的浩劫的犧牲品。

據說凱薩琳在生前非常關注兒子的教育，希望他在「屬於他的階層的藝術、書信和科學方面」出類拔萃，並時常提醒他「其祖先的美德和崇高名望」。這條陳述來自十六世紀的一項有關昂蓋朗・庫西的記錄，也許是當時向貴族人物例行地表達的尊敬之辭：同樣，它也可能存在某種事實基礎。可是，像其他中世紀人的兒童時代一樣，昂蓋朗的兒童時代一片空白。人們對他一直一無所知，直到一三五八年，他十八歲時突然出現在歷史記錄中。

對於騎士精神這一養育了昂蓋朗・庫西的文化，人們所知甚多。騎士精神不僅是戰爭和愛情中的一種舉止規範，更是一種道德體系，它支配著貴族生活的方方面面。儘管其中有約百分之八十的幻想成分，但它依舊具有支配性。它的形成時間與十二世紀規模巨大的十字軍東征時間相當，是一種意在將宗教精神與尚武精神相融合並設法使作戰者的行為與基督教理論相一致的規範。因為騎士的日常活動像商人的日常活動一樣與基督教理論相左，這就需要一種道德掩飾，允許教會憑良心去容忍武士，讓武士們精神愉悅地尋求其自身價值。在聖本篤修會思想者的幫助下，一種規範得以生成，使騎士的執劍之臂在理論上服務於正義、權利、虔誠、教會、鰥寡、孤兒和受壓迫者。騎士身份要在一次由滌罪、懺悔和聖餐構成的慶典之後，以聖父、聖子、聖靈的名義獲得。一件聖徒的遺物通常會被鑲嵌在騎士的劍柄中，以便他在起誓時緊握著它，使他的誓言被記錄在天堂之中。為騎士精神大唱頌歌並因此揚名天下的拉蒙・勒爾（Ramon Lull），一位當代的聖路易，現在可以在其論文中說：「上帝與騎士精神同在。」

但是，像經商企業那樣，騎士精神不可能為教會所容納，在衝破虔誠的面紗之時，它形成了自己的準則。英勇，即令一位武士具有俠士風範的勇氣、力量和技巧的結合，是最主要的因素。名譽和忠誠，再加上彬彬有禮——指此後逐漸被稱為「騎士風度」的那種行為——是理想，而所謂高尚的愛情則是首要特質。高尚的愛情旨在使騎士更有禮貌，令社會交口稱譽，因而需要其自身的門徒處於長期的多情狀態，其所依據的理論是他因此會顯得更加謙恭、快活和殷勤，從而使社會變得更加歡樂。慷慨援助是不可或缺的伴隨品質。送禮出手大方、待人熱情慷慨是紳士的標誌，並且有其實用價值，可吸引其他武士在大領主的旗幟和獎賞下奮勇殺敵。依靠慷慨援助為生的吟游詩人和編年史作者對這種行為大肆吹捧，導致了不計後果的鋪張浪費和草率無忌的傾家蕩產。

英勇並非只是紙上談兵，因為若要發揮孔武之用，就需真正的身強力壯。穿著五十五磅的鎧甲在馬背上作戰或徒步作戰，平端著十八英尺長的槍矛（相當於普通電線杆一半的長度）於全速馳騁之中與對手撞擊，以劍或一擊下去便可切開顱骨或削去肢幹的戰斧攻擊或迎擊，無論何種天氣和何時何地都要將生命中一半的時間用於鞍韉之上，這都非軟弱者所能為。艱辛和恐懼是英勇的組成部份。「參戰的騎士……永遠都在吞咽自己的恐懼。」十四世紀末期「戰無不勝的騎士」唐佩羅・尼諾（Don Pero Niño）的同伴及傳記作者寫道：「他們使自己暴露在各種各樣的危險之下，他們為了冒險生活而捨生忘死。吃的是發黴的麵包或餅乾，以及或生或熟的肉類；飽一頓饑一頓，極少或沒有葡萄酒佐飲，喝池塘或大桶中的水，住宿條件極差，以帳篷或樹枝為庇身之所，床鋪差勁，睡不安穩，因為睡覺時依然身著鎧甲，背負鐵器，與敵人只有一箭之遙。「警惕！來者何人？準備戰鬥！準備戰鬥！」才欲入眠，即響起警報之聲；天剛放亮，號角便已吹響。「上馬！上馬！集合！集合！」擔任瞭望員，擔任哨兵，日夜觀察敵情，在沒有掩護的情況下戰鬥，擔任征糧者，擔任偵察兵，警戒了又警戒，任務一個接著一個。「敵人從這裡上來了！這裡！他們人太多了——不，沒那麼多——這邊——那邊——到這邊來——把他們壓制在那裡——戰況！戰況！他們負傷而歸，他們帶回了戰俘——不，他們一無所獲。衝啊！衝啊！寸土不讓！衝！」他們這樣呼喊著。

身負重傷是那呼喊的一部份。在一次戰鬥中，唐佩羅・尼諾為箭所傷，它「將他的護喉與他的脖子穿在了一起」，但他繼續在橋上與敵人作戰。「幾根槍矛的殘柄還紮在他的盾牌之上，正是這只盾牌讓他躲過了大部份的傷害。」一把弓弩發出的弩箭「刺穿了他的鼻孔，疼痛難當，使他一陣眩暈，可他的眩暈只持續了短暫的一瞬」。他奮力向前，頭上和肩上都中了許多劍，它們「有時會擊中嵌在他鼻子上的弩箭，使他痛楚不堪」。當雙方的精疲力竭使作戰告一段落時，佩羅・尼諾的盾牌「破爛得像塊碎布，他的劍鋒形如鋸齒，沾滿鮮血……他的鎧甲被矛頭切割成了幾塊，有些矛頭刺入了血肉，使他鮮血直流，雖說那鎧甲有著強大的抵抗力」。英勇可不是輕而易舉便可獲得的。

意味著誓言的忠誠是騎士精神的支柱。對忠誠的極端強調起源於領主與封臣間的誓言是統治的唯一

64

形式之時。違背誓言的騎士會因背叛了騎士身份而受到「背叛」的指控。只要不打破騎士的誓言，忠誠這一概念便不會杜絕背叛行為或最臭名昭彰的欺騙。當一群全副武裝的騎士宣稱自己是盟友而獲准進入一座城池然後大肆屠殺守城者時，顯然並未違背騎士精神，因為他們並未向市民立下誓言。

騎士精神被視為所有基督徒騎士的普遍規則。基督徒騎士是個跨越國界的階層，為一個理想所推動，很像後來的馬克思主義對全世界工人的看法。它是個軍事行會，其中，所有騎士在理論上都是兄弟，儘管傅華薩將德意志人和西班牙人排除在外，他說他們太過缺乏教養，所以無法理解騎士精神。在履行自己的職責時，騎士必須如索爾茲伯里的約翰（John of Salisbury）所寫的那樣，準備「為你的兄弟流血」——他指的是普遍意義上的兄弟——「並且，在萬不得已時，要犧牲自己的性命」。許多人都做好了這樣的準備，儘管也許更多的是出於對戰鬥的純粹熱愛，而並不關注戰鬥的起因。波希米亞的盲人國王約翰就是那樣死去的。他因為熱愛戰鬥而戰鬥，而不在乎那衝突是否重要。他幾乎沒有錯過歐洲的任何一場爭執，並加入了兩者間的比拼中，據傳就是在其中的一場比拼中受傷致盲。另一方面，他的下屬則說，他的目盲是神聖的懲罰所致——不是因為他挖開了布拉格的老猶太教堂（他確實那麼做了），而是因為在尋找藏於鋪有石板的地面下的金錢時，他在貪婪和德意志騎士的建議驅動下，挖開了位於布拉

格大教堂的聖阿德爾伯特（St. Adelbert）的墳墓，被遭到褻瀆的聖徒弄瞎。

作為腓力六世的盟友，這位位列五百騎士之首的失明國王在皮卡第各處與英軍作戰，總是不計後果，奮勇當先。在克雷西，他要求自己的騎士帶他深入戰場，好讓他可以用劍殺死更多的敵人。他們中的十二人將自己的馬韁繩拴在一起，以國王為頭，挺進戰鬥最密集之處，「直至一去不返」。第二天，人們找到了他的屍體，他的騎士圍在他周邊，全部戰死，他們的戰馬依舊拴在一起。

作戰填補了貴族們想找事做的需求，是一種發揮自身作用的方式。那是他們的工作替代品。他們的休閒時間主要花在打獵上，否則就花在下國際象棋、雙陸棋和擲骰子上，花在唱歌、跳舞、盛裝遊行和其他娛樂消遣上。漫長的冬夜裡，他們聆聽對一篇冗長的史詩詩句的吟誦。寶劍為無所事事的貴族提供了一種有目的的活動，它可以給他們帶來榮譽和地位，假如幸運的話，它還可以給他們帶來收益。如果眼前沒有真正的衝突，他們就會致力於比武大會，這是貴族階層最令人激動、最昂貴、最具毀滅性、最令人愉悅的活動，但自相矛盾的是它也對他們真正的軍事作用最具傷害性。比武中的戰鬥聚焦於技巧，使他的興趣貫注於一種日益形式化的衝撞，沒有給真正戰役的戰術和策略留下多少思考餘地。

比武大會起源於法國，被別人稱作「法式格鬥」（Con.ictus Gallicus），開始時無規矩和競技場可言，只是對峙雙方達成共識的衝撞。儘管人們為它找到了合理的理由，說它是種培訓練習，但其推動力實則是對打鬥的熱愛。在變得更具規則性和中規中矩的過程中，它具有了兩種形式：個人的馬上長槍比武和一方人數多達四十人的團體混戰，它們要麼是使用弄鈍的武器的消遣，要麼是真刀真槍的死戰，參與比武的人也許會身負重傷，死亡也時有發生。比武大會隨著貴族主業的縮減而激增。在君主政體的統治得到擴大的情況下，貴族不再那麼需要保護自己的封邑，而一個職業臣僚階層也正在逐漸佔據他在王權周圍的地位。他越是無事可做，就會把越多的精力花在人刻意地重新扮演其角色的比武大會上。

一場比武大會也許會持續達一周的時間，盛大的比武大會則會長達兩周。開幕當天用於比賽者的配對和確定種子選手，接下來的幾天則留給馬上長槍比武和混戰。在最後的決賽之前，還有一天的休息時間，這期間都點綴著盛宴和聚會。這些場合是當時重大的體育賽事，吸引著從富裕的商人到普通工匠、江湖郎中、食品小販、娼妓和小偷的為數眾多的庸眾。通常參與比武的騎士有約百人，每人都有兩個騎馬侍衛、一個軍械修護員和六個身穿制服的僕人相伴。騎士當然會用錯金縷彩的鎧甲和有頂飾的頭盔來裝備自己，價值從二十五里弗到五十里弗不等，還需一匹戰馬，價值從二十五里弗到一百里弗不等，此外還要加上他旅行時騎的馬，以及旗幟、服飾和精良的衣物。儘管這些開銷能輕易地使其破產，可他也有可能變得更加富裕，因為格鬥中的輸者必須支付贖金，而勝者會得到他對手的馬匹和鎧甲作為獎品，他可以把它們重新賣給對手或他人。獲益不被騎士精神所認可，但它存在於比武大會中。

由於比武大會鋪張浪費、充滿暴力且虛榮自負，教皇和國王一直對它們表示譴責，因為他們的錢財也會從中流失。但一切都徒勞無益。當多明我會（Dominicans）譴責它們是異端馬戲時，人們充耳不聞。當可怕的聖伯納德（St. Bernard）恐嚇說任何死於比武大會的人都會下地獄時，他這一次只是在對牛彈琴。比武大會中的死亡除了會沒來由地危及家庭和承租人外，還被教會正式視為自殺之罪，但即使開除教籍的威脅也發揮不了作用。儘管聖路易譴責比武大會，而美男子腓力在其作戰期間也對其加以禁止，但什麼都不可能永久地終止它們，或是減弱人們對它們的熱情。

在比武大會上，看臺上的觀眾打扮得光彩奪目，旗幟和緞帶隨風飄揚，喇叭奏出樂音，一隊隊的參賽者令他們盛裝的馬匹後足立地騰躍，憑金色的籠頭爭勝，馬具和盾牌熠熠生輝，女士們向自己鍾愛的選手扔出頭巾和袖套，傳令人向宣佈規則的主事親王鞠躬致敬，公告人大聲地宣佈比賽冠軍，這一切都使得比武大會成為貴族們驕傲和愉悅的巔峰，具有其自身的勇氣和美麗。

如果說比武大會是騎士精神的外在表現的話，那麼高尚的愛情則是它的夢想境界。當時的人們將高尚的愛情理解為為愛而愛，是浪漫之愛，是真情之愛，是肉體之愛，與財產和家庭無關，且目標必然是他人之妻，因為只有這樣一種不合法的聯絡才可能做到除了愛情之外別無所求。（處女之愛實際上被排除在外，因為這會帶來危險的問題，除此之外，貴族階層的少女通常會從兒童時代一下子跳至嫁為人婦，幾乎沒有用於談情說愛的間隔期。）高尚的愛情使有罪的愛情變得理想化了，這一事實使中世紀人小心翼翼地通過的生命迷宮變得更為複雜。為騎士精神所程式化的浪漫愛情被描繪為超婚姻的，因為愛情被認為與婚姻無關，實際上不受鼓勵，以便它不會成為王朝婚配安排的絆腳石。

高尚愛情的存在理由是人們認為它會讓人變得高貴，從各個方面使他得到提高。它會使他一心想表現得像個謙謙君子，竭盡所能地保持榮譽，永遠不讓自己或他所愛的女子遭受羞辱。在一個較低的層面上，它會使他保持牙齒和指甲的清潔，使他衣著華麗，修飾精緻，使他言談睿智，引人入勝，使他對所有人都彬彬有禮，控制傲慢和粗魯之舉，從不當著一位女士的面爭吵。最重要的是，它會使他更加英勇，更加具有騎士風範：那是基本的前提。他會受到激勵，變得更加英勇，會在比武大會上贏得更多的勝利，提升自己的勇氣和膽量，如傅華薩所云，變得「以一擋二」。在此理論指導之下，婦女的地位得到改善，她們不再只代表自己，而更多地成了男性榮耀的激發者，這個職能要高於僅僅成為性對象、兒童的哺育者或財產的輸送者。

騎士的戀愛過程是：先是愛慕崇拜，然後是激情四溢的熱誠告白，經過女士的善意拒絕，以永遠忠誠的誓言、因慾望無法滿足而瀕臨死亡的悲歎、勇敢無畏的英雄行為再次展開追求，終於憑藉英勇而贏得女士的芳心，圓滿獲得秘密的愛情，然後是無休無止的冒險和為悲劇性結局尋找到的遁詞。此類浪漫愛情傳奇中，最廣為人知，且是此類作品中最後一部的是《庫西堡主》（*Chatelain de Coucy*），它大約作於昂蓋朗七世出生之時、「武功歌」正在淡出人們的視野之際。它的主人公不是庫西的領主，而是一個名為雷諾（Renault）的城堡的主人，根據一位真人故事和十二世紀的詩歌所塑造。

在該傳奇中，他瘋狂地愛上了法耶爾夫人（Daem de Fayel），經過佔了八二六六行詩句的系列紛繁的巧妙操縱，他遭到那位嫉妒丈夫的誘騙，參加了第三次十字軍東征，為自己贏得了滿身榮耀，而當他被一支毒箭射中而受到致命傷害時，他編寫了最後一支歌曲，寫下了告別信。在他死後，它們連同他經過防腐處理的心臟和那位女士的一綹頭髮，裝在一個盒子裡，被送給那位女士。一位忠誠的僕人帶著盒子日夜兼程，盒子卻被那位丈夫所截獲，他把那顆心做成食物讓妻子吃下。在得知自己吃下的是什麼之後，她發誓說在吃過這樣高貴的食物之後，她將永遠不再吃東西。她因此死去，而那位丈夫則自我放逐，展開了一次終身的朝聖之旅，以換取對其行為的寬恕。

這些故事「悲傷、多情而野蠻」，將不貞潔的愛情頌揚為唯一的真愛，而在同一個社會的現實生活中，通姦是一種犯罪，更別提是一種罪孽了。一旦被發覺，便會使女子名譽掃地，使丈夫這位同為騎士的人蒙受羞辱。不難理解，丈夫有權殺死不忠的妻子和她的情人。

沒有什麼適合這一準則。那快樂的、令人振奮的、使人變得高貴的追求建立在罪孽之上，帶來了它本應避免的恥辱。高尚的愛情是比高利貸還要嚴重的矛盾糾結。它始終是人為的，是一種文學慣例，是

67

一種幻想（就像現代色情作品一樣），它更多地出於討論之需，而不是出於日常行為之需。

現實更具常態性。如拉圖爾・蘭德里所描繪的那樣，他周圍那些多情的騎士們並未過度關注忠誠和禮貌。他談到當他還是個年輕人時，常常與朋友騎馬前往國外，他的朋友們會祈求女士的愛情，而假如這個女士不接受他的求愛，他們就會試著向另一個求愛，用奉承的甜言蜜語來欺騙她們，發下虛假的誓言，「每到一處，只要有可能，他們都會找到玩弄的物件」。一個又一個淑女被那些「虛情假意的男人用來向女子詛咒發誓的醜惡而美妙的虛假誓言」所蒙蔽。他提到三個女士，她們在交換有關自己情人的看法時，發現那位高高在上的讓・曼格爾（Jean le Maingre），德布西科大人（Sire de Boucicaut），竟是她們各自的最愛，他已與所有人做過愛，告訴每個人，他的最愛是她。當她們斥責他的謊言時，他大言不慚地說：「因為在我對你們每個人說話之時，我都最愛跟我說話的那一個，我的心中所想也完全一樣。」

拉圖爾・蘭德里本人是位有錢的莊園主，參加過許多戰役，最後成了一位熱愛家庭生活的紳士，喜歡坐在自家的花園中，快樂地聆聽畫眉鳥四月間的歌聲，並且喜愛讀書。與騎士精神相反，他還熱愛自己的妻子：「鐘聲和所有的花朵都是那樣美好」，而「我從她那裡得到了那樣多的樂趣，所以我盡我的智慧所能，為她寫下愛情歌曲、詩謠、回文詩、一節二韻詩和各種各樣的新體詩」。他不大考慮騎士精神所喜愛的主題，即激勵騎士們變得更加英勇的高尚的愛情，因為儘管他們說自己那樣做是為了女士，「其實他們那麼做是為了讓自己獲得表彰和榮譽」。他也不贊成為了愛情的愛情，即「par amours」，無論是婚前還是婚後，因為它可能會帶來各種各樣的罪惡，對此，他引用了《庫西堡主》當作例子。

當時有條驚人的傳言，說愛德華三世強姦了索爾茲伯里伯爵夫人（Countess of Salisbury）。正如這條傳言所表明的，高尚的愛情是騎士精神的理想，極少得以在現實行為中實現。傅華薩對騎士精神的信仰就

68

如同聖路易對聖父、聖子和聖靈的信仰般堅定，他淨化了這個故事，按說是經過了小心翼翼的調查，但更有可能是出於對其摯愛的首位贊助者、愛德華的王后艾諾的菲莉帕的尊重。他僅僅報告說，國王在一三四二年於蘇格蘭進行的一場戰役之後探訪了索爾茲伯里城堡，被對美麗伯爵夫人「迸發出的美妙愛情的火花擊中了內心」。據描述（帶有某種歷史的許可），在她拒絕他靠近之後，愛德華與自己就追求其有罪的激情問題展開了辯論，其言辭是騎士精神中有關情人角色之理論的無上聲明：「假如他更多情，那麼這對他、對他的王國以及對他所有的騎士和侍衛來說完全是件好事，因為他會愈加感到心滿意足，愈加快樂，愈加尚武；他將舉辦比以前更多的比武、更多的競賽、更多的盛宴和更多的狂歡；他在戰爭中將變得更英勇善戰，更精力充沛，更和藹可親，對自己的朋友更加信任，對敵人更加嚴厲。」

讓・貝爾（Jean le Bel）是另一位愛德華三世的同時代人，他曾讓自己成為一個不抱幻想的騎士。在那之後，他接受聖職，當了教士，並成為一位編年史作者。按照他的說法，事情則截然不同。在把索爾茲伯里伯爵像烏利亞那樣送往布列塔尼之後，國王再次探訪了伯爵夫人。在遭到再次拒絕時，他卑劣地強姦了她，「拼命捂住她的嘴，使她僅僅發出了兩三聲呼救……讓她在昏厥中躺在那裡，鼻子、嘴巴和身體的其他部位都鮮血直流」。愛德華懷著對自己所作所為的極大不安回到倫敦，而那位淑良的女士「再也感覺不到愉悅和歡快，她的心變得無比沉重」。當她的丈夫回來時，她不再與他同床共枕，在被問及原因時，她訴說了所發生的一切，「坐在床上，緊挨著他哭泣」。伯爵回想起他與（如今顏面盡失的）國王間的深厚友情，以及對彼此的崇高敬意，於是對妻子說他無法在英格蘭繼續生活下去。他前往法庭，當著同儕之面，將自己的土地轉作妻子的嫁妝，從而不再擁有自己的土地，然後，他走到國王面前，直視著他說：「你卑劣地羞辱了我，將我扔進了糞坑。」在此之後，他離開了這個國家，對貴族產生了悲歎和懷疑，而「國王遭到了眾人的非難」。

如果說有關騎士精神的小說在某種程度上塑造了外在行為的話，那麼它像人類為自身所製作的其他模型一樣，並未改變人的本質。茹安維爾對十字軍一二四九年在達米埃塔（Damietta）的記錄顯示，聖路易手下的騎士個個殘暴兇狠，褻瀆神明，沉湎酒色。條頓（Teutonic）騎士在其一年一度對立陶宛未皈依的當地人的劫掠中，以搜捕農民為嬉戲。不過，假如這種規範只不過是對暴行、貪婪和縱慾的粉飾的話，它就仍然只是種理想，就如基督精神是種理想一樣。對於這樣的理想，人類一如既往地可望而不可即。

第4章

戰爭

愛德華三世在法國的第一場戰役止於一三四二年的休戰，這場戰役一直不具決定性，且沒有戰略性結果，只有一三四〇年在布魯日港口斯勒伊斯（Sluys）進行的海戰除外。斯凱爾特河（Scheldt）河口在此變寬，周圍有島嶼保護，形成了一個天然的大港口，法軍從遠至熱那亞（Genoa）和黎凡特（Levant）的地方往此集結了兩百艘船隻，以抵禦英格蘭計劃中的入侵。戰役以英軍的獲勝告終，這場勝利摧毀了法國艦隊，海峽的控制權暫時落到了英格蘭手中。使之獲勝的是一項軍事革新所帶來的功效，而它將成為法蘭西的報應。

這項革新就是長弓，它起源於威爾斯，在愛德華一世治下得到發展，被用於對抗位於高地的蘇格蘭人。長弓的射程達三百碼，在熟練的弓箭手手中，其速度可達到每分鐘射十至十二枝箭（相形之下，弩每分鐘只能發射兩枝箭），代表著軍事力量的革命性轉變。它的箭長三英尺，是強大的六尺弓的約一半長，在兩百碼的範圍內可謂箭無虛發。雖說在穿透力的極限範圍方面比不過弩，但長弓可怕的密集攻擊則會讓敵人潰不成軍、士氣低落。在準備向法蘭西發出挑釁之際，愛德華必需運用武器或戰術上的優勢來彌補人數上的劣勢。一三三七年，他下令禁止除箭術以外的所有運動，違則處死，並取消了所有紫杉弓箭製作工匠的債務。

70

另一種新武器——炮，在這時登上了歷史舞臺，但顯得力道不足，帶有試驗性質，效率也比長弓低得多。第一門「ribaud」，或如法國人所稱的「pot de fer」，是門小鐵炮，形狀像只瓶子，會發射帶有三角形箭頭的鐵製弩箭。當一支法國奇襲部隊在戰爭之初的一三三八年劫掠並燒毀南安普敦（Southampton）時，便帶著一門這樣的鐵炮，它裝備著三磅火藥和四十八枝弩箭。第二年，法國人生產了更多的炮，其形式是將幾根炮管綁在一架裝有輪子的平臺上，其點火孔是對齊的，以便所有炮管可以同時發射。但事實證明，它們太小了，無法發射具有可造成嚴重破壞的充足力量的射彈。據說英格蘭人在克雷西（Crecy）使用了小型炮，但沒有產生引人矚目的效果，而在圍攻加萊（Calais）時，英格蘭人絕對使用過它們。事實證明，它對該城的石牆無能為力。後來，在用黃銅和紫銅加以鍛造且擴大了尺寸後，它們在攻打或防禦橋樑、城市或城堡大門時發揮了作用，但它們還需要再一百年的時間才能最終攻破石牆。在整個十四世紀，重新裝載、撞擊火藥、插入射彈、容納氣體直至其足以產生爆炸力量等方面的困難，都阻撓著它們產生有效的發射。

由愛德華親自指揮的斯勒伊斯海戰中，長弓手主宰了英格蘭的武器裝備，每兩船弓箭手之間安插一船重甲騎兵，另外還有多船的弓箭手作為援兵，以備不時之需。在這個時代，主宰海戰的不是海軍力量，而是船上的士兵和弓箭手的力量。他們從加高的甲板上操縱安裝在供弓箭手使用的作戰平臺或「城堡」上的重達一百噸至三百噸的齒輪。傅華薩記載：戰鬥「激烈而可怕」，「因為船上作戰比陸地作戰更加危險和激烈，因為在海上，你無路可退，無處可逃」。在弓箭手的攻擊下，法國人被趕下了自己的甲板，並在壞運氣和錯誤的追擊下，一敗塗地。

沒有人敢告訴腓力六世這次戰役的結果，直到他的弄臣沖上前去說：「噢，膽小的英國人，膽小的英國人！」在國王問他為什麼這樣說後，他答道：「他們沒有像我們勇敢的法國人那樣跳海。」國王顯然領悟了其中含義。在那之後，有這樣一種說法：魚喝了那麼多法國人的鮮血，所以假如上帝給它們說話的權利的話，它們會開口說法語。

英格蘭人的勝利在當時並沒有什麼帶來後續的效果，因為愛德華無法將足夠的軍隊送上陸地。他的來自低地的各個盟國在獲得了高昂的補貼之後紛紛開溜，對他的目標毫無基本的興趣。就連他的岳父，艾諾的威廉伯爵（Count William of Hainault），也重新回歸了與法國更自然的依附關係。在自身軍力不足和金融破產的情況下，愛德華被迫接受教皇提出的休戰安排。他撤退了，但只是為了跳得更高。

他到底為何而戰？一場將出人意料地延長至下個世紀的戰爭的真正起因是什麼？正如大多數戰爭一樣，起因是政治、經濟和心理諸多因素的混合。愛德華想獲得對吉耶納（Guienne）和加斯科涅（Gascony）的最終主權，這兩處位於法國西部一角，自阿基坦的埃莉諾結婚時將它帶給他的五世祖先亨利二世之日起，它就一直遠離阿基坦公國（Duchy of Aquitaine）。法蘭西國王在給予居民訴請裁決最終主權之權利的主權或上訴裁判權的原則下，依舊保持了優先主權。既然法王的決定極有可能是支持該地居民反對自己的英格蘭君主，既然對此心知肚明的居民們時常運用那一權利，於是這樣的局面便成了無止境的衝突來源。對於英格蘭人而言，主權或上訴裁判權在政治上和心理上都是無法容忍的。

該局面還有更令人焦躁之處，因為吉耶納對英格蘭經濟而言至關重要。它有著肥沃的山谷、綿長的海岸線，以及由可通航的河流構成的網路，這些河流都通向重要的波爾多港口，它是世界上最大的葡萄酒出口地。英格蘭進口葡萄酒和其他產品，並送回羊毛和布匹，從每一筆交易中都可獲取豐厚的稅收，在波爾多收取出口稅，在英格蘭港口收取進口稅。在波爾多和法蘭德斯之間，商業貿易同樣活躍繁榮，這引起了法國核心地區的嫉妒。對於法蘭西君主而言，英格蘭人在自己的王國內部擁有立足之地是令人無法接受的。兩百年來，每一任法國國王都試圖通過戰爭、沒收或條約來重新奪回阿基坦。爭執由來已久並日益深重，當火花向上飛揚時，便會走向戰爭。

愛德華三世於一三二七年登基時是十五歲，當他開始與法國作戰時是二十五歲，當他於一三三六年進行第二次嘗試時是三十四歲。他身體健碩，朝氣蓬勃，金髮飄飄，髭鬚茂密，正是精力最旺盛的年紀，豪爽健談，有國王風範，自負、優雅、任性，對人性之極惡並不陌生。在他成長之時，周遭充斥著惡毒的爭鬥——父親寵臣被殺，父親被廢黜和謀殺，母親的情人、大權在握的莫蒂默（Mortimer）推翻國王之後又被吊死——可是，就歷史記載而言，他似乎未被此經歷嚇倒。在不具備任何較大意義上的統治者權利的情況下，他理解了務實的政治。他沒有什麼偉大品質使他出類拔萃或領先於他的時代，但他擁有當時為人們所欽佩的國王的品質：他喜歡作樂、打仗、榮耀、狩獵、比武大會以及窮奢極侈的展現。一篇對其性格的分析包含了「孩子氣的魅力」和「某種年輕人的暴躁」這樣的句子，表明這位前英格蘭國王也顯示了典型的中世紀青少年的特徵。

當愛德華發出其有權成為法蘭西國王的聲明時，很難確定他在此事上有多麼認真，但作為一種策略，它在給予他正當理由方面具有無與倫比的價值。雖然任何時代都渴望「正義的戰爭」，但在十四世紀，它實際上是一種法律的必須要求，因為它是獲得封建領主在人力物力方面支持的基礎。確保上帝站在自己一邊也同樣必不可少，因為戰爭從根本上被認為是訴諸上帝之仲裁的方式。一場「正義的戰爭」必須是由君主宣佈的公開政策之一，它必須有「正義的」理由——也就是說，針對敵方以犯罪或錯誤形

73

式出現的某種「非正義」。正如我們無從避開的湯瑪斯・阿奎那所闡明的那樣，它還需要第三個標準：參與方的正直意圖，但如何檢驗它是否正直，那位偉大的說明者卻未提及。比上帝之助甚至更加便捷的是伴隨一場正義戰爭的「戰利品獲得權」——實際上即掠奪權。它依據的理論是，敵人，作為「非正義」的一方，無權擁有財產，戰利品是拿生命在一次正義的事業中進行冒險的應得報償。

有權繼承法國王冠的聲明為所有愛德華可以招募為盟友的法國公侯提供了合法藉口。假如合法國王是他而不是腓力，則一位公侯便能夠以王位一直被錯置為由變換自己的效忠對象。在十四世紀，忠誠依舊被賦予一個人，而非一個國家，公爵和伯爵這些擁有廣大土地的領主覺得自己可隨意結盟，仿彿他們處於幾乎自治的狀態。出於各種各樣的原因，諾曼第的阿爾古家族（Harcourts of Normandy），以及布列塔尼公爵及其他領主，都是那麼做的。愛德華說自己因母親而獲得的王位繼承權向他提供了一樣使其冒險切實可行的東西——法國境內的支持和有用的立足點。他完全用不著殺開血路挺進。無論在諾曼第還是布列塔尼，這種局面都將持續四十年，而在於克雷西戰役之後被佔領的加萊，這種局面將持續到中世紀結束之後。

在布列塔尼，戰爭的核心是分別得到法國和英國支持的兩位相互競爭的公國繼承人以及兩派人之間無休止的爭執。結果，法國長期地處於有可能被交到敵人手中的危險之下。布列塔尼海岸向英格蘭船隻開放，英格蘭衛戍部隊在布列塔尼的土地上安營紮寨，布列塔尼的貴族公開與愛德華結為同盟。布列塔尼是法國的蘇格蘭，其民眾性情暴躁，有凱爾特人的氣質，堅毅冷酷，是對立和反抗的搖籃，打算在反對其最高君主的鬥爭中利用英格蘭人，就像蘇格蘭在自己的鬥爭中利用法國人那樣。用米什萊（Michelet）的話來說，沿著布列塔尼亂石嶙峋的海岸，「兩個對手，大地和海洋，人與自然，進行著永恆的交鋒。」

風暴掀起滔天巨浪，飛濺的水沫高達五十英尺、六十英尺、八十英尺，像教堂的尖塔那麼高。「在這裡，大自然駭人聽聞，人也是如此：兩者似乎可以相互理解。」

布列塔尼公國的兩位競爭者是一男一女兩個冷酷無情的極端分子。一三四一年，最後一位公爵去世，使得他的同父異母兄弟讓・蒙福爾伯爵（Jean Comte de Montfort）及侄女讓娜・彭提維（Jeanne de Penthièvre）成了繼承爵位的競爭對手。蒙福爾是候選人，也是英格蘭的同盟，而讓娜的繼承人身份為其丈夫、腓力六世的侄子查理・布盧瓦（Charles de Blois）所賦予，她成了該公國的法裔候選人。

由於從小博覽群書，查理成了一個過於虔誠的苦行者，通過折磨肉體來追求靈性。像湯瑪斯・阿貝凱（Thomas à Becket）那樣，他穿爬滿了蚤子的髒衣服，將石子放在鞋中，睡在妻子床邊鋪著稻草的地板上。在他死後，人們發現他的鎧甲下穿著用馬鬃製成的粗布襯衫，細繩緊纏著他的身體，以致繩結都紮進了肉裡。通過這些修行，一位追求神聖的人表達了對世界的藐視、自謙和遜讓，儘管他時常發現自己心懷愧疚，因為他對自己的過度行為充滿有悖常理的驕傲。查理每晚都要懺悔，好讓自己不會在有罪的狀態下睡去。他生育了一個名叫讓・布盧瓦（Jehan de Blois）的私生子，但肉體的罪孽不必戒絕，只需懺悔。據說，他懷著敬意對待卑微的人，以善意和正義回應窮人的申訴，不允許征太過沉重的稅。他的聖名遠揚，所以當他赤腳踏雪前往布列塔尼聖地時，民眾用稻草和毯子覆蓋他要走的小路，但他走了另一條路，代價是鮮血淋漓的、被凍傷的雙足，以致在那之後的好幾個星期裡，他都沒法走路。

他的虔誠壓根沒有改變他對布列塔尼公國的粗暴追求。他在南特（Nantes）的城牆之下表明了自己的繼承人身份，其方式是用弩炮將三十個被俘的蒙福爾黨羽的腦袋擲入城中。成功地包圍了坎佩爾（Quimper）之後，他無情地屠殺了兩千名市民，其中有老有少，有男有女。根據當時盛行的戰爭法規，如果被圍者投降，則他們可以與圍攻者達成協議，但假如他們以死相抗，則沒有協議之說，據此推測，查理不會因此受到良心上的責備。這一次，在他選好了進攻地點後，有人警告他說會有洪水來襲，可他拒不改變自己的決定，說：「難道江河湖海不在上帝的管轄之下？」當他的手下在被洪水包圍之前成功地攻陷了該城之後，人們認為這是個由查理的祈禱所帶來的奇跡。

當查理俘虜了讓・蒙福爾並將之送到巴黎交由腓力六世囚禁時，蒙福爾的事業由其卓爾不凡的妻子「懷著男人的勇氣和獅子的心腸」所接手。她騎馬從一個城鎮走向另一個城鎮，讓垂頭喪氣的黨羽們重新振作起來，效忠自己三歲的兒子，她說：「哈，領主們，絕不要為你們已經失去的我的丈夫哀悼。他不過是個人而已。」她還許諾，她有足夠的錢將此事業進行下去。她為要塞提供糧草、加強防衛、組織抵抗、「慷慨出資」、主持會議、斡旋外交，用雄辯而優美的書信表達自己的看法。當布盧瓦的查理包圍了埃訥邦（Hennebont）時，她領導了英勇的抵抗：她走上街頭，身披鎧甲，坐跨戰馬，在箭如雨下的情況下勉勵士兵，並下令婦女剪短裙裾，將石塊和煮沸的瀝青運上城牆，向敵人投擲和傾倒。在一個戰鬥的間歇時段，她帶領一隊騎士，從秘門出去，快馬飛奔至敵營後方進行包抄，摧毀了一半的敵軍，擊敗了這次圍攻。她發明了佯攻戰術和策略，在海戰中揮劍上陣，而當她的丈夫化裝從羅浮宮逃出、在到達布列塔尼時一命嗚呼之後，她仍執拗地繼續為自己的兒子而戰。

75

一三四六年，布盧瓦的查理最終被英方俘虜，並被帶往英格蘭的監獄，這時，他的事業由他同樣執拗的妻子、跛腳的讓娜・彭提維所繼承。無情的戰爭繼續了下去。它的兩個重要主人公的命運充分體現了他們的時代、他們的瘋狂和他們的聖徒地位。事實證明，攻擊和陰謀、貧困與生存希望的破滅都超出了英勇無畏的蒙福爾伯爵夫人的承受範圍，她發了瘋，被囚禁在英格蘭，而愛德華讓自己成了她兒子的監護人。她被禁錮在蒂克希爾（Tickhill）的一個城堡中，逐漸被人遺忘，又繼續活了三十年。

布盧瓦的查理在當了九年的囚徒之後，靠著贖金獲得了自由。贖金的數目眾說紛紜，從三十五萬埃居（ecus）、四十五萬埃居到七十萬埃居不等。儘管他終於打算妥協，但他妻子拒絕讓他否認她的繼承人身份，於是他重上戰場，最終死於沙場。在那之後，他被封為聖徒，但在年輕的讓·德蒙福爾的請求下，該進程被教皇格列高利十一世宣佈為無效，因為讓·德蒙福爾害怕，作為一個聖徒的征服者，他會被布列塔尼人視為篡位者。

當人們在布列塔尼爭取赫赫戰功和威名時，另一番爭鬥正在法蘭德斯展開。

商業貿易和地理位置使法蘭德斯成了英法對抗中的一個兵家必爭之地。它的諸城鎮是十四世紀歐洲首要的商業中心，義大利商業銀行家和放債者將之打造成了他們在北方的總部，這是有利可圖的生意的明確信號。紡織業創造的財富使布爾喬亞權貴富得流油，他們過著窮奢極欲的生活，以至於當美男子腓力的妻子讓娜王后參觀布魯日時，對此深感震驚。她說：「我以為自己是這裡唯一的王后，可我發現，另外還有六百位王后。」

雖說是法蘭西的一個封邑，但法蘭德斯因羊毛而與英格蘭關係密切，就如加斯科涅因葡萄酒而與英格蘭關係密切一樣。威斯敏斯特的馬修（Matthew of Westminster）驕傲地寫道：「世界上所有國家都要靠由法蘭德斯人織成布匹的英格蘭羊毛取暖。」包括供普通人使用的厚重織物在內，法蘭德斯布的品質和色彩在歐洲無可企及，被遠銷至東方，在經濟上大獲成功，但使得法蘭德斯極易受到單一產業經濟之劣勢的影響。在這一局面下，潛藏著此前數百年的動盪與暴動的根源，以及英法雙方在爭奪對這一地區的控制權時所使用的槓杆。

法蘭德斯伯爵路易・內韋爾（Louis de Nevers）和法蘭德斯貴族都支持法國，而商人、工人階級以及所有依靠織布業為生的人，若非出於感情則是出於自我利益，都傾向於英格蘭。與法蘭西封建的和自然的關聯佔得了先機。法蘭德斯布和法蘭西葡萄酒在貿易中相互交換，伯爵的宮廷以法蘭西的宮廷為樣板，貴族相互通婚，法國高級教士佔據著法蘭德斯的高級職位，法語的使用十分普遍，法蘭德斯的學生去位於拉昂（Laon）、蘭斯（Reims）和巴黎的中學和大學求學。

在該世紀之初的法蘭德斯，遭到輕視的普通民眾給法國騎士造成了令人難忘的失敗。一三〇二年，一大批穿著亮麗鎧甲的法國騎士騎馬進入北部，以支援法蘭德斯的城市巨頭去鎮壓布魯日工人們的一次起義。在發生在庫特賴（Courtrai）的衝突中，法國步兵和弓箭手眼看著即將戰勝法蘭德斯工人——太快了。熱衷於衝鋒陷陣、害怕喪失勝利榮耀的騎士們命令自己的步兵團後撤，致使他們在混亂中潰不成軍。騎士們發起了衝鋒，他們高呼著戰鬥口號，在混戰中將自己人踩在馬下，完全不顧腳下的運河。戰馬竭力攀登，又紛紛摔倒，騎士們落入水中，後一波壓著前一波。裝備著長槍的法蘭德斯步兵像叉魚一樣襲擊他們，頑強地頂住了所有攻擊，將騎士們殺得血流成河，片甲不留。戰鬥結束後，七百枝金馬刺被從騎士們的屍體上剝下，掛在教堂裡，作為勝利的紀念。因為損失了如此多的法國貴族，所以在那之後，國王的特使遍搜各省，尋找願意付錢受封貴族的布爾喬亞和富裕農民。

法國騎士並未被庫特賴戰役所嚇倒，對武裝起來的普通民眾的蔑視也沒有絲毫改變。那場戰役被視為不可重複的環境與地形所造成的偶然事件。從那個意義上說，這個結論是對的。二十五年後的另一場起義和另一場衝突中，騎士們在卡塞爾（Cassel）實施了可怕的報復，他們在那裡屠殺了成千上萬的法蘭德斯工人和農民。不過，庫賴特失利是用長矛和動機武裝起來的普通士兵的興起的明顯徵兆，也是一個為騎士們所忽略的徵兆。

法蘭德斯伯爵在法國軍隊的扶持下重整旗鼓後，腓力六世重施壓力，加強與他的聯繫，並使法蘭德斯與英格蘭隔絕開來。與之形成對抗的是，以根特（Ghent）為首的當地工業城鎮在雅各・阿特維德（Jacob van Artevelde）的領導下發起了暴動。阿特維德是十四世紀最具活力的布爾喬亞人物之一，作為一個迫切想從貴族手中奪過政治權力的階層的雄心勃勃的商人，他自命為貴族。他的兩個兒子自稱是老爺和騎士，其長子和一個女兒都通過婚姻進入了貴族階層。在獲取對暴動的控制權的過程中，阿特維德打敗了伯爵的軍隊，迫使伯爵於一三三九年逃到法國，該領地落入阿特維德的控制。

與此同時，作為法蘭德斯工廠的羊毛供應者，愛德華正以施壓的方式爭取一位同盟，後者將給予他一個可以據此進攻法國的基地。法蘭德斯布匹製造商偏愛英格蘭盟友，阿特維德也使自己的命運依附於它。當愛德華冒領法蘭西國王頭銜時，法國對法蘭德斯擁有主權的障礙就得到了克服。憑藉那一資質，他在斯勒伊斯戰役取得勝利後，於一三四〇年與阿特維德簽署了一個條約，但這一策略空洞無果，其持續時間僅夠愛德華在阿特維德被其野心拉下馬之前找到一個跳板。

阿特維德是個行事兇殘的人。有一次，當他與一名法蘭德斯騎士意見相左時，他就在英格蘭國王的眼皮底下揮拳將對方打倒在地。除了利用法蘭德斯的資金資助愛德華的戰爭外，他還違背了法蘭德斯人的忠誠感。他提議，國王的長子威爾斯親王，即後來被稱為「黑王子」（Black Prince）的愛德華應當取代法蘭德斯伯爵的長子路易・邁爾（Louis de Male），成為法蘭德斯的繼承人和未來統治者。這超出了循規蹈矩的法蘭德斯城鎮的承受能力。它們堅定地告訴阿特維德，為了英國王子而剝奪其天然的領主，是

80

「一件他們斷然不會同意的事情」。此外，教皇已在腓力的施壓下，藉口法蘭德斯人拋棄了自己的君主而開除了他們的教籍，這造成了相當多的擔憂，給商業帶來了損害。對阿特維德的怨恨之情日興，與之相伴的，還有人們對他因私挪用公款的懷疑。

「彼時，人人都開始悄聲抱怨雅克（雅各）」，當他騎馬走過根特，「洋洋得意於自己的豐功偉績，覺得他很快就可以隨心所欲地將人們玩弄於股掌之間」時，憤怒的人群跟隨他到了他家，要求他對法蘭德斯所有的稅收做出解釋。於是他開始害怕起來，匆匆走進家門，趕緊關上大門、房門和窗子，以擋住暴民們在街道上的呼喊。阿特維德「極其謙卑地」走到窗前，為自己九年的執政期辯護，並許諾如果人群散去，他會在第二天提供全面的解釋。「於是，他們異口同聲地喊道：下到我們中間來，別那麼高高在上地講大道理，給我們有關法蘭德斯巨大財富的帳目！」這時，心驚肉跳的阿特維德關上了窗戶，試圖從後門逃至附近的教堂，但四百名暴民沖進他家，抓住他，並當場殺死了他。就在一三四五年七月，命運的車輪打倒了法蘭德斯的大家長。

在那之後，法蘭德斯城鎮代表匆忙趕往英格蘭去安撫對此事件感到怒不可遏的國王愛德華。他們向他保證還是他的同盟之後，提供了一個方法，既可以讓他的後代仍然繼承法蘭德斯，又不會剝奪合法領主的地位：將愛德華的長女、時年十三歲的伊莎貝拉，嫁給法蘭德斯伯爵十四歲的兒子路易（他當時處於公社的羈押之下），「這樣一來，法蘭德斯郡從此便歸您的孩子所有」。愛德華欣然接受了這一計畫，儘管未來的新郎，出於對法國的忠誠，並不買帳。當愛德華於兩年後強迫他訂婚時，伯爵逃跑了，將未婚的公主拋在身後，此舉將間接地給昂蓋朗・庫西的生活形成衝擊，並造成決定性影響。

對當代人而言，與法蘭西國王的權力相比，英格蘭國王的權力似乎微不足道：維拉尼（Villani）稱英格蘭國王為「il piccolo re d'Inghilterra」（英格蘭小國王）。人們懷疑他是否真的想征服法國。歐洲國家間的中世紀戰爭並非旨在戰略征服，而是旨在通過造成足以使對手垮臺的傷害奪取王朝最高統治權。愛德華的目標可能類似如此，而憑藉他在吉耶納的基礎以及在法蘭德斯和法國北部的據點，這一目標似乎並非不可實現。

第一個階段失敗的代價是如此沉重，假如愛德華承受了這一代價的話，那結果就是毀滅性的；不過，他把毀滅轉嫁到了別人頭上。他通過巴爾迪（Bardi）和佩魯齊（Peruzzi）這樣的佛羅倫斯大銀行公司承保的貸款來資助戰爭。據維拉尼所言，他欠巴爾迪銀行的總數在六〇萬金弗羅林至九十萬金弗羅林之間，欠佩魯齊銀行的總數是欠巴爾迪銀行的三分之二，它們以來自羊毛稅的預期稅收作為保證。當羊毛稅帶來的稅收太少，愛德華無法償付貸款時，這兩個被抽空了的義大利公司就破產了。佩魯齊銀行於一三四三年倒閉，巴爾迪銀行多挨了一年，而它們的崩潰又導致了第三家公司——阿克西亞尤奧里（Acciaiuoli）的沒落。資產消失不見，商店和作坊關閉，工錢和收益不再。出於那似乎緊追著十四世紀人不放的惡性巧合，繼佛羅倫斯和西恩納（Siena）的經濟大規模破敗之後，先是發生了一三四七年的饑荒，然後又出現了瘟疫。這時，對於那些不幸的人們而言，似乎只能說上帝把憤怒發洩到了他們身上。

被第一次進攻弄破產之後再集結軍隊進行第二次進攻的做法，若是得不到議會中三個等級代表一致同意的話，就是不可能的。錢是癥結所在。相比戰爭本身的具體破壞，募集金錢以支付戰爭開銷的舉動對十四世紀的社會將會造成更大的損害。不可逆轉的發展是到了這時候，中世紀組織已轉向一種佔壓倒性優勢的金錢經濟。過去，武裝部隊主要是出於封臣職責而服役的封建徵募，四十天後就可重返家園，而如今，他們是為報酬而服役的被招募者。一支拿薪水的軍隊帶來的額外費用提高了戰爭的代價，它超出了領主的常規手段。這種不成熟狀態造成的問題是，它既未失去對戰爭的強烈欲求，又尚未發明出一種常規的支付方法。當領主開支過大時，他就會採取向銀行、城鎮和各行各業借貸的辦法（他也許無力償還它們），甚至採用更具破壞性的任意徵稅和貨幣貶值。

最重要的，戰爭要通過掠奪來為自己支付開銷。戰利品和贖金不只是紅利，而且是一種必需品，它能彌平拖欠未還的款項，並誘人入伍。為了贖金而抓獲俘虜變成了一種商業行為。因為國王很少能夠提前募集到充足的資金，而收稅又來得太慢，所以戰場上的部隊總是被拖欠薪餉。戰利品代替了發薪人員。正如米什萊在談及這整個時代時所說的那樣，高貴的戰爭，就如高尚的愛情一樣，是「double et louche」（一個煽動性的短句，可以指見不得人的意義上的「雙重含義和有所偏離」，或「曖昧」「不光彩」）。目標是一回事，實踐則是另一回事。騎士們為榮耀而尋求戰爭，卻為了收益而實踐它。

一三四四年，愛德華告訴議會的三個等級，法蘭西國王違反了休戰條約，要求他們「發表自己的意見」。貴族和市民等級的建議是「要麼通過戰鬥，要麼通過令人尊敬的和平永遠地結束戰爭」，一旦付諸行動，則並非是要放棄獲得教皇或其他人的書信或要求等方面的努力，「而是要憑藉寶劍之力達到同樣的結果」。教士等級和市民等級投票決定補貼問題，一三四五年，議會授權國王要求所有地主親自服役或提供代役者，或繳納與之相當的金錢。從土地或租金中可獲五英鎊收入的人將供給一位弓箭手，收入十英鎊者供給一位馬上長矛手，收入二十英鎊的人供給兩個這樣的人，收入超過二十五英鎊的人供給一位重甲騎兵，這通常意味著供給一位侍衛或騎士。城鎮和郡縣都必須募集指定人數的弓箭手，整個體繫將由郡縣長官來管理。

必須有船來運送士兵和馬匹以及兩者最初的食物。它們還要裝載磨石和烘烤爐、兵器製造者及鍛爐，以及使射手有箭可用的其他材料。大多數船隻都很小，平均為三十噸到五十噸，有一根大桅杆和一幅矩形風帆，儘管有些船可達兩百噸位。一條中等大小的船可裝載一百至兩百人和八十至一百匹馬。

為了湊滿「配置的」或徵召的步卒的佇列，徵兵的途徑多種多樣，有的許諾入伍者戰利品，有的給服刑人員以赦免，有的則煽動已經因法國對南安普敦、樸資茅斯和其他南部海岸城鎮的突襲而有所抬頭的仇法情緒。愛德華國王成為法國國王的消息被公之於眾，他對其事業的公正和法國的邪惡的宣揚也人盡皆知。出於對法國入侵恒存的畏懼，英軍沿著海岸部署警示烽火，成隊的武裝士兵和馬匹駐紮在烽火之間，輜重置於其旁，小船被拖至靠近陸地處或海灘上——並非沒有經濟上的破壞。

一三四六年七月，國王為自己的重整旗鼓做好了準備。在十五歲的長子、威爾斯親王愛德華的陪伴下，他率領四千名士兵和一萬名弓箭手外加許多愛爾蘭和威爾斯步卒向諾曼第揚帆進發。（另外一支部隊在此前已被派往航程更遠的波爾多，它已沿吉耶納邊境線與法國軍隊發生了交戰。）在被法國放逐的戈德弗雷・德阿爾古（Godefrey d'Harcourt）的引導下，國王的遠征軍在科唐坦半島（Cotentin Peninsula）登陸。德阿爾古許諾，英軍在這個他所在省份的未築圍牆的繁華城鎮中，有大量的機會掠奪戰利品。據傅華薩所言，儘管愛德華「最渴望的是戰功」，但瞥一眼中世紀的其他事例，他顯然也對德阿爾古的許諾持歡迎態度：他不會遇到抵抗，因為諾曼第公爵及其騎士正在吉耶納與英軍作戰，而諾曼第人不習慣於戰爭。

諾曼第充分印證了那一判斷：英軍不必為了其東道主做好進一步的準備，居民全無好戰之心，紛紛逃竄，留下了「供給充足的」房屋和「到處是玉米的農場，因為他們不知道該怎麼搶救和保留它……在那之前，他們從未見過作戰部隊，也不知道戰爭或戰役意味著什麼」。在沒有城牆的富饒的卡昂

83

（Caen），市民和一隊騎士被派去防禦，他們在騎士統帥德歐伯爵（Comte d'Eu）的指揮下進行了強有力的抵抗，但英格蘭人利用準備充分的增援力量佔據了上風。騎士統帥被俘，與其他許多俘虜以及裝滿戰利品的貨車一道被送回英格蘭，用以交換大量的贖金，這帶來了悲劇性的後果。英軍從一座城鎮向另一座城鎮一路推進，「燒殺劫掠，所到之處留下一片荒蕪」，搜羅到大量布料、珠寶、盤碟、商品、牲畜，以及被俘虜的男男女女。

一支在英格蘭國王親自率領下的軍隊製造的諾曼第浩劫是那之後所有浩劫的典型。侵略者組織了三個軍團或三次「交鋒」，「毫無憐憫之心地大肆蹂躪、糟蹋和劫掠」，獲得的戰利品是如此之多，以至於他們「只騎行一小段距離，每天在正午至下午三點之間便安營紮寨」。士兵「不向國王或自己的長官報告自己獲得的戰利品數量：他們將之留給了自己」。當他們沿著塞納河的一邊朝巴黎進軍時，一直在盧昂（Rouen）按兵不動的國王腓力，此刻在河的另一邊一路緊隨，當愛德華到達距巴黎西邊二十英里的普瓦西（Poissy）時，腓力重新進入了巴黎。當英王愛德華於八月中旬在普瓦西身著猩紅色貂皮長袍慶祝聖母節時，他的軍隊正在燒毀和搶劫周圍的村莊。村口的火焰使巴黎市民震驚於其「令人目瞪口呆的奇異景象」，讓・韋內特（Jean de Venette）寫道：「寫下這段文字的我本人目睹了所有這些行徑，因為任何人只要登上塔樓，就可以從巴黎看到這一切。」

腓力六世與此同時已發佈了「arrière-ban」，即總徵召令，在戰爭地區徵集所有能夠扛起武器的人。基於所有臣民都有責任用生命「捍衛國家和王室」之原則，總徵召令只應在貴族的徵召無法或不足以擊退敵人時才可使用。像所有公開宣言一樣，總徵召令通過「公開叫喊」的方式得以發佈——也就是說，通過一路騎行的傳令者在市場和鄉村廣場大聲宣讀命令。個人信件也傳達到了城鎮和修道院，要求一慣的金錢資助。一些城鎮仍舊以步兵隊伍的形式完成兵役任務，他們匆忙聚集，未經訓練，實際上全無用處；另一些城鎮以錢代役，使雇用更高效的雇用兵成為可能。

非貴族的小分隊由城鎮和地區按照灶台數量和社區的相對富裕或貧窮程度來加以裝備。在某些區域，每一百戶人家就得負擔一名士兵一年的時間。在較貧窮的地區，也許是每兩百或三百戶人家負責一名士兵。按此比率募集到的實際可作戰人數十分有限：例如，在一三三七年，盧昂供給了兩百人，納博訥（Narbonne）供給了一百五十名弩手，尼姆（Nimes）供給了九十五名重甲騎兵。根據這些數目，編年史作者興高采烈地提及的成千上萬人便縮減為一種更加適度的真實。來自城鎮、地區、封邑或具有特殊地位的區域的每次徵召都必須根據不同的權利和特權，分別商討不同的利率、不同的期限，這導致了過程中的無休止爭吵。公爵和伯爵領地以及像庫西這樣的大男爵領地依靠自身財富供給自己的人，儘管隨著戰爭的持續，他們必須接受國王的補償。

騎士和屬於貴族階層的侍衛像其他人一樣會收到固定比例的報償。方旗武士（領導其他騎士在其旗下征戰的領主）、低級騎士和馬上長矛手在十四世紀四十年代的規定標準分別是每天二十蘇、十蘇以及六蘇到七蘇。一個持續存在的問題是，一位統治者需要確保他手下的人在數量和品質上值得他們付錢。為了確保這一目標，會定期進行一次「montre」，即審核，通常是每月一次，審核者是目光敏銳的官員，他們要確認一個貼身男僕不會被算作一個貴族，確保健碩的馬匹不會頂替駑馬，然後再被撤回，確保報酬被誠實地以錢幣而非以實物的方式發放。在一支結構鬆散的部隊中，指揮層級十分缺乏。除了率隊親征的國王外，永久性的官員是騎士統帥（類似於武裝部隊的管理負責人）和兩個職能含糊的元帥；另外，軍事決策似乎是由領導者的集體會議來決定。

84

因為必須穿著盔甲並繫上它配套的皮帶和皮帶扣，所以戰鬥多多少少是種固定不變的交戰，按逼近陣地的邏輯來部署。十四世紀初發明的護甲板此時成了可被箭射穿的鎖子甲的強化。儘管盔甲的形式每十年就會發生改變，但其基本上還是一套護甲板，由一塊胸板、一個由鐵環構成的下擺以及腿臂護板構成，所有這些都套在一副鎖子甲和一件皮製的或有填充物的束腰上衣外面。在金屬板外要穿一件無袖的短上衣，上面繡著表明穿著者身份的盾徽。鎖子甲覆蓋住脖子、肘部和其他關節部位，用串在一起的金屬板製成的長手套保護手部。以前頭盔的面部是沒有遮擋的，現在則在眉毛和兩頰處加了用可拆卸的別針當鉸鏈的保護沿。盔甲重七磅至十一磅，儘管在眼部開有縫隙，還有通氣孔，但裡面還是黑暗而悶熱。盾的重量較輕，這平衡了所有附加的保護裝置造成的重量，使人的活動大大自如起來。 85

在一首無名詩歌中，一位騎士被稱作「裹在鐵繭內的可怕毛毛蟲」，他跨坐在高高隆起的馬鞍上，腳擱在相當長的馬鐙中，以便他實際站在馬上，用他攜帶的武器中的任何一種大幅度地左右揮舞，砍殺敵人。他在戰鬥開始時使用的是用於對付未騎馬的敵人的長矛，同時，他的皮帶上還一邊別著一把雙柄寶劍，一邊別著一把十八英寸的短劍。他還有其他武器可用，它們要麼別在他的馬鞍上，要麼由他的侍衛扛著，包括一把用以像矛一樣擊刺的更長的劍、一柄在彎曲的鋒刃之後藏著長釘的戰斧，還有一根頭部粗大、邊緣尖銳隆起的狼牙大棒，它是好戰的主教和修道院院長喜愛的武器，其根據是它不會違反禁止神職人員「以劍鋒重擊」的規定。馱著這一切的戰馬本身也披掛著金屬鎧甲，用以保護鼻子、胸部和臀部，並且披著裝飾用馬衣，它下垂的帶摺布料阻礙了馬匹雙腿的運動。當騎士的馬匹被砍倒時，在盔甲和絞纏在一起的武器、盾牌、馬刺重壓之下的騎士可能還來不及起身，便會被抓獲。

歐洲大陸上的戰術十分簡單，就是騎士騎馬衝鋒，然後是馬下肉搏。有時，弓箭手和步兵會充當先遣部隊或援兵，騎士們對這兩者都嗤之以鼻。不過，在英格蘭的戰爭中，英格蘭人發現，配備了長弓、訓練有素地保持一種要求嚴格的對列的步卒，在以馬匹為目標時，可擊退騎在馬背上的騎士們的衝鋒。這類切實有用的發現比階級蔑視來得更加重要。鑒於英法間的持續交戰，法國人肯定見識過長弓的使用，但很顯然，他們根本沒想過它們對自己有什麼意義。法國騎士拒絕將戰爭中的一系列重要角色讓給非貴族的人，即使諾曼第人曾經利用射穿了哈樂德（Harold）眼睛的那位弓箭手佔領了英格蘭。

法國人也使用弓箭手和弩手，通常會雇大批將弓弩當成專長的熱那亞人，但當他們熱血沸騰時，便不願讓弓弩發揮戰鬥作用，因為它會減弱騎士的撞擊。騎士精神堅持認為武士之戰必須是個人的貼身肉搏，令遠距離交戰成為可能的拋射物不值一提。據十二世紀的一首歌謠所言，第一位弓箭手是「一個不敢靠近敵人的懦夫」。不過，當涉及如一三二八年在卡塞爾那樣的布衣之戰時，法國人使弩手發揮了戰略性作用，這是他們取得了那次勝利的主要原因。

弩由木頭、鋼鐵和牛筋構成，在弓箭手置於腳鐙中的腳以及綁在他皮帶上的鉤子或絞柄的輔助下拉開，或是用由絞盤和滑輪構成的複雜裝置拉開，射出一支有極強穿透力的弩箭，但它開弓緩慢，不易操作，運載不便。弩手通常要攜帶約五十枝弩箭投入戰鬥，而在途中，他的裝備必須用貨車來運輸。由於有很長的絞柄，弩事實上在靜態局勢中（如攻克被包圍的壁壘）比在正面戰場上更有用。甘願做出某些犧牲的騎士的衝鋒通常都可以將弩手的陣列沖得七零八落。儘管它在發明之初的機械力量令人不寒而慄，以致教會於一一三九年禁止了它的使用，但弩還是繼續使用了兩百年的時間，未對騎士有鎧甲護衛的統馭權形成威脅。

在護甲板的保護下，出於騎士精神的驕傲，貴族覺得自己刀槍不入、戰無不勝，並變得越來越看不起步卒。他們認為，被排斥在騎士精神之外的平民，在戰爭中永遠靠不住。他們還認為平民在充當馬夫、行李搬運者、覓食者以及修路者——相當於工程兵——是不可或缺的，但若作為穿皮製短上衣、手執長矛和錨鉤的士兵，他們就是累贅，在激烈的戰鬥中，他們將「像太陽下的冰雪一樣融化」。這不是簡單的勢利問題，而是缺乏訓練經驗的反映。中世紀沒有與羅馬軍團相當的軍隊。城鎮保有由市政員警構成的經過訓練的隊伍，但它們用於捍衛國家的小分隊中常常雜有一無所長的不三不四之人。對於農民來說，他們寧肯在修道院度過時光，也不願將時間花在軍事訓練上。在任何時代，一群烏合之眾與一支軍隊的區別都只在於訓練，而由總徵召令召集起來的步卒是得不到訓練的。被鄙視為無用之人的他們確實無用，因為他們遭到了鄙視。

一三四六年八月二十六日，英法兩軍在皮卡第的克雷西（Crecy）相遇，此地位於離海岸三十英里的內陸。正如一九一四年八月發生的衝突那樣，這場戰役開啟了一個暴力日增、控制渙散的時代。它在勝利者的計畫之外。在得知大批軍隊正在法王的徵召之下向法王周圍聚集之後，愛德華沒有表現出絲毫想要與之交戰的企圖，或者，至少不想在沒有首先確保其安全撤退的情況下與之對陣。他離開巴黎，朝著西北英吉利海峽的海岸方向進發，據推測是想去法蘭德斯，在那裡，他將確保有船可用。如果那就是他的目標的話，那麼這一舉動不大可能使他成為法蘭西國王。

經過急行軍的法國軍隊在英格蘭人到達海邊之前趕上了他們，但沒有搶在愛德華之先。當愛德華意識到自己必須一戰時，他佔據了位於克雷西村莊上方一座視野開闊的小山，掌握了極佳的防禦位置。開戰之前，法國貴族自信滿滿，他們談論的是他們將活捉對手中的哪一個，他們是通過比武大賽獲知了他的名聲和作戰紀錄。只有國王腓力猶豫不決。他「愁苦而焦慮」，似乎害怕在布列塔尼和阿爾古的背離之後，會出現某種進一步的背叛，或是其他隱藏的危險。

由於在戰鬥打響的前夜，法軍的駐紮營地離敵人太遠，所以他們直到下午四點才抵達戰場，當時太陽在他們對面，而在敵人的背後。弩手們在長途跋涉之後疲憊不堪，怨聲載道，他們的弓弦也被一場突如其來的暴風雨打濕，而英格蘭弓箭手則把自己的弓弦卷起來置於頭盔下，從而保護了它們。在法軍一方，接下來面對的是一場混亂：愚蠢的大膽、糟糕的運氣、連連的錯誤、渙散的紀律，以及騎士們長期以來的虛張聲勢之病，他們想要證明自己的英勇無畏，卻缺乏戰術上的理智和有組織的計畫。

腓力在最後一秒鐘接受了將行動推遲至第二天的建議，他下達命令，讓先鋒部隊後撤，而後方衛隊停止前進，但沒有人遵守他的命令。未等弓弩手有機會弱化英軍陣線，一味向前的騎士們便向山上的敵人沖去。由於其目標在射程之外，再加上被英軍的箭射中，熱那亞弓弩手們扔下弓箭轉身便跑。法王一見英軍便面色大變，「因為他憎恨他們」，此時，他失去了對勢態的控制。在看到熱那亞人逃跑時，要麼是他，要麼是他的兄弟阿朗松伯爵（Count d'Alenfon），大聲喊道：「幹掉這些礙事的渾蛋！」此時，他「奉了倉促而邪惡之命」的騎士們揮劍砍向那些弓箭手們，好努力殺出一條通路。在自己陣營這種可怕混亂之外，法國人向敵人發起一次又一次的進攻，但英格蘭長弓手紀律嚴明的陣列因其武器所需要的長期練習而得到加強，他們固守陣地，用射出的箭播撒著混亂和死亡。英格蘭騎士徒步前進，前有弓箭手開道，後有槍矛手和殺氣騰騰的威爾斯人的增援，這些威爾斯人手舞長刀，沖進摔倒的人群中，將他們殺死在地。威爾斯親王身先士卒，衝殺在前，而國王愛德華則在山頂的一座風車那裡運籌帷幄。混戰從黃昏持續至深夜，直到有傷在身的國王腓力被艾諾伯爵帶離戰場，艾諾伯爵對國王說：「陛下，不要任性地害死自己。」然後，他扯住國王的馬韁，將他拽離了戰場。在不超過五人的陪伴下，國王騎了一夜的馬，來到一座城堡，城堡的總管在接到讓他開門的命令時，要求知道發佈命令者的姓名。「快開門，」國王說，「我是法國的命運。」

戰場上留下了約四千具法國軍隊的屍體，也許這裡面便包括昂蓋朗・庫西六世。那些倒下去的人之中，有一些大名鼎鼎的法國及聯軍騎士：國王的兄弟阿朗松伯爵，法蘭德斯的路易・內韋爾伯爵，聖波爾和桑謝伯爵（Counts of St. Pol and Sancerre），洛倫公爵（Duke of Lorraine），馬略卡國王（King of Majorca）以及最為人所熟知的波希米亞的盲眼國王約翰，他那有三根鴕鳥羽毛和刻有「我願侍俸上帝」這一箴言的冠冕被威爾斯親王奪走，從此便附加在後者的名號之下。盲眼國王的兒子及未來的皇帝波希米亞的查理（Charles of Bohemia）不像父親那麼魯莽，他預見到了未來，逃跑了。

被打敗的法國及盟國騎士並不缺乏英勇精神。他們像英格蘭人一樣奮勇作戰，因為各國騎士都極為相同。英格蘭的優勢在於將那些被排除在騎士制度之外的人——威爾斯刀手，槍矛手，最重要的是訓練有素、牽引長弓的自耕農——與身著盔甲的騎士合在一起使用。只要鬥爭一方利用了這一優勢而另一方卻沒有，那麼戰爭的結果必將失去平衡。

致力於摧毀敵人武裝部隊的戰略目標不在中世紀戰爭詞彙之列。很顯然，有點兒被自己的勝利所呆住的愛德華沒有乘勝追擊。全神貫注於征服所帶來的財富的英格蘭人，在會戰之後，花了一天的時間來清點和辨認屍體，給最尊貴的人舉行體面的葬禮，估算俘虜的贖金。在那之後，儘管愛德華宣佈自己為法蘭西國王，可他似乎失去了對藏身於亞眠的腓力的興趣。英軍沿著海岸向北進軍，去攻打加萊，這是位於多佛對面的港口，英吉利海峽在這裡最窄。英軍在此遭遇到了堅決的抵抗，陷入了將持續一年的圍攻中。

法國騎士以及原本是歐洲最強大的封建領主的失敗引發了一系列反應，它們會隨著時間的推移變得越來越重要。儘管它既沒有將法國君主政體拉下馬，也未迫使它就範，但它對王室政府的威信確實造成了危機，並且，當國王不得不再次訴諸非常規稅收時，民眾怨聲四起。也是從這時起，人們對貴族履行其職能的信心發生了動搖。 89

腓力既無美男子腓力和聖路易所具有的那種統治本領，他的議員們也無力改革軍隊和財政慣例，以應對即將出現在他們面前的新危險。要徵稅就必須得到地方三級會議的同意，但地方三級會議像大多數代表機構一樣，不願意承認危機，直到危機迫在眉睫。鑒於一個不充分的和過時的系統，國王不得不想出如銷售稅——被稱為特別稅，因為人們對它恨之入骨——這樣的替代品，以及同樣不受歡迎的鹽稅；否則，他就得轉而依靠鑄幣的貶值。在價格、租金、債務和信用都遭到破壞的過程中，這種徵稅花招的效果定然是災難性的。「在一三四三年這一年，瓦盧瓦的腓力使十五個旦尼爾（deniers）只值三個旦尼爾。」一位編年史作者在其史料十分充分的評論中寫道。

每當被召集起來為援助資金投票時，各等級都會齊聲表示對財政弊端的不滿。每一次聲稱的改革而定的援助金，他們都心不甘情不願地提供金額，以為由更誠實的人所做的更好安排會使國王再次得以苟延殘喘。

在克雷西會戰和失去加萊之後，一次新的三級會議於一三四七年召開，以滿足國王對用於防禦資金的迫切需要。必須重建武裝部隊和一支艦隊，以對抗再遭入侵的危險。各等級對王室政府的不滿被屢戰屢敗的恥辱所銳化，他們變得直言不諱。「您應當知道，」他們告訴國王，「您是如何以及靠何種建議實施了您的戰爭，又如何靠糟糕的建議而失去了一切，一無所獲。」他們說，如果他採納好的建議，世界上沒有一個君主「能夠對您及您的臣民為惡」。他們提醒他，他是如何「在大軍的陪伴下，耗費著巨大的開支和巨大的花銷（十四世紀的演講者和作者對雙語句情有獨鍾）」向克雷西和加萊進發，「而後您得到了怎樣的屈辱對待，如何被粗鄙地送回，被迫同意所有的休戰條件，即使當敵人就在您的王國之時……靠這樣的建議，您名譽掃地」。在做出這樣的斥責之後，心知防禦之必要的各個等級答應提供援助金，但並不把話說死。

在包圍加萊時，愛德華仍然希望通過把女兒嫁給年輕的路易・邁爾伯爵的方式與法蘭德斯締結聯盟。這個男孩的父親路易・內韋爾伯爵在克雷西的陣亡搬開了主要障礙。但「一直受到法國貴族耳濡目染」的十五歲的路易不同意，「他曾經說過，即使得到整個英格蘭王國的一半，他也不會娶殺害了自己父親的仇人之女為妻」。當法蘭德斯人看到自己的領主「太像法國人，接受了邪惡的建議」，他們將他囚禁在「禮貌周全的監獄」，除非他同意接受他們的建議，這讓他極其煩惱。於是，在監獄中度過了幾個月後，他給出了被要求的承諾。被釋放後，他獲得允許到河邊放鷹打獵，但處於嚴密的監視之下，以防他偷跑，「即使撒尿也得向他們報告」。在這種待遇下，他最終同意成婚。

一三四七年三月初，英格蘭國王和王后帶著女兒伊莎貝拉從加萊前往法蘭德斯。訂婚儀式十分盛大，婚姻契約得以起草，婚禮日期定在四月的第一周，國王夫婦準備了豐厚的禮物。路易繼續每天去河邊放鷹打獵，假裝這樁婚事讓他心花怒放，使得法蘭德斯人放鬆了對他的監視。但他們誤判了自己領主的外在表情，「因為他的內在勇氣完全是法國化的」。

就在即將舉行婚禮的那一周，他像往常一樣在獵鷹手的陪伴下騎馬向前。他嘴裡發出「霍伊！霍伊！」的呼喚，放出獵鷹去追逐一隻蒼鷺，然後跟著飛行的獵鷹前行，直到跑出去相當一段距離後，他「用馬刺猛刺馬匹，疾馳向前」，直到越過法國邊境才停了下來，在那裡，他與法王腓力會合，告訴法王他是如何「極其巧妙地」逃離了英格蘭人的婚姻。國王大喜過望，迅速安排路易與布拉班特公爵（Duke of Brabant）之女布拉班特的瑪格麗特（Margaret of Brabant）成婚。布拉班特與法蘭德斯毗鄰，位於它的東部，布拉班特公爵是法國的親密同盟。這對英格蘭王室來說是奇恥大辱，毫無疑問，十五歲的新娘受辱更甚。她的傷痛無法被一首以她之名寫就的歌謠所平復，據讓・韋內特所云，這首歌連同它的副歌在法國各地廣為傳唱，「J'ay faille à cehui à qui je estoie donnée par amour（我失去了本當愛我的他）」。四年後，她在另一位新郎身上實施了報復，幾乎是在教堂門口棄他而去。要麼是因為這些短命的訂婚讓她嘗到了獨立的味道，要麼是因為她任性的性格名聲在外，所以直到她在十三年後遇到昂蓋朗・庫西時，依然孑然一身。

在法蘭德斯人婚姻慘敗的數月之後，加萊被英格蘭人攻下，這是那場戰役的唯一重大結果。腓力集結了一隻救援部隊向該城進發，但是，受困於資金的缺乏和克雷西會戰後的損失，這支部隊不戰而逃。在援兵久候不至、彈盡糧絕的情況下，加萊市民仍堅守城池，直到以老鼠甚至糞便為食，他們才迫於饑餓，繳械投降。加萊新近受傷的指揮官讓・維耶納（Jean de Vienne）摘下帽子，倒持寶劍以示臣服，他騎馬穿過城門，將城市的鑰匙交給了英格蘭人。穿著襯衣、打著赤腳跟隨其後的是六位最富有的市民，他們的脖子上繞著絞索，這標誌著勝利者可以任意吊死他們的權利。在那一肅穆憂鬱的場景中，在倖存者們空洞淒涼的目光的注視下，一項法國人的事業誕生了：收復加萊。

加萊（Calais）的長期抵抗拖得愛德華有違中世紀習慣地進行了整整一個冬天的包圍，這讓他惱羞成怒，情緒狂躁，若非菲莉帕王后聲淚俱下地請求他大發慈悲，他真會吊死那六個市民。從一三四六年八月至一三四七年八月的長期作戰使他的部隊情緒乖戾，也使他的資源耗費殆盡。存糧、馬匹、武器和援兵都得從英格蘭運來，在那裡，對穀物和牲畜的徵召使人們陷入困苦，對船隻的必要調遣損害了商業，減少了來自羊毛出口的稅收。據估計，大約三萬兩千名參戰者，外加船員和包含所需的所有服務部隊，總計達六萬至八萬人，參加了克雷西－加萊戰役的整個過程。兵源已竭，愛德華無法繼續趁勝擴大戰爭。這個法國的新據點沒有給他帶來任何好處，他只能接受一次持續至一三五一年四月的休戰。

若是交戰者在一場戰爭的過程中做出清醒的判斷（他們極少能夠做到這一點），那麼英法交戰的頭十年就已經向英格蘭人昭示，他們的勝利是多麼不具有決定性：贏得一場摧枯拉朽的海戰、一場摧枯拉朽的陸戰，並奪得了位於海岸上的一個永久的立足之地，仍遠未征服法國或它的王權。但掠奪帶來的甜頭、源源不斷地流入英格蘭的華麗物品和豐厚贖金，以及由傳令者在公共場合大聲宣佈的克雷西會戰的榮耀與名聲，都讓英格蘭人熱血沸騰。而在法國一方，他們如今永遠不再缺少目標，這目標在詩人厄斯塔什・德尚將於四十年後寫下的副歌中得到了表達：「除非收復加萊，否則永無寧日。」克雷西和加萊會戰確保了一件事：戰爭將會持續——但一時半刻，因為一三四七年的歐洲正站在有史以來最致命的大災難的邊緣而中斷。

第5章

「這是世界末日」：黑死病

一三四七年十月，加萊淪陷的兩個月後，熱那亞商船進入了位於西西里島的墨西拿（Messina）港口，船槳邊倒著死人和奄奄一息之人。這些船來自黑海的卡法〔Caffa，現在的費奧多西亞（Feodosiya）〕港，它位於克里米亞（Crimea），熱那亞人一直在此經商。死去的水手在腋窩和腹股溝處呈現出奇怪的黑色腫塊，約有雞蛋或蘋果那麼大。腫脹處滲出鮮血和膿水，然後癤瘡和斑點會隨著內出血而在皮膚上到處蔓延。病人會劇痛難忍，並在症狀初現的五天之內迅速死去。隨著疾病的傳播，持續的高燒和吐血等其他症狀開始出現，取代了腫脹和腹股溝淋巴結。這些病人咳嗽不止，揮汗如雨，死亡速度更快，不到三天即死，有時甚至不到二十四小時。在兩種類型中，出自身體的一切——呼吸、汗水、腹股溝淋巴結和肺部的鮮血、帶血的尿液、帶血的黑色糞便——都臭不可聞。抑鬱和絕望伴隨著身體的症狀，人還未死，「死亡就已爬上了面龐」。

這種病是淋巴結鼠疫，以兩種形式出現：一種會感染血液，造成淋巴結炎和內出血，通過接觸傳播；第二種是更致命的肺炎類型，會感染肺部，通過呼吸道感染傳播。兩者同時出現，會導致極高的死亡率和傳染速度。這種病是如此致命，以致人們聽說過這樣的例子：有人前一天上床時還好好的，可是他們還沒醒來，就一命嗚呼了；還有醫生在床邊給病人看病，結果比病人還先走一步，死了。它的傳播速度是如此之快，以致在法國醫生西蒙・德科維諾（Simon de Covino）看來，就彷彿一個病人「可以感染全世界」。使瘟疫之惡顯得更為可怕的是，它的受害者不知預防，也無藥可治。

疾病帶來的身體痛苦及其邪惡神秘之處在一首奇特的威爾斯哀歌中得到了表達，它看到「死亡如黑煙般來到我們中間，一場使年輕人夭折的瘟疫，一個漂泊的幽靈，對美麗的容顏全無慈悲之心……腋窩的瘡痛使我多麼不幸！它在冒泡，真是可怕……一個讓人痛苦、令人大喊大叫的膿頭……一個疼痛難當的腫脹的癤瘤……它像一塊燃燒的爐渣那樣沸騰不已……一個色如灰燼的苦難之物」。它發出的疹子醜陋不堪，就像「黑豆的種子、易碎的海煤的殘渣……黑死病初期的裝點，起皺的雜草被剷除的皮留下的灰燼，一種蕪雜異質之混合，一場聳人聽聞、非同尋常的黑色瘟疫……」

有關一場據說起自中國，經由韃靼（中亞）傳到印度和波斯、美索不達米亞、敘利亞、埃及以及小亞細亞的可怕瘟疫的傳聞在一三二六年即傳到了歐洲。傳說死亡人數是如此驚人，據說印度人口大為減少，整個版圖都被死屍所覆蓋，其他地區則無一人存活。依照亞維農的教皇克雷芒六世得到的報告，總死亡人數達到了二千三百八十四萬人。由於此時尚無傳染病的概念，歐洲沒有感覺受到事態之嚴重，直到商船將瘟疫的黑色負擔帶入墨西拿，同一時間，其他來自黎凡特的受感染的船隻則將它帶到了熱那亞和威尼斯。

到了一三四八年一月，黑死病經由馬賽（Marseille）滲透至法國，經由突尼斯（Tunis）傳至北非。它沿著海岸線和內河航道，通過船運，從馬賽向西經過朗格多克（Languedoc）的港口傳至西班牙，向北，取道羅納河於三月到達亞維農。它於二月至五月間到達納博訥、蒙彼利埃、卡爾卡松和圖盧茲，與此同時，在義大利傳至羅馬和佛羅倫斯以及它們的腹地。在六月至八月間，它抵達波爾多、里昂和巴黎，傳至勃艮第和諾曼第，然後從諾曼第越過英吉利海峽進入英格蘭南部。在同年夏季，它從義大利翻越阿爾卑斯山脈進入瑞士，再向東北抵達匈牙利。

在一個特定的區域內，瘟疫在四到六個月的時間裡完成了它的屠殺，然後在除人口更為密集的較大城市之外的地方逐漸消退，在冬季有所減弱，不料，在春天捲土重來，又繼續肆虐了六個月時間。一三四九年，它在巴黎死灰復燃，傳播到皮卡第、法蘭德斯和低地國家，並從英格蘭傳到蘇格蘭和愛爾蘭以及挪威。在挪威，一隻滿載著羊毛和死去船員的幽靈船在近海隨波逐流，直到它擱淺在貝根（Bergen）附近。從那裡，瘟疫傳入了瑞典、丹麥、普魯士、冰島，最遠傳到了格陵蘭（Greenland）。除了奇怪地未受傳染的波希米亞這一小塊地方以及直到一三五一年才受到襲擊的俄國，到一三五〇年年中，它已經掠過了歐洲的大部份土地。死亡率很不穩定，在某些地方死亡率為五分之一，但在另一些地方，死亡率卻達十分之九乃至幾乎完全消滅。儘管如此，現代人口統計學家還是對從印度到冰島區域的死亡率進行了總體估算，它與在傅華薩不經意的文字中所提到的數位大約相當：「全世界有三分之一的人死去。」他的估計在當時普普通通，它並非靈機一動的猜測，而是借自聖約翰對《啟示錄》中瘟疫死亡率的統計。在中世紀，《啟示錄》是最受喜愛的人類事務指南。

三分之一的歐洲意味著約兩千萬人的死亡。沒有人知道實際上死了多少人。當時的報告是種可怕的印象，而非準確的統計。據說，在人口密集的亞維農，每天有四百人死去；七千座被死亡清空的住房被關閉；六周之內，單是一處墓地就接收了一萬一千具屍體；有報告說，城市中有一半的居民死去，包括九位的紅衣主教（佔紅衣主教總數的三分之一），以及七十位地位稍次的高級教士。目睹絡繹不絕地從眼前經過的運屍車，編年史作者將誇張發揮到極致，將亞維農的死亡人數記為六萬兩千人甚至十二萬人，儘管這座城市的總人口可能還不到五萬人。

當墓地不堪重負時，亞維農居民的屍體被拋入羅納河，直至開挖萬人坑來傾倒屍體。在倫敦這樣的萬人坑中，屍體層層堆放，直到裝不下為止。到處都有消息指出病人死亡的速度超過了生者埋人的速度。屍體被拖出家裡，擺放在門前。晨光乍現，即可看到新的屍堆。在佛羅倫斯，負責收集屍體的是仁慈堂（Compagnia della Misericordia）——它成立於一二四四年，目的是照顧病人——其成員身穿紅色長袍，戴著把臉遮得只露出眼睛的包頭巾。當他們無法完成任務時，屍體便會一連數日爛於街頭。當棺材不夠用時，屍體便躺在木板上，一次兩到三具不等，被運至墓地或萬人坑。家人將自己的親戚丟在萬人坑或是將他們草草淺埋，以致「野狗把他們刨出來，啃食他們的屍體」。

由於死去人數的增多和人們對傳染的恐懼，人們死去時沒有了最後的儀式，埋葬時沒有人為其祈禱，這種前景讓病人在臨死之際充滿恐懼。英格蘭的一位主教允許俗人相互行懺悔之禮，一如傳道者所為，「假如沒有男人在場，則女人亦可代之」，假如找不到神父打理最終的塗油儀式，「那麼誓約必須滿足」。克雷芒六世發現有必要批准免除所有死於瘟疫者的罪惡，因為有太多的人得不到神父的照顧。「無人敲響喪鐘，」一位西恩納的編年史作者寫道，「不管失去了什麼，都沒有人哭泣，因為幾乎所有人都在等死……人們傳說並深信：『這是世界末日。』」

在巴黎，瘟疫一直持續到一三四九年年底，報告的死亡率是每天八百人，在比薩（Pisa）是每天五百人，在維埃納是每天五百到六百人。巴黎的總死亡人數是五萬人，是這座城市人口的一半。被一三四七年的饑荒所削弱的佛羅倫斯失去了其五分之三或五分之四的市民，威尼斯失去了三分之二的人口，漢堡和不萊梅雖然規模較小，但死亡人數卻與威尼斯大致相同。作為運輸中心的城市比農村更有可能受到感染，儘管一旦一個村落被感染，其死亡率會同樣高。日夫里（Givry）是個位於勃艮第的富庶村莊，人口為一千二百至一千五百人，當地在十四周的時間裡，教區登記的死亡人數達六一五人。相較之下，在此前的十年中，平均一年的死亡人數只有三十人。在劍橋郡（Cambridgeshire）的三個村子中，莊園的死亡率記錄為百分之四七、百分之五七，還有一個是百分之七十。當最後的倖存者在人數太少而無以為繼的情況下背井離鄉時，一座座廢棄的村落便重新變成了荒野，從地圖上徹底消失，只留下覆滿青草的陰森輪廓，顯示這裡曾有人類居住過。

在像修道院和監獄這樣的封閉空間，一人受到感染，通常便意味著無人倖免，就如在卡爾卡松和馬賽的聖方濟各女修道院所發生的那樣。這些地方，修道院的每個人都無一例外地死去了。在蒙彼利埃的一百四十個多明我會，只有七個倖存於世。佩脫拉克的兄弟蓋拉爾多（Gherardo）是一個卡爾特派（Carthusian）修道院的成員，他一個接一個地埋葬了院長和三十四個同級僧侶，有時一天要埋三個，直到他和他的狗獨自留下，只能離開修道院去尋找可以安身之處。目睹自己的同道一個個死去，這些地方的人不由得會想，這場彌漫於空中的奇怪危險是否是被派來毀滅全人類的。在愛爾蘭的基爾肯尼（Kilkenny），方濟各會的約翰・克萊恩（John Clyn）教友也是個獨自活下來的僧侶，他留下了一份記錄，記載了所發生的事情，唯恐「應當被牢記的事情隨著時間的推移而磨滅，從我們後代的記憶中消失」。他寫道：在感覺到「整個世界可以說都置於惡魔的爪牙之下」，他本人也在等待死神的造訪之時，「我留下供繼續此項工作的羊皮紙，萬一有人活下去，萬一有任何一個亞當的族類逃過了這場瘟疫，他們就可以將我開始的這項工作繼續下去」。如另一個人所記載的那樣，教友約翰死於這場瘟疫，可他挫敗了遺忘。

人口約十萬人的歐洲最大城市是巴黎、佛羅倫斯、威尼斯和熱那亞。人口超過五萬的次一級城市是根特、法蘭德斯斯的布魯日、米蘭、波隆那（Bologna）、羅馬、那不勒斯、巴勒摩（Palermo）和科隆（Cologne）。倫敦的人口徘徊在五萬人上下，是英格蘭除約克外的唯一一個人口超過了一萬人的城市。人口在兩萬至五萬人之間的城市有法國的波爾多、圖盧茲、蒙彼利埃、馬賽和里昂，西班牙的巴賽隆納（Barcelona）、塞維利亞（Seville）和托萊多（Toledo），義大利的西恩納、比薩和其他二流城市，以及羅馬帝國漢薩公會（Hanseatic）的商業城市。瘟疫橫掃了所有這些城市，在任何一個地方，都使三分之一到三分之二的居民喪生。總人口為一千萬至一千一百萬的義大利的死亡人數可能最高。繼佛羅倫斯破產、莊稼歉收、一三四六——一三四七年的工人暴動以及使羅馬突然陷於無政府狀態的柯拉・迪裡恩齊（Cola di Rienzi）起義之後，這場瘟疫作為接二連三的災難的頂峰出現。仿佛世界確實在惡魔的掌握之中似的，這場瘟疫於一三四八年一月初次在歐洲大陸的出現，恰巧與一場使從那不勒斯至威尼斯一線都變得殘破不堪的可怕地震同時發生。房屋倒塌，教堂塔樓傾倒，村莊被粉碎，破壞還遠至德意志和希臘。被恐怖鈍化的情感反應經歷了一種萎縮，一位編年史作者將此萎縮概括為：「在這些日子裡，葬禮無人致哀，婚禮乏友相賀。」

在西恩納，有超過一半的居民死於瘟疫，原計劃建成世界最大的大教堂停建，並且因為缺乏工人和熟練的石匠以及倖存者的「憂鬱悲傷」而再也沒有恢復建設。這座大教堂被縮短的十字形翼部仍舊屹立在那裡，成了橫掃歐洲的死亡之鐮的永久見證。西恩納的一位編年史作者阿尼奧洛・迪圖拉（Agnolo di Tura）記錄了對傳染的恐懼，它令人類的所有其他本能都凍結了起來。「父親拋下了孩子，妻子拋下了丈夫，兄弟相互拋棄，」他寫道，「因為這場瘟疫似乎刪去了呼吸和歎息。人們便這樣死去。找不到為了

96

金錢或友誼而去埋葬死者的人……我，被人叫作『胖子』的阿尼奧洛・迪圖拉，親手埋葬了自己的五個孩子，其他人也大致如此。」

對他有關慘無人道的記載發出共鳴的記錄比比皆是，卻少有記述能對它加以平衡，因為這場瘟疫不是那種可激發相互救助的災難。它的可惡之處和致命性不曾將處於共同悲傷中的人們集合起來，卻是促使他們渴望逃離彼此。「地方法官和公證人拒絕前來為處於彌留之際的人訂立遺囑。」西西里島皮亞扎（Piazza）的一位方濟各會修道士如是說；更有甚者，「連神父也不來傾聽他們的懺悔。」坎特伯雷大主教的一位教士報告了英格蘭神父的相同舉動，他們「不履行職責去照看自己的教民，使之擺脫對死亡的恐懼」。從蘇格蘭到俄國，父母拋棄孩子和孩子拋棄父母的事例在整個歐洲都有記錄。薄伽丘對佛羅倫斯的瘟疫進行了非常著名的記錄，它成了《十日談》的導言。他在記錄中寫道災難使人心變得冷硬，「人人相互躲避……家屬彼此疏遠，兄弟相互遺棄，妻子屢屢遺棄丈夫；不但如此，更有甚者，令人難以置信的是父母對自己的孩子棄之不顧，任其生死，不理不睬，不聞不問，仿佛他們從來毫無瓜葛」。在十四世紀，誇大其詞和文學悲觀主義十分常見，但教皇的外科醫生居伊・德肖利亞克（Guy de Chauliac）是個冷靜、細心的觀察者，他寫下了同樣的現象：「父親不去探望兒子，兒子也不去探望父親。仁慈已死。」

不過，並非完然如此。據編年史作者讓・韋內特所述，在巴黎，「Hftel Dieu」（市政醫院）的修女「不懼怕死亡，她們親切溫和、謙卑恭敬地照看著病人」。新來的修女不斷接替死去的修女，直到「屢屢被死亡所更替的修女如今都像我們虔誠地相信的那樣，安詳寧靜地回到了基督的身邊」。

當瘟疫於一三四八年七月進入法國北部時，它先在諾曼第安營紮寨，然後被冬季所阻止，給了皮卡第一段欺騙性的間歇期，直到第二年夏季的來臨。要麼是為了表示哀悼，要麼是為了發出警告，黑色的旗幟在諾曼第那些最受重創的村莊的教堂塔頂飛舞飄揚。「那時」，弗卡蒙特（Fourcarment）修道院的一位僧侶寫道，「諾曼第人中的死亡率奇高，使得皮卡第人對之報以嘲笑。」因為冬天的到來而未受英格蘭感染的蘇格蘭人也報告了相同的不睦鄰的反應。在聽說了正在折磨「南方人」的疾病後，他們心花怒放，聚集起軍隊，準備發動一場入侵，「對敵人大肆嘲笑」。還未等他們動身，那兇猛的死亡率也降臨在他們身上，一些人一命嗚呼，剩下的人陷入驚慌，在他們四散奔逃之時，傳染病也被帶往了別處。

在一三四九年夏季的皮卡第，瘟疫滲透進了庫西城堡，殺死了昂蓋朗的母親凱薩琳和她的新丈夫。她九歲的兒子是偶然地躲過了一劫，或者可能與他的一位監護人一起住在別處，並無史料的記載。在附近的亞眠，製革工人迅速對勞動力的損失做出反應聯合起來，討價還價要求漲工錢。在另一個地方，有人看到村民們隨著鼓聲和號聲翩翩起舞，當被問及原因時，他們回答說看到自己的鄰居每天都在死去，而自己的村莊始終未受感染，這使他們相信他們可以「憑藉內心的歡樂」而將瘟疫拒之門外，「那就是我們跳舞的原因」。再往北，在位於法蘭德斯邊境的圖爾內，聖馬丁修道院的院長吉勒斯•穆伊西斯（Gilles li Muisis）保留了對瘟疫最生動形象的記錄之一。他寫下喪鐘整日整夜地敲響，因為教堂司事急於在還能收取費用時獲得它們。哀悼之聲充斥著整個城市，使得城市被恐懼所壓抑，以致當局禁止敲鐘和穿著黑色衣服，將參加葬禮的送葬者限制為兩個人。大多數城市都下令不得敲響葬禮鐘聲，傳令者也不得發佈死亡宣告。西恩納會對除鰥寡者外的所有穿喪服者處以罰款。

逃離是那些能夠負擔得起或安排得了逃離的人的主要辦法。富人逃到他們的鄉下住所，就如薄伽丘筆下的佛羅倫斯年輕貴族那樣，他們在一座田園詩般的豪華府邸中安下身來，府邸「四面都不與道路相通」，宅子裡面有「冷冽的井水和窖藏的珍稀美酒」。城市貧民死於他們的棲身處，「只有屍臭能讓鄰居們知道他們已死」。無論南北，窮人都比富人受到了更加深重的痛苦折磨，這一點在當時得到了清晰的記載。蘇格蘭編年史作者富爾登的約翰（John of Fordun）直截了當地說，那害人精「專門襲擊卑微的普通人——很少襲擊大亨們」。蒙彼利埃的西蒙・科維諾做了某種相似的觀察。他將其歸因於使窮人更易受到傳染的悲慘境遇、慾望和艱難生活，這只是一半的真相。密切接觸和缺乏衛生設施是未被認識到的另一半真相。人們還注意到年輕人的死亡比例高於老年人；西蒙・科維諾將年輕人的消失比作田野上鮮花的凋謝。

在鄉下，農民們將死人扔在道路上、田野裡和房子中。日益絕望的倖存者變得無動於衷，任憑成熟的小麥荒在地裡，牲畜無人照看。牛和驢、綿羊和山羊、豬和雞四處逃跑，於是，按照當地的報告，它們也死於瘟疫。一身珍貴羊毛的英格蘭綿羊在全國各地死去。編年史作者亨利・奈頓（Henry Knighton）是萊斯特修道院（Leicester Abbey）的教士，他記載僅在一片地裡，就死了五千頭羊，「它們的屍體被瘟疫弄得腐爛不堪，就連野獸和鳥類也不去碰觸它們」，它們還散發出一種可怕的惡臭。在奧地利，阿爾卑斯狼群下山來捕捉綿羊，可是，「就彷彿接到了某種看不見的警告，它們掉轉頭去，逃回了曠野」。在遙遠的達爾馬提亞（Dalmatia）邊境，狼群突然出現在一座被瘟疫所困的城市，襲擊了城市裡的倖存者。由於無人放牧，畜群從一個地方遊蕩到另一個地方，死在籬笆邊和壕溝中。狗和貓也不能倖免。

勞動力的死亡帶來了可怕的前景，因為十四世紀人的生活與每年的收成密切相關，他們要靠收成來獲取食物和來年的種子。奈頓寫道：「剩下的僕人和勞工寥寥無幾，所以無人知道去向誰求助。」沒有未來的感覺迅速導致了一種絕望的癡呆。多瑙河邊紐伯格（Neuberg）的一位巴伐利亞編年史作者報告說：

「男人和女人……像瘋子一樣四處遊蕩」，任其畜群四散走失，「因為無人有心去關注未來」。農田荒蕪，春種未播，次生林帶著大自然那驚人的能量重新在被開墾的土地上蔓延開來，堤壩崩塌，海水重新入侵低地，將其變為不毛之地。由於存留下來恢復幾個世紀所累積的成果的人少之又少，用沃爾辛厄姆（Walsingham）的話來說，人們覺得，「這個世界再也恢復不了以前的繁榮」。

雖說死亡率在默默無聞的窮人中更高，但名人和大人物也無法倖免。卡斯提爾國王阿方索十一世（Alfonso XI）是唯一死於瘟疫的在位君主，而他的鄰居，亞拉崗國王佩德羅（King Pedro of Aragon）則在六個月的時間裡失去了妻子莉奧諾拉王后（Queen Leonora）、女兒瑪麗（Marie）和一個侄女。拜占庭皇帝約翰・康塔屈澤納（John Cantacuzene）失去了兒子。在法國，跛腳王后讓娜及其媳婦、太子之妻博內・盧森堡（Bon e de Luxemburg）雙雙死於一三四九年，與昂蓋朗的母親的死期相同。路易十世之女、納瓦拉王后讓娜是另一個犧牲品。愛德華三世的二女兒瓊安娜（Joanna）在前往嫁給卡斯提爾的繼承人佩德羅的路上，死在了波爾多。女人顯然比男人更易染病，這也許是因為她們更常足不出戶，所以更易受到跳蚤的叮咬。薄伽丘的情婦、那不勒斯國王的私生女菲亞梅塔（Fiammetta）像佩脫拉克的摯愛蘿拉（Laura）——不管是真的還是虛構的——一樣死去。佩脫拉克向未來的我們伸出手來，呼喊道：「噢，快樂的後來人啊，他們將不會體驗到如此深淵般的悲痛，他們將把我們的證言看作無稽之談。」

在佛羅倫斯，當時最偉大的歷史學家喬瓦尼・維拉尼（Giovanni Villani）於六十八歲時死去，死時，他的一個句子才寫到一半：「fffe dure questo pisto lenza fno afff（……在這場瘟疫中，有件事走到了盡頭……）」西恩納的繪畫大師安布羅焦・洛倫澤蒂（Ambrogio Lorenzetti）和彼得羅・洛倫澤蒂（Pietro Lorenzetti）兄弟的名字在一三四八年以後便再未出現，據推測他們死於瘟疫，就像佛羅倫斯的建築師和雕刻家安德利亞‧皮薩諾（Andrea Pisano）那樣。奧卡姆的威廉和英格蘭神秘論者漢波爾的理查‧羅爾（Richard Rolle of Hampole）都在一三四九年後不再被提及。普拉托商人法蘭西斯科‧達蒂尼失去了雙親和兩個兄弟姐妹。死亡令人好奇地席捲了倫敦的某些商行。切割行（Company of Cutters）的全部 八位管理者、製帽行（Hatters）的全部六位管理者、金匠行（Goldsmiths）的四位管理者都在一三五〇年七月前死去。大布商和四屆倫敦 100
市長約翰‧普爾特尼爵士（Sir John Pulteney）成了犧牲品，正像加萊總督約翰‧蒙哥馬利爵士（Sir John Montgomery）一樣。

在教士和醫生中，因為職業性質，死亡率自然很高。在威尼斯的二十四位醫生中，據說有二十位死於瘟疫，儘管按照另一則記錄，有人認為他們之中有人逃跑了，或是閉門不出。西蒙‧科維諾醫生記載，在蒙彼利埃這個中世紀頂級醫療學校的所在地，儘管存在大批的醫生，「但幾乎無一倖免」。在亞維農，居伊‧肖利亞克承認，他之所以履行了自己的上門診治之責，只是因為他害怕落下壞名聲而不敢跑開，可是，「我一直感到害怕」。他聲稱自己已經染病，但通過自我診治而痊癒，如果真是這樣的話，那麼他就是極少數從疾病中康復的人之一。

教士的死亡率隨著級別而有所不同。雖然三分之一紅衣主教的死亡數字與整體比例相當，但這有可能是因為他們都集中在亞維農。在英格蘭，依著一種奇怪而堪稱不吉的序列，坎特伯雷大主教約翰‧斯特拉福德（John Stratford）死於一三四八年八月，他指定的繼任者死於一三四九年五月，下一位繼任者死於三個月之後，三個人都在不到一年內死去。儘管存在這樣不可思議的莫測之事，但經過努力，高級教士的存活率通常都要高於較低級的教士。在主教中，死亡率據估計約為二十分一。可是，即使許多神父逃避了照料將死之人的可怕職責，但他們的死亡比例仍與整個人口的死亡比例大體相當。

從總體上說，因普遍的混亂而死去的政府官員並未找到特殊的避難所。在西恩納，執掌政權的九人寡頭集團中有四人喪生，在法國，有三分之一的王室公證人喪生，在布里斯托（Bristol），五十二位市議會成員中的十五人喪生，佔了幾乎三分之一。稅收顯然受到重挫，其結果是在一三四七年至一三四八年的冬季，腓力六世只從各等級那裡收取到了一小部份應允給他的貢金。

無法無天和放縱恣肆與瘟疫相伴而來，就如在西元前四三〇年雅典的大瘟疫期間一樣。據修昔底德記載，當時男人在追逐酒色之歡方面變得膽大包天：「因為看到富人在瞬間死去，而那些一無所有的人立即承繼了他們的財產，他們心想，生命和財富就如過眼雲煙，於是他們決心要及時行樂。」人類的行為是不受時間影響的。聖約翰在設想《啟示錄》中的瘟疫之時，他從經驗或種族記憶中得知，那些倖存者「不會後悔他們的親手所為……他們既不後悔自己曾行謀殺，亦不後悔曾施巫術，亦不後悔曾事通姦，亦不後悔曾為盜賊」。

對起因的無知更增加了恐怖感。十四世紀的人們對於瘟疫真正的傳播者老鼠和跳蚤毫無懷疑，也許因為它們太過熟悉。跳蚤儘管是家中一種常見的惱人之物，在當時的瘟疫記錄中卻一次也未被提及，老鼠只被偶然提及，儘管民謠常常將它們與瘟疫聯繫在一起。穿彩衣的吹笛人（Pied Piper）[1]的傳奇起源於一二八四年的一次爆發。真正的鼠疫桿菌（Pasturella pestis）要到五十年後才會被發現。這種以腹股溝腺炎形式出現的細菌生活在跳蚤的腹部，或者生活在跳蚤寄生的老鼠的血液中，通過老鼠或跳蚤的叮咬被

1 編者註：這是一個德意志民間故事。相傳某城鎮發生了嚴重的鼠患，人們請一位穿彩衣的吹笛人幫助消除鼠患。他吹著笛子帶走了成群的老鼠，但市民拒絕給他付錢，於是他又吹著笛子帶走了城內所有的孩子。

傳播給了人類和動物。它借助於「Rattus rattus」，即生活在輪船上的中世紀小黑鼠，以及較大的灰鼠或溝鼠四處傳播。促成了這種細菌從無害到有毒形式轉變的原因尚不得而知，但如今人們認為它的發源地不是中國而是在中亞某地，並隨著穿越沙漠的商隊傳播開來。認為這次瘟疫起源於中國是十四世紀的一個錯誤觀念，它根據的是對中國可追溯至十四世紀三〇年代的因乾旱、饑饉和瘟疫而造成大量死亡的真實但延誤的報導，它的時間太遲，不能為於一三二六年在印度出現的瘟疫負責。

這個幽靈般的敵人無名無姓。「黑死病」之名僅在後來的再次爆發時才出現，而在首次傳染期間，它只是被稱為「瘟疫」或「高死亡率」。來自東方的報導被可怕的想像所誇大，談及奇怪的暴風雨和「大片大片的火海」，與之相交雜的是「所到之處幾乎片甲不留的」巨大冰雹，或是一場「巨大的火雨」，它燒毀了人類、野獸、石頭、樹木、村莊和城市。在另一版本中，因火災而起的「臭不可聞的強風」將傳染病帶到了歐洲，「現在如有所懷疑的那樣，它順道來海岸拜訪」。這一例子中的準確觀察並不能使人們的思維跳至輪船和老鼠，因為當時並不存在有關由動物——或昆蟲傳播的傳染概念。

人們歸咎於地震釋放出了地球內部的硫黃和臭氣，或者將之視為證據，說明行星與海洋間的巨大碰撞導致水的上升和蒸發，直到魚類大批死亡，惡化了空氣。所有這些解釋的一個共同之處是，它們都提到了有毒空氣這個因素，它由瘴氣和濃密、惡臭的霧氣構成，它們源自各式各樣自然的或想像中的介質——從不流動的湖水到地球有害的連接處，從魔鬼之手到上帝的憤怒。中世紀思維侷限於星辰影響之理論，強調空氣是疾病的傳播者，而無視衛生或顯而易見的攜帶者。兩種攜帶者的存在使人們的追蹤產生了困擾，尤其是因為跳蚤可以離開老鼠而獨自存活並傳播長達一個月之久，假如受到該細菌特別有害的敗血症形式的感染的話，就可以在不從老鼠那裡重新受到感染的情況下傳染人類。該疾病的肺炎形式的同時存在（它確實是通過空氣傳播）則使問題變得更加模糊起來。

傳染的神秘性是「所有恐懼中最可怕的」，正如亞維農一位無名的法蘭德斯教士在給布魯日一位通信者的信中所寫的那樣。人們對瘟疫早有耳聞，從雅典的瘟疫（據信是斑疹傷寒）到西元六世紀拖延不去的流行病，再到十二世紀和十三世紀再度的零星爆發，但它們都沒有積累下可供理解的材料。人們很快便觀察到感染來自與病人或他們的住房、衣物或屍體的接觸，卻對此大惑不解。真蒂萊・達福利尼奥（Gentile da Foligno）是佩魯賈的著名內科醫生，還是位於波隆那和帕多瓦的大學的醫學博士，他推測有毒物質「是借助於呼進呼出的氣息來進行傳播的」，說這話時，他接近了呼吸道傳染病。由於對極微小的攜帶者一無所知，所以他只好假設空氣被行星的影響所敗壞。不過，行星無法解釋持續的傳染。對答案的艱難尋求導致了諸如隨視覺轉移這樣的理論。居伊・肖利亞克寫道人們之所以會生病，不僅是因為留在病人身邊，而且「甚至是因為看到了他們」。三百年後，約書亞・巴恩斯（Joshua Barnes），愛德華三世在十七世紀的傳記作者，可能寫下這樣的話：傳染的力量進入了光束，「將死亡從眼睛擲入體內」。

糾結於證據的醫生們無法脫離占星術的術語，他們相信整個人類生理學都是它的統轄範圍。醫藥之所以是中世紀生活的一個方面，也許因為它與阿拉伯人有關，而非由基督教教義所塑造。神職人員痛恨占星術，卻無法消除其影響。居伊・肖利亞克曾是連續三位教皇的內科醫生，他的行醫活動都要遵從十二宮圖。儘管他的《外科學》（*Cirurgia*）是當時有關外科手術的重要論文，儘管他知道使用鴉片、蔓德拉草和毒芹製成的麻醉藥，可是他也會依據行星開出血或吃瀉藥的處方，根據一歸太陽管一歸月亮管的說法來區別慢性病和急性病。一三四八年十月，腓力六世要求巴黎大學醫學院提供有關那場似乎威脅到人類生存的痛苦折磨的報告。醫生憑藉小心翼翼的命題、反證和證據，將之歸咎於土星、木星和火星據說

103

於一三四五年三月二十日發生的在水瓶座四十度處的三重交匯。然而，他們知道，造成這些影響的「原因就連受過最高級訓練的有識之士也無從知曉」。巴黎大師們的裁定變成了官方版本。它們被借用，由書記員謄抄，被傳播到國外，從拉丁語翻譯成各種各樣的地方語言，從而被世界各地乃至科多瓦（Cordova）和格拉納達（Granada）的阿拉伯醫生當作科學結論（如果不是流行答案的話）所接受。因為該課題極其有趣，所以有關瘟疫小冊子的翻譯激發了民族語言的使用。就此而言，可以說生命源自死亡。

對於廣大民眾來說，可能只有一種解釋——上帝的憤怒。行星說也許會令有學識的醫生滿意，但上帝更貼近普通人。一場沒有任何顯而易見的原因卻如此橫掃一切、毫不留情的災禍，只能被看作上帝對人類罪惡的神聖懲罰。它甚至有可能是上帝對其創造物的終極絕望。馬泰奧・維拉尼（Mateo Villani）將這場瘟疫比喻帶有終極目標的大洪水，相信自己是在記錄「人類的滅亡」。平息聖怒的努力多種多樣，例如盧昂城就曾下令，有可能觸怒上帝的一切行為，如賭博、詛咒、酗酒等都必須停止。更為普遍的是最早由教皇授權的悔過遊行，有時長達三天，有時參加人數多達兩千人。它們所到之處都伴隨著瘟疫，並助長了它的傳播。

懺悔者們麻衣跣足，拋灑灰燼，哭泣，祈禱，揪頭髮，攜帶蠟燭和聖物，有時還將繩索繞在脖子上或是用皮鞭抽打自己，就這樣蜿蜒地走過街道，懇求居於其聖龕中的聖母和聖徒們的憐憫。在德貝里公爵（Duc de Berry）《豪華時禱書》（*Très Riches Heures*）中的一幅生動形象的插圖中，教皇出現在有四位著裝從頭至腳都是深紅色的紅衣主教參加的懺悔遊行中。他高舉雙臂，向位於聖天使堡（Castel Sant'Angelo）頂端的天使祈禱，而身穿白袍的神父們則捧著旗幟和盛放在金匣中的聖物，轉頭看著他們之中的一員，此人被瘟疫所襲，倒在地上，面容被焦慮所扭曲。在隊伍後面，一位身著灰袍的僧侶倒在了另外一個已經倒地的受害者身邊，市民則懷著恐懼看著他們。（名義上，這幅插圖反映的是六世紀發生在教皇大格列高利時的一次瘟疫，但因為中世紀畫家並不區分過去和現在，所以該情景顯示的應當是畫家在十四世紀的親眼所見。）當人們越來越明顯地看出這些遊行是傳染之源時，克雷芒六世不得不禁止它們。

在瘟疫最先出現的墨西拿，人們懇求相鄰的卡塔尼亞（Catania）的大主教將聖愛葛莎（St. Agatha）的遺骨借給他們。當卡塔尼亞拒絕讓遺骨離開時，大主教將它們浸在聖水中，然後親自將水送至墨西拿；在那裡，他懷揣聖水參加了一次遊行，嘴裡念著祈禱文和連禱文，走遍了大街小巷。與上帝共同執掌中世紀宇宙的惡魔現身為「以狗的形狀出現的魔鬼」，想以此嚇唬民眾。「一隻爪子上抓著一把出鞘的利劍的黑狗出現在他們中間，咬牙切齒地衝向人們，將祭壇上的所有銀製容器、燈具和燭臺打破，並把它們扔得到處都是……於是，被此奇異景象驚得目瞪口呆的墨西拿人，全都莫名其妙地被恐懼所壓倒。」

缺乏顯而易見的世俗原因賦予了瘟疫一種超自然和邪惡的品質。斯堪的納維亞人相信，一名女妖會以一縷藍色火焰的形式從死人的口中冒出，然後穿過空氣，傳染給街坊。在立陶宛，該女妖據說會透過門窗揮舞一塊紅色頭巾，好讓有害之物飄散，進入人體。傳聞一位勇敢的人故意等候在自己打開的窗戶前，手握抽出的寶劍，在頭巾擺動之時，砍下了揮舞頭巾的手。他死於他的所作所為，但他的村莊因此得救，那塊頭巾作為一種聖物被長期保存在當地的教堂中。

最後，在惡魔和迷信之外的是上帝之手。教皇在一三四八年九月的詔書中承認了這一點，論及「上帝用以折磨基督教民眾的瘟疫」。在拜占庭皇帝約翰六世・坎塔庫澤努斯（John Cantacuzewe）看來，很顯然，一種如此可怕、如此惡臭、如此惱人的疾病，特別是一種未等其受害者死去便將淒慘的絕望加諸在

104

他們身上的疾病，不是「自然」加在人類身上的瘟疫，而是「一種來自天堂的懲罰」。在皮爾斯看來，「這些瘟疫出於純粹的罪惡」。

對此觀點的普遍接受導致了一種膨脹的罪惡感，因為假如瘟疫是種懲罰，那麼就一定有引起它的可怕罪惡。十四世紀的人們會想到什麼樣的罪惡？首先是貪婪，即貪心之罪，然後是高利貸、世故、通姦、褻瀆神明、謊騙、奢侈、不信教。喬瓦尼・維拉尼試圖解釋那瀑布般降臨在佛羅倫斯的災難，他的結論是它是對貪婪和壓迫窮人的高利貸之罪的報應。對窮人，特別是成為戰爭犧牲品的農民狀況的同情和憤怒，常常為當時的作者所表達，無疑反映了那個世紀的良心。潛藏在那一切之下的是中世紀的日常生活狀態，其中幾乎沒有一種行為或思想，無論是有關性的、商業的還是軍事的，不與教會的命令相抵觸。只要不事齋戒或不做彌撒就是罪惡。其結果是那時候瘟疫正在打開的埋於靈魂深處的罪惡之潭。

被當作上帝的懲罰接受下來的死亡率也許可以部份地解釋黑死病之後的評論真空。一項調查注意到在佩里戈爾（Périgord）的檔案中，無數次提到了戰爭，卻很少提及這場瘟疫。傅華薩提到了大規模死亡，但只有一次，喬叟則幾乎對它隻字未提。上帝的憤怒竟然大到意圖滅絕全人類的看法是經不起仔細的推敲。

應對瘟疫的努力，無論是在治療方面還是預防方面，都成效極少。因為對減輕瘟疫感到絕望，醫生們的主要努力是阻止它的發生，主要方法是焚燒芳香物質以淨化空氣。基督教王國的領袖教皇克雷芒六世，就是靠這種方法保住了健康，儘管其原因不明：克雷芒的醫生居伊・肖利亞克下令，應在教皇的寢殿燒兩大堆火，並要求教皇於亞維農夏季的高溫中坐在它們中間。這種激烈的治療手段發揮了作用，無疑是因為它阻止了跳蚤的光顧，也因為德肖利亞克要求教皇單獨留在其房間內。房間裡應克雷芒的要求所繪製的有關園藝、打獵和其他世俗享樂的壁畫，也許讓他感到了一絲神清氣爽。作為喜愛窮奢極欲的輝煌壯麗和「感官之罪惡」的教皇，克雷芒還是個博聞強識的人，是藝術和科學的資助人，他現在鼓勵對死人進行解剖，「以便瞭解這種疾病之源」。多次解剖在亞維農和佛羅倫斯得以實施，在這些地方，為了達此目的，市政當局會購買屍體將之轉送給醫生。

在十四世紀，醫生的治療方法從經驗性的、感知性的到神奇性的不一而足，一種方法與另一種方法之間差別不大。儘管教會禁止解剖學和生理學調查，禁止解剖屍體，但通過阿拉伯書籍傳播的蓋倫的經典解剖學，在私人解剖課上仍十分活躍。對知識的需求有時讓人們願意冒險違抗教會：一三四〇年，蒙彼利埃批准每兩年開辦一次持續數日的解剖課；在課上，一位外科醫生會解剖一具屍體，同時，另一位醫學博士進行解說。

另外，有關心性的理論，連同占星術一起統治著醫學實踐。人們認為所有人類脾性都屬於以下四種心性中的一種：樂天的，冷淡的，易怒的，憂鬱的。通過十二宮圖之徵候的各種排列（每種排列都主管著人體的一個特殊部位），心性和星座決定著身體的溫度濕度，以及每個人身上的男子氣和女人氣的比例。

儘管擁有所有這些圖表和星辰，而藥劑簡直就是巫師醞釀的混合物，但醫生還是非常注意飲食、身體健康以及精神態度。他們也並不缺乏實踐技能。他們可以接上斷骨、拔牙、取出膀胱石、用銀針祛除眼睛裡的白內障，還可以用從手臂上移植過來的皮膚修復破損的面容。他們理解癲癇症和中風是種腦部的痙攣。他們利用尿液分析和脈搏跳動來進行診斷，知道什麼樣的物質可充當瀉藥和利尿劑，運用桁架來治療疝氣，用油、醋和硫黃配製的混合物來治牙痛，用研磨過的芍藥根加玫瑰油來治療頭痛。

106

對於超出自己能力所及的疾病，他們轉而依靠超自然或由金屬、植物和動物材質構成的複雜混合物。令人不快的事物就如昂貴物品一樣，具有額外的價值。用童子尿洗皮的方式治癬，用山羊糞便和迷迭香及蜂蜜製成的灰泥治療痛風。他們的目標是讓病情得到緩解——治癒則留給上帝——所以心理建議是他們的常用手段。為了避免痘瘡，害天花的病人要用紅布裹身，睡在懸有紅色懸掛物的床上。如果手術不起作用，則必須依賴聖母或聖徒遺物的幫助。

身著紫色或紅色長袍、頭戴皮毛兜帽的醫生是地位重要的人。禁奢令對他們開了綠燈，他們戴用銀絲製成的腰帶和有刺繡的手套，並且，按照佩脫拉克那令人憤怒的敘述，他們在僕人的照料下騎馬去探望病人時，竟放肆地穿著金馬刺。法律允許他們的妻子在衣服上的支出比其他婦女多出許多，也許這是對醫生可能要求的高昂費用的肯定。並非所有人都是學識淵博的教授。薄伽丘筆下的西蒙醫生便是個專治直腸和肛門的醫生，他的門上畫著一只夜壺，以表明他的專長。

當事情涉及瘟疫時，病患的治療方式多種多樣，它們都旨在將毒氣或感染從身體裡吸出來：放血，用瀉藥或灌腸劑淨化身體，用柳葉刀切開或燒灼腹股溝的淋巴結，或者使用熱石膏。這些方法沒有一個有多大作用。藥物從用研成粉末的鹿角或沒藥[2]和藏紅花製成的片劑，到用可飲用的黃金製成的飲劑，範圍廣大。開出的處方有用稀罕物種與研成粉末的珍珠或綠寶石製成的混合物，也許其根據的理論（現代醫學對此並不陌生）是病人的治療價值感與花費成正比。

醫生建議，地板應當灑水，手、口和鼻孔應當用醋和玫瑰水清洗。他們還推薦吃不油膩的飲食，特別是在睡覺時要避免激動和生氣，進行溫和的鍛煉，盡可能消除所有地方的沼澤及其他陰濕空氣之源。外出時應當攜帶用來自異國的化合物製成的香丸，它們可能並非傳染病的解藥，而更多的是消除瘟疫帶來的惡臭。與此相反，人們奇怪地相信，公共廁所的看護人是免疫的，出於這一想法，許多人前往公廁，其理論是惡臭對治療有效。

汙水處理在十四世紀並非沒有，儘管遠遠不夠。私家廁所、化糞池、排汙管和公共廁所都有，儘管它們並未取代敞開的街道陰溝。城堡和富裕的城市住宅有自用廁所，它們建在凸出外牆的小隔間中，地面上有洞，可使排泄物落入河中或可隨後沖洗的壕溝中。遠離河岸的城市住宅在後院設有化糞池，依照規定必需與鄰居的化糞池保持一定的距離。儘管它們理應依照城市條例修建，但其中的排泄物經常會滲入水井或其他水源。除了家裡的尿液，自用廁所中的髒物不得排入街道陰溝。公眾輿論對條例的嘲笑更多的是在指責不衛生的街道，而非不充足的技術。

一些修道院和包括庫西在內的大城堡有獨立的建築來充當供僧侶和衛戍部隊使用的公共廁所。庫西三層主塔的每一層都有公廁。污水被輸送到帶有通風孔和用於清除污水的開口的拱形石壕中，或送入地下坑道中，後來，這些地下坑道被一個更加浪漫的時期的調查者誤認為是秘密通道和地下密牢。在「高貴」建築的概念之下，十五世紀和之後的人寧肯無視人類排泄物。庫西的衛生狀況可能比凡爾賽宮還要好些。

在瘟疫期間，隨著打掃街道的人和運貨馬車夫的死去，城市越來越污穢不潔，傳染從而加重了。一條街上的居民也許會共同出資租一輛馬車來運走垃圾，但精力和意願都受到了抑制。街道清掃繫統的崩潰反映在愛德華三世於一三四九年寫給倫敦市長的一封信裡，信中抱怨倫敦的大街小巷「被人的糞便弄

2 譯者註：沒藥（myrrh），橄欖科植物地丁樹或哈地丁樹的乾燥樹脂。

得齷齪不堪，城市的空氣中彌漫著穢氣，給路過的人帶來了極大的危險，尤其是在這個疾病傳染階段」。國王有可能完全看不到屍體堆積的日常景象，他下令，街道要打掃得「像過去一樣」乾淨。

許多城市都頒佈了嚴格的隔離措施。比薩和盧卡（Lucca）剛一受到傳染，它們的鄰居皮斯托亞（Pistoia）便禁止可能去那兩個遭受瘟疫襲擊的城市走親訪友或做生意的市民回家，同樣也禁止羊毛和亞麻布的進口。威尼斯的總督和議會下令在島嶼上的掩埋深度最少要達到五英尺，並組織了一個船隊運送屍體。波蘭在邊境修建了隔離帶，成功地使它處於相對免疫的狀態。米蘭的專制統治者、十四世紀最肆無忌憚的統治家族之領袖喬瓦尼・維斯康提大主教（Archbishop Giovanni Visconti）也採取了嚴厲的措施。他下令在瘟疫最早被發現的三座房屋外砌起高牆，連同它的住房也被圍在其中，將水井、病人和死人都封鎖在一個共用的墳墓中。無論是否得益於他的機敏果斷，米蘭稍微躲過了死亡的席捲。萊斯特郡的一位莊園獨裁者多少有點兒維斯康提的脾性，當瘟疫出現在諾斯利（Noseley）時，他下令燒毀整個村子，將之夷為平地。顯然他成功了，因為他的直系後代仍然居住在諾斯利公館（Noseley Hall）。

死於一三二七年的聖羅奇（St. Roch）被認為具有特殊的治療能力，他是與這場瘟疫有關的特殊聖徒。在年紀輕輕便繼承了大筆財富後，他像聖方濟各一樣，將財產分給了窮人和醫院。而在一次前往羅馬朝聖的歸途中，他遇到了一場傳染病，於是便留下來幫助病人。在自己也染病之後，他隱居在森林中準備獨自死去，在那裡，一隻狗每天會給他帶來麵包。據傳說：「在這些悲傷的日子，現實是如此令人憂鬱，人世是如此艱難困苦，竟使人們把同情歸於動物。」聖羅奇恢復了健康，由於他像乞丐一樣衣衫襤褸，所以被當成密探投入監獄並死在獄中，死時，有一道奇異的光芒照亮了牢房。隨著他的故事的傳播和被授予聖徒地位，人們相信，上帝將會治癒任何一個乞靈於祂名字的染上瘟疫的人。若這一舉動不見效，人們便更加深信人類已經變得太過邪惡，所以上帝其實想要滅絕他們。正如朗蘭所言：

> 上帝現在閉目塞聽，對我們的呼聲充耳不聞，
> 祝禱失去了效力，瘟疫盤桓不去。

在一個可怕的相反說法中，聖羅奇和其他聖徒如今被當成了瘟疫之源，是上帝之怒的工具。薩索費拉托一位名叫巴爾托盧斯（Bartolus of Sassoferrato）的法律教授寫道：「在我主一三四八年的那場大瘟疫期間，上帝的仇恨比人的仇恨更加強烈。」但他錯了。

事實證明，人的仇恨是針對猶太人的。人們指責猶太人向水井投毒，意在「除掉和毀滅整個基督教王國，統治全世界」，於是，在第一波瘟疫造成的死亡之後，動用私刑的舉動於一三四八年春開始出現。最初的攻擊發生在納博訥和卡爾卡松，在當地，猶太人被拖出自己的家門，投入篝火之中。雖然認定神聖的懲罰乃瘟疫之源，但身處悲痛境地的人們仍舊在尋找人類的替罪羊，好把無法向上帝發洩的仇恨移轉到他們身上。作為永久的異鄉人，猶太人是最顯見的目標。猶太人是局外人，出於自我選擇而讓自己獨立於基督教的世界，數世紀以來，基督徒們接受的教育都是要憎恨他們，認為他們被夜以繼日地灌輸著針對所有基督徒的惡意。由於猶太人生活在自己與眾不同的群體之中，居住在特定的街道上或寓所內，所以他們也是最可行的目標，而可以任意掠奪的財產是進一步的誘因。

給水井投毒的指控最早可以追溯到雅典瘟疫時人們對斯巴達人的指控，近日則可參考一三二〇年至

109

一三二一年的瘟疫；當時，麻瘋病人是指被控的對象。那個時候，人們相信麻瘋病人在猶太人和格拉納達的穆斯林國王（Moslem King of Granada）的教唆下參與了一場被放逐者的陰謀，目的是摧毀基督徒。一三二二年，數百名麻瘋病人從法國各地被聚集起來燒死，而猶太人則遭到重罰，官方對他們處以罰金，民間對他們加以攻擊。當瘟疫到來時，該指控立即死灰複燃，矛頭直指猶太人：

……河流和泉源
曾是多麼清澈而乾淨
他們在許多地方都投下毒藥……

法國宮廷詩人紀堯姆・馬肖（Guillaume de Machaut）這樣寫道。這種敵意由來已久。猶太人之所以會變成普遍憎恨的目標，是因為早期的教會，作為猶太教的分支，在意欲竭力取母教而代之的努力中，將猶太人變成了憎恨對象。猶太人拒絕承認基督是救世主，且頑固不化地拒絕接受用《福音書》中的新律來替代摩西律法。這種態度使猶太人成為對新成立的教會的永久侮辱，他們是種危險，基督徒社群必須與之劃清界限並保持距離。這正是基督教於四世紀剛剛成為國教時便由早期教會會議頒佈的剝奪猶太人公民權法令的目的所在。隔離是相互的，對於猶太人而言，既然基督教起初是個有異議的教派，而後又成了背教者，那麼他們也不想與之有任何接觸。

反猶主義的理論、情緒和理由在當時都得到了確立——由教會普世公會議編纂的教會法規中；在將猶太人斥責為殺死基督者的安提阿（Antioch）主教聖約翰・赫里索斯托姆（St. John Chrysostom）的長篇攻擊性演說中；在聖奧古斯丁的審判中（他宣佈猶太人是「被放逐者」，因為他們不接受基督的救贖）。猶太人的離散被認為是對他們不信仰基督的懲罰。

操作下的攻擊階段始於十字軍東征之時，當時，所有歐洲境內的敵意被集中於射向不信基督者的箭鏃。根據「家中的不信基督者」也應當被滅絕的理論，對猶太社區的大屠殺成了十字軍向巴勒斯坦進軍的標誌。伊斯蘭教徒對聖墓的佔領被指責為是受了「猶太人的惡意指使」，針對「Hierosolyma est Perdita」（耶路撒冷正在失去）而發出的「嗨嗨！」的吆喝聲變成了殺人的號令。人們迫害的正是他們所害怕的人，因此，猶太人被描繪為魔鬼，他們充滿對人類的憎恨，並在暗地裡企圖消滅人類。

根據上帝為包括不信基督者在內的全人類創造了世界的一般命題，針對猶太人是否具有某種人權這個問題，不同的思考者給出了不同的答案。在官方，教會承認猶太人有一些權利：猶太人不應在未受審判的情況下被定罪，他們的會堂和墓園不應遭到褻瀆，他們的財產不應在免罰的情況下遭到剝奪。但實際上這毫無意義，因為，作為遍地都是基督徒的國家中的「非國民」，猶太人不得控告基督徒，猶太人的證言也不得壓過基督徒的證言。他們的合法地位就是國王的農奴，儘管在最高君主那裡不存在對等的責任。教皇英諾森三世（Pope Innocent III）於一二〇五年宣佈的教義稱，作為謀害基督者，猶太人註定要永受奴役，這導致了湯瑪斯・阿奎那得出的無情邏輯：「既然猶太人是教會的奴隸，教會便可剝奪他們的財產。」在法律上、政治上和實際上，猶太人都極為脆弱，完全暴露在危險之下。

他們之所以在社會上仍保有一席之地，是因為國王對金錢有持續的需求，而他們作為放貸者承擔了不可或缺的角色。由於被行會排除在手工業和貿易之外，他們被迫從事次要的商業活動和金錢借貸，儘管在理論上他們被禁止與基督徒打交道。然而，理論屈從於便利，基督教強加於自身禁止以錢謀錢的禁

111

令，猶太人為他們提供了一條變通出路。

既然無論如何都會遭到譴責，他們便被允許以百分之二十甚至更高的利息來進行放款借貸，利息中的大部份都為王室財政所獲取。給王室的增額實際上是種間接的稅收；作為王室的工具，猶太人招致了民眾的額外仇恨。他們完全依靠國王的保護才得以生存，王室可隨心所欲地對他們採取沒收、驅逐和傷害之舉。貴族和高級教士也學著王室的樣子，將錢委託給猶太人用以借貸，並取走了大部份的利潤，同時使民眾的不滿轉向這個掮客。對於普通人而言，猶太人不僅是謀害基督的人，而且是貪婪而無情的怪物，是新興的金錢力量的象徵，而金錢正在改變舊有的方式，瓦解舊有的社會關係。

商業在十二世紀和十三世紀得到飛速發展，金錢的流動增加了，猶太人的地位也相應地隨之惡化，因為他們越來越不被人需要。他們無法像佛羅倫斯巴爾迪銀行之類的基督徒銀行一樣，掌控大宗交易。永遠需要更大數額金錢的國王和親王們現在轉而向倫巴底家族和富商們去貸款，因而放鬆了他們對猶太人的保護，在需要現金時，便頒佈驅逐令，從而沒收他們的財產和別人欠他們的債務。與此同時，宗教裁判所在十三世紀出現了，宗教排他性大增，這引發人們指控猶太人進行儀式性謀殺，猶太人還被迫戴上了以示區別的徽章。

人們認為，猶太人會對基督徒受害人進行儀式性謀殺，它可能源於想要重新將基督釘在十字架上的強烈衝動，這種觀念始於十二世紀，爾後形成了一種信念，認為他們會舉辦秘密儀式以侮辱聖體。在受人歡迎的傳教士促動下，一則有關血的神話在飲救世主鮮血的基督教儀式的鏡像中得以發展。人們相信猶太人會綁架並折磨信仰基督的兒童，他們會出於各種各樣的邪惡目的去喝兒童的鮮血，有的是為了虐待和巫術，有的則是（作為非自然的存在）需要基督徒的鮮血來給他們以人的面孔。儘管遭到猶太法學博士的痛斥，也為皇帝和教皇所譴責，但飲血誹謗還是在德意志地區以最快的速度在大眾頭腦裡佔據了一席之地，水井投毒的指控也起源於十二世紀的德意志。飲血誹謗成了喬叟筆下由女修道院院長講述的一個兒童殉道者的故事主題，也是基於這種誹謗，猶太人遭到指控、審判並被燒死在火刑柱上。

聖路易的人生目標是使基督教教義發揚光大和臻於圓滿，在他的狂熱之下，法國猶太人的生活因日益增加的限制，變得舉步維艱和苦不堪言。在他統治期內，巴黎於一二四〇年發生了對《猶太法典》（*Talmud*）的著名審判，指控它是異端邪說和對神明的褻瀆。審判終於早已事先定好的罪名，燒毀了二十四車的《猶太法典》論著。此案的論爭者之一是庫西的猶太法學博士摩西・本・雅各（Moses ben Jacob），他是昂蓋朗三世時代的北方猶太人社團的知識領袖。

112

整個十四世紀，教會都在翻倍地頒佈旨在將猶太人與基督教社會隔離開來的法令，其論述根據是與猶太人的接觸會敗壞基督教信仰的名聲。猶太人不得雇用基督徒為僕，不得充當基督徒的醫生，不得與基督徒通婚，不得向基督徒出售麵粉、麵包、葡萄酒、油、鞋子或任何衣物，不得傳送或收取商品，不得修建新的猶太人會堂，不得擁有或聲稱擁有充當抵押物的土地。行會法規禁止他們從事的行業包括紡織、金屬加工、採礦、裁縫、制鞋、金匠、烘焙、磨坊、木工。為了對他們的隔離加以標識，英諾森三世於一二一五年頒佈法令要求他們佩戴徽章，徽章的樣子通常是輪形或圓形的黃色氈塊，據說這代表著一張紙鈔。有時，徽章是紅色的或紅白相間的，無論男女，在七歲至十四歲之間都要開始佩戴。十三世紀的教會在與所有異端和異議進行鬥爭的過程中，還強迫穆斯林、被證明有罪的異端分子佩戴同樣的徽章，並且出於教義中的某種怪癖，還要求妓女也佩戴它。後來，又加上了一頂頗像觸角的尖帽（據說代表著魔鬼），用以進一步區別猶太人。

驅逐和迫害的標誌是一個持續的因素——沒收猶太人的財產。正如編年史作者紐伯格的威廉William of Newburgh）對一一九〇年約克大屠殺的記述那樣，這場屠殺絕非宗教狂熱的傑作，而是些大膽而貪婪之人的作為，這些人精心錘煉著「由自己的貪婪構成的生意」。由城鎮或國王進行的公開驅逐的動機也如出一轍。當猶太人幾經漂泊後回到故鄉，在村莊、小鎮尤其是城市重新安頓下來時，會繼續從事金錢借貸和零售貿易，開當鋪，找一個如挖墓人這樣的工作，並為了互相保護而在一片狹窄的猶太人社區比鄰而居。在普羅旺斯，他們利用與西班牙和北非阿拉伯人的接觸，成了學者和廣受歡迎的內科醫生。但他們早期社區那種朝氣蓬勃的內部生活已逐漸消失。在一個敏感易怒的階段，他們的生活總是處在隨時可能降臨的攻擊邊緣。人們明白，作為基督教王國的敵人，教會可以「理由充分地發起對他們的戰爭」。

在瘟疫帶來的痛苦之中，人們輕而易舉地將給水井投毒的惡名加在猶太人身上。一三四八年，克雷芒六世發出了一條敕令，禁止在未加審判的情況下殺害、掠奪猶太人，或強迫他們皈依基督教，這終止了在亞維農和教皇國對猶太人的攻擊，但隨著瘟疫向北方的蔓延，這條敕令遭到了忽視。大多數地方的政府當局最初都試圖保護猶太人，但後來都向民眾的壓力屈服了，而且它們也並非不曾覬覦有可能被沒收的猶太人的財產。

對猶太人的第一次正式審判於一三四八年九月在薩伏伊舉行，在那裡，當猶太人還羈押在監獄中接受控調查時，他們的財產已被沒收。憑藉著依照中世紀的慣用手段——刑訊逼供——而羅織出的自供狀，指控方描繪了一幅起源於西班牙的猶太人國際陰謀的畫面：從托萊多出發的信使攜帶小包毒藥或裝在一隻「縫合起來的狹窄皮口袋」中的毒藥到來。據傳，信使們帶來了猶太法學博士的指令，要將毒藥拋灑在井裡和泉水中，並在與他們有共同信仰的人進行的秘密會議上，向這些人求教。被告當然被判有罪，他們被判處了死刑。十一名猶太人被活活燒死，其餘的要在接下來的六年時間裡每月繳納一六〇弗羅林的稅金，以換取繼續留在薩伏伊的許可。

在薩伏伊取得的招供通過書信從一個城鎮傳到另一個城鎮，構成了在亞爾薩斯、瑞士和德意志掀起的一波控告和攻擊的基礎。在亞爾薩斯城鎮代表的一次會議上，史特拉斯堡的寡頭集團試圖反駁這一指控，但還是被要求報復和驅逐的大多數人的聲音所壓倒。黑死病的殘害並非都是出於自發的爆發，而是事先經過認真討論的行動。

教皇克雷芒在一三四八年九月的一份敕令中再次試圖控制人們的歇斯底里。在敕令中，他說將瘟疫歸咎於猶太人的基督徒一直「受到那個說謊者，即魔鬼的誘導」，向井水投毒的指控和接著發生的大屠殺是「可怕的事情」。他指出，「借助上帝的一份神秘法令」，瘟疫正在折磨所有人，包括猶太人在內；它在沒有猶太人居住的地方肆虐，而在其他地方，猶太人也像其他所有人一樣是受害者，因此，說他們帶來了瘟疫的指控是「沒有道理的」。他頻頻催促神職人員像他本人在亞維農所做的那樣，將猶太人納入自己的保護之下，可是他的聲音在與當地的主流意識的對立下，幾乎無人能夠聽到。

一三四九年一月九日，在巴塞爾（Basle），一個社群中的數百個猶太人被燒死在一座木屋中，這座木屋位於萊茵河的一座小島上，專門為此目的而建。隨後，一道法令得以通過，禁止猶太人在兩百年內定居巴塞爾。在史特拉斯堡，反對迫害的市議會因為行會投票而被罷免，另一個議會被選出，它隨時準備順從民眾的意願。一三四九年二月，在瘟疫尚未抵達城市之前，史特拉斯堡的兩千名猶太人即被帶至墳場；在那裡，除了接受皈依的人，其餘的人都被燒死在成排地豎在那裡迎接他們的火刑柱上。

到此時，又有一個聲音引發了對猶太人的攻擊。苦修者出現了。在呼籲上帝之憐憫的絕望懇求中，他們的運動在一種突發的狂亂中爆發，帶著與瘟疫同樣劇烈的傳染性質，迅速傳遍了歐洲各地。自我鞭笞旨在表達懺悔，並贖回所有人的罪惡。作為一種誘使上帝原諒罪惡的悔過形式，它早在瘟疫爆發的年份之前很久便已出現。苦修者將自己視為救贖者，通過將基督的鞭笞重新實施在自己身上，使鮮血流淌，他們便可彌補人類的邪惡，為人類贏得另一次機會。

由兩百至三百人乃至有時更多的人（編年史作者提及的人數多達一千）構成的有組織的團體從一座城市遊行至另一座城市，他們裸露著腰部以上的身體，用帶有尖刺的皮鞭抽打自己，直到流血為止。他們大聲呼叫基督和聖母，請求他們的憐憫，呼籲上帝「寬恕我們」，與此同時，旁觀的市民同情地啜泣、歎息不已。這些隊伍每天進行三次固定的表演，兩次在教堂廣場上當眾舉行，第三次在私下裡進行。一個世俗的大團長在一個特定的時期裡（通常是三十三天半，以代表基督在人世的年份）將他們組織起來，參與者必須保證每天四便士或其他固定比率的自我供給，發誓服從大團長。他們不得洗浴、刮臉、換衣服、在床上睡覺，若無大團長的允許，不得與婦女交談或交往。很顯然，最後這一點未予堅持，因為苦修者後來受到放蕩的指控，在其放蕩行為中，鞭笞與性結合在了一起。婦女在一個處在最後位置的獨立分隊中伴隨著這些團體。如果一個女人或神父進入了儀式圈，那麼悔過的行為就會被視為無效，必須從頭再來一遍。該運動在根本上是反教士的，因為苦修者們向神父身份發出了挑戰，讓自己擔當起了為全人類而與上帝居間調停的角色。

現在這場運動又在德意志各地爆發，這種新爆發先是傳至低地國家，進而傳到了法蘭德斯、皮卡第，最遠處到達了蘭斯。數百支隊伍徜徉在大地上，每週都會進入新的城鎮，使已經過分疲憊的情緒再次激動起來，他們默誦著悲哀的讚美詩，聲稱若不是他們，「整個基督教王國都將滅亡」。居民們懷著崇敬之情迎接他們，敲響教堂的鐘聲，讓他們在自家食宿，帶來兒童讓他們治療，至少在一次事例中，他們使孩子得以復活。人們用衣物蘸取苦修者的鮮血，然後將其壓在眼睛上，將其當作聖物保存起來。許多人，包括騎士和貴婦、神職人員、修女和兒童，都加入了隊伍中。很快，苦修者們便打著婦女們熱情洋溢地為他們用天鵝絨和繡金布料製成的華麗旗幟遊行了。

越來越傲慢的他們開始公然與教會對抗起來。大團長獲權傾聽懺悔、批准赦免或強迫悔過，這不僅使神父得不到他們進行禮拜儀式的費用，而且挑戰了基督教組織的核心權威。他們朝插手反對他們的神父扔石頭，還煽動平民加入扔石頭的人群。他們將反對者斥責為蛇蠍心腸的人和反基督者。在某些事例中，在背教的神父或狂熱的持異議者的組織下，苦修者們佔領教堂，擾亂禮拜儀式、嘲笑聖餐、搶劫聖壇，聲稱有能力逐出惡靈，使死人復活。這場始於通過自我打擊來拯救世界免遭毀滅的努力的運動，沾染上了對權力的強烈渴望，瞄準了取教會而代之的目標。

他們因被當作革命動亂之源泉和有產階級之威脅而開始受到世俗人士及基督教的畏懼。〔神聖羅馬帝國〕皇帝查理四世懇請教皇鎮壓苦修者，而他的呼籲得到了巴黎大學那不亞於帝王之音的聲援。在這樣的時候，當世界似乎處於末日邊緣，採取行動對抗聲稱在神的啟示下的苦修者，不是個容易做出的決定。亞維農的幾位紅衣主教反對採取鎮壓性措施。

同時，自我折磨者們已經找到了更好的犧牲品。每進入一座城市，苦修者們都會冲向猶太人社區，身後跟著號叫著要向「水井投毒者」復仇的市民。在弗萊堡（Freiburg）、奧格斯堡（Augsburg）、紐倫堡（Nürnberg）、慕尼克（Munich）、哥尼斯堡（Kfinigsberg）、雷根斯堡（Regensburg）和其他行政機關所有地，猶太人都遭到了屠殺，其執行之徹底似乎是在尋求最終解決[3]。一三四九年三月，在沃爾姆斯（Worms），四百人的猶太社群像約克的社群一樣，轉向一種古老的傳統，在自己的家裡自焚而死，而不願被自己的敵人殺死。美茵河畔法蘭克福（Frankfurt-am-Main）的更大社群在七月走上了同樣的道路，讓自己的火焰燒掉了城市的一部份。在科隆，市政會議重申教皇的論點，即猶太人也像所有其他人一樣死於瘟疫，但苦修者們召集了一大群「沒什麼可失去的」無產者，並對此論點充耳不聞。在歐洲最大猶太人社群的美茵茲，其成員最終走上了自衛。憑藉事先集得的武器，他們殺死了兩百名暴徒，這一行動唯一起到作用是，它招致了為基督徒之死復仇的市民對他們的瘋狂屠殺。猶太人一直戰鬥到彈盡糧絕之時，然後撤退到自己家中，也自焚而死。據說在一三四九年八月二十四日，有六千人死於美茵茲。在埃爾富特（Erfurt）的三千名猶太人，據記載無人倖免。

歷史上鮮有徹底之事，而猶太編年史作者可能像中世紀人一樣習慣於籠統的數字。通常一些成員會通過皈依自救，一些難民團體得到巴列丁奈特的魯珀特（Rupert of Palatinate）和其他親王提供的庇護。奧地利的阿爾伯特二世公爵（Duke Albert II of Austria），即昂蓋朗七世的叔祖父，是少數採取了足夠有效的措施保護了自己領地上的猶太人免遭攻擊的人之一。最後的大屠殺發生在安特衛普（Antwerp）和布魯塞爾（Brussels），一三四九年十二月，這兩個地方的整個猶太人社群遭到了滅絕。到了瘟疫的疫情過去後，在德意志或低地國家，鮮少有猶太人存留下來。

到了這時，教會和國家準備冒險鎮壓苦修者。地方法官命令關閉城門，拒絕他們入內；克雷芒六世在一三四九年十月的一封詔書中號召遣散和拘捕他們；巴黎大學不承認他們受到了神的啟示。腓力六世及時地禁止公開的苦修，違則處死；地方統治者追捕「罪魁禍首」，逮捕他們，吊死他們或砍掉他們的頭。苦修者一哄而散，逃之夭夭，「消失得無影無蹤，突然得就像他們來時一樣」，赫里福德的亨利（Henry of Hereford）寫道，「就像深夜的幽靈或騙人的鬼怪。」一些團體還在各處遊移，直到一三五七年才被徹底鎮壓。

孤魂野鬼般的猶太人從驅逐已經結束的東歐慢慢回流。一三四五年，兩個猶太人作為遊客在埃爾富特再次出現，三年後，其他人也加入進來，開始重建家園。到一三六五年，其社群有八十六戶可徵稅人家，另外還有不少低於納稅水準的貧窮家庭。在這裡和其他地方，他們回歸到遭到削弱且心驚膽戰的社群中生活，這些社群的條件更差，而且比以前更加與外界隔絕。井水投毒案及它帶來的大屠殺已經將猶太人的惡毒形象固定為一種刻板印象。因為猶太人有用，曾經立法禁止他們入內的城市現在邀請或允許他們進入，但強加了新的限制條件。學者、醫師和財政「法院的猶太人」以前與異教徒社群的接觸逐漸消失了。猶太人在中世紀的繁榮階段宣告結束。猶太人集中居住區的高牆儘管尚未具體實施，但已經豎立了起來。

瘟疫後的人類狀況如何？在被死亡、悲傷和病態的過度恐懼和仇恨弄得精疲力竭之後，它理當顯示出某些深刻的影響，但我們一時還看不到任何劇烈的變化。標準的延續牢不可破。儘管因瘟疫而瀕臨死亡，但英格蘭布魯頓修道院（Bruton Priory）的租戶們仍舊遵照俯首貼耳慣了的方式，給死了的地主上繳了欠他的租地繼承稅。在不到幾個月的短短時間裡，這個小修道院竟收到了五十頭牛和家畜。社會的變

117

3 譯者註：最終解決（final solution），納粹謀殺歐洲所有猶太人以解決猶太人問題計畫的代號。

化將隨著時間的推移而顯現；立竿見影的影響有許多，但並不統一。西蒙・科維諾認為瘟疫對道德產生了有害的影響，「降低了全世界的品德」。另一方面，吉勒斯・穆伊西斯則認為人們在公德方面有了提高，因為許多以前非法同居的人現在已結了婚（這是城鎮法令的結果），詛咒發誓和賭博等行為大為減少，以至於骰子製造者轉而去生產念誦主禱文的珠串。

結婚率毫無疑問是上升了，儘管不是為了愛情。有那麼多投機者利用孤兒來獲取豐厚的嫁妝，以至於西恩納的寡頭集團禁止在未徵得孤女的男性親屬同意的情況下娶她們為妻。在英格蘭，皮爾斯悲歎，許多「自瘟疫以來」的夫婦結婚「只是出於對財物的貪婪之心，而有違自然的情感」；在他看來，其結果是「內疚和哀愁……嫉妒、悲傷和私下裡的吵鬧」——還有不生兒育女。在皮爾斯這個道德家看來，這樣的婚姻應該加以禁止。另一方面，讓・韋內特卻說瘟疫之後結婚的人們生下了許多雙胞胎，有時還有三胞胎，不孕不育的婦女寥寥無幾。也許他是在反過來反映一種迫切的需求，即相信自然會彌補損失，事實上，在那之後，男人和女人以異乎尋常的數量立即進入了婚姻的殿堂。

不同於骰子變念珠，人們並未改善，儘管按照馬泰奧・維拉尼的說法，人們本應期待經歷了上帝的憤怒之後，他們會成為「更好的人，謙卑，善良，信仰天主」。取而代之的是「他們忘記了過去，仿佛它從未發生過，讓自己過上了比以前更加混亂和可恥的生活」。貨架上堆滿了過量的商品，而顧客卻寥寥無幾，這導致了物價在一開始時的直線下降，倖存者們沉溺於放縱的消費狂歡之中。窮人搬進了空蕩蕩的房子，在床上睡覺，用銀器吃飯。農民獲得了無人認領的工具和牲畜，甚至還有榨酒機、煅爐或無主的磨坊，以及其他以前他們從未擁有過的財產。商業變得蕭條，但貨幣的數量供應充足，因為參與分配的人較以前要少。

人們的行為舉止變得更加不計後果和麻木不仁，就如一段充滿暴力和痛苦的時期過後通常會出現的那樣。這被歸咎於自底層青雲直上的暴發戶和新貴們。西恩納於一三四九年更新了禁奢令，因為許多人在妄求高於其出身和職業所應有的地位。但是，整體說來，對稅收名冊的地方誌研究表明，儘管人口也許已經減半，但其社會配比卻仍保持不變。

因為未留下遺囑的死亡、沒有繼承人的財產以及對土地和房屋有爭議的所有權，訴訟迅速增加，卻因缺乏公證人而變得混亂不堪。有時是未經允許即住下來的人，有時是教會佔據了人去樓空的地產。指定的監護人對孤兒實施的欺騙和勒索成了一種醜聞。在奧維多（Orvieto），大吵大鬧一再爆發；無家可歸、饑餓難耐的匪徒成群結隊地在鄉村遊蕩，搶劫城市中的每戶人家。人們因攜帶武器和破壞公物（尤其是破壞葡萄園）而被捕。公社不得不實施新的法規，懲辦某些搶劫並燒毀店主和工匠的經營場所的「無賴——魔鬼之子」，其懲治對象還有有所增加的賣淫活動。一三五〇年三月十二日，公社提醒市民，若基督徒與猶太人在店裡發生性關係，將會受到重罰：涉案的婦女將被砍頭或活活燒死。

教育因神職人員的不足而受到重創。據讓・韋內特所說，在法國，「在住宅、別墅和城堡中都找不到能夠而且願意教男童學習語法的人」——這種狀況可能影響到了昂蓋朗七世的生活。為了填補閒置的有俸聖職，教會成批地任命神父，其中許多都是在瘟疫中失去了妻子和家庭的人，他們成群結隊地投身聖職，將之當作一個避難所。許多人幾乎沒什麼文化，「就像純粹的俗人一般」，他們也許認得一些字，卻不明白文字的意思。坎特伯雷大主教於一三五〇年公開宣佈，在瘟疫中倖存下來的神父們開始「受到無饜足的貪婪的影響」，收取額外的費用，而無視人們的靈魂。

一個相反的趨勢是：教育受到對學識傳承之擔憂的刺激，導致了大學如雨後春筍般建立。廣為人知

118

的是皇帝查理四世，一個飽讀詩書之人，他強烈地感覺到「寶貴的知識在世界各地的遼闊疆域上為瘟疫造成的奇高死亡率所扼殺的」原因。他在一三四八年的瘟疫之年建立了布拉格大學（University of Prague），並在接下來的五年時間裡，給五所其他大學——奧蘭吉（Orange）、佩魯賈、西恩納、帕維亞（Pavia）和盧卡——頒發了皇家認證。也是在這五年中，劍橋建立了三所新學院——三一學院（Trinity）、聖體學院（Corpus Christi）和克雷爾學院（Clare），儘管如對婚姻的熱愛那樣，對知識的熱愛並不總是行事的動機。聖體學院建立於一三五二年，因為為死者舉行彌撒儀式的費用在瘟疫之後劇增，劍橋的兩個行會決定成立一所學院，其身為神職人員的學者將被要求為行會的已故成員祈禱。

在此環境中，教育並沒有在所有地方興旺繁榮起來。牛津的教員們在布道時哀歎入學人數的減少。在波隆那大學，佩脫拉克在二十年後〔在一系列名為「年老之事」（Of Senile Things）的書信中〕悲歎道，在這個曾經是「世界上最快樂、最自由」的地方，以前的所有那些偉大演講者幾乎無一存留，在這個偉大天才曾經比肩摩踵之地，「普遍的無知已統攝了城市」。但要為此負責的並非只有瘟疫，戰爭和其他煩擾也雪上加霜。

當然，黑死病顯而易見且突如其來的後果是人口的銳減，到十四世紀末，由於戰爭、掠奪和瘟疫的復發，人口甚至還進一步的縮減。瘟疫以其自身細菌的形式給十四世紀留下了一道詛咒。細菌寄居在帶菌者身上，將會在接下來的六十年中，在不同的地點，以十至十五年不等的間隔期，再次發作六次。在殺死了大部份的易感染者（在後期階段，兒童的死亡率有所上升）之後，它終於偃旗息鼓，使歐洲的人口在一三八〇年減少了約百分之四十，到該世紀末更減少了將近百分之五十。法國南部城市貝濟耶（Béziers）在一三〇四年有一萬四千名居民，一個世紀後，只剩下四千名居民。馬賽附近的漁港榮凱爾（Jonquières）

曾有三百五十四戶可納稅戶，最後減少到一三五戶。卡爾卡松和蒙彼利埃這兩座繁榮興旺的城市，過去的繁華都成為過眼雲煙，與北方的盧昂、阿拉斯、拉昂和蘭斯如出一轍。可徵稅物品的消失導致統治者提高了稅率，這導致了民怨，而民怨又將引發在接下來的數十年間的頻繁暴動。

至於在地主與農民之間，由瘟疫所造成的貧困和富裕的平衡總體上對農民有利，儘管一個地方確有之事到了另一個地方通常會有相同但截然相反的反應。土地和勞動力的相對價值發生了反轉。農民發現，地主減少了自己的租金，甚至還會放棄一年甚至更長時間的租金，因為地主迫切需要讓自己的土地得到耕作。沒有稅收總好過土地變得荒蕪。但由於勞動力的減少，已開墾的土地必然會縮減。英格蘭拉姆齊修道院（Abbey of Ramsay）的檔案顯示，在瘟疫爆發的三十年後，被播種的英畝數還不到以前的一半。修道院在一三〇七年擁有五把犁鏵，一個世紀後減少到一把，並且從二十八頭牛減少到五頭牛。

山地和貧瘠的土地被放任荒廢，或是變成了只需較少勞動力的養羊的牧場。有越來越多的村莊因人口減少所導致的削弱以及對養羊圈地行為的無能為力而遭到遺棄。當農田淪為荒地時，地產邊界便隨之消失。假如有能夠耕種它們的人前來認領，以前的主人或他們的繼承人就不可能收取租金。因為這些因素而貧困的地主不見了蹤影或聽任城堡和莊園衰敗下去，自己則投身於從事軍事掠奪的隊伍之中，這將成為接下來數十年的禍端。

當死亡減緩了生產速度時，商品變得稀缺，價格隨之飛漲。在法國，到了一三五〇年，小麥的價格上漲了四倍。與此同時，勞動力的短缺造成了瘟疫所帶來的最大的社會混亂——人們一致要求更高的薪水。農民像工匠、手藝人、公務員和神父一樣，找到了自身稀缺的杠杆。在瘟疫掠過整個法國北部之後的一年之內，蘭斯附近的聖歐麥（St. Omer）的紡織工人已經連續加了三次工資。許多行會的工匠為了爭取更高的工錢和更短的勞動時間而舉行了罷工。在一個社會狀況被視為固定不變的年代，這樣的行為是革命性的。

統治者的反應是立即鎮壓。為了努力使工資保持在瘟疫前的水準，英格蘭人於一三四九年發佈了一條法令，要求人人都拿與一三四七年相同的工資工作。若是拒不工作，或為了更高的工錢而離開一個工作場所，以及雇主提供更高的工資，都會受到懲罰。這條法令是在議會尚未就座之時頒佈的，所以在一三五一年，它又作為《勞工法令》（*Statute of Laborers*）被再次頒佈。它不僅斥責那些要求高工資的勞工，而且特別抨擊了那些選擇「寧肯懶散地要飯也不願憑勞動吃飯」的人。工人的懶惰是反社會的罪行，因為中世紀體系要依靠工人的工作責任。《勞工法令》不是一個簡單的反動夢想，而是一種保持體系運轉的努力。它要求，所有六十歲以下無生存手段的體格健全者都必須為任何一個需要他的人工作，體格健全的乞丐不得領取救濟金，流浪的農奴可能被迫為任何一個認領他的人工作。直到二十世紀，這條法令將充當在長期的鬥爭中阻止勞工成立工會之「陰謀」法規的基礎。

一三五一年的一條只在巴黎地區實施的更加務實的法令允許工資上漲，但漲幅不得超出此前水準的三分之一。價格被固定下來，中間人的利潤得到了控制。為了增加生產，行會被要求放鬆對學徒人數的限制，縮短他們的出師時間。在英法兩國，正如法律一再更新、處罰越來越重這種情況所顯示的那樣，這些條令都是無法強制執行的。英格蘭議會於一三五二年援引的違法行為顯示，工人要求而雇主支付的工資是疫前水準的兩三倍。它下令各城鎮都必須設立懲罰那些違規者的資金。在一三六〇年，囚禁代替了罰金成為處罰手段，因為逃跑的勞工被宣佈為逃犯。如果被抓到，他們的額頭上就會被烙上代表「逃亡者」（也有可能代表「欺詐」）的字母「F」。新法規在十四世紀六〇年代被執行了兩次以上，這培育了抵抗運動，此運動在一三八一年的大爆發時達到了高潮。

一三五〇年是個大赦年（Jubilee Year），它向所有在那一年進行了前往羅馬的朝聖之旅的人提供了完全的豁免，瘟疫引發的罪惡感因此蕩然無存。大赦年最初由博義八世（Boniface VIII）於一三〇〇年確立，旨在使所有悔悟者都有可能獲得赦免，使認罪的罪犯免於指控——也就是說，如果他們可以負擔得起前往羅馬的旅行的話。博義八世本想使大赦年成為一個百年紀念事件，但第一個大赦年取得了如此巨大的成功，吸引了號稱兩百萬人在那一年裡前往羅馬，於是，因羅馬教廷搬遷到亞維農而變得貧窮的羅馬市懇請克雷芒六世將間隔縮短為五十年。歡天喜地的壁畫上的那位教皇根據「教宗應當使其臣民快樂」的溫和原則行事。他在一三四三年的一份詔書中順應了羅馬的要求。

對於教會而言極其重要的是克雷芒在同一詔書中闡明了赦免理論，將它與金錢的致命等式固定下來。他說，基督所付出的血的犧牲，加上聖母和聖徒們的美德，為寬恕的使用建立了取之不盡用之不竭的寶庫。通過向教會貢獻錢財，任何人都可以購買美德寶庫中的一份財富。教會通過這一安排所獲得的收入，最終將與失去的尊重相匹配。

一三五〇年，朝聖者雲集在通往羅馬的道路上，夜間則圍繞著篝火宿營。據說每天有五百人進出這座城市，讓客棧老闆賺得盆滿缽滿。他們為朝聖者提供住宿，儘管食物和草料短缺，城市資源處於消耗殆盡的狀態。這座失去了其教宗的不朽之城變得窮困潦倒，三座重要的長方形教堂變成了廢墟，聖保羅教堂被地震推倒，拉特蘭教堂塌了一半。瓦礫和廢墟遍佈街道，七座山峰沉寂而荒涼，山羊在荒廢的女修道院那雜草叢生的回廊中啃食著雜草。佩脫拉克悲歎道：失去屋頂的教堂暴露於風雨侵襲的情景，

「會激起鐵石心腸的人的同情」。不過，名聲遠播的聖徒遺物斂來了豐富的供奉，紅衣主教安尼巴爾多・切卡諾（Anibaldo Ceccano），即大赦年的使節，管理著一個浩大的項目，向渴望赦罪的民眾提供寬恕與赦免。據對數字特別感興趣的維拉尼所言，在四旬齋期間，羅馬城一度多達十萬人。人們的蜂擁進入，要麼表明了在瘟疫之後如此短暫的時間內超常的魯莽和活力，要麼表明了對拯救的極大需求——極有可能的是那種狀態在參與者看來似乎並不像在傳聞中的那麼糟糕。

122

從瘟疫中突顯出教會若非更加不得人心，也至少是更富裕了。當突如其來的死亡威脅著每個人，讓人覺得將在有罪的狀態下被奪走生命時，其結果是遺贈如洪水般湧向宗教機構。巴黎的聖日爾曼・奧塞爾教堂（St. Germain l'Auxerrois）在九個月內收到了四十九筆饋贈；相比之下，它此前八年才收到了七十八筆。早在一三四八年十月，西恩納議會便取消了它每年提供給宗教慈善團體的撥款，時間為兩年，因為這些機構因饋贈而變得「極度富足，實際上是肥得流油」。在佛羅倫斯，歐聖米凱萊商行（Company of Or San Michele）收到了三十五萬弗羅林旨在救濟窮人的金錢，儘管在這個事例中，公司負責人被指控將錢用作了私人目的，其理由是每個真正的窮人和貧民都死掉了。

在教會聚斂錢財之時，對神職人員的人身攻擊也在增加，部份是受到了苦修者的鼓勵，部份是因為牧師們在瘟疫期間未能履行其職責。他們像別人一樣死去這件事無疑獲得了人們的諒解，但他們讓基督徒在未領聖禮的情況下死去，或像許多人那樣，在危機中為自己的服務收取更多費用的事實，卻激起了強烈的憎恨。甚至在大赦期間，羅馬民眾在地方敵對心理的神秘震顫的促動下，對紅衣主教使節大加嘲弄和騷擾。有一次，當他騎馬走在遊行隊伍中時，一位狙擊手向他發箭，他面色蒼白、渾身顫抖地回到住處，紅帽子上還紮著一支箭。從此以後，他只在帽子下戴著頭盔、長袍下罩著甲衣的情況下才會冒險外出。只要一有機會，他便離開羅馬前往那不勒斯，後來死在半路上——據說是被葡萄酒毒死的。

在英格蘭，反教權主義是種地方病。一三四九年，伍斯特（Worcester）的市民衝破了附屬於大教堂的聖瑪麗修道院（Priory of St. Mary）的大門，攻擊僧侶，「用弓箭和其他進攻性武器追逐院長」，並試圖放火燒毀建築。同年，在約維爾（Yeovil），當巴斯和威爾斯主教（Bishop of Bath and Wells）為紀念瘟疫的消退而舉行感恩儀式時，儀式被「某些地獄之子」所打斷，他們將主教和會眾包圍了整整一個晚上，直到救援者到來。

因饋贈而暴富的行乞修道士教團也得到了本就對他們恨之入骨的人們的敵意。在報告馬賽的一百五十名方濟各會修士的死亡時，奈頓補充道：「bene quidem」（一件好事），在馬格龍（Maguelonne），一百六十名行乞修道士裡有七個存活，他寫道：「那就足夠了。」行乞修道士教團若是擁抱貪婪之神，「追逐世俗的和肉欲的事物」，是無法被原諒的。

正當人們覺得更加需要精神上的安慰時，瘟疫加重了人們對教會的不滿。在上帝強行施予的恐怖經歷中，一定有些什麼意義。如果其目的是讓人們痛改前非，那麼這一目的並未達到。人們的行為「比以前更邪惡」，更貪婪，更喜訴訟，更好戰，而其中又以教會最為明顯。克雷芒六世雖說幾乎算不得是個神聖的人，可瘟疫足以令他震撼，當他的高級教士們於一三五一年請求他廢除行乞修道士教團時，他在一篇充滿了憤怒和羞辱的長篇大論的攻擊性演說中，疾聲對他們進行了抨擊。教皇回應道，假如他那麼做了，「你們又如何向民眾布道？假如論及謙遜，你們本身就是世界上最傲慢的人，自吹自擂，狂妄自大，揮金如土。假如論及貧困，你們是如此貪婪，以致全世界的有俸聖職都滿足不了你們。假如論及純潔——可我們將對此閉口不談，因為上帝知道每個人的所作所為以及你們中有多少人滿足了自己的色慾」。在自己的同宗教士造就的悲哀景象中，這位教會領袖於一年後撒手人寰。

薩克森的洛塔爾（Lothar of Saxony）說：「當那些頂著牧羊人頭銜的人扮演起狼的角色時，異端邪說便在教會的花園中瘋狂地生長。」儘管大多數人無疑還像往常一樣孜孜以求，但對教會的不滿卻激發了異端和異議，激發了所有那些通過神秘教派尋找上帝的人，激發了所有那些尋求改革的運動，這些改革最終將把天主教的統一帝國打得支離破碎。

瘟疫下的倖存者們發現，自己既沒有被毀滅，也沒有被改善，在他們經歷的痛苦中找不到神聖的目的。上帝的目的通常是神秘莫測的，但這場懲罰太過可怕，所以無法不加質詢地全盤接受。如果這種等級的災難（有史以來最致命的）僅僅是上帝的任性之為，或者也許根本就不是上帝所為，那麼一種固有秩序的絕對性便從其根部發生了動搖。敞開接受這些問題的頭腦永遠不可能再關閉。一旦人們預想到在一種固有秩序中存在改變的可能性，那麼俯首聽命的時代之終結便近在眼前；向個人良知的轉折就在前方。就某種程度而言，黑死病一直是現代人未被認識的開端。

與此同時，黑死病留下了憂慮、緊張和昏暗。它加速了土地上的勞工服務的流動，並在這樣做的過程中，解開了舊有的紐帶。它深化了貧富之間的敵意，提高了人類的敵對程度。一個由極大痛苦構成的事件只有在人們相信它將帶來一個更美好的世界時才是可以忍受的。若非如此，就如在一九一四年至一九一八年的另一場大災難之後那樣，人們就會陷入深刻的幻滅，進而轉向自我懷疑和自我憎惡。在製造悲觀主義氣氛方面，黑死病與第一次世界大戰旗鼓相當，

儘管它用了五十年而造成心理影響。這些年是昂蓋朗・庫西度過青年及成年生活的五十多年。死亡

的一個奇怪化身在瘟疫年代出現在比薩墓園的壁畫上。那個形象不是傳統的骷髏，而是一個穿黑袍的老婦，有著淩亂的頭髮和狂野的眼睛，扛著一把殺氣騰騰的長柄寬刃鐮刀。她的腳上長的不是腳趾而是爪子。壁畫描繪的是「死神的勝利」（Triumph of Death），由法蘭西斯科・特拉伊尼（Francesco Traini）在一三五〇年或一三五〇年前後繪製，是一個包括「末日審判」和「地獄折磨」在內的繪畫系列的一部份。特拉伊尼的老師安德烈亞・奧爾卡尼亞（Andrea Orcagna）於同一時間在佛羅倫斯的聖克羅斯（Santa Croce）教堂繪製了同一主題，但現在只留下一個片段。兩幅壁畫共同標誌著死神在藝術中普遍存在的開端，這尚不是在世紀末變成對死神的崇拜，但是它的源起。

通常死神被擬人化為一具手拿沙漏和長柄鐮刀的骷髏，披著白色的裹屍布，或裸露著渾身的白骨，朝著反映在他的形象中的人類可笑之舉發出獰笑：所有人，從乞丐到國王，從妓女到皇后，從衣衫襤褸的窮牧師到教皇，都會來到此處。無論他們生前是貧困潦倒還是權勢顯赫，一切皆是空虛，被死亡畫上了等號。現世微不足道，重要的是來世的靈魂。

在特拉伊尼的壁畫，死神從空中向一群無憂無慮的人俯衝下來，他們是年輕美貌的貴族男女，像是為薄伽丘筆下的講故事者樹立的典型，在一片芳香四溢的橘樹林中彼此交談、調情，以書本和音樂取樂。一個卷軸上的文字警告說：「沒有任何由智慧或財富、高貴或威力構成的保護傘」可以保護他們免於步步逼近的死神的打擊。「他們從世俗中比從上帝之事中攝取了更多的快樂。」在附近的一堆屍體中，躺著頭戴冠冕的統治者、一位戴著三重冠的教皇、一位騎士，他們與窮人的屍體倒在一處，而天空上的天使和魔鬼則在爭奪代表著他們靈魂的渺小的裸體形象。一個由麻瘋病人、跛子和乞丐構成的可憐人群（奧爾卡尼亞殘存片段之副本）在乞求死神的救援，其中一個鼻子被吃掉了，另一些要麼沒腿，要麼瞎眼，要麼伸出的不是手而是罩著一塊布的殘株。在壁畫上方的一座山上，隱士們正過著一種虔誠的沉思冥想的生活，寧靜地等候著死亡的到來。

在下面，在一個極具神韻的場景中，一個由騎在馬背上的王子和優雅淑女構成的打獵隊伍突然被三具打開的棺材嚇得目瞪口呆，這三具棺材裡裝著三具處於不同腐爛階段的屍體，一具仍然穿著衣服，一具腐爛了一半，一具是個骷髏。毒蛇纏繞著它們的屍骨。這個場景描繪的是「三個活人與三個死人」，這是十三世紀的一個傳說，說的是三個年輕貴族與三具正在腐爛的屍體相遇的情景，後者告訴前者：「你們的現在就是我們的過去，我們的現在就是你們的未來。」在特拉伊尼的壁畫，一匹聞到了死神散發的臭味的馬因恐懼而變得僵硬，它脖子前伸，鼻孔放大；它的騎手抓著一塊手帕捂著自己的鼻子。獵狗畏縮不前，厭惡地大聲號叫著。這群身著綾羅、滿頭卷髮、頭戴時尚帽子、充滿活力的俊俏男女驚恐地盯著他們將要變成的東西。

第6章

普瓦捷會戰

幾乎尚未從瘟疫中緩過勁兒來，法國便朝著一次軍事慘敗行進，這次失敗導致了如洪水猛獸般的破壞性後果，成了昂蓋朗・庫西人生中的一次決定性事件。外在的當事者是英格蘭，但其內因在於封建領主階層那未被抑制的自治性，其罪魁是一位不具管理才能的國王。

讓二世（Jean II）於一三五〇年八月繼承了父親腓力六世的王位，他可能充當了馬基維利的反君主（Anti-Prince）的模型。他決策失當，冒進衝動，從來不曾在取捨之中做出明智的選擇，似乎沒有能力事先考慮到一個行動的後果。儘管作戰英勇，可他絕非一個偉大的指揮官。在心無惡念的情況下，他將把不滿情緒培養至反叛的程度，失去自己一半的王國，命喪敵手，從而使自己的國家群龍無首地迎接其最黑暗的歲月。他的臣民懷著令人驚異的寬容，給他取名為「Jean le Bon」（好人讓），據說這個別號的使用，是取「慷慨」「漫不經心」或是個好人之意。或者，它也許指的是讓獻身於騎士的榮譽，或指他對窮人的有待證明的慷慨。據說，有一次，當他的灰狗打翻了一個女僕的奶桶時，他給了她一隻小錢袋。

他即位時，一心打算攻城掠地，以替父親在過去十年的失敗雪恥。在登基的第一天，他便通知王國中的主要領主們，讓他們時刻準備著，「在時機到來時」聽從他的召喚。加萊失利後簽訂，又於黑死病期間更新的休戰協議將於一三五一年四月到期。讓繼承的是個空空如也的國庫，他沒有錢組織軍隊，可

126

若不先補充其資金，調動其軍事資源，就寸步難行。從克雷西和加萊會戰的失敗中汲取教訓的必要性對他毫無影響，他正懷著某種進行軍事改革的念頭摸索前進。

可是，他在登基不到三個月的第一次行動是處決法國騎士統帥德歐伯爵，後者也是第十六代吉尼斯伯爵（Comte de Gufnes），昂蓋朗七世的遠房堂兄弟，具有強大的關係網，「在方方面面都顯得那麼彬彬有禮，和藹可親，深受大領主、騎士、貴婦和未婚少女的愛戴和崇敬」。一三四五年，他在卡昂為英格蘭人所俘，卻無力籌措到英王愛德華提出的贖金。當涉及重要的俘虜時，愛德華從不會讓自己受到這樣一條騎士制度之原則的束縛：一位騎士贖金的設置不應毀掉他或超出他一年的收入。在被俘四年後，德歐伯爵重獲自由，據猜測，交換條件是把他與加萊毗鄰、具有戰略意義的吉尼斯城堡和郡縣割讓給愛德華。出於這一懷疑，讓在德歐伯爵一回到法國時，便在沒有審判或任何其他種類的公開程序的情況下砍掉了他的腦袋。國王一言不發地聽著德歐的朋友們為他的性命求情，卻沒有做出任何正面的回應，只是發誓說：「只要吉尼斯伯爵活著，他就決不睡覺。」或者根據另一版本，他眼含熱淚地回答道：「你們應該留著他的身體，我們留著他的腦袋。」

讓疏遠他迫切需要其支援的貴族的最好方式，莫過於在不做公開解釋或不由其同輩加以審判的情況下處決一個德歐這一級別的貴族和他的眾多朋友。如果德歐確實有叛國之舉（事實始終模糊不清），那麼國王無論如何都需要闡明他採取行動的原因，但讓要麼太過固執任性，要麼腦袋瓜子太僵化，就是不明白良好的公共關係的可取性。

他的下一個行動更是火上澆油。他把騎士統帥之職授予了自己的親戚和親信查理・德埃斯帕涅（Charles d'Espagne），據說他是國王「不光彩的感情」的對象，還有人說他曾勸說讓殺掉德歐伯爵，以便

127

使自己取而代之。騎士統帥除了具有僅次於國王的軍事指揮權的聲望外，還擁有與召集武裝部隊這一職責緊密相關的豐厚誘人的津貼。當一個國王有足夠的理由害怕貴族們的獨立傾向的時期，把騎士統帥這個位子授予查理・埃斯帕涅這個不受歡迎地妨礙了國王寵臣們的常規仕途的人，更使貴族們在沮喪之餘增添暴怒。在一個君主統治最需要團結的時間點上，這個事件，反而使之具有了分崩離析的可能性。

讓的父親也是「ung bien hastif homs」（一個非常草率的人），數世紀以來都與近親通婚，這使得瓦盧瓦家族岌岌可危。讓保留了腓力對自己繼承王位的合法性的擔憂，也像腓力一樣，並非毫無理由地常常懷疑有人想要背叛自己。在突如其來的仇恨心方面，他與自己的母親很相像，他的母親——也就是那位跛腳王后——儘管十分孝順且頗有建樹，卻被稱作「一個十分歹毒的女人，因為無論是誰，只要成為她的眼中釘，就會死無葬身之地」。據說她曾督促丈夫採取了在當時駭人聽聞的行動——於一三四三年處死了十五名被他所俘虜的布列塔尼領主。

在十四世紀四十年代的戰爭中，讓曾經把英格蘭人包圍在艾吉永（Aiguillon）達四個月之久，卻未取得勝利。據記載，他在此期間表現得剛愎自用，拒絕任何意見，冥頑不靈，「一旦拿定主意，便極難改變」。他最廣為人知的秉賦是滿足對金錢的異常貪婪。他具有瓦盧瓦家族對藝術和書信的興趣，其程度至少讓他委託人將《聖經》和羅馬歷史學家李維的著作翻譯成法文，在作戰時，他的行李中還夾帶著書籍。作為國王，他讓自己的宮廷畫師吉拉德・德奧爾良（Girard d'Orléans）裝飾自己的廁凳，並積攢了二三九幅掛毯以自用。他對奢侈的追求擴展到了方方面面，只有大臣們除外，因為他從父親那裡繼承了一個名聲不佳的團體，並讓它留在了行政機關中。這群人既無能，又不誠實，因其出身平庸而受到貴族們的蔑視，又因其貪婪和受賄而遭到布爾喬亞的仇恨。其中一人，西蒙・德布西（Simon de Buci）是議會主席，還是秘密會議的成員，曾兩次在某個方面弄巧成拙，以致需要連續的赦免。羅伯特・洛里斯（Robert de Lorris），國王的管家和記帳大臣，在逃過一次叛國指控和另一次盜用公款的指控之後，重新又坐上了原來的位子。讓・波勒萬（Jean Poilevain），因侵吞公款而被打入監獄，就在他的案子被審判之前，卻悄無聲息地接到了一封赦免信。作為國王的財政大臣們，像這樣的人是大家對他的政權感到不滿的主要源泉。

讓的第一個值得注意的管理行動是針對軍隊凝聚力的重大努力。越來越顯而易見的是貴族在戰場上自行撤退，對國王傳喚自行回應，這將使重大的軍事行動陷於癱瘓。十四世紀的軍隊是半封建、半雇用性質，還不具備現代國家性質，對它的臨時召集太過取決於其組成部份的私人利益，所以它無法成為一種可靠的工具。一三五一年四月的皇家法令試圖在騎士制度所允許的範圍內，引入有關可靠性和指揮權的原則。

該條法令通過提高報酬標準以應對由黑死病造成的通貨膨脹，它確認了這樣一個事實：對於非大封建領主的較貧窮的騎士而言，武士的功能成了一種交易。條令規定的新報酬標準是方旗武士每天四十蘇（兩個里弗），騎士二十蘇，侍衛十蘇，隨從五蘇，步卒三蘇，扛盔甲的人或其他僕從二點五蘇。

意義更為重大的是一項旨在糾正中世紀戰場上的一種致命錯誤的條款：自行撤退的權利。新法規規定，軍隊中的每個人都要服從於某位指揮官，所有人都必須發誓，不會在未接到命令的情況下「離開自己指揮官的隊伍」——也就是說，不會擅自撤退。法令還要求連隊長官通知各營負責人，他們將出現在即將到來的作戰中，這表明了指揮官對他預期可以部署的軍隊的依賴是多麼不牢靠。

事實證明，該法令未能產生預期的效果，這主要是因為缺乏可靠的收入來支持一支有組織的軍隊。

雖然他們通常會向當地農民付錢或直接蠻搶以供應糧食和馬匹飼料，但重大的遠征、包圍行動或海上艦隊都需要有組織地供應餅干、煙熏或醃漬的肉類和魚類、葡萄酒、食用油以及供馬匹食用的燕麥和乾草。一般而言，騎士吃麵粉做的白麵包，牛肉、豬肉和羊肉一類的肉食，每天都喝葡萄酒。普通士兵只在重大節日或積極作戰時才有葡萄酒喝，平日只能喝啤酒、淡啤酒或蘋果酒，吃黑麥麵包、豌豆和其他豆類。魚、乳酪、橄欖油、不經常有的黃油、鹽、醋、洋蔥和大蒜也在定量配給之列。禽類消費量巨大又極易獲得，竟不被記錄。糖、蜂蜜、芥末、香料和杏仁留給傷患、病人以及有特權者。在執行任務時，士兵在每個月十二天的「薄食」日不行齋戒，而是會分到魚類來代替肉食。戰爭持續的時間越長（就如十四世紀的戰爭那樣），就越需要組織和金錢。

王室通過一切手段來搜刮金錢，青睞最不謹慎的方式，即降低鑄幣品質。它不像援助資金或補助金那麼直截了當到顯而易見的地步，且無須召集三級會議來爭取同意。召回的硬幣被重新鑄造，金銀比例比以前要低，卻按舊有價值進行流通，而財政部門會記錄兩者間的差異。因為每天使用小額硬幣的人都是那些受其影響的人，所以財政體系便降低了普通人的實際工資和購買力，而銀行家、商人和貴族的動產主要是大金幣或金銀器皿和餐具，所以他們很少受到影響。在讓二世統治時期，這樣的操縱是如此頻繁和不穩定，以致於攪亂了所有東西的價值，成功地損害並激怒了除操縱者本人及那些可以抓緊黃金不放手的人以外的所有人。圖爾內的修道院院長吉勒斯・利・穆伊西斯發現了甚至比瘟疫還要難解的鑄幣的神秘性，有感而發寫下一首著名的詩篇：

> 金錢和貨幣真是奇怪的東西，

它們起伏不定，無人知道個中原因：
你想獲得，卻總是失去，不管你付出多少努力。

一三五一年，讓即位的頭一年，貨幣經歷了十八次變更，在隨後的十年間又經歷了了七十次變更。

國王對於改善軍事裝備的個人意見將會導致一支騎士團的鑄造成形，如英王愛德華最近根據圓桌騎士（Knights of the Round Table）創辦的嘉德騎士團。讓的星騎士團（Order of the Star）意欲與嘉德爭勝，恢復法國人的聲譽，焊接其貴族對瓦盧瓦君主政體的已出現裂痕的忠誠。

騎士團，加上它們的各種表現、儀式和誓約，是力圖確保一支皇家軍隊支援的基本方法，封建領主可以指望這支軍隊為自己出力。這事實上正是嘉德騎士團的象徵意義，是一個將騎士及其同伴互相捆綁在一起的小圈子，加入騎士團的所有人都要把國王當作自己的領袖。嘉德騎士團大張旗鼓的最初商討始於一三四四年，原打算從王國中最值得稱讚的騎士算起，容納三百位久經考驗的騎士。當它於五年後正式建立時，卻削減為一個二十六人的排外圈子，以聖喬治為保護神，以藍金相間的長袍為正式服飾。具有重要意義的是，條例規定，在未得到國王允許的情況下，騎士團的任何成員都不得離開國王的領地。以研究騎士團的歷史學家的話來說，騎士團成員在膝上繫襪帶[1]之舉意為進一步的「警告和勸誡，即騎士不應該懦弱地（通過逃離戰場的方式）背叛嫁接進持之以恆和寬宏大量中的英勇無畏和赫赫聲威」。就連舊時的騎士也知道恐懼和逃跑。

既然讓的目標是容納而非排斥，所以他使星騎士團向五百位成員開放。騎士團「以上帝和聖母之名、為增強騎士精神和提高榮譽」而建立，它的全體成員將每年聚集一次舉辦禮儀性宴會，宴會上要懸掛其全體成員的盾徽。與宴者要穿白色束腰短上衣、繡有一顆金星的紅色或白色外套，戴紅色禮帽和經過特殊設計的琺瑯彩戒指，騎黑馬，穿鍍金的鞋子。他們要展示點綴著星辰和繡有聖母圖像的旗幟。

在一年一度的宴會上，每個人都要發誓說出「那一年降臨在他身上的奇遇，無論是丟臉的還是榮耀的」，書記要把這些敘述記錄在一本冊子上。騎士團要指定那一年度在戰爭武器方面表現最卓越的三位親王、三位方旗武士、三位騎士，「和平狀態下的武功不應當被考慮在內」。這意味著私自發動的戰事不被考慮在內，因為它與由封建領主宣佈的戰爭是有區別的。在國王的如意算盤中，同樣具有重要意義的是不撤退的誓言再次出現，它表達得比在法令中更加堅定，比在嘉德騎士團中更加清晰。星騎士團成員必須發誓，他們在戰場上的後退距離絕不超過自己估算下的四「arpents」（約六百碼），「而寧願戰死或被俘」。

131

雖然隱藏於騎士團背後的目的是務實的，但其形式則已經引人懷想。十二世紀的浪漫故事是人們瞭解到有關六世紀圓桌騎士（假如它確實存在過的話）之傳奇的源泉，而自十二世紀以來，戰爭已有所改變。那些傳奇將騎士精神塑造為武士階層之秩序準則，「沒有了它，整個世界就將混沌一片」。但對聖杯（Holy Grail）的尋求並不足以引導人們走向現實的戰術。

在當時人們眼中，騎士精神最好的軍事呈現是一三五一年著名的三十人大戰（Combat of the Thirty）。它是在布列塔尼的持久衝突中的一次行動，始於由法國一方的布列塔尼貴族羅伯特・博馬努瓦（Robert de

1 譯者註：嘉德騎士團（Order of Garter）中的Garter原意為「襪帶」。

Beaumanoir）向英格蘭——布列塔尼一方的對手布拉姆巴羅（Bramborough）發起的單挑。當他們各自的同夥大聲要求加入時，雙方同意彼此各派三十人上場作戰。他們安排了規則，選定了地點，在參戰者聽過彌撒、寒暄一番之後，戰鬥打響。他們手執刀劍、長矛、匕首和戰斧，進行了兇猛的格鬥，直至法國一方四人被殺、英格蘭一方兩人被殺，這才鳴金收兵，暫作休息。鮮血直流、精疲力竭的博馬努瓦張嘴要水喝，這引出了那個時代最令人難忘的回答：「喝你的血，博馬努瓦，那樣你就不渴了！」重新再戰時，格鬥者們戰至法方獲勝，雙方的所有倖存者都有傷在身。布拉姆巴羅和他的八位同黨戰死，其餘的成了俘虜，等著用贖金來換。

這一事件引起了廣泛的討論，「有人認為它是件不幸的事，有人則認為它是場值得大吹大擂的事」，而讚賞者佔了上風。這場戰鬥在詩篇、繪畫、掛毯和作戰地點的一塊紀念碑上得到歌頌。二十多年後，傅華薩在查理五世的圓桌邊注意到一位身帶傷疤的倖存者，他在那裡比其他所有人都更受尊敬。他告訴這位探問不休的編年史作者，國王讓他成為三十人中的一員是他的無上榮光。那位格鬥者贏得的聲望和名譽反映了這位騎士對戰鬥應當是什麼樣子的懷舊想像。儘管他參與的是由破壞和掠奪構成的戰爭，但他堅持將自己想像為蘭斯洛特爵士[2]。

一三五二年一月六日，讓不顧枯竭的財政狀況，憑藉令人眼花繚亂的慷慨贈予舉辦了星騎士團的創辦慶典。他捐贈了所有的袍服，在一間掛滿掛毯與裝飾有星辰和鳶尾花紋飾的金色及天鵝絨掛飾的大廳中舉辦了盛大的宴會。配合這樣的場合，傢俱經過雕刻和鍍金。在一場莊嚴隆重的彌撒過後，狂歡變得喧鬧不堪，以致一支黃金聖餐杯被打碎，一些富麗堂皇的掛毯被盜竊。在騎士們狂歡作樂之時，英格蘭人攻佔了吉尼斯城堡，而它不在崗位的指揮官正在與他的星騎士團同伴舉杯慶賀。

星騎士團成員嚴肅對待不臨陣脫逃的誓言，這成了他們的禍根。一三五二年，在布列塔尼戰爭期間，一支由居伊・內勒（Guy de Nesle）元帥率領的法國軍隊在一個名為莫龍（Mauron）的地方被一支人數大體相當的英格蘭——布列塔尼軍隊所包圍。法國人本可以逃脫，救自己一命，可他們受到了不撤退誓言的禁錮。儘管腹背受敵，他們仍屹立不倒，奮勇殺敵，直到所有人都確確實實被殺或被俘。戰場上的屍體堆積如山，直到兩天後，內勒的屍體才被回收。七位法國方旗武士和八、九十位騎士失去了性命，還不算那些被俘的人。這在星騎士團的歷史上留下了巨大的傷口，因為它「隨著接下來的巨大傷害和不幸，造成了那一貴族軍團的毀滅」。

在法國的不幸遭遇中，一個二十歲的年輕人，納瓦拉國王、路易十世的孫子查理，看到了自己的機會。他是真的瞄準了法國王位，還是出於對降臨在自己頭上的不公的報復，抑或是像埃古[3]那樣純粹是因為身處令人提心吊膽的麻煩之中，這個問題成了封存在這個十四世紀最錯綜複雜的人物之一內心的謎團。他是個矮小纖瘦的人，眼睛閃閃發亮，說起話來滔滔不絕，為人反覆無常，充滿智慧，風度翩翩，兇狠暴戾，像狐狸一般狡猾，像撒旦一樣野心勃勃，比之拜倫所說的「瘋子、壞蛋和危險分子」有過之而無不及。他風流倜儻，宏論滔滔，可以說服自己的同僚或動搖一夥暴民。他允許自己像讓和其他統治者那樣做起事來充滿激情、無拘無束，但與讓不同，他是個陰謀家，敏銳大膽，絕對不會躊躇不前，當他的計畫難以落實時，他就會見風使舵，目標不定。他唯一持之以恆的是仇恨。他在歷史上被稱為壞王

2 譯者註：蘭斯洛特爵士（Sir Lancelot），亞瑟王圓桌武士中的第一位勇士。

3 譯者註：埃古（Iago），莎士比亞劇作《奧賽羅》中挑唆奧賽羅殺死妻子埃絲德蒙娜的人物。

查理（Charles the Bad）。

儘管納瓦拉的查理因為其母親、路易十世之女的關係，在卡佩家族最後一代中比讓二世更屬嫡繫，但當他的父母承認腓力六世時，他們便已經放棄了對王位的繼承權。他們得到了納瓦拉王國作為補償。這個位於庇里牛斯山脈的小山地王國為他們兒子提供的範圍太小，但作為埃夫勒伯爵，他在諾曼第擁有一大塊封邑，可對那裡施加影響。這變成了他的主要活動根據地。

他因為嫉妒和憎恨查理・埃斯帕涅而採取了行動，後者是新晉的騎士統帥，國王還頭腦發熱地將昂古萊姆（Angoulême）地區授予了埃斯帕涅，而此地屬於納瓦拉的駐地。讓在拿走了納瓦拉的查理的領地而激怒了他之後，由於顧慮到可能的後果，便試圖通過將自己八歲的女兒讓娜嫁給查理的方式來使之依附於自己。他拒絕給予女兒嫁妝，這幾乎立即給前次的傷害火上澆油，並未使他與新女婿結為朋友。

納瓦拉的查理通過查理・埃斯帕涅來攻擊國王。他對折衷之道不感興趣，而是直截了當地暗殺查理・埃斯帕涅。他這麼做也並非沒有盤算過，許多同樣憎恨這位寵臣的貴族會集結在除去他的人周圍。他沒有親自動手，而是借一夥親信黨羽之刀殺人，這夥人的領頭者是他的兄弟，納瓦拉的腓力（Philip of Navarre），參與者還有讓・阿爾古伯爵、兩位阿爾古兄弟，以及其他重要的諾曼第貴族。

一三五四年一月，當騎士統帥訪問諾曼第時，他們抓住機會，闖入他正在其間裸睡（依照中世紀的習俗）的臥室，抽出在火把映照下熠熠生輝的寶劍，把他拖下床。查理・埃斯帕涅跪倒在腓力面前，雙手緊扣，乞求憐憫，說「他將成為他的農奴，他將用黃金贖身，他將放棄已獲取的土地，他將遠行海外，永不歸來」。阿爾古伯爵督促腓力施以憐憫，但那位像自己兄弟一樣充滿憤怒和決絕意圖的年輕人充耳不聞。他的手下「窮凶極惡、面目猙獰地」撲向手無寸鐵的騎士統帥，竟在他的身上留下了八十道傷口。他們縱馬疾馳向納瓦拉的查理的等待之地，嘴裡高喊著：「完成任務！完成任務！」「完成了什麼任務？」他這樣問道，為的是予以記錄，他們回答：「騎士統帥死了。」

這幾乎有可能施加在國王身上的膽大妄為立即將納瓦拉的查理作為一個政治因素帶到了風口浪尖。國王立即宣佈沒收他在諾曼第的財產，但這必須動用軍隊才可實現。

查理的同時代人都將他的行為歸於憎惡和仇恨，但難道它不是出於激情或深謀遠慮？雖說全然的放任無羈是一個天生的統治者的個性，但這些年來，暴力的怪誕爆發變得越來越頻繁，也許這是黑死病留下的遺產，是一種對生命的無常之感。一三五四年，牛津爆發了大學師生的週期性暴動，它是如此狂暴，動用了劍、匕首甚至弓箭，它以對學生的大屠殺和大學的關閉為結尾，一直到國王採取措施以保護大學的自由權。一三五八年，在義大利，當弗利（Forlì）以可怕的火爆脾氣（subitezza）著稱的暴君法蘭西斯科・奧德拉斐（Francesco Ordelaf）守衛著最後一道防線以抵抗教皇軍隊對自己城市的進攻之時，他的兒子盧多維科（Ludovico）斗膽請求他繳械投降，而不是繼續與教會的戰爭。「你不是個野種就是個孬種，」那位狂怒的父親咆哮道，當他的兒子轉身離去時，他抽出一把匕首，「刺進他的後背，使他在午夜之前便命赴黃泉」。在一種類似的難以控制的盛怒之下，娶納瓦拉的查理的一個姊妹為妻的富瓦伯爵，殺死了自己唯一的合法婚生子。

134

那個時代早已習慣了身體的暴力。在十世紀，一次「上帝的休戰」（Truce of God）被提出，以迎合人們對不間斷的作戰期間得到片刻舒緩的渴望。在休戰期間，在聖徒紀念日、禮拜日和復活節，戰鬥會暫時休止，而所有的非作戰人員——神職人員、農民、商人、工匠甚至動物——將不得遭受執劍者的傷害，所有宗教和公共建築將受到保護。那只是一紙空談。實際上，就如同教會的其他訓誡一樣，休戰是無法容納人類行為的篩子。

在英格蘭，驗屍官的名單顯示，過失殺人遠遠多於偶發性死亡，而罪犯常常可逃脫懲罰，其方式是通過賄賂或權力網路來獲得教士的恩遇。假如生活充滿了肢體傷害，那麼文學作品就會反映出這一點。拉・圖爾・蘭德里寫給自己女兒的一則警示故事講述了一個貴族女子的故事。她跟一個僧侶私奔，當她的兄弟們找到正與僧侶同床共枕的她時，他們「拿出刀子，將僧侶的睾丸割下，將其扔到女子的臉上，命令她吃掉，然後將僧侶和女子雙雙捆在麻袋裡，繫上一塊沉重的石頭，將他們沉入河中淹死」。另一則故事說的是一位丈夫去岳父母家接回因為夫妻爭吵而跑回娘家的妻子。當他們在歸途中於一個城鎮過夜時，「一大群野蠻且沾染了好色之性的年輕人」襲擊了那個女子，「卑劣地強姦了她」，使她死於恥辱和悲哀。那位丈夫將她的屍體切割為十二塊，將每一塊都連同一封書信寄給她的某個朋友，他們也許會為她離開自己的丈夫而感到慚愧，也會深受觸動從而向強姦她的人復仇。朋友們立即帶領所有家臣聚集起來，突襲了強姦發生之地，將鎮上的所有居民殺得一個也不剩。

暴力既是個人性的，也是官方性的。嚴刑逼供得到了教會的批准，常常被宗教裁判所用於揭露異端邪說。民事審判的刑訊逼供和懲罰通常是砍去雙手、削掉耳朵、拷問、燒死、剝皮和分屍。在日常生活中，路人會看到某個罪犯被用多結的繩索鞭笞，或是直立地鎖在鐵項圈中。他們會經過被吊在絞架上的屍體，還有被釘在城牆柱子上的被砍掉的腦袋和四分五裂的身體。在每座教堂中，他們都會看到正在遭受各種駭人聽聞的酷刑折磨的聖徒——被劍和矛刺、被火燒，被割去雙乳——通常都鮮血直流。在耶穌受難圖中，釘子、長矛、荊棘、皮鞭和更多的流淌的鮮血是不可避免的場景。在基督教藝術中，鮮血和殘酷行為隨處可見，實際上是它的根本所在，因為只有通過遭受其同胞的暴力折磨，基督才可成為救贖者，聖徒才可成為聖徒。

在鄉村遊戲中，遊戲者要將雙手綁於身後，看誰能夠用自己的頭將一隻釘在樁子上的貓撞死，這要冒面頰被發狂的動物爪子撕破或眼睛被其抓出的危險。喇叭聲會讓人們變得更加興奮。或者一群揮舞著棍棒的人會在旁觀者的嬉笑聲中追逐一頭被關在大圍欄中的豬，它尖叫著奔跑，想要逃脫棍棒的襲擊，直到被打死為止。中世紀的男男女女在生活中對肉體的艱辛和傷害已習以為常，所以他們不一定會對痛苦的場景感到厭惡，反而會以之為樂。蒙斯（Mons）市民從鄰近城鎮買下被判刑的罪犯，以便能夠看著他被淩遲處死，從中取樂。也許是中世紀無情無義的嬰兒期導致了這樣的成人：他們不以他人為意，就像在他們的成長期中別人不把他們放在心上一樣。

納瓦拉的查理憑藉其殘暴之舉吸引了一群人數越來越多的、準備發起一場抗議瓦盧瓦王室運動的法國北方貴族。腓力和讓對他們懷疑在克雷西的軍事恥辱之後變節的貴族的報復，更加深了貴族與君主間久已有之的緊張狀態。因勞工鬥爭而受到損害、莊園收入減少的土地擁有者們也傾向於把自己的許多麻煩歸咎於王室。他們憎恨國王及其遭蔑視的大臣們施加的錢財壓榨，迫切要求改革和更多的地方自治權力。憑藉其位於諾曼第的根據地，查理可以成為一個對立陣營的焦點人物，而他像報曉的雄雞那樣正式宣佈了那一意圖。「上帝知道，正是我在上帝的幫助下殺掉了查理・埃斯帕涅」，他在寫給教皇英諾森六世的一封信中宣稱。他把自己對騎士統帥的謀殺描寫為對侮辱和冒犯的正當反應，表達了他對聖座的忠心，以及他對教皇健康的懸慮。查理現在準備讓自己成為英格蘭的代理人，作為回報，他要求英格蘭人幫助他保住在諾曼第的財產，而為了達此目的，他希望利用教皇為中間人。他在給英王愛德華的一封信中寫道：憑藉他在諾曼第的城堡和人馬，他可以狠狠打擊讓二世，「使之永世不得翻身」，他還要求將布列塔尼的英格蘭軍隊派去支持他。

在一三五四年那整整一年中，該世紀的未來進程一直搖擺於對和平的迫切渴望和繼續作戰的要求之間。年老體弱、重病纏身的教皇英諾森六世迫不及待地試圖帶來安定，因為他聽到了不信基督者撞擊大門的聲音。一三五三年，突厥人佔領了達達尼爾海峽（Hellespont）的咽喉要地加里波利（Gallipoli），進入歐洲。基督教力量必須聯合起來對抗他們，可是假如法蘭西與英格蘭重新開打，這種聯合便遙不可及。

迫於教皇和空空如也的國庫的壓力，愛德華和讓開始為誰都不真正想要的永久和平進行談判。愛德華已經因一場通過戰鬥和外交都不可能帶來終結的戰爭而失信於英格蘭民眾。英格蘭的第三等級發現支出遠遠大於掠奪所得。一三五二年，議會限制了國王徵召軍隊的權力。一三五四年四月，張伯倫勳爵質詢眾議院：「假如有可能的話，你們是否渴望一份永久和平的協議？」眾人異口同聲地喊道：「贊成！贊成！」

讓這一方，對納瓦拉的查理與英格蘭之間的部署的恐懼使讓陷入了困境。中世紀的情報管道喋喋不休地講述著有關他女婿的陰謀的故事。在查理心懷敵意之時，國王從諾曼第召集軍隊和徵收課稅的能力都在減弱。迫於低聲下氣的必要性，他不得天吞下自己的暴怒，取消沒收查理的諾曼第封邑的命令，寬恕他對查理·德埃斯帕涅的謀殺，邀請他到巴黎參加一場和解慶典。查理來了，因為終其一生，他都從來不能拒絕另一種選擇，或許也因為二十二歲的他並不像他的行動所表現的那樣篤定無疑。伴隨著誓言、擁抱和精心構思的客套話，一場矯柔做作的表演在兩位只需想像的主要人物的虛情假意中於一三五四年三月上演。

那一年在和平的邊緣上搖擺不定。一份對英格蘭極其有利的條約幾乎使戰爭宣告結束，可在最後一分鐘，法蘭西人強硬起來，拒絕了條約。三年的談判和教皇對和平的熱誠期盼所帶來的只不過是將休戰延長一年，而爭論仍在繼續。納瓦拉的查理再次與愛德華會談，答應在瑟堡（Cherbourg）迎接參加一場聯合作戰的英軍。[4] 教皇英諾森的希望因和平條件的破裂而遭到粉碎。當他指責英格蘭國王陰謀與納瓦拉的查理共同對抗法蘭西國王時，愛德華像後世的統治者一樣，謊言脫口而出。他「言語真誠，並以上帝之心忠誠地發誓」，「以國王的言辭」寫信否定那一指控，儘管往來之信函文本赫然在目。

急於重啟戰端的他在準備公之於眾的給坎特伯雷和約克大主教的信中宣稱法國人背信棄義，而自己的事業正當有理。從布道壇上發出的說教傳播著有關他的滿腹委屈的故事。愛德華深諳公關之道。通過一個又一個的手段，在一三五五年的春季和夏季，資金得以募集，許可從議會榨出，艦隊、人員和糧草輜重得以集結。在夏至那天，當未予更新的休戰協定到期之時，兩支遠征軍整裝待發，一支由黑王子指揮前往波爾多，一支由蘭開斯特公爵（Duke of Lancaster）率領前往諾曼第。在那裡，它本打算與納瓦拉的查理會合。

愛德華王子的各級別船隻在順風的吹送下，不到三四天的時間便抵達了波爾多。他帶來了一千名騎士、長矛手和其他武裝人員，兩千名弓箭手，還有大量威爾斯步卒。這位愛德華國王的繼承人如今二十四歲，體格健碩，留著全副的小鬍子，是個強硬而傲慢的王子，將贏得「騎士之花」（The Flower of Chivalry）的不朽美譽。這一名聲得益於他的好運氣，在被君主之責所玷污之前便已死去。法國人眼中的

4 據說正是這個通過英格蘭在亞維農的使節商定的協議為他贏得了「壞王查理」的名號，儘管有人不同意這一點，說這一名號是由他的西班牙臣子從他十八歲時就賦予他的。事實上，這個名號並非當時所起，而是直到十六世紀才出現在編年史中。

他「舉止殘酷」，是「凡夫俗子中最傲慢的人」。

王子的襲擊向東擴展到兩百五十英里外的納博訥，然後於一三五五年十月到十一月重返波爾多，他的襲擊目標不是佔領，而是蹂躪加劫掠。阿馬尼亞克（Armagnac）那「聲譽卓著、美麗富饒」的土地從未遭受過這兩個月內所遭遇到的破壞。蹂躪不是無目的的，而是有意為之，就像任何時代的軍事恐怖主義那樣，是要懲罰或阻止民眾站在敵人一方。由於吉耶納居民重新滑入法國同盟，他們被認為是英格蘭國王的背叛者，王子的職責就是嚴懲他們。這樣的策略註定會喚起英格蘭想要擁有的區域及其周邊地區的敵意，像大多數指揮官那樣缺乏想像力的王子根本不考慮未來。加上加斯科涅的盟軍，他召集了一支約九千人的大部隊，它由一千五百組配矛騎兵（三個人——一位騎士和兩名隨從——構成一組配矛騎兵）、兩千名弓箭手和三千名步兵構成。他打算展示英格蘭的威力，說服利益在斯的當地領主，通過破壞為法國國王提供了豐厚收入的地區來切斷法國人作戰的可能性。劫掠將在英方得利和法方付出慘重代價出兩方面發揮作用。

王子在給溫徹斯特主教（Bishop of Winchester）的信中實事求是地寫道：「在掠奪和損耗這個國家的過程中，我們燒毀了普萊桑斯（Plaisance）和其他脆弱的城鎮，以及周圍的所有土地。」在將戰利品裝上運送行李的貨車、趕攏牛群、殺豬宰雞之後，這支軍隊進行的下一樁事是製造荒蕪：燒毀穀倉和磨坊、牲口棚和乾草堆，搗碎酒缸，砍倒葡萄藤和果樹，損毀橋樑，然後繼續向前。在路過圖盧茲時，他們猛攻並燒毀了蒙特・季斯卡（Mont Giscar）；在那裡，許多迄今對戰爭一無所知的男女遭到虐待和殺害。在卡爾卡松，進攻部隊在未攻擊那一城堡的情況下劫掠了三天，「我們留下第三天的一整天來燒毀上述城市」。這一過程在納博訥重新上演。奇怪的是法國人沒有進行有組織的抵抗，儘管讓・克萊蒙特（Jean de

138

Clermont）元帥就坐鎮在國王在朗格多克（Languedoc）的副官阿馬尼亞克伯爵旁邊。除了將百姓盡可能地帶入城內，阿馬尼亞克沒有向英軍發起反擊，只在他們撤退途中與之進行了一場非決定性的小衝突。

阿馬尼亞克的失敗也許要歸咎於他對其富有的鄰居和長期對立的敵人——富瓦伯爵加斯頓（Gaston）——從背後發起突襲的恐懼。南方大領主的自治性和敵對狀態導致了他們與國王間及與彼此間的動盪關係。因其俊美和金紅色的頭髮而被稱為「太陽神加斯頓」（Gaston Phoebus）的富瓦伯爵曾在克雷西會戰那一年無視腓力六世發出的捍衛王國的號召。他隨後當上了朗格多克副官，但接下來因捲入一場與國王讓的糾紛而被下到巴黎的監獄中達十八個月。於一三五五年回到自己的領地後，他與黑王子達成了某種協定，只要他保持中立，黑王子便會在攻擊期間饒過他的領地。此類大領主實際上的自治性消耗了法國的很大一部份力量。

王子的軍隊若不是耀武揚威地，也至少是攜帶著地毯、布匹、珠寶和其他戰利品於冬季重返波爾多。屬於騎士之驕傲的英勇何在？無畏何在？戰鬥技能和功績何在？搶劫和殺害手無寸鐵的平民之舉不需要勇氣或武裝力量，幾乎也不需要圓桌武士或嘉德騎士的騎士美德。王子本人、他重要的加斯科涅同盟德比什長官（Captal de Buch）[5]、他最親密的夥伴和顧問約翰・尚多斯爵士（Sir John Chandos）、瓦立克和索爾茲伯里伯爵（the Earls of Warwick and Salisbury），以及軍中至少有三個人，都是嘉德騎士團中的成員，他們理應是寬宏大量的榜樣。沒有人知道，在一天的殘殺過後，當他們躺下睡覺時，他們是否會感覺到理想與現實間的差異。他們沒有留下這樣的表示。為了表明他有懲罰的權利，王子兩次拒絕了城鎮

5 他的名號源於拉丁語「capitalis」，意為酋長。

為免遭屠殺而提出的贖金。他的書信只表達了勝利的滿足感。他的搶奪讓自己的軍隊變得富有，減少了法國人的稅收，向任何一個搖擺不定的加斯科涅人證明，在他的旗下服役物有所值。不過，就連對騎士精神毫無批判力的讚美者傅華薩也深受觸動地寫道：「那是個可憐的場景……」隨著戰爭的延續，武裝人員將殘忍和破壞當作公認的實踐而對之習以為常，這毒害了整個十四世紀。

由於逆風的阻止，再加上納瓦拉的查理的突然反目，前往諾曼第的英軍直到十月底才出發，這對於位於北方的一場戰役而言已經太遲。它的指揮官蘭開斯特公爵亨利號稱「士兵之父」，是英格蘭最傑出的騎士，在他四十五年的生命歷程沒有錯過一場戰鬥。他是參加過蘇格蘭戰爭、斯勒伊斯會戰、加萊會戰以及在法國進行的所有戰役的老兵，當他的國家按兵不動時，他便依照騎士傳統，騎馬帶刀冲向別處。他曾參加過卡斯提爾國王對阿爾赫西拉斯的摩爾斯（Moors of Algeciras）的十字軍東征，曾前往普魯士加入條頓騎士團（Teutonic Knights），參加其一年一度的「十字軍東征」，目的是使基督教傳遍立陶宛異教徒的土地。

作為遼闊土地和巨大財富的繼承人，蘭開斯特於一三五一年創建了第一個王室以外的英格蘭公爵領地，隨後又在其倫敦的住處修建了薩伏伊宮。一三五二年，當英法之間仍處於休戰狀態時，他成了巴黎的一起引人注目的事件裡的要角。在普魯士待過一季的返回途中，他與布倫瑞克的奧托公爵（Duke Otto of Brunswick）發生了爭執，並接受了他的決鬥挑戰，這場決鬥在法國人的贊助下得到安排。蘭開斯特公爵獲得了安全通行權，在一隊貴族的護送下前往巴黎，受到法王讓的盛情款待，然後在由法國貴族組成的傑出觀眾的注視下，騎馬進入競技場。可事實證明，僅僅是他的名聲就使其對手難以承受。布倫瑞克的奧托在戰馬上顫抖不已，竟致無法戴上頭盔或揮舞長矛，不得不在自己朋友的幫助下除去裝備，並撤回挑戰。國王用一場氣派堂皇的盛宴來掩蓋這令騎士精神難堪的一幕，宴會上，他讓兩位主要人物握手言和，並在告別之時送給蘭開斯特豐厚的禮物。公爵拒絕了禮物，只接受了從基督王冠上取下的一根荊棘，在回到家鄉後，他把它捐贈給了他在萊斯特建立的一座大學教堂。

他既好戰又虔誠，曾用法語寫了一本禱告書，名為「聖醫書」（Livre des sainctes médecines）。在書中，他使用寓言來向基督這位神聖的醫師揭示其靈魂的創傷——即他的罪惡。身體的每個部位都有一處寓言性的創傷，每副良藥都有與之相匹配的宗教象徵意義。因為公爵是在檢討自己，於是一個十四世紀的大領主以真人的形式出現，他欣賞自己踩在馬蹬中的長而尖的優雅腳趾，會在長矛比武大會上伸出雙腿，以喚起女士們的注意；他還責備自己因窮人和病人散發出的惡臭而畏縮不前，通過對自己的法庭施加過分的影響來勒索金錢、土地和其他財富。

在一三五五年入侵法國時，國王愛德華加入了蘭開斯特的陣營。打算向加萊而非瑟堡挺進的他們於十一月二日登陸，召集了一支由三千名重甲騎兵、兩千名騎馬弓箭手和大約人數相當的步兵構成的軍隊，表面上是要去與法王一較高下，而實際上一路向加萊海峽、阿圖瓦（Artois）和皮卡第進發。

在休戰結束之前的五月，法國國王已「嚴肅而公開地」向所有十八至六十歲的男子發佈了總徵召令。也許由於回應者寥寥，它又於夏季在巴黎和王國中的所有重要地點數次重申——「尤其是在皮卡第」，一位編年史作者如是說。由於總徵召令會帶來不一定具有軍事價值的人，所以這位君主寧願要一定數量的費用，而不願要人本身，並試圖確定服役者的身體標準，把其餘的人送回家。將他們加以分類以集結一支戰鬥部隊需要花時間；而且毫無疑問，由於近日的不滿，不少貴族拖延不前。到十一月，在讓的帶領下前往北方與英軍作戰的軍隊仍未滿員。

十五歲的昂蓋朗・庫西七世是其中的一員。他的所作所為無從得知，我們只知道他出現在法國未來元帥莫羅・法因斯（Moreau de Fiennes）的營部「皮卡第貴族」之中。他周圍都是些出類拔萃的人物，裡面有其監護人、弓弩手的掌門人馬蒂厄・魯瓦、號稱「完美騎士」的傑佛瑞・沙爾尼（Geofrey de Charny），以及阿努爾・奧德雷漢姆（Arnoul d'Audrehem）元帥。該營還包括來自巴黎、盧昂和亞眠的布爾喬亞。

這場成為昂蓋朗首次戰爭體驗的戰役不是英雄式傳奇的素材。法國軍隊於十一月五日至七日在亞眠，到十一月十一日已向北進軍，前往聖歐麥，在途中遭遇了同時在向南部的埃丹（Hesdin）進發的英軍的左側。兩支軍隊都嗅出了彼此的味道，並互相形成包圍之勢，兩位國王都各自發出了作戰邀請函——「一個對一個，或一軍對一軍」，用讓的挑戰書上的話來說——而各自都設法以虛張聲勢的措辭加以婉拒。正如英格蘭編年史作者們所言，如果說讓害怕尋求一場激戰的話，那麼愛德華也不是那麼渴望。讓的主要軍事行動是燒毀或運走鄉村的糧草，以剝奪英軍的糧草供應，其代價是失去了當地的民心。在被搶走了辛苦得來的收成後，百姓面臨的是饑餓的冬季，就他們的體驗而言，他們自己的騎士階層不是保護者，而是掠奪者。

讓的焦土政策迫使英軍因為缺乏食物、葡萄酒和啤酒而撤回到海岸沿線。有四天時間，英軍除了水之外別無其他飲料，這在一個把葡萄酒或啤酒作為基本飲食成份加以依賴的世紀，似乎無異於挨餓。法軍還以書信和金錢關懷來激發蘇格蘭人的鉗制。蘇格蘭邊境出現威脅的消息，再加上對海上過冬的顧慮，使得愛德華和蘭開斯特在一場持續時間不超過十天的戰役之後，重新登上了戰船。

讓現在面臨的是他必須從三級會議獲得援助金以支付軍隊的報酬。在國王的召集下，「Langued'oil」

（即法國北部）的各級人士於十一月在巴黎開會。因為教士和貴族都不用繳稅，其結果是第三等級支付了大部份的稅款，所以它控制了對援助數目的批准決定，而且由於它可以動用其杠杆作用來索要改革或特權，所以君主對這樣的時刻一向心懷不滿。

一三五五年的三級會議給出的提議揭示了法國資源的豐富和隱藏於不滿之後的國民忠誠感，也揭示了對國王政府的深刻不信任感。三級會議同意依據估算為五百萬里弗的費用，供應三萬名重甲騎兵達一年時間，其條件是這筆資金不得由國王的金庫管理，而是由三級會議自己的一個委員會來管理，它將直接向軍隊支付費用。這筆錢的募集方式是向所有等級中的每個人徵稅，以及徵收食鹽稅，若是徵集不到所需數目，則其利率在下一年就必須往上調。新利率總計為：向富人徵收百分之四的所得稅，向中產階級徵收百分之五的所得稅，向最低等的納稅階層徵收十百分之的所得稅。其一個結果是，在皮卡第北部的紡織城市阿拉斯發生了「以小反大」的叛亂。儘管迅速遭到了鎮壓，但它是即將到來的問題的標誌。

與此同時，納瓦拉的查理的躁動不已的圖謀造成了下一次的爆發。他試圖策動十八歲的法國皇太子查理反對自己的父親，同時又鼓勵諾曼第的領主拒絕向國王支付貢金。

一三五六年四月，法國太子以諾曼第公爵（Duke of Normandy）的身份在盧昂舉辦盛宴，款待納瓦拉的查理和首屈一指的諾曼第貴族。突然，大門被砸開，頭戴鋼盔的國王帶著眾多隨從，在拔劍在手的奧德雷漢姆元帥的帶領下闖了進來。「誰都別動，動就格殺勿論！」元帥喊道。國王揪住納瓦拉，稱他為「叛徒」，對此，納瓦拉的侍衛科林・都伯勒（Colin Doublel）做出了可怕的以下犯上之舉，他拔出匕首，威脅說要將它刺進國王的胸膛。讓毫不畏縮，他命令自己的衛兵「抓住這個男孩，還有他的主人」，自己則粗暴地控制住讓・德阿爾古，把他的緊身上衣從領口扯裂至皮帶處，指責他以及出現在宴會上的其他參與謀害查理・德埃斯帕涅的人是通敵者。在恐懼中，太子乞求父親不要對自己的客人行使暴力，使自己顏面掃地，但國王對此的回答是：「你不知道我所知道的事」，這些人是邪惡的賣國賊，他們的罪行已經被發現。納瓦拉的查理乞求寬恕，說他是錯誤報告的受害者，但國王下令將他與其他人一起逮捕，剩下的客人則落荒而逃，「於驚駭之中爬過牆頭」。

第二天早晨，讓・阿爾古、都伯勒以及其他兩名諾曼第領主被帶向絞刑架，他們被裝在兩輛二輪馬車上，這是用來運送被判刑的罪犯的可恥車輛，國王親自押解，他身著全副盔甲，似乎預期會有劫囚發生。讓顯然神經非常緊張，在一塊田地上，他突然停止前進，下令將犯人就地正法。他不允許他們有神父，因為作為叛國者，他們將在未做懺悔的情況下死去，只有科林・都伯勒除外，他的罪行是對國王舉起武器，而非叛國。備用的劊子手被匆忙找來，他砍了五次才斬下阿爾古的頭顱。四具屍體被拖著走完了通往絞刑架的路途，懸掛在鎖鏈上，頭顱則挑在長矛上，在那裡懸掛了兩年之久。納瓦拉的查理被打入位於巴黎夏特萊堡（Chatelet）的監獄，他在諾曼第的莊園再次被國王沒收。

在莎士比亞的《亨利五世》中，當威爾斯人福厄倫（Fluellen）說起國王的「怒不可遏、心緒不穩、怏怏不樂、義憤填膺還有一點兒腦子中毒」時，他也許是在描述好人讓。這位國王的主要受害者讓・德阿爾古有三個兄弟和九個子女，與法國北部的貴族構成了一個婚姻關係網（一個女兒後來嫁給了昂蓋朗七世的叔叔拉烏爾・庫西）。國王成功地激怒了許多與受害者相關的人，卻沒有除掉自己真正的敵人——納瓦拉的查理。對夏特萊堡中的囚犯的同情之心四起，對他表示敬意的民謠被四處傳唱。

盧昂事件促成了恰恰是國王一心想阻撓的事——諾曼第向英格蘭人的重新敞開。讓・阿爾古的兄弟傑佛瑞，即十年前將愛德華三世引入諾曼第的同一個人，以及納瓦拉的兄弟腓力，懇求英格蘭人幫助他們收復莊園，而當英軍於一三五六年七月在瑟堡登陸時，這兩位領主都發誓要效忠作為法蘭西國王的愛德華三世。在蘭開斯特公爵的率領下，英軍從瑟堡出發，前去與布列塔尼人接觸，就在這時候，黑王子也開始從波爾多出發，向法國北方的心臟發起新一輪的進攻。現在，事件轉向了位於普瓦捷的衝突。

王子率領著由英格蘭人、加斯科涅人和來自家鄉的援軍構成的一支約八千人的隊伍向北進軍。他的目標是與蘭開斯特匯合，並一路進行破壞，掠奪戰利品，而不是佔領城鎮、要塞或版圖。行軍、打仗、積聚戰利品，王子就這樣於九月三日或大約在這一天前後抵達了盧瓦爾河（Loire），在發現橋樑已被破壞後，又轉而向西前往圖爾（Tours），在那裡，他聽說一支法國大軍正在朝他進發。他還接到情報說蘭開斯特已經攻破了諾曼第，正在急忙趕往會合點。但盧瓦爾河橫亙在他們之間，而這裡的鄉間活躍著法國重甲騎兵。他的手下如今因多次激戰而鞍馬勞頓，滿載的戰利品則成了沉重的負擔。在經過四天的猶豫（這讓他失去了領先優勢）之後，王子轉而再次向南進發，他的意圖非常清楚就是要避免激烈的戰鬥，將他的收穫安全地帶回波爾多。

在北方，讓於諾曼第進行了第一次的調兵遣將，以迎擊蘭開斯特的軍隊，在轉身面對來自南方的威脅之前，暫時阻截了它。他發佈了聲勢浩大的動員令，召集軍隊在九月的第一個星期內前往位於沙特爾（Chartres）的會合地點，捍衛王國的領土。在敵人出現在位於法國心臟部位的盧瓦爾河的刺激下，貴族們無論對國王抱有何種情緒，都對此次徵召做出了回應。他們從奧弗涅（Auvergne）、貝里（Berry）、勃艮第（Burgundy）、洛林、艾諾、阿圖瓦、韋爾芒杜瓦（Vermandois）、皮卡第、布列塔尼和諾曼第紛紛前來。「沒有一位騎士和侍衛留在家鄉，」編年史作者寫道，這裡聚集了「法國全部的精英」。

與國王在一起的是他的四個從十四歲到十九歲的兒子；新晉的騎士統帥戈蒂埃・德布里耶納（Gautier de Brienne），他頂著個雅典公爵（Duke of Athens）的頭銜，它得自在十字軍東征中發現的一位死去的公爵；兩位元帥；二十六位伯爵和公爵；三百三十四位方旗武士；幾乎全部的地位較低的領主。它是那個世紀法國最龐大的軍隊——一個「偉大的奇跡」，一位英格蘭編年史作者寫道：「從未見到過這麼多武裝起來的貴族。」其實際的數目（由編年史作者提供，個別人放棄了最高達八萬的數字）經過無休止的爭論，最終大致確定為一萬六千人左右，這是黑王子軍隊的大約兩倍。

它沒有凝聚力。大封建領主們按照自己的時間前來，許多都很遲才到達集合地點，每個人都帶著圍繞在自己旗下的五十、一百或一百五十人不等的部隊，帶著自己的家眷、行李搬運車、在需要時可以變現的金銀器皿和餐具。一三五一年法令的有關紀律和秩序的條款毫無效果。由於圍繞更新的稅制的爭吵，布爾喬亞的援助令人不滿，導致一些城鎮撤回了自己的分遣隊。另一方面，傅華薩報告說讓在渡過盧瓦爾河時解散了布爾喬亞的部隊，「這是他頭腦發昏的結果，也是那些建議他這麼做的人頭腦發昏的結果」。

隨著法國兵力的聚集，讓自信他能夠將黑王子逼回阿基坦（Aquitaine），甚至逼回英格蘭。在九月八日至十三日間，法軍在奧爾良、布盧瓦和其他地點渡過了盧瓦爾河，然後向南推進，追擊英格蘭——加斯科涅軍隊。九月十二日，黑王子身處距圖爾以南五英里的蒙巴宗（Montbazon），在那裡，他會見了教皇的使節，這位使節自那一年初起，便一直致力於使雙方達成和解。教皇曾寫信給英格蘭和法蘭西國王以及兩國的主要貴族，敦促他們進行談判，除此之外，他還派遣兩位紅衣主教親自出馬，試圖終止雙方的敵對狀態。

145

兩人之中的負責人是出身貴族的紅衣主教塔列朗・佩里戈爾（Cardinal Talleyrand de Périgord），正如維拉尼所稱，他是位「baldonzoso e superbo」（驕矜而傲慢）的高級教士。他是佩里戈爾伯爵（Count of Périgord）之子，他的母親是位美麗的伯爵夫人，據說她是教皇克雷芒五世的情婦。六歲時，他便得到教皇的許可，接受了教士的剃度，從而獲得了執掌教會有俸聖職的權利，這個年紀對於一種宗教召喚也許太早，但對於它的收入而言卻另當別論。他二十三歲當上主教，三十歲當上紅衣主教，先後在倫敦、約克、林肯和坎特伯雷擁有九個英格蘭有俸教職，這使他成為英格蘭人的主要怨恨對象。

愛德華王子從紅衣主教塔列朗那裡聽說法蘭西國王打算截住他，並且正在為九月十四日的一場激戰做準備，他還聽說法國軍隊隨著新部隊的到來每天都在壯大。儘管王子並不急於冒險與精神飽滿、人數眾多的法軍一戰，可他還是拒絕了塔列朗有關商談休戰的建議，也許這是因為他過於自信，以為能夠避開敵人。法軍正努力向前推進，打算在普瓦捷從兩翼包抄王子。在普瓦捷，他們將通過前往波爾多的道路，阻斷王子的退路。在此後的四天裡，軍隊繼續前行，未與敵人接觸，英軍在前面幾乎不到十英里或十二英里之處，法軍漸漸縮小了兩軍之間的距離。

九月十七日，在距普瓦捷以西三英里處的一座名為拉・恰巴蒂埃（La Chaboterie）的農場，由蒙米拉伊之主（Sire de Montmirail）、昂蓋朗七世的叔叔、被認為是他的時代最勇敢的騎士之一的拉烏爾・德・庫西率領的一支法國小分隊看到了英軍的一支偵察部隊，便獨自疾馳上前，發起了攻擊。昂蓋朗是否在那支小分隊中，甚至他是否在那支大部隊中，都無案可查。庫西領地肯定派出了自己的分遣隊，除非這支小分隊屬於在諾曼第迎擊蘭開斯特的部隊。交戰中，拉烏爾沖得極其靠前，甚至到了王子身旁的方旗武士面前，奮勇殺敵。在法國人的狂熱進攻下，英格蘭——加斯科涅軍隊步步後撤，但令人費解的是儘管他們人數要少得多，可他們還是緩過了勁來，打敗了法軍。許多法國人被殺，拉烏爾被俘，雖然不久之後便付了贖金換回。就像在普瓦捷發生的其他許多事情一樣，人們很難解釋拉・恰巴蒂埃的作戰結果。

由於貪圖從小衝突中獲得贖金，英格蘭——加斯科涅軍隊勁頭十足地追擊敵軍，竟從戰場上撤出了三支盟軍。其結果是王子為了集結和重新聚集自己的部隊，不得不停在原地，安營紮寨，度過夜晚，儘管因為缺水而飽受困苦。

第二天早晨，即九月十八日，星期天，當王子那人困馬乏的部隊就在普瓦捷下方恢復行軍之時，他的偵察兵從一個制高點上看到了閃閃發光的盔甲和隨風飄動的一千幅三角旗，法國的主力部隊進入了視野。王子知道他被趕上了，現在戰鬥已不可避免，於是將自己的部隊拉到他能找到的最佳地點，即一塊長滿樹木的坡地上，周邊是葡萄園和樹籬，還有一條蜿蜒地流過沼澤地的溪流。在溪流以外是塊荒地，一條狹窄的道路橫於其上。這個地方位於普瓦捷西南約兩英里處。

自信憑自己超級強大的力量肯定能夠獲勝的法王讓遭到了塔列朗紅衣主教的批評，後者帶領眾多教士前來，請求他保持周日的「上帝的休戰」，直到第二天早上，以便紅衣主教還有機會再行斡旋。在國王那用猩紅色絲綢搭成的大帳中舉行的一次作戰會議上，奧德雷漢姆元帥和其他人急於作戰，再加上意識到了在其後方的蘭開斯特公爵的威脅，所以他們催促馬上投入戰鬥，不要拖延。國王未接受他們的建議，而是要命地同意了紅衣主教的延後請求。傑佛瑞・沙爾尼提議安排一次雙方各一百人的戰鬥，但這一提議被他的同伴否決，唯恐這將太多人排除在戰鬥、榮耀和贖金之外。如果立即投入戰鬥或者沙爾尼的提議被接受，最終的結果就有可能截然不同。

當紅衣主教塔列朗急匆匆地回到英軍陣營時，發現王子現在對任何可使他避免丟臉及可使戰利品完好無損的安排都言聽計從，甚至有些迫不及待。愛德華提出將他在兩次戰役中俘獲的俘虜和佔領的地方全部歸還，不要贖金，並同意七年不打仗，在此期間，他將發誓不會拿起武器攻擊法蘭西國王。根據《瓦盧瓦四相編年史》（*Chronique des Quatre Premiers Valois*）的記載，他甚至提出讓出加萊和吉尼斯，儘管他肯定無權做出這樣的放棄決定。他的巨大讓步表明，他對當前的局勢感到絕望，並且意識到如果法軍選擇包圍他，他便有可能因彈盡糧絕而戰敗。或者因為他知道，這樣的選擇太過可恥，法國人不可能那麼去做，所以他也許一直在裝模作樣，拖延時間，以便完成他的弓箭手的排兵佈陣。這是他的手下已經全力在做的事，在談判那天的整整一天，他們都在繼續挖戰壕，築樊籬。

法王讓同意考慮那一提議。塔列朗紅衣主教及其教士們騎著騾子急急忙忙地往返於兩個陣營，王子的主要騎士也在安全通行權的保護下親自前來談判。除了在布列塔尼，幾乎沒有一場無休止的戰役事先沒有努力阻止它的發生，只是這些努力從來沒有成功過。讓懷著必勝的傲慢之情，提出接受提議的條件：威爾斯親王要將自己及其一百位騎士交出，成為法蘭西國王的囚犯。王子堅決地拒絕了這種羞辱，同一時間，已改善了他在叢林中和樹籬後的陣地。當塔列朗仍在懇求法王出於對基督的愛，同意至少休戰至耶誕節時，談判日宣告結束。法軍重新召開作戰會議，決定進攻計畫。

克萊蒙特元帥建議封鎖，這正是王子所擔心的。元帥說法軍與其荒唐地在英軍有保護的位置向其發起進攻，不如在他們周圍安營紮寨，等他們彈盡糧絕之時，「便會就地土崩瓦解」。這是個可予採取的顯而易見、合情合理的進程，但騎士精神之規定禁止這麼做。在奧德雷漢姆元帥的諷刺挖苦和強烈質疑下，克萊蒙特的提議遭到拒絕。三位已經勘察過英軍陣線的騎士前來報告說，通向敵軍的唯一入口是條狹窄的通路，一次只能有不超過四匹馬並排通過。在威廉・道格拉斯爵士（他是蘇格蘭人，經歷過與英軍的交戰，現在是國王的首要軍師）的建議下，法軍做出了關鍵的決策，法軍主力將步行發起進攻。但是，決策並未完全放棄騎士的重甲衝鋒，而是決定一支由騎在最強健、最快捷的戰馬之上的三百名軍隊精英組成的特別小分隊將先行突破敵軍的弓箭手陣列。所有三位軍隊首腦，即騎士統帥和兩位元帥，都被不計後果地派入了這支小分隊。

九月十九日，星期一，黎明時分，隨著號角齊鳴，殺聲四起，法軍按照慣常的三個軍團被部署在騎在戰馬之上的突擊先遣部隊的後面。三個軍團一個跟著一個，大概是為了能夠連續突擊，可這種位置安排卻無法使它們增援彼此的側翼。以前從未上過戰場的十九歲的皇太子成了第一軍團名義上的指揮官；國王的弟弟菲力浦・奧爾良（Philippe d'Orléans）時年二十歲，同樣是位沙場新手，負責指揮第二軍團；國王本人負責指揮第三軍團。一支十九人的貼身侍衛隊陪伴在國王左右，他們都像他一樣，清一色地身著黑色盔甲和上有鳶尾花標誌的白色外套。如果說這樣做不完全符合騎士的預防措施，至少也是謹慎小心的，因為在一場封建領主參加的戰役中，敵人會盡其所能地抓捕他。

「下馬！下馬！」讓命令道，然後「他身先士卒地翻身下馬。」據說他做出下馬的決定是為了減少其不團結的部隊自行採取行動或戰鬥的機會。現代批評家——因為爭論一直在持續——稱之為「愚蠢的自殺行為」；其他人則認為這是唯一明智且切實可行的決定，因為鑒於那些沼澤、樹籬和壕溝，騎士不可能一擁而上。

騎士們翻身下馬，脫去馬刺，砍斷他們長而尖的靴子的尖頭，將長矛削短至五英尺。焰形軍旗（Oriflamme），即法蘭西國王的猩紅色叉形旗幟，交給傑佛瑞德・沙爾尼這位「完美的騎士」來扛。相傳這旗幟得自查理曼，據說他曾扛著它前往聖地，以回應一位天使的預言：一位矛尖上燃燒著「偉大奇跡」

之光焰的金矛騎士將從撒拉森人手中解救那塊土地。旗幟上繡著因此得名的金色火焰，由法國君主從聖丹尼斯修道院接收過來，一同接過的還有戰鬥口號「蒙茹瓦——聖丹尼斯」（Montjoie-St. Denis）。這一作為進擊或集合之信號的戰鬥口號，象徵著對一位特殊領主的忠誠。在那個早晨，國王宣佈，這句皇家口號就是所有人的口號。「你們已經降禍於英軍，」他沖著集合在一起的騎士佇列喊道，「並渴望用他們來衡量寶劍。看著近在眼前的他們！記住他們對你們犯下的過失，親自為他們加在法蘭西身上的損失和痛苦而復仇。我向你們保證，我們要與他們交戰，上帝將與我們同在！」

威爾斯親王在前方部署了兩個可相互支援的軍團，又在後面部署了一個軍團，弓箭手則呈鋸齒狀隊形分佈在三個軍團之中。四位伯爵——瓦立克、牛津、薩福克（Sufolk）和索爾茲伯里——指揮前兩個軍團，王子和尚多斯指揮後一軍團，身邊還保留了一支四百人的部隊。英軍擁有地形優勢，而其更大的優勢是它們是一個團結一致的整體，共同經歷了兩次戰役，接受過專業訓練，建立在更好的管理和組織基礎之上。為了遠征海外，英軍必須周密計畫，有選擇地招募最能幹、最強壯的作戰人員。

不過，甚至到了現在，也許是因為其顧問中的不同意見，王子仍嘗試著調動部隊向波爾多方向逃跑。「因為在那一天，」用尚多斯·赫勒爾德（Chandos Herald）的話說，「說實話，他不希望作戰，而只想順利地完全避免戰鬥。」行李運送車輛在山後的調動被其先鋒部隊隨風搖曳的三角旗所暴露，被德奧德雷漢姆元帥看在眼中，他喊道：「哈！追擊！衝鋒，在英格蘭人逃走之前！」較為清醒的克萊蒙特仍然建議採取包圍行動，這使兩位元帥在戰鬥即將爆發之際陷入了激烈的爭吵。奧德雷漢姆指責同伴「害怕面對敵人」，說他會貽誤戰機，損失掉那一天，對此，克萊蒙特回以恰如其分的侮辱：「哈，元帥，你可不是那麼勇敢，你會發現，你戰馬的鼻子會擱在我的馬屁股上！」在這樣的不和之中，騎兵先遣隊發起了衝鋒。

在得到襲擊來臨的警告後，王子終止了最初的逃離行動，重新集結軍隊，發表慷慨演說，號召自己的騎士為國王對法國王位的繼承權而戰，為勝利的偉大榮譽而戰，為豐富的戰利品和永垂青史的名譽而戰。他告訴他們要相信上帝，聽從指揮。奧德雷漢姆的中隊從側翼發起了進攻，在弓箭手的利箭下被鎮定並粉碎，而克萊蒙特在騎士統帥的支援下，負責他如此沒信心的前線進攻，在黑壓壓遮天蔽日的密集弓箭的飛射之下被迫後撤。英軍的弓箭手在未騎馬的騎士和步兵的保護之下，遵照牛津伯爵的指令，從掩體位置向戰馬未著鎧甲的臀部射擊。戰馬紛紛失足倒地，伏臥在自己的騎手身下或是連連倒退，而後面的馬匹仍在向前衝鋒，「造成了對自己主人的巨大屠殺」。克雷西會戰的狂亂再次降臨。跌倒的騎士無法讓戰馬站起來或是自己站起來。在接下來的混戰中，在號角的長鳴中，在戰鬥口號的吶喊聲中，在受傷的士兵和戰馬的哀號聲中，克萊蒙特和騎士統帥雙雙戰死，奧德雷漢姆被俘，被精選出來的騎士大部份被殺或被俘。

太子的軍團已經步行著向這場浩劫進發。在前線，與查理並肩作戰的是他的兩個兄弟，十七歲的路易，德安茹公爵，以及十六歲的讓，未來的德貝里公爵。軍團中的許多士兵深陷在由沒有騎手的戰馬和狂暴的戰鬥構成的混亂中，他們勇猛地戰鬥，一個對一個，用削短的長矛刺，用戰斧和寶劍砍。但由於沒有老練的將領坐鎮指揮，只有一個乳臭未乾的男孩眼睜睜地看著災難發生，隊伍開始敗退。敵人喉嚨裡發出的勝利歡呼標誌著對皇太子軍旗的奪取。無論是如後來所聲稱的那樣，因為國王下達了搶救兒子的命令，還是出於四位被任命為王子們監護人的領主的決定，該軍團的大部份都從戰場撤下，轉而依靠德奧爾良公爵的軍團，並將失敗傳染給了它。奧爾良的軍團本應帶著精神飽滿的力量奮勇向前，使焦頭爛額的英軍無喘息之機，在此階段，此舉也許正可以扭轉大局，可是恰恰相反，他們一敗塗地，在進攻也沒發起的情況下便逃之夭夭，取回它等候著的戰馬，向城市疾馳而去。

「前進，」國王朝著這連續的災難喊道，「因為我將挽回今日的敗局，否則便戰死沙場！」在飛揚的焰形軍旗的招展下，在他最小的兒子、十四歲的腓力、未來的勃艮第公爵（Duke of Burgundy）的陪伴下，三個軍團中最大的軍團，裹著他們鐵製的鎧甲，踉踉蹌蹌地步行著向血流成河的戰場進發。「啊！我們完了！」一位英格蘭騎士在看到他們前來時喊道。「你在撒謊，可憐的膽小鬼！」王子怒吼道，「如果你如此誹謗，就好像是在說我也許會被活生生地征服。」雙方都懷著不顧一切的力量和兇猛撲向對方。儘管據說戰鬥的結果可憑第六支箭發射的時間來做出判斷，可是現在，當英格蘭弓箭手已射空了其箭囊時，問題出現了。在法軍發起新一輪的進攻的間隙，弓箭手們從倒地的傷者和死屍那裡取回了箭；其他人現在則用力地投擲石頭，揮刀作戰。假如法軍向被打垮的對手發起第三次進攻（這在此階段是很有可能的），那麼它也許會獲勝。

戰鬥進入了它的第七個小時，許多支搖搖擺擺的獨立隊伍相互捶擊著，完全忘記了任何的章法，只有王子和尚多斯仍然帶著殘部在山頂上坐鎮指揮。尚多斯指著焰形軍旗揮舞的地方，建議王子攻擊國王之所在，尚多斯說：「勇氣不允許他逃離；他將落入我們的掌心之中，勝利將是我們的。」事實證明，這是個決定性的行動，王子命令他的盟友德比什長官率領一小隊騎兵去攻擊法軍的後方，同時，帶領後備騎兵和自己軍團中未受傷的士兵，聚集起軍隊最後的力量發起正面進攻。「先生們，看著我！蒙上帝之恩，專心打擊敵人！前進，旗幟，以上帝和聖喬治之名！」

他的號角響起，聲音回盪，被普瓦捷的石壁反射回來，響徹叢林，「以至於你會以為這是群山在向

150

山谷發出呼喊，並在雲層間轟鳴」。英格蘭人發起了衝鋒，他們或成戰鬥方隊，或偏鞍馬上，朝著國王的小分隊俯衝下來，「就如康沃爾郡的野豬一般」。戰鬥達到了它暴烈的頂點。「沒有比之更艱苦卓絕的，」尚多斯・赫勒爾德寫道，「他的心不曾驚慌。」「小心，父親，右邊！當心，左邊！」腓力在攻擊降臨時高喊。騎士們捉對廝殺，「人人都想著自己的榮譽」。法軍前有王子的衝鋒，後有德比什長官的騎兵，在腹背受敵的情況下以死相拼。傑佛瑞・沙爾尼多處受傷，鮮血直流，被砍倒在地，英勇戰死，手中仍舉著那面焰形軍旗。國王的衛兵圍在他身邊，形成一個巨大的楔子，在進攻之下蹣跚而行。「有些人胸膛被剖開，腳踩在自己的腸子上，有些人吐出了牙齒，有些人被砍斷了雙臂，依舊站在那裡。將死之人在陌生人的鮮血中打滾，倒下的身軀發出呻吟，驕傲的靈魂拋下了自己遲鈍的軀體，發出可怕的嗚咽聲。」在國王揮動的戰斧四周，被殺之人堆成了一圈，而國王的頭盔已經掉了下來，臉上的兩處傷口鮮血直流。「投降，投降，」周圍喊聲一片，「否則你必死無疑！」在震耳欲聾的喊殺聲中，在想抓住他的激烈爭奪戰中，一位法國流亡者，因屠殺而被放逐、現在效力於英軍的丹尼斯・莫爾貝克（Denis de Morbecque），奮力向前，對國王說道：「先生，我是阿圖瓦的一名騎士。向我投降，我將帶你去見威爾斯親王。」國王讓將自己的手套交給了他，舉手投降。

由於失去了國王，法軍殘部分崩離析，有些人飛快地逃向普瓦捷的城門，以免被俘。各個級別的英軍和加斯科涅人都發狂地追擊，貪婪戰勝了勞頓，在這座城市的高牆之下爭奪戰俘。一些法國人轉回身去投入戰鬥，俘獲了他們的追擊者。

失敗橫掃了法國領導層。除了或死或被捕的國王、騎士統帥和兩位元帥，以及那位扛焰形軍旗者，勝利者們還抓獲了一個戰鬥的大主教、十三位伯爵、五位子爵、二十一位男爵和方旗武士，還有約兩千名騎士、侍衛和貴族重甲騎兵。由於要帶回去的人太多，所以大部份人被釋放，條件是承諾會在耶誕節前將其贖金送至波爾多。

被殺的人數在每種記載中都不相同，不過，至少也有數千人之多，其中有二四二六人是貴族。他們與被俘的人數相當甚至超過被俘人數這一事實是英勇作戰的證明，可對於法國而言，不幸的是，相較於戰死沙場的人，那些逃跑活命的人給人留下的印象更深刻。《大編年史》（*Grand Chronique*）公開承認軍隊「丟人現眼、膽小如鼠地逃之夭夭」，而《諾曼第編年史》（*Chronique Normande*）則暗然地得出這樣的結論：「這場戰役的死亡率不及羞恥高。」

那正是普瓦捷會戰遺留下的巨大影響。在城牆上觀戰的市民目睹了那可恥的撤退和緊張的作戰，他們的報告傳遍了法國。戰敗的奧爾良軍團的撤退幾乎難以解釋，只能說是由受到國王反對的貴族的不忠情緒所致。無疑，許多那天在場的人不會對那位君主的不幸感到傷心，而只需幾個人的振臂呼喊就可引發恐慌。無論原因如何，其影響都是對貴族階層的不信任的加深和傳播，人們失去了對社會既定結構的信心。

大眾情緒立即反映在對回來籌集其贖金的領主的厭惡中。傅華薩記載這些領主「被普通民眾所深深憎恨和斥責」，以致他們很難得到允許進入城鎮，有時甚至是無法回到自己的莊園。諾曼第一個村莊的農民屬於德費爾泰—弗雷內爾大人（Sire de Ferté-Fresnel），在看到自己的領主只帶著一個侍衛、一個隨從騎馬前來，而且沒有佩劍時，他們發出呼喊：「這就是那些逃離戰場的叛國者之一！」他們冲向三個騎馬的人，把領主從馬上拽下來，將他痛打一頓。幾天後，他帶著更好的裝備回來報復，在此過程中殺死了一位村民。儘管這次小反抗很快即被粉碎，但它是種徵兆。許多爵爺回來時面對的是嘲弄或突如其來的敵意，很難為領主的贖金籌措到傳統的援助。為了籌措資金，很多人被迫出售全部傢俱或解放農奴以換取報酬。被毀滅的騎士的殘餘是普瓦捷會戰的一個副產品。

「叛國者」的呼喊不僅僅是地方的聲音，而且是大惑不解的民眾對那不可思議之事的解釋。它是永遠存在的有關陰謀的呼喊，是有關背後捅刀子的呼喊。除了背叛，還有什麼能夠讓偉大的法蘭西國王被俘虜，讓聲勢浩大的法國騎士大軍被一小撮「弓箭手和土匪」所打敗？一段名為「普瓦捷會戰怨歌」（Complaint of the Battle of Poitiers）的以詩寫就的爭論明確地指責：

他們長期隱瞞的重大背叛，
在該軍隊中得到了清晰的揭露。

作者，一位不知名的神職人員，指責某些人出於「他們的貪婪，將御前會議的秘密出賣給了英格蘭人」，在被發現後，「被國王踢出了會議」，他們還陰謀毀掉國王和他的孩子們。這些「虛偽、不忠、無恥、做偽證的」壞人的潰退是有計劃的背叛；在他們之中，貴族丟盡顏面，法國也為之蒙羞。他們否認上帝，他們是驕傲、貪婪和傲慢行為的代表，

誇誇其談，貪慕虛榮，衣著浮誇，
腰纏金帶，頭飾羽毛，

留著長長的山羊胡，幹著畜生的勾當，
他們像雷鳴和暴風雨般將你震聾。

被抱怨的山羊鬍最初是懺悔的標誌，後來一直蓄為窄窄的叉狀式樣，風靡全世界，現在則成了與逃跑有關的諷刺對象。

153

「怨歌」只表揚了讓二世，他在自己幼小兒子的陪伴下戰鬥到底。在公眾輿論中，他成了一位英雄。無論作為元首和領袖的他是多麼無能，他那被「幼小的兒子」所痛切強調的個人英勇使他在臣子們的眼中變得光彩奪目，給了法國一個恢復榮譽的焦點。「怨歌」希望上帝將派出「強有力的好人」來為這次失敗報仇，將國王帶回，並意味深長地總結道：

若是他深思熟慮，他就不會忘記
率領傑克・博諾姆（Jaque Bonhomme）及其偉大的全軍
他們不會為了活命而逃離戰鬥！

在普瓦捷市民埋葬了城外的屍體後，市長宣佈為被俘的國王哀悼，禁止慶祝任何節日。在朗格多克，三級會議規定只要國王未被送回，則一年之內禁止佩戴金銀或珍珠飾品、有裝飾物或扇貝殼的長袍及帽子，以及吟游詩人提供的娛樂活動。皇太子及其兄弟，儘管與年幼的腓力相比，評價沒那麼有利，但被排除在對貴族的指責之外。查理在返回巴黎時，「受到了因為其國王父親的被俘而哀容滿面的民眾的體面迎接」，按照讓・韋內特的說法，他們覺得他會以某種方式使國王獲釋，「整個法蘭西王國都將得到拯救」。

為什麼要潰逃？為什麼會失敗？在義大利的維拉尼看來這個異乎尋常的事件似乎「令人難以置信」；佩脫拉克在完成了一次旅行的返回途中，在米蘭聽說了這件事，仍然十分震驚；英格蘭人自己則認為他們的勝利是一次奇跡，後來的一代代人都覺得它很難揣摩。就軍事而言，法軍人數上的優勢因指揮的失敗而化為烏有。根據一些記載，兩千名熱那亞弓弩手甚至未被動用，儘管其他人的報告正好相反。法國箭術在整個十四世紀的相對低效是一個謎。法國的城鎮和鄉村都保有弓箭手部隊，他們得到了專享特權的鼓勵，而與皮卡第相鄰的博韋地區的人，自認他們的個人戰技天下無雙。可是，他們從未被適當地與騎士和重甲騎兵聯合起來行動，因為法國騎士不屑於與普通人分享他們對戰場的主導權。

諾曼第和布列塔尼的分離主義、未能在朗格多克抵抗住黑王子的襲擊，以及納瓦拉的查理的密謀和背叛，都是使普瓦捷會戰失利的分裂因素。星騎士團和一三五一年的法令一直試圖加以遏止的擅自撤退的權利，還未從貴族的頭腦中退出。普瓦捷會戰的失敗是貴族獨立思想以極大代價換來的勝利。

在英軍這一邊，它也是一次以用兵之術彌補了兵馬勞頓和人數上劣勢的勝利。王子可以發出被遵從的命令，再加上比讓更有保證的精神上的領導地位以及他可以依賴的軍團指揮，這都使他可以控制事態。他讓自己待在可以看清戰事且指揮調動的地方，受到意志堅定、經驗豐富的士兵的保護，還有兩個取勝的撒手鐧：破釜沉舟之勢和鞭策士兵戰鬥到最後一刻的意願。在傅華薩的著作中，作為一位指揮官，他是個「像獅子一樣英勇無畏又冷酷無情的人」。

由於作戰的消耗，再加上急於將他的王室獎賞帶出任何救援嘗試的可及範圍，所以王子沒有做出進一步的努力，向與蘭開斯特的會合點進發，而是立即轉向南部，前往波爾多，一路上拖著增加了的行李托運貨車，貨車上裝滿了奢侈器物，包括從法國軍營得來的皮毛斗篷、珠寶和精印圖書。戰敗之後被皇太子遣散的法國貴族們一哄而散，前去保護自己的領地；在前往波爾多的一百五十英里的路途上，沒有人集結起來試圖拯救國王。紅衣主教跟到了那裡，重新施加爭取和平的壓力，當調停條款還在談判時，英格蘭人和加斯科涅人投入了大規模買賣戰俘的生意和贖金的分配中，圍繞著誰抓獲了誰而爭執不休，在此過程中絲毫未產生敵意。有人聽到抱怨說，弓箭手們殺死了太多可以抓來換贖金的人。當王子提議將法蘭西國王作為戰俘帶回英格蘭時，加斯科涅人義憤填膺地宣稱抓他也有他們的功勞，所以必須給他們十萬弗羅林作為補償，這是他們在拒絕了最初提供的六萬弗羅林後抬高的價錢。

由於法國國王在手中，英格蘭人處於可以漫天要價的位置之上。但儘管法方的談判者是戰俘本身，家中的皇太子又受到發生在巴黎的事件的圍攻，但法國人還是畏縮於所提出的苛刻條款。冬天過去了，還沒有達成任何一項協議，雙方只同意再次休戰兩年。一三五七年五月，會戰結束後的七個月，黑王子帶著法王讓和他的兒子以及其他貴族戰俘回到了倫敦，與此同時，在戰敗後，第三等級正力求掌握巴黎的控制權。

第7章

群龍無首的法蘭西：布爾喬亞的興起與扎克雷農民起義

長久以來被王室財政的混亂狀態和王室大臣的唯利是圖所激怒的巴黎第三等級抓住群龍無首之機，試圖強制推行某種憲法統治形式。一次為批准用以在危機中進行防禦的錢財而召集的三級會議為他們提供了機會。一等到八百名代表可以於十月在巴黎開會之時，飽受普瓦捷會戰失敗之羞辱和恐嚇、缺乏經驗的太子就不得不報告會戰那可恥的後果，要求各等級幫助救回國王，保衛王國。布爾喬亞是該國的主要債權人，構成了一半的代表，當國王讓的御前大臣皮埃爾・福雷（Pierre de la Forêt）支持這一請求時，他們只是冷冷地聽著。在投票將自己選入一個包括貴族和教士在內的八十人的常務理事會，讓其餘的人滿懷感激地回家去後，三級會議準備帶著自己的要求面見太子。他們要求與他私下會面，認為如果沒有他的顧命大臣在身邊，他就更易被嚇住。

他們之中的一個主要人物將成為即將爆發的事件的策動者，他就是商會會長（Provost of Merchants）艾蒂安・馬塞爾（Etienne Marcel），一個有錢的布商，其職位等同於巴黎市長之職。當一三五五年的三級會議表明其對王室政府的不信任時，他一直都是發言人。馬塞爾代表著第三等級中的商業大亨，即中世紀社會的生產商和實業家，他們在過去兩百年中若不是在地位上也是在實際上獲得了一種影響力，與高級教士和貴族旗鼓相當。他代表三級會議提出的第一項要求是拔除七個最聲名狼藉的收受賄賂的王室議員，他們的財產將被沒收，而且他們將被永遠禁止擔任公職。取代他們的是一個二十八人的委員會，由十二名貴族、十二名布爾喬亞和四名教士組成，它將由三級會議任命，基於這一前提，三級會議同意批准某些稅收以支援戰爭。最後一個條件是他們最好避免提及的，即從監獄中釋放納瓦拉的查理。

他們想要納瓦拉的查理，是因為他製造麻煩的潛力會給太子施壓，也因為納瓦拉在他們中間有個同盟，一個像他本人一樣的密謀者，改革運動的幕後操縱者。此人就是拉昂主教羅伯特・科克（Robert le Coq），一位布爾喬亞出身的教士，具有「危險的」口才，他通過法律途徑，已升到位高權重的職位，在腓力六世治下是國王的辯護律師，在讓二世治下，則進入了御前會議。他擁有一個圖書館，在當時而言規模很大，共有七十六本書，其中四十八本與民權和教會法規有關，反映了他對政府問題的關注，還有七本是布道集，可用作演講藝術的範本。風格和語言是中世紀的首要之事，科克讓自己成了這方面的大師。在被任命為拉昂主教之後，他一直監管著讓二世與納瓦拉的查理間的微妙調解，後者的野心被他視為他自己的兩輪戰車。他想成為宰輔，所以既恨國王沒有給他那一職位，也恨擁有它的現任宰相。

太子查理儘管看似軟弱，但在他病歪歪的外表下，卻擁有一顆堅定的心敢於拒絕，天生智慧，這在逆境中對他大有幫助。雖說尚未屈服於後來成了他的命運組成部份的疾病，但他面色蒼白，身體單薄，有一雙敏銳的小眼睛、薄薄的嘴唇、長而削的鼻子以及不成比例的身體。從外表看，說他是什麼都可以，就是不是一個浪蕩子，儘管當他在十五、六歲時，當代人已經將兩個私生子劃歸到他的名下，其根據是他們的年齡。他對軍隊事務既無興趣也無能力，而代之以鍛煉腦力，即使這不是瓦盧瓦家族的特性，卻對統治者的地位十分有用。事實上，有個有關他母親（她在嫁給十三歲的讓時，年芳十六）的流言蜚語，說她的長子也許不是一個瓦盧瓦家的人。毫無疑問，他無論在哪個方面都不像讓。

156

目前，在殘垣斷壁中留下來捍衛王權的查理根據其父親的顧命大臣們的建議，拒絕了三級會議的要求，並且下令他們解散。與此同時，他搬出了巴黎以防範於未然。在拒絕解散後，常務委員會於一三五六年十一月查理離開的第二天開會，聽取羅伯特・勒科克所做的煽動性演講，他公然抨擊王室的罪惡統治，詳述了對改革的有所擴大的要求。「那些緘默不語的人真是可恥」，他喊道，「因為從來沒有哪個時代像現在這麼好！」

157

限制君主權利的呼聲現在已經公開。如果挑戰者像一二一五年的英格蘭貴族們一樣團結一致，那麼它也許會成為法國的蘭尼米德[1]，但他們很快便分裂成多個派系。

第三等級的上層由商人、製造商、律師、官員和王室糧食供應商構成，除了不是貴族這一事實外，他們與作為其基礎的工人階級毫無共性。克服貴族門檻是所有布爾喬亞大亨的目標。在向受封爵位和獲得鄉村莊園這一目標攀爬的過程中，布爾喬亞大亨會效仿貴族的穿衣打扮、風氣習俗和價值觀，最終達到分享他們的免稅權利的目標——這可不是蠅頭小利。艾蒂安・馬歇爾的一位叔叔在一三一三年支付了巴黎人中最高的稅額，而他的兒子用五百里弗購得了貴族特權。馬塞爾的岳父和妻兄皮埃爾・埃薩爾斯（Pierre des Essars）和馬丁・埃薩爾斯（Martin des Essars）出身於盧昂的布爾喬亞，在為美男子腓力和腓力六世效勞的過程中致富並獲得貴族封號。作為王室代理人，他們和他們那一類人為王室家庭供應糧食，向他們提供掛毯和書籍，替他們購買珠寶、紡織品和藝術品，充當他們的心腹知己和借貸人，並佔據如他們的司庫和收稅人這樣的肥缺。皮埃爾在女兒瑪格麗特（Marguerite）嫁給馬塞爾時，有能力給她三千埃居的嫁妝。

貴族和教士憎恨王室顯示出的青睞以及使官職可從他們等級之外的人中加以挑選的財富。他們尤其痛恨財務官員，「他們威風凜凜地四處巡行，獲得比公爵還要多的財富，將女兒嫁給貴族，購買被他們欺騙而至窮的貧窮騎士的土地……委任自己的同類做官，他們的人數與日俱增，而他們的薪水也齊頭並進」。

官員階層與馬塞爾這樣的布爾喬亞商人之間關係不佳，儘管他們都從事於資本主義事業。當資本主義借助於銀行和信用技術而變得切實可行時，它便變得令人尊敬起來。有關無貪婪社會的理論衰落下去，剩餘財富的積累不再遭人憎恨——實際上，變得令人羨慕起來。在《喬模喬樣的列那狐》（*Renart le Contrefait*）這部當時的諷刺作品中，富裕的布爾喬亞享有最好的莊園：「他們像貴族一樣生活，穿領主的衣服，養獵鷹和雀鷹，精壯的女士用馬和精壯的戰馬。當貴族騎士必須去參軍時，布爾喬亞卻在床上睡大覺；當貴族騎士在戰場上被屠戮時，布爾喬亞卻在河邊悠然野餐。」

在被領頭的市民選出後，商會會長和他的大亨同儕們統管了全部的日常市政職能，將日常職責委派 158 給員警部隊，它的運行靠的是以十人、四十人和五十人為單位的市民強制性服務。在四位副手和一個由二十四人組成的委員會的輔佐下的會長應該從每天早上七點開始上班，宗教節日除外。他的辦公室位於夏特萊堡，那裡也是該城監獄的所在地，位於塞納河右岸通往大橋（Grand Pont）——通向西堤島（Ile de la Cité）的唯一橋樑——的入口處。夏特萊堡附近是市政廳，它位於一個名為格雷夫廣場（Place de Grève）的開闊廣場上，失業的人會去那裡找工作。

馬塞爾管理的城市所覆蓋的區域，用現在的地標來看，北起右岸的格蘭大道（Grands Boulevards），南 158

1 譯者註：蘭尼米德（Runnymede），一二一五年六月，英格蘭國王約翰在眾多貴族的挾迫下，於蘭尼米德簽署憲法性文件《大憲章》，它在歷史上第一次限制了封建君主的權力，日後成了英國君主立憲制的法律基石。

至左岸的盧森堡花園（Luxembourg Gardens），東起巴士底監獄（Bastille），西至杜樂麗宮（Tuileries）。超過此界的所有地方都是「faubourg」，即鄉下。巴黎的中心是位於塞納河中央的西堤島，島上矗立著巴黎聖母院、公共醫院（Hftel Dieu）和由聖路易修建的皇家宮殿。延伸到了老城牆之外的右岸是商業、工廠、公共集市、奢侈品交易和豪華公館的所在地，而在居住區方面要小很多的左岸則為大學所佔據。根據一二九二年的一份稅收調查，當時的城市有三五二條街道、十一個十字路口、十座廣場、十五座教堂、一萬五千名納稅人。五十年後，在馬塞爾統治時期，在黑死病之後的總人口大約為七萬五千左右。

主要街道都經過鋪設，寬得足以容兩輛二輪或四輪馬車並行通過，而其他街道則狹窄泥濘，因沿街道中央鋪設的排水溝而惡臭不堪。對於普通市民而言，有關清除的規則「全都關乎街道」，在底層居民的住處，糞便通常堆在家家戶戶的門口。房屋持有人理應將沉積的穢物運至處置坑，且有法令不斷提醒他們鋪設並清掃門口的臺階。

當兩側都馱著籃子的馱騾與拿著托盤的街頭小販或被木柴和木炭擔子壓彎了腰的搬運工相遇時，擁堵的交通就會使狹窄的街道變得水泄不通。置於長鐵杆上的客棧招牌更使街道顯得擁擠不堪。商店招牌巨大無比，最好能使顧客感到震撼，因為店主人不得吆喝顧客入內，除非是在他們離開相鄰的商店之後。拔牙醫生的代表是一顆扶手椅大小的牙齒，手套商的代表是一隻每個手指都大得足以舉起一個嬰兒的手套。

在風中格格作響的招牌聲與街頭小販的吆喝聲、騾夫的驅趕聲、馬的噴鼻聲和傳佈公告者的宣告聲此起彼伏，一個賽過一個。巴黎有六名由會長任命的大公告發佈人，每人都有眾多的助手，他們被派往十字路口和各居住區的廣場，宣佈有關官方法令、稅金、定期集市和慶典、房屋買賣、失蹤兒童、婚嫁、葬禮、出生和洗禮的消息。當國王的葡萄酒行將出售時，所有的酒館都必須關門歇業，而公告發佈人會一天兩次叫賣王室葡萄酒。在宣告死訊時，公告人會一邊走一邊搖鈴，用莊重的口吻叫道：「醒來，酣睡的人，向上帝祈禱，讓他寬恕你的打擾；死者不能哭喊；當鈴聲在街道上響起時，為他們的靈魂祈禱。」流浪狗在聽到他們的聲音後，會發出大聲的吠叫。

各行各業都有自己的地盤——屠夫和製革工人在夏特萊堡周圍，貨幣兌換商、金匠和布商在大橋上，抄寫員、點燈人和出售羊皮紙和墨水的人在大學周圍的左岸。在開放式經營場所工作的人包括烘焙師、肥皂製造商、魚販、製帽商、細木工、陶工、刺繡工、洗衣工、毛皮商、鐵匠、理髮師、藥劑師，以及製衣業和金屬業的眾多分支。在工匠階層下的是打零工的人、搬運工和傭人。他們的姓名也許會得自其行業出身或個性特點，被叫作「Robert le Gros」（胖子羅伯特）、「Raoul le Picard」（皮卡第的拉烏爾）、「Isabeau d'Outre-mer」（來自海外的伊薩博）和「Gautier Hors-du-sens」（瘋狂的戈蒂埃）。

每個住宅區都有自己的公共浴室，提供蒸汽或熱水。一二九二年的調查中共列有二十六家浴室。儘管人們認為它們有敗壞道德，特別是婦女的道德之虞，但也認識到它們對清潔有所貢獻，所以在氣候惡劣的冬季，當燃料價格高昂之時，城市會費盡周折地使之免於歇業。它們不得接納妓女、流浪者、麻瘋病患者或聲名狼藉的人，也不得在天亮之前開放，因為夜晚的街道非常危險，但每當破曉時分，人們就可以聽到這樣的吆喝聲：

先生老爺快快來，來沐浴，
蒸一蒸，莫遲疑，

我們的水熱騰騰，
千真萬確不騙人。

作為擁有一所偉大大學的首都城市，巴黎是來自歐洲各地的學生的雲集之地。學生擁有特權地位，不受地方法律的裁制，而僅聽命於國王，其結果是他們的罪行和騷亂大部份都不會受到懲罰。他們的生活條件十分悲慘，租住在位於陰暗的鄰里街區中的骯髒房間中，卻得多付房租。他們坐在寒冷課堂中的冷板凳上，教室中只有兩根蠟燭照明，永遠都會受到放縱、強姦、搶劫以及「所有其他為上帝所憎惡的暴行」的指責。

儘管牛津正在成為知識興趣的中心，但巴黎大學仍然是歐洲的神學仲裁者，而其獨立院系的圖書館（有些圖書館的藏書量高達一千冊）則擴大了它的榮耀。除此之外還有精美的聖母院圖書館以及不少於二十八名書商，這還不算露天書攤。一位心蕩神馳的英格蘭遊客寫道：這裡是「盛產各種風格書籍的碩果累累的果園，是我們參觀巴黎時讓我們心花怒放的快樂泉源，是人間天堂！」。

從巴黎東南部的山峰通下來的渡槽將水注滿了公共泉源，這為城市供應了充足的水。風車在近郊遍地開花，在那裡，住宅有空地用於開墾花園和葡萄園，修道院矗立在耕地之中。產品主要通過內河船進入城市，然後被擺在集市的櫃檯上，或放在小販的托盤上兜售。乞丐坐在教堂大門邊討要救濟金，行乞修道士為他們的教團或監獄裡的窮人討要麵包，吟游詩人在廣場上表演特技和魔術，朗誦有關在撒拉森土地上的冒險的敘事歌謠。五顏六色的衣物使街道光彩奪目。深紅色、綠色和最貴的雜色為貴族、高級教士和權貴所專享。只要其法衣夠長，而且被扣起來，則神職人員亦可穿著彩衣。當夕陽西下、宵禁的

160

晚鐘敲響時，人們放下工作，關上店鋪，寂靜取代了喧嘩。八點，當標誌著睡覺時間的奉告祈禱的鐘聲響起時，城市漆黑一片。只有十字路口仍被搖曳的燭光或燈光所照亮，這些蠟燭或油燈被放置在承納著聖母或住宅區保護聖徒雕像的壁龕中。

周日，各行各業都關門歇業，人人都去教堂；步出教堂後，工人在小酒館聚集，而布爾喬亞則在郊區散步。每到節日，巴黎的風俗是要在家門外圍桌用餐。住房是鱗次櫛比的典型的高而窄的城市風格建築，有時在房屋前後之間會有個庭院。它們是半磚木結構，空間用黏土或石頭填充，每一層都凸懸在下一層之上。貴族和權貴的府邸保留了堅固城堡的一些元素，有圓錐形的塔和高牆。作為對城市生活的一種妥協，它們擁有朝著庭院開放的巨大的玻璃格窗戶，還有裝飾著許多小尖塔的亭台，亭台屋頂的四面都可能會保留有一座鐘。屋主可以通過其塑於門楣之上的盾徽來知曉。街道沒有銘刻的街名，所以人們不得不花上好幾個小時去尋找要去的地方。

貴族宅第的內部裝飾著壁畫和掛毯，但傢俱寥寥。既供人睡也供人坐的床榻是最重要的物品。椅子幾乎沒有，就連國王和教皇在接見使節時，也是坐在裝飾著精美簾幕和床罩的床上；否則，人們就坐在條凳上。牆上突出的燭臺上的火把為房屋提供照明，牆體內修建有巨大的壁爐。這些火牆煙囪在義大利被叫作「法式煙囪」，是中產階級家庭中最奢侈的東西。除此之外的唯一溫暖來自爐灶和做飯用火，以及夜間床上的取暖用盆狀器皿。像衛生設施一樣，供暖是這樣一種安排：假如人不是像對待其他活動一樣對自己的舒適安逸不大理性的話，那個時代似乎有足夠的技術，使之做得比實際狀況更好。毛皮床罩、毛皮裡子的服裝或穿在束腰外衣和長袍下面的分離式毛皮襯裡代替了主動的供熱源。水獺、貓、白鼬、松鼠和狐狸皮沒有厚重的羊毛衣物貴，貂皮為富人所穿戴。

在夏季，地板上點綴著芳香的藥草和禾本植物，在其他季節，則鋪上燈芯草或稻草，它們一年換四次，或者，在窮人家裡則一年換一次，時間是在它佈滿跳蚤、到處是狗屎和汙物之時。有錢的商人會在晚宴前在地板上撒上紫羅蘭和其他鮮花，並用一大早從市場上買來的新鮮綠色植物來裝點牆壁和桌子。房間少之又少，僕人們睡在他們可以躺下來的地方，完全沒有隱私，這也許使人變得易於發怒。它是會妨礙還是會促進誘惑是個公開的問題。在喬叟筆下的地方官故事中，兩個劍橋的學生十分便利地享受到了磨坊主老婆和女兒的垂愛，因為他們與這家人睡在同一個房間。即使是在較大的住宅中，客人也與男女主人睡在同一個房間裡。

這就是巴黎的第三等級，從最貧窮的工匠到最富裕的大亨，馬塞爾試圖在與太子的鬥爭中將他們調動起來。為了讓太子屈服，會長開始以罷工和民眾暴亂相威脅。當太子企圖再次使用鑄幣貶值的方式來籌集資金並因此引發了巴黎的憤怒時，「會長命令全城的行會和行業停止工作，人人都拿起武器」。太子被迫取消了敕令，沒有籌集到任何資金，他別無資源，只能重新召集三級會議，返回巴黎與他們相見。

在這次從一三五七年二月至三月持續一個月的會議上，所有被提出且付諸文字的改革都出現在一個由六十一個條款構成的「大法令」（Grand Ordinance）中，即第三等級的《大憲章》（*Magna Carta*）。法令用法語而非拉丁語寫成，仿佛是在強調新的聲音，它陳述了一個理想的「好政府」，就仿佛它的策劃者們正力圖實現洛倫澤蒂幾年前在西恩納繪製的、以「好政府」名命的歡欣景象。在那座繪製的城市中，身著色彩輕柔的長袍的市民們和諧地各忙各的，騎在馬上的重裝騎士從他們身邊走過，彼此包容，仁慈為懷。在一個狂亂不堪的年代，《大憲章》渴望的是同樣的秩序和體面。

籌畫者們設計的不是一個宏大的政府新圖式，而是對現存弊端的一系列修正，在其中投入了三種基本政治原則。這些原則包括：君主不得徵集未經三級會議投票通過的課稅，三級會議主席有權自行決定定期開會，從三個等級中選出一個由三十六人（每個等級十二人）組成的大委員會（Grand Council）充當王室顧問。

對國王讓的顧命大臣的清除得到再一次的確認，新的大委員會成員「必須放棄其前任的上班遲到、人浮於事的習慣」。所有官員都要在「每天日出時分」上班；他們的薪水很高，但如果他們未在一大早出現，就將失去其薪水。貨幣未經三級會議的同意不得更動，王室和王侯的開支將被減少，議會將加快處理司法案件，地方長官不得身兼兩職或從事商業活動，只有在特殊條件下才可發佈兵役召集令，貴族在未經允許的情況下不得離境，嚴禁他們的私人械鬥。窮人的公正和慈善將得到加速，若價格不公，則不得沒收他們的財產，他們的交通工具絕對不能沒收超過一天時間；村民的集會權利和武裝抵抗搶劫和軍隊的權利得到了肯定。最後，三級會議保證提高稅收，使之足以支付三萬名士兵達一年時間，但這錢要由三級會議監管，而不是通過王室。

太子又是抵抗又是拖延，拒絕簽署該法令，直到受到馬塞爾的恐嚇，後者將失去工作的烏合之眾帶上街道，其數量每天都有所增加，並鼓勵他們呼喊：「準備戰鬥！」通過這種方法，三級會議拿到了太子以攝政的名義簽署的法令，攝政是三級會議要求他擔任的，以便他能夠承擔君主之責。新的三十六人委員會得到任命，而被驅逐的顧命大臣們則急急趕往波爾多去通知國王讓。就在被帶往倫敦之前，國王否決了他兒子的簽字和整個法令。

在一三五七年夏季，無論是太子還是委員會都無法有效地實施管理，而兩者都在尋求各省的支援。

通過在全國進行王室視察以顯示王權依舊在發揮功用的方式，查理勝出馬塞爾一籌。當三級會議於四月重新召開但貴族極少出席時，人們清楚地知道對大法令條款心懷不滿的貴族正在撤回支持。改革運動陷入困境。在巴黎以外，權威的倒臺正在走向災難。

它的催化劑是最近十五年的戰爭所孵化出的軍隊的劫掠。這些軍隊是「自由兵團」（Free Companies），它們「在大地的胸膛之上書寫悲哀」，將會成為這個時代的夢魘。它們由在普瓦捷會戰後被黑王子解散的英格蘭人、威爾斯人和加斯科涅人組成。作為戰士，按照慣例將得不到更多的報酬，但他們已經在王子的戰役中開始喜歡上了戰利品的唾手可得和豐饒富足。他們與德意志雇傭兵和艾諾的冒險者一道圍繞一個指揮官聚集成二十至五十人的部隊，向北進發，展開行動，其活動範圍在塞納河與盧瓦爾河、巴黎與海岸之間。在波爾多休戰協定簽署後，納瓦拉的腓力的部隊、蘭開斯特公爵的部隊的餘部，以及開疆拓土的能手、經驗豐富的布列塔尼指揮官和重甲騎兵，都加入了自由兵團的行列。編年史中的疊句——「arser et piller」（燒殺劫掠），尾隨著它們順著這個世紀一路走了下去。

國王和如此眾多的貴族的失去給了自由兵團可乘之機。在休戰後的一年中，它們壯大、合併、組織、傳播，越來越放縱地實施行動。在攻佔一座城堡後，它們會將它用作根據地，向每個旅行者勒索財物，襲擊鄉村。它們會偵察出一個一兩天便可抵達的富有城鎮，「偷偷摸摸、日夜兼程地前往，於清晨神不知鬼不覺地進入該城鎮，放火點燃一座房屋；城鎮裡的人會以為這是一些軍人所為，趕忙逃出城去；於是這些土匪就會破門進入金庫和住房，搶劫並佔有他們開列的東西，完事之後溜之大吉」。

他們強迫富裕村民繳納贖金，燒死窮人，搶劫修道院和修道士的倉儲和財寶，掠奪農民的穀倉，殺

164

害或折磨那些藏匿物品或拒交贖金的人，對教士和老人也不放過，侵害幼女、修女和母親，綁走婦女，迫使其成為營妓，使男人成為僕傭。由於沉迷於這一切而不能自拔，它們隨心所欲地焚燒收穫物和農具，砍倒樹林和葡萄藤，搗毀人們賴以為生的一切，其行徑著實令人費解，只能說，那是出於一時的狂熱或編年史作者的誇大其詞。

這種連隊自十二世紀便已存在，在義大利尤盛，那裡的貴族較其他地方更加都市化，他們日益將軍事武裝這一行留給雇傭兵去做。這些連隊在專業指揮官的率領下，有時人數可達兩千至三千，由被放逐者、逃犯、失去土地或破產的冒險者、德意志人、勃艮第人、義大利人、匈牙利人、加泰羅尼亞人（Catalans）、普羅旺斯人、法蘭德斯人、法國人和瑞士人構成，通常都裝備精良，或騎馬或步行。這個世紀中葉的一個卓爾不凡的指揮官是個變節了的前聖約翰騎士，名叫蒙雷亞萊兄弟（Fra Monreale），他的連隊中有一個委員會，有秘書、會計、營地法官、絞刑架，他可以從威尼斯要價十五萬金弗羅林去攻打米蘭。僅一三五三年這一年，他就從里米尼（Rimini）勒索了五萬弗羅林，從佛羅倫斯勒索了兩萬五千弗羅林，從比薩和西恩納各勒索了一萬六千弗羅林。對他的財富垂涎三尺的主張革命的庫勒・里恩齊（Cola di Rienzi）邀請他前往羅馬。蒙雷亞萊過於自信，孤身入城，被捕之後，被當作公然的強盜而受到審判，被執以死刑。他穿著繡金的棕色天鵝絨長袍，一身華服地走向斷頭臺，讓自己的外科醫生指揮劊子手的斧頭。他至死仍頑固不化，宣稱自己「仗劍而行，在一個虛偽而悲慘的世界中開闢道路」的行為正當合理。

這些部隊最有害的方面在於由於有組織的軍隊的不足，他們填補了一種需求，並逐漸被人們所接受。腓力六世在聽說了一位只知人稱「培根」的指揮官是多麼高效地突襲並攻佔了一座城堡之後，用兩萬克朗買到了他的服務，使之成為戴甲的王室禮賓官，「配良馬，著華服，裝備精良，堪比伯爵」。還有一位名叫克羅誇特（Croquart）的人，從布列塔尼戰爭中的「窮聽差」起家，因為英勇善戰而步步高升，成了一個價值四萬克朗的匪幫的指揮官，他的軍事聲譽使他被選為「三十人大戰」的英方一員。後來，國王讓提出條件，只要他成為國王的部下，就給他提供騎士身份、一位有錢的妻子和兩千里弗的年薪。更願意特立獨行的克羅誇特拒絕了國王的提議。

在法國，這些部隊與其說是雇傭兵，不如說是土匪，儘管他們基本上都是英格蘭人，但也吸引了被布列塔尼和普瓦捷會戰的贖金弄得傾家蕩產的法國騎士們，他們現在也同樣對自己的國家大肆劫掠。騎士們的小兒子和私生子較少貴族權益，收入降低，於是他們便自己當起了指揮官，在軍隊中尋找生計、一條發財致富的道路、一種生活方式、一個一旦被十字軍東征所召喚便停不下來的進攻的發洩口。

最臭名昭著的法國人是阿爾諾・賽沃洛（Arnaut de Cervole），他是佩里戈爾的一名貴族，人稱「主教」（Archpriest），因為他曾經擔任過一個教士的有俸聖職。他在普瓦捷會戰中受傷被俘，在支付了贖金後被釋放，於一三五七年那幾個無法無天的月份裡返回法國，當上了一個連隊的頭領，這個連隊直白地稱自己為「收購幫」（Società dell'acquisito）。在與普羅旺斯的一位名叫雷蒙・博（Raimond de Baux）的領主合作過程中，該連隊壯大為一支兩千人的軍隊，而「主教」則成了他那個時代罪大惡極的為惡者。一三五七年，在賽沃洛發起的對普羅旺斯各地的襲擊過程中，教皇英諾森六世對亞維農的安全大為擔憂，於是他預先進行了免侵擾談判。賽沃洛被邀請至教皇的宮殿，「受到了恭敬的禮遇，就仿佛他是法國國王之子」。在與教皇和紅衣主教們共進了數次晚宴之後，他獲得了對其所有罪行的寬恕——連隊的慣常要求條目之一——以及四萬埃居的錢財，作為離開那一區域的條件。

165

與之齊名的英格蘭人是羅伯特・諾利斯爵士（Sir Robert Knollys），「一個沉默寡言的人」，傅華薩評介他是「所有連隊中最富才幹、最有手腕的重甲騎士」。他也是從布列塔尼戰爭中步步高升，曾為「三十人大戰」作戰，在此過程中獲得了騎士封號。在為蘭開斯特效力之後，他留了下來，在諾曼第燒殺劫掠，憑著嫻熟的手段和冷酷無情，僅在一三五七年至一三五八年的一年間，便積聚了價值十萬克朗的戰利品。在接下來的兩年中，他在盧瓦爾河谷發展壯大自己，在此處獲得了對四十座城堡的控制權，燒殺劫掠的範圍從奧爾良直到韋澤萊（Vézelay）。在一次從貝里到奧弗涅的襲擊過程中，他的連隊留下了一連串被摧毀的城鎮，它們被燒焦的山牆被稱作「諾利斯的冠冕」。據說在某個地方，他的名字是如此令人恐怖，以致人們聽說他即將到來的消息後，乾脆自己投河而死。

在諾利斯告訴英王愛德華，他佔領的所有堡壘都聽憑國王的處置之後，像其他統治者一樣樂於從強盜的收益中分一杯羹的愛德華慷慨地寬恕了諾利斯違背休戰協議之舉。諾利斯最終贏得了與尚多斯和黑王子同一級別的崇高指揮權和軍事聲譽。在休戰和作戰期間，他在匪幫與效忠王室之間往返自如，沒有錯過一次勝利，也從未改變過自己的風格。在結束其職業生涯時，他帶著「帝王般的財富」和巨大的莊園退休，變成了教會的捐助者，創建了多家救濟院及小禮拜堂。法國人將他記作羅伯特・卡諾勒爵士（Sir Robert Canole），他「終其一生都在殘酷地傷害著法蘭西」。

在普瓦捷會戰後的無政府狀態中，騎士和匪徒的身份變得可以相互交換，導致民眾對仗劍階層更添仇恨，儘管在他們自己的同儕中，這不一定是個壞名聲。「年輕、勇敢而多情的」厄斯塔什・奧布雷西科特（Eustache d'Aubrecicourt）是艾諾的一位騎士，普瓦捷會戰時曾陪伴在王子左右，他懷著極大的熱忱和物質上的成功成為一個匪徒，竟贏得了孀居的肯特伯爵夫人的芳心，她是英格蘭王后的侄女，像他一樣也出生於艾諾。她送給他駿馬、禮物和充滿激情的情書，這更激發了他，使他即便未能變得更具騎士的英勇，至少是變得更加膽大妄為。他牢牢地把持著對香檳（Champagne）地區和皮卡第部份地區的掌控，直到法國騎士終於組織起來發起反抗，將他抓獲。貪婪如他的法國騎士在讓他支付了兩萬兩千金法郎的贖金後放了他，然而他很快便東山再起，重上戰場。他指揮著兩千人的流寇，組織了一次對被佔領城堡的交易，將這些城堡以高昂的價格賣回給原主人。以一種對十四世紀的人而言是可以理解的方式，他的仗劍劫掠殺人之舉並未給肯特的伊莎貝爾（Isabelle of Kent）帶來絲毫的恥辱，現在成了腰纏萬貫的英雄的他將於一三六〇年娶她為妻。

法國人向英王愛德華提出指控，英格蘭人的自由兵團違背了休戰協議，作為對此的反應，愛德華下令他們解散，但他的命令既非出自真心，也未得到認真執行。在和平條款仍在談判之中時，他十分願意讓這些連隊對法國保持高壓。同樣不反對製造麻煩的是納瓦拉的查理。儘管仍在監獄，可他有自己的代理人以他的名義行事，其中便包括他的兄弟腓力。在納瓦拉人與英格蘭人聯合作戰的地方，劫掠最為兇殘——有人認為這是故意的，是為查理的獲釋進行施壓的一種手段。

為了防禦這些連隊，村民們將其石結構的教堂用作堡壘，環之以壕溝，在鐘樓上安置哨兵，堆積石塊，以便向下砸擊攻擊者。「教堂的鐘聲響起，不再是為了召集人們頌揚上帝，而是為了警告人們尋找藏身之所以躲避敵人。」無法抵達教堂的農民家庭便與自己的牲畜一道在盧瓦爾河上的小島過夜，或是在停泊在河中央的船上過夜。在皮卡第，人們將日爾曼人入侵時所挖的地窖擴大成地下隧道，藏身於此。這些隧道中間有井，上方有通氣孔，可供二、三十人容身，在牆體附近還有可容納牲口的空間。白天，瞭望哨兵從鐘樓上觀察匪徒是否已離去，以及他們能否重返田地。農村家庭急急忙忙地帶著物品到城市尋找庇護所，僧侶和修女拋棄了自己的修道院，通衢大道和羊腸小路都危機四伏，強盜四起，敵人在全國各地都成倍增加。「我還能說些什麼？」讓・韋內特在其有關悲慘境遇的目類中寫道。「從此以後，無窮無盡的傷害、不幸和危險降臨在法國人民頭上，因為他們沒有好政府，也沒有充足的防禦能力。」

讓・韋內特是第三等級的同情者，以前曾是個加爾默羅會（Carme Lite）托缽修道士，在十四世紀六〇年代，當他撰寫其編年史時，還是其教團的領袖。他指責攝政者「不施補救」，指責貴族們「蔑視和仇恨其他所有人，根本不考慮領主與百姓間的相互扶持。他們奴役並搶劫農民和村民。他們決不起而保衛自己的國家免遭敵人的蹂躪。他們更願意做的是將它踩在腳下，剝奪和搶劫農民的物品」，而攝政者則「絲毫不考慮農民的困境」。

正如讓・韋內特所見，貴族還將因三級會議常務會議中的不和而受到指責，這種不和導致了各等級代表放棄了自己已經開始的職責。「從那時起，王國的一切都在走下坡路，國家將毀於一旦……法蘭西王國和整個土地開始披上混亂和哀痛的外衣，因為它沒有保衛者或監護人。」

悲哀和激憤也滲入了一篇名為「法蘭西王國之悲慘境遇的悲劇性解說」（Tragic Account of the Miserable State of the Realm of France）的拉丁文論辯文中，他的作者是位默默無聞的聖本篤修會僧侶。曾經引以為傲的法蘭西卻讓自己的國王「在王國的核心地帶」被俘虜，並毫不干涉地任其被囚禁在異國的土地上，這讓他感到羞愧難當，在那之後，他提出了有關軍事訓練的關鍵問題。「你們是從哪裡學習（戰爭藝術）的？誰是你們的老師？你們當過什麼樣的學徒？」他質問騎士們。「難不成你們是在維納斯的旗幟下戰鬥，吮吸著牛奶般的甘甜，只有快樂相隨……」凡此等等，直到他突然以一個現實的問題作結：「難道武藝可以從你們虛擲自己的青春的玩耍和游獵中習得？」

對於普通民眾而言，行乞修道士成了指責對象，「他們的肚子就是他們的上帝，他們是自己女人的奴隸」，至於教士，他們受到了最嚴厲的責難。他們被說成是奢侈無度、暴飲暴食、浮誇狂妄、野心勃勃、暴躁易怒、不相和諧、嫉妒成性、貪得無厭、喜好爭訟、盤剝高利，搶金奪銀。美德死去，惡行勝出，誠實遭到毀滅，同情慘被窒息，貪婪大行其道，困惑無所不在，秩序渾然不見。

它僅僅是針對世俗的傳統的禁慾主義的長篇大論，抑或是種開始佔據該世紀下半葉更深層的悲觀主義？

法王讓的釋放問題仍懸而未決。雖然愛德華對這位王室俘虜待以周到之禮，卻也下定決心，要從他的勝利中擠出法國最終能夠設法交出的每一寸土地和每一鎊金錢。法蘭西的偉大國王在從普瓦捷戰場上被抓獲後，成了一種非同尋常的獎賞。讓於一三五七年五月作為黑王子的俘虜進入倫敦，導致了英格蘭歷史上最盛大的慶典之一，以及「在所有教堂舉辦的盛大莊嚴的儀式，其奇異之處令人難以想像」。由於人們是如此好奇地想看上法蘭西國王一眼，導致巡行隊伍花了幾個小時才得以穿過市中心前往威斯敏斯特王宮。作為十三位其他貴族囚徒中的關注核心，讓身著黑衣，「如同一個大助祭或在俗教士」，騎著一匹高頭白馬，旁邊是騎著一匹較為矮小的黑色馴馬的王子。經過懸掛著奪來的盾牌和掛毯的房屋，走過灑滿玫瑰花瓣的鵝卵石道路，巡行隊伍途經種種離奇的華麗展示，它們是十四世紀人們最鍾愛的藝術。倫敦的金匠們在沿途擺放的十二個鍍金籠子中安放了十二個美麗的少女，她們向騎手們拋灑著用金銀絲裝飾的鮮花。

貴族俘虜的輝煌成就更為英格蘭宮廷平添了與眾不同的騎士風範。第一個冬季的耶誕節和新年在異乎尋常的華美盛況中度過，包括在火把映照下的夜晚舉辦的一場華麗壯觀的比武大會。讓住在薩伏伊的豪宅，即蘭開斯特公爵的新宮殿中，雖說有一名衛兵被派來以防他的逃跑或營救企圖，但他可以自由地接見來自法國的來訪者，享受各種宮廷生活的樂趣。朗格多克派來了一個貴族和布爾喬亞使團，他們帶來了價值一萬弗羅林的禮物，並保證他們將用自己生命、貨品和財富來換取他的釋放。就連拉昂和亞眠也送來了金錢。迷惑了其國民的君王身份的神秘性而非其職責使人們關心著這位國王。

在法國的悲慘歲月裡，國王的帳目顯示的花費有：馬匹，狗，獵鷹，一副棋子，一架風琴，一架豎琴，一座鐘，一匹淺黃褐色的馴馬，來自布魯日的鹿肉和鯨肉，為他的兒子腓力和他寵愛的小丑購買的精緻衣櫃，小丑還收到了好幾頂綴著貂皮、裝飾著黃金和珍珠的帽子。讓還豢養了一個占星家和一位帶樂隊的「吟游詩人之王」，舉辦了一場鬥雞比賽，訂製裝訂精美的圖書，出售朗格多克作為禮物送來的馬匹和葡萄酒。這些投機的成功使讓從圖盧茲進口了更多的馬匹和葡萄酒，然後將之當作有利可圖的生意出售。五百年後，當法國若非最客觀也是最生動的歷史學家儒勒・米什萊（Jules Michelet）在檔案館通讀讓的帳目時，說它們讓他噁心。

愛德華的過分要求阻礙了有關國王贖金和永久和平協議條款的商討。他想要吉耶納、加萊以及前金雀花王朝在法國擁有的所有土地的徹底割讓，外加一筆高達三百萬埃居的交換讓的巨額贖金；作為回報，他會放棄對法國王位的要求。在教皇使節的壓力之下，談判一直在拖拖拉拉地進行著，在此過程中，法國專員愁腸百結，痛苦不堪。他們從未考慮過的一個解決辦法是將國王留在英格蘭，不付贖金，然後打道回府。首先，這將意味著沒有和平協定，而飽受打擊的法國必須擁有和平。更為根本的是，國王是秩序之源。聖路易曾利用一定的權威來消除私人戰爭，推行司法公正，使稅收體制化。從那以後，在公眾心目中，王室已變得等同於更傑出的保護者和法律。他的繼任者們的一切倒退都無法損害王權，而讓，粗心大意的代表性人物，被人們所深切地想念著，彷彿他就是聖路易那般。

法國各省相信，王室權力將是他們抵禦自由兵團的最後一根稻草，所以它們不想看到君主權力的削弱。一三五七年八月，太子在他人的鼓勵下，召回了被遣散的顧命大臣，並挑釁地通知馬塞爾及三十六人委員會，他打算獨自管理國家，而無須他們的干預。挫折使馬塞爾變成了一個極端分子，他接受了一個與他的目標完全背道而馳的同盟。

在一三五七年十一月的動亂之中，納瓦拉的查理步出了他位於皮卡第的康布雷（Cambrai）附近的監獄。儘管他的黨羽的一個陰謀被認為影響到了他的逃跑或釋放，但在那之後發揮作用的是馬塞爾之手和羅伯特・科克之腦。納瓦拉的查理將被扶植為另一個對抗瓦盧瓦王朝的國王。他在皮卡第和諾曼第貴族的「氣派相伴」下進入首都，其中就有「庫西閣下」。在十七歲時，昂蓋朗已經獲得了侍衛們的擁戴，成為被他們認可的領主。也許是懷著與許多北方貴族同樣的反瓦盧瓦王朝的情緒，他堂皇地進入了追隨納瓦拉的查理的陣營，然而，憑藉著他將終其一生不斷展現的非凡政治敏感，他在那個陣營中沒有停留太久。

納瓦拉的查理以「用大量毒液做調味的」精彩的滔滔宏論向聚集的眾多巴黎人慷慨陳詞，在沒有實際施壓的情況下提及了他的王位繼承權，他說，他當國王至少比英王愛德華要好。他的挑戰迫使太子重返巴黎並重新召集三級會議，在不到一個月的時間裡，在聚集起兩千名盧瓦爾河要塞的重甲騎兵時，太子也走向了民眾。他派信使前往全城各處，將民眾聚集起來，然後於一三五八年一月十一日，當著聚集在市政大廳的眾人，在馬背上發表了演講，立即將民眾的情緒轉向了有利於他的一面。馬塞爾的代表試圖發表對立的言論，卻在一片呼喊聲和騷亂中被拖了出去。當時的人們對口頭語言極度敏感，他們會對任何一位馬克・安東尼做出回應，會在戶外一連數小時地傾聽偉大布道者的說教，認為那是公共娛樂的一種形式。

太子的成功引起了馬塞爾的警覺，他求助於一種暴力行為，此行為毫無疑問是納瓦拉的查理的風格。在事件之後，人們普遍相信他是受到了納瓦拉的查理的煽動。其藉口是一位名叫佩蘭・馬克（Perrin Marc）的市民之死，他謀殺了皇太子的司庫官，反過來被太子的司令官強行從一座教堂的避難所中帶走並吊死。馬塞爾聚集起三千名工匠和店主，手執武器，戴著該流行政黨的紅藍兩色頭巾，帶頭走向王宮。太子的顧命大臣之一雷諾特・德阿西（Regnaut d'Acy）與他們在街頭相遇，被認了出來，迎接他的是一片「去死！」的呼喊。他來不及逃走，已經被眾多的拳頭打倒在地，一聲不響地死去了。

在到達王宮時，馬塞爾與他的部份團夥成員進入太子的房間，在那裡，就在他表示要保護太子之時，他的手下已撲向太子的兩位元帥，當著太子的面殺死了他們。其中一人是讓・克萊蒙特（Jean de Clermont），在普瓦捷會戰中戰死的元帥之子；闖入教堂避難所的正是他。另一人是當皮埃爾之主（Sire de Dampierre）讓・孔福朗（Jean de Confans），三級會議的前代表，為了太子而拋棄了改革政營。每一部有精印插圖的編年史都描繪了這一場景：眉頭緊鎖的人們高高舉起的劍，嚇得太子躲在床上瑟瑟發抖，而他腳邊躺著兩位元帥的血淋淋的屍體。

他們的屍體被拖到王宮的庭院中，扔在那裡供眾人圍觀，而馬塞爾則匆匆前往格雷夫廣場，在那裡，他從市政廳的一扇窗子中向人群發表了演說，要求他們支持他的行為。他說事情已經完成，這是為了王國的利益，為了去除「虛偽、邪惡和變節的」騎士們。暴民們異口同聲地表示贊同，並表示「畢生」站在會長一邊。馬塞爾迅速回到王宮，將那一永遠正當的公式呈給太子：事情是「根據人民的意願」所為。他說，太子必須表示自己是與人民同心協力的，其方式是認可那一行為，並寬恕所有參與者。

「悲痛欲絕且目瞪口呆的」太子可以從橫臥在路面上的屍體上讀出警告。他向會長求請，說巴黎人民可以是他的好朋友，就像他是他們的好朋友一樣，然後從馬塞爾手中接過了兩丈紅藍相間的布料，以便為自己和手下的官員們製作頭巾。

實際上是針對他本人的恐怖襲擊本意是要嚇唬太子，使他接受由三級會議委員會制定的規則。適得其反的是它堅定了在他那富於欺騙性的虛弱外表下的意志。此刻他所能做的就是將自己的家人送到不遠處的位於馬恩河（Marne）上的莫城（Meaux）的堡壘，以確保他們的安全，自己則搬至首都以外的桑利斯（Senlis）。一旦暴力被馬塞爾用於反對君主，之前曾一度處於勢均力敵的狀態，有了決定性的轉變了。反對以兩位元帥為代表的貴族，那麼衝突就從政治鬥爭轉向了公開衝突。元帥之死使馬塞爾失去了所剩無幾的贊成改革的貴族們的支持。這件事使貴族們相信，他們的利益與王室捆綁在一起。

一三五八年五月，攝政太子的一個舉動引發了農民的強烈暴動，它被稱為扎克雷農民起義。在這次起義中，十八歲的昂蓋朗・庫西扮演了一個積極而有目共睹的角色。攝政打算通過封鎖巴黎的方式徹底剷除馬塞爾，於是他下令進行水上貿易的河谷沿岸的貴族加固城堡，儲備糧食。有一種說法是貴族們為了達成這一目標，強佔了其農民的物品，激發了起義。按照另一位編年史作者的說法，扎克雷農民起義是在馬塞爾的煽動下發動的，他鼓動農民相信攝政的命令是針對他們的，是新的壓迫和沒收的前奏。但扎克雷農民自有其充足的理由。

這個將三個等級扛在自己背上的農民是誰，這個現在使整個封建領主階層心驚膽戰的、被壓彎了腰的中世紀的擎天神？他鼻子扁平，隨便地穿著束腰短襖和長緊身褲，你可以在雕刻的石頭浮雕和代表著十二個月的插圖上看到他：他從掛在脖子上的一隻帆布種子口袋中取出種子播種；在炎炎夏日，他穿著寬鬆的短上衣，戴著草帽，光著雙腿，用鐮刀割乾草；他用腳踩裝在大桶中的葡萄；給夾在雙膝間的綿羊剪羊毛；在森林裡牧豬；戴著兜帽，披著羊皮斗篷，背著沉重的木柴在雪地上跋涉；二月，他在一座低矮的茅舍中坐在火前取暖。田野上，在他的身邊，農婦在捆紮麥捆，她的裙子被掖在腰帶上，好讓雙腿可以自如行動，她頭上戴的不是帽子，而是塊布頭巾。

像所有其他群體一樣，農民是多種多樣的，在經濟層面上，從半野蠻的貧民，到土地擁有者，再到可把錢攢起來送兒子上大學的雇主，範圍十分廣泛。一般意義上的農民是農奴，即「vilain」，讀這個詞時，需要用輕蔑的口吻，儘管它是從拉丁語「villa」得來，本無惡意。農奴既不是純粹的奴隸，也非完全自由，他屬於其領主的莊園，有責任支付租金或勞役，以此來換取對土地的使用，反過來，他也享有被保護權和公正權。農奴是處於人身束縛中的人，他一生下來就屬於一個特定的領主，他的孩子也會隨他，根據一條名為「禁婚令」（formariage）的規定，禁止農奴與領地以外的人通婚。如果他無兒無女地死去，那麼根據「永久管業權」（morte-main）規定的權利，他的房子、工具和任何財產都要返還給領主，其理論根據是它們只是借給農奴供其在活著時進行勞作之用。最初，除了農業之外，他還要做所有莊園中需要提供的勞役——修路、造橋、挖溝、供應木柴、照看馬廄和狗窩、打鐵、洗衣、紡線、織布，以及

172

城堡所需的其他工藝。到十四世紀，這些活計中的大部份都由雇用的幫工來幹，城堡所需通過從城裡或小販那裡購買的方式得到供應，使農民的大部份工作都放在支付租金這一基礎之上，並在某些日子裡在領主的土地上勞作。

除了要支付人頭稅、教士的什一稅、領主贖金的救助金、兒子的封爵費、女兒的婚嫁費之外，農民還要為他使用的所有物品付錢：在領主的磨坊中磨穀物，在領主的爐灶中烤麵包，在領主的蘋果酒榨取機中榨蘋果，在領主的法庭上解決糾紛。當死亡時，他欠著領主的租地繼承稅，或是要把自己最好的財物白白奉送給領主。

他要在有利於封建領主的規則下供給自己的農業勞動力，他要在可以照顧自己的土地之前，先對領主的土地進行耕犁、播種、割草、收穫，在有暴風雨或病蟲害的情況下，則要先貯存領主的收穫。他必須驅趕著自己的牲畜前往牧場，將它們帶回家時，要穿過領主的土地而非他自己的土地，以便領主可以獲得肥料之利。通過這些費用和安排，就會為土地所有者創造經濟剩餘。

該體制得到了教會的幫助，教會的天然利益使之更有可能與強者而非弱者結盟。教會教導農奴說，未完成封建領主的工作，不遵守他的法律，都將受到懲罰，在地獄中永世不得翻身，而不繳納什一稅將會危及靈魂。神父不斷施加壓力，要求以各種形式支付什一稅——穀物、雞蛋、一隻母雞或一頭豬——並且告訴農民，這些是「欠上帝」的稅。日常生活被領主的管家所管理，管家的虐待和勒索是持續的控訴之源。管家可以徵集有所增加的稅收，將一定比例的稅收留給自己，或指責一個農民是賊，在收到一定的費用後再把他放了。

租金通常被算在通過有償勞動和在市場上出售農產品所掙得的菲薄收入中。在收穫季節，男男女女都聚集起來去採摘葡萄，以換取額外的現金和幾周的樂趣。女人的報酬只有男人的一半。最大的恐懼是饑荒，地方的短缺十分常見，因為交通運輸不暢，並且，由於肥料不足，產出很低。

擁有價值十里弗至十二里弗的犁鏵和價值八里弗至十里弗的耕馬是富裕農民與僅可維持生計的農民間的界線。那些窮得負擔不起犁鏵的人會租一張公用的，或是用鋤頭和鐵鍬翻地。也許百分之七十五到百分之八十的人都在犁鏵線以下，其中有一半的人擁有幾英畝薄田和某些經濟保障，而其餘的人則生活在生存的邊緣，通過向領主或富裕的鄰居提供有償勞動作為補充，來耕作小塊的田地。最底層的百分之十的人生存境遇悲慘，靠麵包、洋蔥和一點兒水果為生，睡在稻草上，小屋中沒有傢俱，煙要從房頂的洞中冒出去。他們甚至沒有農奴的保有權，是新的農業無產者，是在舊有的莊園制度向貨幣基礎轉變的過程中形成的。

哪一部份農民富裕哪一部份貧窮的判斷標準是他們的遺贈，既然最貧窮者什麼也留不下來，他們也就始終處於緘默狀態。再沒有哪個階層比這個階層更讓歷史學家那著名的目標——「wie es wirklich war」（探求事實真相）——顯得如此難以捉摸。每一條有關農民生活的言論都有另一條言論與之相對。一直以來的說法是：「洗浴在下等階層中十分普遍……就連小村莊也有自己的公共浴室。」可法國農民的同時代人卻在不停地抱怨他的污穢和惡臭。儘管當時的英格蘭人似乎贊同地認為法國農民的生活狀態比自己差，常常評論其無肉的飲食，可是其他地方又有記錄說，法國農民經常食用烤肉叉烤的豬肉和家禽。他還能吃到雞蛋、鹹魚、乳酪、豬油、豌豆、蠶豆、冬蔥、洋蔥、大蒜、一些在其菜園種植的葉類蔬菜、製成醬或曬成乾供冬季食用的水果、黑麥麵包、蜂蜜，以及啤酒或蘋果酒。

中間群體會有一張床供一大家子人睡，有配條凳的擱板桌、箱子、碗櫥、衣櫃、鐵鍋或錫鍋、陶碗

174

和陶罐、木桶和洗衣桶，還有農耕工具。他們住在木質結構的平房中，房子有茅草屋頂和石膏牆，牆體用黏土、稻草和鵝卵石等各種材料混合而成。大部份此類房屋都有上下部份可各自分別打開的門，以便讓光線照進來，讓煙冒出去，有些房屋有極小的窗戶，最好的房屋有砌起來的煙囪。人的壽命很短，因為他們勞累過度，風吹日曬過度，還會受到痢疾、肺結核、肺炎、哮喘、牙齒腐爛以及名為聖安東尼熱（St.Anthony's Fire）的可怕疹子的折磨，最後一種病通過壓縮血管（當時的人們並不理解）可以如同借助「某種悶燒的火焰」一樣耗掉一條肢體，使之與身體斷離。在現代，該病症在某些病例中會被鑒定為丹毒，在另一些病例中又被鑒定為麥角中毒，其中毒的起因是黑麥麵粉因冬季存放時間過長而生成的一種黴菌。

富裕的少數人可能擁有六十英畝至八十英畝的土地、耕地用馬和繩索馬具、綿羊、豬、牛、貯藏起來的羊毛、皮革、麻，還有小麥、燕麥和玉米，有供在河中打魚的船和網，有葡萄園、柴堆，以及用銅、玻璃和銀製成的器皿。以諾曼第的一個舒適的農民家庭為例，他們家中擁有兩條羽毛褥墊、一張木床、三張桌子、四只煎鍋、兩只煮鍋以及其他烹飪器具、八隻羊、兩塊桌布、一條毛巾或餐巾、一盞燈籠、兩只用以踩葡萄的大桶、兩只酒桶和兩隻木桶、一輛手推車、一張犁、兩把耙子、兩把鋤頭、兩把長柄大鐮刀、一把鐵　、一把鐮刀、三副馬項圈，以及一套馬鞍。有記載說，某位富裕農民雇用了十二個種田幫工，給自己女兒的嫁妝中有五十個金弗羅林，外加一件飾有毛皮的披風和毛皮床罩。

對大眾而言，更為真實的是在法國故事《梅林・梅洛》（*Merlin Merlot*）中的那個農民，他哭喊道：「啊，從未有過一天休息的我會變成什麼樣子？我想，我永遠也品嘗不到休息或安逸的滋味……農奴天生要受苦。當他出生時，痛苦就跟他一起誕生了。」他的孩子在挨餓，他們伸出手來向他要吃的；他的妻子罵他養不起家。「而我，一個不快樂的人，就像一隻落湯雞，垂頭喪氣，渾身透濕，或者就像一隻遭人痛打的狗。」

農民的切膚之痛是其他階層對他的輕蔑。除了極其罕見的同情語氣外，大多數民間故事和歌謠對他的描述都是惹是生非、粗野無禮、貪得無厭、怏怏不樂、疑神疑鬼、詭計多端、鬍子拉碴、蓬頭垢面、面貌醜陋、愚蠢輕信，有時卻又精明機智，總是怨聲載道，通常還戴著綠帽子。在諷刺故事中，據說農奴的靈魂在天堂或其他任何地方都找不到落腳之地，因為魔鬼嫌他渾身惡臭而拒絕運送它。在《武功歌》中，他因在戰場上笨手笨腳、裝備低劣而遭到譏諷，其行為舉止、道德品行甚至悲慘境遇都成了笑柄。特指農民的扎克雷或扎克雷・博諾姆（Jacques Bonhomme）這個名稱被貴族用來嘲笑他，它來源於一種名為「Jacque」的有填充物的白色法衣，農民在戰場上把它當作保護鎧甲穿在身上。騎士們將他看成是天性卑賤之人，他不知「榮譽」為何物，因此能夠施展各種詭計，絕對不值得信任。理想而言，他應當受到得體的對待，可為大眾所接受的諺語卻廣為傳播：「折磨一個農奴，他會祝福你；祝福一個農奴，他會折磨你。」

在《可鄙的鄉巴佬》（*Le Despit au Vilain*）這則故事中，有個異乎尋常的段落，它表達了強烈的憎恨，似乎超出了講故事的範圍。「如果您樂意的話，請告訴我，主啊，一個農奴憑什麼權利或頭銜吃牛肉？……還有鵝？他們的鵝可真不少！這讓上帝都感到困擾。上帝因此受苦，我也一樣。因為他們的命運本應不幸，這些吃肥鵝的農奴！他們應該吃魚嗎？相反，讓他們周日吃薊刺、荊棘和稻草、乾草，平時吃豆莢。他們應該日夜受到監視，總是碰到麻煩：這才是農奴應當過的生活。可是，他們每天都飽食終日，被上好的葡萄酒灌得酩酊大醉，而且身穿錦衣華服。農奴的高昂花銷代價慘重，因為正是它破壞並毀滅了世界。正是他們擾亂了公眾的幸福。農奴帶來了一切的不幸。他們應該吃肉嗎？相反，他們應當跟長角的牲口一起咀嚼荒地上的雜草，光著四肢四處遊走……」這些故事是講給上流社會的聽眾的。這是他們想要聽到的，還是對他們的態度的一種諷刺？

在理論上，土地的耕作者及其牲畜當免於劫掠和刀劍。可再沒有什麼比中世紀的生活現實更粗暴地對此理論加以嘲弄的了。騎士精神在騎士階層之外不適用。文獻記錄提到農民被勒索錢財的匪徒釘在十字架上，用火烤，被拖在馬後。有一些布道者指出農民為了大眾沒日沒夜地工作，常常被自己的勞作壓得喘不過氣來，他們渴望更多的善意，可人們給這些受害人的建議只能是忍耐、屈服和順從。

一三五八年，農民的悲慘境遇達到了巔峰。匪徒從他的手中奪走穀種，偷走他的牲畜作為食物，用他的手推車運送劫掠品，用他的工具和犁頭鍛造武器。可是，領主仍舊收取費用和稅金以及額外的援助金來繳納自己沉重的贖金，「但即使如此，他們也幾乎無法抽出身來，保護自己的僕從免受攻擊」。普通百姓「歎息著」，讓・韋內特寫道：「看著他們為戰爭之需拼命擠出的金錢在狩獵和比武大會中被揮霍一空。」他們憎恨貴族未能用它們在戰場上殺敵衛國，不再那麼畏懼他們，因為騎士們因自克雷西會戰以來的連連失敗和普瓦捷會戰中的膽小懦弱已名聲掃地。最重要的，他們看到了騎士無法無天中的串通共謀，這些騎士若不能支付匪徒提出的大筆贖金，就會為匪徒效勞一兩年，「輕而易舉地從紳士變匪徒」。無常什麼革命計畫，僅僅是仇恨就足以讓扎克雷農民怒火中燒。

一三五八年五月二十八日，在瓦茲河畔的桑利斯附近的聖列伊（St. Leu）村，一群農民在晚禱的鐘聲響過之後，在墓地舉行了一次群情激憤的會議。他們指責貴族要為他們的悲慘境遇和國王的被俘負責，而國王的被俘「讓所有人都感到不安」。騎士及其侍衛們做了什麼去解救他？除了壓迫可憐的農民之外，他們還擅長什麼？「他們讓王國受辱，被擄，把他們全部幹掉將是件大快人心的事。」聽眾們喊道：「他們說的沒錯！他們說的沒錯！退縮者可恥！」

沒有再召開會議，除了個別人帶的棍棒和小刀之外也沒有什麼武器，一群大約百人的民眾就這樣對最近的莊園發起了猛烈的攻擊，他們破門而入，殺死了騎士及其妻兒，放火將那裡燒為平地。然後，據傅華薩的記載（他有關扎克雷農民起義的故事當來自貴族和教士），「他們前往一座堅固的城堡，將騎士綁在樹樁上，而他的妻子和女兒一個接一個下地當著他的面被許多人強姦；然後他們殺死了他有孕在身的妻子，然後是女兒以及所有兒童，最後是騎士，並且燒毀了那座城堡」。另一則報告說在當天晚上，四名騎士和五名侍衛被殺。

暴動立即傳遍各地，每天都有追隨者打著火把和燃燒的樹枝加入，攻打城堡和莊園。他們拿著長柄大鐮刀、乾草釵、斧頭和任何一種可以成為武器的器具前來。很快，數千人——據說最終達十萬人——參與了襲擊，其目標包括瓦茲河谷各地、法蘭西島（Ile de France）以及附近的皮卡第和香檳地區，「使庫西領地烽煙四起，在那裡，大暴動比比皆是」。不等它結束，在庫西、瓦盧瓦的領地以及拉昂、蘇瓦松和桑利斯的主教教區，已有超過「一百」座城堡和莊園遭到劫掠和焚燒，在博韋和亞眠的轄區，受損城堡超過了「六十」座。

剛開始，貴族們沒有形成齊心協力的防禦，而是被嚇得魂飛魄散，帶著家人逃向有圍牆的城鎮，將自己的房子和財產扔下不管。扎克雷農民繼續殺人放火，「沒有絲毫的同情和憐憫，就像被激怒的瘋狗一般」。傅華薩說毫無疑問，「在基督教徒中，甚至在伊斯蘭教徒中，都決不會做出這些邪惡之人的暴行，人類不敢想像或看到這樣的行徑」。他舉的例子得自之前讓・貝爾（Jean le Bel）所寫的編年史，它講述了一個騎士的故事，扎克雷農民「當著他妻子和孩子的面，將他殺死並叉在烤肉釵上炙烤。隨後，其中的十個或十二個人冒犯了那位女士，他們強迫她吃下自己丈夫身上的肉，然後殺死了她」。這則故事在後來的記述中被一再重複，變成了暴行故事的主要支柱。

在事件之後有案可查的記錄中，殺死的人數總計有三十人（不包括那位被炙烤的騎士和女士），其中包括一名「密探」，他在被處決之前進行了審判。破壞和掠奪是比殺人更務實的行為。一群扎克雷農民直接沖向養雞場，抓走了所有能抓走的雞，撈出了魚塘裡的鯉魚，拿走了酒窖裡的葡萄酒，摘走了果園裡的櫻桃，用貴族的錢為自己開了一場盛宴。隨著叛亂者變得有組織起來，他們會用城堡的貯藏來供應自己的所需，在前往下一地之前會燒毀傢俱和建築。在對教士的仇恨不亞於對貴族的仇恨的區域，扎克雷農民向教會宣戰；隱修者們在自己的修道院中瑟瑟發抖，在俗教士逃向城鎮中的避難所。

一個以紀堯姆・卡勒（Guillaume Karle）或凱爾（Cale）之名在暴動中起家的農民領袖被描述為強壯、英俊的皮卡第人，天生能言善道，有作戰經驗，這正是扎克雷農民最需要的。他組織了一個委員會，它發佈蓋有正式封印的命令，任命由各地方選舉出的指揮官以及十人分隊的頭領。他的手下用長柄鐮刀和鉤鐮鑄成長劍，用熟皮製作鎧甲。凱爾採用「蒙茹瓦！」（Montjoie）作為自己的戰鬥口號，並訂製了帶有鳶尾花的旗幟。通過這一舉動，扎克雷農民想向人們顯示他們起而反對的是貴族，不是國王。

凱爾的希望是與城鎮結為聯盟，共同反對貴族；正是在這一點上，兩個運動——農民運動和布爾喬亞運動，走到了一起。據著有《讓二世和查理五世朝代之編年史》（*Chronicle oftheReigns of Jean II and Charles V*）一書的聖丹尼斯的僧侶所說，很少有北方城鎮「不反對那些紳士們」，而與此同時，許多城鎮也害怕並輕視扎克雷農民。可是，較少有布爾喬亞將農民起義看作非貴族反對貴族和教士的共同鬥爭。在如桑利斯和博韋這樣的城鎮，紅藍頭巾黨居主導地位，且非常激進，它們與扎克雷農民團結一致，為他們供應糧食，並向他們敞開城門。它們的許多市民加入了農民的隊伍。博韋在市長和地方法官的同意下，處決了幾個貴族，這幾個貴族是扎克雷農民作為俘虜送給他們的。亞眠舉行了審判，缺席判處貴族死刑。

另一方面，凱爾的主要目標貢比涅卻拒絕交出在那裡尋求庇護的貴族，關上了城門，加固了城牆。在諾曼第的卡昂，起義之火未能燃起，一位支持扎克雷農民起義的煽動者，戴著別有微型犁鏵的帽子在街上周遊，號召同情者追隨他，但卻沒有招募到一個人，後來被三個他曾侮辱過的市民殺死。

據事件之後的赦免信件，個別布爾喬亞份子——屠夫、製桶匠、馬車伕、軍士、王室官員、神父和其他神職人員——讓自己成了扎克雷農民的從犯，尤其是在掠奪財產方面。就連貴族紳士也出現在赦免者中，但促動他們的是信念，還是奪取戰利品的機會、興奮感，或是不可抗力，則不得而知。被指控曾領導農民隊伍的騎士、侍衛和教士在事後都聲稱他們是為了活命而被迫加入的，這也許是實情，因為扎克雷農民自覺極其缺乏軍事領袖。

他們的指揮官極少控制權。在韋爾布里（Verberie），一位指揮官在帶著一名被抓獲的侍衛及其家人於一次攻擊後的返回途中，被一群市民所包圍，他們吼叫著要處死侍衛。「看在上帝的份上，善良的先生，」那位指揮官懇求道，「別那麼幹，否則你們會被判罪的。」對於此人而言，殺死貴族仍舊是件可怕的事情，但對那群暴民而言則並非如此，他們當場削掉了侍衛的腦袋。

隨著暴亂遍及所有土地所有者的莊園，當有人問及扎克雷農民他們為什麼要做這些事時，他們的回應是「他們不知道，可他們看到別人在做，而且他們認為因此可以消滅世上所有的貴族和紳士，一個也不剩下」。無論農民是否真的想要一個沒有貴族的世界，那些紳士們都假定他們想要，並且感覺到了被殲滅的濃烈氣息。民眾在推翻權威後將引發的恐怖景象使貴族們不寒而慄，他們派人前往法蘭德斯、艾諾和布拉班特去尋求同為貴族者的幫助。

在一個對馬塞爾而言的關鍵時刻，扎克雷農民的憤怒給他提供了額外的武器，他抓住了它，做出了一個將使他失去有產階級支持的致命選擇。在他的煽動下，受人憎恨的王室顧命大臣們成了一隊有組織的扎克雷農民的目標，這些農民在兩名首都商人的指揮下包圍了巴黎。國王的宮廷大臣皮埃爾・德奧格蒙特（Pierre d'Orgement）以及兩位死性不改的挪用公款者——西蒙・德布西和羅伯特・德洛里斯——的財產被掠奪和破壞。作為王室寵臣的許多恩典之一，羅伯特・德洛里斯得到了王室授予的厄梅諾維爾城堡（Ermenonville castle），而布爾喬亞和扎克雷農民的聯合部隊在闖入該城堡後，將裡面的主人逼入了絕境。他跪在敵人的面前，被迫發誓與「紳士和貴族」脫離關係，並發誓要效忠於巴黎的公社。

身負謀殺和破壞之名的馬塞爾已騎虎難下。身在莫的王室家庭成了來自巴黎的一行人的下一個目標。在他們向馬恩河進軍的過程中，從四面八方趕來的各路扎克雷農民使隊伍不斷壯大，這支人數達「九千」的聯合群體於六月九日到達莫，「胸懷大志，意在行惡」。強姦和死亡的前景充斥著名為「莫」之集市（Market of Meaux）的要塞，太子妃、公主、剛出世不久的女兒，以及大約三百名貴族婦女及其子女聚集在此，保護她們的是一小隊領主和騎士。莫城的市長及地方長官曾發誓要效忠太子，並答應不讓他的家庭「蒙羞」，可他們在入侵者到來之前便崩潰了。要麼是出於恐懼，要麼是表示歡迎，市民們打開城門，在街道上擺出桌子，上面放著餐巾和麵包、肉和葡萄酒。在逼近一座城鎮時，掠奪成性的扎克雷農民習慣性地讓人們知道，他們期待這樣的供給。在湧進城市之後，可怕的烏合之眾使街道充滿了

「野蠻的呼喊」，而堡壘中的女士們，據編年史作者所云，則痛苦不堪地顫抖著。

就在此時，脫離正軌的騎士精神化身為兩位翩翩騎士疾馳而來，施以援手，他們是德比什長官和富瓦伯爵「太陽神」加斯頓（Gaston Phoebus）。儘管一人效忠於英格蘭，一人效忠於法蘭西，可他們是堂兄弟，正於發生在波斯的一次「十字軍東征」之後騎馬返鄉，他們是在普瓦捷會戰之後的休戰期間，為了讓自己有事可幹才到了那裡。他們誰都不是瓦盧瓦家族的朋友，但危在旦夕的貴族女士是每位騎士的事業，而這兩個來自南方的人並未感染到北方貴族那在扎克雷農民屠殺之下最初陷入的癱瘓狀態。他們兩人也未遭受到普瓦捷會戰的恥辱。在聽說莫城危在旦夕的消息後，他們連忙帶著一支由四十組配矛騎兵（約一二〇人）組成的隊伍前來救援，在平民進入莫城的同一天抵達了莫的集市。該堡壘有座橋與城市相連，周圍有圍牆和高塔，位於馬恩河與一條運河之間的長條形地塊上。

長官和伯爵率領二十五名身著閃亮鎧甲、打著上有星辰、百合花和臥伏的獅子的銀色和蔚藍色三角旗的騎士，穿過吊門來到橋上。由於橋上範圍狹窄，人數的優勢沒有了用武之地，可是，平民們不明智地選擇了戰鬥。騎士們在馬背上揮舞著武器，砍倒對手，踩踏他們，將屍體推入河中，迫使其餘的人後退，由此開啟了屠殺之路。儘管有些人在白刃戰中表現英勇，但「裝備低劣、矮小黝黑的農奴們」還是在配矛騎兵和披甲騎士的戰斧前退縮了，屈服於心驚膽戰的撤退，結果遭到屠殺。騎士們發起了衝鋒，瘋狂地亂砍一通，像宰殺牲口一樣殺死平民，直到大屠殺讓他們精疲力竭。

據編年史記載的不大可信的統計，有「數千人」被殺，但它還是證實了一個駭人聽聞的死亡數字。逃跑的餘眾在鄉下被四處追逐和消滅。騎士們也有損失，但人數寥寥，有一個是被箭射穿了眼睛。他們的狂怒隨著屠戮與日俱增，這種狂怒在其對莫（Meaux）這座城鎮的復仇之中得到釋放，該城歷經掠奪和

180

焚燒，房屋甚至教堂都被洗劫一空；市長被吊死，許多市民被屠殺，另一些人被打入監獄，還有一些人被燒死在自己的家中。莫城被燒了兩個星期，之後被判犯有叛逆罪，並作為一個獨立的公社而被鎮壓。

莫城是個轉捩點。這一區域的法國貴族從征服中獲得了勇氣，加入了搗毀周圍鄉村的行動，據讓·韋內特所言，他們給法蘭西造成的破壞更甚於英格蘭人造成的破壞。從這裡開始，對扎克雷農民起義的鎮壓接踵而至，在此過程下，馬塞爾也隨之倒臺。

納瓦拉的查理在皮卡第和博韋地區領導了抗擊活動，他是被他那一派的貴族推到那個地步的。他們跟他說，「假如那些被叫作扎克雷的人長時間地持續下去，他們便會使貴族變得一無所有，破壞一切」。作為世界上最偉大的貴族之一，他必定不能容忍自己的同類遭此沒落。查理深知只要有貴族的支持，他就有可能得到王位或是他想要的權力，於是他被說服了。他帶領一支包括「庫西男爵」在內的數百人隊伍，向聚集在克萊蒙特、聽命於紀堯姆·凱爾的扎克雷農民進發。凱爾明智地下令自己數千人的部隊退回巴黎尋求該市的支持和幫助，但渴望戰鬥的扎克雷農民拒絕遵從。凱爾於是將他們部署在傳統的三軍團中，其中的兩個軍團由弓箭手和弩手帶領，駐紮在一排行李搬運貨車的後面。第三個軍團由六百名騎著駑馬的騎兵構成，裡面的許多人都沒有武器，它被當成援軍。

在號角聲與喊殺聲中，在飄揚的破碎旗幟之下，農民們與敵人正面相遇。這有組織的抵抗讓納瓦拉大吃一驚，他更喜愛詭計和背信棄義。他邀請凱爾來談判，由於這一邀請來自一位國王，凱爾顯然丟棄了自己的常識。他把自己當作戰場上的一個對手，騎士精神的法則當適用於他，於是他未帶一兵一卒地前去談判，結果他的王室和貴族對手抓住了他，給他戴上了鐐銬。自己的領袖如此輕而易舉地被捕以及令人唾棄的背信棄義耗竭了扎克雷農民的取勝信心和希望。當貴族們發起衝鋒時，這些平民像他們在莫城的同類一樣被壓垮，也經歷了同樣的屠戮。只有幾個藏在灌木叢中的人逃脫了搜索騎兵的長劍。附近的村莊將逃亡者交給了貴族。納瓦拉及其軍隊在於這一區域的其他地方繼續發起攻擊的過程中，屠殺了「三千」多名農民，包括在一座修道院中被活活燒死的三百名藏身其中之人。為了使其勝利臻於完美，納瓦拉的查理將紀堯姆・凱爾斬首示眾，據說在此之前，他出於邪惡的嘲弄之心，用一個燒得通紅的鐵圈，將他加冕為扎克雷之王。

隨著殘酷的鎮壓遍及北方，昂蓋朗・庫西成了新領袖，他的領地一直處於這場風暴的中心。傅華薩說扎克雷農民再也不能重整旗鼓，因為「年輕的庫西之主召集了眾多紳士，他們無論在哪裡只要一發現扎克雷農民，都會毫不留情地將其殺害」。如此年輕便當上了領袖，說明他有堅強的個性，但從這一階段的記載中，我們對他難有更多的瞭解。《諾曼第編年史》和其他文獻記錄也提及他在各村莊獵捕農民並將其吊死在樹上，與此同時，他的鄰居魯西伯爵（Comte de Roussi）則把農民吊死在其農舍的門上。為人所知的整體情況在十九世紀的作家佩雷・德尼夫勒（Père Denife）那裡得到定論：「主要是昂蓋朗七世，這位年輕的庫西領主，在其初為男爵領地之首的時候，完成了對扎克雷農民的滅絕。」

被莫城的鮮血重新振作起來的那一地區的貴族完成了對從塞納河至馬恩河之間的扎克雷農民的屠戮。「他們撲向大小村莊，讓它們熊熊燃燒，在房子裡、田野上、葡萄園中和森林裡追逐可憐的農民，將他們殘忍地殺死。」到一三五八年六月二十四日，「兩萬」名扎克雷農民被殺害，鄉村變成了一片荒原。

這場徒勞的起義就此結束，儘管影響深遠，但持續的時間還不到一個月，其中又有兩周的時間被用於鎮壓。什麼也沒有獲得，什麼也沒有改變，只有更多的死亡。像那個世紀的每一場暴動一樣，一旦統治者重新鎮定下來，它就被沉重的鋼鐵武器、騎在馬背上的人的優勢以及起義者心理上的劣勢所粉碎。在瘟疫之後已經苦於勞動力短缺的土地擁有者們不計後果地讓復仇戰勝了自我利益。

在接下來的一個月，巴黎的鬥爭也達到高潮並最終結束。自從普瓦捷會戰結束後的那一天起，馬塞爾就讓人們擴建城牆，加固城門，修建護城河和障礙物。現在，首都已經完全封閉，固若金湯，成了通向權力的鑰匙。從郊外的溫森斯（Vincennes）出發，攝政與聚集起來的貴族們摸索著進城的入口；已經看不到所有目標、一心只想取勝攝政的馬塞爾正打算將首都交給納瓦拉的查理；這位鱔魚般油滑的納瓦拉人周旋於雙方之間，並與城牆外的納瓦拉軍隊和英格蘭軍隊保持著接觸。

在馬塞爾為他籌畫的一次於格雷夫廣場舉行的群眾集會上，納瓦拉的查理告訴民眾，「如果他的母親是個男人，他就會成為法蘭西國王」。預先安排好的示範者高呼「納瓦拉！納瓦拉！」作為回應。儘管被這種不忠所震驚的大多數人都保持了沉默，可他還是通過口頭表決的方式被選為巴黎指揮官。納瓦拉的查理接受了民眾這一邊的推舉，使他的許多貴族支持者疏遠了他，因為他們不希望「與貴族紳士為敵」。有可能就是在那時，昂蓋朗・庫西離開了這個納瓦拉人的陣營，因為在那之後不久，他便出現在它的對立陣營之中。

馬塞爾腳下的土地也像河中的冰塊一樣破裂瓦解。他對扎克雷農民起義的縱容嚇壞了許多「好城鎮」，更為嚴重的是導致了他自己城市中的上層布爾喬亞的不滿。在貿易的混亂、匱乏和瓦解中，他們倒向了攝政，在對權威的渴求當中，把攝政王當作了唯一的焦點。巴黎在激烈的內訌中土崩瓦解，有人至死支持馬塞爾，有人要求罷黜納瓦拉的查理，有人力爭承認攝政，而所有人都對英格蘭人恨之入骨，怒火中燒，這些英格蘭人每天都在以暴行蹂躪著巴黎的郊外。隨著其支持的減弱，馬塞爾陷入了對武裝力量的赤裸渴求。七月二十二日，他採取了一個將人們的情緒轉向對他的倒戈的行動，允許納瓦拉的查理帶一隊英格蘭重甲騎兵進城。被喚醒並武裝起來的巴黎人向他們發起了猛攻，取得了卓越的成效，使得他們不得不龜縮在盧瓦爾河的堡壘中尋求庇護。

與此同時，富裕的布爾喬亞擔心，假如攝政不投降，反而憑藉武力成功地佔領了城市，那麼所有市民人等都將遭到懲罰和劫掠。由於無法迫使馬塞爾交出城市，他們決定除掉他，其根據是「與其被殺，莫若殺人」。陷於陰謀、敵人和令人費解的事件之中的市民，極易聽信有關會長一方變節的竊竊私語。

七月三十一日，當馬塞爾出現在聖丹尼斯門（Porte St. Denis）並命令守衛將城門鑰匙交給納瓦拉的查理的軍官時，迎來了最終結局。守衛拒絕了命令，大聲喊叫著馬塞爾背叛了城市。一番刀光劍影之後，一個顯然事先有所準備的名叫讓・馬亞爾（Jean Maillart）的布商展開了一面王室的旗幟，翻身上馬，呼喊起王室的作戰口號：「蒙茹瓦—聖・丹尼斯！」（Montjoie-St.Denis！）民眾跟著高呼，衝突和令人困惑的警報突然發作。馬塞爾接下來又出現在城市另一邊的聖安東尼門（Porte St. Antoine），再次要求衛兵交出鑰匙，結果得到了同樣的回覆，做出此回覆的人確定無疑，他是皮埃爾・埃薩爾斯，一位被授封為騎士的布爾喬亞，與馬亞爾和馬塞爾兩人都有姻親關係。在襲擊會長的過程中，聖安東尼的守衛將他打倒在地，當沾滿血污的武器被提起，混戰被清除之後，艾蒂安・馬塞爾的屍體橫陳街頭，被踩踏至死。

他的兩位同伴也被殺害，他的黨羽中的其他人被剝去衣服，遭到痛打，被赤身裸體地扔在城牆下。「隨後，民眾又沖去尋找其他人，待之以同樣的方式。」有更多會長的黨羽被殺死，並被棄屍街頭。當納瓦拉的查理逃往聖丹尼斯時，保皇派控制了城市，兩天後，即一三五八年八月二日，他們向攝政敞開了城市的大門。

攝政立即宣佈寬恕巴黎市民，只有馬塞爾和納瓦拉的親信除外，他們被處決或遭流放，他們被沒收的財產轉入了攝政的黨羽手中。但藍紅頭巾的精神依舊足夠強大，當更多的馬塞爾的追隨者被逮捕時，引起了憤怒的示威遊行。局勢陰霾密佈，危險重重。八月十日，攝政發佈了一道總大赦令，命令貴族和農民相互寬恕，以便使土地得以耕種，莊稼得以收割。消除扎克雷農民的影響初現端倪。

由於馬塞爾之死，改革運動隨之夭折；「好政府」的驚鴻一瞥始終只是驚鴻一瞥。繼阿特維德和黎恩濟之後，馬塞爾是在十二年間出現，又被自己的追隨者所殺的第三位布爾喬亞領袖。法蘭西人民總體上還未做好準備致力於限制君主權力的努力。他們將自己的一切困難——沉重的賦稅、不誠實的政府、貶值的貨幣、軍事的失敗、連隊的劫掠、王國每況愈下的狀態——都歸咎於王室那邪惡的顧命大臣和卑劣的貴族，而非歸咎於在普瓦捷英勇作戰的國王，甚至也未歸咎於太子。馬塞爾的屍骸並未引發政治動盪。三級會議主席隨心所欲地召集會議的權利丟失了，大法令的條款儘管沒有完全放棄，但大部份都失去了效力。王室自由自在地進入了歷史在等待中隱忍著的皇權專制主義時期。

儘管攝政擁有了巴黎，但他被敵人所環繞。納瓦拉的查理從聖丹尼斯公然發起挑戰，恢復了他與愛德華國王的同盟關係。「十分痛苦和悲慘」的是納瓦拉人與英格蘭連隊的未經宣佈的戰爭加劇了，個別團體正在發起反擊，土地成為局部戰役和襲擊、被包圍的城堡和被焚燒的村莊的犧牲品。由於身陷災難之中，「年輕的庫西之主小心翼翼地保衛著自己的城堡和領地」，為他提供幫助的是兩個令人敬畏的武士。一個是他的前監護人馬蒂厄·魯瓦，他曾經迫使一支三百人的英格蘭軍隊全體投降成為戰俘。另一個是庫西領地的總管，一個「強硬而勇敢的騎士」，名叫沙努安・羅伯薩特（Chanoine de Robersart），他「讓英格蘭人和納瓦拉人最為聞風喪膽，因為他曾多次追逐他們。」

昂蓋朗自己的功績是摧毀了羅伯特・科克主教的城堡，後者試圖帶領拉昂加入納瓦拉的查理的陣營。詳情未有記錄，除了這樣一個事實：庫西之主「不喜歡該主教」。另外，通過給自己的重甲騎兵付報酬，不允許任何人留在城牆外，他使強盜們無法靠近，儘管他們成功地攻佔了毗鄰的魯西伯爵的城堡，造成了那一地區的「大蕭條」。蕭條走過未耕種的田地和被燒焦的村莊，正在法蘭西的土地上高視闊步。

第8章
英格蘭人質

在整個這段時間中，在倫敦，最終簽署一份永久和平協定的努力沒能成功。當法國人在一項於一三五八年提出的協議的條款前畏縮不前時，愛德華的回應是提高了他的要求。一三五九年三月，當休戰即將到期時，法王讓屈服了，拿他一半的王國來交換自己的釋放。根據《倫敦條約》（*Treaty of London*），他實際上將從加萊至庇里牛斯山脈的全部法國西部領地都交了出去，並同意繳納數額增至四百萬金埃居的災難性贖金，將在約定的時間內分期付款，其擔保是將四十位王室成員和貴族送去做人質，昂蓋朗．庫西也在其列。為了防止在交付已割讓領土時可能出現阻礙，愛德華保留了派軍隊重返法蘭西的權利，其費用將由法王負擔。

儘管法蘭西渴望和平，但當人們知曉了該條款時，羞辱和憤怒齊發。在自普瓦捷會戰以來的嚴酷歲月中被推升到成熟期的太子，已經學著承擔起了比其父親更大的管理職責。無論是他還是他的委員會都不準備屈從於法蘭西國王已經同意的條件。在面對是接受條約還是重啟戰爭的可怕選擇時，他們召集了三級會議常務會議，要求「本質上最高貴、最睿智的人」擔負起代表公社的權力。

這個嚴峻時刻是法國歷史上最黑暗的時刻之一，這時，幾位不畏匪患連連的道路趕至巴黎的代表顯得鄭重其事。五月十九日，當向他們宣讀《倫敦條約》的文本時，他們簡短地沉思了一會兒，便毫無爭議地向太子提出了自己的回答。就這一次，話語言簡意賅。「他們說，條約對於全體法蘭西人民而言都是令人不快的，是無法容忍的，基於此，他們要求向英格蘭宣戰。」

愛德華準備竭盡所能地鞏固其勝利。他以法國人拒絕條約的「背信棄義」為藉口，為一場「正義的戰爭」打下了基礎，並允許主教們提供特赦，以幫助招募新兵。他決心要組織一支裝備齊全、戰無不勝的遠征軍，因此用了整整一個夏天來募集各種軍需。他聚集起了一支由一千一百隻船組成的龐大護航艦隊，裝載了一萬一千至一萬兩千人和三千多匹馬（更多的馬匹將在加萊加入進來），還有一千輛兩輪運貨馬車和一些運送行李的四匹馬拉的貨車，外加帳篷、鍛爐、手磨機、馬蹄鐵和馬蹄甲、弓箭、武器和盔甲、烹飪器皿、進軍之初的葡萄酒和糧食貯備、用於在河中釣魚的皮製小船，另外還沒忘記帶上打獵用的三十位帶鷹的獵鷹手、六十對獵狗和六十對獵兔犬。

等到國王帶著四個年紀較大兒子起程時，已經到了十月底，這無疑得進行一場冬季戰爭。根據包括他自己在內的所有人的軍事經驗，人們知道這對於一支遠離家鄉的軍隊而言是毀滅性的，但大備戰的刺激很難停下來，而在法國擁有眾多衛戍部隊的事實也給了愛德華取得速戰速決勝利的信心。

英格蘭的運氣達到了頂點。一位活力四射的國王吸引了一群出類拔萃、精明強幹的戰士的鼎力相助——尚多斯、諾利斯、沃爾特・曼寧爵士（Sir Walter Manny）、修・卡爾維勒爵士（Sir Hugh Calveley）、德比什長官，更別提威爾斯親王了——這群人「如群星般，有種只此一家別無分號的影響力」。勝利唾手可得。編年史作者沃爾辛厄姆說：「一個不曾擁有來自法國的戰利品——衣服、皮毛、床罩、銀器和亞麻布——的女人是不足為道的。」一三五〇年，當國王愛德華起程去接受西班牙人的一次挑戰時，人們洋溢的熱情達到了高潮。根據傅華薩的描述，八月，在「湯瑪斯」號戰艦上，身穿黑天鵝絨緊身衣、

186

頭戴「與之完全融為一體」的圓形獺皮帽的國王，坐在前甲板上，與王子和一群貴族們快樂地交談、歌唱。「據我從在場的人那裡聽說的，那一天，國王前所未有地高興，他命令吟游詩人在他面前表演一支約翰・尚多斯爵士最近引進的阿爾曼舞蹈。」他命令約翰爵士與吟游詩人一起跳舞唱歌，「這讓他樂不可支」，同時，他不時地抬眼瞥一下桅杆上正在搜尋西班牙人的哨兵。不用說，在被發現後，西班牙人遭到了迎擊並被征服，從而證實了愛德華的「海洋之王」的自吹自擂。

一三五九年，英軍從加萊起程前往蘭斯，愛德華打算在蘭斯加冕為法蘭西國王。拖著據說長達兩里格[1]的行李托運車隊，他們分成三路橫穿皮卡第，為的是擴展其糧草供應，但即使如此，在一個已經被連隊洗劫殆盡的鄉村，能夠找到的糧草委實匱乏。馬匹饑餓難耐，隊伍步履緩慢，一整天都在下雨，行程縮減至一天三里格。最糟糕的是，愛德華的決定性一戰的目標逃得遠遠的。英軍穿越在一個刻意營造出的真空中。沒有舞刀弄槍的軍隊出來與之一決高下。法國人將其防禦集中在了可以抵擋攻擊的堡壘城鎮和城堡。

將拯救法蘭西的避免決戰的戰略像大多數軍事發明一樣，從失敗、屈辱和手段的匱乏中演進而來。觀察到形勢所需的人正是攝政，他是一位傾聽需求而非好虛名的統治者。

在他心懷敵意的妹夫納瓦拉方面，攝政的地位有所改善，因為在八月，納瓦拉的查理已放棄了與愛德華的結盟，卻在一個更加煞費苦心的和解慶典上，許諾要成為「法蘭西國王、攝政和法蘭西王國的好朋友」。雖然他的許諾被普遍認為是受到了上帝的鼓勵，但納瓦拉國王離開了陰謀便活不下去，還不到幾個月的時間，他便捲入一樁除掉太子的新計畫。

愛德華於十二月的第一個星期抵達蘭斯，滿心期待這座城市會在他的勝利進軍之後接納他。事先得知他的意圖的蘭斯人在長期準備期間一直在加固城牆，他們頑固不化地拒不開門，迫使英軍進入包圍之勢。法國人已經清空了鄉下所有可供敵人使用的東西，搗毀了可供他們棲身的建築。在蘭斯的城門邊，愛德華看到他本打算用作自己的司令部的聖蒂里（St. Thierry）修道院在他的眼前熊熊燃燒。由於作戰時的糧草供應不足，又因寒冷和饑餓減員，英軍被迫在四十天後解除包圍。他們往南向富裕的勃艮第地區進發，搶劫和破壞了兩個月之久，直到愛德華讓自己收受了當時的勃艮第公爵腓力・魯弗爾（Philip de Rouvre）提供的二十萬張左右的染色羊皮的賄賂。

在他於三月轉向巴黎時，愛德華怒不可遏地得知了法國人於那個月發起的對位於英格蘭南部海岸的溫切爾西（Winchelsea）的野蠻襲擊，並發誓要進行報復。襲擊的最終目標是救出法王讓，這樣就可以使法國不必支付他那災難般的贖金。正如最初計畫的那樣，襲擊還打算通過「裝出要留在那裡的樣子」，嚇唬英軍從法國撤軍，以便進行自衛。此次襲擊的開支由主要城鎮募集而來。一位名叫阿布維爾的昂蓋朗・林戈伊斯（Enguerrand Ringois of Abbeville）的大膽船長被挑選為海軍司令，他以其在加萊之圍中的勇氣和不屈不撓的性格而著稱於世。由來自皮卡第和諾曼第的兩千名騎士、弓箭手和步卒組成的陸軍像往常一樣，苦於找不到一位指揮官。率領他們的是一個由彼此意見不合的貴族構成的三人指揮小組，除掉了艾蒂安・馬塞爾的皮埃爾・埃薩爾斯則領導著一眾巴黎志願者。

攻擊之前的傳聞已導致讓於三月一日從林肯郡被轉移至倫敦附近的一座城堡，繼而又轉入倫敦塔（Tower of London）。儘管對海岸進行了勘察，但被錯誤資訊所誤導的法國人卻於三月十五日在南部海岸登

1 譯者註：里格（League），長度單位，等於五點五五六公里。

陸。在不費吹灰之力地奪取了溫切爾西之後，他們沒有致力於建立一個立足點，而是倉促地陷入了慣常的掠奪、殺戮和強姦的瘋狂之中，包括屠殺了一群在教堂做彌撒的市民。當警報傳遍這裡的鄉村之時，法國人又劫掠了相鄰城鎮拉伊（Rye），然後遭到了一支匆忙召集起來的一千二百人的英格蘭軍隊的反擊。由於擔心還有更強大的支援，法軍決定違背「做出留在那裡的樣子」的計畫，在四十八小時的入侵後，返回灘頭陣地，在熊熊燃燒的城市的火光映照之下重新上船。

有消息說，敵人正「在各地縱橫馳騁，燒殺劫掠，幹盡為非作歹之事」，「除非他們迅速而勇敢地加以反擊」，否則便有可能發生最壞的情況。這個消息令英格蘭陷入了驚恐之中。雖然事實證明這個消息並不一定準確，但驚恐留下了對入侵的持續擔憂，它將對針對法國的未來行動產生某種抑制作用。此外，計畫得勇敢但領導得差勁的襲擊一無所獲，只激起了愛德華的狂怒和報復，因為他發現法國人也可以在他的王國做出像英格蘭人在法國一樣惡毒的行為。

英軍於四月初包圍了巴黎，派出傳令官向守城者發出作戰的挑釁，但依靠著馬塞爾加固的堡壘的太子禁止做出任何回應。英軍在巴黎城外燒殺了一周，仍未能激起一戰，之後，愛德華轉身離去，在蘭斯也遭到同樣的阻礙，可是他還不打算放棄。他選擇了通向沙特爾的道路，而非前往海岸的道路。在過去的兩個月內，教皇的使節一直穿梭於法國太子與英軍之間，試圖重新啟動談判，卻總是因愛德華拒絕降低自己的要求而受阻。皇太子本人已派出帶著和平提議的使節。看到「王國再也不能忍受」英軍施加的「巨大的磨難和貧窮」，「因為領主和教會的租金幾乎全部失去」之後，太子及其御前會議提出，同意在一三五八年愛德華提高要求之前的協議基礎上停戰。蘭開斯特公爵建議愛德華接受這一提議，因為假如他堅持己見，他也許不得不「終身」作戰，並且有可能「在一天之內失去我們花了二十年才贏得的一切」。

天庭之怒支持了公爵。四月十三日，星期一，一個「邪惡而陰暗的日子」，大霧迷漫，天寒地凍，當英軍在逼近沙特爾的途中安營紮寨時，一場借狂風之勢猛烈來襲的冰雹向軍隊襲來，繼而是傾盆而下的凍雨。巨大的冰雹砸死了馬匹和士兵，狂風撕裂了帳篷，泥流和洪水卷走了行李車，可怕的寒冷更讓死亡人數進一步上升，「因此許多人將那一天稱作黑色星期一」。在半個小時之內，愛德華的軍隊遭受了人類之手不可能施加的痛擊，它只能被當作一次上天的警告。黑色星期一將六個月戰爭中的所有錯誤尖銳化了——英格蘭軍隊的脆弱，決定性戰役的挫敗，對攻佔一座有城牆的重鎮或首都城市的無能為力，模糊地察覺到的認知，也就是說蘭開斯特隱隱感覺到靠著掠奪和包圍一座座城市和一座座堡壘，是不可能征服法國的。長遠來看，這正是戰爭持續了一百年之久的罪魁所在——事實上，除了像在普瓦捷抓獲了一位國王這樣的僥倖外，中世紀軍隊根本沒有任何手段去獲得一種決定性的結果，更別說無條件地投降了。

屈從於上天的警告和蘭開斯特的建議，愛德華任命特派員去與法國人商談經過修訂的和平條款。他們在距沙特爾約一里格的布雷提尼（Brétigny）的小村莊會見，在那裡，二十年的戰爭終於畫上了句號——在當時看似如此。

一三六〇年五月八日簽署的《布雷提尼和約》（*Treaty of Brétigny*）在三十九項條款、五封確認函以及只要有律師在就必不可少的繁縟複雜的遣詞造句中，涵蓋了五花八門的法律和疆域方面的細節。從基本上看，它回到了一三五八年的最初協定。法王讓的贖金退回到三百萬金埃居，愛德華放棄了過度的領土要求，就此程度而言，這標誌著他的戰役的失敗和浪費。但把吉耶納和加萊免於效忠地割讓給英格蘭國王的基本事實得到了確認，外加位於盧瓦爾河與庇里牛斯山脈之間的其他疆域、城鎮、港口、城堡的移交，它們共佔據了約三分之一的法國領土，是到那時為止西歐史上最大的收穫。愛德華宣佈放棄法蘭西王位以及未得條約批准的所有疆域要求。

為了確保條約的執行，早先有關代表了王國中最卓越人士的四十名人質的條款被更新，其中再度包括了昂蓋朗・庫西。作為法國北方最大要塞的領主以及抵禦英軍的核心，他被特意選入人質名單，因為人們相信，如果這樣的人成為人質的話，和平會得到更牢靠的保障。

率領這群人的是四朵「鳶尾花」，即王室的王子——也就是說，國王的兩個兒子：路易和讓（未來的安茹公爵和德貝里公爵）；國王的兄弟德奧爾良公爵；還有太子的妹夫、波旁公爵（Duc de Bourbon）路易二世。阿圖瓦（d'Artois）、德歐、朗格維爾（de Longueville）、阿朗松（d'Alenfon）、布盧瓦（de Blois）、聖波爾（de St. Pol）、阿爾古、格朗普雷（de Grandpré）、布拉斯涅（de Braisne）和包括庫西的前監護人馬蒂厄・魯瓦在內的其他大領主和貴族騎士都在名單之列。法王讓將最遠返回到加萊，他要在那裡停留一年，直到第一筆六十萬埃居的贖金款項得到支付、領土的初步移交已在進行之時。在那之後，他以及他的十個普瓦捷獄友將重獲自由，由四十個第三等級——金錢的真正來源——人質所取代，其中巴黎四人，十八個其他城鎮各兩人。在那之後，市鎮和城堡的領地將被移交，剩餘的贖金將被支付，那時要付四十萬埃居，以六個月為間隔期，分六次付款，每支付一次，將釋回五分之一的人質。

《瓦盧瓦四相編年史》的佚名作者（除了他是盧昂市民外，人們對他的生平一無所知）評價說，《布雷提尼和約》「太過輕易地將法蘭西王國投入了悲痛和傷害之中」。他寫道，「不能被輕易征服的」要塞和好城鎮被放棄，這是有目共睹的事實，但條約的辯解基礎是很有必要讓國王獲釋。

將法國從連隊手中解救出來甚至是更為迫切之事。在條約的附錄中，愛德華禁止英格蘭士兵的任何違背和平之舉，違則放逐，但在條約背後卻無堅定的意圖，它也未給法國帶來應有的終結。事實上，《布雷提尼和約》開啟了連隊最昌盛的時期，因為貼著「Tard-Venus」（後來者）標籤的新近獲釋的士兵繼其先輩之後，成群結隊地四處劫掠，並逐漸壯大為一級級的雇傭兵。

募集贖金的努力被擴展到了極致。城鎮、郡縣和貴族領地自行評估，其中就有庫西的府邸，它貢獻了二點七五萬法郎。巴黎和周圍地區要徵收每鎊十二便士的銷售稅，付錢者是貴族和教士，以及「所有付得起的人」。當回報寥寥之時，不得不在猶太人身上發掘資源，如果他們每人付二十弗羅林的再入境費，然後每年再付七弗羅林，那麼他們即可受邀返鄉，獲得二十年的居住權。

讓本人出售了十一歲的女兒伊莎貝拉的婚姻，將她嫁給米蘭富有而猖狂的維斯康提的九歲兒子為妻，換得六十萬金弗羅林。法蘭西國王與一位一夜暴富的義大利暴君的同盟關係幾乎像普瓦捷會戰一樣是一種天方夜譚。為了得到公主，新郎的父親加萊亞佐・維斯康提（Galeazzo Visconti）提供的嫁妝中一半是現款，另一半則以領地為交換。婚禮將緊接著約定俗成的訂婚儀式之後於七月舉行，但當公主生病發燒時，婚禮不得不被推遲。女兒的病榻上方必定盤旋著怎樣的焦慮緊張氣氛啊，有那麼的金子要靠她來掙呢！

就在那時，瘟疫在薩伏伊和倫巴底（Lombardy）再次出現，其初次的爆發將演變為第二年的大復發。維斯康提兄弟在夏季，當米蘭成千上萬人死亡、屍體在被封閉的房屋內腐爛之時，躲到了鄉下的別墅，在瘟疫緩解之時回到米蘭，並派人走遍義大利，購買珠寶、絲綢和華麗的衣飾，為婚禮做準備。他們向賓客保證，它「將是倫巴底從未見過的最盛大的婚禮」。已經康復的法國公主不顧危險，經由薩伏伊前

191

往米蘭，於十月中旬按時出嫁，「帝王般」的奢侈盛宴持續了三日之久。一千名賓客帶著其全部的僕從匯聚到這座城市來參加婚禮。維斯康提家族上演的——他們的屬下支付的——豪華場面只突顯了被普遍看作對法國的羞辱的東西。馬泰奧・維拉尼寫道，想一想高高在上的法蘭西王室：「誰能想像，戴著那頂王冠的人會淪落到如此困難的境地，竟致要拍賣自己的親生骨肉？」在他看來，國王女兒的命運似乎「確為不祥人事之暗示」。

與此同時，法王讓（約翰二世）一直在英格蘭人的監管之下在加萊等候，陪伴他的是他如今被稱為「大膽腓力」（Philip the Bold）最小的兒子。這位未來的勃艮第公爵的諢名得自英王愛德華為普瓦捷會戰的俘虜們舉辦的一次宴會。在宴會上，年輕的王子怒氣衝衝地從桌邊跳起來去打大總管，嘴裡喊道：「你這是哪裡學來的，在法蘭西國王和英格蘭國王同桌吃飯時，先服侍英格蘭國王？」愛德華評論說：「毫無疑問，表弟，你是大膽腓力。」一三六一年，由於腓力・魯弗爾的死亡，法王讓將勃艮第公爵領地交付給了自己最年幼的兒子，他將使之成為一次扭轉命運的傳承。

一三六〇年十月二十四日，主要從北方募集來的第一筆四十萬埃居的讓的贖金在加萊交付給了英格蘭人。維斯康提的黃金糾纏於紛繁複雜的金融細節、嫁妝和讓與加萊亞佐的互換之中，似乎對於贖金而言於事無補。儘管少於約定的數目，但那四十萬埃居被接受下來，於是經過某些修訂的和平條約作為《加萊條約》（*Treaty of Calais*）得到正式批准。作為主要人質之一，昂蓋朗・庫西的簽名被加在了文件上。在同愛德華一起宣誓要按照條約款項永久保持和平之後，兩位國王分道揚鑣，讓在四年的囚禁之後，終於回到了他滿目瘡痍的祖國。

十月三十日，讓獲釋的四天後，在英王愛德華及其眾子的監視下的法國人質一行人渡海前往英格蘭。有些人將要在那裡停留十年，有些人在兩三年後返回，有些人死在了放逐之中。在他們各不相同的命運中，昂蓋朗的命運最為獨特：他將成為英格蘭國王的女婿。

不朽伴隨他渡過了英吉利海峽。就在艦隊的同一條船上，或者在另一條船上，一位來自艾諾的瓦朗謝訥（Valenciennes）的布爾喬亞家庭出身的年輕書記正在前往英格蘭，向他的同鄉菲莉帕王后遞交他撰寫的有關普瓦捷會戰的記錄，以期得到她的贊助。名叫讓・傅華薩、時年二十二或二十三歲的他成功地取悅了王后，並在她的鼓勵下，開始為那部將使他成為他那個時代的希羅多德的編年史收集素材。作為騎士精神的有意識的歌頌者，他刻意寫道：「為法蘭西與英格蘭的戰爭所實施和達成的光榮而高尚的冒險和武功，應當載入史冊，永垂青史。」在那些侷限之下，便不再有完整而鮮活的編年史的存在。傅華薩時代的貴族們在他為之實現「永垂青史」的過程中躍然紙上，他們永遠騎在馬上，出類拔萃，貪得無厭，英勇善戰，冷酷無情。正如沃爾特・史考特爵士（Sir Walter Scott）所抱怨的那樣，假如傅華薩對「卑劣的粗鄙小人」「奇異地帶有一點兒同情」的話，那也是出於上下文的需要。

運送人質的艦隊包括了一個由當時的主要角色構成的非同尋常的精粹陣容。在他們之中還有一位貢獻了不朽之作的觀察者。人性是傑佛瑞・喬叟（Geoffrey Chaucer）的主題，整個十四世紀的社會——除了最底層——都是他的描寫範圍。時年二十歲的他與昂蓋朗・庫西出生於同一年，曾作為英王的二兒子克拉倫斯公爵（Duke of Clarence）萊昂內爾（Lionel）的家庭成員，伴隨英格蘭軍隊前往法國。在蘭斯城外的一支糧草徵收隊中任職的他被法國人抓獲，英王愛德華出了十六英鎊的贖金將他換回，相比之下，用以補償安德魯・盧特拉爾勳爵（Lord Andrew Lutterall）的死馬的金額是為六英鎊十三先令四便士，而一般弓箭手的贖金是兩英鎊。沒有文獻證據證明喬叟就在返回英格蘭的艦隊之中，但既然克拉倫斯公爵與人質一起出航，那麼作為其隨行人員的喬叟，就極有可能陪伴在他左右。

在適當的時候，庫西將與喬叟相遇相識，並成為傅華薩的朋友和贊助人，儘管沒有材料表明這三個年輕人在航行期間是否有過接觸。不過，在那之後的某個時間，在近距離地觀察著每個也許會成為其歷史素材的人物的時候，傅華薩注意到了他未來的贊助者。在英格蘭的一次宮廷盛宴上，當人們在宴會之前跳起優美的舞蹈，唱起動人的歌謠時，他發現「每當輪到年輕的庫西之主跳舞和歡唱時，他是多麼光彩奪目。他在法國人和英格蘭人中都大受歡迎，因為他無論選擇做什麼，都完成得非常出色而又不失優雅，大家都對他向每個人展現出的風度讚不絕口」。憑著一個時髦的年輕貴族理當展示的才能，昂蓋朗顯然是位嫻熟精通的表演者，一點兒也不奇怪，他將引人注目。

在愛神和戰神旗下的冒險追逐理應是年輕騎士生活中的份內之事。《玫瑰傳奇》中的愛神建議說：「如果擅長作戰，你將得到十倍的愛慕。假如你有副好聲音，在別人讓你唱歌時，千萬別找藉口拒絕，因為美好的歌唱會帶來愉悅之情。」跳舞、演奏長笛和絃樂也有助於情人贏得一位淑女的芳心。同樣，他應當保持自己的雙手、指甲和牙齒的乾淨，繫緊袖子，梳理頭髮，但別用脂粉或胭脂，它們甚至對於女人來說都是不恰當的。他應當穿著漂亮而時尚，穿嶄新的鞋子，注意一定要讓它們熨帖合腳，使得「普通百姓會談論，你是怎麼穿上它們的，以及你是打哪兒蹬上它們的」。他應當用所費甚少的花環來做最後的裝飾。

很難說昂蓋朗在多大程度上符合這一理想，原因是沒有肖像存在。這種情況並非例外，因為除了王室成員，肖像畫藝術還幾乎尚未得到實踐。十四世紀的人似乎只有在統治人物或像貝特朗・蓋克蘭

（Bertrand du Guesclin）這樣偶爾出現的古怪人物身上，才會對外貌和性格發生興趣。其他人遭到編年史作者和插圖畫家的漠然相待，只能通過他們的行為來發掘其個性。對於昂蓋朗・德・庫西而言，存在兩條有關外貌的線索：一是他高大強壯，他的這一形象在他最後一戰的一連串不幸中得到過描繪；另一條線索是他也許在成年時膚色很深，且嚴肅憂鬱，正如他出現在死去兩百多年後所繪製的一幅肖像畫中的那樣。因為這幅肖像是由昂蓋朗創建的一所塞利斯廷修道院委託製作的，創建者面貌的某些傳統樣式也許會留存下來引導畫家的創作，但繪製的面容也許只是想像中的面容。

194

在所有記錄之中最生動的描述也毫無特別之處，不過，憑著唱歌、跳舞、優雅的騎士風範、迷人的行為舉止和情人的多才多藝，我們都很難不在《坎特伯雷故事集》的侍衛身上看到年輕的昂蓋朗・庫西的影子。這並非說在其任職宮廷期間，每天都看得到騎士和侍衛的喬叟在開場白中描繪那精神煥發的肖像時，腦子裡專門想著昂蓋朗。不過，它確實十分貼合。

一位可愛而精力充沛的單身漢，
滿頭的卷髮如同出自壓榨機，
我猜他大約二十郎當歲，
身材不高也不矮，
舉止矯健令人喝彩，力大無窮讓人驚歎。
他曾在法蘭德斯、阿圖瓦和皮卡第，
大顯過騎士的身手，

雖說為時不長，倒也頗有成就，
一心希望獲得愛人的垂青。
他一身華服美繡，如同草地上
開滿紅白的鮮花，
他整天唱歌吹笛，
像五月天般清新怡人。
他的袍兒短，袖兒長又寬。
他擅騎馬，端坐鞍上威風凜凜。
他能作曲，會寫詩，
比賽、跳舞、繪畫、寫作樣樣精。
他愛意濃烈不睡覺，
像夜鶯一樣過夜晚。

以四朵「鳶尾花」——安茹、貝里、奧爾良和波旁——為首，人質們身著色彩繽紛的絲綢衣服，「一身華服美繡，如同開滿鮮花的田野」，給英格蘭帶來的光彩並不亞於他們所取代的普瓦捷囚徒。他們需要靠自己的錢財為生——這在德奧爾良公爵的例子中十分可觀，他帶了十六名僕人，隨行人員的人數總計超過了六十人。他們得到了由宴會、吟游詩人和珠寶禮物構成的氣派款待，可以自由走動，參加各種狩獵活動，跳舞唱歌，談情說愛。法國和英格蘭的騎士精神以彬彬有禮地對待雖為戰俘的彼此為傲，可要起贖金來全都獅子大開口——與德意志人正相反，據傅華沙那輕蔑的報告，德意志人讓戰俘「像盜賊和殺人犯般披枷戴鎖，為的是勒索更多的贖金」。

庫西在英格蘭不會覺得有何異樣。他的家族擁有那裡的土地，它是從他的曾祖母貝利奧爾的凱薩琳那裡繼承而來，儘管這些地方在戰爭期間已被英王愛德華沒收，並作為一種慷慨的獎賞送交給了蘇格蘭國王的俘獲者。

英格蘭人和法國人，就像後來的英格蘭人和美國人一樣，擁有共同的文化，而且在貴族之中，還擁有共同的語言，這是諾曼征服（Norman Conquest）的遺產。就在人質抵達前後，上流社會使用的法語開始為普通人的民族語言所取代。在黑死病之前，法語一直是宮廷、議會和法庭的語言。英王愛德華有可能根本不會說流利的英語。甚至在學校中也教授法語，這引起了布爾喬亞的極大不滿，據一三四〇年的一種抱怨，他們的孩子「被迫放棄使用自己的語言，這樣的事在其他國家聞所未聞」。當許多會教法語的教士被黑死病奪去性命時，語法學校的孩子們開始用英語上課——在特里維薩的約翰（John of Trevisa）看來，這樣做有利有弊。他寫道他們學起語法來比以前更快，但如果不會法語，那麼當他們「渡海到異國旅行時」，便會處於不利境地。

因為其島國的侷限，以及議會權力的早期發展，英格蘭比法蘭西更具凝聚力，有更強烈的民族情感，這種情感又因與教皇的日益對抗而得到了加強。現在，有了法國的讓和蘇格蘭的大衛兩位國王的贖金，加上戰爭的取勝和領土的獲得，英格蘭已扭轉了征服者威廉（William the Conqueror）的敗局。不過，在驕傲、榮耀和現金流之下，戰爭的影響正在齧咬著這個國家。

法國的掠奪者把盜賊的習性也帶回了家。侵略軍中的許多人本身就是不法之徒和罪犯，他們參軍就是為了獲得承諾的寬恕。其他人被在法國得到許可的日常活動變得無法無天，喜歡使用暴力。回到家鄉後，一些人模仿留在法國的同道成立了連隊。「如作戰部署一樣」，他們搶劫並襲擊旅行者，抓獲俘虜，佔領鄉村以換取贖金，殺戮，致人傷殘，傳播恐怖。一三六二年的一項法令公告，收集「有關那些曾在海外大肆掠奪和搶劫、如今回來後四處遊蕩、不再像以前那樣踏實工作的人」的情報是合法的。

196

一三六一年春，在瘟疫過去十二年後，那令人畏懼的腫脹再次在法蘭西和英格蘭出現，導致「許多人匆匆告別人世」。一位最早的受害者是法蘭西王后，讓的第二任妻子，她死於一三六〇年十一月，在大瘟疫剛開始之時。「Pestis Secunda」[2]有時又被稱為「兒童死亡率」，在未經歷過早期爆發而不具備免疫力的幼童身上發病率極高，而且，按照雷丁的約翰（John of Reading）所言「尤其會攻擊男性」。第二次黑死病中的兒童死亡終止了人口的再增長，帶給那個時代一種衰敗感。根據《多國編年史》，因為迫切地想要生育，英格蘭婦女「人盡可夫，陌生人、虛弱無力的人和癡呆傻瓜都在其列，並且毫不羞恥地與下等人交媾」。

因為未發生肺炎或情況不嚴重，所以整體死亡率沒有第一次瘟疫高，儘管它同樣不穩定。在巴黎，每天死七十至八十人；在距瓦茲河注入塞納河處數英里外的阿讓特伊（Argenteuil），戶數從一七〇〇減少到了五十。法蘭德斯和皮卡第遭到了重創，亞維農尤甚。瘟疫如燎原之火般地橫掃了其壅塞而骯髒的居住區。在一三六〇年三月至七月間，據說死了「一萬七千」人。

儘管不像第一次那麼致命，但第二次黑死病因其復發的事實而比第一次帶來了更可怕的負擔。在那之後，人們生活在瘟疫會再次爆發的恐懼中（而它不斷地被證明是合理的），就如生活在對匪徒的捲土重來的畏懼中一樣。那個「在我們中間像黑煙般升起」的幽靈或那個戴著鐵制頭盔的騎手，在任何時候都會出現，緊跟其後的是死亡和毀滅。一種災難臨頭之感壓在該世紀後半葉上方，這在有關厄運和毀滅的預言中得到了表達。

這其中最著名的是讓・羅克塔亞德（Jean de la Roquetaillade）的「災難」（Tribulation），此人是一名方濟各會行乞修道士，因傳播反對腐化墮落的高級教士和君主的言論而被囚禁在亞維農。像讓・韋內特那樣，他同情反對強權的被壓迫者，無論他們是俗人還是教士。一三五六年，即發生普瓦捷會戰的那一年，他在自己的牢房中預言法國將會淪落，整個基督教王國都將受到許多麻煩的困擾：暴君和強盜將遍地橫行；底層人將會起來反對大人物，這些大人物「會被普通人冷酷地殺害」；許多婦女將「受到玷污，失去丈夫」，她們的「高傲和奢侈將衰萎」；撒拉森人和韃靼人將入侵拉丁語王國；被教士的奢侈和傲慢所惹惱的統治者和平民將聯合起來剝奪教會的財產；貴族和君主將被從其高高在上的位置上拉下馬來，遭受難以想像的折磨；反基督者將會出現，傳播錯誤的教義；暴風雨、洪水和瘟疫將消滅大部份的人類和所有冷酷麻木的罪人，為重頭再來鋪平道路。

這些正是當時的人們所擔憂的和實際發生的事。可是，像大多數中世紀的厄運預言者那樣，羅克塔亞德預言這種崩潰是一個更美好的世界的序曲。在他看來，經過苦難、懲罰和真正的貧窮的淨化，教會將恢復正常，一位偉大的改革者將成為教皇，反對一切習俗的法蘭西國王將被選為神聖羅馬皇帝，作為有史以來最神聖的君主實施統治。他將和教皇一起把撒拉森人和韃靼人逐出歐洲，使所有穆斯林、猶太人和其他不信基督者都皈依基督教，消滅異教徒，為普天下的教會征服世界，並在他們臨死之前建立一

2 譯者註：Pestis Secunda，法語，意為第二次黑死病。

個和平的王朝，它將持續千年，直到末日審判和世界末日的到來。

人質們未能逃脫瘟疫。一位高級別的受害人是居伊・聖波爾伯爵（Count Guy de St. Pol），一個具有無上美德的騎士，「非常虔誠，對窮人十分仁慈」，他痛恨世界的貪欲和墮落，嚴行齋戒，一直保持著處子之身，直至締結婚姻。巴黎、盧昂和另外幾座城鎮的布爾喬亞人質也同樣成了犧牲品。才能卓越的蘭開斯特公爵也許是王國中最富有的人，亦並非刀槍不入，他也死於瘟疫，將其頭銜和龐大的遺產都留給了自己的女婿岡特的約翰（John of Gaunt），也就是愛德華的第三個兒子。人質們住在哪裡以及如何容身，騎士的禮貌是否會允許他們逃到鄉下的避難所，這些問題都無記錄可查。一三五七年，在第一次瘟疫的八年之後，有報告說倫敦的三分之一仍舊空著，可是，儘管不那麼擁擠，它的衛生狀況依舊堪憂，導致政府一再發佈法令，要求市民清掃自己的房屋。儘管往街頭倒夜壺是違法的，但夜壺內的穢物和廚房垃圾常常被拋出窗外，多多少少對準的是流淌著源源不斷的水流的排水溝。養馬、牛、豬和雞的牲口棚牆裡牆外都有，引起了許多有關堆積的糞便的抱怨。大約就在此時，倫敦的市參議員們組織了一個雇用「耙工」的制度，以便將成堆的垃圾裝入傾御車或泰晤士河上的垃圾船中運走。

對於人質而言，前景不是無憂無慮的。他們的返鄉希望取決於國王贖金的定期支付，而它已經滯後了。瘟疫使募集錢財的速度放緩，而且，在被連隊夷為灰燼之地，募集錢財無論如何都困難重重。勃艮第的一座城鎮比克瑟伊（Buxeaul）的例子是眾多事例中的典型。根據一三六一年的一項王室記載，瘟疫和屠殺將其五、六十戶人家減少到十戶人家，而這些人家「一直被我們的敵人所掠奪和摧毀，致使他們變得一無所有，因此一些居民只好背井離鄉而去，並且每天仍有人在離開」；在這樣的情況下，如果要求倖存者繳納常規的賦稅，他們「就不得不逃走，背井離鄉，變成可憐的乞丐」；因此，它下令，該城鎮應當一年只繳一次而非兩次稅，並且被免除了全部的租地繼承稅。

遭到敵人劫掠荒涼的教堂是向主教們不斷發出呼籲的一個主體。做彌撒時不能點蠟燭，因為風從沒有玻璃窗的窗戶中吹了進來；傾圮的建築物因無錢維修而危險重重；屋頂滲漏，雨水落在了祭壇上。男女修道院院長四處奔走以尋求生計；曾經因在沒有馬伕和僕人跟隨的情況下出現在公眾面前而臉紅的高級教士「如今必須卑微地步行，身後只跟著一個僧侶或男僕，靠最節儉的飲食維持生計」。大學苦於缺乏學生和經費。蒙彼利埃人宣稱自己「缺少授課者和聽眾，因為在以前上千名學生濟濟一堂的禮堂中，如今還找不出兩百個人」。

佩脫拉克曾被加萊亞佐・維斯康提派去祝賀法王讓的獲釋，在他震驚的眼中，法國只是「一堆廢墟」。佩脫拉克是位積習成癮的控訴者，會把每種哀怨提升至極致，無論它是醫生的邪惡、亞維農的臭氣還是教廷的衰落。但即使有些誇大其詞，他對自己於一三六一年一月親眼所見的法國的記錄仍足夠悲情。「到處都寂寥、淒涼而悲慘；田地荒蕪，房屋傾圮，除了有城牆的城市，到處空無一人；到處都能看到英格蘭人製造的災難痕跡，可惡的傷口仍在流淌著源於他們的刀劍的鮮血。」王室所在的巴黎，「她的每扇門都遭到了破壞，留下恥辱的印跡……就連塞納河也在悲哀地流淌，仿佛感受到了巴黎的憂傷，河水嗚咽，為整個土地的命運而顫抖不已」。

佩脫拉克向法王呈獻了來自加萊亞佐的兩枚戒指，一枚是作為禮物的巨大紅寶石，一枚是在普瓦捷會戰中從讓的手上被扯下的，不知怎的被加萊亞佐贖了回來。在那之後，他向法王宮廷奉上有關《聖經》中瑪拿西從巴比倫回歸的經文的拉丁文演講，巧妙地提及命運的無常，就如讓從囚禁中那奇跡般的重獲新生所顯示的那樣。佩脫拉克在其精心地保留下副本的大部頭的書信集中寫道，國王和王子帶著極大的興趣「盯著我」，而且他感到他對命運的討論尤其喚起了太子，「一個聰明絕頂的年輕人」的注意。

除了其國家的不幸外，個人的不幸也折磨著太子。一三六〇年十月，他三歲的女兒讓娜以及她還是嬰兒的妹妹博內，他僅有的孩子在不到兩周之內相繼死去，儘管像那位王后一樣，她們是否死於瘟疫並無說明。在雙重葬禮上，人們看到太子「前所未有地傷心欲絕」。他本人也遭受著一種疾病的折磨，它使他的頭髮和指甲都變得稀疏或掉落，使他「枯如槁木」。有謠言說，他被納瓦拉的查理下了毒，這也許是事實，因為其症狀正是那些中了砒霜之毒的症狀。納瓦拉的國王再次變得充滿敵意。一三五九年十二月，當英軍在蘭斯時，也許是害怕愛德華有可能真會獲得皇冠，他親自策劃了一樁政變。士兵將從幾扇城門進入巴黎，聯合起來攻佔羅浮宮，進入宮殿並殺死太子及其親信，然後分散到全城各處，在巴黎人聚集起來之前搶佔牢固據點。他最終的目的像往常一樣保持了神秘。這個計畫被透露給了太子，從而使他們的關係斷裂，令納瓦拉的查理像以前一樣徘徊在敵意中。

不僅是贖金的繳納，而且領土條款的實施也左右著人質們的命運。正如編年史作者所言主權在布雷提尼太過輕易地被安排，沒有人考慮到這樣一個事實：紙上的版圖代表著土地上的人民。在二十年的戰爭中，這些人已經發生了某些變化。海港拉羅謝爾（La Rochelle）的市民懇求國王不要捨棄他們，說他們寧肯每年用一半的財產繳稅，也不願歸英格蘭人統治。他們說：「我們也許會在口頭上臣服於英格蘭人，但我們的心永遠不會。」卡奧爾（Cahors）的居民哭泣著悲歎道，國王使他們成了孤兒。小城聖羅曼・塔恩（St. Romain de Tarn）拒絕讓英格蘭特派員進入自己的城門，儘管它心不甘情不願地於次日派出使節，在一個相鄰的地方進行了效忠宣誓。

為了他那些將英格蘭人等同於強盜並恨之入骨的全體同胞，阿布維爾的昂蓋朗‧林戈伊斯，即那位襲擊溫切爾西的海軍軍官，用自己的行動向世人發言。作為一座被割讓城鎮的市民，他堅定不移地拒絕向英格蘭國王宣誓效忠。在拒絕了百般威脅之後，他被送至英格蘭，投入了一個地牢，無法向法律或朋友求援，最終被帶至多佛的懸崖邊，在那裡，他面臨兩種選擇：要麼宣誓效忠，要麼死在下面被洶湧的波濤不斷沖刷的岩石之上。林戈伊斯奮身跳入了大海。

正如教皇博義要求得到教皇全然至高無上地位一樣，布勒丁尼的條款也過時了。此時為時已晚，無法將法國省份像簡單的封邑那樣隨意轉送；不知不覺間，居民們漸漸覺得自己是法國人。在一段歷史進程的發生與它被統治者所意識到之間，有一段充滿隱患的滯後期。

200

人質們的命運深陷其中。由於贖金到期未付以及在各被割讓領地上出現的麻煩，他們的釋放變得遙遙無期。他們不能如計畫中的那樣，每六個月就會按約定的人數返回，也不能為替代者代替，因為沒有人願意前往，而愛德華又對被提出的姓名頻頻刁難。一三六二年十一月，四位失去了耐心的王室公爵（他們本當在一年前就被釋放），與愛德華商定了一個他們自己的條約，據此，他們答應支付二十萬弗羅林的到期贖金，無疑還有屬於奧爾良公爵的額外領地，以此換取他們和其他六名人質的自由。他們將獲得假釋，留在加萊，直到轉讓完成。從不反對額外小利的愛德華很願意讓他們根據這些條款離開，但法王讓固執地拒不答應，除非他的親戚德阿朗松伯爵、奧韋涅伯爵（Comte d'Auvergne）和庫西之主取代那些被「百合花們」所提出的名單的三個被釋放。由於讓選擇的人是比其他三人地位更高的貴族，愛德華反過來拒絕表示同意。信使川流不息地穿梭往來，王室公爵們不斷發出緊急而又憤怒的請求，最終，如今已離開自己怏怏不樂的國家前往亞維農的法王讓失去了興趣，屈服了。庫西因此留在了英格蘭。在王室公爵們離去之後，他較任何時候都更令愛德華及其女兒感興趣。

當法王讓本人（為了他的回歸，他的國家做出了巨大的犧牲）自願回到英格蘭當俘虜時，事情發生了令人驚愕的轉折。六百年後，這位稀奇古怪的君主的動機仍難以理解，只有一連串的事件是清晰易見的。

在重登王位之後，法王讓做出的應對其國家的折磨者的初次努力被證明是另一場小型的普瓦捷會戰。為了阻止遍及法國中部「後來者」的大連隊，他雇用了自由兵團這類人中的一個，「主教」阿爾諾·德賽沃洛，此外還派遣了一小支由兩百名騎士和四百名弓箭手組成的王室軍隊，其長官是那一地區的副官唐卡維爾伯爵（Count of Tancarville），以及著名的馬希伯爵（Count de la Marche）雅克·波旁（Jacques de Bourbon），他是聖路易的曾孫，曾在克雷西會戰中救過國王腓力的性命。這兩個人都曾在普瓦捷負傷和被捕，其對令人作嘔的戰爭的興味卻沒有絲毫的減少。一三六二年四月六日，這兩位英勇的騎士不顧阿爾諾·賽沃洛的建議，下令進攻布里涅（Brignais），一個被里昂附近的「後來者」所把持的高地。匪徒們向王室軍隊擲出了雪崩般的石頭，它們砸在頭盔和鎧甲上，打翻了馬匹，粉碎了進攻，就像英格蘭弓箭手在普瓦捷的作為一樣。然後，匪徒們手執被削短的矛槍，徒步上陣，了結了戰事。雅克·波旁及其長子和侄子被殺，唐卡維爾伯爵和其他許多富裕的貴族被俘，被囚禁起來換取贖金。匪徒們沒有乘勝追擊，而是繼續搶劫的勾當。里昂購買炮火，加固城牆，在夜晚有打著燈籠的哨兵放哨；鄉村則像以前一樣飽受蹂躪。

國王對布里涅事件的反應是出發前往亞維農，他將在那裡停留近一年時間。在自己王國的軍事混亂和種種其他痛楚之中，他前往亞維農的目的是繼續二十年前因英法戰爭而被中斷的十字軍東征。儘管他既不能保衛自己的領土、募集自己的贖金，也不能贖回代替他遭放逐的五、六十名人質，他卻一心掛念著要兌現他父親參加十字軍的誓言。傅華薩賦予了他現實的動機，即打算通過十字軍東征來抽離在其王國中燒殺劫掠的連隊，卻又奇怪地補充說：他「獨自保藏著這個目的和意圖，不讓別人知道」。也許讓由衷地認為十字軍東征是「最虔誠的基督徒國王」的合適角色；也許他將之視為是對自己近來的屈辱的補償；也許法國的困難太多，使他無法承受，於是他想要一個離開的藉口。

國王還牢記著一個計畫：通過娶普羅旺斯——它包括亞維農——女伯爵、那個世紀最錯綜複雜的女繼承人、那布勒斯女王瓊安娜為妻，將它統一到法國領土中。瓊安娜積極致力於婚姻事業，如今在此道路上正走到一半，此次是她第二次當寡婦。人們普遍相信，令她第一次當上寡婦的正是她自己。因為那不勒斯是教皇的封邑，她的婚姻必須得到教皇的批准。作為一個法國人，英諾森六世預期會非常買帳。

讓的另一個計畫——十字軍東征——是這位熱切而虔誠的教皇的終極目標，為了它的緣故，他曾堅持不懈地努力打造法蘭西與英格蘭之間的和平。十年的不和、約束庸俗的高級教士的鬥爭，以及最後的瘟疫和匪幫，都令英諾森心力交瘁，他於一三六二年九月逝世，此時讓正在前往亞維農的路上。英諾森的繼任者烏爾班五世（Urban V）雖說也是個法國本地人，卻將法國對普羅旺斯的併入視為對教皇獨立性的威脅，因而不贊同這樁一婚姻。但他鼓吹十字軍東征，這得到了耶路撒冷名義上的國王、塞浦路斯國王皮埃爾·呂西尼昂（Pierre de Lusignan）的積極支持，後者已抵達亞維農以促成此事。

這位耶路撒冷的拉丁國王到此時已不過徒有其名：這個敘利亞的最後一位歐洲殖民者已經撤回到了塞浦路斯，歐洲人現在前來只為貿易。在與穆斯林的商業往來欣欣向榮時，屠殺他們的熱誠也隨之減退。隨著歐洲統一性的減弱，隨著針對國內異教徒的十字軍東征過於頻繁的使用，最後，隨著瘟疫中的人口的減少，聖戰已失去了其推動力。作為真正有威脅的人物，像異教徒一樣，無宗教信仰者仍然為基督教所畏懼。十字軍東征仍然有其虔誠的宣傳員，但作為一種普通的推動力，其熱忱已經減弱。對於教會而言，它在很大程度上已經變成了募集錢財的手段；對於貴族和國王而言，這個傳統作為騎士精神規範的組成部份而留存下來，近期又受到了來自土耳其對歐洲海岸的威脅的新刺激。困難在於十字軍現在經歷著「國家」同樣的需求的折磨：它不再由自籌資金的志願者構成，而需要雇傭軍和付給雇傭軍的錢財。

塞浦路斯國王和法蘭西國王在亞維農用了整個冬季和春季來與教皇討論十字軍東征的可能性。在耶穌受難日，十字軍東征得以正式宣佈。讓被任命為統帥，與唐卡維爾伯爵和近期在布里涅征戰過的其他成員一起帶領十字軍。這標誌著此一事業的巔峰。英王愛德華在會見前來拜訪的塞浦路斯國王時，「客氣而又睿智地」為自己尋找藉口，而在未得到其他歐洲宮廷的更熱烈的回應後，塞浦路斯國王被迫暫時放棄十字軍東征。

在亞維農的計畫失利之後，讓被迫面對家鄉那令人不快的情形。他悠閒地騎馬走過自己那滿目瘡痍的王國，於一三六三年七月返抵巴黎。此刻，他發現攝政和御前會議已否決了王室人質與愛德華之間的私人和約，理由是它放棄了太多的東西。雪上加霜的是安茹公爵逃跑了，打破了他的誓言。在成為人質前才剛結婚的安茹公爵已前往布倫（Boulogne）去見自己的妻子，據說他太愛她了，所以拒絕返回加萊。讓認為自己的兒子對王室的榮譽犯下了「重罪」。再加上未能到期支付贖金，他已經同意的「人質」條約被取消，以及其他割讓未能完成等，這都敗壞了他的榮譽，使他別無出路（他是這麼宣稱的），只有回去當俘虜。

即使在十四世紀的人看來，面對政治現實，這個理由似乎也很極端。讓的御前會議、高級教士和法國貴族們「痛心疾首地勸其反其道而行之」，對他說他的計畫是「一種極其荒唐之舉」，但他堅持要那麼做，說假如「美好的信仰和榮譽已從世界的其他地方被驅離的話，它們將仍留存於君主的內心和言語中」。他在耶誕節後的一周離開，於隆冬之際渡過海峽。

他的離去令他的同時代人大跌眼鏡。既不愛國王也不愛貴族的讓・韋內特認為，他是為了「causa joci」（快樂的理由）才回去的。歷史學家們給他提供了各種藉口：他回去是為了避免戰爭，或是指望憑藉私人關係說服愛德華減少贖金，或是勸說愛德華把注意力從納瓦拉國王恢復的敵意上轉開。假如這些是他的理由的話，那麼它們一個也未實現。如果他回去是一種榮譽的話，那麼王室的榮譽何在？對於需要自己的君主的王國，對於為了支付他的贖金而正被榨幹最後一點兒錢財的市民，對於阿布維爾的林戈伊斯，他都虧欠了什麼？誰能說是什麼使讓回去的？也許中世紀並非理由，真正的理由是一個人的人性悲劇，他因為知道自己無力承擔他生來就需要承擔的職責，便去尋找監獄那強加的消極性。

他於一三六四年一月抵達倫敦，迎接他的是隆重的招待和儀仗，三月，他因一種「莫名的疾病」而病倒，於四月死去，時年四十五歲。愛德華為他在聖保羅教堂舉行了豪華的葬禮，其間，消耗了四千支各高十二英尺的火把和三千根各重十磅的蠟燭。之後，他的遺體被運回法國，安葬在聖丹尼斯王室教堂。法王讓找到了墳墓的永恆消極性。

他的贖金還欠著一百萬弗羅林，使得人質未被釋放。有些人利用時不時地為他們提供的安全通行權並一去不返，儘管屢屢被召喚。有些人用自己領地的權益從愛德華那裡購買自由。另一些人就是簡單地消失了，其方法各不相同。安茹的弟弟讓・貝里公爵精明狡黠地盤算周旋，製造了種種藉口使自己得以休假，既保持了自由又不失體面。另一方面，也許是因為其戰士的名聲使英人對他戒備森嚴，馬蒂厄・

魯瓦在十二年後還是一名人質。昂蓋朗・庫西將在一三六五年的特殊情況下被釋放。

第9章

昂蓋朗與伊莎貝拉

英格蘭的伊莎貝拉（Isabella of England）是國王愛德華與王后菲莉帕的第二個孩子，也是最大的女兒，是父王的掌上明珠，她的為她著想的婚姻外交五次都未有結果。打從最後一次失敗後，時年十九歲的她被允許獨立生活，到了一三六五年，她三十三歲，是個嬌寵過度、刁蠻任性、大肆揮霍的公主，比昂蓋朗・庫西年長八歲。

嬰兒時的她曾躺在華麗的搖籃中，搖籃鍍金飾羽，塔夫綢襯裡，鋪著用六七〇塊毛皮製成的床罩，儘管她出生在六月。一位專職裁縫被指定給這個嬰兒，為她做一件用盧卡絲製成的禮服，上面有四道「裝飾品」，邊緣綴著皮毛，為的是讓她在母親的「relevailles」，也就是生育後的首次會客時穿戴。王后為了這一場合穿了身繡以珍珠的紅色和紫色天鵝絨禮服，斜倚在一張豪華的床上接待宮廷成員。這張床上鋪著巨大的綠天鵝絨床罩，尺寸達七點五厄爾乘八厄爾[1]，上面繡著滿繡的手舉英格蘭和艾諾的盾形徽章的雌雄人魚。她房間裡的所有女士以及她的全體家庭成員，上至大總管和司庫，下至廚娘，都為了這一場合穿上了新衣。講究排場是君王的職責。

204

1 如果這個單位用的是相當於二十七英寸的法蘭德斯厄爾，那麼床罩的尺寸將是十七英尺乘以十八英尺；如果是相當於四十五英寸的英格蘭厄爾，則尺寸將達二十八英尺乘上三十英尺。

王室最大的三個孩子——愛德華、伊莎貝拉和瓊安娜——共同擁有其自己的家臣僕從，有自己的專職教士、樂手、一位貴族男主管和一位貴族女主管。伊莎貝拉有三個侍女，瓊安娜有兩個仕女，還有一眾候補騎士、配膳室和僕役長的書記員、大廚、負責貯藏室和廚房的男僕、負責房間的男僕、運水工、送燭工、搬運工、馬夫和其他僕從。她們用銀器吃飯，睡在絲綢鋪墊的床上，擁有毛皮綴邊、金扣銀線的深紅色和灰色禮服。她們的衣櫥為了國家盛典和耶誕節、復活節以及所有聖徒的節日而被一再塞滿，每當這些時候，所有能負擔得起的人都會穿起新衣。當伊莎貝拉和瓊安娜騎著自己的小馬從倫敦前往威斯敏斯特（Westminster）時，各自都有一位男僕負責牽馬，她們的施賑隨員行走在一側，向窮人和新門監獄的囚犯分發救濟品。當她們在十歲和九歲時，為了讓她們出席一次比武大會，十八名傭工在國王的兵器執掌者的監督之下，花了九天時間為她們繡禮服，在這一過程中用掉了十一盎司的金葉。十四世紀的物質生活在巨細靡遺的簿記中得到保留，這些羊皮卷上歷歷分列著直至最微小的事項。

到十二歲時，伊莎貝拉的受寵地位的標誌是她擁有七個侍女，而瓊安娜只有三個。據記載，所有七個侍女都曾在黑死病期間於一三四九年陪同伊莎貝拉抵達坎特伯雷出席一次比武大會，她們都戴著面罩，大概是為了預防傳染，儘管這些措施並不能阻止她最喜愛的隨侍闕克斯福德女士（Lady de Throxford）的離世。奇怪地未受瘟疫影響的宮廷在一三四九年一如既往地舉辦了嘉騎士團構思精妙的慶典，王后、伊莎貝拉和三百名貴婦出席了馬上長槍比武大會和慶祝活動。嘉德騎士團的女士們穿著與男人相同的禮服，上面繡著藍色和銀色的襪帶和騎士團的箴言，這些裝飾每年都由王室支付。

在伊莎貝拉三歲時，國王即提出讓她與卡斯提爾國王之子佩德羅（Pedro）成婚，但商談落空了，也許這是一件幸事，因為這位未來的新郎後來贏得了「殘酷的佩德羅」（Pedro the Cruel）的壞名聲。瓊安娜代替姐姐前去嫁給這位王子，卻在半路上，於一三四八年在波爾多死於瘟疫。伊莎貝拉與布拉班特公爵之子的第二次婚配由於血緣關係而受到阻撓，正當教皇考慮特許時，她卻與不情願的法蘭德斯的路易（Louis of Flanders）訂了婚，在眾所周知的遺棄之前，幾乎就當走到了聖壇。兩年後，國王愛德華未能圓滿完成她與波希米亞的查理四世（Charles IV of Bohemia）的婚配，這位當時鰥居的皇帝已被選中但尚未被奉為神聖。

接下來便發生了伊莎貝拉的報復事件。一三五一年，在她十九歲時，國王宣佈她即將嫁予貝拉爾·阿爾布雷（Bérard d'Albret），他的父親是阿爾布雷老爺貝拉爾艾茲（Bernard-Ezi），一位加斯科涅的大領主，也是愛德華在那裡的主要副手。這是國王還是他女兒的選擇不得而知。儘管不是一個統治家族，但阿爾布雷家族是個勢力廣泛、權威赫赫的家族，同時效忠於英格蘭和法蘭西兩者，愛德華非常願意與之保持友好關係。在訂婚那年，他將一千英鎊的年金授予貝拉爾艾茲，恢復了其王室職位，以對抗來自法國國王的「軟硬兼施」。

儘管與阿爾布雷家族的結合對於一位國王的長女來說不是一次外交上的勝利，但在愛德華竭盡全力地加強其對吉耶納的控制之時，它亦不失優勢。愛德華在宣佈婚禮時也說，它代表了他「想激發阿爾布雷閣下及其後裔與我們王室家庭的更密切關聯，使他們對我們更覺親密」的慾望——此動機將在庫西的事例中精準再現。與此同時，國王似乎又不願意放伊莎貝拉走，將她描述為「我們親愛的長女，我們懷著一種特殊的關愛之情愛著她」。在安排她的四千馬克的嫁妝和一份一千英鎊的年收入時，他又加上了一條非同尋常的條款——幾乎是一種會改變她的想法的誘惑——萬一發生任何有礙婚姻之事，這些錢將不必歸還給國王，而伊莎貝爾拉本人可以將之留用。

為了護送公主及其由騎士和貴婦構成的隨從人員前往波爾多，愛德華動用了裝備一位王室官員的直接手段預定了五艘船，為了確保行程順利，從泰晤士河的西出海口起，在「所有港口和地方」都要扣留五艘適用的艦船。新娘的嫁妝包括用黃金和的黎波里絲綢製成的禮服，還有一件襯以貂皮、繡滿樹葉、鴿子和熊的印度絲綢斗篷，以及其他各種金銀器具。在另一件用深紅色天鵝絨製成的禮服上，精美的刺繡在當時盛行一時，它需要二十位男人和九位女士工作十三天才能完成。至於禮物，伊莎貝拉帶了一百一十九頂纏以珍珠的絲制花冠，其最高處是站在用鮮花和樹葉扭絞而成的綠天鵝絨圓箍上的黃金神羔。但這些奇異的裝置將永遠不會被佩戴——至少不像預期的那樣被佩戴。在冬天即將到來時，伊莎貝拉改變了主意，打道回府。這是因為她渴望像別人遺棄自己一樣地遺棄別人嗎？還是她不願意得到一個較低的等級？也許是她想起了那個死於早先前往波爾多的婚姻航程中的妹妹？抑或整個事件是一次為了獲得稅收和一櫥新衣服的設計？

據說貝拉爾・德阿布雷被新娘的背叛所深深地傷害，以致於將自己的遺產繼承權讓給了弟弟，披上了方濟各乞行修道士的繩編長袍。不過，根據另一條證據，一三七〇年，他娶德聖巴澤耶女爵士（Dame de St. Bazeille）為妻，從法蘭西國王那裡得到了某些領地，並採用了一種設計奇特的盾徽：以兩頭獅子為支撐的彌達斯國王的頭顱——這表明了與方濟各修士的貧窮截然相反的興趣。

伊莎貝拉的任性絲毫沒有激怒她的父親，他繼續源源不斷地授予她封邑、歲入、莊園、城堡、小修道院、監護權、農場和價值不菲的珠寶禮物。她的花費總是會超出她的禮物。她賒帳買了一隻銀扣環，並時，讓僕人的工資都延後支付，並以珠寶為抵押，換得一千馬克，國王興高采烈地付清了她的債務，並且於一三五八年，在她二十六歲時，又給了她一份一千英鎊的固定年收入，這份收入將一直支付到他死去為止。六年後，他將一個富裕的未成年人——馬奇伯爵（Earl of March）艾德蒙・莫蒂默（Edmund Mortimer）的監護權給了她，伊莎貝拉將此又賣回給了伯爵的母親，換得了另一份一千英鎊的年收入，並且附帶了一條苛刻的條件：假如按季支付的費用遲付一天，則該季的付款便需翻倍以為懲罰。

誰都不知道，在昂蓋朗・德・庫西旅居英格蘭的五年中，伊莎貝拉是在什麼時候第一次對他產生興趣的，但在思考她為何選擇了他時，編年史作者雷納夫・希格登（Ranulph Higden）直截了當地說，「只有為了愛，她才會希望訂婚」。情況也許是在她孤身獨立生活了所有這些年後，她真的愛上他了，或者在她父親的建議下，有足夠的意願，甚至非常高興嫁給一個擁有古老血統和龐大莊園的年輕而有魅力的法國領主。愛德華顯然對此婚配非常欣喜，也許還是它的始作俑者。在法國境內擁有位於皮卡第邊境的重大據點的他，自然希望將加萊的腹地放入同盟手中，萬一戰火重燃，則可使一個強大的法國對手失去作用。他依然是從尋求法國大貴族的效忠的角度思考問題，尤其是因為圍繞法國領土的移交問題依舊爭論不休。不知是為了爭取昂蓋朗，還是因為他個人很喜歡昂蓋朗，愛德華已於一三六三年恢復了他從其曾祖母處繼承下來的對位於約克郡（Yorkshire）、蘭開夏郡（Lancashire）、威斯特摩蘭（Westmoreland）和坎伯蘭（Cumberland）的土地的全部所有權。

昂蓋朗對自己婚姻的感覺不得而知。既然他的君主和他未來的岳父現在處於和平狀態，因此便不存在有關忠誠的衝突。騎士精神所具有的夥伴關係依然將貴族們團結在一個跨越國境的聯盟中，一旦戰爭帶來的暫時性仇恨終止，該聯盟就會合攏起來。這樁婚配在解除其人質身份、帶來金錢和權力方面的物質好處顯而易見。他對這位不大容易適應從處女轉化為柔順妻子之角色的女士本人的感覺如何，則是另外的問題。

伊莎貝拉作為一個獨立女子的生活在一個通常需要戀愛許可的宮廷中幾乎得不到庇護，也幾乎不可能是單純幼稚的。宮廷裡的女士們並不含蓄謹慎。一三六一年嫁給黑王子的寡居的荷蘭伯爵夫人（Countess of Holland）、被稱為「肯特郡美少女」（Fair Maid of Kent）的瓊，被認為是「全英格蘭王國最美麗的女子」和「最多情」的女子。她穿著仿效「朗格多克匪徒的好朋友（bonnes amies）」的裙服大膽而奢華的服裝。人們謠傳在比武大會上，常常有些可疑的女士成群結隊地來，她們「在王國中最捨得花錢，最可愛，卻不是最賢淑的」，她們衣著「各不相同，還會穿精美的男性服裝，就彷佛她們是比賽的一部份似的」。她們穿著分體且多彩的束腰外衣和短斗篷，袋子裡裝著短劍，騎著高大健碩的駿馬或婦女騎用的小馬，展現出一副「既不怕上帝也不會在眾人的鄙視面前感到臉紅」的「粗野無禮的放縱模樣」。

沒有哪種女性的邪惡比拔眉毛和髮際線以抬高額頭的習慣更會遭到嚴重的譴責。出於某種原因，一種特別不道德之感被附加在這種習慣上，大概是因為它改變了上帝的安排。據說煉獄中的魔鬼會將「滾燙的錐子和針」扎進毛髮被從中拔掉的每個孔眼，以此來懲罰這種行為。一位隱士曾夢見一位女士正在遭此酷刑，被嚇得失魂落魄，這時，一位天使安慰他說：「她活該受此疼痛。」

正如讓・默恩（Jean de Meung）通過《玫瑰傳奇》中的杜愛娜（Duenna）之口諷刺性地描寫的那樣，一個十三世紀和十四世紀的女士所關心的事並非中世紀所獨有。如果她的脖頸和胸部非常可愛，她就應當穿低頸露肩裝；為了給自己的臉蛋兒添點兒美色，她應每天塗抹軟膏，但要悄悄地做，這樣她的情人就不會知道；如果意識到有口臭，她就不應在說話時，嘴巴靠別人太近；她應當笑起來嫣然迷人，哭起來梨花帶雨，吃飯喝水時要姿態優雅，當心別在飯桌上醉酒酣睡。她應穿著自己最好的衣服去教堂禮拜或參加婚禮和聚會，以便使自己為人所見並獲得美譽，撩起裙裾露出纖纖玉足，像孔雀開屏般打開斗

208

篷，展現衣服下的美形。她應當向所有男人撒網，以便釣到個金龜婿，而假如她釣到了幾個，就應該當心別讓他們碰面。她決不能愛上個窮小子，因為她將從他身上一無所獲，也許反會倒貼；她也不應當愛上陌生人，因為他也許有顆流浪者的心，當然除非他奉上錢財或珠寶。在假裝只是被愛情所迷醉的同時，她應當接受所有的禮物，並鼓勵男子向自己的僕人、侍女、姐妹或母親贈送禮物，因為伸出的手多才能得到更多的戰利品，她們還可逼迫自己的情人贖回她抵押出去的禮服或其他物品。

作者也許在描寫這種對金錢的執著時有些誇大其詞，但諷刺作品是包裹在現實內核外的誇張。毫無疑問，在伊莎貝拉的事例中金錢是一切的根本。據說她的隨從中總有兩三個金匠、七八個繡工、兩三個刀匠以及兩三個皮毛匠，他們總是忙於滿足她的需求。

如果伊莎貝拉到三十三歲時有任何戀愛舉動，那麼它們也沒能在有記錄的流言中留下痕跡，但是，根據範例來判斷，它們也不難想像。據說，那個引誘了上了年紀、患有痛風的紀堯姆•馬肖、只為換取這位著名詩人和音樂家是自己情人的名聲的出身高貴的十七歲少女是納瓦拉的阿格尼絲（Agnes of Navarre），壞王查理的姊妹。不管說話的對象是誰，她都堅持說馬肖將他們的戀愛在歌謠、詩歌以及一篇名為「Livre du Voir Dit」（真實的故事）的冗長、花哨、令人尷尬的敘事詩篇中公之於眾。她嘲弄、親吻並將一把可以打開保衛她的「珍貴寶藏」的貞操帶（clavette）的小金鑰匙給了大惑不解的詩人。正如他後來發現的，她一直都在用那場戀愛的進程記錄來款待她的年輕圈子，嘲弄她的情人，就如薄伽丘被自己的情婦、那不勒斯國王的私生女費亞梅塔所嘲弄一樣。

中世紀的女孩像男孩一樣，在其青少年的中期成年。婚姻通常在十四歲以後完成，儘管在出身高貴者的情況中，婚姻也許在嬰兒期或兒童時代便被合法訂立。另一位少女，德尚的詩歌「Suis-je belle?」

209

（「我不美嗎？」）中的十五歲女主人公，顯然是受到了納瓦拉的阿格尼絲的啟發，也控制著打開其「寶藏」的鑰匙，儘管這也許代表著對阿格尼絲的文學共鳴，而非一種常見的佔有。貞操帶時常被人提起，仿佛它是件人人都熟悉的東西，可是在中世紀，支持它的事實證據卻少之又少，也許在當時它更多的是一種文學空想，而不是司空見慣的使用物品。有人說它是通過十字軍東征與其他奢侈品一起被輸入歐洲的。個別的實際模式確實存在，但像訴訟這樣的非文學證據卻直到文藝復興及其以後才出現。作為一種狂暴的男性佔有裝置，貞操帶對中世紀婦女的折磨要小於其後來者。

德尚筆下的甜美少女在每行詩句中都讓人詳見了她的魅力——甘甜的紅唇，碧色的眼睛，考究的眉毛，圓潤的下巴，潔白的喉嚨，堅實而高聳的酥胸，勻稱的大腿和小腿，纖細的小蠻腰，精巧的「巴黎翹臀」——每個部份的描述之下都有副歌「Suis-je，Suis-je，suis-je belle？」（難道，難道，難道我不美嗎？）。她是男性幻想中的多情少女，但阿格尼絲和喜歡嘲弄他人的費亞梅塔足夠真實，儘管兩人實際上都像所有的中世紀婦女一樣，只能透過男性的筆墨才被人所知。婦女的自我描述極其罕見。十二世紀的心煩意亂的海洛薇茲[2]和十四世紀末的女權主義者凱薩琳・皮桑[3]曾大聲疾呼，可兩人都十分痛苦，儘管那並不一定會建立一種常規。無論是個人還是國家，都沒有心滿意足的記錄，這通常會使歷史記錄失衡。

鑒於中世紀生活的非私密性，有關性愛習慣的事情很少能瞞得過未婚少女、貴族或其他人的眼睛。若弗魯瓦・蘭德里的淫慾故事確實旨在對其失去母親的女兒們進行道德陶冶，不必只拾取其表面價值，但有趣的是這是他的藉口。他的書中包括了好色、亂倫和強姦，其例子都取自羅德[4]的女兒們、亂倫的他瑪[5]，以及離家不遠的例子，例如有個貴族婦女愛上了一名侍衛，便設計與他一起出門，她告訴丈夫，自己曾發誓要去不同的地方朝聖，於是丈夫便讓她去了她列出的地方；還有一位女士，有位騎士對她說假如她聰明善良，她就不會「像她所做的那樣，三更半夜不拿蠟燭地跑到男人的房間，或獨自在床上勾引並親吻男人」。城堡裡的生活顯然十分輕鬆自在。騎士們和女士們通宵不睡，「唱歌，遊戲，開玩笑，聲如鼎沸，大得聽不到雷聲」，「當一個男子將自己的手放在一個女子的衣服下面時」，怒火中燒的丈夫打折了他的胳膊。

娛樂不僅是朗誦有關騎士精神的崇高詩史。粗製濫造而又滑稽可笑的諷刺性寓言詩採用節奏歡快的對韻形式，富有諷刺性，內容淫穢，常常顯得殘暴或怪誕，如同任何時代的下流故事一樣，為了博取貴族及布爾喬亞聽眾的一笑而被講述。它們的作者通常是拙劣模仿浪漫傳奇的宮廷詩人，視性如下里巴人而非陽春白雪，對它們的朗讀或大聲誦讀，在城堡、城鎮、客棧、有可能還有修道院，都為人們所喜聞樂見。

伊莎貝拉完全有可能在她母親位於艾諾的宮廷中聽過她那個時代的詩人讓・康得（Jean de Condé）講述的故事。他的風格在一則故事中有所說明，這是則有關於比武大會之前在宮廷進行的說真話遊戲的故事。王后問一位騎士是否有孩子，騎士被迫承認他沒有孩子，而且實際上他「長得不像那種在將情婦的裸身擁入懷中時可以令她神魂顛倒的男人……因為他的鬍子……比那個女士某個地方的絨毛要略多

2 譯者註：海洛薇茲（Héloïse），中世紀著名的哲學家和學者。曾經是阿爾讓特伊的聖瑪麗修道院的院長。她最為人稱頌的是她和彼得・阿伯拉德（Peter Abélard）之間忠貞不渝的愛情故事和她寫給戀人的信箋。

3 譯者註：凱薩琳・皮桑（Christine de Pisan，1364—1430），文藝復興時期歐洲威尼斯詩人。她維護婦女的事業，宣導給青年婦女平等教育的機會。

4 譯者註：羅德（Lot），《聖經・舊約・創世記》中的人物，他的兩個女兒都從他懷孕生子。

5 譯者註：他瑪（Tamar），《聖經・舊約・創世記》中記載的一個人物，猶大的兒媳，先後嫁給他的兩個兒子，又與猶大同房，生下孿生子法勒斯和謝拉。

些」。王后告訴他，她不懷疑他的話，「因為從乾草的狀態很容易判斷乾草釵是否好使」。輪到騎士時，他問：「女士，老老實實地告訴我，你的雙腿間有毛嗎？」當她回答說「一根兒也沒有」時，他評論說：「實際上我確實相信你，因為經常有人走的路上不長草。」

諷刺寓言詩中的基本生活狀態是各種形式的通姦，在其中，受欺騙或羞辱的是一位令人不快的情人而非丈夫。雖說故事中的丈夫和情人形形色色，從令人同情到讓人噁心不一而足，可是女人則始終是欺騙者：反覆無常、肆無忌憚、喜歡爭吵、淫蕩好色、恬不知恥，儘管不一定同時具備所有這些特點。雖然諷刺寓言詩具有更為現實的特點，但它們並不比浪漫傳奇故事更貼近生活，不過，它們對婦女的敵意反映了一種出自教會口吻的普遍態度。

女人是教會的競爭對手，是妖婦，是令人分心的東西，是通向神聖的障礙，是魔鬼的誘餌。在十三世紀最偉大的百科全書作者、最受聖路易寵倖的文森特·博韋（Vincent de Beauvais）的《寶鑒》（*Speculum*）中，女人是「男人的惑亂，是貪得無厭的野獸，是持續不斷的焦慮，是無休止的戰爭，是司空見慣的毀滅，是暴風驟雨的巢穴」，最後，關鍵是「是忠誠奉獻的障礙」。文森特是曾培育了宗教裁判所的嚴厲教團多明我會的成員，這也許可以解釋他那誇大其詞的寶塔詩，但普通布道者也並未落後多少。他們一方面斥責女人是虛榮和時髦的奴隸，喜歡戴怪異的頭巾，服裝「富於挑逗性，易刺激肉慾」，另一方面又指責她們在孩子和家務上過於勤勞專注，太過世俗，無法給予神聖事物以應有的思考。

神學是男性的傑作，原罪被追溯到女性。難道不是一個女人的建議使得亞當失去了樂園，從而帶來了首次災難嗎？在所有人類思想中，性與原罪的等同留下的系列問題最多。在《創世記》中，原罪是通過選擇善惡知識來違背上帝，而如人類的墮落（Fall of Man）這樣的故事是對人類之勞苦和悲哀狀態的解釋。在以聖保羅為介質的基督教神學中，人類背負著永久的罪惡，而基督會為這種罪惡提供救贖。它有關性方面的文本主要由聖奧古斯丁闡明，此後，他的精神掙扎便將基督教教義置於人類最強大的本能的對立面。看似矛盾的是，否定變成了吸引之源，既賦予了教會以支配性和優越性，同時又使其追隨者陷入了永久的困境之中。

「啊，啊，愛情竟是罪惡！」巴斯之妻（Wife of Bath）喊道。多少歲月的焦慮和愧疚都被濃縮進了那聲簡潔的哀歎之中，即使說話者本人似乎並未受到她所哀歎之事的極大干擾。實際上，通過她，這個世紀對性的最直白的歡慶被賦予了一個女人。相較於之後的某些時間，在中世紀，婦女之性更為人所知，婚姻債務被認為是雙方共有的。神學家們服從聖保羅的格言：「丈夫要供給妻子她應得的，妻子對丈夫亦是如此。」但他們堅持認為，其目標必須是生育子女，而非愉情悅性。

區分色慾與生育，如同將一把熊熊燃燒的寶劍置於兩者之間一樣，是另一種有違人類習慣的大膽命令。理想中的基督教絕非可能性的藝術。它贊同奧古斯丁的原則：上帝和自然將愉悅放入交媾，「是為了刺激男人付諸行動」，以保護物種和對上帝的更大崇敬。奧古斯丁裁定，為了其中的愉悅而非為了自然所設計的目標進行交媾是違背自然因而也是違背上帝這位自然之主宰的罪行。禁慾和貞潔始終是更受歡迎的狀態，因為它們使人們可以將全部的愛獻給上帝這位「靈魂的配偶」。

許多人未受到與禁慾的鬥爭之影響，另一些人則終身受其折磨。它不曾阻止奧凱西恩[6]寧肯下地獄而不願進天堂，「只要我能和親愛的妮克蕾蒂在一起」。它也不曾禁止《玫瑰傳奇》的創作，這部里程碑

6 譯者註：奧凱西恩（Aucassin）和下文中的妮克蕾蒂（Nicolette）都是十二世紀的「奧凱西恩和妮克蕾蒂」系列故事的人物。

式的愛情「聖經」分別在十三世紀的前後五十年左右寫就。它由一位作者秉承宮廷傳統開始創作，後來又被另一位寫手擴展為一個冷嘲熱諷、廣為流傳的版本，篇幅極長。當長達二一七八〇行經過精心構思的諷喻終於到達結尾時，情人在一段清晰明確的描述中贏得了玫瑰：花蕾綻放，花瓣伸展，將「一粒小小的種子」塞入「花蕊」，「不斷探索花萼，直至它的最深處」。

另一方面，佩脫拉克在經過對蘿拉（Laura）的二十年文學臆想（同時又與別的女人生下兩個私生子）之後，在四十歲時終於如願以償，「此時我的力量尚未受損，我的激情依然強烈」，足以拋棄一種由熱烈性情構成的令其「深惡痛絕的」壞習慣。雖然仍舊屈服於「強烈而頻繁的誘惑」，但他學會了懺悔其所有的違規之舉，一天祈禱七次，「我曾經以為離開女人我就活不下去，可是現在，對與她們接觸的畏懼更甚於對死亡本身的畏懼」。他在給自己當僧侶的兄弟信中寫道，他只要思考一下「女人到底是什麼」，便可驅散慾望，恢復正常的平靜。「女人到底是什麼」指的是一種教士之義，即女人是富於欺騙性的，隱藏了錯誤和肉體的腐化墮落。布道者們警告說：「無論有著怎樣美麗的容顏，皮膚下都是藏汙納垢之所」。

當一個男人開始為地獄感到擔心，而且其性慾無論如何都有所衰萎之時，通常都會注意到女人的污穢。詩人德尚開始時和顏悅色，最終卻以《婚姻之鑒》（*Miroir de Mariage*）這篇針對女人的酸腐檄文而告終。文中，婚姻是一種由折磨、悲哀和嫉妒構成的令人痛苦的苦役——對丈夫而言。他用一萬兩千行詩句，滔滔不絕地將教士們對女人的所有傳統指責一一道出——水性楊花、爭吵不休、反覆無常、揮霍無度、自相矛盾、嘮絮叨、慾望強烈，以其肉體的慾望使丈夫精疲力竭。既然德尚在其他詩歌中將自己描寫為一個安逸的已婚男人，那麼這一大堆無稽之談便像詩歌臨近結尾時那樣，代表了他對享用過女人和肉體快樂的悔過。

教義使自己陷入了圍繞性現實的無窮無盡的糾結之中。如果婚姻的誓約是神聖的，那麼婚姻之中的性愉悅何以是罪惡的？如果歡愉是可以原諒的罪過，那麼它在哪一點上變成了屬於致命罪惡的淫蕩或極端的慾望？為了生育而在婚姻之外養育孩子要比在婚姻之內只為歡愉而進行的交媾更有罪嗎？難道無生育的貞潔婚姻要比夫婦的交媾更神聖嗎？如果一個男人在妻子懷孕時或停經後與她睡覺，因而生育不可能成為其目的的時候，該拿他怎麼辦？或者，當他因為受到其他女人的誘惑而與妻子睡覺以「冷卻」其不法的慾望，也就是說為了避免一種罪惡而犯下另一種罪惡時，又該怎麼辦？或者，如果他有違生育之旨，卻是為了教會的利益，在未征得妻子的許可或不帶著她一起的情況下參加十字軍東征，又當如何？這些都是有可能讓辯論家們比普通人更為關心的問題。

像高利貸一樣，性違背了教義之道，只有一條意見一致的原則除外：任何有違「自然規定」的安排和結局都是有罪的。其涵蓋的條目是雞奸，它不僅意味著同性戀，而且指與同性或異性使用「不恰當」孔口或「不恰當」姿勢進行的性交，或是依照俄南之罪[7]漏失精種，或自慰遺精，或與牲畜交媾。這些都屬雞奸，它因阻礙自然之道而違背上帝，因此被視為淫蕩類中「最惡劣的罪行」。

婚姻是結合重大利益的兩性關係。相較於任何其他事物，它更是坎特伯雷朝聖者腦中的主題，它的主宰性話題是，丈夫與太太之間誰說了算？在現實生活中，有關服從的問題也主宰著巴黎的梅納吉耶為其十五歲的妻子編寫的行為手冊。她應當遵從丈夫的命令，按照他的快樂而非她自己的快樂行事，因為

7 俄南之罪（sin of Onan），根據《聖經・舊約》，猶大在其長子死後，命令二子俄南娶嫂為妻，以便留後，但俄南每次交媾都半途抽出，把精液射在地上，因此受到耶和華的懲處。

「應當後丈夫之樂而樂」。她不應傲慢自大，或是跟他頂嘴或反駁他，尤其是當著眾人面前的時候，因為「女人應當順從男人，這是上帝之命……聰明的女人通過對丈夫言聽計從來贏得他的愛情並最終擁有她從他身上想要得到的東西」。她應當巧妙而謹慎地勸告他，以免他做傻事，但她決不嘮叨，「因為女人的控制和主宰很難糾正男人的內心」。214

遇到吹毛求疵、雞蛋裡挑骨頭的妻子的可怕命運的事例，在梅納吉耶和拉圖爾·蘭德里的書中都有引述，後者提到某位丈夫在其妻子當著眾人的面冷酷地批評了自己後，「因為她的管教而怒火中燒，一拳將她打倒在地」，然後踢她的臉，弄斷了她的鼻子，使她從此之後毀了容，「也許再也不好意思露出自己的容貌」。她這是罪有應得，「是她的邪惡和對丈夫習慣說出的大話所帶給她的結果」。

如此反覆地頻頻強調柔順和服從的做法，正說明相反的品性更加司空見慣。中世紀的憤怒總與女人聯繫在一起，憤怒之罪被描繪成一個騎公豬的女人，儘管七種罪惡中的其他罪行通常都擬人化為男人。[8] 如果中世紀婦女的世俗形象是悍婦和潑婦，那麼這也許是因為，責罵可能是她反抗對男人的服從的唯一泉源，就像所有其他事物那樣，聖托馬斯·阿奎那也對此狀態進行了梳理。阿奎那認為為了人類家庭的良好秩序，一些人不得不受制於另外一些「比他們自身聰明的人」；因此，在「靈魂的活力和身體的力量兩方面」都更加脆弱的女人便「自然而然地要服從受理性支配的男人」。他訂定父親應當得到比母親更多的愛戴，擁有更大的責任，因為他在受精過程中的角色是「積極的」，而母親的角色僅僅是「被動的和物質的」。出於其神諭的禁慾主義，聖托馬斯承認母親的照料和養育在孩子的撫養過程中是必不可少的，但更不可缺少的是父親的「引導和監護，在他之下，孩子在內外兩方面都有所進步」。在阿奎那時代，女人會像潑婦般做出反應，幾乎毫不奇怪。

奧諾雷・博內特提出了一個問題：一位王后在國王不在的情況下統治王國時，是否可以審判一位騎士。他回答「不」，因為「很明顯，男人比女人更高貴，並具有更偉大的品性」，因此，女人不能審判男人，更因為「臣子不能審判自己的領主」。他沒有解釋，在這種情況下，王后該如何統治王國。

順從的典範是耐心的格里塞爾達（Griselda），她忍受丈夫對其婚姻服從態度的冷酷考驗的故事深深地吸引了男性作者們，以至於它在十四世紀中葉被覆述了四次，第一次是薄伽丘，然後是佩脫拉克用拉丁語、喬叟在《教士的故事》中[9]用英語以及梅納吉耶用法語。在丈夫通知她時，格里塞爾達毫無怨言地忍受著每個孩子被抱走殺害的痛苦，之後又默默忍受著對她本人的否認和假定的離婚，直到這一切被揭示為一次考驗，她又心甘情願地與考驗自己的可惡的始作俑者重新團聚。

梅納吉耶是個心地善良的男人，他認為，這個故事「講述的殘酷行為（對我的心靈而言）太過可怕，超出了常理」，所以肯定「事情絕不至此」。不過，他認為自己的妻子應當熟知此故事，以便她「知道如何與別人談論這一切」。中世紀婦女依靠故事、文字遊戲和謎語自娛自樂，一位有良好教養的年輕已婚女子必須有所準備，可以談論不幸的格里塞爾達和她駭人聽聞的丈夫。喬叟也在其作品的結尾處為這則故事感到羞恥，在結尾詩節匆忙向貴族人妻諫言：

勿使謙卑釘住了你的舌尖……

215

8 在一篇十四世紀的富有啟蒙性的手抄本中，驕傲是個騎獅子的騎士，忌妒是騎狗的僧侶，懶惰是騎猴子的農民，貪婪是個騎獾的商人，貪吃是個騎狼的年輕人，憤怒是個騎公豬的女人，奢侈（而非通常的好色）是個騎山羊的女人。

9 譯者註：實際上，喬叟講述的格里塞爾達的故事應當是在《學者的故事》中。

莫讓男子欺淩你……
不要害怕他，不要禮敬他……
歡歡喜喜，輕快得像樹杪的葉片，
讓他去介懷、流淚、悲歎和痛哭！

婚姻之愛儘管是高尚戀愛的基本格局，卻依然是人們渴望在結為連理之後而非之前達成的目標。這項任務委託給了妻子，她的責任是通過持續關注、精心照料、和藹可親、溫柔聽話、默許順從、寬容忍耐和不唆嘮叨來贏得丈夫的愛，「為這個世界贏得也許存在於婚姻中的和平」。梅納吉耶有關此事的聰明智勸告可以概括為一條：「最讓男人著迷的，莫過於給他讓他愉快的東西。」如果他所代表的第三等級較貴族更加強調婚姻之愛，那無疑是因為，布爾喬亞夫婦更為頻繁的親近使得親密關係變得令人嚮往。在英格蘭，夫妻和睦可以贏得鄧莫醃豬肋肉（Dunmow Flitch）——任何夫婦若在結婚一年後來到埃塞克斯郡（Essex）的鄧莫，並真誠地發誓說他們永遠不吵架，不後悔結婚，如果再給他們一次機會，他們仍然會與彼此成婚，那麼就會得到一條醃豬肋肉的獎勵。

雖然對高尚愛情的狂熱理應提升貴族婦女的地位，但與此同時形成的一種對聖母瑪麗亞的狂熱崇拜，卻沒有給全體婦女的地位留下多少保證。人們批評女人愛說閒話、愛饒舌、渴望同情、賣弄風騷、敏感多疑、想像力過於豐富、對閒逛的學生和其他乞丐反應過度。人們斥責她們在教堂吵吵嚷嚷，每當輪到她們時，都用聖水噴灑自己，大聲祈禱，在每個聖龕前下跪，對於布道之外的一切都十分關注。據說修道院的修女憂鬱易怒，「如同被鎖得時間太久的狗兒一樣」。女修道院對於某些人而言是逃避世界的庇護所，對另一些人而言則是一種命運，她們的家人將其作為禮物獻給教會，對於少數人而言則是一種宗教召喚下的選擇，但總的來說，只有那些帶著充足捐助前來的人才可有此選擇。

來自人頭稅和灶台稅的證據顯示，在二十歲至四十歲之間，女人的死亡率要高於男人的，據推測可能是因為生孩子和更易生病。在四十歲以後，死亡率正好倒轉過來，而一旦成了寡婦，女人則有權自己選擇再嫁與否。

在日常生活中，貴族婦女和非貴族階層的婦女都發現，即使其地位不同，可是環境強加給她們的功能卻不盡相同。農婦可以擁有租用權，並憑此能力為其耕地提供與男人相同的勞作，儘管她們幹同樣的工作，掙得卻比男人少。農民家庭要依賴她們的所得。在行會中，婦女擁有某種行業的壟斷權，通常是紡紗、麥芽酒製造以及某些食品和紡織品行業。某些手藝將婦女排斥在外，除非她是行會成員的妻子或女兒；在其他行業中，她們像男人一樣工作。商人之婦除了母親的職責外，管理丈夫的家業——他自己的房子、他的鄉間莊園、他外出時的生意——使她一刻也不得閒。婦女督導縫紉、編織、釀造、蠟燭製作、市場行銷、救濟金發放，指揮室內室外的僕人，練習醫藥和外科手術方面的技能，記帳，也許還會作為單身婦女經營一項獨立的事業。

一些婦女會充當專業人士或醫生，即使她們沒有執照。一三二二年在巴黎，一名叫雅各芭・費利西（Jacoba Felicie）的女子受到大學醫學院的起訴，因為她在沒有學位或校長許可的情況下行醫。一位目擊者作證說，「他聽說，她在手術和醫藥方面比巴黎最偉大的教師、醫生或外科醫生都要高明」。十四世紀六〇年代，在波隆那大學，其教職員工中包括諾薇拉・安德里亞（Novella d'Andrea），她是個以其美貌著稱的女人，為了避免學生分神，她在上課時要戴上面紗。不過，她的專業能力如何卻無記載。

城堡的女城主常常得在丈夫在其他地方奔忙時獨自管理城堡，而他經常如此，因為十四世紀的征戰使得家中永無寧日。假如丈夫不去打仗或是照料國王，他通常也是被囚禁在某處以換取贖金。在這種情況下，他的妻子就不得不代替他的位子，做出決定，坐鎮指揮，除了讓娜・蒙福爾（Jeanne de Montfort）之外，也有不少婦女這樣。馬西婭・奧德拉斐（Marcia Ordelaf）在她暴脾氣的丈夫（他曾刺死自己的兒子）去保衛另一座城市免遭教皇軍隊的進攻時，被留下來保衛切塞納（Cesena）。她拒絕了所有的談判提議，雖然屢遭進攻，城牆被挖，遭到包圍城市的敵人夜以繼日地拋擲的石頭的轟擊，老父親也苦苦哀求她投降。因為懷疑軍師在暗中安排投降，她下令逮捕他，砍掉了他的腦袋。只有當她的騎士告訴她，堡壘的崩潰將使全城無一人生還，並指出無論她同意與否都要投降時，她才同意談判，條件是她要親自出席會談。她的談判極其有效，為自己、家人和所有僕人、門客以及支持她的士兵獲得了安全通行證。據說她唯一害怕的是她可怕的丈夫的暴怒——這不是沒有理由的，因為，儘管人人都在談論「禮貌」，但眾所周知，騎士團的領主們並不比布爾喬亞少毆打自己的妻子。在一個特別殘忍的高級別的案例中，阿馬尼亞克伯爵（Count of Armagnac）被指控他為了強索財產，打斷了妻子的骨頭並把她鎖了起來。

克莉絲蒂娜・皮桑為十四世紀的婦女地位樹立了清晰的女性楷模，她是迄今為止我們所知道的唯一一位靠自己的文筆謀生的中世紀婦女。出生於一三六四年的她是皮薩諾的湯瑪斯（Thomas of Pisano）之女，他是位醫生兼占星師，擁有波隆那大學的博士學位，於一三六五年被新上任的國王查理五世（一三六四——一三八〇在位）徵召到巴黎，並留在那裡提供服務。父親親自教克莉絲蒂娜學會拉丁語、哲學和在婦女教育中不常見的各種科學分支。十五歲時，她嫁給了王室書記之一、皮卡第的艾蒂安・卡斯爾

（Etienne Castle）。十年後，當她「正值青春花季」的丈夫和她的父親在幾年之內相繼過世後，她只能獨自帶著三個孩子過活。沒有生活來源且舉目無親的她轉向寫作來賺取贊助，從此以後，這就是她的生計。她始於詩歌，在民謠和十三行迴旋詩中回憶她身為人妻的快樂，哀歎她身為寡婦的憂傷。儘管詩歌形式非常傳統，但其口吻則個性鮮明。

> 無人知曉我可憐的心忍受的勞役，
> 為了在我得不到同情時掩飾我的憂鬱。
> 友情中的同情越少，流淚的理由便越多。
> 於是我不哭訴我那淒慘的哀痛，
> 而是在我本想啜泣時大笑，
> 在沒有音韻或節奏時賦歌，
> 為的是隱藏我的心思。

其哀怨的調子（或者，也許是比克莉絲蒂娜自認為的更多的同情）讓貴族和君主們——他們的地位反映在對藝術的贊助之中——鬆開了錢袋，使克里斯蒂娜得以從事對一系列說教性散文著作的研究，其中的許多都改編或翻譯自其他作者，這在當時是種司空見慣的做法。沒有任何主題可以讓她望而卻步：她根據韋格蒂烏斯（Vegetius）的羅馬經典著作《軍制論》（*De re militari*）撰寫了一部有關戰爭藝術的大部頭著作；一部神話浪漫故事；一篇有關婦女教育的論文；一部有關查理五世的傳記，它一直是一部重要的原創性著作。在撰寫有關其自身性別的內容時，她自己的聲音最大，興趣最濃，這體現在有關歷史上的著名婦女的生活的《婦女城》（*La Cité des dames*）一書中。儘管它譯自薄伽丘的《仕女錄》（*De claris mulieribus*），但克莉絲蒂娜在序言中將它變成了自己的作品。在序言中，她坐而哭泣和羞愧，想知道男人為何「異口同聲地將邪惡歸因於婦女」，以及「既然我們也是上帝所造」，為何「我們應低男人一等」。在一場令人目眩神迷的夢幻中，三個戴皇冠的女性人物——公正、信仰和貞潔——現身來告訴她，哲學家的這些觀點不是信條，「而是由錯誤和自欺欺人構成的迷霧」。她們提及歷史上的優秀婦女的名字——穀物女神刻瑞斯（Ceres），農業的捐贈者；阿拉喀涅（Arachne），紡紗和編織的發明者；還有荷馬傳奇、《舊約》和基督教殉教史中的形形色色的女主人公。

寫作於本世紀結束時的《致愛神書》（*Epistle to the God of Love*）中，克莉絲蒂娜再次充滿激情地大聲疾呼，質問為什麼以前在法國如此受人尊重和崇敬的婦女如今卻不僅受到無知者的攻擊和侮辱，而且還受到了貴族和教士的相同對待。《致愛神書》是對讓・德默恩在當時最受歡迎的《玫瑰傳奇》續集中對婦女的惡毒諷刺的直接反駁。讓・默恩是位職業作家，擁有巴黎大學的藝術學碩士學位，是他那個時代的喬納森・斯威夫特（Jonathan Swift），對宗教、哲學尤其是騎士精神及其高尚愛情核心主題中的虛偽慣例極盡嘲諷之能事。自然和自然的情感是他的主人公，「False Seeming」（偽君子）和「Forced Abstinence」（強制的貞潔）是他筆下的惡棍，他將它們人格化為行乞的修道士。像因男人的慾望而指責婦女的教士一樣，或者像抓走妓女卻放過嫖客的員警一樣，身為男性的讓・德默恩指責婦女令人遠離理想。因為高尚愛情是對婦女的虛假美化，所以他讓婦女成為其謬誤和虛偽的化身。詭計多端、塗脂抹粉、唯利是圖、水性楊花，德默恩筆下的女人反過來僅僅成了男性對高尚愛情的空想。正如克莉絲蒂娜所指出的，寫這些書的正是男人。

她的抗議激起了讓・德默恩的反對者和捍衛者在世紀之交的知識大辯論中的沸沸揚揚的爭論。與此同時，她憂傷的笛聲仍舊在詩歌中迴響。

> 至今已有一月，
> 自從我的情人離開。
> 我的心始終陰鬱沉默；
> 至今已有一月。
> 「別了」，他說：「我將離開。」
> 從那以後他不再對我說話，
> 至今已有一月。

正如倖存下來的抄本的豪華裝幀所顯示的那樣，她的著作為有錢的貴族所追捧。在五十四歲時，她在對法國狀況的傷感下退隱到一家女修道院。她又活了十一年，寫了一首詩歌，頌揚那位在後來者眼中超乎其時代的所有人之上的人物——另一名女子，聖女貞德（Joan of Arc）。

由於被固定在男人為其設想的女人天性模式中，婦女常常出現在歇斯底里的神秘主義者之間就並非偶然。在英格蘭的瑪格芮・肯普（Margery Kempe）難以抑制的哭泣中，有種為眾人發聲的尖銳。在前往耶路撒冷朝聖的途中，當「她看到我主的苦痛之地時，她是如此憐憫至深，如此痛苦至極」，於是她開始哭泣。從那以後，她的陣發性「哭喊哀號」並跌倒在地將持續許多年，一月或一週一次，有時每天一次或一天數次，有時在教堂，有時在街道，有時在房間裡或田野上。看到耶穌受難像也許就會讓她開始流淚，「或者，假如她看到一個受傷的男子或野獸，假如一個男人當著她的面打孩子，或是用鞭子抽打一匹馬或其他畜生，假如她看到或聽說這一切，她就認為看到了我主正在受鞭打或受傷害」。她試著「盡可能不讓別人知道，這樣人們也許就不會因為聽到這一切而煩惱頓時而起，因為有人說一個邪惡的精靈糾纏住了她，或者她喝了太多的酒。有些人詛咒她，有些人希望她登上漂浮在海上的無底船」。瑪格芮・肯普顯然不是令人愉快的鄰居，就像所有那些無法隱藏生活之痛的人一樣。

一三六五年七月二十七日，在溫莎城堡，英格蘭的伊莎貝拉與昂蓋朗・庫西在一片喜慶氣氛中舉行了豪華的婚禮。王國中最好的吟游詩人為此場合進行了表演。新娘佩戴著其父親、母親、兄弟作為結婚禮物送給她的價值兩千三百七十英鎊十三先令四便士的珠寶，顯得珠光寶氣，光彩奪目。她的嫁妝因為與德阿爾布雷締結婚姻的那一部份而大為增加，是每年四千英鎊的年金。國王給昂蓋朗的禮物也價值不菲。他被解除了人質身份，而不必支付任何贖金。

四個月後，在十一月，這對夫婦得到國王的允許返回法國，顯然這許可給得有些勉強，因為信件提到了一個反覆再三的請求，「想去法國境內探訪你的土地、財產和莊園」。伊莎貝拉已經懷孕，國王的信件承諾她在國外生育的所有孩子，無論男女，都能繼承在英格蘭的土地，並視之「如同他們出生在這個王國一樣完全自然」。

一三六六年四月，教堂的鐘聲依照慣例被朗朗敲響，目的是感化聖徒，使生產平順容易，在鐘聲中，一個女兒在庫西誕生，其教名為瑪麗。還不到一個月的時間，伊莎貝拉便帶著丈夫和嬰兒匆匆返回英格蘭。一位頗具身份、有孕在身的女士將乘坐一輛有軟墊座位的箱式四輪馬車，帶著伊莎貝拉的傢俱、亞麻床單、器皿盤碟、烹飪用鍋、葡萄酒和僕人去打前站，準備住宿地，懸掛掛毯和簾幕。即使有這樣的舒適安排，要帶著新生兒冒險跨越海峽，完成顛簸的陸地旅程，似乎也顯得十分罕見且不計後果地倉促，或者也顯示了對家園的不顧一切的熱愛。在她全部的婚姻生活中，伊莎貝拉從未在庫西城堡紮下根來，無論何時，只要丈夫離開庫西遠行某地，她就會立即匆忙返回其父親的宮廷。也許住在位於山上壁壘森嚴的城堡中令她怏怏不樂，也許她在法蘭西找不到家的感覺，更有可能的是她離不開自己年輕時的那種放任嬌縱的王室環境。

愛德華想將庫西盡可能地與英格蘭緊密聯繫在一起的決心在昂蓋朗和妻子剛一回來時便付諸了行動。一三六六年五月十一日，宰輔當著愛德華的面，通知議會的貴族和平民：「國王已將女兒伊莎貝拉嫁給了在英格蘭和其他地方都有漂亮莊園的庫西領主；鑒於他與國王是如此親密的同盟，那麼國王增加他的榮譽，提升他的威望，讓他成為伯爵，便是順理成章之事；因此他需要建議和贊同。」領主和平民們當然贊同，讓國王去選擇給他授予哪塊土地和何種頭銜。昂蓋朗被授予了虛位以待的貝德福德（Bedford）伯爵領地，其稅收是一年三百馬克。作為貝德福德伯爵英傑拉姆（Ingelram）[10]，他在那之後出現在英格蘭的記錄上。為了使其榮譽臻於完善，他被納入了嘉德騎士團。

與此同時，伊莎貝拉又得到一份每年兩百英鎊的收入，它迅速在她那無底洞般的揮霍中化為烏有。她似乎是那樣一類人：對於他們而言，花錢是種神經官能症，因為在她回來的幾個月之內，國王向商人

10 從海峽兩岸對固有名字的各種拼寫來判斷，常用語言的發音一定接近於互不可解的程度。喬叟筆下的女修道士說法語，只不過是斯特拉福特修道院的法語，因為她對巴黎的法語一無所知。

們支付了一三〇英鎊十五先令四便士，以歸還她購買絲綢、天鵝絨、塔夫綢、黃金大衣呢、絲帶和亞麻布的欠款，又付了六十英鎊來贖回她抵押出去的一隻鑲珠寶的手鐲。

在一三六七年復活節（它於四月十八日到來）之前的某日，庫西家的第二個女兒在英格蘭出生，距大女兒的出生不到一年時間。這個嬰兒隨其王后祖母被命名為菲莉帕，從其王室祖父母那裡收到了一套精美的銀器，包括六只鍍金鏤刻的碗、六只杯子、四支大水壺、四只分別配有二十四隻碟子的大淺盤、多只鹽瓶和多把湯匙，總價值為二三九英鎊十八先令三便士。

在其財富進一步增加的過程中，昂蓋朗在其非無私欲的岳父的附帶幫助下，如今在法國也得到了一塊等值的伯爵領地。作為昂蓋朗的人質同伴和法國鄰居，腓力六世和布列塔尼的查理・布盧瓦（Charles de Blois of Brittany）兩人的侄子，蘇瓦松伯爵（Count of Soissons）布盧瓦和沙蒂詠的居伊（Guy de Blois et de Chatillon），儘管家世顯赫，人脈廣泛，到目前為止卻無力贖回自己的自由。按照釋放他的開價，現在達成了一種安排，根據此安排，在得到法蘭西國王查理的同意後，他將自己的蘇瓦松領地割讓給愛德華，愛德華轉手將它贈給了庫西，以代替答應給伊莎貝拉的嫁妝所需的四千英鎊。構成皮卡第相當大一部份的庫西和蘇瓦松的遼闊領土現在都握在了英格蘭國王的女婿手中。頂著一個淡化了曾經驕傲樸素的庫西箴言的領地頭銜，昂蓋朗現在成了蘇瓦松伯爵，就這樣帶著妻子女兒於一三六七年七月返回了法國。

第10章 邪惡之子

昂蓋朗在英格蘭的七年中，「自由兵團」（the Free Companies）在法國、薩伏伊、倫巴底和教皇領地等各處造成的災難已經成為歐洲事務的一個重大事實。連隊不是一種過眼雲煙般的現象，亦非一種外部力量，而是已經成為一種生活方式，成了社會本身的組成部份，為其統治者利用和聯合，即使在這些統治者努力想擺脫它們時亦然。它們從內部侵蝕社會，就像厄律西克同（Erysichthon）這個「大地的撕裂者」一樣，他由於破壞了德墨忒爾（Demeter）的聖樹林而受到女神的詛咒，永遠饑餓難耐，最終在試圖填補其饑餓之慾的努力中吞食了自己。

紀律和組織使得連隊作為作戰部隊比致力於榮耀卻對指揮原則一無所知的騎士們更加有用。統治者雇用他們，例如薩伏伊伯爵阿馬迪厄斯六世（Amadeus VI）就曾與最臭名昭著的指揮官之一定約，利用自己領地中的恐怖活動來粉碎一個對手的黨羽。無論是受人雇用還是以冒險為生，它們都用掠奪來支應開銷。明火執仗的生活變成了其手段的附屬品，而手段變成了終極目標；十四世紀的世風拜倒在不法之徒的殘暴勝利之下。

在法國領土移交期間，儘管英王愛德華重申了命令，但仍有許多匪幫拒絕復員或撤出其堡壘。由於被解除了常規的雇傭，他們就如同從一個破裂的蜂巢中飛出的蜜蜂一樣，形成了圍繞一個特定帶頭大哥

222

的小蜂巢，再加入「後來者」的大部隊。在尋找與搶奪金銀財寶相結合的雇傭職業的過程中，他們四散開來，將那些在社會契約被打破時迅速重操舊業的不法之徒的人吸納進自己的行列。雖然較基層的等級來自殘破的城市和鄉村，來自包括教會在內的各行各業的失業者，但領導層卻來自上層——發現用寶劍斬獲一切的生活令人無法割捨的大領主，或是被連隊本身拔去根基的騎士階層中的失利者。在無法依靠被毀壞的土地聊以為生的情況下，他們加入了雇傭軍，而不是遵循一種放下屠刀的生活。用教皇在一三六四年的開除教籍令中的話說，「他們恣意於種種殘酷行徑」，在手無寸鐵的人眼中似乎就是另一場瘟疫，引發了眾星宿或上帝的怒火。

在法國，他們被稱為「écorcheurs」（剝皮者）和「routiers」（攔路搶劫者），在義大利被稱為「condottieri」（傭兵）。這個詞源於「condotta」，即合同，用以綁著他們作為雇傭兵的職業條款。他們從易受攻擊的城鎮中，以「appatis」（被迫交納的貢物，目的是換取免遭攻擊的結果，其條款由書記員白紙黑字地寫下來）的形式榨取一種體系化了的收入。他們從日常生活中汲取服務，讓公證人、律師和銀行家以及職員、鐵匠、製革匠、桶匠、屠夫、外科醫生、教士、裁縫、洗衣女工、妓女，通常還有自己的合法妻子來處理自己的事務。他們通過固定的經紀人出售戰利品，不過那些他們自己想留下來的特殊武器或奢侈品除外，比如珠寶和女人的禮服，或用於鑄劍的鋼鐵，還有人留下了鴕鳥羽毛和獺皮帽子。他們成了社會結構中的一環。當勃艮第於一三六四年被「司鐸」阿爾諾·賽沃洛（Arnaut de Cervole）攻佔時，年輕的腓力公爵待之以禮，稱他為自己的顧問和同伴，將一座城堡和幾名貴族人質交到他手中作為擔保，直到自己可以籌集到兩千五百金法郎來換取他的自由之身。為了籌集這筆錢，腓力採用了慣用的權宜之計，向自己的臣民徵稅，這是人們怨恨封建領主的另一個原因。

與被伊莎貝拉所拒絕的新郎出自同一家族的貝爾蒂卡・阿爾布雷（Bertucat d'Albret）是比莊園主更酷愛「搶奪」（pillard）[1]的貴族大領主之一。多年後，在垂暮之時，他懷念起「我們從圖盧茲、拉里奧勒（La Riolle）或貝日拉克（Bergerac）撲向富商」的歲月。「從沒有一天我們不曾給自己帶來豐厚的獎賞，為我們的財富錦上添花，令我們的精神鼓舞振奮。」他的朋友和加斯科涅同鄉、時常被稱為「兵團之王」（King of the Companies）的塞金・巴德福爾（Seguin de Badefol）用五枚金幣代替了其父親盾徽上的五頂帽子，表明了他的主要興趣。亞米里戈特・馬塞爾（Aimerigot Marcel）在當了三十年的匪徒後，死在絞刑架上，他曾吹噓自己搶過布魯塞爾的絲綢、定期集市上的皮革、布魯日的香料、大馬士革和亞歷山大的貴重紡織品。「全都屬於我們，或是按我們的意願被贖回……奧弗涅（Auvergne）的農民在我們的城堡中為我們供應食糧，帶來小麥、麵粉和新鮮麵包、餵馬用的草料、上好的葡萄酒、牛肉和羊肉、肥美的羔羊和家禽。我們得到的供應如同國王的規格。當我們縱馬向前時，整個國家都在我們的面前顫抖。」

人們對連隊的普遍憎恨可歸於每種罪行，從在四旬齋吃肉，到對懷孕婦女施暴，後者會造成未出生和未洗禮的孩子的死亡。四分之三的法國都成了他們的掠奪對象，尤其是盛產葡萄酒的勃艮第、諾曼第、香檳和朗格多克等地。有城牆的城鎮可以組織抵抗，而置農村遭受暴行於不顧，農村屢遭破壞，造成了一批由赤貧的農民、尋找工作的工匠和失去教區的神父構成的流浪人口。

連隊也不放過教堂。英諾森六世在一三六〇年的一封教士信中寫道：「麻木於對上帝的畏懼，那些邪惡之子……侵犯並破壞教堂，盜走它們的書籍、聖餐杯、十字架、聖禮用的神聖遺物和器皿，使它們

1 譯者註：Pillard，法語，搶劫的（人），掠奪的（人）。

成為自己的戰利品。」在格鬥中濺滿鮮血的教堂被認為是遭到了褻瀆，禁止舉行聖禮，直到走完一個冗長的官僚主義的協調過程。不過，教廷的課稅仍繼續徵收，殘破教區的教士常常被滅薪至拮据程度，甚至遭到遺棄，它們加入迫害者的行列也並非罕見。英諾森在同一封信中悲哀地說：「看看它變成了什麼樣的墳墓，當那些人儀態優雅地向前衝……參與洗劫和搶奪（甚至不顧流淌的鮮血）時。」

隨著教士和騎士都加入了邪惡之子的行列，普通人便覺得自己生活在一個掠奪和無力控制這一切的時代。「如果上帝本人是位士兵的話，他也將成為一個強盜。」一位名叫塔爾博特（Talbot）的英格蘭騎士說。

一條鎖鏈仍未鬆開：赦免的必要性。對於在沒有赦免的情況下就死去的恐懼是如此根深蒂固，以致於人們相信鬼魂將成為未聽懺悔者的幽靈，他們會返回人世為自己活著時候的罪惡尋求赦免。無論匪徒們是多麼不遵守其他的規則，他們都固執於形式上的（如果不是實質上的話）寬恕。根據一種理論，在「正義的戰爭」中遇見死神的人如果曾懺悔其罪惡，就會直接升入天堂，可是一名騎士若是犯有掠奪罪，就將不得不通過歸還其搶得的方式來證明其懺悔之意。由於製造不出正義戰爭的藉口，更不願歸還其非份之得，連隊便滿足於通過蠻力來勒索赦免，就像勒索一袋金子。在與其俘虜，甚至那些他們曾傷害或折磨過的人商談贖金或赦免時，他們都會將受害人為他們祈求赦免或督促教皇解除其開除教籍之命令當作釋放條件之一。

英諾森的繼任者烏爾班五世於一三六四年頒佈了兩項有關開除教籍的詔告，即《促己詔》（*Cogit Nos*）和《憐人詔》（*Miserabilis Nonullorum*），其目的是竭力禁止與連隊的任何合作或為其供應食物。如果說此禁令干擾了匪幫們的話，卻並沒有遏制住他們。

在「後來者」（Tard-Venus）的出類拔萃的職業匪徒中，有一個庫西將註定會在作戰中相遇的人，他就是約翰・霍克伍德爵士（Sir John Hawkwood），他以這個名字的首次登場是作為於一三六一年包圍亞維農的連隊頭目之一。他的父親是個小地主和皮革商，父親死後，他的哥哥繼承了莊園和十英鎊、六匹馬和一輛二輪運貨馬車，身為次子的他沒有得到寸尺土地，只得到二十英鎊十先令，在這種情況下，他離開了家。他的名字出現在十四世紀五十年代於法國作戰的英軍名單，布列塔尼會戰之後他加入了「後來者」，這時他「仍然是個一貧如洗的騎士，除了馬刺，他一無所有」。當時他大約三十五歲。到教廷用黃金使他從亞維農轉戰義大利半島時，他領導的是由三千五百名騎兵和兩千名步兵構成的白色兵團（White Company），這支部隊得名於其白色的戰旗和束腰外衣以及擦得錚亮的護胸甲。他們在倫巴底首次亮相時，即憑藉其窮凶極惡和放縱恣意打響名號，而隨著時間的推移，「沒有什麼比聽到這個英格蘭人的名字更恐怖的事了」。他們獲得了「perfdi e scelleratissimi」（背信棄義和最邪惡）的名聲，儘管人們承認，「他們不像匈牙利人那樣炙烤並毀傷其受害人」。

經歷被一個個義大利城邦在其持久的戰爭中雇用後，霍克伍德不久便能夠為自己的服務索要最高的價碼。無論他的方法是多麼殘酷——它們導致了「一個義大利化了的英格蘭人是個徒具人形的魔鬼」的諺語——他卻沒有把時間僅僅花在搶劫上，而是讓自己的連隊與任何有能力付錢的勢力簽約，而不管站在戰爭的哪一方。他為比薩與佛羅倫斯作戰，反過來也可以；他為教皇的軍隊與維斯康提作戰，反之亦然，在完成針對維斯康提的軍事行動後，英明地將白色連隊所佔領的城堡還給了加萊亞佐（Galeazzo）。對霍克伍德而言，戰爭是一種生意，只要他的契約免除他與英格蘭國王交戰之責就行。他在義大利駐留了三十五年後死去，此時，他已經擁有大量的土地、年金和盛名，被安葬在佛羅倫斯大教堂中，墓門上

225

畫著烏切洛（Uccello）的騎術師的壁畫以示紀念。在他死的那一年，民族自豪感向他發出了召喚：在理查二世的私人要求下，他的遺體被送回英格蘭，在他的故鄉安葬。

在義大利，連隊實際上在公開戰爭中被用作官方軍隊。在法國，它們處於失控狀態。唯一有效的對抗力量是常規軍，但它尚不在這個國家的視野之內，同時也超出了其財力範圍。對抗連隊的唯一可行的方法是付錢給他們，讓他們到別處去。由於匈牙利國王指望外力的幫助來對抗突厥人，教皇、皇帝和法蘭西國王於一三六五年做出了同心協力的努力，以一次十字軍東征來解除那一威脅。

由前攝政、現在的查理五世提出的十字軍領導人選是一名不為人知的新指揮官，他就像他的布列塔尼姓名一樣粗野，法國人將之翻譯為德克勒坎（De Clequin）、卡斯坎（Kaisquin）或克勒斯奎（Clesquy），直到貝特朗・蓋克蘭這個名字被確定下來。他塌鼻子，黑皮膚，身材矮小而肥胖，「從雷恩至迪南（Dinant），再沒有比他更難看的人了」。所以，屈弗利耶（Cuvelier）的旨在塑造一位與黑王子的尚多斯・赫勒爾德的頌詞旗鼓相當的法國英雄的押韻史詩是這樣開頭的：「因此他的父母對他恨之入骨，竟致在心裡常常希望他死去。他們習慣地稱他為壞蛋、傻瓜或小丑；作為一個壞心腸的孩子，他遭到了如此輕蔑的對待，以致侍衛和僕人個個都瞧他不起。」他的父母是貧窮的貴族。他們沒教養的兒子沒有被比武大會帶壞，在為布盧瓦的查理服役時，於布列塔尼的遊擊戰中學會了作戰，成為伏擊戰術和陰謀詭計的能手，善於利用偽裝、密探、密使、遮掩軍隊調動的煙雲、金錢和葡萄酒的賄賂、對犯人的折磨和殺害，以及在「上帝的休戰」期內發起的奇襲。他大膽無畏，一如他的肆無忌憚，拿起劍時兇猛殘忍，卻時刻準備著以智取勝；強硬，狡猾，像任何一個「剝皮者」一樣冷酷無情。

出生於一三一五年至一三二〇年間的他直到三十五歲以後才成為一名騎士，在雷恩（Rennes）保衛戰中一舉成名。攝政親眼見到他從納瓦拉人手中勇敢地奪取了一座堡壘，這開啟了他在王室軍隊中的成名之路。儘管查理五世本人不是一名戰士，但他有作戰的決心。在《布雷提尼和約》簽訂後的這些年中，他唯一一個未說出口的重大目標是阻止將會對王國造成分裂的放棄版圖之舉。由於自己無意在戰場上指揮軍隊，他知道自己需要一位軍事領袖，並且也在這個「穿鎧甲的肥豬」身上找到了理想人選，他是出現在法國一方的第一位可以與黑王子或約翰・尚多斯爵士相提並論的高效率指揮官。

一三六四年，也就是查理五世統治時代來臨的那一年，蓋克蘭在兩場歷史性戰役中帶領法軍先贏後輸。在第一場於諾曼第的科舍雷爾（Cocherel）進行的與納瓦拉的查理的軍隊的作戰中，他以少勝多，結出了碩果，因為它導致了納瓦拉對巴黎的長期威脅的解除。更使該戰役聲名遠揚的是它俘獲了納瓦拉的堂兄弟德比什長官，後來查理在沒有索要贖金的情況下釋放了他，希望以此來為法國一方贏取這顆狂烈的心。第二場戰役發生在五個月後，地點是位於亂石嶙峋的布列塔尼海岸的歐賴（Auray），對布列塔尼的戰爭有決定性作用。法國的公爵領地候選人布盧瓦的查理被殺，蓋克蘭被俘。此戰是處於競爭狀態的布列塔尼公爵們的最後衝突，使英格蘭候選人讓・蒙福爾擁有了所有權，儘管根據《布雷提尼和約》的條款，該公國仍舊是一個法國封邑。這場失敗實際上被查理五世變成了利益之源。憑藉豐富的年金，他說服布盧瓦的遺孀放棄自己的繼承權，從而終止了持續的戰爭和法國軍隊的流血傷亡。查理五世是個能買就不戰的人。

蓋克蘭（Du Guesclin）在被贖回後，並未失寵。他的起家早已被梅林（Merlin）的占星術和預言所預言，這也許吸引了查理，他儘管精明機智，卻像蓋克蘭一樣，對占星術十分癡迷。除了在進行所有戰役時身邊都留有一個占星師之外，貝特朗還娶了一個占星師，這個女士接受過這一學科的訓練，以其神秘的力量而著稱。國王的興趣更具科學性。像大多數統治者一樣，他雇用了一名宮廷占星師，此人會針對行動和執行秘密任務的有利時機給出建議；但查理走得更遠，他委託人翻譯占星著作，在巴黎大學建立了一個占星術學院，為之配備了圖書館、器具和王室獎學金。

一三六五年，他將皮薩諾的湯瑪斯召進宮，後者是波隆那（Bologna）大學的占星術博士，他的儘管有點兒冒險天賦的想像力一定很投合國王的胃口，因為國王以每月一百法郎的薪水將他繼續留在身邊。查理久治不癒的疾病並非不可能是由湯瑪斯為他配製的含汞藥物所造成的，很多人為此指責過這名醫生。未受阻撓的湯瑪斯繼續進行一種「獨一無二和無法形容的」實驗，其目標是將英格蘭人驅逐出法蘭西。他用鉛和錫鑄造出空心的裸男形象，用取自法國中部和四隅的泥土填充它們，在它們額頭上刻上英王愛德華或他的一位指揮官的名字，然後在星辰處於正確位置時，將它們面朝下埋入地下，同時默念咒語，大意是這是對上述國王、指揮官和所有追隨者的永久驅逐、殲滅和埋葬。

當事情涉及根除連隊時，一種更現實的方法是通過在匈牙利的十字軍東征。急於擊退土耳其人的皇帝查理四世親自來到亞維農，提出承擔旅途費用，保證用波希米亞年的稅收來支付雇傭軍的工資。他在聖靈降臨節（Whitsunday）做彌撒時，與烏爾班五世一起出現，皇帝和教皇比肩而坐，有生以來第一次和睦相處，為那個場合投去了一道希望的符咒。烏爾班宣佈法國教士的什一稅將轉交給法蘭西國王，使他能夠有錢去履行他在此項偉大事業中的本份。儘管有金錢以及天堂——因為通過十字軍東征，開除教籍的命令將會被取消——的承諾，對匈牙利的前景極為厭惡的雇傭兵們還是提出質問：「為何他們要到那麼遠的地方去打仗？」但在希望他們離開的情感力量推動下，又鑒於他們自己的一份子阿爾諾・賽沃洛代替了蓋克蘭成了統帥，有些人被說服了。一三六五年夏，多個地方的多支部隊向位於帝國的洛林

（Lorraine）進發並集結。

結局是場慘敗。匪徒的可怕名聲引起了亞爾薩斯民眾的拼死抵抗。儘管阿爾諾保證他的目標不是該國，而只想讓自己的馬匹在萊茵河中喝點兒水，但史特拉斯堡（Strasbourg）的市民仍然拒絕他們過橋，於是皇帝在臣民的強迫下，帶著一支軍隊封鎖了道路。是連隊自己的不情願而非百姓的抵抗使他們在不到一個月的時間便打道回府。與此同時，在西班牙，一項新的事業正需要他們。

英法戰爭並沒有實實在在地於布雷提尼結束；它南下轉至了西班牙，在西班牙王位之爭中各站一邊。兩個爭奪王位的人，一個是卡斯提爾國王——「殘酷的佩德羅」，他的壓迫曾引起過一場反叛，另一個是他的非婚生的兄弟特拉斯塔邁里的唐恩里克（Don Enrique of Trastamare），他父親十個私生子中的長子，反對方的領袖。這個問題影響到了圍繞朗格多克、阿基坦和納瓦拉的力量平衡。因為佩德羅得到了英格蘭人的支持，此外他還拋棄並據稱殺害了他的妻子（她是法蘭西王后的一個姐妹），又因為唐恩里克是法國的被保護人，他的就職將會把一個同盟安放在一個重要的王位寶座之上，因而鬥爭吸引了這兩個前對手。再者，唐佩德羅是與教皇為敵的人，教皇曾因他拒絕遵守前往亞維農回應對其邪惡之舉的指控的徵召令而開除了他的教籍。

在針對格拉納達的摩爾人（Moors of Granada）的十字軍東征的偽裝下，西班牙戰場為連隊提供了一個理想的出路，但也許是座墳墓。作為被任命的統帥，蓋克蘭說服了二十五個最危險的連隊的指揮官跟隨自己前往西班牙，其中包括休・卡爾維勒和厄斯塔什・奧布雷西科特，以及其他在歐賴曾是其對手的人。雖說被許以高薪，但連隊的人若是沒有現金在手，是不打算翻越庇里牛斯山脈的。屈弗利耶在其詩史中津津樂道地告訴我們，由此帶來的對峙是十四世紀的一個縮影，儘管用屈弗利耶的話來說，「節奏的暴君使他沒有絲毫空閒去追求精確」。

連隊不是直接去了西班牙而是前往亞維農，在位於維爾納夫（Villeneuve）的羅納河對岸的教皇宮殿可以看得到的地方安營紮寨。教皇派出一位顫抖不已的紅衣主教前往那裡告訴他們：「我擁有上帝和所有聖徒、天使和天使長的力量，如果軍隊不立即撤出此地，我將開除全軍的教籍。」紅衣主教受到杜・蓋克蘭和「博學、智慧和謹慎的騎士」、普瓦捷會戰的老兵德奧德雷漢姆元帥彬彬有禮的接見，他們問他是否帶了錢來；他技巧地回答說，他被派來瞭解他們來亞維農的目的。

「先生」，奧德雷漢姆答道，「你眼前看到的人，在十年間，於法蘭西王國犯下了許多罪惡行徑，現在正在前去與格拉納達的惡棍作戰，」他們的領袖正在帶領他們前往那裡，「因此他們將不會重返法國。」在離開之前，人人都懇求赦免，因此他們請求教皇「將我們從我們的罪行中解放出來，從我們所有人自從嬰兒時期就已犯下的令人憂傷且十分深重的罪孽中解放出來，此外，為了我們的航程，他應當付我們二十萬法郎」。

「換上了另一副面孔的」紅衣主教答道，儘管他們人數眾多，但他認為他可以保證讓他們得到赦免，但錢沒有。「先生，」貝特朗連忙插話說，「我們必須擁有元帥已經提出的一切，因為我告訴你，這裡有許多人根本不把赦免放在心上；他們寧可要錢。」他又補充說：「我們正在率領他們前往可以在不傷害基督教民眾的情況下理直氣壯地搶劫的地方。」他催促說除非他們的要求得到滿足，否則那些人將不聽指揮，他們等的時間越長，維爾納夫的境況就會越糟糕。

紅衣主教連忙回到橋的對面，先向教皇報告了連隊的赦免請求，說他已經帶來了他們的犯罪自白。「他們……犯下了所有一個人可以做但決不會說的罪惡；所以他們請求上帝的憐憫和寬恕，以及由您給予的全部大赦。」

「他們會得到赦免的，」教皇毫不猶豫地說，「只要他們到時候離開這個國家。」隨後，二十萬法郎這件份外之事被擺在了他面前。從自己的視窗，烏爾班可以看到士兵們正在捕捉牲口、雞和鵝，強奪可口的白麵包以及任何他們能夠帶走的東西。他召集了一次會議，商討如何才能募集到錢財，之後採納了建議，以向亞維農的布爾喬亞收稅的方式募集，「這樣上帝的財富也許不會被減少」。當亞維農的教區長帶著如此募集來的錢財以及經過簽字和密封的赦免令前來交給‧蓋克蘭時，後者問這錢是否來自教皇的寶庫。當被告知這是亞維農的普通百姓的貢獻時，他「極為不恭地」譴責教廷的貪婪，發誓說除非是來自教士的錢，否則他一個子兒也不收；所有的稅錢都必須返還給繳納它的百姓。「先生」，教區長說，「上帝賦予你快樂的生活，窮人將會歡天喜地。」那些錢被按時返還給了民眾，由來自教皇寶庫中的二十萬法郎所取代，為此，教皇迅速通過向法蘭西教士徵收什一稅的方式讓自己得到了補償。

在英格蘭一邊，形象工程也在展開，以尚多斯‧赫勒爾德最為有名，他將黑王子此時對阿基坦的統治讚頌為「七年的歡樂、和平和愉悅」，而事實恰恰相反。王子的傲慢和奢侈引起了他的加斯科涅臣民的強烈憎恨，並轉向了法國。在慷慨大方之理想和貴族品德破產的浸染下，王子從不關心收入與花費間的任何平衡。他用收稅來填補缺口，這使其作為副王理當促進的忠心和效忠都漸行漸遠。「自從上帝誕生之日起，從未有過如此慷慨和體面的家庭招待會。」他每天要在桌子上款待「八十多位騎士和四倍以上的侍衛」——大約四百人，身邊總有一大批由侍衛、隨從、男僕、管家、書記員、獵鷹手、獵手構成的隨行人員；他舉辦宴會、狩獵聚會、比武大會，侍奉自己的非得是一個穿金馬刺的騎士。他的妻子——美麗的瓊，在奢華的布料、皮毛、珠寶、黃金和琺瑯的消費方面比起其小姑伊莎貝拉有過之而無

230

不及。尚多斯・赫勒爾德熱情洋溢地記載寫下王子的統治標誌是「慷慨大方、目標崇高、富於遠見、節制有度、正直義氣、有理有據、公正無私和克己奉公」。除了前兩個外，王子根本不具備這些品質中的任何一種。

蓋克蘭的武士們出發前往西班牙，在那裡，他們快刀斬亂麻地完成了作戰，唐佩德羅逃之夭夭，唐恩里克加冕登基，連隊成員幾乎沒什麼傷亡，太快地返回法國。不過，英格蘭的利益使爭鬥再起。唐佩德羅向黑王子請求幫助，熱衷於戰爭和榮耀的黑王子順水推舟地答應了。促使他這樣做的還有打破法國與卡斯提爾的聯盟的必要性，鑒於強大的西班牙艦隊，該聯盟威脅到了英格蘭與阿基坦的交通，強化了英格蘭人對受侵犯的持續恐懼。財力始終是關鍵所在。唐佩德羅發誓說如果他重新得到王位，他將支付一切開支，所以儘管有人勸告黑王子不要信賴一個如此滿身污點的人，可他還是拒絕放棄作戰。唐恩里克在蓋克蘭和法國連隊的再次支持下，雙方於一三六七年重燃戰火，結果發生了逆轉。

在一三六七年四月的納胡拉（Najera）戰役中，英格蘭人贏得了一場在中世紀編年史上非常著名的勝利，法國人遭遇了又一場失敗，不僅使其名聲掃地，而且其至高無上的軍事地位也大為削弱。蓋克蘭和奧德雷漢姆元帥都建議唐恩里克不要冒險與王子和「世上最優秀的士兵」真刀真槍地對著幹，而應當斷絕他們的供給，「不費一槍一彈地將他們餓死」——法國人在普瓦捷會戰時也收到過但被忽視的相同建議。由於地形、氣候等各種原因，也因為在新國王的西班牙追隨者們看來那麼做似乎有點兒不大光彩，所以這個建議未被採納，而帶來了災難性的後果。唐恩里克落荒而逃，唐佩德羅重登王位，蓋克蘭第二次被捕。儘管王子傾向於囚禁他，但貝特朗嘲笑說，他是「因為害怕」才要扣留他，這刺痛了王子，於是他同意法國人以十萬法郎的一口價將之贖回。

如果說在納胡拉戰役中失去了榮耀的話，那麼這次失敗像歐賴會戰的失利一樣，並非全然沒有好處，因為連隊損兵折將、深受重創地回到法國。由此帶來的欣慰使蓋克蘭獲得了信賴，於是，正如德尚所記錄的那樣，普通民眾的所有祝禱都慷慨地給予他。進一步的寬慰來自匪徒首領塞金・巴德福爾和「主教」的死亡──前者在一次晚宴上被不想付給他錢的納瓦拉的查理投了毒，後者被他自己的追隨者暗殺。可是，延緩的時間十分短暫。當唐佩德羅像預言的那樣拒不履行其債務時，黑王子在未得到報酬的軍隊的怒火的強硬逼迫下，「鼓勵他們秘密地」重新滲入法國，通過嫻熟的暴力手段來自給自足。這些英格蘭人和加斯科涅人的人數雖少，卻驍勇善戰，難以對付，他們一直打到了香檳和皮卡第，「在那裡，他們為非作歹，無惡不作，造成了重大的災禍」。

對於王子而言，納胡拉戰役的榮耀很快便淡了下去；對於他來說，這場勝利是命運之輪的巔峰──剩下的都將是下坡路段。他的驕傲使加斯科涅人與之疏離，「因為他沒有給騎士以一顆紐扣的褒獎，市民、市民之妻以及普通人也沒有任何收穫」。當他將唐佩德羅的債務以一三六七至一三六八年年度灶台稅的形式轉嫁到吉耶納人身上時，加斯科涅的領主們揭竿而起，並重啟與查理五世的談判，打算重返法國聯盟。推翻《布雷提尼和約》的理由和工具如今都掌握在法蘭西國王的手中。

第11章

鍍金裹屍布

庫西在一三六七年回到的就是這樣一個法國。從他在第二年所採取的重要步驟來判斷，他自己的領地正苦於勞動力的短缺，這是自黑死病之後，令各地的土地擁有者都苦不堪言的事情。皮卡第作為英格蘭人從一開始的突破口，不僅受到了入侵者的折磨，而且還受到扎克雷農民起義和英格蘭——納瓦拉聯軍的掠奪。農民不願繳納繼法國失利後一征再征的賦稅，而是背井離鄉，前往位於埃諾（du Hainault）和默茲河（Meuse）對岸靠近帝國的領地。

為了將勞動力留在土地上，庫西姍姍來遲的補救措施是解放自己領地上的農奴或非自由農民和村民。他的赦免令承認由於「對奴役的憎恨」，他們紛紛離去，「在我們土地之外的某地生活，在未得到我們允許的情況下解放自己，隨心所欲地解放自己」。（抵達其領主統轄之外的區域並在那裡停留達一年的農奴被認為是自由人。）除了於一一九七年發放給庫西城堡的赦免令外，庫西版圖在取消農奴制方面行動遲緩，也許這要歸因於以前的繁榮。在黑死病之前，自由農民已經在法國佔大多數。農奴制的廢止在很大程度上不是源於對罪惡奴役的道德判斷，而是更多地源於將之作為從租客身上收取現款的工具。雖然自由租客的付薪勞作要比農奴沒有報酬的勞作更昂貴，但租金遠遠超出了開支，此外，你不必為租客提供謀生的工作，而這是一筆所費不貲的花銷。

庫西一三六八年八月的赦免令採用的形式是向他的男爵領地上的二十二個城鎮和鄉村集體頒佈自由授權令，作為回報，每個城鎮或鄉村都要「永久地向我們及我們的子孫」繳納特定的租金和稅金。其數額從特羅斯利（Trosly）的十八里弗，到弗雷訥（Fresnes，像名單上所列的大多數地方一樣，是現在仍然存在的村莊）的二十四蘇，以及庫森（Courson）的百分之十八的灶台稅，各不相同。雖然赦免令因每行之中都有律師的廢話而顯得冗長，但其遣詞造句為我們提供了一幅清晰準確的中世紀地產保有權的畫面，與之後主題的繁蕪混亂大不相同。

赦免令聲稱：「根據普遍的風俗習慣」，生活在庫西男爵領地上的所有人，「根據『永久管業權』和『禁婚令』的規定，都是我們的男人和女人」，除非他們是教士或貴族，或者其他「因誓言和敬意而與我們在一起的人」。因為有許多人已經離開，「我們的上述土地的很大部份都未得到耕種、照看和收穫，變成了荒地，因此，上述土地的價值在降低」。在過去，居民必須從其父親那裡獲取自由，提供一定數量的永久稅金，「我們的其靈魂與上帝同在的親愛的、摯愛的父親採納建議，結果發現，破壞上述風俗並使之作廢，獲取提供給他的利潤，會給他帶來極大的好處」，但未等他完成那一需求，他便撒手人寰。由於我們對所有這一切都耳熟能詳，且已成年，完全接手了他的土地，還由於同樣的要求已經由他提出，而且提供的報酬「比上述永久管業權和禁婚令要更有利可圖，更體面榮耀」；還因為通過終止對百姓的奴役，「他們將會變得更加富裕，土地將得到耕種，不允許其恢復荒蕪，其結果是我們及我們的後代會得到更高的價值」；因此，當告知眾人，經過「對上述事宜的慎重考慮，完全弄清了我們的權利和利益後，我們切實地破除並廢止……永遠和永久地解除永久管業權和禁婚令對他們每個人的一切約束，無論是教士或是任何其他等級，都不可通過我們或我們的子孫，也不可通過其他任何人，保持對他們的

233

奴役，或是保留在現在或未來恢復對他們中任何一個人的奴役的權力」。從上述地方收取到的租金和稅金將會被併入「我們的遺產，以及我們為國王管理的封邑和男爵領地」，我們將請求國王批准並確認這一行為。王室的確認文件於三個月後按時收到。

普遍而言，土地擁有者，尤其是那些擁有太少土地因而無法獲得稅收利潤、家業不那麼興旺的人，由於過去二十年的災難，在經濟上受到的折磨超過了農民。在瘟疫中失去的奴隸勞動力是無法替代的，因為自由人不可能回到農奴身份。磨坊、穀倉、啤酒廠、牲口棚以及其他永久性裝置的改造必須要由擁有者自掏腰包。作為在過去二十年中大多失利戰役的戰俘，即使其開支被轉嫁給了城鎮和農民，但其贖金和生活費的開銷也仍是一種對稅收的消耗，儘管深受幸運之神垂青的庫西並未受到這種特殊破壞的折磨。除了被免去了贖金外，他還於一三六八年六月從法蘭西國王那裡收到了一千法郎以償還他當人質時的開銷，修復戰爭對他的領地所造成的傷害。查理五世也在尋求這位庫西和蘇瓦松領主的支持。

如果說領主及其依附者之間的關係因支付基礎的轉變而遭到了削弱的話，那麼來自租金的收入則給了較富裕的貴族更大的好處和舒適度，以及更自由的居住地。他們在巴黎大興土木，修建豪宅，享受城市的益處。引人注目的中心如今是國王名為聖波爾的新宅第，這裡是一個房屋聚集地，他把房屋集結起來，將之轉化為一座帶有七座花園和一個櫻桃園的宮殿，其地點在城市的東緣，就在現在的巴士底廣場（Place de la Bastille）附近。十二條遊廊連接著它的建築和庭園；經過修剪的花木圖案裝飾著花園，動物園中有獅子，鳥舍中有夜鶯和斑鳩。

查理統治時期是個大破壞時期，但即使在這樣的時期，都有僥免而不受影響的地方。在這樣的地方，美麗紛然，嬉戲不斷，樂聲盈耳，舞姿翩翩，人們沉浸在愛情和勞動中。雖然白晝的煙雲和夜晚的火光標誌著燃燒的城市，相鄰地區的天空卻湛藍清澈；當被嚴刑拷打的囚犯尖叫聲在一個地方不絕於耳時，別的地方的銀行家卻在數自己的錢幣，農民跟在安詳的耕牛身後犁地。特定時段中的破壞並不會覆蓋當時的所有人，而且，儘管它的影響日積月累，但它身後的衰落要花很長時間才能被認識到。

在庫西這個階層，男男女女都放鷹打獵，無論走到哪裡，戶內或戶外，去教堂、去巡迴法庭或是去吃一頓飯，腕上都架著一隻被罩起來的受寵獵鷹。偶爾，從送上來的巨大餡餅中有活鳥飛出，好讓被釋放的獵鷹在宴會大廳中追逐它們。在城堡的角樓上，領主的旗幟隨風飄揚，一個哨兵手執號角站在那裡，一有陌生人靠近，便會吹響號角。他還會在日出或雞鳴時分吹響號角，接著，教士們會唱響晨禱，接下來的是禮拜堂內的彌撒。在夜晚，吟游詩人會奏起長笛、豎琴、簧管、風笛、小號，敲響銅鼓和鐃鈸。在十四世紀，世俗音樂被作為一種藝術達於鼎盛階段，有多達三十六種不同的樂器得到使用。如果在晚餐之後沒有安排音樂會或表演，眾人就會用唱歌和交談、白天的狩獵故事、有關愛情習俗的「文雅問題」以及文字遊戲來娛樂彼此。有一種遊戲：玩遊戲的人要在傳遞一圈的小羊皮紙卷上寫下多少有些無禮的詩句，當詩句被大聲讀出時，據說會揭示讀者的性格。

在這樣的夜晚，大領主們喜歡保持舊風俗，讓僕人舉著火把給房屋照明，而不是用牆壁上的燭臺，因為它會滿足一種富麗感。他們製造自己的「荒唐事」，其中構思最精妙的是阿圖瓦的羅伯特伯爵（Count Robert of Artois）在埃丹（Hesdin）城堡設計的機械惡作劇。當來訪者經過他花園的雕像時，它們會朝他們噴水，或是像鸚鵡一樣沖他們呱呱講話；一扇地板門會讓走過的人掉下去——掉在下面的一塊羽毛墊上；有一個房間，只要一打開門，就會下雨或下雪，或是發出雷聲；在一定壓力下的水管會「從下方弄濕女士們」。當該城堡的擁有權轉到勃艮第的腓力手中時，一位住家藝術家保持了這些裝置能夠正常發揮功能。

在皮卡第，出於更平常的娛樂，會在七月和八月舉辦天鵝節，每到這時候，所有三個等級的人都會參與進來，追逐從當地池塘和溝渠收集來的還不會飛的小天鵝。教士領頭，然後貴族、布爾喬亞和普通人依次跟隨，每個人都在音樂和彩飾的伴隨下坐船出發。參與者不得殺死自己的獵物。追逐只是為了運動，會接連數日，期間時有歡宴。

因為生活是種集體狀態，所以它非常講究交際，十分依賴禮儀，因此會強調禮貌舉止和乾淨指甲。在飯前和飯後要多次洗手，餐刀和湯匙已被使用，而叉子雖罕見，卻也並非不為人知。單獨的水盆會端給領主使用，餐廳入口處有一個盥洗室，一次可容數人在那裡用一排小噴水嘴洗手，然後用毛巾把手擦乾。領主和夫人經常洗澡，每當這時，熱水會裝在木盆中端入浴室，沐浴的人坐在盆中打肥皂，或者以一頁圖書插圖中的紳士為例，他坐在自己花園裡的一個木盆中洗澡，在三位女士充滿愛意的注視下，露出難以言喻的沾沾自喜的神情。對於較底層的人而言，供大家共同使用的浴室通常安排在廚房附近。

對於所有人而言，一日兩餐是常規，正餐在上午十點，晚餐在日落之後。早餐聞所未聞，只有可能吃一片乾麵包，喝一杯葡萄酒，就連這也算奢侈。精美的裝扮是無法禁止的，儘管禁奢令連連出臺，不斷更新，它們尤其致力於使尖頭鞋變為非法。即使當在腳趾處塞東西以使它們向上捲曲或用金銀鏈將其綁在膝部時，這種尖頭鞋仍然會生成一種裝模作樣的步態，這激起了人們的嘲笑，被指責為墮落頹廢。可是，上流階層仍然固執於這種特殊的輕浮之物，使之變得更加優雅，有時用縫著珍珠的天鵝絨或印金的皮革製成，或者一隻腳一種顏色。女士們打獵時穿的外套上裝飾著鈴鐺，鈴鐺也掛在腰帶上，而腰帶是服裝的重要部件，因為她們攜帶的所有裝備都要掛在上面：錢包、鑰匙、祈禱書、念珠、聖骨匣、手套、香袋、剪刀、縫紉用具。貴族們穿內衣和用細亞麻做成的褲子；用以取暖的皮毛比比皆是。在不明智地嫁給了「殘酷的佩德羅」的布蘭奇・波旁（Blanche de Bourbon）的嫁妝中，使用了一一七九四張松鼠皮，其中大部份都是從斯堪的納維亞半島進口的。

在教堂，貴族們時常在彌撒結束的那一刻立刻走人，「幾乎不在教堂的四壁之內說主禱文」。另一些更虔誠的人會在旅行時攜帶便攜式聖壇，貢獻由其懺悔牧師為懺悔所設置的救濟金，儘管救濟金的總數目要遠遠少於他們花在服裝和打獵上的數目。無論虔誠與否，所有人都會擁有並攜帶時禱書（Book of Hours），這是十四世紀貴族典型而時尚的宗教財產。時禱書是為了讓個人的祈禱可以穿插進每日的祈禱和懺悔詩篇之中，帶有精美得令人讚歎的插圖。這些插圖不僅描繪聖經故事和聖徒的生活，邊緣空白處還充滿了滑稽內容，全都富有喜劇感，充滿幻想，盡是對放任自流的中世紀時代的諷刺。小丑和魔鬼蜷伏或纏繞在開花的藤蔓後，兔子與士兵格鬥，訓練有素的狗在賣弄自己的把戲，神聖的文本縮減成長尾巴的幻想動物，光屁股的僧侶在爬塔樓，禿腦袋出現在龍的身體上。長著羊蹄的牧師、猴子、吟游詩人、花、鳥、城堡、色魔和想像中的野獸充斥了書頁，與神聖的祝禱古怪地並置在一起。

在宗教儀式中，神聖常與褻瀆混合在一起。某位主教抱怨說，在為統治者舉行彌撒時，他們會同時接待謁見者，「他們忙於其他事情，對儀式不加關注，也不說出自己的祈禱」。領聖餐的聖禮在彌撒進行過程中舉行，領聖餐者在此期間通過吃基督的血肉，據說可分擔彌補性的十字架獻祭，分享上帝的救贖恩典，所以聖餐禮是基督教的核心儀式，是得到拯救的先決條件。在形而上學的變體論的陰影之下，普通的世俗之人不大理解它，只知道它具備神秘的力量，據信這種力量存在於被奉為神聖的聖餅中。將它放在菜園裡的捲心菜葉上，吃菜的昆蟲便不敢靠近，將它放在蜂箱裡，就可控制一窩蜜蜂，有一回，它

236

誘使虔誠的蜜蜂圍繞著它建造了一個完整的蠟製禮拜堂，有窗戶、拱門、鐘塔和一個聖壇，蜜蜂們把那塊神聖的碎片放在了聖壇上。

即使如此，本應在每個周日和宗教節日都會看到的聖餐和懺悔在普通人中卻幾乎只是一種義務，每年一次地在復活節那天進行。有人問一個頭腦簡單的騎士，為什麼他不去做對於他的靈魂得救是如此重要的彌撒，他回答說：「我對此一無所知；不，我以為神父是為了捐獻的緣故在表演彌撒。」對於法國北方而言，據估計，有百分之十的人口是虔誠的觀禮者，百分之十的人是毫不在意的人，其餘的都在定期或不定期觀禮之間搖擺不定。

然而，在死亡的那一刻，人們別無選擇：他們懺悔、補償、捐助為其靈魂永遠祈禱的人，時常因為要向聖龕、禮拜堂、女修道院、隱士捐贈財物或支付代理人的朝聖之旅的費用，而能夠留給家人的並不多。

據國王查理欣賞的傳記作家、占星師湯瑪斯之女克莉絲蒂娜・德皮桑的記載，查理是個狂熱的虔誠者。他一醒來便畫十字，在其祈禱中向上帝說出他一天中的第一句話。在梳洗和穿衣時，他會讓人帶著他的每日祈禱書，在禱告時間與自己的專職神父一道默誦，早上八點在其禮拜堂中用「悅耳的歌聲」進行大彌撒，之後又在其私人的祈禱室中做誦經彌撒。然後，他會接待覲見者，他們「形形色色，有窮有富，有貴婦有少女，有寡婦和其他人」。在固定的日子裡，他在御前會議主持國事。他有意識地接受「莊嚴的規律性」，為的是顯示王室的尊嚴必須借助於莊重的秩序來維持。在吃完正餐後，他聽吟游詩人的甜美演奏，「好讓精神變得喜悅」，然後用兩個小時的時間接見使節、王子和騎士，「在他寬敞的大廳中」常常人滿為患，「以至於你幾乎轉不過身來」。他聽戰爭和冒險彙報以及其他國家的消息，簽署信件和檔，委派職務，分發或收取禮物。在一個小時的休息後，他會將時間花在王后和孩子們身上——一個生於一三六八年作為繼承人的兒子，然後是第二個兒子和兩個女兒——夏季探訪花園，冬季閱讀和研究，與他的知己交談到晚飯時間，在夜間娛樂過後上床睡覺。他每週齋戒一次，終年閱讀《聖經》。

無論其真正的父子關係怎樣，查理都擁有瓦盧瓦家族對佔有和奢侈的全部激情。他已經重修了溫森斯（Valois），建成一座避暑宮殿，不久還會修建或得到另外三、四座。他雇用了著名的廚師塔耶旺（Taillevent），後者會給他奉上烤天鵝和烤孔雀，它們都用本身的全部羽毛被重新組成整隻，有鍍金的喙和爪，棲息在用棉花糖和彩繪糕點製成的十分相宜的風景中。他收集珍貴物品和鑲滿寶石的聖物匣，用以盛放摩西權杖的碎片、施洗約翰頭顱的頂骨、裝有聖母瑪莉亞乳汁的細頸瓶、基督的襁褓以及耶穌受難時的各種零零碎碎的物品，包括荊棘王冠和真十字架（Ture Cross）的一塊碎片，所有這一切都歸王室禮拜堂所有。他死的時候，他擁有四十七頂鑲珠寶的金冠和六十三套全套的禮拜堂陳設，包括法衣、聖壇背後的裝飾品、聖餐杯、禮拜書和黃金十字架。

一三六八年，國王三十歲，比昂蓋朗・德・庫西年長兩歲。他面色蒼白，身體瘦削，神情凝重，鼻子長而彎，十分醒目，目光銳利，薄唇緊抿，頭髮呈沙褐色，小心翼翼地不露聲色。在一所嚴格的學校讀過書的他學會了不透露自己的想法，所以人們指責他細膩而詭秘。他患過嚴重的頭痛、牙痛、消化不良和其他在其攝政期間折磨過他的疾病，並得以痊癒，但仍苦於右手或手臂的一種痼疾——也許是痛風，以及一種神秘的瘺疾和左臂的膿腫，也許這是肺結核造成的，但據推測，這是納瓦拉的查理於一三五八年嘗試向他投毒的結果。他的叔叔，神聖羅馬帝國皇帝，從布拉格派來一位見多識廣的醫生給他療毒，但醫生告訴他，如果膿腫處不再流膿，他就會在十五天後死去，在這段期間，他還有時間安排後事，關照他的靈魂。一點兒也不奇怪，這位國王生活在一種緊迫感之下。

他有著一個喜歡打破砂鍋問到底的頭腦，對因果關係、哲學、科學和文學都興趣盎然，作為這樣一種人，他建立了他那個時代最大的圖書館之一，它位於羅浮宮中，他在那裡保留了一個下榻處。圖書館的房間擁有經過精雕細刻、裝飾精美的絲柏嵌板，彩色玻璃窗外罩著鐵絲，以防「鳥類和其他野獸」，一盞銀燈徹夜長明，以便國王隨時都可以讀書。他不僅關注知識，也關注知識的傳播。他委託尼古拉·奧雷姆（Nicolas Oresme）這位有著先進科學思想博學多才的顧問用簡單的語言解釋穩定貨幣的理論；正是這種治國才能為他贏得了「harles le Sage」（智者查理）的名聲。他派人將李維、亞里斯多德的著作以及聖古斯丁的《上帝之城》（*City of God*）翻譯成法語，「以供王國和全基督教世界共用」，並且擁有許多其他經典：教堂神甫的著作，翻譯成法語的阿拉伯科學論文。圖書館兼收並蓄，從歐幾里德（Euclid）、奧維德（Ovid）、塞內加（Seneca）和約瑟夫斯（Josephus），到索爾茲伯里的約翰、《玫瑰傳奇》和當時的暢銷書、約翰·曼德維爾爵士（Sir John Mandeville）的《旅行》（*Travels*），無所不包。它包括十三世紀的各種有關普遍知識的百科全書、一系列有關十字軍東征和占星學、天文學的論著、四十七部亞瑟王和其他人的傳奇、法典、注解和文法、哲學和神學著作、當代詩歌，以及諷刺作品——據一三七三年的一份詳細目錄，總計超過一千冊圖書，最終成為法國國立圖書館的構成核心。當有人指責他在書籍和教士身上用時太多時，查理回答：「只要知識在這個國家受到尊重，它就會一直繁榮昌盛。」

他的三位兄弟都患有貪婪強迫症：三人中最年長的路易·安茹貪財貪王國，讓·貝里貪藝術，勃艮第的腓力貪權勢。身高體壯、像父親一樣金髮碧眼的安茹剛愎自用，浮誇虛榮，充滿永無饜足的野心。熱愛感官享樂的貝里是位超級收藏家，他普普通通、長著獅子鼻的國字臉和笨重的身軀與他對藝術的熱愛古怪地雜揉在一起。勃艮第的腓力有著貝里那樣的粗壯外表，卻更有頭腦，且過度驕傲。他們每個人都把自己的利益置於王國的利益之上，每個人都沉溺於令人咋舌的消費，以提升和展示自己的威望，而且每個人都將通過自己的贊助出版其同輩難以超越的藝術作品：林堡兄弟（Limbourg brothers）為安茹製作的《天啟錄》系列，為貝里製作的插圖本《豪華時禱書》（*Très Riches Heures*）和《貝里時禱書》（*Belles Heures*），以及克勞斯・斯呂特（Claus Sluter）為勃艮第塑造的摩西井（Well of Moses）和《哀悼者》（*Mourners*）塑像。

君主們對自身的富麗堂皇的展現以一三六八年至一三六九年間的兩個場合最為著名，庫西都恭逢其盛。他二十九歲的妻兄克拉倫斯公爵（Duke of Clarence）萊昂內爾（Lionel）時為鰥夫和父親，於一三六八年四月順道前來巴黎，準備去米蘭迎娶加萊亞佐[1]十三歲的女兒維奧蘭特・維斯康提（Violante Visconti）為妻。他在四百五十七名隨從人員和一千二百八十匹馬（也許多出的是禮物）的陪同下，住進了位於羅浮宮的一個專門為接待他而裝飾的套房中。他的姊妹庫西夫人和昂蓋朗前來巴黎與他會面，並參加了國王及其兄弟們為他準備的盛宴和慶典。在接下來的兩天中，這些盛宴和慶典使國王及其兄弟們後來的敵人目不暇給。

另一個引人注目的賓客是昂蓋朗的表親、新郎的叔叔薩伏伊的阿馬迪厄斯六世，人稱「綠伯爵」（the Green Count），這得名於他十九歲時以騎士身份參加的重大活動。當時，他出現在一系列比武大會中，戴著綠色的羽毛裝飾物，鎧甲外套著綠色的絲綢束腰外衣，馬身上披著綠色的裝飾馬衣，身後跟著十一位

1 他的名字是喬瓦尼（Giovanni）或吉安・加萊亞佐（Gian Galeazzo），但使用其較短的形式是為了區分他和他的兒子小吉安・加萊亞佐（Gian Galeazzo the younger）。

全都身著綠衣的騎士，他們每人都在一位用根綠繩子牽著其擁戴者的馬匹的綠衣女士引導下進入競技場。阿馬迪厄斯在擺闊氣講排場方面不輸於任何人。在巴黎時，適逢商店都為了那一場合陳列出其最精美的物品，綠伯爵便享用了一場購物狂歡，留下購買鑲珠寶的項鍊、餐刀、靴子、鞋子、法衣、馬刺和草帽的訂單。他送給國王一座紅寶石的「禮拜堂」和價值一千弗羅林的大珍珠，並向紀堯姆・馬肖捐贈了三個金法郎以感謝詩人為他呈現的一則傳奇故事。他給妻子帶回了價值六十法郎的四匹蘭斯布和一件襯有一千兩百隻松鼠皮的女式束腰外衣。

聖波爾和羅浮宮的正餐和晚宴、舞會和騎獵充斥著克拉倫斯公爵的來訪，包括一次花費了勃艮第公爵一五五六里弗的精美盛宴。打獵可得的所有豐富野味以及當時生長在山林江河中的飛禽和魚類，還有為了餐桌而專門養肥的家畜的肉，都可以在宴席上吃到。四十種魚和三十種不同的烤肉出現在當時的食譜上。當克拉倫斯公爵離開時，國王向他和他的隨行者贈送了價值「兩萬」弗羅林的禮物，除此之外，還有些常規的禮物，它們除了可以顯示饋贈者的地位外，對受贈者也很有用，他可以通過抵押的方式將禮物變成現錢。

炫富的頂點正在米蘭相候。已經為兒子買來了一個法蘭西國王的女兒，現在又為女兒買來了一個英格蘭國王的兒子，這對於加萊亞佐・維斯康提而言是種雙重的勝利，為米蘭毒蛇（Vipers of Milan，此名得自一個家族紋樣：一條蛇正在吞噬一個掙扎中的人，據說這是個撒拉森人）的昭著惡名增添了一抹奇跡。有兩個維斯康提聯合統治著倫巴底——加萊亞佐和他更加可怕的兄弟貝爾納博（Bernabò）。謀殺、冷酷、貪婪、與野蠻專橫相錯雜的高效管理、對學習的尊敬和對藝術的鼓勵、等同色情狂的色慾，構成了此家族這個或那個人物之特性。他們的前任盧基諾（Lucchino）被妻子所謀害，她曾在江船上舉辦過一次著名的放蕩盛宴，期間同時招待了自己的幾名情人，包括威尼斯總督和她自己的侄子加萊亞佐。在那次狂歡後，她決定先發制人地除掉自己的丈夫，因為他對她也懷著相同的企圖。貝爾納博和加萊亞佐的長兄馬泰奧（Matteo）沉湎於酒色，竟致將政權置於瀕臨毀滅的地步，於一三五五年被自己的弟弟們拉下王位，在他們即位一年後，「未行懺悔地像只狗一樣死去」。

與教廷的戰爭（他們從中佔據了波隆那和其他教皇的封邑）是維斯康提的重要行動。當貝爾納博在戰爭期間被教皇開除教籍時，他強迫給他送來開除教籍詔書的信使把詔書吃了下去，包括絲帶和鉛制封印。據說他燒死過四名修女，並將一位信奉奧古斯丁教義的僧侶放入鐵籠中活活烤死。他這樣做的理由不得而知，除非是出於對教會的惡意。

貝爾納博貪婪、狡猾、冷酷、兇殘，動輒勃然大怒，常開令人毛骨悚然的玩笑，是不受拘束的貴族的縮影。如果他的五百隻獵狗中的任何一隻狀態不佳，他就會將養狗人吊死，對於所有偷獵者也如此相待，「Quaresima」是一個由貝爾納博及其兄弟首創的為期四十天的拷打程序，大概在他們即位時作為一種法令得以頒行。這份清單是如此可怕，讓人真希望它只是用來嚇唬人的，而不是真的會動用。吊刑、轉輪、拷打、剝皮、挖眼、一個一個削去五官和四肢，一天施刑一天休息，這一切想必會使「賣國賊」和被判有罪的敵人以死亡而告終。

貝爾納博本人的習性是專注於「色慾的惡習，甚至到了令人震驚的程度，所以他的家與其說是一位信仰基督教的君主的住處，倒不如說是一位蘇丹的妻妾成群的宮殿」。他的妻子雷吉娜（Regina）據說是唯一一個能夠在他大發雷霆時接近他的人，她為他生育了十七名子女，而他的眾多情婦為他生下的私生子遠遠不止這個數目。當貝爾納博騎馬穿過街道時，所有市民都得跪地行禮；他時常稱呼自己是地上的天神，是他自己王國中的教皇和皇帝。

貝爾納博（Bernabo）統治著米蘭，他的弟弟加萊亞佐（Galeazzo）統治著二十英里外的帕維亞古城。為帕維亞狹窄的街道投下道道陰影的一百多座高塔見證了義大利城鎮那無休無止的紛爭。加萊亞佐於一三六五年剛剛完工的巨大的方形城堡構成了城市的北牆，俯瞰著花園和碩果累累的鄉村。編年史作者寇里奧（Corio）懷著愛國主義的驕傲稱之為「天下第一宮殿」，後來的欣賞者則稱之為「歐洲最精美的居住宮殿」。它的建築材料是用倫巴底黏土製成的玫紅色磚塊，以圍繞著一個宏偉壯麗的庭院的一百扇窗戶為榮。在維斯康提宮廷中當了八年案頭擺設的佩脫拉克將其高塔之冠形容為「直刺雲端」，在上面，「朝一個方向望去，可以看到阿爾卑斯山白雪皚皚的峰頂，朝另一個方向望去，可以看到樹林茂密的亞平寧山脈」。夏季，這個家族可以在一個俯瞰護城河的陽臺上用餐，眼前的水景、花園和常行打獵的森林公園的景色讓他們心曠神怡。

相較於他的兄長，加萊亞佐不是個那麼誇張的暴君，他為人沉著冷靜，忠於妻子——「善良而溫和的」薩伏伊的布蘭奇（Blanche of Savoy）。他留著金紅色的長髮，有時辮起來，有時放開來，「有時罩在一隻絲網或用鮮花編成的花環之中，棲息在他的肩頭」。他患有令人痛苦的痛風——本人也患有此病的法蘭德斯伯爵稱之為「富貴病」。

英格蘭的萊昂內爾與維奧蘭特・維斯康提的婚禮將於米蘭舉行，它是倫巴底地區最主要的城市，也是威尼斯和熱那亞在內陸的競爭對手。作為阿爾卑斯山脈下的貿易中心，它已經主宰了義大利北部上千年的時間。據十三世紀的一位行乞修道士記載，它的令人讚歎之處包括六千處可供飲用的泉水、三百個公共鍋灶、十家最多可容納一千名病人（兩人一張床）的醫院、一千五百名律師、四十位檔抄寫員、一萬名各教團僧侶、一百名打造著名的米蘭盔甲的兵器製造者。到十四世紀中葉，人們習慣於通過與往昔簡單美好的日子的對比，歎息當前的士風日下。男人因追求奢華的時髦而受到指責，尤其是「西班牙式的」外國緊身外套，像韃靼人一樣的巨型馬刺，遵循法國風尚的帶珍珠的裝飾物。女人因留捲髮和穿露胸裝而受到詬病。米蘭的妓女人數眾多，據說貝爾納博向她們徵稅來維修城牆。

當萊昂內爾抵達米蘭時，伴隨他的除了他自己的隨員外，還有白色連隊的一千五百名雇傭兵，他們已經從為教皇效勞轉為向維斯康提效力。八十位女士依照提高盛大慶典之豪華程度的習慣，穿著相同的衣服——白色袖子配金色腰帶的繡金天鵝絨禮服，六十名騎在高頭大馬上的騎士和侍衛也著裝統一，浩浩蕩蕩地跟在加萊亞佐身後去迎接萊昂內爾。除了為女兒提供的花了兩年時間談判的豐厚嫁妝外，加萊亞佐還為新郎及其隨員支付了五個半月、每月一萬弗羅林的開銷。

盛大的婚宴於六月在戶外舉行，留下了令人屏息噤聲的帳目。它顯而易見的目的是要證明「加里亞斯大公爵（Duke Galeas）的氣魄，他對這樁婚配的心滿意足以及他保險箱的豐盈充裕」。三十道由大魚大肉構成的雙份菜肴與每道菜肴後奉上的禮物穿插上桌。在新娘的哥哥、如今十七歲並且身為一個兩歲女兒的父親的吉安・加萊亞佐（Gian Galeazzo）的指揮下，禮物依照萊昂內爾一方的等級分發。禮物包括甲冑、用羽毛裝飾的頭盔、馬用鎧甲、鑲嵌著寶石的外套、戴天鵝絨項圈的灰狗、佩銀鈴的獵鷹、裝在瓷釉瓶中的上好美酒、飾有貂皮和珍珠的紫色和金色衣服和斗篷、七十六匹馬（其中包括六匹披著帶深紅色流蘇的綠天鵝絨馬衣的美麗小馴馬、六匹身披帶有玫瑰花飾的深紅色天鵝絨的高大戰馬，外加兩匹分別名為里昂和阿博特的良馬）；還有六隻兇猛強壯的「alaunt」（即作戰犬，有時會在它們背上綁上盛著熊熊燃燒的松脂的大汽鍋作戰）和十二頭雄壯威風的肥牛。

魚和肉全都金燦燦地[1]成對出現，乳豬配螃蟹、兔肉配豬肉、一整頭的牛犢配鱒魚、鵪鶉和鷓鴣配更多的鱒魚、鴨子和蒼鷺配鯉魚、牛肉和閹雞配鱒魚、小牛肉和閹雞配淋上檸檬汁的鯉魚、牛肉派和乳酪配鰻魚派、肉凍配魚凍、葷菜冷盤配七腮魚，接著，菜肴中還包括烤小山羊、鹿肉、配捲心菜的孔雀、法國豆和醃牛舌、野宴和乳酪、櫻桃和其他水果。據說，從桌上撤下的殘羹剩菜（僕人們通常會用它們來當自己的飯菜）可供一千人食用。佩脫拉克也作為上桌的嘉賓參與了這場盛宴，傅華薩和喬叟也在其中，儘管人們懷疑，這兩個默默無聞的年輕人是否被引薦給了那位著名的義大利桂冠詩人。[2]用蛋黃、藏紅花和有時混著真的黃金葉的麵粉製成的糊狀物。

命運之輪從未以這樣的崩潰程度滑行；虛榮心從未遭到過如此的譴責。四個月後，仍在義大利的新郎克拉倫斯公爵死於未被診斷出的「熱病」，這自然引起了投毒的呼叫，儘管由於它毀掉了加萊亞佐以如此巨大的代價買來的有影響力的同盟關係，其原因更有可能是在倫巴底的炎炎夏季中的那些鍍金肉食帶來的延遲發作的影響。新娘維奧蘭特的命運也並不更加快樂。她接下來嫁給了一個半瘋癲的虐待狂——十七歲的蒙費拉侯爵（Marquis of Montferrat），他以親手扼死童僕為樂。在他暴斃之後，她嫁給了一位近親，貝爾納博的一個兒子，他被她的兄弟殺害。她三十一歲時死去，當了三次寡婦。

維斯康提婚禮的十二個月後，昂蓋朗・德・庫西成為國王的使節，出席了一場更具政治意義，而豪華程度毫不遜色的婚禮。查理五世以策略戰勝了英格蘭國王，為自己的兄弟勃艮第的腓力贏得了英王愛德華也想讓兒子愛德蒙（Edmund）迎娶的同一位女繼承人。她是法蘭德斯的瑪格麗特（Marguerite of Flanders），曾經逃避了與伊莎貝拉的結合的法蘭德斯伯爵路易・德邁爾的女兒和繼承人。愛德華已經與這位有遠大期望的女士談判了五年，甚至到了以加萊和十七萬里弗給她父親做抵押的地步。但正如任何兩個歐洲王室成員鮮有不是的那樣，由於兩位主角處於四服血緣關係之中，這就需要教皇的赦免。決心讓英格蘭與法蘭德斯相分離的查理善用了一位法國教皇的效用。烏爾班五世拒絕赦免愛德蒙和瑪格麗特，然後，在一段體面的間隔之後，將赦免授予了腓力和瑪格麗特，他們的近親程度並無不同。勃艮第與法蘭德斯的結合對於法國而言是個舉足輕重的妙計，它承載了一支龐大血脈的種子，因為它造就了一種將令其家長滿意的形勢，並且在下個世紀，於戰爭的最黑暗階段向英格蘭復仇。

為了滿足瑪格麗特對珠寶的熱望，勃艮第公爵派人到歐洲各地去購買鑽石、紅寶石、綠寶石，並且 244 從昂蓋朗・庫西手中以一萬一千里弗的價格買下了一條珍珠項鍊，作為其此次收購的獎賞。

為婚禮準備的三只裝滿珍寶的保險箱先於腓力抵達了根特。公爵通過給貴族和平民的禮物及宴會、儀仗和比武大會、在邊境對來賓的護送和迎接、為該盛事專門製作的僕人服裝等，竭盡所能地爭取法蘭德斯人，想給他們留下深刻的印象。排場對於腓力來講具有政治性，是通過名望來創建地位之過程的組成部份。他本人總是衣著華麗，愛戴一頂用鴕鳥、野雉和「印度鳥」的羽毛以及其他金色緞帶和從義大利進口的淡紅色錦緞裝飾的帽子。他是個精力旺盛的男人，一次會花數天時間打獵，常常睡在戶外的森林中，打很耗體力的網球，是當時最馬不停蹄的旅行者，一年中常常上百次地從一個地方去另一個地方。他的許多旅行都是朝聖，無論走到哪裡，都帶著便攜的聖骨匣和念珠。他幾乎像國王那樣勤勉地參加彌撒，像國王一樣在一間私人小禮拜堂中獨自冥想，大張旗鼓地宣揚其宗教奉獻。結婚後，他向位於圖爾內大教堂的聖母像敬獻了一襲長袍和披風，它們用襯以白鼬毛皮的黃金布料製成，上面醒目地繡著他和妻子的盾徽。

貴族們穿著五顏六色的盛裝，騎著披金掛紅的駿馬，在一片環珮聲中齊聚一堂，參加婚禮。傅華薩記錄下：「尤其是善良的庫西爵士在那裡，他在一次節日盛會上做了最精彩的亮相，比任何人都知道如何表現自己，也正因為如此，國王才會派他前來。」一位令人注目的人物畫像正一點一點地生成，此人在行為舉止和外貌方面都在其同輩人中顯得鶴立雞群。

正當這樣一個災難不斷的時期裡，在這樣的場合揮霍大量的金錢，顯得十分令人費解，它與其說是與動機有關，莫若說是與手段相連。在毀滅和衰敗之中，在人口減少的莊園和城鎮那稅收萎縮的情況下，所有這些供奢侈揮霍的錢財是從哪裡來的呢？首先，以硬幣形式出現的金錢不像人的生命那樣易受瘟疫摧殘；它沒有消失，如果被匪徒盜取，它也會重新進入流通。在減少的人口中，可以獲得的硬通貨的比例較高。同樣，儘管瘟疫造成了巨大的死亡率，但生產商品和提供服務的能力可能並未減弱，因為在世紀之初有那麼多的過剩人口。與倖存下來的財富相對應，商品和服務也許實際上是增加了。

比闊氣講排場以提升統治者在貴族成員中的形象、激發普通人的讚賞和敬畏之心在傳統上是君主的習性。但在現如今的十四世紀後半葉，它走向了極端，仿佛是在挑釁生活中日益增強的不確定性。鋪張的消費變成了一種狂熱的過度行為，一塊包裹在黑死病和失敗的戰爭之外的鍍金裹屍布，是對在一個走向不幸的時代中顯示自己的幸運的迫切渴望。

在一個充滿痛苦的年代，生存感在更加強調人類戲劇和人類情感的藝術中表達自我。聖母對自己死去兒子的哀悼更為痛苦。繪於這個時期的納博訥的祭壇裝飾畫中，她被畫成暈倒在自己支持者的懷中。在羅恩・馬斯特（Rohan Master）所畫的另一個版本中，人類所有令人茫然失措的痛苦都集中在使徒約翰（John the Apostle）的臉上，他一面攙扶著那位暈厥在十字架腳下的母親，同時將滿是悲傷的眼睛轉向上帝，仿佛是在問：「你怎麼能讓這種事情發生？」

薄伽丘感覺到了正在逼近的陰影，從好性情、愛生活的《十日談》轉向了名為《烏鴉》（*Il Corbaccio*）的這個對婦女尖酸諷刺故事。在他早期故事中曾經歡天喜地的女子，現在顯示為貪婪的惡婦，她只關心衣服和情人，打算與僕人或黑衣索比亞人淫蕩地交合。在《烏鴉》之後，他選擇了另一個令人沮喪的主題：歷史上的偉大人物因其驕傲和愚蠢而命運衰微，從快樂和輝煌一變而為悲慘和不幸。

佩脫拉克在一三六六年寫給薄伽丘的信中贊同地說：「這就是我們從此墜落的時間，我的朋友。」他寫道，大地上，「真正的人也許在減少，卻從未像這樣密集地擠滿了罪惡和罪惡的生物。」

悲觀主義是中世紀的一種常見口吻，因為依照人們的理解，人是生而命中註定的需要救贖，但在該世紀後半葉，它變得更加普遍深入，有關反基督的到來的思索變得更加急切。人們相信，存在「Speculatores」，即偵察者，他們會觀察尋找將預告「最後之事」來臨的信號。人們在懼怕和希望兩者之間等候結局的到來，因為反基督最終將在世界末日的善惡之戰中被打敗，開創基督統治的新時代。

第12章

一僕二主

當情況朝著英法重新開戰的方向發展時，昂蓋朗的英格蘭婚姻使他陷入了忠誠的兩難境地。他既不能拿起武器對抗自己的岳父，因為他在英格蘭擁有土地，為此欠著岳父的情，可另一方面，他也不能起而對抗自己實質上的君主——法蘭西國王。

查理國王在加斯科涅領主們提出的主權問題上步步進逼。國王煞費苦心地為重啟戰爭準備著精心設計的理由，在這過程中，他向波隆那、蒙彼利埃、圖盧茲和奧爾良大學的著名法律專家尋求法律上的意見，而不足為奇的是他們做出了查理想要的回答。打著法律的旗號，查理傳喚黑王子到巴黎來回應針對他的抱怨。王子「兇神惡煞般地盯著」信使，恰如其份地回答說，他願意前來，「但我向你保證，我們的頭上會戴著頭盔，我們的人馬將達六萬」。於是，查理迅速宣佈他是個不忠的封臣，宣佈《布雷提尼和約》作廢，於一三六九年五月宣戰。

隨著這種局勢的發展，在兩位國王那裡都擁有土地的封建領主們「傷透了腦筋……尤其是庫西之主，因為這對他產生了極大的影響」。依照博內特的看法，在對兩位勢不兩立的君主都有忠誠義務的尷尬困境中，一位封臣應當為其最初發誓要效忠的君主提供軍事服務，並派一位替身去為另一個君主作戰——一個巧妙但昂貴的解決之道。英王愛德華不能強迫庫西與其實質上的君主作戰，但顯而易見的是

246

假如他為法國而戰，那麼他作為貝德福德伯爵的眾多財產——可能還有伊莎貝拉的財產——都將被沒收。

他的第一個計畫是離開法國去角逐一塊屬於其母親遺產的哈布斯堡領地，它位於亞爾薩斯的瑞士一方的汝拉山（Jura），一直被他的表親、奧地利公爵阿爾伯特三世（Albert III）和利奧波德三世（Leopold III）所扣留，令他無法擁有。儘管庫西的繼承權一直存在爭議，而且視聽均遭混淆，但他對自己的權利毫不懷疑。他一三六九年的封印上有塊盾牌，奧地利的紋章佔據了它的四分之一，其方式與愛德華的異曲同工：愛德華在自己的盾徽上放上法國的紋章，代表他對法蘭西王位的繼承權。庫西封印上有個幾乎不到兩英寸高的沒有臉的小人像，憑藉其獨特的站姿表達了與庫西箴言相同的傲慢態度。貴族封印上的典型形象是一位高舉著長劍縱馬飛奔的騎士，與此不同，庫西的人物站得筆直，穿著帽舌封閉的盔甲，右手握著一把杵於地上的長矛，左手執著盾牌，顯得威嚴而堅定。這種罕被使用的站立形象暗示著攝政者或王室血統，在庫西生活的時代，曾出現在安茹、貝里和波旁公爵的紋章之上。終其一生，這個矗立不動的形象都以這種或那種形式（有時戴著一頂垂至肩頭的羽冠）保留在庫西的封印之上。

247

一三六九年九月，庫西率領一小隊騎士和混編的皮卡第—布列塔尼—諾曼第士兵，進入位於帝國邊境的亞爾薩斯。大約就在此時，伊莎貝拉帶著女兒返回了英格蘭，要麼是為了保護她的收入，要麼是因為人在溫莎堡的母親陷入了彌留之際，要麼是出於這兩個原因。善良的王后菲莉帕於一三六九年八月的逝世具有歷史性的影響，它使傅華薩轉向了法國和法國資助人——庫西位列其中——在編纂中的編年史中採用了法國人的視角。

在亞爾薩斯，庫西與蒙貝利亞爾伯爵（Count of Montbéliard）締結過合約，以兩萬一千法郎的代價換取他的幫助來對抗哈布斯堡公爵。在給史特拉斯堡和科爾馬（Colmar）城的宣告裡，他聲稱對它們毫無惡意的企圖，並聲明了他的繼承根據。在那之後，由於證據模糊，我們只確定了一件事，即這個計畫突然夭折。有人說，奧地利公爵招募了一支蒙貝利亞爾的強大軍隊來圍困庫西的軍隊，也有人說九月三十日，查理五世送急信給庫西，要求他參加針對英格蘭的戰爭。必須做出決定的他顯然能夠製造一種使其對國王保持中立的可接受的局面，因為他在那個時候突然不見了，而且在接下來的兩年間，除了一份參考文獻外，他的歷史一片空白。

那份文獻將他放在了布拉格，他於一三七〇年一月十四日從那裡簽署了一份法律檔，將一筆源於其英格蘭稅收的四十銀馬克的年金贈送給他的大管家沙努安・羅伯薩特。前往布拉格的旅行應當是種順理成章的努力，為了自己的繼承權而爭取讓皇帝對哈布斯堡家族施加影響。傅華薩後來說，庫西「屢次」向皇帝申訴自己的權利，皇帝明知它們是正當的，但表示沒有能力「約束在奧地利的那幫人，因為他們在自己的國家十分強大，擁有很多優秀的戰士」。

在相隔了二十二個月後的一份文獻中，文獻將庫西放在了薩伏伊。在那裡，他從一三七一年十一月起便與同自己有親屬關係的綠伯爵進行積極的交涉，以阻止那位貴族向對手提供源源不竭的供應。在一三七二年至一三七三年間，兩人都在義大利為教皇攻打維斯康提家族。

自從羅馬帝國倒臺後，權力便移出了義大利，在一片具有璀璨文化的土地上留下了政治上的混亂。義大利城市在藝術和商業上都極為繁榮，其農業較其他地方發展出了更高超的技藝，她的銀行家們積聚資本，成了歐洲金融的壟斷者，但無休無止的派系鬥爭和為了控制教皇與帝國的分裂鬥爭，也就是圭爾夫派（Guelf）和吉貝林派（Ghibelline）之間的鬥爭，將義大利帶入了失去令人渴望的秩序的暴君時代。曾經是共和自治之母的城邦屈從於肯・格蘭德斯家族（Can Grandes）、馬拉泰斯塔斯家族（Malatestas）和維斯康提家族的統治，他們使用軍隊而非頭銜來進行統治。屈從於暴君（保留了自己獨立的寡頭政治的威尼斯和保持了其領主的佛羅倫斯除外）的義大利被但丁拿來與奴隸和妓院作比。再沒有比義大利人更喜歡談論統一和國家狀態的人了。

部份因為這些狀況，外國雇傭兵在義大利找到了一個現成的立足點。他們不受忠誠的約束，只為利益而戰，所以他們會為了自己的利害而滋養戰爭，並盡可能地延長戰爭，卻讓不幸的百姓忍受其後果。商人和朝聖者不得不雇用武裝護衛。城門在夜間緊閉。「因為害怕這些連隊」，西恩納附近的一所修道院的院長一年內要將自己的財產向這座有城牆的城市轉移兩到三次。一位佛羅倫斯商人在路過一座被匪徒控制的山村時遭到攻擊，儘管他大聲呼救，而且全村的人都聽到了呼救聲，但沒有一個人敢來幫他。

可是，即使在罪惡當道、襲擊變得習以為常之時，日常生活仍然如野草的生長般照常持續。威尼斯和熱那亞海上共和國仍然給歐洲帶來東方的貨物，義大利半島的銀行和信用網路依舊忙於看不見的生意，佛羅倫斯的編織工、米蘭的武器製造者、威尼斯的吹玻璃工、托斯卡納（Tuscany）的工匠仍在紅瓦屋頂下從事著自己的手工活動。

在十四世紀中葉，義大利地區的核心政治事實是亞維農教廷企圖在臨時的駐地拼命保住教皇國這世俗國度的控制。事實上，想要在境外統治這個義大利中部的大塊區域是不可能的。這一努力的代價是一系列激烈的戰爭、鮮血和屠殺、沉重的賦稅、受人憎恨的外來總督，以及對位於其祖國境內教廷的日益敵視。

249

重新佔領教皇國的努力不可避免地與維斯康提家族統治下的米蘭的擴張產生了衝突，維斯康提家族已經在一三五〇年佔領了波隆那這塊教皇的封邑，並有成為義大利的主宰權力的危險。當教皇軍隊成功地重新奪回波隆那時，勃然大怒的貝爾納博・維斯康提強迫一位神父從一座高塔的頂端宣佈對教皇的詛咒。完全拒絕接受教皇權威的他奪取教會的財產，強迫米蘭大主教向他下跪，禁止其臣下繳納什一稅、尋求寬恕或與羅馬教會有任何其他的聯繫，拒絕接受教皇任命的有俸教士進入自己的領地，撕碎並踐踏教皇的文書。當他因為無視要他前往亞維農的徵召而被以放蕩、冷酷和對教堂懷有「魔鬼似的憎恨」的罪名判罪時，烏爾班五世於一三六三年將其作為異教徒逐出教會，並做出了本世紀許多徒勞無益的姿態之一：宣傳對其進行十字軍東征。由於憎恨亞維農教廷的庸俗世故、巧取豪奪及其在法國存在的勢力，義大利人認為烏爾班只不過是法國的一個工具，所以對他的號召充耳不聞。

俗名紀堯姆・格里蒙德（Guillaume de Grimoard）的烏爾班出身於朗格多克的一個貴族家庭，是個真摯虔誠的人，以前是聖本篤修會修士，他由衷地渴望恢復教會的信譽，恢復教皇的名聲。他減少了名目繁多的有俸聖職，提高教士的教育標準，採取嚴厲措施打擊高利貸、僧職買賣和教士納妾，禁止在教廷中穿尖頭鞋，不讓自己去取悅於紅衣主教團[1]。當他被選為教皇時，他不是紅衣主教團成員，而僅僅是馬賽的聖維克多（St. Victor）修道院的院長。他戰勝了包括野心勃勃的塔列朗・德佩里戈爾在內的級別更高的候選人得以當選，只因為紅衣主教們沒有辦法在自己人中一致選出一人來當教皇，但公眾認為這出於他們自己群體之外的令人瞠目的不尋常之舉一定是受到了上帝的啟示。在追逐其最喜愛的主題的佩脫拉克看來，只有聖靈才會使紅衣主教這樣的人壓抑自己的嫉妒和野心，為一個將使教廷重返羅馬的教皇打開升遷之門。

這位烏爾班打算儘快確立對聖彼得之遺產的控制權。在世界各地的虔誠教徒中，對重返羅馬的渴望表達了對一個淨化的教會的渴望。如果教皇也具有這樣的感受，那麼他也會意識到，重返羅馬是控制此一世俗國度的唯一手段，他也明白有必要終止被其他歐洲國家視為是法國家臣的身份。顯然，教會在亞維農停留的時間越長，它在義大利和英格蘭的聲望便越小。雖然紅衣主教們強烈反對，法蘭西國王也斷然拒絕，但烏爾班還是決定要重返羅馬。

250

在義大利，貝爾納博不是神父們唯一的敵人。弗利的暴君法蘭西斯科・奧德拉斐對開除教籍令的反應是讓塞滿稻草的紅衣主教人像在集市廣場被燒毀。就連因為要對抗米蘭而時常與教會結盟又解約的佛羅倫斯在精神上也是反教會和反教皇的。佛羅倫斯的編年史作者佛朗哥・薩凱蒂（Franco Sacchetti）為奧德拉斐惡毒地令一位牧師致殘的行為找藉口，其說法是：他不是出於貪婪之罪才這樣做的，假如所有神父都得到同樣的對待，這對社會將是件好事。

在英格蘭有種說法：「教皇變成了法國佬兒，耶穌變成了英國人。」英格蘭人越來越討厭教皇委派外國人來擔任英格蘭的有奉聖職，並由此使英格蘭的金錢流至國家之外。在變得越來越獨立的過程中，他們已不知不覺地走向了一個英格蘭教會。

一三六七年四月，烏爾班實施了龐大的動遷，不顧紅衣主教們的哀號（據說他們尖叫著說：「哦，邪惡的教皇！哦，不敬神的兄弟！他要把自己的兒子們帶向何處？」彷彿他正帶著他們流亡他鄉，而非走出放逐），執意從馬賽出發。紅衣主教們不願意離開亞維農的奢靡生活，前往動盪、衰落的羅馬，所以紅衣主教團中最初

1 譯者註：紅衣主教團（College of Cardinals），羅馬教皇的樞密院，負責選舉教皇的繼任者。

只有五人陪伴在他左右。龐大的管理機構的更大部份留在了亞維農。

烏爾班的第一個駐驛的地方是來亨（Leghorn），在那裡，比薩總督喬瓦尼・阿涅洛（Givanni Agnello），一位「可憎而蠻橫的」統治者，在約翰・霍克伍德爵士和一千名身著閃亮鎧甲的士兵的護衛下前來見他。剛看到那位總督時，教皇渾身顫抖，拒絕上岸。這不是重返不朽之城的吉兆。

十四世紀的誹謗精神統治了這次回歸。只有當他召集起一支臨時軍隊和一支由義大利貴族組成的令人難忘的護衛隊時，這位神父才得以進入如今混亂得令人悲哀的基督教王國的首都城市。以前依賴教廷龐大業務的羅馬沒有像佛羅倫斯和威尼斯那樣的繁榮商業可予求助。在教廷不在的情況下，它陷入了貧困和長久的混亂；人口從黑死病之前的五萬多人下降到兩萬人；因地震或忽略而坍塌的傳統紀念碑因其石頭的緣故而遭到肆意破壞；牛群生活在廢棄的教堂中，街道上滿是坑坑窪窪的死水坑，垃圾扔得到處都是。羅馬域沒有像但丁和佩脫拉克這樣的詩人，沒有像奧卡姆這樣的「無往而不勝的醫生」，沒有像巴黎和波隆那這樣的大學，沒有繁榮興旺的繪畫和雕塑工作室。不過它確實為一位著名的聖者提供了避難所，她就是瑞典的布麗吉塔，她對每個人都善意相待，謙恭溫和，卻充滿激情地批判等級制度的腐化墮落。

在一三六八年的某個時間，〔神聖羅馬〕皇帝抵達倫巴底，試圖與教皇聯手對抗維斯康提，這似乎是個吉兆。但他的努力結果寥寥，宿仇和敵對狀態再度呈現。一三六九年，當拜占庭皇帝約翰五世・帕裡奧洛加斯前來羅馬，於在聖彼得教堂舉行的豪華盛典上會見烏爾班時，羅馬教廷與東正教會重新聯合的古老目標似乎觸手可及。約翰五世希望在與土耳其的鬥爭中得到西方的支持，作為回報，拜占庭將重新加入羅馬教會，但當各教會就儀式的問題難以達成一致時，這個計畫也便泡了湯。

教皇國此起彼伏的反叛令烏爾班心憔力悴，貝爾納博的軍隊在托斯卡納的集結令他備感威脅，處處碰壁、幻想破滅的他於一三七〇年九月爬悄悄地回到亞維農。瑞典的布麗吉塔在遭到拋棄的羅馬預言，他將因背叛教會之母而早早死去。在不到兩個月的時間裡，他死去了，就像法王讓一樣，死於不知名的病症。也許它的名字是絕望。

在選擇繼任者時，紅衣主教們一心想要求穩，選中了一個出身於男爵家族的徹頭徹尾的法國人，即前紅衣主教皮埃爾・羅傑・博福特（Pierre Roger de Beaufort），他採用的教皇名號為教皇格列高利十一世。他時年四十一歲，是個虔誠而謙虛的人，一種令人討厭的疾病令他坐臥難安，「忍受著相當大的痛苦」，因此，人們相信，他沒有心思去羅馬冒險。儘管是卓越的克萊蒙特六世的侄子，但格列高利既無其叔叔的高貴手法，也無他的赫赫聲名，也沒有任何明顯的個性力量。然而，紅衣主教們忽略了至高無上的職位有時所具有的轉變性影響。

剛剛登上教皇寶座的格列高利（Pope Gregory XI，另譯額我略十一世），便像他的前任一樣，感覺到了羅馬的召喚力量，這其中既有宗教界的呼聲，也有離開亞維農，使教會重返其總部的政治必要性。天性與世無爭、猶豫不決的他也許更願意過一種平靜的生活，可作為羅馬教宗，他感到了一種使命感。不過，除非教皇國在與維斯康提的對抗中安全獲勝，否則他無法搬去義大利。為了這個目的，烏爾班曾組織了一支由各種力量構成的教皇聯盟（Papal League）與米蘭宣戰，現在格列高利繼承了這一聯軍。一三七一年，當貝爾納博佔據了更多的教廷封邑時，行動的必要性已迫在眉睫。

同年，綠伯爵薩伏伊的阿馬迪厄斯進入自己與米蘭接壤的領地皮埃蒙特，向自己的一個封臣發起局部戰爭。陪伴在他身邊的是自己的表兄弟昂蓋朗・德・庫西，後者被他任命為負責皮埃蒙特的統帥。

昂蓋朗率領著一支由一百名長矛手構成的隊伍於一三七一年十一月至一三七二年三月冬季的某個時間越過白雪皚皚的阿爾卑斯山。儘管在二十世紀，阿爾卑斯山口在冬季是無法穿越的，但對於中世紀的旅行者來說，要是有薩伏伊地區的山地人提供嚮導幫助的話，它在所有季節都可成功翻越。中世紀的人比起其更講究舒適的後代來說，沒有那麼害怕身體的艱難困苦。當地宗教團體所辦的旅客住宿處的僧侶以及因其服務而得以免稅的村民會維護山路的標識，並順山脊拉起繩索。他們引導負重的騾隊，用「ramasse」（一種用大樹枝製成的粗墊子，樹枝的頂端用繩子綁起來）拉拽旅行者。旅行者戴防止雪盲的護目鏡，或剪裁得像罩住臉的面具一樣的帽子或兜帽。有人看到過一位紅衣主教的由一百二十匹馬組成的隊伍於十一月穿越山口，凍雪封住了馬的眼瞼。嚮導們通常會在春季清除掉被暴風雪征服的旅行者或在半夜之前未能到達旅客住宿處的人的屍體。

薩伏伊伯爵從其阿爾卑斯山口的制高點極其有效地控制了翻山的通道。綠伯爵阿馬迪厄斯六世是個意志堅定、雄心勃勃的君主，他的父親與庫西的外婆是兄妹關係。阿馬迪厄斯是其王朝的第十七代君主，是法蘭西王后的妹夫，兩支騎士軍團的創建者，是在一三六五年將土耳其人趕出加里波利、將拜占庭皇帝重新扶上皇位的那次十字軍東征的領袖，他看不起雇傭軍，認為他們是「無賴之徒」和「無名之輩」——卻依然雇傭他們。偶爾，他並非不屑於賄賂他們，讓他們背叛之前的契約。為了一三七一年在皮埃蒙特展開的與薩盧佐侯爵（Marquis of Saluzzo）的作戰行動，他雇用了可怕而殘暴的阿納奇諾・包姆加滕（Anachino Baumgarten），此人手下有支德意志—匈牙利聯軍，共有一千兩百名長矛手、六百名匪徒和三百名弓箭手。面對這一威脅，薩盧佐轉而尋求貝爾納博・維斯康提的支持，後者給他派來了援軍。

就在這時，庫西作為薩伏伊戰役的領袖進入了皮埃蒙特。據說，在常規作戰方面顯然受到過良好培訓的庫西將薩盧佐的領地「變成了廢墟」，並派人向阿馬迪厄斯要求更多的士卒，以便更加有效地分解這個國家。這些旨在誘發投降的戰術迅速奏效。庫西佔領了三座城鎮並包圍了第四座城鎮，這激起了貝爾納博為其盟國的利益而進行的反擊式防禦。作為回應，阿馬迪厄斯加入了與維斯康提作戰的教皇聯盟，這令他嫁給了加萊亞佐・維斯康提的妹妹布蘭奇悲痛欲絕。作為對阿馬迪厄斯許諾要自費出一千名長矛手的嘉勉，教皇任命他為西倫巴底地區的聯軍統帥。

在持續的作戰中，這些團隊陷入了一種對他們的後裔而言比對他們更加重要的關係網中。千方百計地通過婚姻、領地或條約而聯繫在一起的交戰者們像一個巨型棋盤上的棋子一樣，在結盟和敵對中進退反覆，這也許可以解釋此次交戰的令人奇怪的非實質性。戰爭因雇傭軍的啟用而變得進一步受到限制，這些根本不講忠誠的雇傭軍比他們的委託人更易在一夜之間轉變立場。曼圖亞（Mantua）的領主開始時是教皇聯盟的成員，後來拋棄了教皇，加入了貝爾納博的同盟。約翰・霍克伍德爵士最初收取的是貝爾納博的報酬，後來拋棄了貝爾納博，加入了教皇聯盟。陷入加萊亞佐的重重包圍的蒙費拉侯爵後來娶了加萊亞佐的女兒——孀居的維奧蘭特。阿馬迪厄斯和加萊亞佐這兩個由對布蘭奇的共同熱愛而聯繫在一起的心有不甘的對手，感覺到貝爾納博的威脅要大於他們對彼此的威脅，所以最終達成了一種私下的諒解。使昂蓋朗・庫西在接下來的兩年身陷倫巴底的戰爭是由不斷蠕動的殘段構成的蛇坑。

一三七二年八月，庫西發現自己在阿斯蒂（Asti）這個薩伏伊戰役的核心地帶與當時從維斯康提那裡拿錢的約翰・霍克伍德爵士的白色連隊發生了對峙。據維拉尼的描述，霍克伍德的每個手下都有一兩個聽差侍候著，將他的鎧甲擦得始終閃閃發亮，以至於它「像鏡子似的熠熠生輝，因而使他們看上去更加令人畏懼」。在作戰中，重甲騎兵的戰馬由聽差們牽著，自己則在一個圍得緊緊的圓圈中徒步作戰，兩

254

人共執一柄矛尖朝下的長矛。「他們步伐緩慢，叫聲可怕，一步步邁向敵人，想要打破或分開他們是極其困難的。」然而，維拉尼補充說，他們在夜襲村莊方面要長於公開作戰，所以若是獲勝，「它更多的是因為我們自己人的膽怯懦弱」，而非那支軍隊的英勇無畏或道德上的優點。

受痛風困擾且對私人戰爭沒有絲毫胃口的加萊亞佐曾派自己二十一歲的兒子在名義上負責對阿斯蒂的包圍。吉安・加萊亞佐的頭銜是維圖伯爵（Count of Vertu），它來自他與法蘭西的伊莎貝爾（Isabelle of France）的童年時代的婚配。他是個身材勻稱的高個子，頭髮略帶紅色，具有父親那引人注目的英俊面容，儘管最令觀察者印象深刻的是他的智慧而非他的身體特徵。年輕的維斯康提是其彼此深愛的父母的唯一兒子，受過治國本領方面的教育，卻從未在戰場上試過身手。身為三個孩子的父親的他有兩名護衛陪伴其左右，這兩名護衛是受其父母之命來保護他的，目的是使他免於被殺或被俘，因為他們注意到，被殺和被俘「在戰場上是習以為常之事」。太過盡職的護衛們阻止霍克伍德想要發起的正面突擊，導致惱羞成怒的他拔營而去。結果，薩伏伊人得以解救了阿斯蒂。當貝爾納博為示懲罰而將霍克伍德的報酬減半時，他棄之而去，加入了教皇的軍隊。不久之後，薩伏伊雇傭軍包姆加滕離開了教皇聯盟，加入了維斯康提一方。

對於薩伏伊人而言，阿斯蒂的解圍若說不上是一場輝煌的軍事勝利的話，至少也為向米蘭的進軍開闢了道路。在第一次征戰中鎩羽而歸的吉安・加萊亞佐返回了帕維亞，而就在此時，傳來了他二十三歲的妻子、法蘭西的伊莎貝爾逝世的消息。她在生育他們的第四個孩子時過世，那是個兒子，只比她多活了七個月。

昂蓋朗在阿斯蒂的作用儘管未載入編年史，但一定十分突出，在某種程度上有可能是決定性的，因為教皇立即授權給自己的使節、聖厄斯塔什紅衣主教（Cardinalof St. Eustache）「代表教會與庫西之主昂蓋朗簽訂和締結條約、盟約和協定」，目的是授予他指揮正在由紅衣主教帶至倫巴底地區的教皇軍隊的權力。付給庫西的第一筆報酬是五八九三弗羅林，通過佛羅倫斯的一家銀行核准，由昂蓋朗「親自接收」，但書是如果庫西未能嚴格執行其與紅衣主教的協議條款，他就必須退還給教皇六千弗羅林。

按照每位配矛騎兵每月二十弗羅林這一通行的雇用費用來計算，這筆錢意味著，委派庫西指揮的軍隊人數是三百名配矛騎兵，而非教皇許諾的一千人。在契約簽訂的時間，三百名配矛騎兵是支一般規模的軍隊，這樣的軍隊從六十、七十到一千名配矛騎兵不等，每柄矛都有三位騎士，外加騎馬的弓箭手、步卒和僕從。

十二月，教皇正式任命庫西為在倫巴底地區與「詛咒之子」作戰的教皇軍隊的統帥。這則任命反映了格列高利對阿馬迪厄斯的不耐煩，後者曾承諾要從西部向米蘭推進，但仍然在皮埃蒙特，防禦自己的領地不受維斯康提軍隊的攻擊。庫西的任務是與現在受教皇雇用的霍克伍德匯合，後者在轉換陣營後，退至波隆那，並已再次向西進發，以形成對米蘭的期望中的包圍圈。庫西與霍克伍德一起向一個與阿馬迪厄斯的會合點挺進，在那裡完成包圍之勢。

一三七三年二月，阿馬迪厄斯終於進入米蘭境內，此時他已經與加萊亞佐達成了一份中立條約。他妹妹布蘭奇一定在終結這場她哥哥毀壞她丈夫領土的令人不快的家庭局勢過程中發揮了積極的作用。根據他們的協定，阿馬迪厄斯承諾不騷擾加萊亞佐的領地，作為回報，加萊亞佐承諾不幫助貝爾納博來攻打他。加萊亞佐於是在戰爭進行到一半時抽身而去，使阿馬迪厄斯可以在不用擔心後方遭受攻打的情況下，放心地與貝爾納博進行交戰。

到一三七三年一月時，庫西已經在帕爾馬（Parma）東部某處與霍克伍德匯合，他們從那裡繼續向米蘭進發。二月二十六日，就在他們即將抵達其目的地時，教皇突然令人震驚地來了一個一百八十度的大轉變，命令庫西為維斯康提兄弟提供一份安全通行證，以便讓他們能夠在三月之前出現在亞維農。

格列高利上了維斯康提提出的談判建議的當，那一建議僅僅是貝爾納博爭取時間來集結軍隊的計策。儘管仍然在為其敵人預期中的投降而歡天喜地，但格列高利仍寫信給庫西，表彰他「為了推動教會在義大利的利益而英勇頑強地」作戰，感謝他非凡的作用，感謝他的「堅貞不渝的忠誠」。兩天後，教皇在發現自己被維斯康提所欺騙時，表達了自己的痛苦，說他震驚於庫西竟會「考慮來自教會敵人的和平提議」。他下令庫西再也不得聽取任何此類建議，而是要執行教皇指派的任務，並保證教皇下決心「永不談判」。在給所有相關人員的信中，格列高利懇求更積極的行動，以實現兵馬的會合。

庫西和霍克伍德於四月渡過波河之後，抵達了位於米蘭以東約四十英里處的山城蒙蒂基亞里（Montichiari）。此刻，阿馬迪厄斯已包圍了米蘭北部，在經過一段時間的暫停（可能由貝爾納博的特務向他的糧草供應下毒所致）後，已行進至一個距庫西和霍克伍德不到五十英里的地方。他在這裡駐足，顯然是為了備戰據說正在逼近的貝爾納博的女婿巴伐利亞公爵（Duke of Bavaria）所率領的一千名配矛騎兵的進擊。

在教皇的兩支軍隊之間，貝爾納博於奧利奧河（Oglio）河岸修築了堤壩，它可以被打開，讓洪水淹沒平原，阻止敵人通過。他曾號召加萊亞佐的援兵阻擋，不讓敵人形成合圍之勢，對庫西之主和被義大利人稱為喬瓦尼・阿庫托（Giovanni Acuto）的霍克伍德「以血還血，以牙還牙」。雖然排除了與自己薩伏伊的妹婿的作戰可能，但加萊亞佐認為自己可以自由地與敵人的其他部隊作戰，也就是說，可以與庫西和霍克伍德交戰。他派兒子率領一支由倫巴底人和包姆加滕的雇傭兵構成的軍隊，人數總共超過了一千名配矛騎兵加弓箭手和許多步卒。不斷從曼圖亞領主處獲知有關敵人力量和路線的情報的吉安・加萊亞佐，因為知道自己在人數上的優勢，所以充滿信心地向前進發。

在蒙蒂基亞里，庫西和霍克伍德的軍隊人數為六百名配矛騎兵和七百名弓箭手，還有一些匆忙集結起來的「provisionati」，即農民步兵團。據說，雖然看到自己在人數上佔多數，可是庫西還是將指揮棒交到了霍克伍德手中，因為他的經驗更豐富，並且對義大利戰爭瞭若指掌，但事情的發展證實了一個相反的版本——他本人率領自己那些被稱作「furia francesca」[2]的同胞發起了進攻。當兩軍發生衝撞時，重甲騎兵們「一個個死死地糾纏在一起，能看到這場景真是種奇跡」。若不是有霍克伍德，死傷慘重地敗下陣來的庫西便有可能被俘，但霍克伍德「率領五百人前來救援，不為別的，只因為庫西之主已經娶了英格蘭國王之女」。儘管傷亡慘重，但他們還是設法撤到了山頂，而維斯康提的雇傭軍以為勝利在握，便自行分散開來，進入例行的搶奪中。連隊的人總是存在控制方面的問題。吉安・加萊亞佐缺乏經驗，包姆加滕要麼在沾沾自喜，要麼本人不在場。有關這場戰役的記錄中沒有提到他。

庫西和霍克伍德抓住時機，重新將自己遭到重創的手下集結起來，從山上向下沖向吉安・加萊亞佐。加萊亞佐被拉下馬來，長矛從手上被打掉，頭盔從頭上被擊落，只是由於他的米蘭重甲騎兵的英勇戰鬥，他才僥倖得救，他們掩護他從戰場逃脫，米蘭重甲騎兵卻沒能等到雇傭兵們被重新集結起來，便被打敗。如同普瓦捷會戰的縮小版，在一種令人震驚的逆襲下，處於劣勢的教皇軍隊大獲全勝，從戰場上帶走了維斯康提的旗幟和兩百名俘虜，其中包括三十名高級別的倫巴底貴族，用他們可換來大筆的贖

2 譯者註：義大利語，意為「憤怒的法蘭西斯」。

金。教皇宣稱這場勝利是個奇跡，捷報迅速傳至法國，使庫西一夜成名。在他那個時代的小世界中，名望極易獲得；更為重要的是他所學到的東西。庫西再也不會讓自己沉溺於那種不計後果的進攻，而法國騎士對這種群體這種進攻曾經是那麼熱愛。

從軍事上看，蒙蒂基亞里戰役沒什麼影響。它沒有導致與薩伏伊的匯合，因為庫西與霍克伍德傷亡慘重、精疲力竭的軍隊判斷敵人會急於突圍，所以反而退到了波隆那，這讓教皇大為憂慮。他不斷請求他們與薩伏伊匯合，以粉碎貝爾納博那個「惡魔之子」。他向霍克伍德承諾，拖欠的報酬很快就會支付，並對庫西大加表揚，誇他「忠誠不渝，具有謹慎明智的判斷力，特別地實誠，出名地慎重」。教皇因為「通過經驗的檢驗」而意識到了「你偉大的決斷力和遠見卓識」，於六月再次任命庫西為統帥。霍克伍德的連隊是軍隊的中堅力量，沒給錢就不作戰，於是他那些未得到報酬的士兵越來越多地造起反來。在經過曼圖亞時，他們對市民造成了巨大的傷害，大肆盜竊他們的財物，引得曼圖亞領主向教皇抱怨，而教皇反過來請求庫西管束「教會的軍隊」，不要做出進一步的傷害。即使不是一種諷刺，但利用匪徒來重樹教皇權威之舉的危險性正變得越來越明顯。

經過英勇作戰，薩伏伊伯爵通過了一道狹隘的山口，打破了自己的處境，能夠向前推進，與庫西和霍克伍德在波隆那匯合，然後與他們一起從波隆那出發，於七月再次向西挺進。在摩德納（Modena），雇傭軍再次點燃了市民的怒火，教皇幾乎是滿眼含淚地懇求庫西進行安撫，尤其是因為摩德納屬於教皇聯盟。教皇軍隊於一三七三年八月抵達皮琴察（Piacenza），包圍了這座城市，但適逢阿馬迪厄斯生病，其效果大打折扣。從那時起，由於大雨使河流洪水氾濫，再加上貝爾納博軍隊的進攻和普遍缺乏戰鬥熱情，他們的攻擊土崩瓦解。

作為一支現在徹底失去了組織性並陷入危境的軍隊的指揮官，庫西絲毫也看不到教皇戰爭的未來。由於長期不在妻兒身邊，遠離自己的莊園，加上有必要在被戰爭破壞的祖國處理自己的事務，他請求解職，返回法國。格列高利於一三七四年一月二十三日客氣地批准了他的離職請求，並進一步虛偽地讚揚了庫西的忠誠、熱誠、決斷、「極大的誠實」以及其他「萬能的上帝賦予你的」美德。考慮到庫西正在拋棄這項事業，這過度的奉承也許意味著對缺錢的掩飾，因為應該由教皇的金庫支付給他的錢直到多年後才兌現。

促使其離去的也許還有黑死病於一三七三年至一三七四年間在義大利和法國南部的復發。在黑死病的影響下，格列高利的戰爭努力一點點縮小。因病痛而意志受挫的阿馬迪厄斯最終與加萊亞佐單獨簽訂了和平協議，一旦自己在皮埃蒙特的利益得以保全，便棄教皇而去。而在加萊亞佐這邊，因為擔心貝爾納博的政策將會導致毀滅，所以同樣準備隨時與自己的兄弟分道揚鑣。據說貝爾納博一直對弟弟與薩伏伊的和解怒不可遏，甚至試圖將其弟妹布蘭奇當作間諜予以暗殺。不得不暫時與教皇達成和解的他通過賄賂教皇的高階幕僚們，於一三七四年六月的條約中獲得了有利的條款。戰爭雙方都沒有達成任何目標，因為除了教皇——他沒能使自己的意願產生影響力——沒有一位參戰者是在為任何本質性的目標而戰鬥，而戰爭是樁太過令人生厭和耗資巨大的買賣，若是沒有目標，便很難成功地持續下去。

對於吉安・加萊亞佐而言，他的第二次挫敗讓他受夠了。他再也沒有在戰場上指揮過軍隊。作為一個將把維斯康提霸業帶向其權力巔峰的能言善辯者，吉安・加萊亞佐始終是個憂鬱的人，也許這是因為若不耍手腕或運用暴力就沒法進行統治的無能為力感壓迫著他，而家庭悲劇也讓他感到悲傷。在失去妻子和繈褓中的兒子後，他的長子在十歲、二兒子在十三歲時先後離世，只給他留下了一個奉若掌上明珠

259

的女兒，而她也將無法逃脫一種不幸的命運。

隨著瘟疫的第三次來襲，傳染雖說還沒找到確切的原因，但至少是得到了更嚴格的控制。當它在米蘭肆虐時，貝爾納博下令將每個受害人都帶出城去，任憑讓他們在田野上死去或康復。任何曾看護過瘟疫病患的人都將嚴格地進行為期十天的傳染病隔離；神父們要檢查自己教區的病症，並向一個專門委員會報告，違則處死；任何將疾病帶入城內的人都要被判死刑，沒收全部財產。威尼斯拒絕讓所有有攜帶傳染病嫌疑的船隻入內，但由於跳蚤和老鼠尚不在禁止之列，所以這項措施未能阻止攜帶傳染病的船隻進城。在庫西的戰爭努力的終結地皮琴察，死了一半的人，而在瘟疫持續了兩年之久的比薩，據說有五分之四的幼童殞命。一三七四年最著名的死訊是七十歲的佩脫拉克之死，他並非死於瘟疫，而是安詳地坐在椅子上，頭和手臂支在一堆書上，就這樣壽終正寢。他的老朋友薄伽丘也在惱怒與病痛中，於一年後離世。

在未受瘟疫影響的萊茵蘭（Rhineland），一種新病症以舞蹈狂（dancing mania）的形式出現。它是否由那一年的萊茵河春季大洪水造成的悲慘境遇和無家可歸所引起，或者，它是否是一個動盪年代的自發症狀，在歷史上不得而知，但其參與者都毫不懷疑。他們堅信自己是被魔鬼控制了。他們在街道上和教堂裡圍成一圈，又跳又嚷地一連舞上數個小時，呼喊著魔鬼的名字，讓他停止對自己的折磨，或是叫喊著說，他們看到了基督或聖母的幻影，或敞開的天堂景象。當精疲力竭時，他們倒在地上打滾呻吟，仿佛苦惱至極。當這種病傳播到荷蘭和法蘭德斯時，舞蹈者會頭戴花環，像苦修者那樣成群結隊地從一個地方走向另一個地方。他們主要都是窮人——農民、工匠、僕人、乞丐，其中有相當大一部份是女人，特別是未婚女子。舞蹈之後通常是性狂歡，但其主要關注點是驅魔。在那個苦悶的年代，人們感覺到一種惡魔般的存在，在他們的腦海裡，社會上沒有什麼比穿尖頭鞋的時尚更確定無疑地指向撒旦之為的了，他們對布道之中對此的抨擊已耳熟能詳。對於這種嚴重損害身體的輕佻行為的某種略帶瘋狂的看法，使它在普通人心中成了魔鬼的標誌。

對教士的敵意給舞蹈者打上了如同給苦修者打上的記號。神父們迫不及待地想要壓制住對他們構成了威脅的瘋狂，所以會在眾目睽睽之下盡可能多地表演驅魔行為，這也表示神父承認了魔鬼的存在。他們舉行遊行和彌撒，為病患祈禱。這種狂亂在不到一年的時間中便逐漸消失，儘管它會在接下來的兩個世紀中時隱時現。無論它的起因如何，都證實了人們對超自然的日益信服，教皇也注意到了這一點。一三七四年八月，他宣佈宗教裁判所有權干涉在當時為止被認為是種民事犯罪的魔法的審判。因為魔法是在魔鬼的幫助下得以發揮作用的，所以格列高利聲稱它位於教會許可權之內。

回到家時，庫西發現自己的故國三十年來首次在戰爭中獲益。法國現在有一位這樣的國王：他若稱不上是統帥的話，至少也是個志向遠大的領導者，有明確的戰爭目標——收復被割讓的領土。當庫西人在義大利而缺席時，英格蘭已經失去了這些領土的絕大部份，還有她的三位最偉大的士兵：約翰·尚多斯爵士，德比什長官，以及黑王子。如果庫西在其祖國重振河山期間在場並積極行動，而不是因其英格蘭婚姻而保持中立，那麼他也許會承擔起歸了蓋克蘭的主要角色。查理五世一直不懈地努力，就是為了贏得這個他不得不依賴的擁有遼闊男爵領地的貴族的支持，事實上，他曾做出特殊的努力想使他重新依附自己。據當時的一種說法，庫西之主的稱號帶有「像國王或王子一樣崇高的」普遍評價。

昂蓋朗在回程途中被國王直接召入宮中，國王為他大擺筵席，並詢問有關教皇戰爭的所有消息。昂蓋朗從巴黎出發，回家與妻子團聚，「如果說他們的相聚妙不可言，那也是有足夠的理由的」，傅華薩猜想道：「因為他們已經有相當長的時間未曾相見。」繼家庭團聚之後的是給庫西提供的一項崇高榮譽，一三七四年十一月，查理五世任命庫西為法蘭西元帥，派遣一位打著王室旗幟的騎士給他帶來代表那一職位的徽章。仍然受縛於其一僕二主身份的庫西覺得自己必須謝絕那一指揮棒。可是，國王卻於一三七四年八月四日為他指定了六千法郎的年金，他於十一月收到了一千法郎的第一筆款項。

庫西離開法國不參戰之舉，以及他此後毫不動搖地保持中立的做法，都遠未給其名字抹黑，而是被雙方都視為榮譽體面的化身，通過保護其莊園不受英軍攻擊的方式善待於他。在諾利斯於一三七〇年進攻皮卡第各地期間，「庫西領主的土地卻一片和平景象，任何男人或女人，只要說自己屬於庫西之主，他們就不會有一個便士的損失」。如果他們在不明身份的情況下遭到搶劫，那麼他們會得到雙倍的賠償。一位法國騎士——秦騎士（Chevalier de Chin）——相當有違騎士精神地利用了這一著名的免戰法則，打著帶有庫西盾徽的旗幟，於一三七三年在皮卡第地區製造了激烈的摩擦。當英格蘭人看到他的旗幟時，不禁大為驚訝，因為他們說：「那位本該是我們的朋友庫西之主怎麼會在這時候派人到這兒來與我們作戰？」不過，對其名譽的信任使他們不相信那面旗幟，所以克制住了自己，沒有報復他的領地，「也沒有焚燒那裡，或是給它造成一絲一毫的損害」。

查理計畫中的戰略是避免重大戰役，但對任何易受攻擊的地點採取分散的軍事行動，並向阿基坦施加盡可能多的壓力。為了使卡斯提爾重新加盟，他派蓋克蘭於一三六九年重返西班牙，這帶來了驚人的結果。在托萊多附近舉行的「令人驚異的會見和激烈的戰役」中，唐恩里克和國王佩德羅這兩個同父異母兄弟揮舞著戰斧進行了可怕的肉搏戰，「每個人都高呼著自己的戰鬥口號」，直到佩德羅失敗被俘。傳華薩總是偏愛高尚的版本，但根據西班牙的一部可能資訊更加全面的編年史，那位戰俘得到了不大體面的對待。被囚禁在一座城堡中的佩德羅向蓋克蘭提出，如果蓋克蘭可以將他轉移至安全地點，他便割讓六處封邑，並奉上二十萬金多布勒。假裝接受了這一條件的貝特朗將國王秘密帶出城堡，然後迅速向恩里克告發了他。在面對自己的兄弟時，佩德羅「將手放在自己的佩刀上」，若不是一位機警的法國騎士抓住他的腿將他掀翻在地，「他就會讓恩先一刀斃命」，於是，恩里克順勢用一把利劍刺向他，將他殺死，然後重新戴上了王冠。

262

對於法蘭西而言，這一結果帶來了卡斯提爾海軍力量的無價加盟，而對於英格蘭人而言，它重新帶來了鉗制她海外擴張的對外敵入侵的擔憂。在那之後，接二連三的不幸降臨在英格蘭人的事業之上。黑王子被一種在英格蘭和加斯科涅傳播的傳染性痢疾弄得病懨懨的，最終向水腫繳械投降，這真是一種極為冷酷的諷刺。四肢腫大的他「被如此虛弱的身體弄得疲憊不堪，幾乎沒法坐在馬上」，而當他變得越來越沉重、越來越虛弱時，他無法騎馬，只能躺在床上。對於這個戰上典範，一個雷厲風行、無比驕傲的人而言，在三十八歲時被一種丟臉的疾病弄得動彈不得，是件令人氣惱的事，而當他負責的局勢日趨惡化時，就更是如此。王子陷入了暴怒之中，經常大發雷霆。還未等這一切達到一種悲劇性的高潮，另一個不幸又接踵而至。

在民族情感的勁風吹拂下，法國貴族響應王室號召，返回被移交的城堡，形成由二十、五十或一百名重裝騎士組成的小部隊，在被割讓的領地上收復城鎮和堡壘。一三七〇年年初，在位於普瓦捷與利摩日（Limoges）之間的呂薩克（Lussac）發生的這樣一次小衝突中，約翰·尚多斯爵士，那一地區的總管，帶著約三百人的隊伍，與一支法國軍隊在維埃納河的一座拱橋上發生了交戰。下馬徒步作戰的他走上前去迎擊敵人，「旗幟在前，隊伍環護，紋章加身……寶劍在手」。當他在清晨被露水打濕的地面上一步一滑地前進時，他跌倒在地，敵人的一把劍從他失明的眼睛這一側刺過來，所以他未能看到劍的刺來。那把劍從鼻子與前額之間刺進他的大腦。出於某種不可解的理由，他沒有闔上自己頭盔的帽舌。他的手下因為震驚而變得異常兇猛，擊退了敵人，在奮勇搏擊和殺人如麻之後，徑直變得淚水漣漣，表現出了中世紀情感的全部特質。他們環繞在自己領袖那失去知覺的身體周圍，「哀哀哭泣……絞擰著雙手，拉扯著頭髮」，哭喊道：「啊，約翰・尚多斯爵士，騎士之花，不幸鍛造了那把刺傷您的大刀，將您帶入死亡之途！」

尚多斯一直沒有恢復意識，在第二天死去，吉耶納的英格蘭人說「他們失去了海那邊的一切」。作為英格蘭在克雷西、普瓦捷和納傑拉勝利的締造者和戰略家，尚多斯如果稱不上是雙方之魁首，至少也是他那一方最偉大的統帥。儘管法國人為敵人的損失感到歡欣鼓舞，但也有一些「正直的貴族和英勇的騎士」出於一個有點意思的原因，認為它是一種共同的損失。他們說，尚多斯「如此賢明，如此富有想像力」，又受到英格蘭國王的如此信任，所以他本可以找到某種辦法，「從而使英法兩國間的和平得到保證」。就連騎士團成員也知道渴望和平。

幾個月後，黑王子進行了自己最後一次作戰行動。領土正在從他手上滑落，被法王在朗格多克地區那精力充沛的代理長官德安茹公爵的部隊以及蓋克蘭率領的其他部隊蠶食殆盡。一三七〇年八月，查理與城鎮和貴族進行零星和談的政策使利摩日重回法國懷抱，它的主教儘管曾發誓要效忠黑王子，卻輕而易舉地讓自己被中部地區的統帥德貝里公爵收買。因為可免除十年的賦稅，地方官員和市民都樂觀其成。利摩日在其城門上方升起鳶尾花旗幟，在應有的典禮之後，貝里離開了，留下了一支由一百名配矛騎兵構成的小部隊。這支部隊太小了，無法避開接踵而至的事件。

黑王子因其「背叛」而怒火中燒，發誓要讓這個城市為此付出高昂的代價。他決定殺雞儆猴，以阻止進一步的背離。從一頂轎子中發佈命令的他率領一支包括他的兩個兄弟和他的精英騎士在內的強大軍隊前去進攻利摩日。礦工在城牆下挖掘通道，用木樁支撐它們，一旦點燃它們，部份城牆就會坍塌。從炸開的縫隙擁入的重甲騎兵擋住了這座城的出口，進而根據命令對居民高舉屠刀，無論男女老幼，一律格殺勿論。因為恐懼而尖叫不已的人們跪倒在王子的轎子前請求憐憫，但「他是如此怒不可遏，根本不去理會他們」，於是他們都死於刀劍之下。儘管他的命令是一個不留，但一些可以付贖金的大人物還是被活捉，其中就有那位主教，黑王子向他投去了「惡狠狠的目光」，發誓要砍掉他的腦袋。然而，經過王子的兄弟岡特的約翰的斡旋，主教逃到了亞維農，帶去了可怕的故事。

目睹或參與了這場屠殺的騎士與那些為尚多斯之流哀哀哭泣的騎士並無不同，但十四世紀膚淺情感較明顯一面是對痛苦和死亡場景的麻木不仁。尚多斯之所以受到哀悼，是因為他是他們中的一份子，而利摩日的受害者在騎士精神之外。此外，生命並非彌足珍貴，因為身體是什麼？說到底，它不過是一塊腐肉，而在塵世上的旅居也不過只是在前往永恆生命的路途上的一次停留。

在司空見慣的懲罰中，利摩日遭到掠奪和焚燒，它的軍事工事被夷為平地。通過這個傳遍了法國的血腥故事，無疑一時之間嚇住了人們，讓他們不敢反抗，但長期來看，它培育了他們對英格蘭人的仇恨情緒，五十年後，這種仇恨情緒將把聖女貞德帶向奧爾良。

一位英雄的事業在利摩日的報復性掠奪中宣告結束。因病得太重而無法行使統治權的王子將對阿基坦的統治移交給岡特的約翰，與此同時，又因其六歲的長子愛德華之死而痛苦難當。一三七一年一月，他離開了波爾多，從此一去不返。他帶著妻子和二兒子理查回到了家鄉，又過了六年絕望的病人生活。

由於法國現在掌握了主動權，英格蘭的軍事策略大致上處於被動。羅伯特・諾利斯爵士於一三七〇年在法國北方各地野蠻掠奪的目的，是盡可能地給當地造成傷害，以便破壞法國人的戰鬥努力，使法軍從阿基坦撤回。他的部隊在行軍路過時洗劫村莊，燒毀田野中成熟的小麥，但無法攻克有防禦的地方，也無法激起正面的戰爭。因為既看不到贖金也看不到榮耀，他的騎士們在靠近巴黎時變得越來越不滿，不過，他們的威脅足以令人警覺，這導致蓋克蘭於十月被任命為法國的騎士統帥。

曾經當過四次俘虜的記錄表明他是個要麼魯莽要麼無能的武士，但貝特朗卻不是拉烏爾・庫西那樣不計後果的莽夫。相反，他謹慎而狡猾，相信憑匱乏和損耗可以削弱敵人，這正是查理選擇他的原因。他的第一項舉措是與一位難以對付的布列塔尼同鄉簽訂一份個人條約，此人是獨眼的奧利維爾・克利松（Olivier de Clisson），人稱「屠夫」，因為他習慣於在戰場上砍掉敵人的手臂和腿。這支布列塔尼人的隊伍及其追隨者騷擾並追擊諾利斯，而當諾利斯的部隊因心懷不滿的騎士的背叛而分裂時，又在盧瓦爾河下游的戰役中擊敗了它。通過在這裡猛咬一口，在那裡輕啃一嘴的方式，或是通過收買那些根基太深的英格蘭首領，蓋克蘭的部隊一點一點地解放了被割讓的領土。

關鍵優勢的取得是一三七二年六月卡斯提爾人戰勝了一支離開拉羅歇爾的英格蘭護航艦隊的海戰。那些英格蘭船隻將運來人員和馬匹以增援阿基坦，更關鍵的是還帶來了兩萬英鎊的士兵薪酬，據說它足以支持三千名戰鬥人員一年的時間。在從密探那裡獲知了這次遠征後，查理向自己的同盟恩里克國王發出懇求。在一百八十名槳手推進下的兩百噸卡斯提爾大帆船由自由人而非戴鐐銬的罪犯操作，比英格蘭艦隊的只能順風而行的橫帆船更易操作。指揮西班牙人的是職業艦隊指揮安布羅西奧・博卡內格拉（Ambrosio Boccanegra），他的父親一直是唐佩德羅的艦隊指揮官，但因為敏銳地觀察到命運之輪的轉動，在正確的時間改換了門庭。英格蘭人的指揮官是彭布羅克伯爵（Earl of Pembroke），他是英王愛德華的女婿，二十五歲，有道德敗壞的名聲，毫無航海經驗。在航行進入海灣時，他的船隻遭到了卡斯提爾人船隻的碰撞，後者用油噴射英格蘭船隻的索具和甲板，並借熊熊燃燒的箭頭點燃了它們。他們從高於敵艦的船樓（即「城堡」）上向英格蘭弓箭手扔石頭。在兩天的戰鬥中，英格蘭船隻被燒毀、潰敗和沉沒。其他的損失之一是裝著金錢的器皿沉入了海底。

金錢的損失削弱了英格蘭對阿基坦的控制，因為它取決於軍隊的報酬。卡斯提爾人對海上的控制使英格蘭與波爾多的交通陷入危境，更糟糕的是它為法國人襲擊英格蘭海岸打開了通道。正是懷著這種想法，查理此時在魯昂建立海軍基地和造船廠，在這裡，最大的船隻可以隨著潮流拱入塞納河。如今六十歲的上了年紀的愛德華不願在家坐以待斃，發誓要親征海外，「他是那麼強勢，竟堅持要向法蘭西的全部力量發起挑戰」。

英王愛德華通過「扣留」商船及其船長和船員的慣用方式集結起另一支艦隊，帶上生病的黑王子和岡特的約翰，於一三七二年八月底率領大軍出發，準備勇敢地面對卡斯提爾人，不料卻被天氣所打敗。勁吹了九周的逆風不斷迫使艦隊返航，或是將它留在海港，直到錯過季節，無法於當年出兵。國王不得不放棄嘗試，其代價是巨額的花費：糧草和裝備，水手和重甲騎兵的報酬和維持費用，中止的貿易和向船主賠償的經濟損失。而尤其慘重的代價是人們對戰爭的日益不滿。

中世紀的技術可以在空中蓋起兩百英尺高的建築奇跡，可以構想能夠紡織有圖案的布匹的織布機器，以及可以控制無形的空氣去轉動沉重的磨石的齒輪軸，可它未能構想出能夠根據風向調整風帆的從船頭到船尾的帆具。通過人類頭腦的這種造化，戰爭、貿易和歷史得以塑造。

這次航海的失敗間接地導致了英格蘭位列第三的偉大士兵德比什長官的悲劇命運。當愛德華的艦隊在近海苦苦掙扎時，法國人正在收復拉羅歇爾及其內陸地區，而在這些戰鬥過程中，德比什長官被俘。他是在一個夜晚被一支法國和卡斯提爾聯合登陸部隊俘獲的，這支部隊的首領是威爾斯的歐文（Owen of Wales），一位受法國保護的人，他聲稱自己是真正的威爾斯親王。儘管德比什長官借著火把的亮光浴血奮戰，但還是寡不敵眾。查理全然不顧騎士精神，將他關在位於巴黎聖丹尼大教堂的監獄裡，沒有贖金特權。德比什長官的下場使騎士身份成了未知數，令人大為沮喪。

對查理五世而言，政治目標要比對騎士精神的狂熱來得更加重要。他永遠也無法原諒德比什長官在一三六四年的科舍雷爾戰役之後的背叛，當時，德比什長官先是轉向法國，作為對查理批准大筆稅收的回應，隨後便故態復萌。他的心屬於自己的戰友黑王子，當戰爭於一三六九年再次爆發時，他否認了對法蘭西國王的忠誠，將財產退回，重新加入了英格蘭軍隊。查理現在決心要讓他無法行動。

雖然英王愛德華提出用三、四名法國戰俘再加價值十萬法郎的贖金作為交換，查理仍決絕地拒絕讓這位勇猛無畏的加斯科涅人被贖回，儘管他曾經在莫城救過查理的妻子和家人。當德比什長官身體日漸衰弱時，法國貴族請求國王，別讓一個勇敢的騎士死在監獄中，但查理說他是個強大的武士，如果放虎歸山，讓他重新投入戰鬥，他將收復許多地方。因此，只有他「變成法國人」，他才會釋放他，而德比什長官拒絕了這一條件。當一群以庫西為發言人的貴族再次請願時，國王沉思了一會兒，然後問他該怎麼做。庫西回答道：

「先生，如果您要求他起誓，他將永遠不再拿起武器對抗法國人，您就可以釋放他，而這將成為您的光榮。」

「如果他願意，我們就那麼做。」國王回答，但那位憔悴而虛弱的長官說，「即使他不得不死在獄中，也決不發這樣的誓言」。他放棄了那個選擇，從此再也看不到他的寶劍、戰馬或自由，於是他日漸抑鬱，既不想吃也不想喝，漸漸陷入昏迷，在入獄四年後，於一三七六年死於獄中。

繼愛德華流產的遠征後，英格蘭人又做了一次努力。一支新的軍隊被集結起來，其人數可能約為四千至五千人，儘管編年史作者說是「一萬」和「一萬五千」人。在蘭開斯特公爵岡特的約翰的帶領下（沒有他的父親或哥哥，他倆現在都不適合打仗了），這支軍隊於一三七三年七月渡過海峽前往加萊，其目的十分明確：前去解救阿基坦。它是這場戰爭中最漫長也最奇怪的行軍。

儘管他理應尋求英格蘭人通常在其中可以獲勝的決定性戰役，可蘭開斯特並未採取向南的直接線路，否則他原本可以在中途與蓋克蘭的軍隊相遇。取而代之的是，他採取了迂迴的長線路，從巴黎後面，經過一段拖拖拉拉一直延續到香檳和勃艮第的掠奪襲擊，穿過奧弗涅的中央高地，最終，在五個月和近一千英里的行軍之後，才到達阿基坦。也許這次著名的（可說是迂迴的）進攻的目的是像諾利斯那樣大肆破壞，另外也許還想分散法國人的注意力，使其不能組織一次對英格蘭的可能入侵。也許蘭開斯特只是想要一個更大的機會來尋找騎士式的冒險以及對彌補國家無法供給的報酬而言必不可少的戰利品。

這支部隊採用慣常的三路並進的行軍形式，一天走八、九英里，以便更好地靠鄉間為生，搜刮戰利品，肆無忌憚地行破壞之舉，從而通過居民的抱怨激起法國騎士的戰鬥。由於查理的嚴厲禁止，也因為居民受到鼓勵，在設防城鎮裡尋找避難所，所以這一計畫泡了湯。蘭開斯特的行軍進入了寒冷且陰雨綿綿的秋季；糧草供應日漸稀少，馬匹饑餓難耐，陸續死去，不適升級為艱苦，艱苦升級為匱乏。勃艮第公爵的手下跟在英軍後面攻擊掉隊的人，當地人的抵抗帶來了更多的損失，而在南方，蓋克蘭設下了伏兵。十一月時，他們到達狂風橫掃、無遮無攔的奧弗涅高原，失去了戰馬的騎士躊躇而行，有些人拋下了生銹的盔甲，有些人在進入阿基坦時被人看到在乞討麵包。在耶誕節期間蹣跚進入波爾多的精疲力竭的部隊中，損失了一半的人員和幾乎全部的馬匹。

剩下的人還足以守衛現在已經縮減到其最初邊界的老阿基坦，但不足以收復已經失去的地盤。到一三七四年，《布雷提尼和約》已經名實皆亡。除了加萊，英格蘭留下的只不過是其在克雷西會戰之前的所有。英格蘭人無法在沒有維持境外軍隊的經濟手段的情況下守衛領土，一旦戰爭爆發，他們也無法守住其百姓變得日益充滿敵意的割讓領土。軍事優勢也沒辦法征服一個拒絕決戰的對手。一三七四年八月，英王愛德華宣佈，他準備簽訂休戰協議。

對於雙方來說，時機都已成熟。運用頭腦的查理五世和運用非正統戰術的蓋克蘭已經聯合打造了一種建立在可能有效的基礎上的戰略——與為榮譽而戰這一騎士精神的核心原則完全背道而馳。儘管當時的編年史作者和宣傳家試圖將蓋克蘭塑造為「身價十倍」的完美騎士，而查理的傳記作者克莉絲蒂娜・皮桑堅持頌揚他，除真正貢獻之外的一切，但事實上，正是這兩個頭腦強硬的人物的非騎士品性將法國從毀滅的邊緣拉了回來。查理成功地實現了其戰爭目標，但代價是一個飽受蹂躪、精疲力竭的國家。經過一段時間的拖延，他同意派出特使，前往布魯日進行和平談判。

第13章 庫西的戰爭

在布魯日沒有達成任何和平條約，因為英格蘭人決心留住之前在法國領地的主權，而查理五世同樣決心重新獲得在布雷提尼出讓的吉耶納的主權。他的律師稱主權的出讓已經作廢，因為它違反了神聖的效忠誓約，因此黑王子和英格蘭國王都犯有反叛罪，就如同撒旦對抗上帝一樣。儘管這滿足了查理對展示一項合法案例的終其一生的心願，卻未能讓英格蘭人心悅誠服。舉行會談花費高昂，勃艮第公爵和蘭開斯特公爵更攀比豪華（勃艮第收到了一個月五千法郎的開支），所以為了避免使會談完全荒廢，雙方同意簽署一份始於一三七五年六月的休戰協定，並於十一月恢復談判。

因休戰而失業的法國連隊重新開始劫掠最近才解放的民眾。一年多以前，在一三七四年一月，王室政府試圖通過一項寬泛的法令，將這些部隊納入自己的控制之下。法令提供了核准連隊的制度，連隊可得到固定比率的報酬，其長官需經王室任命，他必須放棄劫掠行為，負起帶領其手下的責任，違則處以規定的懲罰。這是一次審慎的努力，但事實證明，「自由兵團」太多地屬於一個軍事體系，所以既無法根除，也無法馴服。他們的劫掠仍在持續。

被這種局面「弄得心力交瘁」的國王與自己的顧問們商量他該怎麼做。他們「想到了庫西之主」。他將是一位新的誘拐者，可以在一場國外戰爭中將匪徒們引出法國——他自己的戰爭。

庫西與奧地利公爵之間的對峙以及他繼續堅持的決心有目共睹。在這件事上他可以為法國服務，不會受到他與英格蘭的關係的阻礙。一項提議將由國王的宮廷大臣和司庫比羅・里維埃爾（Bureau de la Rivière）和勒默西埃（Jean le Mercier）向庫西提出，即如果他能將法國各地約二十五名連隊長官的連隊收編進自己的部隊，並率領他們去與哈布斯堡公爵作戰，那麼國王將支付給他們六萬里弗作為報酬和部隊開銷。他尤其要帶走冷酷無情的布列塔尼人，他們是蓋克蘭和克利松的追隨者，自從正式的戰爭結束後，便一直在進行可怕的掠奪活動。 270

庫西在倫巴底時有關雇傭軍的經驗足以讓他瞭解這樣的命令的危險和不可靠，即使它承諾要為他自己的目標提供起乎的支援。他現在三十五歲，他的錢多得足以使他可以在那一年向德貝里公爵提供借貸，但還不足以讓他憑藉自己的資源來資助一場對哈布斯堡家族的戰爭。他同意採取那一重大的擺脫手段。

被招募至庫西旗下的連隊長官包括法國騎士統帥的兄弟奧利維爾・蓋克蘭（Olivier de Guesclin），他一直在佔據著並破壞貝里公爵的領地，還有庫西自己的近親西爾韋斯特・布代斯（Sylvestre Budes），一個布列塔尼連隊的首領，這支連隊一向是教皇的眼中釘，是亞維農的災難，在那裡，它甚至搶劫了國王送去救濟一三七五年的一場饑荒的小麥。教皇使出了求情、談判、付錢、開除教籍等種種招數，結果都徒勞無功。他現在付給這群布列塔尼人五千法郎，並答應，如果他們跟庫西走，就撤回開除其教籍的命令。當他們順羅納河左岸一路北上時，「大恐怖」傳遍了勃艮第地區：信使報告他們的進程，城鎮和村莊都派出使節四處求援。像兇猛的夏季蝗蟲一樣，這些與其他連隊匯合為一體的布列塔尼人在七月橫掃了香檳地區，八月進入洛林地區，九月進入亞爾薩斯地區，它是哈布斯堡家族領地的一部份。

皮卡第、阿圖瓦、韋爾芒杜瓦（Vermandois）和艾諾的騎士帶著自己的衛隊和重甲騎兵前來，打算在庫西的事業中「提升自己的榮譽」。在騎士精神的詞典中，「榮譽」意味著與其他騎士作戰，在這個例子中，預計是要對抗奧地利人。人類頭腦的靈活性使得榮譽不會受到與雇傭軍和匪徒並肩作戰的影響。應募者中包括昂蓋朗的叔叔拉烏爾・庫西、德莫子爵（Vicomte de Meaux）和德奧奈子爵（Vicomte d'Aunay）以及其他領主，尤其是還有大名鼎鼎、忙得不亦樂乎的威爾斯的歐文。歐文的父親曾被英格蘭國王處決，從小在腓力六世的宮廷中長大。人們對他的描述是精力充沛、桀驁不馴、大膽冒進、驍勇好鬥，他曾在普瓦捷打過仗，參加過十四世紀六〇年代的倫巴底各戰役，在洛林地區支持和反對過巴爾公爵（Duke of Bar），在西班牙當過自由長矛手，與蓋克蘭一起於十四世紀七〇年代在香檳地區作過戰，在那期間，他曾返回去領導了一次針對海峽群島（Channel Islands）的海軍偷襲，目的是俘獲德比什長官。

一三七五年，歐文剛完成對位於諾曼第海岸的聖索沃爾—勒—維孔特（St.Sauveur-le-Vicomte）的成功包圍任務返回，在那裡，大炮第一次得到有效使用。四十架大大小小的「機車」發射出鐵彈、皮彈和石彈，雖未能使城牆倒塌，卻也讓守城者困擾不堪，無法繼續抵抗。「他們被機車所完全覆蓋，不敢進城或走出城堡，而只能留在塔樓中。」甚至有一枚炮彈射入了一位臥病在床的英格蘭軍官的房間，圍著房間的牆壁轉了好幾圈，「就仿佛雷電本身進入了他的房間似的」。這讓他相信，自己生命的最後時刻即將來臨，在那之後，它撞破了樓板，掉到了下面的房間。

根據庫西於一三七五年十月十四日簽署的合同，令人驚異的歐文將率領一支四百人的部隊，報酬是每月四百法郎，另外再付給他的副手歐文・艾皮・里斯（Owen ap Rhys）一百法郎。他將不聽命於其他任何連隊長官，在與庫西的盟約解除之前，不會締結其他盟約，而庫西反過來也不得在未徵得歐文同意的情況下簽訂和約。歐文佔領的所有城鎮都要交給庫西，但他可以保留戰利品和贖金價值低於兩百法郎的俘虜。在那些價值超過兩百法郎的俘虜中，庫西將收取贖金的六分之一，若是奧地利公爵本人被俘，歐文則必須將他移交給庫西，換取一萬法郎的回報。

這份事業成了吸引躁動不安的寶劍的磁石，從他們每年一度的普魯士運動會中吸引了條頓騎士團（Teutonic Order）的一百名騎士。《布魯日休戰條約》的筆墨未乾，英格蘭騎士便在領袖是英格蘭國王的女婿這個事實的吸引下，策馬來到匯合地點。他們武器精良，騎著配銀製馬籠頭的高頭大馬，穿戴著亮閃閃的護胸甲和頭盔，還有華麗的長外套，號稱有「六千人」，用其可怕的名聲籠罩了庫西的整個軍隊，結果，對手將把庫西的軍隊全部都當成了「英國佬兒」。

庫西軍隊的總數雖然模糊不清，卻激起了令人驚懼的猜測，有人估計達四萬、五萬、六萬甚至十萬之多。根據連隊長官的數量來估計，它有可能在一萬人左右，與蓋克蘭帶往西班牙的數量相當。一部阿基坦的編年史提到了一萬六千名「戴頭盔和兜帽」的騎士。所有觀察者都注意到了那種尖頂的頭盔和用以禦寒的厚重斗篷上的僧衣頭巾般的兜帽。這種兜帽被稱為「古格勒」（Gügler，源於瑞士語—德語的「殼」或「尖」的意思），因此，人們把這場戰爭又稱為古格勒戰爭（Gügler War）。

在出征之前，庫西為防範自己戰死沙場，關照了一下自己靈魂的未來。他根據自己的級別，向諾讓—蘇斯—庫西修道院（Abbey of Nogent-sous-Coucy）為自己、自己的祖先和自己的後代捐助了兩場「每天舉行，持續至永遠」的規模龐大的彌撒。他的指令像大多數類似的指令一樣，精確而具體，沒有留下選擇的餘地。祈禱者將會在已經被設計為他和妻子的墓地小教堂的聖母像前祝禱。他指定每年給修道院一百里弗作為僧侶的生活費和增加禮拜的費用。這筆錢從「永久性」租金和由特殊城鎮繳納、歸庫西所有的租稅（taille）中支出，它具體精確到了一分一厘的程度，其中五十里弗由一個城鎮出，四十五里弗和十蘇由另一個城鎮出，四里弗和十蘇由第三個城鎮出。像他的當代人一樣，庫西指望的是一個沒有變化的永恆。他對諾讓的僧侶還有一份捐贈，即只有他們有權在艾萊特河（Ailette）的從茹・布萊塞（Rue de Brasse）到聖馬德橋（Pont St. Mard）的指定地段釣魚。

庫西的遺贈顯得牢固而持續，少了其他捐贈者的那種緊迫感。德比什長官在一三六九年（即他放棄對法國的效忠的那一年）的一份遺囑中，顯然感覺到有種要立刻執行的必要：他留下四萬金埃居作以做五萬次彌撒，據說這些彌撒都要在他死後的一年之內完成，再加上永久的燈火費和額外的虔誠遺贈。

這些受捐贈的小禮拜堂的期限在三十到五十年不等，有的則是永久性的，通常將捐贈者的親屬也包括在內，它們為教士提供了工作機會，為教會提供了收入。沒有其他活動的獨立教士可以賴此委託為生，否則，正如眾人所猜測的那樣，他們會過上一種無所事事和尋歡作樂的生活。威爾斯公主（The Princess of Wales）就供養了三個神父，他們的唯一職責就是為她死去的第一任丈夫祈禱。

當他的集結部隊對亞爾薩斯進行從十月至十一月為期六周的劫掠時，庫西仍然未上任。他的拖延是許多無法在這場冬季戰爭中得到解釋的謎團中的第一個，因為相關的記載要麼缺失，要麼自相矛盾。他是否是在故意推遲，以增加連隊在整個嚴冬的耗損機會？事實上，蓋克蘭在一三六五年時也是直到十二月才開始出征的，這個事實會讓人聯想到一種範式。但庫西顯然是打算與自己母親的表親利奧波德打個水落石出，而不僅僅是領著連隊在汝拉山上徒勞消耗，然後讓他們迷失在某場山雪之中。

九月底，他曾寫信給亞爾薩斯的皇家神父布拉班特公爵，告訴他自己打算重申對布勒斯高

（Brisgau）、南郡（Sundgau）和費雷特（Ferrette）小國的繼承權，並且會得到保證：王室不會採取任何行動來反對他爭取正義的努力。為了進一步將他的行為說成是為了正義而戰，並且使自己與單純的雇傭軍首領區別開來，庫西還寫信給位於亞爾薩斯的史特拉斯堡和科瑪律這兩個城鎮，否認將對它們有任何不利，說他是為了繼承權而與自己的表親作戰，敦促他們不要感到驚恐，而是要幫助他獲得自己的權利，並且說如果它們希望的話，他會進一步解釋他的情況。這番話沒有得到回應，因為連隊已經在城牆下使出了最惡劣的手段。

如果說令人戰慄的哭喊在當地編年史中顯而易見的話，那麼發生在亞爾薩斯的大屠殺則可謂窮凶極惡。南郡的四十位村民遭到搶劫和殺戮，華利旺（Wattwiller）的一百位居民被毫不憐憫地殺害，男男女女被抓來為匪徒的需要服務，坦恩（Thann）的聖方濟各會修道院被燒為了平地，佘嫩斯坦芭崎（Schoenensteinbach）女修道院是如此破敗，以致它被放棄，它的土地在二十年的時間裡未曾清理。連隊榨取他們慣例的貢品，富人會給金錢、馬匹和精美布料，窮人則上繳鞋子、馬蹄鐵和釘子。當有人質問他們的作戰目的時，一些連隊長官據說做出了這樣的回答：他們來是為了「六萬弗羅林、六十匹適合作戰的種馬、六十件黃金布製成的衣服」。史特拉斯堡的主教和地方行政長官支付了三千弗羅林作為贖金，換取城市的不受攻擊。在一個地方，一群驍勇善戰的村民成功地殺死了二十個在他們村子中安營紮寨的敵人，結果他們遭受了如此冷酷的報復，導致大膽讓位於絕望，他們背井離鄉，逃之夭夭。

在開始時，拿了庫西的錢財的連隊長官們曾努力維持紀律，有些人幾乎每天都會絞死罪犯，努力想終止這種混亂。在對無法無天的部隊習以為常的背景之下，以暴制暴的懲戒未能成功。

面對入侵，利奧波德採取了查理五世使用過的策略：堅壁清野，他下令亞爾薩斯人毀掉一切可能為敵人提供幫助、庇護和食物的東西，帶著自己的貨物和糧草撤入有城牆的城鎮和城堡。像查理一樣，他命令加固有防禦能力的城鎮和城堡，將其他地方夷為平地，燒毀邊遠地區的村莊。這樣的命令在紙上空談倒是極其容易，可實際上，讓一個農民毀掉或看著別人毀掉自己的勞動成果，毀掉他用於來年生活的極少盈餘是一種極大的痛苦。很難判斷這些嚴厲的手段在多大程度上得到了實際的執行。

由於缺少充足的軍隊來與庫西在人數上抗衡，利奧波德撤退到橫跨萊茵河的布賴薩克（Breisach）要塞，指望能激起自恃的瑞士人的抵抗，阻止敵人的進一步前進。他有痛苦的理由知曉自己的瑞士臣民的 274
作戰能力。

不管是真有其人還是傳奇故事，本世紀初威廉・鐵爾（William Tell）對奧地利總督葛斯勒（Gessler）的蔑視，將瑞士人與哈布斯堡暴君的鬥爭典型化了。在那之後的六十年裡，瑞士人兩次羞辱了哈布斯堡騎兵。一三一五年和一三三九年在莫加頓（Morgarten）和勞彭（Laupen），步兵對騎在馬上的騎士的勝利改寫了軍事史。在施維茨州（Canton Schwyz）森林地帶的莫加頓，封鎖了一道山口上方的瑞士人在騎士們騎馬通過窄狹山谷時向他們猛擲大石塊和樹樁，然後撲向那些爭相攀爬、亂成一團的騎士，像殺死「圍欄中的綿羊」一樣殺死了他們。他們沒有接受投降從而使之免死，因為他們不期望得到贖金，他們撐起了戰場，因為選擇作戰地點的是他們而非他們的敵人。騎士們聲稱地形是其失敗的原因，事實上，騎兵在無法發起衝鋒的山中作戰的劣勢確實是一個因素，而另一個與之相當的原因是最終為瑞士贏得獨立的當地人的那種挑釁精神。

在位於開闊山坡上的勞彭，就無法以地形為藉口來解釋其結果了。在那裡，伯恩（Berne）的城市兵與森林州的山民彙集一處，在一位當地騎士的帶領下向前推進，於一座哈布斯堡騎士們需要攀登的小山之上佔據了有利位置。在衝突中，瑞士人雖被包圍，但他們形成了一種「刺蝟」式的密集陣列，可以保衛自己的陣地，同時又可避免敵人的切入突破。當他們與騎士們進行肉搏戰時，他們的戟——一種斧與矛的結合物——造成了可怕的傷亡，同一時間，他們的後援部隊從背後殺向貴族們，將他們一舉粉碎。他們從戰場上帶走了七十頂飾有紋章的頭盔和二十七面貴族的旗幟。儘管從那時算起，已經過去了一個世紀，但古格勒們也許一直都保持著警惕。

瑞士人對利奧波德發出的抗擊庫西的號召反應冷淡。他們對哈布斯堡家族的仇恨更甚於他們對侵略者的恐懼。位於該國中央地帶的三個森林州拒絕出戰。以三個州中最大膽的和作為未來國家的名稱來源的施維茨（Schwyz）為首，它們說自己沒有興趣為捍衛利奧波德的領土犧牲自己的性命，與利奧波德作戰的庫西之主從未冒犯過他們。他們將始終是「這次戰爭的旁觀者」，除非在勝利者將自己的雄心推進得太遠時，他們才會進行自衛。然而，蘇黎世（Zürich）與伯恩、盧塞恩（Lucerne）和索洛圖恩（Solothurn）一起同意保衛阿爾高（Aargau）這個以阿勒河（Aar）為界與亞爾薩斯毗鄰的地區，因為它與它們的邊界相接，是他們的「林蔭大道」。

在十一月十一日的聖馬丁日（St. Martin's Day）這一天或這一天前後，庫西率領一百五百人抵達亞爾薩斯，行使統帥權。到現在，隨著冬天的臨近，該地區已經被徹底搶劫一空，直至再也找不到更多的糧食或草料了。在這個重要關頭，歷史記錄中出現了對事件的令人震驚的曲解。這種曲解來自傅華薩，由於他將會從庫西自己口中瞭解許多有關他的歷史，所以這種曲解是無法解釋的。根據傅華薩所言，有反叛之心的連隊長官們召開了一次會議，指責庫西欺騙了他們。「怎麼會這樣？」他們叫喊道，「這難道就是奧地利公爵的領地？庫西之主告訴我們，它是世界上最肥沃的土地，可我們發現它窮得叮噹響。他卑鄙地欺騙了我們。如果我們渡過萊茵河，就會被我們毫無憐憫之心的德意志敵人全部殺死或俘虜，再也不能回去。我們要回法國去，詛咒那些繼續前進的人！」

懷疑自己將被背叛的庫西和顏悅色地對他們說道：「先生們，你們已經拿了我的錢和金子，而它們都是我欠法國國王的，而且你們的誓言和信仰要求你們在此事業中有忠誠的表現。否則，我將會成為世界上最不名譽的人。」但部隊拒絕行動，他們咆哮著說萊茵河太寬了，如果沒有船是無法過河的，他們不瞭解過河後的道路，「誰都不應當像你那樣把武裝士兵帶出一個好國家」。

萊茵河在巴塞爾來了個右轉彎，事實上不是非得過河才能進入阿爾高地區（Aargau），但從常理來說，如果不進行準確的定位，它就讓人不安。對於雇傭軍人而言，他在其中行走的世界的邊界是模糊不清的，就如他被利用來為其服務的政治目的一樣。庫西試圖說服他們，只要翻過眼前那座陰沉沉的高山，他們就會發現肥沃的土地，但他是在白費口舌。這時，利奧波德傳遞過來一則消息，表示同意將一塊庫西曾提出要求的領地給他，即價值一年兩萬法郎的費雷特國。但這個提議遭到了拒絕，因為庫西和其顧問認為它太小了。

根據傅華薩的版本，發現手下將不再向前推進的庫西顯得「極度憂鬱」，「身為聰明絕頂、具有遠見卓識的騎士，他經過仔細思忖」，認為雇傭軍們也許會將他出賣給奧地利公爵，以代替許諾過的薪金，「而如果他被移送給德意志人，他就再也不會獲得自由了」。在與朋友商量後，他決定自己最好還是返回法國。他只帶了兩名同伴，「經過喬裝打扮」於夜間悄悄離開，整整兩天走了，才脫進險境。在此之前，只有與他關係親密的人才知道他的離去。當他抵達法國時，國王及其兄弟們都「十分震驚，因為他們以為他在奧地利，在他們看來，自己似乎是看到了三個鬼魂。」在他們要求庫西做出解釋時，庫西可不會在解釋這件事上有什麼為難，「因為他是個能言善辯的演說者，而且擁有真實的藉口」。

他把發生的一切都告訴了國王和公爵們，「所以，情況似乎是他是對的，而連隊應該受到指責」。根本沒發生過這種事的事實說明了中世紀記錄存在的問題。庫西和部隊確實向阿爾高地區進發了，他們於十一月二十五日聖凱薩琳日（St. Catherine's Day）那天離開了亞爾薩斯，朝巴塞爾前進，在那裡，他們繞城巡遊了三天以展示自己的力量，據猜測是為了使所有阻礙他們翻越汝拉山脈的對手聞風喪膽。巴塞爾的主教出於對伯恩的仇恨而讓他們自由通行。

近距離看，汝拉山的紫色暗影原來是覆蓋了樹木生長帶以下的低生長區的松樹。經過順著一條朝著相反方向奔向法國的河流的騎行，頭戴兜帽的重甲騎兵們翻過了頂峰，在豪恩施坦恩（Hauenstein）和布拉塞爾（Blasthal）強行穿過山口，降臨在小村莊中，一路進行搶劫破壞，直到他們來到阿勒河（Aar）。這條河是萊茵河的一條河面寬廣的支流，標誌著阿爾高地區的邊界。他們沒有遇到什麼抵抗，因為這一地區的領主都在侵略者到來之前逃走了，到利奧波德那裡尋求庇護，在這種情況下，他們佔領了位於奧爾滕（Olten）的城堡和老木橋。

受到利奧波德緊急召喚的伯恩人已經前去迎擊敵人了，可當看到貴族們拋下領地不管時，他們頓生厭惡，向家中走去。所有阿爾高人都在驚恐之下拋下武器和村莊，到城中尋求避難所，離開了鄉下的古格勒主人。伯恩人的違命之舉讓利奧波德大為沮喪，他搶在敵人之前進行了無情的破壞。他的情報人員燒毀田地和收成，砍倒樹木，在身後留下了一連串的不幸，使小村莊得打跑從森林裡跑出來的狼群才可艱難地度過那個冬天。痛苦不堪的百姓嘲笑那些「橫跨在萊茵河上，像在保險箱裡一樣安全」的奧地利人。他們譴責尼道的魯道夫伯爵（Count Rudolph of Nidau）及其他當地領主為那股將要摧毀各州的急流開闢了道路。

庫西的重甲騎兵掃蕩了一切可以找到的東西。他們將自己分成三隊，在饑餓和戰利品的驅使下，越來越深入地分佈在阿爾高地區。庫西將自己的指揮部安置在位於阿勒河以東不到五英里處的聖於爾班修道院（Abbey of St. Urbain），這裡背靠松林密佈的新月形群山，前觀遼闊無際的草地。根據該修道院的記錄，他在那裡停留了十八天。阿爾高更為重要的城市已經成了他母親嫁妝中未支付部份的抵押品。如果他能夠攻佔這些城市，那麼他的個人目標也許就達到了，但他四散的部隊和堅固的城牆妨礙了這一切。他的行動並不比愛德華在法國的行動更具成效。就連位於阿勒河谷中的布倫（Büren）這樣的小鎮也頂住了由他親自指揮的包圍，儘管它的領主尼道伯爵得到了因兩頭賣乖而招致的懲罰：他把頭伸出窗外，被一隻敵人的箭射殺。

在十二月的天寒地凍中，以小分隊形式四處搜尋糧草的連隊滲透到了蘇黎世和盧塞恩邊境。他們的日漸削弱使其不堪一擊，而與此同時，他們的罪行正激起瑞士人的反抗。在施萊茨的森帕赫湖（the lake of Sempach）附近，在恩特里布奇（Entlibuch）的山區，一群以先人典範為傲的健壯頑強的農民集結為一支數百人的部隊採取了行動。他們的榜樣激發了盧塞恩的年輕人，他們違背城市的命令，在夜裡翻出城牆加入戰鬥行列中，周邊城鎮的人也做出了同樣的舉動。十二月十九日，這支約六百人的隊伍包圍了布特提斯舒爾茨（Buttisholz）小鎮，約有「三千」名古格勒駐紮在那裡。瑞士人發起進攻，殺死了三百人，在一座教堂中活活燒死了另一些在此尋求庇護的人。其餘的潰不成軍。恩特布里奇人帶著奪取的武器和戰利品得意揚揚地騎馬返回自己的大山。一個沒有參戰的貴族在看到他們路過時，從自己的城堡中嘲弄地冲著騎著一個死去騎士的戰馬、穿戴著他的頭盔和胸甲的一人山民喊道：「貴族血統的貴族老爺，農奴

278

應當有此裝備嗎？」那個恩特布里奇人叫喊著回應道：「先生，今天我們把貴族的血和馬血攪和到了一起，所以都分不清哪個是哪個了。」在這次衝突的發生地立著一座紀念碑，用以紀念「Niederlage der Gügler」（德語，意為古格勒的挫敗）。

這個消息令「熊城」伯恩精神大振。在不到六天的時間中，一支由伯恩人以及包括尼道和勞彭在內的附近城鎮的居民組成的隊伍，在伯恩主要地方長官的領導下集結了起來。耶誕節那天晚上，這支部隊在十五英里外的炎斯（Jens）突襲了一支布列塔尼人的部隊，又殺死了三百名古格勒，而他們自己的傷亡顯然很小，因為他們準備第二天晚上再出去行動。

這一次，他們的目標是費勞布納恩修道院（Abbey of Fraubrunnen），威爾斯的歐文恰好帶著一支大部隊駐紮在那裡。市民們打著熊旗，在奇寒的天氣中，於二十六日夜晚通宵行軍，在黎明之前包圍了修道院。伴隨著大聲的叫喊和熊熊燃燒的火把，他們燒毀建築，撲向熟睡中的「英國佬」，將許多人殺死在睡夢中。其餘的人拿起自己的武器，負隅頑抗：曾經習慣於禮儀性沉默的修道院殺聲四起，武器的鏗鏘撞擊聲不絕於耳，作戰雙方「劍對劍、拳對拳」地打作一團，煙霧和火焰彌漫了修道院的每座建築物。歐文「怒不可遏地」揮舞著自己的長劍，伯恩人的領袖漢娜斯・里德（Hannes Rieder）被殺，但他的手下迫使古格勒們潰逃。「逃跑的被殺死，留下的被燒亡。」歐文逃走了，留下了自己人的八百具屍體。瑞士人也遭受了重大傷亡，但倖存者帶著榮耀返回了伯恩。在仍然於城中展覽的繳獲的旗幟中，有一面紅白相間的旗幟，上面血跡斑斑，殘破不全，據說那是庫西的旗幟。[1] 他本人就在費勞布納恩嗎？哪裡都未提及他的存在，但那也並非不可能。

伯恩於感恩節舉行了一年一度的救濟金分配活動；歌謠和編年史都在頌揚對那些長期以來令基督教

王國不得安寧的可怕連隊所取得的勝利。歌謠告訴人們，「庫西騎士」如何「帶著四萬名戴尖帽的長矛手」「出發去佔領城堡和城鎮」；他如何「以為這塊土地都是他的，帶來了他的英國親戚來幫他出人出力」；「威爾斯的歐文公爵」如何「戴著金色的頭盔前來」；巴塞爾的主教如何不忠不孝地答應為古格勒服務，最終，當歐文公爵來到費勞布納恩時，

> 大熊發出怒吼：「你逃不出我的手心！
> 「我要殺死你，刺死你，燒死你」；
> 在英格蘭和法蘭西，寡婦們都在哀號：
> 「天啊天！
> 「誰都不要再去伯恩！」

對於後代而言，庫西的作用在豎在費勞布納恩的一根石柱上的拉丁文中記錄得更清楚（如果不是很精確的話）：

> 為了重新找回奧地利兄弟贈予
> 他摯愛的妻子的嫁妝，英軍首領庫西

1 伯恩歷史博物館（The Historical Museum of Berne）將這面旗幟描述為原旗的十五世紀的複製品。伯納德・奧塞恩（Bernard Aucien）認為它也許是在一三八八年被斬獲的，當時瑞士人收復了在阿爾高戰役結束時被割讓給庫西的尼道。

帶著威風八面的強大軍團渡過海峽——
一個攻打遙遠而遼闊的外國疆土的騎士。
在這個地方，在這座橋上，伯恩的民眾
在這場勢不均力不敵的戰役中，
摧毀了敵人的營盤，殺死了眾多士兵。
所以也許是我們萬能的天主
保護了大熊，使它免於敵人的
公開（的襲擊）和秘密的詭計。

被喚起的驕傲和自信的聲音迴響在這些戰爭歌曲和回憶中。一三七五年聖誕節那一週在布特提舒爾茨（Buttisholz）、延斯和費勞布納恩（Fraubrunnen）的戰鬥雖然沒有摧毀古格勒，但從規模上看，則具有更為偉大的意義。它們重新為瑞士人與哈布斯堡家族的鬥爭注入了活力，把它推向了十一年後在施維茨的森帕赫（Sempach）的大決戰，在這場決戰中，利奧波德被殺，哈布斯堡家族對瑞士州的統治幾乎失去，儘管還要再等上一個世紀，瑞士聯邦才會明確地贏得獨立。作為催化劑，庫西的遠征在一個國家的成長過程中扮演了令人不快的角色，與黑王子在利摩日的屠殺並無不同。但如果他造成的衝突證實了普通民眾在為自己的事業而戰時的戰鬥能力，那麼這個教訓也只適用於瑞士，在某種程度上，只適用於法蘭德斯。在十四世紀迴圈發生的國內鬥爭中，像扎克雷農民起義之類的其他努力都被粉碎了。

在費勞布納恩戰役之後，庫西被迫返回法國。由於利奧波德拒絕出戰，他也就未能重獲其繼承權，也未能在一個被焚燒一空的國度，在天寒地凍的天氣中，在敗於普通民眾之手所帶來的消沉士氣下，繼續保持對連隊的控制。像愛德華一樣，像蘭開斯特一樣，像他那個時代的每一個侵略者一樣，他出發時打算在沒有供應鏈的情況下靠那個國家供應糧草，所以他的結局也沒有什麼不同。歷史令人沮喪的重複從未像在古格勒戰爭中那麼明顯。正如在中世紀那樣，當變化的步伐緩慢沉重時，習慣便具有特別頑固的掌控力。

一月離開亞爾薩斯時被饑餓和寒冷所纏繞。人員在半途墜落或是遭到遺棄，饑餓的馬匹被留下來任其死亡，馬具和盔甲也被拋掉。強壯的人繼續四處劫掠。城市關起城門以對抗掠奪者，一次在聖母瑪莉亞的幫助下，又給侵略者增添了一次失敗的羞辱。阿爾特基克（Altkirch）市民決心與一支正准備發起進攻的古格勒部隊拼死一戰，就在他們在城牆上等候進攻信號時，夜空突然被一道北極光似的五顏六色的光芒所照亮。大受鼓舞的市民相信，那是他們的保護神聖母瑪麗亞在顯示自己對他們的支援，於是他們向來犯者發起了衝鋒。上天的干涉對敵人施加了同等但相反的影響，它令古格勒們聞風喪膽，潰不成軍。

再往後，在距利奧波德位於布賴薩克的城堡一日騎乘距離的華礫旺（Wattwillen），庫西和奧地利公爵們於一月十三日簽署了一項條約。根據條約，奧地利公爵們將已故的尼道伯爵的包括布倫在內的封邑割讓給庫西，作為回報，他放棄了其他要求。庫西在撤退道路上是否仍然足以促成這種安排的威脅，這項安排是否曾作為他離開的代價而在此之前就一直在討價還價，歷史上沒有相關的記錄。不管怎樣，他沒有空手而歸。[2]連隊在一月和二月拖拖拉拉地回到法國。庫西成功地將他們留在法國境外將近六個月，比蓋克蘭一三六五年帶他們去西班牙的時間要長。

國王查理於二月迅速任命庫西以及桑謝元帥（Marshal Sancerre）和克利松的奧利維爾，還有其他幾個曾效命於古格勒的騎士，去抑制與其前戰友已在香檳地區再行劫掠的作戰行動。庫西之主這位「帶著兩個最低級爵士和家中的七個侍衛的方旗武士」和桑謝元帥都各有兩百名重甲騎兵，克利松則有一百名，他們受國王的雇用，「在剛剛從德意志邊境返回的情況下」，前去領導「幾場戰役」。很明顯，他們成功地施加了壓力。到三月，布列塔尼連隊再度出現在羅納河沿岸，五月，教皇雇用他們去義大利重新開戰。

英法在布魯日的和平會談於一三七五年十二月再次啟動，在場的有公爵、紅衣主教、騎士統帥杜·蓋克蘭以及其他大人物，它讓自己消耗在更多的法律義務、更多的展示、比武大會、慶祝活動和宴會中，甚至吸引了比前一次會談還要多的人，直到某種傳染病壓制住了它的愉悅之情。當查理要求愛德華為戰爭造成的破壞做出賠償時，有關疆域和主權的爭論變得更加錯綜複雜。除了將休戰延長一年外，未達成其他任何協定。現在迫切希望得到「持久和平」的查理再一次想到了庫西，他與英格蘭的關係「使他成為在兩位國王間斡旋和平的恰當人選」。

在庫西遠征奧地利的時候，不安分守己的伊莎貝拉像往常一樣回了娘家，在丈夫出發前的幾個月便離開了法國。從英王愛德華源源不斷地給她的各種禮物、撥款和津貼來判斷，她仍然深得父親的愛。如今，在其老朽之日，愛德華同樣拜倒在一位美麗而粗鄙的情婦愛麗絲·佩勒斯（Alice Perrers）的石榴裙下，他把已故王后的禮服和珠寶都給了她，她曾在前往一次比武大會的途中，頂著「太陽女士」（Lady of the Sun）的名號，坐在一輛凱旋的雙輪戰車上，大張旗鼓地走過倫敦城。伊莎貝拉在前次的來訪中未曾與新的王宮女主人在宮中共居一室，但這一次，孝順的情感戰勝了她的躊躇，也有可能還懷著對慷慨贈予的期望。國王支付了她的債務和開銷以及僕人的工資，並批准寬恕三個她居間調停的互不相干的罪犯，包括一個因殺死別人的僕從而「破壞和平」的人。歷史記錄沒有說明為什麼她會對此感興趣。「國王親手」送給她一件帶兜帽的禮服，它用深紅色布料依照嘉德騎士團的禮服式樣製成，「兜帽和袖子用毛皮製成，裡子襯以貂皮」；聖喬治日（St. George's Day）她又得到了第二件同樣的禮服；在耶誕節，她和女兒菲莉帕各自得到了一件貂皮綴邊的天鵝絨禮服。（瑪麗，作為庫西領地的女繼承人，留在了法國。）

作為英王愛德華的外孫女兒，八歲的菲莉帕是個與眾不同的人物，在四歲時便與當時十歲的第九世牛津伯爵羅伯特・維爾（Robert de Vere）訂了婚。作為這種聯盟的結果，她有了牛津伯爵夫人的頭銜，與她的母親一道分享著垂暮之年的國王的慷慨贈予。新年到來時，愛德華給了伊莎貝拉一整套的禮拜堂陳設和兩副馬鞍，一副用繡著金色紫羅蘭的紅色天鵝絨製成，另一副飾以用金子和銅製成的太陽。她在溫莎城堡打獵，與十二位分別得到了國王贈送的裝飾性弓箭的女士一起射箭，所以毫無疑問，當她於一三七六年一月在庫西從阿爾高返回之際回到法國時，多少是有些不情願的。到四月，她已做好了充分的準備，打算再次回娘家。那個月，庫西請求法蘭西國王允許他與妻子一起拜訪英格蘭。

自從他從阿爾高回來時起，庫西的朋友們便一直在催促他完全成為法國人。按照傅華薩的說法，他們認為如果到了必須做出選擇之時，他不一定非得失去他在英格蘭的土地，因為英格蘭國王不可能期望

2 根據瑞士的資料，這次割讓直到十年後才履行，當時，利奧波德想要得到庫西對他與瑞士人在導致森帕赫戰役的鬥爭中的支持。

他放棄自己更廣大的法國領地，尤其是因為他「從名字、血統、紋章和出身」來說都是個法國人。庫西知道自己深受法國國王的尊重，並且對他資助自己的奧地利遠征充滿感激之情，而且毫無疑問，萬一重新開戰，他無望再次抽身事外，艱難地保持中立，所以庫西即將做出決定。但是，他首先希望在即將到來的拜訪中，解決他的英格蘭土地和稅收問題。他的英格蘭妻子，從她對家絲毫不減依戀來看，肯定一直在積極地反對他放棄她的國家。不過，既然她的丈夫接受了新的任命，那麼那個選擇在他腦海中應當十分清晰。

「鑒於他被認為是最聰明和最謹慎的貴族之一……在他身上你看到的是至極的善良和至極的忠誠，所以給他的命令是：『庫西之主，國王及其御前會議的意向是你屬於我們法蘭西，你可以在與英格蘭人談判時幫助我們，為我們提供意見。因此我們要求你，正如你知道如何去做的那樣，你要隱蔽而睿智地完成這次航行，你要從英格蘭國王和他的御前會議那裡瞭解在他們與我們之間可能達成的和平條款。』就這樣，他匆匆踏上了航程。」

第14章
英格蘭的騷亂

庫西於一三七六年四月到達英格蘭，正值由王室大臣組成的議會發起第一次彈劾，英格蘭人的不滿達到危急關頭。在這個被稱為「善良議會」（Good Parliament）的歷史時期，君主政體發現它已經榨幹了民眾對一個既不能在戰爭中獲勝也不能終止戰爭的政府的最後一點點信任。

在布魯日未能達成和平協定之舉將民眾對腐敗的王室官員、一場無利可圖的戰爭、軍事上的處置失當、對百姓繳納的稅金的浪費或挪用的憎恨帶到了巔峰。二十年前導致法國第三等級向君主政體發起挑戰的也正是這些弊端。當英格蘭王室需要一筆新的援助來為一年後休戰協議結束時的預期結果做準備時，這些弊端找到了同樣的機會來呈現自己。議會將於四月舉行會議，隨著議會成員的聚集，倫敦四處迴響著「民眾沸沸揚揚的抱怨之聲」。

庫西之主及夫人到達時，在宮廷受到了「熱烈的」歡迎，但他們發現，自己陷入了環繞著王室家族的憤怒與危機之中，其焦點是伊莎貝拉的兄弟岡特的約翰（又名蘭開斯特公爵）。由於太子重病纏身，國王年老體衰，他便取代了他們，成為王室政府的關鍵人物，如今則成了諸事都在走下坡路的眾矢之的。

284

七十四名來自各郡的騎士和六十名城鎮議會成員組成了善良議會的下議院。他們在得到了領主們的某種支援的情況下行事，要求只有在修正了一百四十六種不滿的情況下才會同意提供新的援助資金。他們最主要的要求是解雇貪贓枉法的大臣，並摒棄國王的情婦，人們普遍認為她既貪贓枉法，同時還是個女巫。除此之外，他們還希望議會每年都召開一次，成員通過選舉產生，而非由國王任命，並且列出長長的對專橫行徑和不良政府的制約清單。他們最強烈的兩種不滿不是直接針對政府，而是針對來自國外的教會等級制度的濫用，以及一個日益不順從和無秩序的勞工階層的要求。這兩個問題也具有重大的意義：一個將導致與羅馬的最終決裂，一個則將很快地導致農民起義（Peasants' Revolt）。

庫西所認識的那個在普瓦捷會戰後幹勁十足而且歡欣鼓舞的英格蘭已經令人悲哀地變得心懷不滿。征服的快樂和贖金帶來的財富如同過眼雲煙，旺健的精力和自信陷入了爭吵與輕佻之中，曾經得到擴展的霸業大幅萎縮，英格蘭艦隊被可恥地掃出了英吉利海峽，邊境上好鬥的蘇格蘭人（愛德華與他們的作戰時間甚至比與法國人的作戰時間還要長）——一如既往地未得到抑制。英格蘭的英雄們：蘭開斯特的亨利、尚多斯、威爾斯親王——有的已經死去，有的行將就木；善良的王后被一個婊子所取代，人們相信此女通過一位擅長妖術的行乞修道士的魔法恢復了國王的性能力，並借此樹立了自己對國王的駕馭。曾經在克雷西從風車處俯瞰勝利的精力充沛的愛德華現在成了個呆頭呆腦、糊裡糊塗的老朽之人，「頭腦還趕不上一個八歲孩童」。成功的高潮已轉向衰落，而每種損失都要以中斷的貿易和重複的賦稅為代價。一個由五十年無休止的戰爭構成的王朝，在人們越來越強烈的枉費努力和治理不當的感覺中走向了終點。

英格蘭現在也感染了戰爭曾在歐洲大陸傳播的那種無法無天。帶著掠奪之習性而不再有掠奪之果實的士兵重返家園，形成了小團夥，以打家劫舍為生，或是充當起領主和騎士的僕人，而這些領主和騎士發現，自己的領地因為黑死病而變得赤貧。從愛德華初次登陸時對卡昂（Caen）的掠奪到在阿爾高的襲擊，整整一代人都已經對搶劫習以為常，在家鄉極易舊病復發。根據議會的一項訴苦，有時以一名騎士為首的由士兵和弓箭手構成的連隊「在英格蘭各處縱橫馳騁」，奪取莊園和土地的所有權，強姦婦女和少女，並將她們帶入陌生的國家，「因為人們擁有妻子和財產而痛打、毆傷和殺死他們」，將他們抓為俘虜索要贖金，「有時因犯事而來到法官面前，卻擺出一副蠻橫的模樣，恐嚇法官，使他們沒有膽量依法辦事」。他們尋釁滋事，「為非作歹，令人生畏」，從而使王國陷入極大的困境，「給百姓帶來極大的傷害和苦處」。王室法官沒有嚴肅努力地管束他們，因為國王所依靠的軍事力量正是要為此混亂負責的上述貴族們。

由此帶來的司法破壞是令下議院感到憤慨的一個主因。最早於一三七七年問市的《農夫皮爾斯之幻想》（*The Vision of Piers Plowman*）中，「和平」（Peace）形象向化身為國王的一個官員「不義」（Wrong）發出反對請願，這個官員搶走了「和平」的馬匹和穀物，讓國王的國庫去付帳，「和平」抱怨說，他不能起訴此人，因為「他豢養著自己的手下，以便來殺我本人」。秘而不宣的違法行為同樣與日俱增。同情下議院的羅切斯特主教（Bishop of Rochester）問道：「告訴我，為什麼在其他國家，殺人犯和盜賊通常都要被處以絞刑，而在英格蘭卻有那麼多的強盜逍遙法外？在英格蘭的土地上到處都是殺人犯，到處都是嗜血成性者的足跡。」

由於人口的減少，自由農民提出了更高的工資要求，而由此導致的他們的非法化使他們不斷與法律產生衝突。在一個因循守舊的世界中，「勞工法令」依然牢牢地抓著瘟疫前的工資水準不放，無視供求關係的現實。由於不允許為更好的待遇而更換雇主的條款不可能得到實施，所以處罰不斷加重。抓不到的違反者被宣佈為逃犯——並被判決為違法。自由農民過著流浪的生活，他們背井離鄉，因為在這種狀態下，對他們的裁決便無法執行。他們從一個地方流浪到另一個地方，若能找到工錢高的日常工作就工

286

作，若找不到這樣的工作，便重新變成盜賊或乞丐，打破了社會的束縛，生活在對權威的傳統憎恨中，就如羅賓漢對諾丁漢司法長官的那種憎恨。

正是在這個時候，羅賓漢的傳奇故事在民眾中廣為流傳，但下議院的鄉紳和強硬的商人除外，他們憤憤不平地抱怨勞工和僕人如何「出於極大的惡意」隨意跑路，「若是他們的主人因為服務不周而責備他們或根據既有的狀態付給他們工錢，他們便如何突然扔下職責跑掉，或是離開自己的家鄉……過一種不道德的生活，兩三個人一夥地去搶劫樸實鄉村中的窮人」。

為了讓他們留在土地上，領主們做出了許多讓步，城鎮也歡迎流浪者來填補工匠的短缺，所以他們變得好鬥而獨立。在朗蘭看來，當他們家財興旺時，他們最義憤填膺，最具煽動性，對待食物最傲慢驕橫。「他們不會委曲地吃隔夜的蔬菜……不值錢的麥芽酒入不了他們的尊口，一片培根也不成」，他們更喜歡吃剛出鍋的肉食和炸魚，「讓他們冰冷的胃變得熱乎乎的」。他們與農奴和工匠聯合起來，學會了結盟與罷工的策略，聯手對抗雇主，捐錢進行「共同防禦」，「聚集起來舉行大規模非法集會，一致達成這樣的共識：人人都應該為其他人提供強有力的幫助，使他們反對自己的領主。」準備反抗壓迫的一代人正在形成。

黑死病於一三七四年至一三七五年以曾加速了庫西離開倫巴底的同一種流行病形式的回歸更使戶口稀少，稅收銳減。這次復發開始對人口的減少產生累積效應，正如它們對該世紀日益加深的陰鬱產生的累積效應一樣。在一三七九年的人頭稅中，格洛斯特郡（Gloucestershire）的四個村莊被記錄為無人回應；在諾福克郡（Norfolk），五座可在一日之內相互探訪的教堂仍舊渺無人煙地默默佇立在十四世紀被拋棄的村莊所在地，六個世紀之後依然如此。可是，像以前一樣，死亡率是不穩定的，也不乏渴求土地的次子、窮親戚和沒有土地的租客準備接管無主的財產，使土地得到耕種。

宗教方面的不安定也在擾亂公眾的心靈，在一位牛津神學專家和傳教士約翰・威克利夫（John Wyclif）那裡找到了自己的聲音。從歷史的望遠鏡望去，他是他那個時代最重要的英格蘭人。對於整個歐洲而言，教會的物質主義及其代表的庸俗世故已是種見怪不怪的古老抱怨，但它們在英格蘭卻因對一位外國教皇的敵意而尖銳。像在歐洲的其他地方一樣，人們深切地渴望脫離與教會的關係，廓清被所有那些金錢、費用、捐助和貢獻攪得一團混亂的通向上帝的道路。在威克利夫看來，英格蘭新教教義的政治和精神世系走到了一起，並被融合成了一種哲學和一種計畫。

威克利夫在三十六歲時是貝利奧爾學院（Balliol）的一名教師，他通過鼓動人心的講道挑起了反教權主義，並引起了人們的關注。在世俗對精神權威的問題上，他將帕多瓦的馬西略和奧卡姆的威廉的危險思想更推進一步，在英格蘭與淩駕於國王宮廷之上的至高無上的教廷法律的抗爭中，以及與向教廷納稅的抗爭中，都佔了上風。作為國王在十四世紀六〇年代的專職教士，他在教會與國家之關係問題上形成了對政府很有吸引力的觀念。一三七四年，他出任了國王的使節，試圖與教皇達成一種解決方案。

在庫西來訪的那一年，威克利夫將自己的論點以一篇名為「De Civili Dominio」（《論民權》）的論文的形式隱喻性地釘在了門上，該論文提出的觀點簡直就是要剝奪教會的世俗財產，將神職人員排除在俗世政府之外。他認為，所有的權威都源於上帝，而世俗事務只屬於公民政權。通過符合邏輯的主次關係，憑藉處處提及行乞修道士那「令人作嘔的教團」和等級制度那「頭上長角的魔鬼」的聲色俱厲的慷慨陳詞，他的理論很快便使他走向了一種激進的命題：神職人員不應當再充當人與上帝之間的必要媒介。

威克利夫的特殊成就將是對國家利益和民眾情感的共同表達。數十年來，議會一直在苦惱地抱怨如傲慢的紅衣主教塔列朗・德佩里戈爾之流的富裕的有俸聖職的外國把持者從英格蘭汲取的收入。其數額據說是王室收入的兩倍，而教會在英格蘭的財產據估計佔了該王國三分之一的土地。冒充者出售教皇授權信的行為氾濫成災，它因偽造一種教皇封印的常規業務而得到擴展。神職人員可免於民事審判的特權使世俗原告得不到賠償，這是另一個憎恨原因。最為重要的是人們會留意不勝任的教士。如果一個神父可以從管區主教處獲得納妾的許可，那麼他又怎麼能夠比普通罪犯更易接近上帝呢？教士的脆弱易感到了如此地步，以至於當一個男子承認通姦時，懺悔神父不得詢問其通姦者的姓名，以免他有可能會利用她的弱點。

教區神職人員的唯利是圖（如果不是好色的話）通常是他報酬不高的結果，這導致了他出售自己服務的必要性，就連領聖餐儀式都有可能被扣住不舉行，除非領聖餐者出價購買，這讓此儀式成為笑柄。據說猶大為了三十枚銀幣出賣了基督的肉體，現在，神父們每天都在這麼做，只為了換取一個便士。人們還抱怨神父們舉止輕浮：主教申斥教區神父，因為他們從上層唱詩班座位上將滴下的蠟燭油灑在下一層神父的頭上，或是對神聖的宗教儀式進行「令人生厭的」拙劣模仿，「目的是激起笑聲，也許還想造成不和」。一三六七年，教士因穿著帶有皮毛或絲綢襯裡的長袖短款緊身上衣，戴價格不菲的戒指和腰帶，拿刺繡錢包，佩類似於劍的刀子，穿色彩鮮豔的靴子，甚至穿那種有長切口的、翹曲的尖頭鞋子這一魔鬼的標誌而受到指責。

貴族家庭出身的重要的高級教士像他們的世俗同伴一樣不可一世，讓自己的隨從人員穿統一的制服，帶著侍衛、書記、獵鷹管理員、馬夫、信使、聽差、廚子、運貨馬車夫和搬運工出行。朗蘭寫道，慈善離他們而去；神聖教會的主教曾經把基督的遺產分發給窮困者，「可現在貪婪在負責掌管鑰匙」；慈善曾經見諸「一個行乞修道士的僧衣之上，但那要遠遠地追溯到聖方濟各活著的時候」。與他同時代的詩人約翰・高爾（John Gower）代表「所有基督徒民眾」說話，揭發缺席的神父、通過收取有錢的通姦者的賄賂來增加自己高收入的主教，以及戴著紅帽子的傲慢無禮的紅衣主教，他們的帽子「好似向陽開放的深紅色玫瑰，但那種紅是令人感到羞愧的驕傲的顏色」。

當威克利夫從公然抨擊這樣的神父達到否定神職人員本身對於救贖之必要性的程度時，他就會動搖教會的基礎及其作為基督的闡釋者的角色。從那個意義上看，他不可避免地走向了否定聖餐變體的異端邪說，因為若是沒有了那種非凡的力量，神父們就不能將麵包和葡萄酒變成基督的真身和血液。從那一點開始，其他問題接踵而至——無必要的教皇、對開除教籍的抵制、懺悔、朝聖、對神聖遺物和聖徒的崇拜，特赦，積德行善。這一切都將被威克利夫的掃帚一掃而光。

作為替代，他提供了由其弟子翻譯成英語的《聖經》，它也許能將宗教以一種民眾能夠理解的方式帶給他們，而無須神父及其毫無意義的拉丁語打油詩。宗教改革者的其他舉動不可能比此舉更深刻地切入了千年以來既有的基督教教會的核心部位，不過這還要等上幾年。在七〇年代，被稱為「羅拉德派」（Lollardy，源於適用於法蘭德斯神秘主義者的一個詞語，意為「說話含糊不清的人」）的異議運動正蓄勢待發。雖然羅拉德派在普通民眾和下層教士中最為盛行，但它也會在騎士和一些憎恨教士執掌政治大權的大貴族中傳播。索爾茲伯里伯爵將所有的聖徒塑像都從自己的禮拜堂中搬走，得到了「偶像的戲弄者、聖禮的嘲笑者」的名號，還有另外一些人被稱為「戴帽騎士」，當聖餐用麵包被人攜帶著穿過街道時，他們拒絕向其脫帽致敬。

威克利夫的觀念與王室的需要如同劍與鞘般相契相合，這也解釋了使他成為岡特的約翰專寵的奇怪聯盟。他的剝奪教會所獲捐贈的理論堅持認為貴族可以重新擁有其祖先遺贈給教會的土地，這一理論為岡特想要掠奪富裕教士集團的渴望奠定了教義基礎。亨利八世在一個半世紀以後成功完成的事情，一三七六年時就已經出現在岡特的約翰腦海中。與此同時，英格蘭正在失去位於法國的領土，而身為教士的大臣、溫徹斯特主教威克姆的威廉（William of Wykeham）及其同樣在政府任職的教士同伴對此負有不可推卸的責任，於是法國領土之失也就成了將他們逐出政府部門的理由。議會中的領主們於一三七一年決定，從此以後，只有「能夠在國王的法庭上為其不端行為負責的」世俗之人才可就任大臣、司庫、財政部負責人和樞密院書記等職。

法國的逆流並未因這種改變而得到遏制。商人和擁有土地的貴族紳士不滿於看到以稅收的形式從自己手中擠出的錢財被蘭開斯特公爵及其隨員在布魯日以令人難以置信的方式大肆揮霍。據信因為蘭開斯特的反教士政策而對其懷恨在心的聖奧爾本斯（St. Albans）的苛刻僧侶湯瑪斯・沃爾辛厄姆所說，使節們將時間花在「狂歡……縱酒和跳舞上」，花去了兩萬英鎊。如果沃爾辛厄姆的《英格蘭編年史》（Chronicon Angliae）因其基本精神而受到懷疑的話，其有關一個紛亂時期的生動記述仍是彌足珍貴的。

人們的忠誠也因供食——即國王在旅行時佔用道路任意一邊方圓數英里之地的物資供應的權利，以及軍隊的物資供應——而遭遇了嚴峻的考驗。供食者「抓捕正在田間地頭勞作的人和馬……正在犁地的閹牛」，使得在國王靠近時，「人們發出悲歎和抱怨之聲」。負責軍事組織的貴族從戰爭契約中牟取暴利，就如王室供食者和書記從國庫資金中支取報酬一樣。駐紮在海岸城鎮等待渡海的軍隊讓這些城鎮苦不堪言。貿易因船隻的破壞而衰退，贖金不再源源不斷地流入以滋養經濟，而流入的贖金也為王室所控制，用以支付英格蘭軍隊的費用和釋放英格蘭戰俘。分期支付的法王讓的贖金在查理國王因重啟戰爭而停止支付時，只支付了總額的五分之三，實際上，查理還要求退還這筆錢用作賠償。到現在，英格蘭因為戰爭而變得越來越貧窮，而非越來越富裕。

當議會於一三七六年開會時，作為一種為批准稅收而設的臨時性機構的下議院自己團結起來採取了政治行動。它首先通過與封建領主的結盟來尋求力量，後者代表了長期議會，並且其內部出現了一場準備向蘭開斯特公爵發起挑戰的強勁的反蘭開斯特內訌。一個由四位主教、四位伯爵和四位男爵組成的十二人會議從領主中拔出，與下議院協調行動。這群人的世俗領袖是庫西的前受監護人，年輕的馬奇伯爵，他娶了蘭開斯特的兄長、已故的克拉倫斯公爵的女兒菲莉帕為妻。菲莉帕是排在彌留之際的黑王子及其九歲的兒子理查之後的王位繼承人。因此，她丈夫（馬奇伯爵）相信他有理由害怕蘭開斯特公爵，人們普遍認為蘭開斯特是個意在王位的邪惡王叔。

蘭開斯特的眼睛確實盯上了一頂王冠，但它是卡斯提爾的王冠，因為他娶了已故的「殘酷的佩德羅」的女兒為妻。他已經將自己命名為卡斯提爾國王——或「Monsieur d'Espagne」——也許他並沒有顛覆其侄子之權利的認真打算：他想要的是終止與法國的戰爭，以便他能夠調動英格蘭軍隊去奪取西班牙王位。作為御前會議的主席，他是政府的真正領導人；他通過與愛麗絲・佩勒斯的聯手控制了自己的國王父親，並因公開包養情婦而獲得了浪子之名，他的情婦名叫凱薩琳・斯溫福德（Katherine Swynford），是一位在阿基坦陣亡的騎士的遺孀，他後來值得尊敬地娶了她，並通過她成為都鐸家族的創始者。他生活

291

在位於泰晤士河岸邊的富麗堂皇的薩伏伊宮中，享受著它的露臺、玫瑰園、豪華的珠寶收藏，以及他首任妻子的父親、第一位蘭開斯特公爵的遺產的剩餘部份；總之，他擁有必然會大失人心的權力和金錢的全部特性，被普遍認為是個惡棍。這個名聲，就像他兄長作為騎士團模範的名聲一樣，有可能言過其實了。

由於議會的召集而導致的群情激昂因為威爾斯親王的到來而達於高潮，他讓人把自己從鄉下莊園中帶到威斯敏斯特，以便在此期間拋頭露面。在死亡陰影的籠罩下，他的目的是從領主和下議院獲得其忠實於自己兒子的保證，但公眾相信他來是為了支持下議院對抗自己的兄弟，即公爵，後者的狼子野心相信會令他生畏。事實上，王子的傲慢習性使他不大可能歡迎別人插手君主政體，但公眾的想像與實際上的事實有些出入。因為議會中的挑釁者們相信王子是自己的支持者，他們會從他的出現中得到保證和力量。

充滿喧囂的集會在威斯敏斯特舉行，下議院在修道院的禮拜堂開會，而領主們則在附近宮殿的白色會議室開會。作為貝德福德伯爵，庫西有可能在四月二十八日的開幕儀式上，在領主們之中佔據了自己的一席之地，但沒有史料證實這一點。

採取了攻勢的下議院歷史上首次選出了一位發言人，他是赫里福郡（Herefordshire）的一位騎士，名叫彼得・梅爾爵士（Sir Peter de la Mare），是馬奇伯爵的總管（這並非一種巧合）。時勢造英雄，事實證明，彼得爵士是位勇氣十足、堅忍不拔的人，按照沃爾辛厄姆那帶有偏袒的評價，他是一個「受到上帝抬舉的靈魂」。他代表整個議院向國王的兩位大臣提出瀆職指控，他們分別是宮廷大臣拉蒂默閣下（Lord Latimer）和理查・里昂爵士（Sir RichardLyons），後者是一位商人，御前會議成員，充當了國王在商業事宜方面的主要代理人。他還指控愛麗絲・佩勒斯（愛德華三世的情婦），據說，她「每年要從國王的保險箱中拿走高達三千英鎊。如果沒有她，王國將獲益匪淺」。

拉蒂默是個大貴族，嘉德騎士團騎士，是參加過克雷西、歐賴會戰的老兵，也是蘭開斯特的老搭檔，前多佛總督和五港同盟（Cinque Ports）的監督官。發言人指責他和里昂通過借助陰謀和欺騙手段來騙取稅收的方式積聚財富，包括收取國王的兩萬英鎊來支付一筆兩萬馬克的貸款，而一馬克相當於三分之二英鎊。

下議院成員一個接一個地走上會議室中間的講臺，補充他們的指責和抱怨。他們說國王的政務委員們以使國家貧窮為代價發財致富；他們欺騙國王，浪費他的稅收，造成對新的援助資金的重複要求。人民太過貧窮和脆弱，無法承受更多的稅賦。相反，應讓議會來討論國王該如何憑藉自己的財力物力來維繫戰爭。

蘭開斯特公爵被他眼中的「這些下等的礙事騎士」的放肆氣得火冒三丈，在私下裡威脅說「給他們點兒顏色看看，讓他們再也不敢向我挑釁」。一位顧問提醒他，下議院「有您的王子兄長的支持」，也得到了倫敦市民的支持，他們不會允許有人碰觸下議院。等待時機的公爵於第二天拜訪了下議院，裝出一副和藹可親的樣子，使得下議院成員都驚訝地盯著他看，但他們並未轉移注意力，放棄對拉蒂默和里昂的指控。他們傳喚了兩個前司庫和其他官員前來作證，要求檢查公共帳目，將訴訟當作一次正式的審判來進行。在聽完所有的證據後，下議院異口同聲地叫道：「公爵閣下，現在你可以看到並聽到，拉蒂默閣下和理查・里昂為了自身的利益而做出的錯誤行徑，我們要求對此加以矯正和賠償。」

當拉蒂默要求知道是誰憑藉何種權威來指控他時，彼得・梅爾爵士做出了那個歷史性的回答：下議

293

院作為一個機構，將共同維持其所有的指控。他一舉創造了彈劾和罷免大臣的憲法手段。里昂為使此程序失效，將一千英鎊封存在一只鱘魚桶中，賄賂黑王子。王子將它送了回去，但國王以更為自在的譏誚形式接受了同樣的賄賂，開玩笑地說，他只是把屬於自己的東西拿回來罷了。

議會發現指控得到了證實。兩名受指控的大臣及包括拉蒂默的女婿、國王的內務總管內維爾閣下（Lord Nevill）在內的四名下屬都被判有罪，被解除職務，判以罰金和入獄，儘管拉蒂默不久便由自己的一群朋友提供保釋金而被釋放。就連愛麗絲・佩勒斯也因干預司法的指控而被趕走，因為她坐在法官旁邊的長凳上，威懾他們對其朋友所做的判決。國王不得不可憐巴巴地默許她被驅逐出宮廷。

改革訴狀由岡特的約翰以國王之名接受下來，在當時，岡特的約翰認為自己沒有來自領主的足夠支持做出其他選擇。除了每年召開議會外，下議院還要求由各郡的「更優秀的鄉親」來選舉其成員，而非由郡長任命。要求加強「勞工法令」的陳情附上了逮捕和懲罰違犯者的條款，這反映了雇主與工人間日益強烈的對立情緒。同樣，對教皇的敵意也出現在要求驅逐教皇的收稅官和禁止金錢出口的訴狀中。沒有要求和平的陳情，這也許是因為下議院認為近期戰爭中的厄運源於他們如今正在替代的無能而腐敗的領導集團。

為了遏制岡特的約翰——它在蘭朗的寓言中顯示為「在險境中挺身而出」——為了在議會被解散後能夠保持改革的繼續，一個由九位領主和高級教士組成的新委員會得到提名，其中包括前御前大臣威克姆的威廉和坎特伯雷大主教薩德伯里的西蒙（Simon of Sudbury），後者非貴族出身，個性平庸。年輕是這個委員會的特徵，成員都處在男子行使權利的早期階段。除了威克姆和薩德伯里，其他七位成員中的六位，包括倫敦主教威廉・考特尼（William Courtenay）在內，都不到三十四歲，六人中有兩人不到三十歲，其中之一的馬奇伯爵，只有二十五歲。他們的對手蘭開斯特公爵是三十六歲，與庫西同年。

就在議會的成就如日中天之時，王子則陷入了疾病的致命階段，其病情因痢疾而變得錯綜複雜。他變得虛弱不堪，好幾次暈厥過去，讓人以為他已經殞命。他的房間裡擠滿了內外科的醫生，擠滿了痛哭流涕、唉聲歎氣的追隨者，以及前來作最後告別的王室成員。他的妹妹伊莎貝拉和庫西之主也來到他的床邊揮淚不已。岡特的約翰來了，前來的還有他的兩個弟弟，一個是蘭利的愛德蒙（Edmund of Langley），未來的約克公爵（Duke of York），是個多少有點可有可無的人物，另一個是伍德斯托克的湯瑪斯（Thomas of Woodstock），他是個怏怏不樂、性情暴戾、命運多舛的人。白髮人送黑髮人，國王在「巨大的悲痛」之中前來，「在場的人無不因當時的淒涼氣氛以及國王將永辭愛子的悲傷情感而垂淚」。黑王子是先於國王去世的第五個成年孩子。[1]

294

王子房間的門敞開著，以便他的老夥伴和所有為他出過力的人都能夠來探望即將離世的他，「人人都發自內心地嗚咽不已，輕輕地抹著眼淚」。他對眾人說：「我把年幼的兒子託付給你們，請求你們像為我出力一樣，忠誠地為他出力。」他要求國王和蘭開斯特發誓提供支援，他們則毫不猶豫地那麼做了，而且所有的伯爵、男爵和低級爵士也發下了相同的誓言，「痛哭與歎息聲、號啕和悲歎聲響徹雲霄」。

在王子去世的那一天，他完成了最後的遺囑，加入了已經做好的細節安排。雖然死亡不過是靈魂飛離其軀體的牢籠，但依照風俗，它還伴隨著對於遺產、葬禮、墓碑和世俗餘物的其他方方面面最為周密

1 其他幾個人是一三六八年死於義大利的萊昂內爾（Lionel）、死於黑死病的瓊安娜（一三四八）以及他的兩個女兒：嫁給彭布魯克伯爵（Earl of Pembroke）的瑪格麗特（一三六一）和嫁給布列塔尼公爵的瑪麗（一三六一）。

的關照，彷彿對來世的焦慮使對離世的不甘變得更加強烈了。王子的指示異乎尋常的詳細：他的寢具，包括繡有薩拉丁事蹟的帳幔，都留給他的兒子，他的戰馬被做了專門的處置，他的葬禮過程被設計為最後的鼓吹宣揚，他的墳墓雕像進行了訂製，帶著令人好奇的矛盾情緒，要顯得他「滿懷戰鬥的豪情與驕傲之情，全副武裝……我們的面容要謙恭柔和，我們的豹皮頭盔要放置在頭下」。

陪伴在他身邊的主教們催促這位將死之人請求上帝以及所有他傷害過的人的寬恕。他懷著最後一絲傲慢拒絕了這一請求，隨後，當死亡逼近時他合起雙手，祈禱上帝和世人的饒恕。但他無法保持謙恭溫和。理查・司塔里爵士（Sir Richard Stury）是位羅拉德教派的騎士，是「善良議會」從國王家政中解職的人之一，顯然在某個時刻與王子發生過衝突，當他前來「提出和解」時，王子憤憤地說：「來，理查，來看看你長期以來一直想看到的情景。」當司塔里申明自己的好意時，王子回答：「上帝會按照你的功過是非獎懲你。走開，別再讓我看到你的臉。」他的懺悔神父請求他不要在不寬恕的情況下離世，他保持沉默，直到最後才拗不過地咕噥著說：「我會那麼做。」幾個小時後，在一三七六年六月八日，他告別了人世，時年至四十六歲。

庫西作為貝德福德伯爵和家庭成員，與國王和王子的兄弟們一起騎馬走在綿延一英里的送葬隊伍裡，走在由十二匹馬拉著的靈柩後面。王子渴望被埋葬在坎特伯雷教堂，在那裡的紀念碑上刻著法語的詩句，表達的是有關世間榮華轉瞬即逝的傳統主題：死者在活著的時候是多麼高貴榮華，土地廣闊、宅第眾多、珍寶無數、金銀盈篋，但現在一切都已消失，美麗不再，肉身腐朽，他獨孤地躺在那裡提醒著經過的人：

汝之現狀即吾之過往，
吾之今日乃汝之未來。

包裹在鎧甲之中的雕像表達的是截然不同的東西：在下垂的鬍鬚和緊閉的頭盔之下，幾乎看不到它的面容，人們看不到絲毫基督徒的謙卑。

國家被留在了步履蹣跚的老國王和童年繼承者之間，只有心懷敵意的攝政王蘭開斯特大權在握，於是舉國都沉浸在因恐懼而被誇大的悲傷之中。當海上的失敗喚醒了人們對法國入侵的恐懼之時，英格蘭覺得失去了自己的保護者，「因為在他活著的時候，」沃爾辛厄姆寫道，「他們不懼怕任何敵人的入侵，只要有他在場，他們便不害怕任何的刀劍相向。」假如王子活著，並且身體健康，那麼他可以避免在一個年幼國王的統治下出現的種種困境，但他無法避免社會的動盪，也無法避免勝利的衰落。儘管沃爾辛厄姆指責「你這個不合時宜、焦急太過的死神」，但死亡也許並非不合時宜，因為，王子與他的父親不同，他死在仍以英雄形象出現之時。傅華薩稱他為「全世界的騎士之花」，《瓦盧瓦四相編年史》的作者認為他是「世上最偉大的騎士之一，擁有超出一切世人的聲譽」。查理五世在聖禮拜堂為其已故的敵人舉辦了一場安魂彌撒，他本人和法國各級貴族都出席了這一儀式。

在黑王子身上，大家所欣賞的是什麼？騎士團的同伴們以他為傲，是因為他代表了他們的形象；利摩日大屠殺對他們而言無足輕重。英格蘭民眾哀悼他，是因為他在普瓦捷會戰時神奇地俘獲了一位國王，而他的其他征服讓他們備感榮光。儘管他在西班牙的著名勝利被證明是轉瞬即逝的，他在阿基坦的霸業已經土崩瓦解，他的威望在病中漸漸消失，但他代表了一個民族為滿足其對一位領袖的渴望而做出的那種情感選擇。

王子之死是個有利於岡特的約翰的轉捩點。仍舊在開會期間的議會採取了預防措施，讓幼小的理查親自出現在他們面前，以確認他是表面上的繼承人。在完成這件事情之後，這次令人難忘的會議於七月十日結束，它持續了七十四天，比當時的任何議會開得都要長。它的輝煌成就在它解散的那一刻煙消雲散。由於沒有永久性的組織或自動的聚集途徑，下議院的成員一旦分散至各州郡和城鎮，下議院便不再作為一個實體存在。它的改革未被當作法律條文來執行，並且像法國大憲章的改革一樣，可以被重新獲得有效權力之手化為烏有。通過軟硬兼施的手段，蘭開斯特將反對方的負責領主爭取了過來，或使他們保持了中立，只有馬奇伯爵除外，他被迫辭去了元帥之職。他的職位由他以前的盟友亨利・珀西爵士擔任，而珀西也倒向了公爵一邊。

領主們未擔任政治首腦是這次崩潰的關鍵。蘭開斯特宣佈整個議會會期無效，重新任命了拉蒂默閣下及其同伴，解散了新的御前會議，重新召集了過去的御前會議，逮捕了打算組織抗議活動的彼得・德拉梅爾爵士，並在未經審判的情況下將其監禁，將威克姆的威廉主教逐出宮廷，奪取了他的世俗財產。蘭開斯特公爵自信已掌控局勢後，就將愛麗絲・佩勒斯召回，讓她對國王重施魔咒，這時，曾經與下議院共進退的主教們「就像啞巴狗一樣，一聲也叫不出來」。

除了彈劾，善良議會的工作幾乎沒有留下一點兒體質上的軌跡。不過，由於曾得到如此強有力的表達，也因為它卓有成效的短暫時刻，中產階級的意願、下議院的角色都給國民留下了強烈而深刻的印象，教導了人們一種確立根基的政治行動的經驗。

目睹了英格蘭的騷亂之後，庫西於一三七六年夏季或秋季回到法國。鑒於英格蘭在他出訪期間出現的危機，他不大可能獲得有關英格蘭打算接受的和平條款的明確主張，但他無疑帶回了有關一個四分五裂、不堪一擊的國家的報告。傅華薩報告說，他已向查理五世建議，不要等英格蘭國王在休戰條約終結時宣戰，而是要在英王的根據地挑戰他，因為「英格蘭人從未像現在這樣虛弱，或從未像現在這樣可以手到擒來」。

庫西離開英格蘭前，英王愛德華患上了重疾，「他的所有醫生都感到不妙，不知道該如何照料他，也不知道該給他開什麼藥」。儘管他不治自癒，但王朝的結束顯然近在眼前，與之相伴的是庫西的決定時刻也迫在眉睫。我們無法確定伊莎貝拉是跟他一起回到了法國，還是留下來陪伴其垂垂老矣的父親。出於對其岳父的尊重，庫西此刻沒有採取公然的行動，但他剛一回來，便接受了一項外交使命，前去拜訪法蘭德斯伯爵，希望能說服對方為了法蘭西的利益而反對英格蘭。到了這時候，庫西已是御前會議的成員，查理五世顯然十分依賴他的聰明才智和外交手腕。王后讓娜於一三七三年患上了精神疾病，「以致喪失了心智和記憶」，這也為國王死去後的焦慮火上澆油。經過對她一往情深的丈夫的多次祈禱和朝聖，她恢復了健康和理智，被提名為國王死去後的太子的監護人。一個由五十位高級教士、王室和議會大臣以及十位「最高尚且能幹的」巴黎布林喬亞組成的攝政委員會將會輔佐她。委員會中有十二人將聽候王后的隨時調遣。作為委員會的成員，庫西將收到了一份每年一千法郎的薪資，此外，在他每年六千法郎的年金的基礎上，每個月又多出了五百法郎。大約就在此時，他的女兒瑪麗，即他的領地的女繼承人，加入了王后的內庭，王后會負責她以及太子和太子的兄弟姐妹的教育。記錄顯示，一三七七年四月，一筆兩千法郎的款項從庫西的年金中被扣除，用以為其幾座城堡配備弓弩，以應對重新開戰之事。

297

查理五世仍然試圖避免那最後的災難，所以再次委派庫西充當外交使節，重啟與英格蘭的談判，這一次沒有王室公爵們的友情贊助，為的是免去他們代價高昂的出席。在接下來的六個月中，從一三七七年一月到六月，會談分別在布倫（Boulogue）、加萊和位於海岸中途的蒙特勒伊（Montreuil）舉行。作為一個教士團體中唯一一位世俗貴族，庫西的主要同事包括宮廷大臣比羅・里維埃爾，以及兩個有僧職的大臣，即拉昂和巴約（Bayeux）的主教，還有御前會議的各位成員。

代表蘭開斯特和已故王子兩人的追隨者的英格蘭使節很有可能是庫西在近期對英格蘭的訪問（如果不是以前的訪問的話）中所熟悉的人。在一輪輪的會談中，使團成員各有變化，他們包括：王位繼承人的監護人吉夏爾・安格爾（Guichard d'Angle），他是個英勇而受人敬仰的加斯科涅人，是長期與黑王子並肩作戰的人；被蘭開斯特復職的羅拉德派騎士理查・司塔里爵士；湯瑪斯・珀西閣下（Lord Thomas Percy），法國戰場的老兵亨利・珀西爵士的兄弟；索爾茲伯里伯爵；與蘭開斯特的隨行人員過從甚密、最近頗受信任的宮廷官吏傑佛瑞・喬叟。

喬叟最近被任命為負責倫敦港口的海關羊毛查驗官，該職務薪資優渥、受人敬重，是個成功的公務員，他作為詩人的另外一部份生活以前所未有的活躍：一三六九年，他寫了一首有關高尚愛情的長詩：《公爵夫人之書》（*The Book of the Duchess*），它不是用法語寫就，而是用不那麼咬文嚼字、仍然不大穩定的英語寫成。儘管他對法語瞭若指掌，曾將《玫瑰傳奇》翻譯成英文，但他的時代氛圍中的某種東西促使喬叟使用了與他那位憔悴不堪、不名一文的同時代人、自稱「長願」（Long Will）的街頭教士朗蘭相同的語言。

與朗蘭的環境截然不同，喬叟享用著國王批給他的每天一壺的葡萄酒，娶了凱薩琳・斯溫福德的姊妹菲莉帕為妻，這種關係將他們兩人都帶入了公爵的家庭之內。《公爵夫人之書》是給岡特的首任妻子布蘭奇（Blanche）的優美輓歌，她是位深受寵愛的女士，在生了七個孩子後死去，時年二十七歲。儘管它的語言選擇被認為是罕見的，但它的作者卻未因此失寵。一三七三年，他被派往義大利執行一項外交使命，與熱那亞總督商談一項商業協議，並在佛羅倫斯執行「秘密任務」。就在同一年，薄伽丘在佛羅倫斯作了有關但丁的演說。喬叟返回時帶來了大量的新材料，但他改編自薄伽丘的史詩《特洛伊羅斯和克瑞西達》（*Troilus and Criseyde*），則不得不等到他被派去與法國進行和平談判之時。

詩人和作家時常會充當大使，是因為他們賦予精心構思的演說以出眾特點的修辭力量正是這些場合所需要的。佩脫拉克曾充當過維斯康提的使節，至少充當過一個使團的裝點性的領袖人物。薄伽丘曾為佛羅倫斯與教皇討價還價，詩人德尚充當過查理五世及其繼任者的使節。外交是種禮儀性的冗長過程，要將主要注意力放在法律細節和與名譽攸關的事情上，這也許是它常常難以達成協議的原因之一。

一三七七年拖延的會談使庫西諳熟了英格蘭與法蘭西的複雜關係中的每個樞紐。提議、反提議以及複雜的討價還價都在討論之中，涉及蘇格蘭、卡斯提爾、加萊，後者是一個被提議的新阿基坦王朝，由愛德華三世的一個兒子來統治，但他必需宣佈脫離與英格蘭的關聯，若是做不到這一點，就要有隔離，或封邑的交換，複雜得像一場稻草人遊戲。像往常一樣，一旦開戰，教皇的特使便會增加其頻繁的調解努力。儘管法國人佔了上風，但一點兒也不軟弱和優柔寡斷的英格蘭人不可能接受任何安排，甚至一個王子理查與法王查理的七歲女兒瑪麗之間的婚配提議。

第一次會談在未取得進展的情況下中斷，一個月後再次召開。四月一日到期的休戰協議被兩次延期，每次一個月，以便使談判得以存續。使節們在長時間的工作會議期間進行著急切的磋商。庫西的角色是什麼？喬叟的角色是什麼？他們的一言一行已消失不見；沒有記錄保留下來，因為協商是祕密進行的，尤其是涉及婚姻的討論。查理給其使節的指示是：「國王不希望婚姻由他那一方首先提出，但假如英格蘭人提起，你們可以聽聽他們的意思，然後向國王彙報。」

法國提出了許多建議，包括阿基坦十二座城市的所有權（英格蘭已經掌握了它們），條件是愛德華要歸還加萊和他在皮卡第佔有的所有土地；他們說必需如此，「要麼什麼也別想」。英格蘭人固執地拒絕了這些建議，認為只要他們掌握法國北部的據點，他們就可以捲土重來，彌補損失。

在會談期間，英格蘭的國內情形引發了一場新的危機。蘭開斯特壓制住了英格蘭人的不滿，但遠未解決這個問題。一個足以由公爵召集起來選舉其管家為發言人的新議會於一月順從地批准了補貼。主教們則沒那麼服服貼貼，威克利夫是他們的靶子。他尚未說出他對聖餐和神職的否定，但他有關平民權力和剝奪教會所獲捐贈的言論已足夠異端。儘管他的改革教士之職的號召得到了教士們的支持，但他們不會被動地等著被剝奪財富。紅衣主教薩德伯里和倫敦主教考特尼於二月傳喚威克利夫前來回應其異端的宣講。王室與教會間長達數世紀的反覆鬥爭這一次在聖保羅大教堂以一種令人捧腹的吵鬧場景再次上演。

蘭開斯特希望敗壞主教們在普通信徒中的名聲。他指派了四名神學方面的大學教師為威克利夫辯護，並在元帥亨利·珀西爵士以及他們全副武裝的侍衛的陪伴下，親自出席了在聖保羅大教堂的聽證會。一群被召集來的市民把大教堂擠得水泄不通，他們因為這樣的傳聞而義憤填膺：蘭開斯特打算將保安官的管轄權擴展到城市的傳統權利，以維持公共秩序。考特尼主教頗受倫敦人歡迎，而公爵則不。當全副武裝的衛兵將人們推到一邊，為公爵和保安官開路時，人們變得群情激憤，隨後，當考特尼拒絕公爵為威克利夫提供一把椅子的要求時，又出現了一場大聲的爭論。年輕氣盛的主教本身是伯爵之子，還是愛德華一世的後裔，他並不打算在自己的管轄區域內接受命令。

「我要讓你屈服，你還有其餘的所有主教。」蘭開斯特咆哮著說。人群騷動起來，發出大聲的恫嚇，蘭開斯特威脅說要逮捕搗亂者，考特尼告訴他，如果他在大教堂中那麼做，他就將被開除教籍。「還有一點」，有人聽到公爵咕噥著說，「我要讓人拽著你的頭髮把你揪出教堂。」人群的憤怒爆發了，公爵和保安官機警地判斷應當撤退，而威克利夫甚至一句話還未說。蘭開斯特成功地打斷了進程，這是他的目的，但代價是將大眾的情緒更多地引向對他本人的反對，而不是對主教的反對。

倫敦沸騰了，在聽到珀西因為一個市民誹謗公爵而逮捕了他的消息後，更是群情激憤。一群烏合之眾懷著打算處以私刑的情緒聚集起來，衝向薩伏伊宮，在半路上遇到一個說彼得・梅爾壞話的教士，將他痛打至死，就如二十年前馬塞爾的烏合之眾在憤怒中殺死一個不幸的犧牲品一樣。正在薩伏伊吃牡蠣的蘭開斯特和珀西接到警告，借助泰晤士河上的小船逃脫，在深受尊敬威爾斯王妃及其兒子的高牆之內尋求庇護。在這裡，沒有人會冒險攻擊他們。與此同時，考特尼主教也得到了警告，他由於害怕被人指責為災難之根源，已匆匆趕往薩伏伊宮，成功地安撫住了暴民。

在逃跑和羞辱之後，蘭開斯特要求倫敦城通過的正式道歉來恢復他的權威。王妃請求市民看在她的面子上與公爵和解，國王的君權被調用；倫敦的權威們以釋放彼得・梅爾作為他們道歉的條件；教士重新掌握了宰輔和司庫之職。派系鬥爭加深，國家被此事件更進一步地分裂。

在聖保羅大教堂的亢奮騷動之中，威克利夫的問題沒有得到查究。陷於神職人員利益和國民情感之間的英格蘭高級教士也許很樂於讓這一問題就此打住，但教廷則不然。五月，格列高利十一世向英格蘭主教管轄區、國王以及牛津大學發佈了五份詔書，譴責威克利夫的錯誤，要求將他逮捕。有關他的異端教義的所有討論都遭到打壓，所有支持它們的人都被解職。一個充滿危險的問題被加入了所有其他衝突之源。新議會強烈反對教皇；寧肯喚鷹打獵而不願關注其迫切的靈魂需求的國王處於彌留之際。在那一刻，當英格蘭不安地等待著改朝換代之際，主教們將反對威克利夫的進程擱置了起來。

301

在法國，談判者於五月在蒙特勒伊的那座高牆環繞、西防護牆面朝大海的古城堡舉行了最後一次會晤。兩個國家的宰相都參加了會晤，代表法國的是皮埃爾・奧格蒙特，代表英格蘭的是聖大衛的主教（Bishop of St. David's）。條款在公開會議上進行了詳細討論，這是查理想要的，以使他最後的提議被正式提出，並得到確定的回答。他沒有得到這個回答。雖然對於留在英格蘭人手上的東西顯得慷慨大度，但他的提案拒絕給予英格蘭人任何法國領土的主權，並且堅持要求得到加萊。英格蘭人以回避掩飾拒絕，說他們不具備決定的權力，要將這些條款帶回去提交給自己的國王。正如事情很快被證明的，法國人此刻一定已開始為交戰行動作準備。在會談臨近結束時，小公主瑪麗在巴黎死去，這也就解除了有關婚姻的提議。會談中斷，沒有就舉行另一次會晤的時間和地點達成一致意見，也沒有延長休戰時間。

到英格蘭使節回國時，國王愛德華也已於六月二十三日去世，那是休戰結束的倒數第二日。他的當政周年紀念實際上已未加注意地過去了，而他的死亡也幾乎未激起更多的關注。他死時，遭到了那些弄權的寵臣的拋棄，包括愛麗絲・佩勒斯，據說她在離開時從國王的手指上捋走了戒指。一個十歲的孩童登上了王位，開啟了分裂時代，這個時代將會把自己的破壞傳播至下個世紀，證實了蘭朗得自《聖經》的警告：「悲痛的是，國家有個年幼的國王！」

伊莎貝拉・庫西於四月被信使以「極其緊迫之事」為由從法國召回[2]，在父王死時就陪在他身邊。在父王臨終前不久，她派遣信使帶著消息和需要解決的「重要問題」去見庫西。六月二十六日，甚至就在她父親的葬禮之前，她請求並獲得許可返回法國，顯然有緊急事宜需要討論。

庫西的問題不單只是忠誠的問題，它還因重大的稅收、在當時極其重要的親屬關係之紐帶以及嘉德騎士團的成員誓言而加重。放棄效忠、親屬關係和成員資格都非兒戲。其他領主，例如德比什長官和克利松都曾改變過其效忠立場，但他們一般而言是加斯科涅人、布列塔尼人或艾諾人，基本上不覺得自己是法蘭西人或英格蘭人。庫西的總管，那位英勇的沙努安・羅伯薩特，他於十四世紀六〇年代與庫西一起在英格蘭時，倒向了英格蘭。在向愛德華三世起誓表示效忠後，他冷酷無情地隨著蘭開斯特的軍隊重返皮卡第，對其大肆劫掠，而幾年前，他曾熱忱地捍衛過這裡。不過，他是個土生土長的艾諾人。[3]

坦白說，如果庫西像以前一樣保持中立，他就不會在其國家事務中擔當重要的角色。他不僅必須選邊站：他無疑地應該要選邊。在法國復興之際，民族情感大為膨脹。作者們以皮卡第、諾曼第和被查理五世重新奪回的阿基坦的許多城市為榮。一三六七年的一部政治寓言《樵夫之夢》（*Songe du Vergier*）中的騎士呼喊道：「羅蘭、亞瑟或奧利弗都不曾像你這樣憑藉自己的智慧、威力和祈禱做出如許的豐功偉績！」（通過查理有說服力的金錢操作，作者也許還會有所補充。）「當你登上王位，你敵人的號角聲和驕傲之情都直冲雲霄。感謝上帝，你折斷了他們的號角，深深地羞辱了他們。」

302

2 人們不是很清楚，信使是派至法國來向她報信的，還是由她從英格蘭派到法國向她丈夫報信的。

3 羅伯薩特帶著三個兒子定居在英格蘭，建立了一支血脈，它終結於大約兩百年後的艾米・羅伯薩特（Amy Robsart），她是女王伊莉莎白的寵臣、萊斯特伯爵（Earl of Leicester）羅伯特・達德利（Robert Dudley）的命運多舛的妻子。

由於戰爭的兩極性，與英格蘭的潰敗形成對照的是法國人的國家感正在形成。在未來的紅衣主教皮埃爾・德阿伊利（Pierre d'Ailly）於一三七〇年前後所寫的一篇一個法國人和一個英格蘭人之間的對話中，英格蘭人主張至少諾曼第應當屬於英格蘭，他們有權就此問題發話。「住嘴！」法國人喊道，「那不是事實。除非通過暴政，否則你們拿不到海這一邊的一寸土地；大海是也應當是你們的邊界。」這是一種新理念。宣誓效忠與王朝婚姻依舊是忠誠的表現形式，但國家正在變得具有決定性。一個法國貴族不再能夠像德阿爾古那樣毫無愧疚地加入英軍，並引導他們入侵自己的祖國。庫西再也不能同時效忠於海峽兩邊。

英王愛德華死後的兩個月，庫西向理查二世表示正式放棄「我對您做出的全部保證和誓言」。這封日期為一三七七年八月二十六日、由庫西派出的幾位領主和侍衛作為遞送證人呈交給理查的信件回憶了他曾與「我最尊重、最可敬的領主和父親，新近故亡的國王（上帝憐憫他）」的「同盟」，然後繼續寫道：

> 現在，適逢戰爭在我土生土長的國度之君主與您之間爆發，這是在這個世界上發生的最令我悲傷的事情，真希望它仍有挽回的餘地，但我的君主已經命令並要求我為他效勞，履行自己的職責，正如我必須做的那樣；您清楚地知道，我不應當違抗他的命令；所以我將盡我所能為其效犬馬之勞。
>
> 因此，最可敬和最強大的主人，為了避免予人口實，讓他們對我有任何微詞，或詆毀我的榮譽，我告知您上述事宜，並收回我對您做出的全部保證和誓言。
>
> 另外，最可敬的陛下，我上述的最可敬的主人和父親曾心懷喜悅地頒佈命令，置我於最

> 高貴的部隊和嘉德騎士團中；就讓它來取悅您最高貴和最強大的貴族權力，將我的位置提供給您樂於授予的任何人，並就此解除我的職位。

一僕二主的局面被打破。為了變成「一個善良而真正的法國人」，庫西選擇了國籍，即使這個詞當時尚不存在。有關這一選擇只有一件事值得注意：他在放棄自己的英格蘭土地和效忠的同時也放棄了自己的妻子。普遍的說法是他覺得有責任與她分開，以便自由地選擇法蘭西，但只有當伊莎貝拉拒絕心甘情願地失去他們的英格蘭莊園時，這種做法才是必要的。由於放棄了效忠誓言，財產就必須被沒收。有關伊莎貝拉的一切都表明，這是個決定性的因素。她的強迫性的奢侈浪費，她對娘家、對父親的溺愛的依賴——她也許希望將此傳至自己的兄弟和侄子們身上——她在法國的不安全感，都讓人覺得離婚有可能是她的選擇，而不管它是否也是她丈夫的選擇。

沒有證據告訴我們，庫西對自己虛榮、嬌縱、自私、任性的妻子有何感覺——是愛，是恨，還是漠不關心。從她眾所周知的脾性來判斷，她不是個可愛的金雀花，歷史上幾乎沒有對她的記載。不管怎樣，她回到了英格蘭，並留在了那裡，與一直在那裡生活的年幼的女兒菲莉帕一起生活。她丈夫在英格蘭的所有產業，「莊園、村莊、榮譽、領地、城鎮、土地、住宅、動物、秣料、商品和動產」都被王室沒收，並謹慎地轉給了伊莎貝拉的託管機構，它由約克大主教、兩位主教和其他四位專員組成。因為婦女並未被禁止擁有其自己的財產，這項安排表明，她的兄弟們不相信她的習性。條款規定，「只要她留在英格蘭」，稅收便將由託管人支付給她。

伊莎貝拉的既不是妻子也不是寡婦的不確定身分只維持了兩年。一三七九年四月，她在情況不明下

304

死去，時年四十七歲。庫西在英格蘭的全部土地最終都落在了他女兒菲莉帕的名下。

法國一等休戰協定到期，便恢復了交戰狀態。他們與西班牙艦隊聯合起來，甚至在得知英王愛德華逝世的消息之前，便向英格蘭南部海岸發起了一系列的攻擊。為了在權力交接期間盡力使那一事件不外泄，英格蘭人已經「急忙地切斷了王國內的一切通路，不讓一點消息從王國中流出」。要求關閉所有出口的組織活動必定十分可觀，但事實證明它是徒勞無益的，因為法國人已經發起了進攻。

在海軍上將讓・德維耶納的指揮下，法國和西班牙人於六月二十九日在布倫對岸的拉伊登陸，使它屈從於二十四小時的殘暴行徑——放火，劫掠，殺死男人、女人和孩子，將少女搶至船上，故意仿效英格蘭人對法國城鎮施加的暴行。在熊熊火焰中，一座「精美絕倫的」（用沃爾辛厄姆的話來說）教堂被摧毀。儘管一群騎士堅決要求佔據拉伊，將它作為一個永久基地——類似於英格蘭的加萊——但遭到海軍上將的拒絕。法國人的目標不是佔領，而是破壞和恐怖，以便將英格蘭人帶向和平談判，阻止他們增援加萊，而法國人正計畫將加萊作為主要進攻點。

法國人幾乎沒有遇到什麼有效的抵抗，順著南部海岸一路向下，攻擊了福克斯通（Folkestone）、樸資茅斯、韋茅斯、普利茅斯、達特茅斯（Dartmouth），並深入內陸十英里，為的是燒毀路易斯（Lewes）。在那裡，他們分散開來，殲滅了一支由當地行政長官和兩名騎士帶領的兩百人的守衛部隊。在坐船駛離之後，他們於一個月後捲土重來，目的是摧毀南安普敦附近的維特島（Isle of Wight）。盤踞在英格蘭人心頭的對古代丹麥侵略者和攻城掠地的日爾曼人的那反祖性的黑色恐怖的畏懼變成了可怕的現實。

防禦的弱點不應歸於任何錯誤的安全感。這些正是法國此前襲擊過的城市。再者，隨著休戰期的結束，在最近的六個月，王室法令對法國侵略的最黑暗的幽靈的恐懼節節攀升，但在一片混亂之時，卻沒有採取任何防禦措施。當侵略者到來時，城鎮的命運並未極大地激起貴族們的保護努力。一位後來聲名狼藉的騎士約翰・阿倫德爾爵士（Sir John Arundel）帶領四百名槍矛手成功地保衛了漢普頓（Hampton），但直到市民按照他的要只能用金幣支付來雇用他們時，他才採取了行動。

當蘭開斯特位於蘇塞克斯（Sussex）海岸的佩文西（Pevensey）城堡危在旦夕之時，一向懷有敵意的沃爾辛厄姆報告說公爵拒絕派出守衛者，並冷漠地評說道：「讓法國人燒掉它。我有的是錢，可以再造它。」這番言論聽上去像是虛構的，就像另一位擔任神職的編年史作者讓・德韋內特所栩栩如生地描繪的那樣，對貴族充滿了同樣的怨恨口吻——其理由是相同的：騎士們未能保衛領土和人民不遭受敵人的攻擊。農民起義即將在這些被侵略的郡縣——肯特和蘇塞克斯——到來，並非出於偶然。

第15章 皇帝在巴黎

十年裡，法國若非意義最重大也是最特別的事件當屬神聖羅馬帝國皇帝查理四世一三七七年十二月至一三七八年一月對巴黎的到訪。庫西聞名遐邇的社交風采再次派上了用場，正如勃艮第公爵舉行婚禮時那樣，當時他曾憑著自己優雅得體而光彩奪目的舉止去護送到訪的貴族們。在這珠光寶氣、雄偉壯觀的場合中，查理五世的統治達於了巔峰。公眾對這華麗輝煌的慶典充滿了敬畏和喜悅，而它們對瓦盧瓦家族威望的宣傳價值也許與其難以計數的開銷旗鼓相當。

儘管查理五世是瓦盧瓦家族的第三代國王，但他對這頭銜的合法性並非全無擔憂，而對於自己父親身份的懷疑更是讓他不那麼自在。於公於私而言，他的不懈努力都是為了提升王室的尊嚴。就政治上來看，他安排這次來訪的目的是通過加強其與自己當皇帝的叔叔的聯繫來孤立英格蘭，而且他還要與他討論有關領土移交和婚姻安排方面的問題。就情感而言，這種親屬關係對他來說很重要，儘管他知道自己的叔叔在考驗到來時會斤斤計較，圓滑狡黠。最為重要的是他將有機會舉辦某種對中世紀的統治而言至關重要的宏偉壯觀的公共慶典。

理論上，神聖羅馬帝國皇帝的世俗影響力與教皇對上帝主宰下寰宇社會的精神統治相當。儘管帝國聲望的遺響猶存，但無論是理論還是頭銜都已不再與當下存在的現實相符。帝國在義大利的主權幾乎形

306

同盧設，帝國西部位於艾諾、荷蘭和盧森堡的邊界正在萎縮，在正在發展壯大的波希米亞、匈牙利和波蘭等國家面前，退入了東部。它的核心是一個由德意志封邑、公爵領地、城市、聯盟、總督、大主教和主權變化不定、相互交疊的國家構成的雜亂無章的聯盟。哈布斯堡家族和盧森堡家族、霍恩斯托芬家族（Hohenstaufens）、霍亨索倫家族（Hohenzollerns）、維特爾斯巴赫家族和韋廷家族（Wettins）在無休止的戰爭中你爭我奪；「Ritter」，也就是騎士，靠搶劫商人為生；每座城鎮都相信自己的繁榮昌盛要依賴其競爭對手的毀滅；在城鎮內部，商人和工匠行會競相爭奪控制權；受剝削的農民的反叛火苗時隱時現。帝國沒有政治凝聚力，沒有扮演首都的城市，沒有公共法規、公共財政或公共官員。它是一種已經死亡的理想的遺跡。

307

作為基督教共同體理論上的世俗領袖，皇帝通常是一位從波希米亞的盧森堡統治者中選拔出的君主。查理四世的家族與法蘭西這個他父親盲者約翰（John the Blind）首選的家園關係密切。他從七歲起，便在法國宮廷被撫養長大，娶了腓力六世的一位姊妹為妻，而他自己的姊妹博內則嫁給了腓力的兒子讓二世。雖然略微有些駝背，皮膚有些發黃，但他在盛年時仍頗為英俊，留著黑色長髮和鬍鬚，黑眼睛炯炯有神。如今六十一歲的他比三個妻子活得時間都長，已經娶了第四位妻子，讓七、八個子孫通過婚姻形式進入了由匈牙利、巴伐利亞和哈布斯堡王朝構成的複雜網絡之中。他在顯然心不在焉地傾聽著請求者和建議者的談話時，聚精會神地削著柳樹枝，然後「充滿智慧地」對每個人做出回答。他能說和寫捷克語以及法語、義大利語、德語和拉丁語，也都同樣流利。他睿智而精明，像他的侄子查理五世一樣，兩人都是其任性胡為、放縱無度的父親的對立面。

查理四世的精明使他足以認識到，他名下的帝國不是查理曼的帝國。他最為擔憂的是波希米亞王國，其疆域的遼闊和文化的豐富是他竭力所追求的，它們為他贏得了「國父」的稱號。他本人代表著正在使他的帝王頭銜變得過時的民族主義傾向。

當歡迎皇帝的儀式正在緊鑼密鼓地準備時，庫西在朗格多克總督德安茹公爵的率領下加入了與英格蘭的戰爭，但不是在位於皮卡第的家鄉境內，而是在朗格多克與加斯科涅人作戰。像蘭開斯特一樣，安茹也是一位國王的兄弟，他的行動受到想為自己奪得一頂王冠的野心的驅使。通過加入他的軍隊，庫西鍛造了幾年內將把他拉進安茹對那不勒斯王冠的致命追求之中的那種關聯。

在加斯科涅的包圍和小衝突進行了兩個月後，庫西返回巴黎，充當皇帝的護衛。在艾諾邊境的康布雷迎接皇帝的歡迎者中，除了庫西，還包括國王的兩位主要顧問——拉里維埃爾和默西埃，以及許多貴族、騎士、侍衛，他們構成了一個由三百位光彩照人的騎兵組成的團體。十二月二十二日，他們從城市出發，騎馬前進了一里格，以迎接正在前來的賓客。兩百名康布雷的重要城鎮居民和神職人員在主教的帶領下，與他們一起騎馬而行，從站立在城門邊的一排排弓箭手和平民面前走過。騎灰馬、身披灰色冬季毛皮斗篷的皇帝與其長子、羅馬國王溫塞斯勞斯（Wenceslas）一起，在眾人的護衛下進入城市。在城內，深受痛風折磨的皇帝有些費力地翻身下馬，在主教的陪同下在教堂祈禱。

他在此後的晚宴上告訴法國的領主們，他此行的主要目的是拜訪國王查理和王后以及他們的孩子，他們是他「在這個世界上最想見到的人」。等他完成了這一目標，並將自己的兒子介紹給他們後，無論上帝何時希望帶走他，他都可以心平氣和地死去了。皇帝事實上是處於他生命中的最後一年，也許正如人們在一個缺醫少藥的年代所做的那樣，他預見到了死亡，所以他進行這次不舒服的旅行的目的，更多的是對重訪其年輕時代的巴黎的渴望，而不是為了政治上的利益。

在整個皮卡第和法蘭西島，他每經過一座城鎮，都會有代表在歡迎儀式上迎接他，向他提供肉、魚、麵包、葡萄酒和成車的乾草和燕麥等禮物，它們都由國王來買單。在每個場合，皇帝都小心翼翼地聲明，他是法蘭西國王的一座城市中的客人，而他的東道主則要煞費苦心地不讓鐘聲敲響或舉行其他儀式，因為它們也許象徵著帝國的優越性。皇帝選擇灰馬是一種姿態，以示此次訪問與進入一座帝國的城鎮的區別，在後一種情況下，他通常會騎一匹白馬。經過授權的法國編年史對這些規程的強調顯示法國國王對此事非常在意。查理五世想要將此次訪問打造成展現其主張正義戰爭的陳列櫃，又不想讓自己的百姓生出任何幻覺，將皇帝當成霸主或全天下的君王。他精心安排的禮儀和慶祝活動是體現他附加在此次訪問之上的重大意義的手段。在他統治時期的半官方的編年史中，超過八十頁的詳細記述都奉獻給了這次訪問。

在巴黎附近的貢比涅，皇帝受到王后的兄弟德波旁公爵的歡迎，其隨從都穿著藍白相間的雜色新制服。在桑利斯，歡迎者是貝里公爵、勃良第公爵和桑斯大主教，其五百名隨從人員一律穿著灰色和白色的服裝，騎士們身穿天鵝絨，侍衛穿同樣顏色的絲綢。喜愛這種景象的觀眾會四處傳誦此種場合的富麗盛大，但它不幸的主角（他的痛風已變本加厲）卻不得不放棄一場已安排好的宴會，借助於太子用的兩匹騾子和兩匹馬拉的轎子走完剩下的路程。

在聖丹尼斯修道院，三位大主教、十位主教和整個御前會議迎候皇帝來參觀王室陵墓，在那裡，他不得不從自己的轎子中被抬出來，然後被抬進教堂，在聖路易的墓前虔誠地祈禱。在表達了他對觀看著名的寶藏和聖丹尼斯的遺骨的「強烈渴望」後，教堂向皇帝出示了那位聖徒被保存下來的遺體，聖徒在蒙馬特爾（Montmartre，它從此有了此名）山上因被砍去了頭顱而殉難後，手捧著頭顱走到他放下頭顱並修建修道院的地點。皇帝長時間地凝視著那具遺骸以及聖路易的寶石王冠，還有王室墳墓，特別是腓力六世的墳墓，他曾經是他的姻親兄弟（連襟）。

他進入巴黎時，國王原本計畫給他提供一匹黑色戰馬，卻不得不代之以王后的轎子。教區長的衛兵和千名商人、地方行政長官和巴黎市民，全都整齊劃一地穿著白色和紫羅蘭色的雜色禮服，坐在馬上，等著護送他與國王會面。無論痛風與否，這個典禮必須要騎馬參加。被抬上馬鞍的皇帝在兒子的陪伴下，等候著從位於西岱島的舊宮殿向他們走來的遊行隊伍。巴黎人已有一代人未曾見過這樣的王室儀仗。雖然人數眾多，但已採取了特別的措施，好讓人人都能看到它。在沿途的每個交叉路口上都有佩狼牙棒和長劍的衛兵把守，傳令者提前一天便警告市民，禁止橫穿聖丹尼斯大街。路障被搭建起來，軍士會發佈準確的命令，告訴行人和騎馬者何時何地能或不能橫穿馬路。

走在隊伍最前列的是桑謝元帥及其衛兵，這些衛兵每人都佩有兩把寶劍，頭戴有褶邊的帽子，他們身後跟著國王的吹鼓手，他們的號角上眼花繚亂地插著色彩明豔的三角旗。四位公爵——貝里、勃艮第、波旁和德巴爾公爵（他是國王的妹夫，瑪麗・庫西未來的公公）——兩兩騎行，身後是包括身為蘇瓦松伯爵的庫西在內的十二位伯爵，以及一長列的高級教士、貴族、法官、參贊、王室內務官員，每群人都依照其功能統一著裝。管家們身穿雜色天鵝絨或兩種濃淡不同的紅色絲綢，男僕穿天藍色和淺黃褐色天鵝絨，國王馬夫的鎧甲是藍色錦緞，門房穿藍紅兩色，僕役長穿白色和淺黃褐色緞子，廚房裡的廚師和侍衛穿珍珠為扣、毛皮襯裡的絲綢外套，男侍衛穿白色和灰色上雜以黑條紋的服裝，葡萄酒招待員穿紅底棕色條紋的服裝。

最後走來的是骨瘦如柴的長鼻子國王，他騎著一匹白色騎用馬，身穿一件皮毛襯裡的深紅色披風，頭戴「依照古代式樣」的鉤形帽子。長長的儀仗隊伍要花半個小時才可離開宮殿，又因為人們的擠壓，兩位君主若要面對面相見，還得花更長的時間。兩人相見時，都脫去了自己的帽子。查理將自己置於皇帝和溫塞斯勞斯之間，小心翼翼地不去碰擦自己叔叔那條疼痛難當的腿，就這樣，他們三人並列騎行，重新穿過城區，返回宮殿。

在馬塞爾曾將被謀殺的保安官們的屍體扔在那裡的庭院中，皇帝坐在一把黃金面料包裹的椅子上，傾聽著東道主的歡迎致辭，那之後，在他們的房間中，「他們摘下帽子，聚在一起友好地交談，為他們的相會感到高興」。第二天排滿了宴會、會談，巴黎金匠向皇帝贈送了他們最精美的藝術品，還有特殊的宗教儀式，以及對聖禮拜堂中的遺骨的瞻仰，它們裝飾繁複，熠熠生輝，「能夠看到它們就是一種奇跡」。在這些活動之間，兩位君主舉行了私人會談，有一次持續了三個小時，正如宰相的編年史作者專門註記的那樣，「甚至連御前大臣都不在場」，「無人知曉他們說了些什麼」。

國宴利用了十四世紀的所有資源來取悅、供應嘉賓，使他們驚詫不已。人數眾多的火炬手像活燭臺般站在巨大的石頭大廳的立柱前，「燈火通明，亮如白晝」。珍饈美味絡繹不絕地端上桌子，只為一次享用，可謂「數不勝數」，對於那位有病在身的尊貴客人而言確實太多了。國王原本點了四道大菜，每道大菜有十對菜肴，但他周到地省掉了一道十對菜肴的大菜，以便減少皇帝坐在桌邊的時間。饒是如此，皇帝仍不得不享用三十對菜肴，如烤閹雞和鷓鴣、燉野兔、肉凍和魚凍、雲雀餡餅和牛骨髓炸肉餅、黑布丁和香腸、七鰓鰻和香噴噴的大米，附加菜肴有天鵝、孔雀、鸕　和「一飛沖天的」蒼鷺，鹿肉和小鳥餡餅、淡水魚和鹹水魚配「桃花色」鮭魚湯、白蔥韮配千鳥、鴨子配烤豬腸、填餡豬肉、翻轉的鱔魚、捲曲的豆苗——最後是水果薄脆餅、梨、酒心巧克力、枸杞、去殼的堅果和加香葡萄酒。

在一月六日的宴會上，為八百名客人提供的服務安排得井井有條，下方桌子與上方桌子的上菜時間和菜肴品種完全一樣，而且使用的全是金銀餐具。王室成員和最高級別的客人坐在置於被架起的平臺上的五張桌子邊，每人頭上都有頂用黃金布料製成的單個天篷，皇帝、國王和蘭斯大主教坐在中間的大理石桌子旁。飾有鳶尾花的黃金布料被做成了桌布，或裝飾立柱和窗戶。掛毯覆蓋了窗戶之間的牆壁。庫西與德波旁公爵一起坐在九歲的太子的桌上，「為的是不離他的左右，並保護他不受眾多民眾的傷害」。年幼的瑪麗・德・庫西在照料王后的「貴婦」中。在吟游詩人提供的娛樂之後的晚間茶點宴上，德貝里公爵和他的勃艮第兄弟向國王和皇帝奉上了葡萄酒和香料，但他們是否像貴族僕從習慣的做法那樣，是在馬背上完成的，精疲力竭的編年史作者未加說明。在皇帝一三六五年對薩伏伊伯爵的前次拜訪中，騎在馬上的貴族奉上了裝有食物的大淺盤，它們被置於為此目的而專門安裝了支架的矛尖上。不管它的品性如何，騎士精神都需要一隻強有力的手腕。

宴會進行到高潮時，所有八百位客人都前往議會大廳，在那裡，一道奇觀呈現在他們眼前，它表現的是第一次十字軍東征佔領耶路撒冷的情景，是十四世紀傑出的舞臺藝術成就。正如喬叟的「鄉紳的故事」所描繪的那樣，宴會上的能工巧匠可以將水系引入大廳，讓船在水面上來回穿梭，殘忍的獅子現出身來，花朵從草地上綻放，葡萄藤在生長，一座似乎是用石頭製成的城堡消失不見了，或者「人人眼中看到的都似乎如此」。在庫西時代的一次由某個維達梅・沙特爾（Vidame de Chartres）舉辦的宴會上，天花板被漆成了天空的模樣，並且可以打開，讓菜肴在類似於雲朵的機器上降落，等盤子空了，它們又會帶著菜肴升上去。一場人工暴風雨伴隨著甜點持續了半個小時，落下香味撲鼻的雨水和蜜餞冰雹。

在為平民大眾上演的令人驚奇的戲劇和神秘儀式中，現實主義是眾所渴望的效果。一個由砝碼和滑輪組成的裝置可使耶穌從墳墓中復活，並將祂提升到佈滿雲朵的天花板上。天使和魔鬼通過活板門不可思議地現出身來；地獄張開或閉起它那怪異的大嘴，從在後臺傾覆的水桶中流出的諾亞的鮮血淹沒了舞臺，而用曲柄操控的裝滿石頭的大桶發出陣陣雷鳴。當施洗者約翰被斬首時，演員被極其巧妙地飛快帶走，換上流著牛血的假屍體和假頭顱，使得觀眾發出興奮的尖叫聲。扮演耶穌的演員有時會一直綁在十字架上，背誦三個小時的詩句。

舞臺比其他任何媒介都更為完整地反映了中世紀的生活。從在教堂門口表演的禮拜劇發展而來的戲劇已經離開了教堂，走上街頭；在街頭，行會和兄弟會使其在安裝了輪子的平臺上演出，平臺按照不同的場景而依次被拖曳。表演從一座城鎮走向另一座城鎮，將社會上的各色人等都吸引為觀眾——農民和布爾喬亞，僧侶和學生，騎士和淑女，坐在前排座位上的當地封建領主。對於重大的表演宣傳的人會在演出前一天四處敲鑼打鼓去通知公眾。主題是宗教性的，但表演方式是世俗性的，旨在娛樂消遣。每個神秘的基督教故事，以及它通過基督的生與死來表現的核心的神秘救贖，都從日常生活的角度進行了具體而生動的表演——不恭敬的、血腥的和淫猥的。夜晚巡示的牧羊人被描繪為偷羊賊，以撒的犧牲中的哀婉動人的性質被最大限度地表現出來，最受喜愛的喜劇調劑是舞臺上的毛驢，它有時是先知巴蘭（Balaam）的蠢驢，有時是聖母逃往埃及的坐騎，有時則用來替代三個國王的駱駝。藏在驢皮下的演員發出的「恩——昂」的驢叫聲和從抬起的尾巴處落下的驢糞都會引起哄堂大笑，就連驢子載著耶穌進入耶路撒冷時也是如此。

黛娜（Dinah）的強姦、赤裸酒醉的挪亞的暴露呈現、索多瑪人（Sodomites）的罪惡、長老對蘇珊娜

312

（Susanna）的窺視等場景中的性與虐待狂行為以及聖徒殉難時的各種血肉撕裂景象為人們所津津樂道。有違現實的虐待場景是常規的戲劇素材，彷彿一個暴力的時代培育了對暴力的欣賞似的。尼祿劃開母親的肚皮查看自己來處的場景，借助於由當地殺豬人提供的、從受害人身上溢出的血淋淋的內腸來加以表演。幸災樂禍不是中世紀所獨有的心態，但它確實是種被瘟疫及接連不斷的災難所誘發的幽暗心靈的變種，在令人毛骨悚然的十字架上的受難場景中以及與之相伴隨的對那位救贖者顯示敵意的士兵身上得到表達。

在一個焦慮的年代，起源於該世紀後半葉的系列劇《聖母的奇跡》（*Miracles of Notre Dame*）提供了對於神聖全能的令人慰藉的信仰所能提供的東西。沒有哪個如此貧窮或邪惡的不幸之人，沒有哪種悲慘境遇或不公正不會被聖母的奇跡干預所匡正補救。社會上最脆弱的人物，一個被誘惑和拋棄或被誣告有罪的受冤枉的女人，通常是核心人物。在一齣戲中，一個長期不孕的女人通過向聖母的祈禱，終於誕下一個孩子，但被生育時的疼痛弄得精疲力竭的她在給嬰兒洗澡時睡著了。當孩子溺死在澡盆中時，那位母親被指控犯下了殺子之罪，並被判決處以火刑。聖母對她丈夫的祝禱做出回應，從天堂降臨來安慰他，並且在這位即將被燒死的母親請求再看自己孩子最後一眼時，讓他在她的懷抱中復活。

罪惡的激情、無信仰的夫婦、育兒的痛苦、脆弱的修女和懷孕的女修道院長、通姦的王后、殘酷的兒童死亡構成了戲劇情節。所有人——驕傲的紅衣主教和乞丐、法庭監守和屠夫的老婆、猶太人、客棧老闆、騷亂的學生、騎士、伐木工、接生婆、鄉村傻瓜——都是戲劇人物。聖母對他們所有人都和藹友善並加以寬恕，甚至一位教皇的母親，她驕傲地自我膨脹，竟認為自己比上帝之母還要偉大。在接受了適當的懲罰之後，她也獲得了恩典。

戲劇中的上帝身著白袍，頭戴鍍金假髮和鬍鬚，臉上也有鍍金，天使有鍍金的翅膀，希臘王有副黑鬍鬚，穿撒拉森人的袍服，妖魔鬼怪戴著可怕的面具、長著觸角和分叉的尾巴，身穿覆滿馬鬃的緊身衣褲。他們經常從觀眾席跑過，捏痛或恐嚇觀眾。

從未遠離我們腦際的世界末日在「末日審判」和「地獄的折磨」中得到表現，到那時，基督會降臨，將亞當和先知帶往樂園。反基督會在他指定的時間出現，傳統上，固定在最後的審判前的三年半時。他的母親是一位受到撒旦誘惑的巴比倫婦人，他接受過所有惡魔技能的訓練，獲得了如此強大的力量，以至於國王和紅衣主教們都向他效忠，直到他在善戰勝了惡的世界末日善惡決戰時被推翻。被救者與受詛咒者劃清了界線，天使清空了暴戾之氣。

英格蘭的一位羅拉德派宣教士力圖為十四世紀的舞臺辯護，說看到基督及其聖徒之激情的男男女女都將深受感動，「滿懷同情和熱誠，流下痛苦的眼淚，不會蔑視上帝，而是頂禮膜拜」。在看到魔鬼如何使人們走向淫蕩和驕傲、使他們成為自己的奴僕從而將他們帶往地獄時，人們將轉向「善的生活」，從而上演奇跡，「讓人變為信徒，而不會變態腐壞」。也許連他自己也未被自己的論點說服，所以他明理地補充說，人必須有些娛樂，他們若是能在奇跡演出中得到消遣，而不是通過其他「笑話」獲得，那將再好不過，至少不會那麼邪惡。

在皇帝眼前上演的耶路撒冷的包圍突破了此前的主題，第一次再現了一個歷史事件。舞臺上奇異的技巧和富有氣魄的的戰爭表演都令人歎為觀止。擁有完整的船桅、船帆和飛舞的三角旗的十字軍的船隻被如此「輕巧而平順地」在大廳推進，真如在水面上航行一般。佩戴近三百年前的精確紋章（若非裝束的話）的騎士從船上蜂擁而出，向經過模擬的耶路撒冷城垛發起進攻。一個宣達禱告時刻的人從一座彩繪的伊斯蘭高塔上頌唱著如泣如訴的阿拉伯祈禱文。纏頭巾的撒拉森人揮舞著邪惡的半月形彎刀，十字軍士兵被從雲梯上扔出去，觀眾如癡如醉地注視著這一切，因場面的美麗和激動人心而大受鼓舞，熱烈地渴望一次新的十字軍東征——這正是這一表演的目的。十字軍東征的主要宣傳者菲力浦・德梅齊埃（Philippe de Mézières）得到國王的極大賞識，國王任命他為御前會議成員以及自己兒子的老師。

第二天又呈現了另一個奇觀。一條建造得如同擁有大廳、會議室、壁爐、煙囪和庭院花壇的住宅般建構特殊的船，將王室成員順河而下運送至半英里外的新羅浮宮。皇帝顯然對此印象深刻。查理向他展示了那些再造工程，通過再造，他將那座舊城堡變成了一座「名副其實的皇宮」——窗戶和寬敞的樓梯、禮拜堂、花園、壁畫、嵌鑲板的房間，還有原來的武器庫。在那裡，弓箭都是最時新的，女人們為箭杆裝上了箭翎。晚飯後，大學教員被引薦給皇帝，皇帝用拉丁語對大學校長的演講做出回應。

查理的最終目的是神化其與英格蘭人作戰的事業，這一目的於第二天舉行的一次全國集會中得到實現，出席這次集會的有五十名皇家成員以及大約相同數量的法國大人物——王室公爵、高級教士、包括庫西在內的貴族、騎士和御前會議成員。根據編年史作者的記錄，國王為「英格蘭人正在德意志傳播的謊言」所激怒，但從更根本上說，他似乎總是在尋求某種最終的正當理由。他將自己為了和平而做出的讓步放在叔叔（也許是作為一個父親的形象）的面前，讓他來判斷它們的份量。

查理演說了兩個小時，追溯了從阿基坦的埃莉諾到《布雷提尼和約》的古老紛爭，講述了錯綜複雜的法律條款，根據這些條款，條約變得無效，戰爭於一三六九年重啟。如果說這次演講是法律和歷史論點的典範的話，那麼皇帝的反應則堪稱辭藻華麗的場面話之傑作。他談及忠誠和親屬關係，論及他、他的兒子以及他的臣子們的獻身程度，這使他們完全有資格被認為是國王的榮譽及王國、兄弟和兒童的捍衛者——讓他們實實在在地被稱為「盟友」。不過，如果仔細查看，其主旨卻晦暗不明。說到底，假如這次演說——以及整個來訪——沒有產生具體的同盟關係的話，那冠冕堂皇的語言所起到的效果也許正是法蘭西的查理所想要的。

他沒有停止進一步的禮儀和禮物的贈送，與皇帝交換了琺瑯彩的高腳杯和鑲有紅寶石和鑽石、藍寶石和珍珠的貴重短劍。查理認為，君主的豪華氣派可通過珠寶、掛毯和黃金藝術品得到最好的展現。他的叔叔絲毫不覺窘迫地向他要一本精美的時禱書，而當查理將一大一小的兩本放在他面前供他挑選時，皇帝傾向於不做選擇，把兩本都留了下來。當他拜訪王后及其母親、年事已高的波旁公爵夫人（她的姊妹貝亞特麗斯曾是他的第一任妻子）時，情感的閘門被打開了。在共同的回憶中，眼淚盡情地流淌下來，儘管貝亞特麗斯已經死去三十年，她的位置被之後的三任妻子所填補。最後一天在溫森斯的叢林樂事中度過，在那裡，國王將自己最喜愛的鄉間莊園建在那座位於河岸上的著名森林的邊緣，給它起名為「馬恩河畔美墅」（Beauté-sur-Marne）。它的陳設奢華舒適，有美麗的掛毯和一架佛蘭德風琴，斑鳩在庭院裡咕咕啼鳴，被詩人德尚贊為「最愉悅安逸之地，明豔美好，令人樂而忘憂」。

皇帝取道蘭斯離開，在庫西和隨行貴族的護送下前往王國的邊界。如此紛繁眾多的典禮儀式讓皇帝吃了不少苦，這有可能加速了他的死亡。十個月後，一三七八年十一月，他溘然長逝。

這次令人難忘的訪問即使沒有實際的效果，卻也給法蘭西王室增光不少，使其地位得到提升。儘管這時期王室權力並不明確（神聖羅馬帝國與法國兩者的權力關係），御前會議的權威未得系統闡述，王室政府的機構也總是變化不定，但查理五世對王室角色的感覺得到了肯定：君主身份取決於國王的意願。君主不在法律之上；相反，他的職責是維護法律，因為上帝不會讓暴君進入天堂。約束力在理論上源於被統

315

治者的同意，因為正如一位偉大的神學專家讓・格爾森（Jean Gerson）將要提醒查理的繼承者們的那樣，國王和王子「在開始時，是在民眾的一致同意下才產生的」。正如查理所清楚地瞭解的那樣，君主崇拜是民眾贊同的基礎。他有意地培養這種崇拜，而同時，他是第一個展現出統治地位可以獨立於戰爭中的個人領導地位，「在會議室」得到踐行。

一三七八年，正處於光輝頂點的法國並沒有免於困境的襲擾。戰爭已經在布列塔尼和諾曼第捲土重來；納瓦拉的查理在二十年後依舊惡毒如初，再次與英格蘭人結為危險的同盟；異端邪說和巫術魔法日益橫行，說明了教會所無法滿足的需求。

在教會的所有支配期內，從未有過教會不被某處的異議抵制的日子。在令人心煩意亂的十四世紀，當上帝似乎憎恨人類，或者躲藏在數錢幣、賣聖職的教士身後時，與上帝交流的需求從未這麼強烈過，也從未像這樣得不到祂所任命的代理人的滿足。一個全神貫注於倫巴底的戰爭、亞維農的稅收和維持其地位的世俗需求的教會無補於民眾的需求。行乞修道士運動一直在做最後的努力，試圖從內部進行改革，而當它們也屈服於捐款的誘惑時，精神安慰的尋求者們便越來越多地在教會之外的神秘派別中去找尋。

聲稱自己處於將神父或聖禮的利益排除在外的恩典階段的貝格派（Beghards），或自由靈兄弟會（Brethren of the Free Spirit）不僅散佈了教義上的混亂，也增添了民事上的混亂。它們是永久反抗既有制度的自願貧窮的教派之一，在德意志、低地國家和法國北部已經興盛了一個多世紀，有時在鎮壓下而有所減弱或轉入地下，但在十四世紀，亞維農和行乞修道士教團的庸俗世故再次激發了它們。因為「自由靈」

相信上帝就在自己內心，而非在教堂，並且認為自己處於一種沒有罪惡的完美狀態，所以他們感覺可以隨心所欲地做一切通常禁止普通人去做的事。性和財產高居榜首。他們實行自由戀愛和通姦，被指責在其集體住宅中行集體淫亂之事。他們鼓勵裸露身體，以證明其無罪無垢。作為「神聖乞討者」，貝格派成員聲稱他們有權利使用或佔有任何他們樂意要的東西，無論它是集市女商販的雞，還是客棧裡沒付錢的一餐飯。因為上帝的內在性，所以這也包括殺死任何試圖強行干預者的權利。

如果說貝格派的日常行為不如其戒律那麼純潔的話，那麼其推動力卻是宗教性的。他們尋求的是個人的救贖，而非社會的公正。中世紀的異端邪說都與上帝有關，而非與人有關。貧窮之所以被接受，不僅是在效仿基督和傳道者，而且也是要有意地站在腐敗之人對財產的貪婪的對立面。變得沒有財產，就是變得沒有罪惡。異議不在於否定宗教，而在於在尋找一種更純潔的基督精神的過程中的過度虔誠。它因教會的定義而成為異端，教會在神秘主義者放棄財產的做法中意識到了威克利夫的剝奪饋贈提議中的同樣威脅。

自由靈兄弟會成員穿著刻意弄得破破爛爛的類似於僧侶的道袍，像麻雀一樣聚集在城鎮中，布道，乞討，擾亂教堂宗教儀式，嘲笑僧侶和神父。他們來自辦事員、學生、持異議的教士，有的來自有產階層，特別是婦女，他們都能說善道，通常都有一定的文化修養。女性由於其挫折和對迷狂的追尋，在神秘教派中尤為突出。在貝幹諾派（Béguines）中，她們有自己的教派，是個世俗教團，遵循自己的認真工作的宗教規定，當女修道院沒有房間時，會為未婚女子和寡婦提供住處，或者像一位主教批評貝幹諾派所顯示的那樣，為從「婚姻的強制束縛中」逃離退的人提供住處。加入貝幹諾派的成員都要在一位教區神父或其他神職人員面前發誓要信奉上帝，但此活動從未得到過教會的正式批准。在街頭聚會上，貝幹

317

諾派讀的是翻譯成法語的《聖經》。

儘管自由靈兄弟會承認兩個性別，但它的兩個主要信條都由女性寫下或闡明，一個是身世模糊的人，只知道她叫施韋特・卡特蕾（Schwester Katrei），另一個名叫瑪格麗特・波雷特（Marguerite Porete），是《自由靈魂之鑒》（*The Mirror of Free Souls*）的作者，於一三一〇年被開除教籍，連同她的著作一起被燒死。繼她之後，布魯塞爾的一個名叫布洛馬丁娜（Bloemardine）的富商之女通過宣講布道吸引了狂熱的信徒。一三七二年，該運動遭到宗教裁判所的指控，它的書籍在巴黎的格雷夫廣場上被燒毀，法國團體的一位女性領袖讓娜・達邦東（Jeanne Dabenton）被推上火刑柱燒死，跟她一起被燒掉的還有一個死於監獄的男性同伴的屍體。像精神方濟各會（Spiritual Franciscans）一樣，儘管遭到宗教裁判所的鎮壓，但自由靈的這一教派仍堅持下來，並不斷傳播其教義。

世界末日渺茫無期。一三七六年，德安茹公爵在批准每年給蒙彼利埃醫學院一具屍體用以解剖的過程中注意到，瘟疫和戰爭導致人口銳減，「還有可能有更大程度的減少，世界將一無所有」。在惡意的和反覆無常的事件的影響下，過份緊張的頭腦便轉向了魔法和超自然力量。法國的審訊官在一三七四年詢問教皇，他是否應當注意魔法師時，格列高利十一世批准他大力追捕他們。自本世紀初起，教廷便對求助於超自然能力的行為採取了越來越嚴厲的看法，尤其是在約翰二十二世極度活躍的統治期內。在十四世紀二〇年代發佈的一系列教皇詔書中，教皇約翰將魔法師等同於異端，批准按此對他們加以處罰，因為他們「與地獄鑒下了契約」，放棄了上帝，尋求魔鬼的幫助。他下令搜出他們有關魔法知識的書籍並燒毀它們。儘管他發出了警告，但徹底進行的案例卻寥寥無幾，直到這個世紀的後半葉，當魔法及其與神鬼學的聯繫重獲新生，並在打壓下進行新的努力時，這才有所增加。一三六六年，沙特爾的委員會下令，每週日在所有教區的教堂中，都要向魔法師發出詛咒。

神鬼學和魔法是異端的反面，並不比教會虔誠，而是不虔誠，它們尋求與魔鬼而非上帝的交流。在神鬼學崇拜魔鬼的儀式中，撒旦被裝扮為天堂的國王，相信他及其他墜落的天使將重新佔據天堂，而天使長邁克爾及夥伴將在地獄中找到自己的位置。與魔鬼簽訂的契約將提供沒有懺悔的愉悅、性的享受、富足和世俗的野心。如果其代價是永恆的地獄之火，那麼它正是許多人在末日審判中無論如何都會預期到的。儘管古老且具本土性，魔鬼學從來只是一種脫離常軌之舉，但既然它提供了另一種可選擇的答案，自然也被教會視為一種威脅。

問題在於如何區分邪惡的和合法的神奇力量。受人尊敬的魔法師聲稱，他們的蠟像或鉛像都通過受洗和驅邪而獲得了力量，他們的神秘通過彌撒儀式而被奉為神聖，上帝被召喚來迫使魔鬼順從——實際上，正像願望實現所證明的那樣，上帝源於他們的法術。哪怕只是為了重新找回一個迷途的情人，或是治癒一頭農民的病牛，魔法師也會提供除祈禱、神父和聖徒這一被認可的管道之外的幫助。隨著時代的日趨黑暗，所有的魔法和巫術都漸漸被當作一種與撒旦的暗中簽約。

轉向魔法的婦女因同樣的原因轉向神秘主義。一三九〇年，在巴黎，一名遭到情人拋棄的女子試圖通過雇用另一個女人施行其神奇力量使他變得無能的方式來報復他。兩人都被處以火刑。在第二年，又有兩名婦女因「malefciam」（為惡）的指控而遭到判決。由於針對魔法的審訊中的供詞都是在嚴刑逼供下取得，所以它們通常反映的是由公訴人擬定的邪惡力量之罪名，也有部份被告可能是行為古怪的人或狂熱分子，或者就是精神不正常的人，所以他們也會毫不猶豫地認領被歸咎於他們的力量。他們承認與魔鬼結交，承認為了色慾或復仇而與魔鬼簽約，承認參與魔鬼的儀式，在夜間溜出去與魔鬼交媾，其形狀是大得怕人的黑貓，或兩眼放光的山羊，或皮膚黝黑、陰莖巨大、眼睛像燃燒的炭火的巨人。魔鬼是哥德式的半人獸，頭上長角，腳為偶蹄，牙齒和爪子鋒利無比，散發著硫黃的氣味，有時還長著驢子的耳朵。口頭傳說既形成於原告的臆想，也來自被告的幻覺，兩者加在一起為將在下個世紀爆發的反巫術的怒火奠定了基礎。

常識的清晰聲音通過國王的哲學顧問尼古拉·奧雷姆（Nicolas Oresme）之口發出，他鄙視占星術和魔法兩者。雖然是位主教，他卻是個富有科學精神的人，是數學家與天文學家，還翻譯過亞里斯多德的《政治學》（*Politics*）和《倫理學》（*Ethics*）。他的一本書以這樣的句子開頭：「地球是圓的，如同一個球體。」他還提出了地球自轉的理論。在駁斥被歸於魔法師的力量時，他否認他們可以喚來魔鬼，儘管他沒有否定魔鬼的存在。他寫道：不是所有的事情都可以被自然原因所解釋；一些奇跡或非同尋常的運氣必定是天使或魔鬼的作為，但他更願意尋找自然的或理性的解釋。他指出魔法師諳於運用輔助物來支援幻想——可以製造或引起幻想的黑暗、鏡子、藥物或氣體和煙。幻覺的基礎有可能是因齋戒或令人恐懼的現象所引發的意識不清。作為一個走在其時代前列的人，奧雷姆認為魔鬼和幽靈可能源於憂鬱症。他還指出，魔法師的證據源於刑訊逼供下的供認，許多奇跡是由想要增加對其教堂供奉的教士們的騙人把戲。

奧雷姆證明了歸納的弱點。他得了國王的高度尊重，也正是同一位國王，曾雇用了鑄造蠟人以摧毀英格蘭人的占星家皮薩諾的湯瑪斯。

科學精神無法驅散加於時代之上的惡毒影響所帶來的感覺。在這個世紀進入其最後二十五年時，魔鬼和巫術的現實和力量成為一種普遍信仰。巴黎大學的神學教師在本世紀末的一次隆重莊嚴的秘密會議

319

上宣稱，幾乎已被遺忘的古代謬誤和魔鬼正帶著經過更新的活力出現，為的是感染社會。他們起草了一份有二十八條內容的聲明，不是就巫術的力量，而是就它們的不合法性提出反證。他們斷然地否決了人們對於魔鬼的存在和活動的懷疑。

像往常一樣，非正統學說製造了與之不相稱的噪音量。異端和魔法儘管越來越重要，但不被社會普遍接納。一三七八年，教會的真正危險來自內部。

第16章

教廷分裂

在義大利，爭奪教皇國的戰爭於一三七五年硝煙再起。在短暫的和平時期，義大利人對教皇雇傭軍和法國使節的厭惡不降反增。一位法國教皇的代理人懷著殖民總督對當地人的蔑視來實施統治。蒙馬耶爾修道院院長（Abbot of Montmayeur）的侄子在出使佩魯賈時，對一位佩魯賈紳士的妻子垂涎三尺。他闖入她的房間，試圖強暴她，那位女士跳窗逃往一座相鄰的房屋，結果失足摔落在街上死去，這名侄子因此被捕。怒火中燒的市民代表團要求對其侄子進行司法審判，這時，院長滿不在乎地回應說：「Quoi donc!（那又怎樣！）你們認為所有的法國人都是太監嗎？」這個故事從一座城市傳到另一座城市，助長了人們的敵意，而對教皇及天主教會的敵意，佛羅倫斯拔得頭籌。

佛羅倫斯感到其邊境上有個強大的教皇國對自己是個威脅，而這種感覺更因為霍克伍德在教皇雇用期間對托斯卡納地區的入侵而有所增加。在被迫花費十三萬弗羅林的鉅資讓他離去後，佛羅倫斯人相信，他是受到教皇的鼓動來攻打他們的。反教皇主義現在遍及佛羅倫斯政策之中，在教皇派（Guelf）和皇帝派（Ghibelline）之間的長久不和中大幅搖擺。根據後來熱那亞的法國總督極為憤慨的描述，這場歷史悠久的動盪使得義大利人出於遺傳的、愚蠢的敵意而相互激烈爭吵。

320

沒有圍繞土地或主權的其他爭吵，他們只是說：「你是教皇派，我是皇帝派，我們必須彼此仇恨。」只因為這個原因，完全不知道其他原因，他們每天像狗一樣危害和傷害彼此，子學父樣，所以怨恨年年相因，沒有公正來矯正它……這個國家的暴君由此產生，由人民的聲音選出，沒有法律上的依據或對錯。因為一旦某個派別勝過另一個派別，比另一個派別更為強大，那麼那些將自己看得高高在上的人就會喊叫著說：「某某某萬歲！」「處死某某某！」他們會推舉出一個自己的成員而殺死自己的對手（假如對手不逃跑的話）。當其他派別重新佔得上風時，他們的行徑如出一轍，在民眾的憤怒中（上帝保護我們不受他們的傷害），一切都被撕成了碎片。

迄今為止，民眾對教皇派所代表的教皇黨的敵意尚未達到拿起武器反抗教會的地步。在一三七四年至一三七五年的食物匱乏期，教皇的使節禁止穀物從教皇國出口至佛羅倫斯，民眾的憤怒達到了劍拔弩張的地步。佛羅倫斯打出了上面用金色題寫著「自由」的紅色旗幟，於一三七五年組織了一場反叛教皇國的暴動，形成了反教皇聯盟，米蘭、波隆那、佩魯賈、比薩、盧卡、熱那亞和所有對教皇國有領土野心的各類君主都加入了進來。

對於一位編年史作者而言，似乎「這些時間仿佛都處於一種產生衝突和爭吵的行星法則之下」。他記載在西耶納附近一個信奉奧古斯丁教義的修道院，「僧侶們用刀子殺死了他們的院長」，而在附近的一所修道院，在經過一番內鬥後，「六位同胞遭到驅逐」。天主教加爾都西會教士（Carthusians）成員中的爭吵，教團領袖走上前來，將他們全都趕到了別的房子。「在親屬之間，情況也好不到哪兒去……整個世

321

界都在爭鬥。在西耶納，沒有人會守信用，民眾既不贊同自己的領袖，也不贊同任何人，事實上，整個世界都鬼影綽綽。」

反叛使一個註定要成為新災難之催化劑的人開始發揮作用。教皇在義大利的使節日內瓦的羅伯特（Robert of Geneva）是位三十四歲的紅衣主教，他是個意志堅定的人，重新奪得了對教皇財產的控制。他是日內瓦伯爵（Count of Geneva）的兄弟，是路易七世的後代，查理五世的堂兄弟，薩伏伊伯爵和歐洲一半王室的親戚，所以像許許多多的王子一樣肆無忌憚。他是個瘸子加斜眼兒，根據在即將到來的教廷分裂中的不同派別，有的將他描繪為又矮又胖，有的則將他描繪為英俊瀟灑、體格勻稱。舉止盛氣淩人、獨斷專行的他聲若洪鐘，口舌和文筆都很犀利，受到過良好的教育，精通數種語言，在人事管理方面精明世故，巧妙圓滑。

為了重新征服教皇國，他勸說格列高利十一世雇用雇傭軍團中最臭名昭著的布列塔尼人，其額外的動機是讓他們從亞維農郊區離開。他們於一三七六年五月翻越阿爾卑斯山進入倫巴底，用受到紅衣主教使節祝福和奉祭的長劍將恐怖傳遍義大利。可是，他們未能佔領教皇國的要地波隆那，並且被佛羅倫斯人數次擊敗，這令其雇主怒不可遏。紅衣主教羅伯特懷著征服者遭到挑釁的憤怒，決心通過暴行樹立榜樣，並在位於拉文納（Ravenna）和里米尼（Rimini）之間一座靠近東海岸的城市切塞納（Lesena）找到了機會。當駐紮在那裡的布列塔尼人四處強奪糧草不付分文時，他們激起了市民的武裝反抗。紅衣主教羅伯特憑著自己紅衣主教的帽子莊嚴發誓會寬大為懷，說服切塞納人放下武器，並通過這樣一種方式贏得他們的信任：要求五十名人質，然後立即釋放他們，作為善意的證明。隨後，他從附近的一座城鎮調來包括霍克伍德在內的雇傭軍，下令實行一場全面屠殺，「為的是實施正義」。當有人提出異議時，他固執己見，叫囂說：「Sangue et sangue!（血流得越多越好！）」這就是他所說的正義。

他的命令得到執行。從城門於一三七七年二月三日關閉後的三天，不分白天或黑夜，士兵們大開殺戒。「所有街區都屍橫遍野。」數百人在試圖逃跑時，溺死在護城河中，被無情的刀劍從背後刺穿。婦女被掠走姦淫，兒童被索要贖金，屠殺過後是搶劫，藝術品被毀，手工藝品成了垃圾，「帶不走的東西，他們就一把火燒掉使之無法使用，或推倒在地上」。死亡人數在兩千五百至五千之間。八千名難民從那座遭到浩劫的城市逃往里米尼尋求庇護。一代人之後，傑出的宣教者西耶納的貝納迪諾（Bernardino of Siena）仍用那個令人毛骨悚然的故事令觀眾不寒而慄。

據說，「並非完全不顧名譽的」霍克伍德將一千名婦女安全地送至里米尼，並允許一些男人逃走。還有傳聞說當他的兩名士兵為了一個修女開展爭鬥時，他執行了所羅門王威脅會使用的解決方式，將修女劈成了兩半。可是總的來說，比之屠殺，他對金錢更感興趣，所以在切塞納大屠殺後不久，他便放棄了遲遲得不到報酬的教皇的雇用，接受了佛羅倫斯和米蘭提供的更有利可圖的契約。為了使對這支重要的雇傭軍永久地為己所用，貝爾納博・維斯康提將自己與一個寵愛的情人生下的私生女以一萬弗羅林的嫁妝嫁給了霍克伍德。一個擁有三十六名活蹦亂跳的孩子的君主的政治資源是十分廣大的。

在往後二十年的餘生中，霍克伍德過著富裕而受人尊重的生活，被市政府選為佛羅倫斯隊長，義大利中部和北部的幾乎所有城邦國家都付費買服務，或是為了免遭劫掠。他給義大利遺留下了功成名就的掠奪者的榜樣，鼓勵了義大利的雇傭隊兵——雅各・韋爾姆（Jacopo del Verme），馬拉泰斯塔（Malatesta），科萊奧尼（Colleoni），斯福爾札（Sforza）——他們很快便會取代那些外國隊長。

因「嗜血成性」和「切塞納的劊子手」而在義大利家喻戶曉的日內瓦的羅伯特從未為自己的行為尋

找辯解，或需求諒解。市民們一提到他，就像利摩日人提到黑王子時一樣咬牙切齒。他訴諸恐怖的行為響徹全義大利，並沒有提升教會的權威。一位波隆那的編年史作者在提及這次大屠殺時寫道：「民眾不再相信教皇或紅衣主教，因為這些都是粉碎一個人的信仰之舉。」

同一時間，教皇將佛羅倫斯逐出了教會，邀請非佛羅倫斯人去搶奪那些被放逐者的商業貿易。佛羅倫斯的商隊可能會遭到掠奪，債務收不上來，顧客不信守契約。佛羅倫斯的報復是沒收教會財產，強迫當地教士不顧禁令，開放教堂。民眾的情緒異常高漲，竟將領導此策略的八人委員會稱為八聖徒，於是與教皇的衝突在義大利編年史中被稱為「八聖徒之戰」（War of the Eight Saints）。

這時候，雙方都有理由希望終止戰爭。除了對佛羅倫斯的災難性影響外，被開除教會也對該同盟產生了各種影響。使義大利城邦的多個競爭對手長期協調一致是不可能的。對於教廷而言，從亞維農保持對教皇國的控制同樣是不可能的，當佛羅倫斯向羅馬提出讓羅馬加入聯盟的誘惑時，又平添了新的危險。格列高利及其前任都很清楚，教廷回歸故地是十分必要的。他身邊的喧鬧聲加重了此召喚的力量。

自一三七六年六月起，西耶納的凱薩琳（Catherine of Siena，她將在死後不到一個世紀的時間內被封為聖徒，並最終與聖方濟各一起被提名為義大利的保護聖徒）便在亞維農力勸教皇通過重返聖座的方式發出改革教會的信號。她時年已經二十九歲，因其恍惚出神、狂喜的狀態而受到尊敬，再加上她還聲稱，自己於領聖餐後的心醉神迷中得到了基督位於雙手、雙足和心窩上的五處聖傷。雖然這些聖傷只有她自己才看得見，可她的名聲大振，以至於佛羅倫斯委派她充當大使，與教皇商討和解及解除禁令事宜。凱薩琳自己腦海中的更大使命是通過她與上帝和耶穌的完全融合，通過一個淨化的、煥然一新的教會來充任全人類的使徒。她的權威是直接對她說話的上帝的聲音，它們被保存在口授給其秘密信徒的《對話》（*Dialogues*）中。這些信徒相信，「因為聖父上帝通過與最光榮、最神聖的處女西耶納的凱薩琳心靈交談的方式親自授權……她會在一段時間裡陷入狂喜狀態，切切實實地聽到了上帝在她心中所說的話」。

在恍惚出神的背後是齋戒以及剝除睡眠和舒適的極端嚴苛的行徑。這樣的行為越是極端，一個人就越會使自己與物質生活相脫離。（據拉・圖爾蘭德里所言，「一日一餐是天使的生活，一日兩餐是普通男女的正當生活，一日三餐以上是牲畜的生活」。）據報導，凱薩琳幾乎只以一點兒生萵苣為生，如果被迫吃東西，她會轉過頭去，將她咀嚼的東西吐掉，她胃部有任何食物和液體的殘留都會使她嘔吐。她七歲時第一次看到幻覺，從那時起便實行起苦行，這也許與她作為二十三個孩子中的最年幼者不無關聯。在那之後，她固執地將自己與一個以染色工為業的大家庭的世俗騷動隔絕開來，將自己的處女之身奉獻給基督。

那種結合的幻覺對凱薩琳而言十分真實，正如它們對於許多通過進入宗教生活來逃離其婚姻束縛的婦女一樣。凱薩琳寫道，基督「不是憑藉一枚銀戒」確認了與她的訂婚，「而是使用了一枚取自其神聖血肉的戒指，因為當他在行割禮時，就有一枚這樣的戒指從他神聖的身體上取下」。一位來自貴族家庭的多明我會修女在凱薩琳二十歲時教會了她讀書識字，於是凱薩琳將雅歌讀了一遍又一遍，在其祈禱中不斷重複那位新娘的歎息：「希望他用唇來親吻我」，而她得到的回應是耶穌向她現身，並贈予她「一個使她充滿了難以形容的甜蜜的親吻」。在她持久的祈禱在「完美的信仰」中得到固定並成為拯救有罪靈魂的工具時，耶穌在一個典禮上迎娶她為新娘，主持那場典禮的是他神聖的母親，出席者有聖約翰、聖保羅和聖多明尼克，大衛則用豎琴奏出音樂。

作為多明我會的一位第三級或非隱居成員，凱薩琳投身於救死扶傷，救助犯人、窮人和病人，照看一三七四年的瘟疫受害者。在這場瘟疫中，她的兩位兄弟姐妹和八名侄子侄女先後死去。在一個極端時期中，她曾從一位住院病人的癌痛傷口處吸膿，仿佛是在將與基督傷口直接接觸的神秘強調付諸行動，以此作為精神體驗的來源。

用與凱薩琳同時代的德意志神秘主義者約翰尼斯・陶勒（Johannes Tauler）的話來說，「將嘴壓在耶穌的傷口上」是十分必要的。從傷口、荊棘、鞭打處流出的鮮血令狂熱者癡迷。它是種可以清除罪惡的聖浴。喝下它，用它來洗滌靈魂是種救贖。陶勒詳述了這個長期縈繞在他腦海裡的主題，竟然覺得自己一定曾親身經歷了那個場景。他數了鞭痕的數量，知道耶穌曾被緊緊地捆綁在柱子上，以至於鮮血從他的指甲中噴了出來；皮鞭先是落在他的背上，然後落在他的胸口上，直到他皮開肉綻。聖布麗吉塔在其啟示中看到了他行走時血淋淋的腳步，而當他被戴上荊棘冠冕時，「他的眼睛、耳朵和鬍子如何鮮血直流；他的下頜擴大，嘴巴張開，舌頭腫大，鮮血淋漓。他的腹部內吸，緊貼脊骨，仿佛他不再有內臟似的」。

凱薩琳在提及自己的新郎基督時，幾乎鮮不提及鮮血——「羔羊之血」、「血的鑰匙」、「充滿永久神性的鮮血」、「飲下耶穌心中的鮮血」。句句有「Sangue」，「Sangue」和「dolce」（血與甜蜜）是她最喜歡使用的詞彙。由於沒有用筆的束縛，她口若懸河，滔滔不絕。就連她忠實的告解神父、一位受過良好教育的貴族和未來的多明我會領袖加普亞的雷蒙德（Raymond of Capua）有時都會在那千篇一律的語言洪流中陷入昏睡。凱薩琳有那麼多的談話被保留下來，要感謝中世紀抄寫員逐字逐句記錄那個時期冗長演講的令人驚訝的本事。演講通常都充滿了重複，好讓聽眾有時間吸收所說的內容。資訊和學習仍然在很大程度上需要借助於傾聽傳令、布道、演講和大聲的朗讀，正是出於這一原因，在印刷時代之前，抄寫員都經過嚴格訓練，以便記錄下之後任何時間的言詞。

隨著有關凱薩琳的幻覺和齋戒傳言的傳播，人們紛紛前來觀看進入恍惚之中的她。處於狂喜間隔期的她有著世間的心境和溫暖人心的常情理智，這時的她會解決人與人之間的紛爭，使臭名遠揚的惡棍悔過自新，虔誠信仰基督。她需要名望和虔誠的信徒，對於這些信徒而言她就像母親一樣，她召喚他們走向她，就像她所說的那樣，「就如一位母親將孩子喚至胸前」。他們反過來稱她為「媽媽」（Mamma）。從一三七〇年起，她越來越多地參與公眾生活，在充斥著政治和精神建議的信件中向統治者、高級教士、城鎮委員會和個人發出忠告。

她的影響在於她絕對確信上帝的意願與自己的意願完全一致。「按上帝和我的意願行事！」她在一封督促十字軍東征的信中命令查理五世說。在給教皇的信中，她用同樣的口吻寫道：「我要求……你發起對不信基督者的戰鬥！」「神聖而甜蜜的十字軍東征」是她僅次於改革的反覆論說的主題，格列高利本人在其任期內的所有信件中都在提倡十字軍東征，這不僅是為了抵禦突厥人，而且將其作為調和法蘭西與英格蘭的關係、將雇傭軍引出歐洲的手段。儘管凱薩琳呼籲國內和平，大聲疾呼「唉，唉，和平！和平！為了上帝……」，可她又懇求所有君主像過去一樣熱心地加入對不信基督者的戰爭。對她而言，十字軍東征本身即具有一種值得讚揚的宗教價值。使上帝的榮耀發揚光大是基督徒的責任，其擁護者越是像凱薩琳和菲力浦・梅齊埃那樣誠懇熱烈，他們對戰爭的號召便越慷慨激昂。

「當個男子漢，神父，站起來！……不要瀆職！」她恐嚇教皇說。霍克伍德也得到了同樣的告誡，讓他對抗基督的敵人，而不是用悲慘和毀滅來折磨義大利。在一封由愛德蒙主教親自遞交的致「傭兵隊長喬瓦尼先生」的信中，她寫道：「因為你那麼樂於發動戰爭，英勇戰鬥，所以我甜蜜地懇求您，不要

326

再對基督教發起戰爭，因為它違背了上帝的意願。」相反，她告訴他去跟突厥人作戰，以便「避免成為魔鬼的僕從和士兵，這樣你也許就會成為一個男子漢和真正的騎士」。

凱薩琳最喜愛的勸告就是：「當個男子漢！」在凱薩琳的奉獻中，聖母幾乎不大出現，她所有的激情都被聖子所吸引。不過，在人世間的事務中，她常常會訴諸女性的影響，不是給貝爾納博・維斯康提寫信，而是給他意志堅定的妻子雷吉娜寫信；不是給匈牙利國王寫信，而是給他佔統治地位的母親波蘭的伊莉莎白（Elizabeth of Poland）寫信。在給她想像中的十字軍領袖德安茹公爵的信中，她請求（眾人中的）他看輕現世的快樂和浮華，使自己在聖戰中與耶穌的十字架和激情相結合。當她親自拜訪他與公爵夫人時，其野心之一是準備出任十字軍領袖的公爵接受了這一使命。

在亞維農，她受到淫蕩的氛圍和「罪惡的臭氣」的壓制，被那些出身高貴的貴婦的好奇心所壓制。這些貴婦對她的肉體又是戳又是掐，以便驗看她在聖餐之後的恍惚入神，甚至用長針刺她的腳。她稱呼教皇為神聖的或摯愛的父親，或「最甜蜜的孩子」（dolce babbo mio），對於他，她會在長篇累牘的信件中，當著眾人或在私人會面中，滔滔不絕地談論她的全部主題。在此期間，加普亞的雷蒙德會充當翻譯，因為凱薩琳說的是托斯卡納方言，而教皇說拉丁語。她要求他從通過任命稱職的神父進行改革著手，讓他不要依靠武器而是依靠仁慈和寬恕給義大利帶來和平，讓他不是帶著武裝衛隊和刀劍而是像受祝福的羔羊那樣手執十字架重返羅馬。「因為在我看來，神聖的善正在將狂暴的惡狼變成羔羊……我將帶著羞愧的他們進入你的懷抱……哦，神父，為上帝之愛帶來和平！」

在她那個時代由「狂暴的惡狼」帶來的所有苦難以及對宗教改革的所有渴望都通過她的聲音得以表達。對於大多數人而言，宗教改革意味著擺脫教會的敲詐勒索。在一三七二年的德意志，教皇的收稅人被抓了起來，毆打致殘，投入監獄，有的甚至被勒死，而科隆、波恩（Bonn）和梅因茨的教士則發誓，他們本人不會支付格列高利要求的什一稅。在飽受雇傭軍蹂躪的教區，什一稅使神父們窮困潦倒。許多神父揚長而去，留下無法舉辦聖餐和聖禮的村子，聽任空蕩蕩的教堂日漸腐朽或是用作牲口棚。一些神父去幹酒館老闆、馬販子或其他對於教士而言因不體面而不允許幹的工作以貼補其菲薄的薪俸。

在上層社會，財產和世俗官職吸引著高級教士，他們無暇顧及其主教教區。因為教會可以向一個有野心的人提供一份既有權又有錢的職業，所以許多進入教會的人都更關注物質的而非精神的回報。「對上帝的畏懼被扔在了一邊，」布麗吉塔在羅馬哀歎道，「替代它的，是金錢的無底洞。」她說，全部十戒都縮減為一戒：「把附近的錢都帶過來。」

意識到其過失的教會發佈了源源不斷的教令，譴責褻瀆的著裝、納妾行為、缺乏熱忱，但它與凱撒之事緊密相關，若不摧毀其既得利益，就不可能從根本上加以改革。它變得十分依賴在亞維農的流放者中的財政體系，雖然人人都知道改革的必要性，但等級制度必定會依照其本質行事，拒絕改革。就連清醒時刻的凱薩琳也知道改革不可能從內部進行。當雷蒙德神父在聽說有關教會的新醜聞而禁不住流下眼淚時，她對他說：「現在別哭，因為有你哭的時候」，因為在將來，不僅俗人，就連神職人員也會起而反對教會。她說，只要教皇嘗試改革，高級教士們就會做出抵抗，於是教會「將被一種異教徒的禍害所瓦解」。

凱薩琳本人從不信仰異端，從不大失所望，從不俯首貼耳。教會、教廷、教職、多明我會就是她的家，它們的聖潔是她的基石。她斥責它們，但打心眼裡信仰它們。教士們的不執著於信仰本身就會導致大異端的產生，如威克利夫和下一代的揚·胡斯（Jan Hus）。

凱薩琳的呼籲給了格列高利以力量，使他頂住了來自法國國王和反對將教廷遷回羅馬的紅衣主教們所施加的壓力。〔法王〕查理五世堅稱「羅馬只不過是教皇恰巧待過的地方」，並派自己的兄弟安茹公爵和勃艮第公爵去勸阻教皇。紅衣主教們也做出了同樣的努力，反對他在正值「被一場摧毀整個世界的戰爭弄得長期勢不兩立的」法蘭西國王與英格蘭國王舉行需要他出手幫忙的和平會談時前往羅馬。格列高利不為所動。儘管預感形勢嚴峻，但他深信只有他的存在才可為教廷保住羅馬，而當羅馬答應只要他回去，它便表示服從時，他便再也等不下去了。

他不顧其法國出身所承載的全部期望和孱弱的身體，於一三七六年九月出發，儘管一場可怕的暴風雨如同警告般地毀壞了他的船隻。在最後一刻，他年事已高的父親紀堯姆・博福特伯爵（Count Guillaume de Beaufort）以當時的那種不顧禮儀身份的姿勢，匍匐在兒子面前，懇求他留下來。格列高利跨過父親，嘴裡不孝地低聲念著讚美詩：「書上寫著，你當腳踩毒蛇，踏平蛇怪。」他的一位經由陸地前往的主教寫道：「哦，上帝，要是大山移動，擋住我們的去路，那該多好。」

由於羅馬地區的不平靜，他直到一三七七年一月才進入羅馬，十五個月後，在一三七八年三月，格列高利逝世。在此期間，他像自己的前任烏爾班五世一樣在義大利的政治騷亂中苦苦掙扎。在困難和不停地吵嚷著要返回亞維農的法國紅衣主教的包圍之下，據說他同意回去，但因為感覺到了死亡的逼近，所以故意拖延，好死在羅馬，這樣一來，新教皇的選舉就應該在那裡舉行，從而將教廷留在它屬於的地方。他令人尊敬的意圖促成了將徹底毀滅中世紀教會的危機。

教廷分裂與教義或宗教問題毫不相干。十六位紅衣主教出席了羅馬推選教皇的會議，其中一人是西班牙人，四名是義大利人，還有十一位屬於兩個敵對的法國教派：利穆贊派（Limousins）和高盧派（Gallicans）。既然法國的兩個教派都不讓對方得手、新任教皇從對方陣營中產生，便有了緊鑼密鼓的投票遊說，其中，高盧派的領袖日內瓦的羅伯特早在格列高利去世之前便已十分活躍。當任何一位紅衣主教都無法獲得必不可少的三分之二的多數票時，與會者共同的意見是找一個局外人作為折衷候選人，此人要確保兩個法國教派誰也不會壓倒誰。這個人選就是巴爾托洛梅奧・普里尼亞諾（Bartolomeo Prignano），巴里大主教（Archbishop of Bari），御前會議的副祕書長（Vice-chancellor of the curla），那不勒斯人，出身卑微，個頭矮小，肥胖結實，皮膚黝黑，工作勤奮，表面謙和。由於他曾在亞維農長期服務，法國的兩派都認為他是個可塑造的被保護人（Protector）。儘管他強烈反對僧職買賣和腐敗，具有義大利南方人的易激動脾性，但紅衣主教們認為社會地位低於他們的新教皇是可掌控的，最重要的是他會乖乖地返回亞維農。

329

由於格列高利之死，羅馬市民終於看到了一個終止法國教皇統治的機會，於是向梵蒂岡派出了一個由重要市民構成的代表團，督促它選出一個「義大利籍的高尚之人」，尤其是一個羅馬人。這個選舉團中有兩個羅馬人，一個是聖彼得大教堂的紅衣主教泰巴爾代斯基（Tebaldeschi），他是個「善良的、聖徒一般的人」，但年事已高體弱多病，另一個是紅衣主教奧爾西尼（Orsini），人們又覺得他太過年輕，缺乏經驗。他們的同事不想要他倆的主要原因就是他們是羅馬人。

顯然估計到這個推選的困難，法國的紅衣主教們將自己的家眷連同其所有的財寶、餐具、珠寶、金錢、書籍以及教皇的財富都搬進了聖天使堡，並要求羅馬城提供安全措施，確保公共秩序，保護他們免遭暴力和侮辱。不敢冒風險的紅衣主教日內瓦的羅伯特穿上了一副鎧甲；西班牙紅衣主教佩德羅・德盧納（Pedro de Luna）口授了遺囑。因為紅衣主教們並未承諾將選出一個羅馬人，便有謠言傳出，說一個被法國人左右的教皇將意味著教廷會重返亞維農。公眾群情激奮，在被「許多強壯的士兵和好戰的貴族」圍在中間的紅衣主教們進入梵蒂岡召開教皇選舉會議時，氣勢洶洶的人群聚集了起來。從窗戶下傳來平民的叫嚷：「Romano lo volemo!（我們要一個羅馬人！）Romano! Romano!」被暴民處以私刑的已故的柯拉・里恩齊和雅各・阿特維德的幽靈浮出了表面。

因為害怕自己的性命不保，紅衣主教們不顧渾身顫抖的老紅衣主教泰巴爾岱斯基的反對，讓他戴上主教帽，穿上法衣，出現在教皇寶座上，彷彿他已被選為教皇，讓他的同事們有足夠的時間從梵蒂岡逃到城外面有重兵保護的地方。當聖彼得教堂的鐘聲在衝撞和騷亂中響起時，人們發覺自己上當了。民眾的尖叫聲變成了「我們誰也不要！」（Non le volemo!）和「處死紅衣主教！」。有人拔出了刀劍，闖入教皇地窖的醉鬼們變得粗暴和喧囂起來。

第二天，四月九日，紅衣主教們宣佈選出巴里大主教為烏爾班六世，並在重兵保護下，於「怒目而視」之中，護送騎著一匹白色駟馬的他依照傳統騎行至拉特蘭教堂（Lateran）。選舉和即位通知被傳達給了留在亞維農的六位紅衣主教，沒有提及它在脅迫之下有可能失去效力的可能。相反，在新教皇當政的第一週，紅衣主教們將烏爾班的就職當成了一個既成事實，一股腦地向他提出常規的有俸教職申請，並要求他提拔自己的親戚。

使烏爾班具有了超越那些出身高貴的紅衣主教權威的教皇權力立即沖昏了烏爾班的頭腦。他從一個完全沒有準備登上教皇寶座的卑微的、不引人注目的教會官吏，一夜之間變成了一個執拗的、給僧職買賣帶來滅頂之災的人。他這樣做，並不是受到了宗教熱誠的驅動，而僅僅是出於對特權的仇恨和嫉妒。他公開嚴懲怠工、奢侈、淫亂的紅衣主教，禁止他們佔據或出售多個有俸教職，禁止他們接受年金、錢財禮物和來自世俗資源的其他好處，命令教皇司庫不得按照慣例支付給他們來自有俸教職的一半的收入，而是用它來重建羅馬的教堂。更糟糕的是，他命令這些教會的權貴將其餐飲縮減至一道大菜。

他不講策略、不顧體面地痛斥他們，他的臉因為憤怒而脹得像豬肝一樣，聲音嘶啞刺耳。他用粗魯的惡意抨擊和「放屁！」和「住嘴！」之類的叫喊打斷他們。他稱紅衣主教奧爾西尼為「笨蛋」（sotus），趕上去想打利摩日的紅衣主教，幸虧被日內瓦的羅伯特攔了下來，後者把他朝後推去，嘴裡叫著：「聖父，聖父，你在幹什麼？」他指責亞眠的紅衣主教在充當英法兩國的中間人時兩邊拿錢，故意讓和談拖延不下去讓自己賺個盆滿缽滿，使得那位紅衣主教站起身來，用「難以形容的傲慢」稱教皇為「說謊者」。

被剛愎自用冲昏了頭腦的烏爾班沒頭沒腦地開始插手那不勒斯的世俗事務，宣佈這個王國統治不力，因為其統治者瓊安娜女王是個女人，並威脅說要將她投到修道院或是罷免她，因為那不勒斯作為教皇的封邑，沒有履行義務，繳納相應的貢物。他帶著惡毒的心思從事的這種全無必要的爭吵為他製造了敵人。

讓烏爾班爬到自己腦袋上的那些人的感覺可能無法找到恰當的形容。有些人覺得，權力帶來的利令智昏使得教皇「furiosus et melancholicus」——簡言之，就是瘋了。暴怒和侮辱也許一直就有，但不會干擾稅收和特權。當烏爾班斷然拒絕按照原有的安排返回亞維農時，危機悄然而至。紅衣主教們甚至不願意像以往對待一個難管束的教皇那樣，試試任何讓他簽署「放棄」其權威的協議的折衷辦法，而是決定執行廢除他的致命過程。由於沒有因不稱職而驅逐一位教皇的程序可以遵循，他們的計畫是宣告此選舉無效，理由是它是在暴民的暴力脅迫之下做出的。毫無疑問，當他們選舉烏爾班時是受到過威脅，但同樣清楚的是，他們在遭受威脅之前就已經決定要選他了。

一場無效選舉的第一個暗示於一三七八年七月流傳開來，紅衣主教們開始通過那不勒斯王國的一個貴族豐迪公爵（Duke of Fondi）聚集武力支持。與此同時，羅馬人及其武裝力量集結在烏爾班四周，他因為拒絕返回亞維農而贏得了他們的支持。他通過與佛羅倫斯達成和平協議、解除禁令、使百姓歡欣鼓舞的方式鞏固了自己的地位。他的帶著橄欖枝的信使這一次使教皇深受佛羅倫斯人的歡迎。條約正在起草。紅衣主教們在曾經與庫西在瑞士並肩作戰的西爾韋斯特・布岱斯的布列塔尼雇傭軍的護衛下搬出了羅馬，前往教皇位於阿納尼（Anagni）的夏季行宮。在這裡，他們於八月九日發佈了一則致全體基督王國的通告，宣佈烏爾班的選舉無效，理由是，他們是在聽到「喧囂而可怕的聲音」時因為「擔心自己的生命安全」才進行了那場選舉。在宣佈聖座空置後，他們預先拒絕了任何由促進基督教不同教派大聯合的大公會議（Ecumemical Solmol）所做出的仲裁，理由是只有教皇才能夠召集會議。在進一步的公告中，他們正式向烏爾班發出詛咒，說他是「反基督者、魔鬼、叛教者、暴君、騙子、憑武力當選者」。

廢除教皇是種要命之舉，因為很難想像紅衣主教們會主張教廷分裂。相反地，他們行動時深信通過全體退出元老院（Curia），他們就可以迫使烏爾班辭職，最壞也是通過武力罷免掉他。在一場力量測試中，充當其軍事武裝的布岱斯的連隊已經在七月的一場小衝突中戰勝教皇的羅馬支持者。

紅衣主教們的首要動機是確保查理五世的支持。法蘭西國王收到的所有訊息都對烏爾班大大不利，而國王的政治利益無論如何都與紅衣主教們相一致。他於九月十一日召集了一次由高級教士和法學博士、神學家參加的會議，聽紅衣主教的使節陳述他們的情況。在考慮了兩天之後，會議冷靜地建議國王無論如何都要避免就「如此高級、危險和令人懷疑」的問題倉促做決定。如果這是種推諉的話，它也是深思熟慮的警告，查理並未接納的警告。儘管他在表面上什麼也沒做，可後來的事態發展表明，他必定傳達了支持紅衣主教們的保證——他一生中的重大決策失誤。

在做了進一步的法律準備並致力於獲得巴黎大學的贊同（它並沒有到來）後，紅衣主教們轉移到位於那不勒斯境內的豐迪，並於九月二十日召開了一次教皇選舉會議，從與會者之中選出一位新教皇。在當下的氛圍，想要尋找一位強力而果決之人的他們做出了令人難以置信的選擇。那個在同一天被選出、登基、加封為克雷芒七世的人的就是日內瓦的羅伯特，「切塞納的屠夫」。

一場反教皇的選舉必定是分裂性的，教廷的利益也許一直被認為是要求一種盡可能為義大利人所接受的選擇。選出一個被義大利各地所恐懼和厭惡的人表明了一種幾乎與烏爾班的行為同樣瘋狂，在權力方面的傲慢自大。也許到這時，十四世紀尚不十分健全。如果得到啟蒙的自我利益是心智健全的標準的話，那麼用米什萊的裁決來說，「沒有哪個時代比它更瘋狂得自然而然」。在法國人的統治下，紅衣主教團完全不顧及義大利人的感情，並且他們對以改革之名減少稅收是如此畏懼，就連三位[1]義大利紅衣主教也心照不宣地對投票表示贊同。這是被放逐者在亞維農的最終成果。只有一種深刻的物質主義和憤世嫉俗才有可能同意將日內瓦的羅伯特置於聖保羅教堂的寶座上。改革者的抱怨不可能有更具說服力的證明。

332

1 第四個，也就是上了年紀的紅衣主教泰巴爾岱斯基，已經逝世。

「噢，不快樂的人！」凱薩琳叫道，說出了人的心聲，「你們本該用教會的乳汁養育自己，成為她花園裡的花朵，散發甜蜜的芬芳，成為支撐教皇及其言辭的棟樑，像明燈一樣照亮世界、普及信仰……你們是世上的天使，卻轉向了魔鬼的道路……原因是什麼？自私的毒藥毀滅了世界。」如果說她豐富的想像是混亂交雜的，它也是出自對教會中的大人物的景敬仰的方式和與此相應的背叛感。伴隨著時常突破其語言狂想的天生常識，凱薩琳絕不相信紅衣主教們說他們是在脅迫下選出烏爾班的聲明。

烏爾班不僅沒有辭職，反而在一週內打造了一個全新的紅衣主教團，並雇用了由第一位義大利傭兵隊長阿爾貝里戈・巴爾比亞諾（Alberigo da Barbiano）帶領的雇傭軍，依靠武力來維持他的聖座。與教廷分裂份子的戰爭給了凱薩琳一份新的神聖事業。「新的殉道者現身的時候到了。」她鼓勵烏爾班，「你是你家族的第一人，你將摘取多麼偉大的碩果！」情況得到了最初的證實。在一場與對手在西爾韋斯特・布岱斯和克雷芒的侄子蒙茹瓦伯爵（Count of Montjoie）指揮下的軍隊的交戰中，烏爾班的軍隊大獲全勝。他們奪下了天使堡，俘虜了兩個敵方隊長，結果是克雷芒不得不逃離羅馬，在那不勒斯的瓊安娜那裡尋求庇護。可是，民眾對他是如此憎恨，他們高喊：「處死反基督者！處死克雷芒和他的紅衣主教！如果女王保護他們，就處死女王！」於是他被迫離開。因為在義大利沒有任何容身之地，他於一三七九年四月帶著紅衣主教們回到亞維農。

由於一個教皇和紅衣主教團在羅馬，另一個教皇及紅衣主教團在亞維農，教廷分裂現在成了可怕的事實。它將變成一個困苦不堪的世界的第四種災禍——繼戰爭、瘟疫和自由連隊之後。自從豐迪選舉以來，每個最高權力都選擇了支持一方，其結果通常是在統治者與教士之間或教士與平民之間產生了分歧。查理五世於一三七八年十一月正式承認克雷芒，出臺一則公告，禁止王國中的任何人尊奉烏爾班，無論是教士還是俗眾。他拒絕按照巴黎大學的建議，安排一個促進基督教不同教派大聯合的大公會議。因為他不想要一個也許會證實是跟法國利益作對的解決方案。深陷困境的大學被迫順從。

自然而然地站在法國和法國教皇對立面的英格蘭保持了對烏爾班的忠誠，蘇格蘭自然站到了另一邊。法蘭德斯雖說是法蘭西的封邑，卻站在烏爾班一邊，這主要是因為法蘭德斯伯爵在戰爭中遵循的是支持英格蘭的政策。皇帝查理四世死得恰逢其時，避免了做出決定，但他的兒子和繼任者溫塞斯勞斯雖說最近才在巴黎得到盛情款待，卻宣佈支持烏爾班，並將帝國的大部份帶了過去，只有像與法國密切相連的艾諾和布拉班特這樣的地區除外。新皇帝所採取的立場，以及匈牙利、波蘭和斯堪的納維亞步其後塵的立場，令查理五世大失所望，他本以為自己的決定會使其他君主跟進，使烏爾班被孤立並被迫辭職。

查理的老盟友卡斯提爾國王唐恩里克也在選邊之前死去，而他的兒子胡安一世（Juan I）雖說被查理五世施以重壓，要求他支持克雷芒，可他卻寧願保持「中立」，他說，儘管忠於法國同盟，可他也不能迕逆其國民的道義之心。他寫道，普通民眾、貴族、教士、博學之人都是烏爾班的支持者。他尖銳地質詢查理：「政府或聰明的君主，何曾戰勝過公民有理有據的道義之心？壓制自由的靈魂會得到怎樣的懲罰？」在西班牙的不穩定狀態超出了常態的任職期間，胡安一世時不時地發出有關統治者與臣民之間的關係的認真思考。不幸的是，〔法王〕查理已經證明，他確實能夠挫敗「公民有理有據的道義之心」。亞拉岡的佩德羅四世（Pedro IV）也曾試圖採取中立這一庇護所，但在教廷分裂下企圖中立是一種幻想。政治壓力迫使西班牙國王，最終還有葡萄牙國王，都選擇了克雷芒。

遭否認後的烏爾班的行為變得比以前更專橫、更失去理性和更難以控制。他因那不勒斯的瓊安娜支持克雷芒而開除她的教籍，將其罷黜，而扶持她的眾多覬覦王位的親戚之一，都拉佐的查理（Charles of Durazzo）。烏爾班從此使自己的教廷陷入了一場你死我活的衝突之中。他與西耶納的凱薩琳就此問題發生了爭執，而當她不久之後於一三八〇年死於心甘情願的貧困時，他失去了自己陣營中一向最溫暖的聲音。他竭盡所能地扶持一個扶不起的阿斗，他的侄子法蘭西斯科・普里尼亞諾（Francesco Prignano），而當都拉佐的查理拒絕授予這位侄子以某種恩惠時，烏爾班訴諸了武力。在被都拉佐的查理包圍時，教皇一天上了四次城垛，宣佈開除圍城的教籍。如果說他之前還沒有瘋的話，那麼紅衣主教們現在的挑釁已使他精神錯亂。

在他的狂亂與仇恨心的日益離間下，烏爾班的兩位紅衣主教背棄了他，跑到了克雷芒的陣營，但大多數人覺得自己別無選擇，他們寧可留在烏爾班身邊，也不願接受回歸法國統治的狀態。受累於一個發瘋教皇的他們，計畫成立某種攝政委員會來節制他，同時對他進行保護性的監護，但烏爾班獲知了這一陰謀，逮捕了六名牽連其中的紅衣主教。一位在窗下走來走去的觀察者記載，當紅衣主教們被嚴刑拷打以榨取其對陰謀的供認時，烏爾班卻一面聽著受害人的叫喊聲，一面大聲地誦讀自己的每日祝禱書。五位紅衣主教因陰謀罪而被處死。第六位是位名叫亞當・伊斯頓（Adam Easton）的英格蘭紅衣主教，因理查二世的介入而倖存下來，成了自己的所見所聞的證人。隨著時間的流逝，烏爾班變得像他的對手一樣令人仇恨和遭人撻伐。神聖教會有這樣兩個人執掌權柄，上帝似乎有足夠的理由後悔其在地球上的落戶了。

在這個世紀所有可料想到的「前所未聞的邪惡和不幸」之中，以教廷分裂對普通人思想的影響傷害最深。每當教皇都將另一名教皇的追隨者開除教籍時，誰能夠保證會得到救贖？每個基督教徒都發現自己處於這個或那個教皇的詛咒懲罰之下，卻又沒法確定自己尊奉的那一位是真正的教皇。人們也許會聽說，自己教士提供的聖餐是無效的，因為他是由「另一位教皇」任命的，或者用於洗禮的聖油是不聖潔的，因為它受到了一位「分裂教派」的主教的祝福。在有爭議的地區，可能出現兩個主教，各自分別舉行彌撒，宣佈另一位主教的儀式是褻瀆神明的。在不同國家的同一個教團也許會效忠於不同的教皇，它的修道院會有兩個相互競爭的院長主持，修道士們因衝突而分裂。當事情像在法蘭德斯那樣，政治與經濟的敵對狀態使得一座城市與克雷芒支持的法國結盟時，忠於烏爾班的人因懼怕生活在反基督者的統治之下，紛紛放棄家園、店鋪和生意，搬往持有「正」念的主教教區。

儘管製造教廷分裂的不是宗教問題，但一旦分裂成為既定事實，教派成員就會被後來稱之為宗教戰爭之標誌的同樣的仇恨所撕裂。在法國的奧諾雷・博內特（Honoré Bonet）眼中，烏爾班似乎是顆正在隕落的星辰，是手持聖約翰的天啟幻象中的「無底洞」的鑰匙的人。從洞中騰起的遮雲蔽日的「大熔爐的濃煙」正是讓教廷暗無天日的教廷分裂。與之相伴的「蝗蟲和毒蠍」是「變節的」羅馬人，他們借助於威嚇教皇選舉團，促成了錯誤的選舉。

自從教皇的收入被砍半之後，分裂的財政影響是災難性的。為了維持各自個教廷免於破產，僧職買賣變本加厲，有俸僧職和晉升之途在壓力之下被出售，對各種各樣的精神豁免的索價水漲船高，正如衡平法院向法庭需要的每份卷宗都要收稅一樣。作為宗教改革運動之火種的特赦的兜售在經濟上變得極為重要。改革未行，弊端橫生，這進一步破壞了信仰。依照《查理六世統治時期的編年史》（*Chronicle of the Reign of Charles VI*）的作者、聖丹尼斯的僧侶的記載，當一位法國主教或修道院院長逝世時，亞維農的收稅人會像禿鷹般降臨，藉口要彌補拖欠的教士的什一稅，將其物品和陳設一併捲走。「在每個地方，上帝的儀式都遭到忽視，忠誠的奉獻越來越少，王國被榨幹了金錢，教士們四處流浪，被悲慘的境遇所壓倒。」

兩邊教皇的使節都不再為英法間的和平而努力，而是公開地為這一方或那一方服務，因為最高領導人都在尋求軍事支持以消滅對手。與此同時，他們的相互謾罵和圍繞教會實體的不光彩鬥爭使基督教王國每況愈下。教會被拉扯向不同的方向，令那位聖丹尼斯的僧侶悲歎不已，「就像在放蕩場景中看到的一位妓女」。她成了「全世界人的譏諷主題和嘲笑對象，人們每天都在編造有關她的歌謠」。

查理五世較其他任何人都該為允許教廷分裂的發生擔負責任，因為如果沒有法國的支持，克雷芒就不會有立足之地。他剛當上教皇，便通過將從法國教士身上收取來的稅收的三分之一授予國王的方式來表達自己的感激之情。最終，查理的選擇將摧毀他為恢復法國所贏得的一切成果。一心只想著重新得到一個受法國人影響的法國教廷的他一直假設。他支持的人會被其他人擁護。雖然有智者之名，可他還是未能免於統治者的職業病：過高地估計了自己控制事態的能力。

誰都不會像國王的兄弟安茹公爵那樣熱情洋溢地支持克雷芒，因為他有自己的野心。公爵在聽說克雷芒當選的那一刻，便將這一消息傳遍了圖盧茲的大街小巷，隨之而來的是在大教堂舉行的彌撒和在所有教堂唱響的感恩讚美詩。他把新教皇說成是一個「關係密切的親戚，像我一樣，是法蘭西家族的後代」，命令朗格多克尊奉新教皇，為紅衣主教們送去錢財，派出使節在佛羅倫斯、米蘭和那不勒斯爭取支持。當克雷芒被烏爾班打敗，丟失了義大利時，他向安茹申請軍事支持。安茹的要價是一個王國。

根據他們之間於一三七九年四月十七日在一份教皇詔書中得到確定的協議，安茹將奪回義大利的教皇國，並將其大部份留在自己治下（只有羅馬和那不勒斯除外），成立亞得里亞王國（Kingdom of Adria），王國得名於將位於其沿岸的亞得里亞海（the Adriatic）。這個橫跨亞平寧山脈的王國將包括費拉拉（Ferrara）、波隆那、拉文納、羅馬涅地區（the Romagna）、安科納邊境（the March of Ancona）和斯波萊托（Spoleto）公國。它將是教廷的封邑，每年向教廷支付四萬法郎的數額；安茹每三年將給教皇一匹白色騎用馬，作為隸屬關係的象徵。教皇詔令明確表示，亞得里亞和那不勒斯永遠都不應歸一位統治者統治。安茹得到了兩年的時間為戰爭進行準備：集結財物和軍隊，但如果在兩年之後的兩個月內，他仍未領導進入義大利的征戰，或派一位「能力卓越的將領」代替自己，這份協議便將失效。

亞得里亞是個空中樓閣。既然教皇的軍隊在所有戰役中都從未成功地重新奪得對祖傳遺產的控制權，我們也就沒有理由假定，一個法國君主將在他們的失敗之地大獲全勝。但從這時起，對自己權力的高估越來越多地影響到了法國政策；修改甚或轉向的可能性越來越小。與此同時，克雷芒迫切需要安茹的說明，以維護瓊安娜女王在那不勒斯的王位，這是克雷芒在義大利的唯一基地。為了讓他前來維護她的既得利益，安茹作為女王的遠房親戚，被提名為無兒無女的女王的繼承人。通過提名同一個人來當未來的那不勒斯國王和假定的亞得里亞國王，克雷芒恰恰是在安排被他所禁止的單一統治者，但也許他從未預期安茹會兩者兼得。在那不勒斯的召喚下，安茹的命運現在全押在義大利，不久，庫西就會被拖到那裡。

為了使法國公眾擁護克雷芒，一旦王室政策堅定地支援他，那麼所需要的就不僅僅只是法令而已。從一三七九年的四月一直到五月，在巴黎舉行了一系列的公共集會，為的就是要加深貴族和市民對烏爾班選舉無效性的印象。最近遭受了烏爾班打擊的利摩日的紅衣主教親自前來講述所發生的一切，並手捂著胸口，呼喚上帝、天使和聖徒們作為自己誠意的證人，發誓說紅衣主教們是「在死亡的恐懼之下」為

337

烏爾班投的票。相反，他說，克雷芒是在對於選舉一個真正的羅馬教宗所必不可少的正確而恰當的條件下做出的選擇。繼他之後，查理五世站起身說，所有有關接受克雷芒的謹慎躊躇現在都減輕了，因為很清楚，一個像利摩日的紅衣主教這樣具有權威和智慧的人是不會「因為愛或恨一個活著的人而詛咒自己的靈魂的」。在接下來的會議上，又有紅衣主教以莊嚴的誓言證實了脅迫之說。

五月七日，當著國王、安茹和庫西之主的面，當著其他領頭的貴族、大臣、高級教士和神學專家的面，一個聚集於溫森斯城堡（Chateau de Vincennes）的令人難忘的小組會上達成了正式的一致意見。每位紅衣主教再次輪流接受了國王的詢問，鄭重地表明會憑著良心說出自己所知道的一切，以便廓清所有猶豫不決的懷疑想法，「鞏固他們的信仰」。在那之後，與會者（雖然許多人心中深藏著煩惱）進行了一致的投票，一致支持新教皇。一週後，為了取悅公眾，一場盛大的典禮在聖母院廣場舉行。在那裡，還專門為此場合搭建了一個平臺，好讓得到德安茹公爵支援的四位紅衣主教宣佈克雷芒七世的出現，並宣佈任何拒絕順從的人為教廷分裂份子。

巴黎大學始終心有不甘。較少受世俗官員的折衷方案之影響的神學專家不像主教們那樣易於屈服。對於他們而言，聖彼得教堂的傳承是件嚴肅的事。在來自王室的極端壓力之下，他們於五月三十日正式接納了克雷芒，但順從是悶悶不樂的，並非毫無異議，這是麻煩的先兆。兩年後，在查理五世死後，所有四個院所通過了一份決議，支持一個終結教廷分裂的全體會議（General Lowuil），並呼籲王室召集這樣一個會議。儘管召集的權威性是不確定的，但在教會的歷史上，迄今為止已舉行了十五次此類會議（指大公會議：西元三二五年有第一次的尼西公會議距離當時最近的是第十五次的維埃納大公會議），以便解決嚴肅的教義問題。大學一三八一年由一位神學教師讓・魯斯（Jean Rousse）發出的呼籲十分必要地專注於當時的攝政安茹公爵。公爵想要殺一儆百地讓所有此類言論噤聲，於是下令逮捕魯斯，並將其囚禁在夏特萊堡（Chatelet）。對教士們和大學的冒犯引發了民憤，當魯斯的釋放要以遵守安茹公爵禁止任何有關理事會或教皇選舉的討論的命令為代價時，這起醜聞仍甚囂塵上。

在遭到疏遠和灰心沮喪之餘，首屈一指的神學專家們逃往羅馬，加入烏爾班的陣營。其他人也紛紛離去。支持烏爾班的國度的學生和教員無法處於支持克雷芒者的管轄之下，於是離開前往位於義大利、羅馬帝國和牛津的大學。一位即將離去的教師說在法國，「知識之子已經歷了一種衰落」。作為偉大的世界中心的巴黎大學的衰落由此開始。

在英格蘭，教廷分裂將威克利夫帶到了走向新教的轉捩點。剛開始時，他將烏爾班視為一位改革者，對他大表歡迎，但隨著兩位教皇的財政弊端變得更加罪惡昭彰，他漸漸認清反基督者和教廷分裂都是一個腐化墮落的教廷的自然結局。他相信打從教會允許用金錢來交換懺悔的那一刻起，其結果便只有一個：邪惡。在教廷分裂後，他對自內而外的改革感到絕望，於是在一三七九年得出一個激進的結論：既然教會無力進行自我改革，那它就必須在世俗的監督下進行改革。他現在將國王看作地球上上帝的代理，主教們從他那裡獲得權威，而通過他，作為教會守護者的國家可以強行推動改革。在戰勝教會攻擊那一理論的詆毀辱罵的過程中，威克利夫現在準備掃除整個教會的超級結構——教廷、等級制度、教團。已經否決了教會的神聖權威的他，現在到了開始否決其本質的時候——否決聖禮的力量，尤其是聖餐的力量。

在一種達到極致的異端中，他將救贖從教會這個代理機構轉向了個人：「因為每個應當被詛咒的人都應當被他自己的愧疚所詛咒，每個應當被拯救的人都應當被他自己的美德所拯救。」不知不覺地，現代世界自此出現了端倪。

當威克利夫宣揚剝奪教會的世俗財產時，他擁有一些強有力的朋友，可是當他否決聖職系統時，他的資助人由於害怕異端和地獄之口而紛紛撤離。一三八一年，一個由十二位牛津大學博士組成的委員會將宣佈他的八個論點是非正統的，十四個論點是異端的，禁止他再做演講進或布道。儘管他的聲音沉寂下去了，但他的事業則通過英語《聖經》的傳播而得到傳播。整部經文百萬字，其中有四分之三都是由威克利夫及其弟子們從拉丁語翻譯過來的，他們是在做一件危險的事：繞過修士神父，打開直接通往上帝的道路。在農民起義之後的未來的激烈反應中，當羅拉德教派被當作顛覆之幫兇而備受侵擾之時，僅僅擁有一本英語《聖經》便可能使一個人犯有異端之罪，而抄寫多部《聖經》則是冒險而勇敢之舉。鑒於依舊存在的一百七十五部抄本以及必定已在迫害期間被毀壞和在數世紀的過程中失傳了的抄本的數量，一定有數百本被辛苦而秘密地一筆一畫地抄寫出來。威克利夫死於一三八四年，而隨著迫害的加劇，抗議的洪流也暗潮洶湧。當楊・胡斯於一四一五年因異端邪說而被康斯坦茨會議（Council of Constance）燒死在火刑柱上時，威克利夫的屍體也受命被掘出，並在同一時間燒毀。即使為教廷分裂所困擾，但教會依舊掌握著控制權。古老而著名的結構的開裂是緩慢的，而且要從內部開始，儘管它的正面依舊屹立不倒。

由於歐洲被兩位教皇兩極分化了，教會組織則因競爭者為爭取世俗支持的鬥爭而被政治化了，所以教廷分裂每多持續一年，想要彌合它就變得愈加困難。所有有頭腦的人都意識到了它給社會帶來了多麼大的破壞，並試圖尋找重新統一的途徑，但在教廷分裂下，就像在戰爭中一樣，既有的敵意會使裂縫一直處於開裂狀態。由巴黎大學和許多個人宣導的促進基督教不同教派大聯合的大公會議是個顯而易見的解決方案。然而，作為對他們至高無上地位的挑戰，兩位教皇都倔強地排斥它。基督教王國中的這道仇恨的裂縫還要持續四十年。根據本世紀末的一個流行的說法，自從教廷分裂之後，沒有一個人曾進入過天堂。

第二部

第17章 庫西的崛起

現在，庫西再次變回了「徹頭徹尾的法國人」，在在國王查理五世統治即將接近尾聲時，成了他的左膀右臂。儘管只有四十一歲，但查理五世已經感覺到大限將至。一三七八年二月，他的王后、與他同齡的讓娜·波旁在誕下女兒凱薩琳後死於產褥熱。三週後，她之前五名女兒中唯一倖存的一個也死去了。在她八個孩子，只有兩個男孩和新生兒沒有先她而死。國王因為妻子之死而「悲痛欲絕，長期不能自拔」，「其他許多善良的人也是如此，因為王后與他像王室婚姻中的夫婦那樣彼此相愛」。一個月後，傳來教皇格列高利十一世的死訊——這導致了教派的分裂——查理五世與他一直關係密切，之後，在十一月，是他叔叔神聖羅馬皇帝（查理四世）之死，再不久，是他的長期盟友卡斯提爾國王恩里克之死。由於所有這些人的紛紛離世，查理不由得感覺到了自己的有限時光向前推進的陰影，於是他迫切地想要在自己即將辭世之前，留下一個完整而和平的王國。

為了實現那一目標，他必須關閉三扇危險之門，它們是：納瓦拉的查理的持續反叛，布列塔尼公爵與英格蘭的結盟，與英格蘭持續進行的戰爭。庫西的戰略領域、他的軍事和外交才能，以及格列高利十一世認可其經歷考驗的可信賴，使他成了國王努力的支柱。他的第一項任務是指揮一場戰役，一勞永逸地將納瓦拉的查理從諾曼第徹底消滅。

在聽說納瓦拉又一次秘密地談判，準備將諾曼第向英格蘭再次開放時，查理五世發誓要將這個背信棄義的封臣逐出他擁有的每個城鎮、每個城堡。合法性落在納瓦拉查理的兩個兒子身上，借他們之名，位於諾曼第的納瓦拉封邑便很有可能被接管。因為他們的母親、國王的姊妹死了，查理五世可憑藉無可爭辯的理由申請對他們的監護權：他倆當時都正在法國宮廷中受他監護。為什麼他們的父親允許這種情況的發生則不得而知，除非他有意為之，為他與英格蘭的交易打掩護。

當納瓦拉的總管雅克・茹（Jacques de Rue）帶著納瓦拉給兩個兒子的書信抵達巴黎時，取得有關納瓦拉背叛的法律證據。依照國王謹慎地在權威性編年史中陳述的那樣，茹是在未受外力施壓的情況下自願證明，納瓦拉的查理計畫在剛過完復活節後，通過王室麵包房的一個管事毒死法蘭西國王。他將利用接下來的混亂和少主即位所帶來的可乘之機，當英格蘭人在諾曼地登陸時攻佔塞納河沿岸的法國堡壘，發動戰爭。

人們很容易相信這個故事，因為作為一個親王，他已經在一起充滿了十四世紀令人毛骨悚然的亮點的戲劇性事件中，試圖取他另一位妹婿富瓦伯爵的性命。富瓦已娶納瓦拉的姊妹、風情萬種的阿格尼絲（Agnes）為妻，但作為一個充滿「衝動的激情」的男子，他不曾停止四處拈花惹草，其結果是阿格尼絲滿腹狐疑地離開了他，到自己兄弟那裡尋找庇護。這兩位姻親兄弟之間已經在金錢方面頗有齟齬。當阿格尼絲十五歲的兒子加斯頓前來請求她回去時，她拒絕成行，除非這個請求由她丈夫發出。納瓦拉的查理於是給了侄子一袋藥粉，讓他拿回家去，告訴他藥粉會激起他父親和解的願望，不過他必須對此事保密，否則藥就不靈了。當加斯頓回到富瓦身邊時，那袋藥粉被他同父異母的私生子兄弟伊萬（Yvain）發現，並出示給伯爵看，伯爵用它喂給自己的一隻狗吃，結果狗立即痛苦地抽搐著斷了氣。

不願意殺死自己的繼承人和當時唯一婚生子的伯爵把加斯頓關了起來，而所有跟隨加斯頓前往納瓦拉的家臣都遭到調查，其中有十五人被處以極刑。與此同時，加斯頓因為意識到自己的舅舅陰謀令他殺父，沉浸在絕望之中，拒絕吃任何食物。在被告知這一情形時，富瓦伯爵正在用一把刀修剪指甲，他冲向兒子的牢房，掐住他的喉嚨說：「哈，叛徒，你為什麼不吃飯？」結果意外地用握在手中的刀子切斷了那孩子的喉嚨。孩子一言不發地轉過身，受了致命傷，當天便死去了。納瓦拉的查理那已惡貫滿盈的記錄中，又多了一條道德罪行。

納瓦拉針對法蘭西國王的「罪行和叛國」的證據在從第二個被捕的謀臣皮埃爾・泰爾特（Pierre du Tertre）身上搜出的用密碼寫成的信件中得到了證實。收集來的所有證據連同兩名謀臣的簽名供狀都在其正式審判過程中被出示給民眾，審判是當著濟濟一堂的地方長官、教士、貴族、商人和巴黎訪客的面，極其隆重地舉行的。被判死罪的兩名謀臣被執行了死刑。他們沒有腦袋的身體掛在絞架上，被切下的四肢掛在巴黎的四座主城門上。一份公開記錄因此得以確立，使轉而效忠納瓦拉的查理之子的家臣的行為變得合情合理。

諾曼第戰役已經迫在眉睫。在聽說了納瓦拉的背叛的第一時間裡，國王便已在盧昂集結起一支軍隊，並「急忙喚來庫西大人和德里維埃爾大人」，安排他們在勃艮第公爵的統領下指揮軍隊。由於擔心英格蘭人的登陸，他命令他們要麼憑藉武力，要麼借助談判，儘快佔領納瓦拉的城鎮和城堡，尤其是那些最靠近海岸的城鎮和城堡。庫西將在此次戰役及以後與之密切合作的國王管家比羅・里維埃爾屬於一個布爾喬亞出身的顧問群，這個群體被國王的兄弟們嘲弄地稱為「絨猴」（Marmosets），其參照物是在教堂飛簷和柱子上窺視眾人的風格怪異的小石頭圖案。里維埃爾是個彬彬有禮、和藹可親的官員，查理五世對他推崇備至，曾授予他管理攝政委員會的權力，這個委員會是查理五世為了防止自己在皇太子年紀尚幼時去世而設立的。

庫西與里維埃爾的聯合反映了使用中的軍事與政治策略的結合。對於壁壘森嚴的城鎮，包圍的策略成效緩慢，代價高昂。對於快速征服而言，事事都要取決於一次經過討價還價的投降，但這只能通過大多在作戰之初令人信服的軍力展示才可實現。為了加強軍隊的說服力，納瓦拉的查理的兩個兒子也隨軍出征，「以便向全國顯示，戰爭是為了這些孩子的繼承權而發動的」。

巴約（Bayeux）是座位于科唐坦半島基部的「氣派而堅固的城市」，預計英格蘭人有可能會在此登陸（距離後來被重新命名為奧馬哈海灘的登陸點僅十英里），它是法軍的第一個重要目標。庫西和里維埃爾將自己的部隊部署在城牆下，並展示了身為合法領主的年輕的納瓦拉繼承人，「用令人印象深刻的語言」警告市民，如果這座城市被攻佔，「他們將全部遭到屠殺，這個地方將會被另一撥居民所佔據」。每個案例中的問題都是納瓦拉衛戍部隊的指揮官（如果他們不加抵抗地投降，就有可能受到背叛其君主的指控，或者顏面掃地）並不像市民那樣願意投降。如果包圍者取得了勝利，衛戍部隊的指揮官們通常都會將自己關在城堡中，借此逃避加在普通民眾頭上的屠殺和掠奪，所以他們寧願冒險被圍，也不願繳械投降。

在巴約，衛戍部隊遭到了否決。在納瓦拉兒子們的權利及其主教的勸說的影響下，市民們要求休戰三天，以便商討條款，這一向是個錯綜複雜的事情，必須將付諸文字、簽名蓋章的副本送達各方。在完成了這一切後，庫西和里維埃爾進入城市，以法蘭西國王之名獲取了擁有權。在用他們自己任命的人取代了當地長官，留下一支衛戍部隊以防止反叛之後，他們繼續順半島向前推進，前往下一個堡壘。在「武力相向加花言巧語」的雙重轟炸下，他們在未損失很多時間的情況下連續地攻城拔寨，儘管有時也要採取積極的包圍措施，挖城牆，進行激烈戰鬥，雙方互有傷亡。為了爭取時間，庫西和里維埃爾通常會批准有利的條款，如果納瓦拉的堅定不移的黨羽選擇離開，便允許他們離去。與里維埃爾進行了卓有成效的合作的庫西展現出國王也具備的那種冷靜地追求政策的能力，而在庫西身上，它還與一個雷厲風行的人結合在了一起。

在南方受到卡斯提爾國王進攻的納瓦拉的查理本人沒有出現，又因為逆風的緣故，前來支援的英格蘭盟友也寥寥無幾。一支部隊成功地佔領了瑟堡，但被一支法國包圍部隊困在了那裡。在其他地方，納瓦拉的指揮官們面臨艱難的選擇，因為假如選擇抵抗，他們根本得不到一點兒援助，可假如他們投降，諾曼第就將離開納瓦拉國王之手。埃夫勒（Evreux）是他在諾曼第的心臟，由他最強大的衛戍部隊和忠誠百姓所把守，他們使庫西和里維埃爾進行了最艱苦的戰鬥。「他們每天都會發起進攻」，將該城圍得水泄不通，使得它被迫有條件投降。埃夫勒的陷落使國王龍顏大悅，他前來盧昂慰問「如此神速的」勝利者們。只有可以得到英格蘭人海上供應的瑟堡挺過了由蓋克蘭和庫西在不同時段裡指揮的長期包圍，始終留在英格蘭人的手中。

除了瑟堡，到了一三七八年底，納瓦拉的查理已經失去了他在諾曼第的全部領地。城牆和要塞都被夷為平地，使他的堡壘不會再次被法蘭西的敵人所擁有。在南方，納瓦拉的查理在法國的最後一塊領地蒙彼利埃的領主權也被安茹公爵奪走。一場歷時至少三十年的冒進密謀被粉碎的納瓦拉查理在他的山區王國中又度過了貧困潦倒、無朋無友的十年，這個王國對於他的靈魂而言太過窄小了。於是，也許撒旦從此被關在了羊圈裡。

一些將成為庫西未來的事業夥伴的著名騎士參與了不同時段的諾曼第戰役，在他們中有已故王后的兄弟、雖然不大起眼但脾氣溫和的波旁公爵路易，還有精力充沛的新艦隊司令讓・德維埃訥，而最著名的是獨眼的奧利維爾・克利松，他在埃夫勒包圍戰中曾帶領一支布列塔尼軍隊去支援庫西。要麼是在這個時候，要麼是在其他時候，這兩個性格迥異的人走到了一起，形成了屬於軍旅兄弟的那種特殊的同袍關係，這是種正式的約定，根據此約定，夥伴要擬定互相幫助、平分收益和贖金的條款。

克利松來自布列塔尼的一個腹背受敵的動盪家族。當腓力六世發現克利松的父親與愛德華三世做交易後，將其砍頭示眾。腓力六世在一次比武大會進行到一半時將克利松的父親逮捕入獄，並且在未經審訊的情況下，幾乎是毫無證據地對其執行了死刑。據說受害人的妻子帶著丈夫被砍下的頭顱從巴黎前往布列塔尼，將它放在七歲的兒子眼前，要求他發誓報仇，並且永遠與法蘭西為敵。然後，他們乘坐一條沒有船篷的小船，在風雨飄搖之中，忍饑挨餓地逃往英格蘭。在那裡，不惜代價地想要贏得布列塔尼人忠誠的愛德華對這對孤兒寡母恩遇有加，賞賜無數。

奧利維爾在英格蘭宮廷中長大成人，與他一起長大的是幼年的讓・蒙福爾，也就是他的公爵，對於他的猜忌和厭惡，奧利維爾可說是以眼還眼，以牙還牙。雖然克利松表現出了貴族那傲慢的行為舉止，並且這種行為舉止因其自以為是而得到強化，但他曾有一度因言語粗俗而被稱為「粗人」（the churl）。為了實現其復仇的誓言，他在蘭斯（Lance）、歐賴（Auray）、科舍雷爾（Cocherel）和西班牙的納傑拉（Najera）都與法國人進行了兇猛得令人難以置信的作戰。他揮舞著一把雙柄戰斧，力大無窮，「所向披靡」，雖說他未能避開敵人的斧子，被它砍進了頭盔，挑出了眼睛。在布列塔尼會戰的過程中，蒙福爾因為寵信約翰・尚多斯爵士而激起了克利松的憤怒，當蒙福爾把一座城鎮和城堡獎賞給尚多斯時，克利松怒不可遏地辱罵公爵，襲擊並摧毀了打算賞給尚多斯的城堡，並用它的石塊重建了自己的城堡。

查理五世將從他父親手中沒收的土地歸還給了他，並用禮物來爭取他，甚至「把他當朋友一樣」送給他鹿肉。不知是這些實質性的說服力，還是像奧利維爾自稱的那樣，是英格蘭人對法蘭西人的傲慢態度使得他再也無法忍受下去，他於一三六九年返回法國，掉轉矛頭，與自己的前盟友展開了激烈的戰鬥。當他聽說自己的侍衛被英格蘭人致傷且被俘，並因被發現是克利松的屬下而作為囚犯被處死時，他的怒火達到了頂點。奧利維爾發下毒誓：「以聖母之名，在這整整一年中，無論是在清晨還是在傍晚，決不從寬發落任何一個英格蘭人……」第二天，在沒有攻城器械的情況下，他心懷狂怒地向一處英格蘭據點發起進攻，在攻克它之後，進行了大肆的屠城，只有不到十五名守衛活了下來。在把他們鎖入塔樓上的一間屋子中後，奧利維爾命令將他們一個一個地放出來，每個人經過門口時，他都會用一把巨大的斧子對其進行致命一擊，砍下其腦袋，於是，十五顆頭顱在他的腳邊骨碌碌地打轉，他借此為自己的侍衛報了仇。

頭腦冷靜的庫西與這個狂野的布列塔尼人必定在彼此身上找到了互補性，根據克利松的傳記作者所言，這兩位強有力的男爵「始終配合得絲絲入扣，舉世無雙」。此時，庫西剛剛在令人震驚的情況下失去了他來自瑞士會戰的夥伴威爾斯的歐文。當庫西在諾曼第時，歐文正在指揮在吉倫特河（Gironde）河口沿岸的莫爾塔涅（Mortagne）的包圍行動。在一個晴朗明媚的清晨，他早早起床，穿著襯衣和斗篷坐在一個樹樁上，習慣性地注視著眼前的城堡和鄉村，與此同時，他的一名威爾斯侍衛詹姆斯・拉姆比（James Lambe）正在給他梳頭。這名侍衛新近才以其同胞的身份成為他的侍衛，他給歐文帶來了故國的消息，並告訴他「整個威爾斯國都是多麼樂意他成為自己的領主」。在那個寂靜的清晨，詹姆斯・拉姆比站在主人的身後，在其他人來到室外之前，將一把西班牙匕首刺進了歐文的身體，「匕首完全貫穿了他的身體，使他倒地身亡，死得非常徹底」。

這位殺手無疑受雇於英格蘭人，有可能是為了拔除其在威爾斯邊界上的眼中釘，也有可能如當時人們所相信的那樣，是為了報復德・比什長官在獄中的慘死，因為最初是歐文俘虜了他。如果是這樣的話，這便是一種對手無寸鐵者的令人震驚的可恥襲擊，正如那位被圍困在莫爾塔涅城內的英格蘭指揮官在聽取了拉姆比彙報歐文之死時所承認的那樣，「他搖了搖頭，惡狠狠地盯著他說：啊，你殺了他……不過此舉是為了我們的利益……我們不應當因此受到稱讚，而是應該被譴責。」在法國一方，查理五世雖然怒不可遏，但對歐文之死也不是完全感到惋惜，因為作為一名流寇，歐文自身的邪惡行徑並非無可非議。他的死亡反映了由戰爭中生出的一種新仇恨。在騎士之兄弟情誼之間的買兇殺人是十四世紀的發明創造。

在諾曼第戰役進行到一半時，庫西被派去加強法國與法蘭德斯邊境的防禦，因為在那裡出現了新的威脅。法蘭德斯伯爵少年時代逃婚伊莎貝拉時曾對法國無比忠誠，但其早已被經濟利益所收買，站到了英格蘭的一邊。當他為否認其法國屬臣地位並重新加入英格蘭的布列塔尼公爵提供庇護時，似乎便成了一種威脅。國王查理現在打算以蒙福爾對其君主犯下「重罪」之名沒收其公國，從而一勞永逸地讓自己擺脫布列塔尼這個問題。他打算依靠蒙福爾的競爭對手讓娜・彭提維將該公國統一到法蘭西王室名下，可是，他並未能抑制住布列塔尼的馬蜂窩，而是成功地捅到了它。

一三七八年十二月，在一次國王帶著「王室的威嚴」親自坐鎮的法庭儀式上，蒙福爾當著王國同儕的面遭到缺席審判，因為他未理睬國王的傳喚。十二名世俗的和出家的法國貴族構成了一個靈活的組織，庫西的歷任男爵們有時是其成員，有時則不是。傅華薩特意提到昂蓋朗七世是「法國貴族」，這一次，他是坐在「鳶尾花寶座」上的四名男爵之一，在座的還有王室出身的貴族，以及包括四位「戴著主教冠」的修道院院長在內多達十八位的高級教士。王室禮賓官大聲地傳喚了蒙福爾三次——在會議廳入口處，在庭院裡的大理石桌旁，在宮殿的大門邊——之後，盡職盡責地回來報告說「他人不在」。於是代訴人朗讀了起訴書，稱公爵叛國、犯罪，「傷害無辜，惹是生非」，包括謀殺被派去傳喚他的教士。（蒙福爾模仿維斯康提的樣子，將傳喚信纏在信使的脖子上，將其溺死在河中。）在圍繞公國的權利和繼承權進行了長篇大論的法律爭論後，蒙福爾的頭銜被宣佈無效，國王宣佈布列塔尼與王室統一。

發生在一心想要獨立的公國中的一次反叛立即彰顯了查理的錯誤，這次反叛甚至發生在親法派之中。無休無止的爭吵再次出現，再加上因為蒙福爾正在與法蘭德斯共謀，而兩人又都在與英格蘭人共謀，查理很擔心在北部邊境出現新一輪大舉入侵的可能性。在這種情況下，守衛著北方大門的庫西領地便成了重中之重。

一三七九年二月，國王派他的財政大臣讓・默西埃和一位頂著王室財產監察主管頭銜的官員前往考察庫西的男爵領地，他們接受的命令是，「查看、報告該領主之產業並提出建議」。三月，在得到默西埃的報告之後，查理親自前往庫西堡及該區域的其他城堡和城鎮進行為期一週的巡視。顯然境況不佳的查理從自己的轎子中觀看了以他的名義組織的打獵活動中的「快樂的逐鹿活動」。沒有記載顯示昂蓋朗是否在場歡迎自己的君主，這種隻字不提說明也許他一直在北方集結防禦部隊，或在諾曼第包圍瑟堡。

不過，陪伴國王的是宮廷詩人厄斯塔什・德尚，他立即寫下一首歌謠，頌揚令人讚嘆的男爵領地。

德尚是他那個時代法語詩篇的語言雜技大師，但骨子裡則是個現實主義者和諷刺家，他將自己描繪為長著豬皮和猴臉的「醜陋之王」（King of Ugliness）。他出身卑微，剛進入王室服務時只不過是個信使，逐漸晉升為佩劍的禮賓官、執行副官和王室財產主管（chatelain），在下一任國王當政時，成了掌管水域和森林的管家，最後當上了財政大臣（Général des finances）。他隨時可為任何場合寫詩作賦——總共創作了一六七五首歌謠，六六一首十三行詩，八十首一節二韻詩，十四首短詩，以及五花八門的作品片斷——現在，他在詩篇中描述了位於庫西的聖戈班、聖蘭伯特（St. Lambert）和拉費爾等眾多「英勇者的堡壘」、福朗布賴（Folebray）的庭園、聖奧賓（St. Aubin）的可愛莊園、獵鷹對蒼鷺的追逐以及那著名的「主塔」：

有誰知道一片歡騰的樂土，
那裡是法蘭西王國的心臟，
擁有固若金湯的堡壘，
高大的森林和甜美的湖泊，
鳥兒的歡唱，舞蹈般井然有序的庭園。
人們一定要掉轉腳步前往庫西，
他將在那裡找到無與倫比之地，
由此發出驚歎：「神奇的庫西！」

據推測，查理曾想過要永久性地將庫西買下，把北方這個最大的要塞置於王室的控制之下。收購大封邑並非史無前例：庫西本人即這樣間接地得到了蘇瓦松。不過，他怎樣才能恰當地獲得對如此巨大的產業的補償，或者為什麼他被期待將遵照國王的意願，這些都模糊不清。他沒有兒子，只有一個唯一的女繼承人，另一個則無可挽回地成了英格蘭人，這一事實也許一直是個考慮因素。

這塊男爵領地的唯一女繼承人瑪麗的婚姻當時正在協商之中。十三歲的她是亞拉岡國王新近鰥居的兒子新娘人選三人之一，其他兩位分別是國王的侄女約蘭德・巴爾（Yolande de Bar）以及日內瓦的凱薩琳，她是教皇克雷芒的姊妹。王子之妻的位子不會虛懸太久。在妻子死後八天，這位西班牙王子便派出使節前去晉見庫西、約蘭德的叔叔安茹公爵以及日內瓦伯爵，授命他們儘快安排王子與這三個女子中的任何一個完成婚配。當約蘭德被挑中後，瑪麗後來嫁給了約蘭德的兄弟亨利・巴爾（Henri de Bar），即巴爾公爵和查理五世的姊妹瑪麗・弗朗斯（Marie de France）的長子。與位於洛林邊境上的大公國繼承人的聯姻使庫西家族的婚姻網絡保持了高水準。

昂蓋朗要麼是受到這種新王室關係的影響，要麼是為自己在諾曼第的成功而驕傲，這時的他創立了自己的騎士軍團，它依照庫西家族那種大張旗鼓的方式，被稱為王冠騎士團（Order of the Crown）。正如在一首詩中讚美了此軍團的德尚所表明的那樣，王冠不僅象徵著富麗和權力，而且象徵著環繞一位國王的尊嚴、品德和崇高行為。它的圓圈上的突出點是「十二朵權威之花」：信仰、品德、節制、對上帝的愛、審慎、真實、名譽、力量、憐憫、慈善、忠誠和「澤及天下的」慷慨。一三七九年之後，庫西的封印上出現了由數個微小王冠構成的背景圖案和一個手執倒置的王冠的站立身影——其意義今天已不怎麼確定。不過雖然名字叫得很響，但該軍團在精神上是民主的：它允許女士、少女和侍衛成為成員。

一三七九年，伊莎貝拉・庫西死於英格蘭，使昂蓋朗可以自由再婚。要麼是因為他不像亞拉岡王子那樣倉促，要麼是他太專注於迫在眉睫之事，直到七年後他才找到人填補了她留下的空位。國王對他的男爵領地的造訪在當時沒什麼後續發展，但王室的興趣始終十分濃厚。

英格蘭的新國王並未給英格蘭人帶來更好的作戰運氣。愛德華三世曾經享有的對英吉利海峽的輕鬆把握已經失去，這要感謝查理與卡斯提爾海上力量的穩固結盟以及他自己的造船計畫。當蘭開斯特公爵率領的一支軍隊最終在布列塔尼的聖馬婁（St. Malo）附近成功登陸時，瑟堡的情形出現了逆轉。為法國人所把守的聖馬婁對圍攻進行了激烈的反抗，使公爵彈盡糧絕，直到他一敗塗地地返回英格蘭。「英格蘭的普通民眾開始對貴族議論紛紛，說他們在那一季是多麼費力不討好。」不成功的戰爭激起的不僅是流言蜚語。當蘭開斯特於布列塔尼身陷困境時，英格蘭商船則遭到了法國和蘇格蘭海盜不受懲罰的騷擾和佔領。當商人們發出抱怨時，國王御前委員會中的貴族和高級教士們只是回應說，防禦行動要靠蘭開斯特及其艦隊。

就在此刻，一位有錢的市參議員、未來的倫敦市長、格羅瑟商行（Grocers' Company）的當家約翰・菲爾波特（John Philpot）集結了一支私人艦隊，承載著一千名水手和武裝人員前去與海盜作戰，戰勝了其中的一些，並得到了作為戰利品的船隻。在倫敦的一次凱旋歡迎會之後，他受到御前委員會的傳喚，回應未經國王委任即貿然行事的問題，他嗆辣的回答總結了第三等級那日益加劇的憤慨，其卓越的表現絲毫也不遜於第二等級。菲爾波特說，他出錢出力冒險行動不是為了羞辱貴族或贏取騎士的名聲，而是「可憐災難深重的百姓和國家，這個國家曾是一個凌駕於其他國家之上的高貴王國和領地，現在卻因你們的因循守舊而飽受最卑劣種族的掠奪之苦。既然你們不打算舉一兵一卒來加以防範，我便只好為了我們國家的安全和拯救而奉獻出我自己和我的財產」。即使菲爾波特及其商業夥伴主要擔心的是其貿易的安全和拯救，但他對負有保鄉衛土之責的人的抱怨並非毫無意義。

由於兩敗俱傷，所以雙方都渴望和平。布列塔尼敵對狀態的重啟抵銷了法國在諾曼第的成功，而教廷分裂則昇高了各地的對立程度。意識到自己每況愈下的身體的查理五世不想使法國與布列塔尼和英格蘭的紛爭成為兒子的負擔。英王愛德華逝世後的談判已經毫無成果地結束，並明顯帶有不好的感覺。為了避免相互鬥氣的爭論，有人建議下次分頭開會：英格蘭人在加萊，法國人則在二十英里外的聖馬妻，由盧昂的大主教充當中間人。這個計畫因教廷分裂而延遲，在一三七九年九月才為新一輪的努力所採納。

庫西、里維埃爾和默西埃或兩兩結合，或三人同行，成為這次談判中的法方代表，他們還受到委託，前去阿拉斯與法蘭德斯伯爵會面，希望能說服他在與布列塔尼公爵的一項協議中居中斡旋。還未等他們可能取得任何進展，伯爵便陷入了一場當地的反叛，反叛者戰勝了所有的鎮壓行動，將所有派系都牽涉其中，將會使法蘭德斯陷入毀滅性的內戰之中。

根特人（Ghent）的起義與前一年奪取了佛羅倫斯控制權的工人暴動並無任何關聯。儘管兩個布匹城市中的這些事件互不相關，且都是自發而生，但它們引發了在接下來五年的階級鬥爭旋風，它既源於工人階級日積月累的悲慘境遇，也源於因黑死病的破壞所帶來的新生力量。在佛羅倫斯、法蘭德斯、朗格多克、巴黎、英格蘭，然後再回到法蘭德斯和法國北部，暴動一個接著一個，除了在最後階段之外，相互之間都沒有明顯的關聯。一些發生在城市，一些發生在鄉村；一些因絕望而生，一些因力量而起；但所有的暴動都由一個因素促成：沉重的課稅。

在紡織工人力量最為強大的根特，當伯爵為了支付一次比武大會的費用而向這些城市徵稅時，他引火上身。一名憤怒的商人喊出口號：稅錢不得揮霍「在王子的愚蠢行徑和演員及小丑的包養費用之上」。在此口號的引領下，城市拒絕繳稅。伯爵利用城市間的商業競爭獲得了布魯日的支持，其條件是答應修建一條將之與海洋相連的運河，這有利於它自身的商業，而有損於根特。當五百名挖掘者開始挖掘一條引來利斯河（Lys）河水的運河時，根特人迅速派遣自己的民兵發起攻擊，從那時起，衝突就如分裂的細胞般自我複製起來。傅華薩寫道，在法蘭德斯現在開始的痛苦磨難中，「那些理解這些或聽到它的人除了說它是魔鬼的傑作外，還能說些什麼？」。

與此同時，在法國的另一端，叛亂在朗格多克猝然爆發，在這裡，饑荒、壓迫、戰爭和課稅在安茹公爵的嚴酷統治下留下了一道悲慘的印跡。急躁冒進、膽大妄為且習慣性地推波助瀾的安茹公爵實際上實施了對一個相當於王國四分之一區域的君主權力。他將它的稅收全部吞下，而不去區分何者適用於其個人目的，何者適用於朗格多克或王國的防禦。為了彌補瘟疫所造成的戶口的減少，每戶人家的賦稅每天都在增加，但百姓並未從較好的防禦中獲得好處。打家劫舍的連隊依舊在盤據他們的山谷，依舊強迫他們的村莊繳納保護費。一三七八年，食物消費稅被加在了出售食物者頭上，大多沉重地落在了窮人身上。當收稅人像宗教法庭的代訴人那樣開始挨家挨戶地上門收稅時，義憤之情在悲慘境遇的基礎上越積越高。

「我們怎麼能夠像這樣活下去？」抗議人群在聚集在聖母雕像面前懇求她的幫助時，發出了這樣的呼喊。「我們怎麼能夠在已經無法繳納富人為了自己的舒適而強加在我們身上的沉重賦稅的情況下，養活我們自己和我們的孩子？」騷動和混亂四處傳播，並於一三七九年七月形成了起義，當時，安茹的委員會在沒有召集三等級會議而僅僅只是取得市政委員會的同意下向每戶徵收十二法郎的沉重新賦稅。公爵本人當時並不在場，他在指揮布列塔尼的戰爭。他那些負擔過重的子民下的怒火勃然而起，將矛頭指向了所有的權威：王室官員，貴族以及城鎮委員會的布爾喬亞上層，普通百姓要為他們繳納新稅。「殺，殺掉一切有錢人！」是他們的口號，這來自克萊蒙特的一位封建領主後來的報告。他說：「領主們和其他鄉村及城鎮的善良人陷入了對死亡的巨大恐懼」，也陷入了由所有暴動所激起的其他恐懼，「假如不對普通百姓的這種惡名昭彰的傲慢無禮加以嚴厲鎮壓的話，更糟糕的事情還在後面」。

在勒皮（Le Puy）、尼姆（Nîmes）、克萊蒙特和其他城鎮，人們成了武裝暴民，搶劫富人的家宅，殺死官員，做出種種野蠻行徑——根據記載，甚至「用刀子劃開屍體，像動物般吃那些受過洗禮的人的血肉」。十月，暴亂在蒙彼利埃達於巔峰，那時，有五名安茹的委員會成員被殺，其他八位據記載也遭到大屠殺。起事者派出使者，致力於發起廣泛的起義，但由於缺乏穩固的工業基礎，再加上佛蘭德人的鬥爭傳統，起義如曇花一現，很快便被鎮壓。依靠安茹對朗格多克的控制以獲取對自己的支持的克雷芒七世立即派朗格多克的本地人阿爾巴諾紅衣主教（Cardinal Albano）前去安撫眾人，並警告他們對於叛逆罪的恐怖懲罰。對自己的反叛已經感到害怕的起義領袖們被說服了，前去請求國王的寬大處理。

出於殺一儆百的效果，蒙彼利埃的命運被故意誇大了。在安茹公爵於一月回來的那一天，一大群年齡在十四歲以上的市民遊行隊伍在紅衣主教的帶領下穿過城門，與他們同行的還有倖存下來的官員、神職人員、僧侶、大學教師和學生。他們依次排列在道路兩邊，當公爵及其手下騎馬走過時跪倒在地，口中高喊著「饒了我們！」沿途站著身穿沒有斗篷、帽子或皮帶的辦公禮服的地方法官，以及身著無修飾裙裝的婦女、脖子上纏著絞索的市民，最後是全都在十四歲以下的兒童，每組人都跪下身去輪流呼喊

355

「饒了我們」。城門鑰匙以及大鐘的撞鐘槌被卑微地遞交出去。在接下來的兩天時間裡，在安茹的要求下，所有武裝都繳械投降，主要建築物移交給了他的重甲騎兵。

接下來，公爵在一個主廣場搭建起的平臺上宣佈了殘忍的判決：六百人被判死刑——三分之一被吊死，三分之一被砍頭，三分之一被燒死，他們的所有財產將被沒收，他們的子女被判永生服苦役。其餘所有市民的一半財產將被沒收，除了因起義而造成的公爵花費外，還要再徵收六千法郎的罰款。城牆和城門將被摧毀，大學將失去它全部的權利、財產和檔案。

此判決遭到了強烈抗議，紅衣主教和高級教士們「極其深情地」為百姓求情，大學發出悲歎，婦女和兒童跪倒在地哀哀哭泣。第二天，公爵宣佈了減輕的判決，免除了大多數的處罰。整個過程都是為了取得預期的效果。查理五世兩個月前給紅衣主教的書信已表明他打算饒恕眾人，但王權的懲罰權力需要得到展示。

朗格多克事件具有一個意義深遠的結果：展示了其臣民的不幸，讓國王良心發現心生愧疚，這在中世紀的臨終病榻邊，可能會帶來嚴重的結果。就目前來說，查理意識到了自己兄弟的貪婪和壓迫以及它們反映出的王室的大失民心，於是他減少了灶台稅，並撤銷了安茹的朗格多克總督之職。令人不快的是，經過蓋克蘭的過渡統治之後，他的位置為杜克·貝里所取代。事實證明，他的未被任何政治意識（如果有什麼的話）所沖淡的純剝削的統治，要比自己兄弟的統治更加貪婪。

一三七九年四月，庫西和里維埃爾同其他新同事前往布倫參加會談，期再次尋求和平而來。他們被授權在領土域和統治權方面做出新的讓步，並再次提議將法王查理五世尚在繈褓中的女兒凱薩琳嫁給英王理查二世。在最近六年的六次談判中，和平就如海市蜃樓般嘲弄著它的追尋者。在同一時期，除了法國在諾曼第取得的成功外，戰爭的持續給雙方都未帶來好處，而且日益加深的敵意和懷疑使戰爭更難結束。

英格蘭人帶著不同的盤算前來談判，他們部份想要試試看通過外交可以取得什麼，部份是為了維持現狀，同時準備再次發起攻擊。蒙福爾的反叛給了他們又一個進入法國並重新獲得他們認為屬於自己的疆域的機會。甚至自從查理否認《布勒丁尼和約》及那之後的倒行逆施起，他們就因法國人（在他們看來的那樣）錯誤、不正當地剝奪了他們的財產而仇恨他們。自己同胞在防禦上也許不帶勁，但在可獲得戰利品的海外戰爭中，卻不乏戰鬥意願，只是沒有經費。由於其他手段都已使完，一三七九年，通過一次分級人頭稅（一種旨在覆蓋比以前較低的收入層面的教士和農民的新方法）募集一次遠征布列塔尼的費用。根據一向對於人口數目的模糊計算，這將帶來五萬英鎊的收入，但它只產出了兩萬英鎊，而它全部都投入了由約翰·阿倫德爾爵士指揮的一支艦隊。

在冬季到來之前，由於一直沒有風，後來則因為法國襲擊的威脅，阿倫德爾的軍隊遲遲未發，於是他帶領其部份軍隊前往南安普頓，防備敵人的登陸，在那裡，他的表現與敵人的並無差異。除了掠奪鄉村外，他還將自己的重甲騎兵和弓箭手駐紮在一所女修道院中，允許他們為所欲為地玷污修女和許多生活在那裡的窮寡婦，並在準備出海時將她們強行帶上船去。阿倫德爾只有拿到錢才會去防禦南部海岸城鎮免受法國早期襲擊的人。如果沃爾辛厄姆所說屬實的話，他把錢都用在了賣弄炫耀上，如同他的殘暴行徑一樣極端。據說他船上裝載了一隻裝有五十二套繡金套裝的衣櫥，還有價值七千英鎊的馬匹和裝備。

在十一月的航行中，他的護航艦隊遇到了一場狂風暴雨，在這期間，他下令將綁架來的婦女從船上扔下去以減輕船隻的重量，虐待船員，殺死領航員，因而罪有應得地在愛爾蘭海岸觸礁失事。二十五艘裝載著全部裝備的船隻只有七艘得以倖存，其餘全部受損。阿倫德爾的屍體在波浪中翻滾著，三天後被捲走。艦隊的餘部被暴風雨驅趕回來，從未成功渡海，於是稅金就這樣被浪費掉了。

一三七八年時，國會下院便已在抱怨，說錢都消耗在了一場不再被視為國家利益的戰爭之中。儘管戰爭為貴族之外的許多人提供了業務和謀生手段，但下議院抗議說那是國王的事情，他為了保住加萊、瑟堡、布勒斯特和其他地方已經花費了四萬六千英鎊，「下議院決不應為此受到指責」。政府回應說，對這些海外「橋頭堡」的良好維護是為了捍衛王國，「否則我們永遠無法與敵人達成休戰與和平，因為那樣一來，他們會將激戰推進至我們自家門檻，而這是上帝所禁止的」。這一論點不大可能說服南岸城鎮，因為它們持續被野蠻的法國人和卡斯提爾人已來到自家門前的入侵而受苦。一三八〇年八月，一支大膽的卡斯提爾軍隊駛入泰晤士河十五英里，對格雷夫森德（Gravesend）大肆劫掠，使之陷入一片火海之中，這時，就連倫敦都將為之顫抖不已。

在回應下議院的質詢時，御前會議認為位於法國的堡壘為國王提供了「方便的出入口，一旦他準備採取行動，他的敵人就將痛不欲生」。此聲明反映了以國王最小的叔叔白金漢伯爵（Earl of Buckingham）為首的主戰派的意圖。白金漢伯爵是個驕傲自大、生性兇殘、偏狹固執的二十五歲年輕人，是十二世紀貝特朗・博恩的後來版本，後者曾滿懷深情地告誡自己的騎士同胞：「永遠別放棄戰爭！」

一三八〇年三月，英格蘭人重申了要幫助蒙福爾的許諾，但許諾的兌現被推遲，同時間，和平的選擇正在布倫接受檢驗。在這次談判中，庫西及其同行的使節做出了新的讓步和調整，將整個昂古萊姆

357

（Angoulême）地區都作為凱薩琳的嫁妝，但英格蘭人依舊心懷疑懼。他們相信法國人的提議是種詭計，為的是阻止他們前來救援蒙福爾。從根本上來看，英格蘭人並不願意達成和平，只是因為他們渴望繼續作戰，如今，教廷分裂的事實又使這種渴望得以大大加強。

尚未進入瘋狂階段的教皇烏爾班正在竭力阻撓理查與一位法國公主的婚姻，鼓勵他娶溫塞斯勞斯的姊妹波希米亞的安妮（Anne of Bohemia）為妻，這將使英格蘭與神聖羅馬帝國以烏爾班為軸心結合在一起。當只有一個教皇時，英格蘭是反教皇的，但兩位教皇的存在就使選邊成了必然之舉。理查的顧問們拒絕了法方的英法兩王室連姻的提議，於是談判破裂，英格蘭國王於兩年後娶了波希米亞的安妮。對於法王查理而言，最決定性的諷刺正是他要為之負責的教廷分裂挫敗了他的和平目標。朗蘭在墓誌銘中寫道，「以舉世之智」

皆不能使教皇及其敵人間達成和平；
兩位信仰基督的國王亦不能和平共處，
使其他百姓受惠。

查理也無法在布列塔尼找到解決方案。庫西和其他人曾數次出使，顯然是在尋求一種方案，布列塔尼的一次三等級會議也曾令人動容地為其公爵請求寬恕，但查理對蒙福爾太不信任，不願意令其復位。而蒙福爾從自己的立場出發，也不會與沒收了自己公國的君主握手言和。對於其他人而言，尤其是迪蓋克蘭，此情此景使他們陷入了不知該向誰效忠的糾結之中。蓋克蘭既不願與自己的布列塔尼同胞交戰，也不願向自己在王宮中的敵人的政治誹謗屈服，於是離開了布列塔尼，在奧弗涅（Aurergne）指揮對自由連隊的作戰。在這裡，當被包圍在一座城堡中時，他突然患病，於一三八〇年七月逝世。他的葬禮在聖丹尼斯的王室陵墓寢重舉行，體面得「彷彿他是國王之子」，而就在這時，一支由白金漢領導的英格蘭新遠征軍已經上路。敵人近在眼前，布列塔尼和法蘭德斯或陷入戰爭或陷入動亂，而法國卻沒有一位騎士統帥。

在決定蓋克蘭的繼任者的緊急會議上，庫西和克利松是主要人選。因為在諾曼第所贏得的「巨大聲望」，以及國王對他「青睞有加」，庫西得到了任命，這是王國中最高也是最有利可圖的世俗官職。

作為主要的軍職，騎士統帥的級別高於王室中的親王，對他個人的人身攻擊將被以迕逆之罪審判。他要負責武裝部隊的團結一致，當國王未親征時，還要負責戰術指揮。因為招募兵員、糧草供應和戰爭的所有其他安排，所以他有充份的機會發大財。如果國王沒參加這次作戰，那麼騎士統帥的旗幟就會在被佔領的城鎮上空飄揚；除為國王保留的金錢和俘虜以及為弓弩隊長預留的大炮之外，所有戰利品在理論上都歸他所有。除了和平和戰爭時期每月兩千法郎的固定薪金之外，在戰事爆發時，他還會得到相當於每位簽約的重裝騎兵的日薪數額。即使這是用於軍事開銷，但它還是會為其接受者提供相當可觀的餘裕。除了它所帶來的利益之外，騎士統帥之職已經隨著戰爭的擴大與長期化而變成了一個具有真實功能的職位。

出於始終令人費解的原因，庫西謝絕了這一任命。他給國王提出的理由是為了保住布列塔尼，騎士統帥應當是某個為布列塔尼人所熟知且也熟悉布列塔尼人的人——比如克利松，庫西推薦由他來擔任此職。他的說法本身似乎是站不住腳的。很顯然，布列塔尼的問題是很關鍵，可是，如果與蒙福爾必須達成解決方案，那麼庫西本人與蒙福爾曾經是連襟，比克利松這位蒙福爾在道義上的敵人更有可能做到這一點。庫西和蒙福爾都曾娶愛德華三世的女兒為妻，儘管兩位妻子都已離世，但這種關聯確立了在中世紀非常重要的一種關係，並且事實上也決定了庫西身為下一任國王的調停人而作出的選擇。

庫西的解釋中漏掉了些什麼。他不可能像但丁筆下的教皇那樣，會因不勝任之感而做出「莊嚴的謝絕」。謙虛肯定不是庫西家族的特點，而且從昂蓋朗七世的封印和他的王冠騎士團來判斷，他自視甚高。他毫不猶豫地接受了所有加在他頭上的其他任命——戰爭、外交、秘密出使、國外戰爭、內部管理——包括將使他失去生命的最後一次任命。他是這樣的貴族之一：在日益複雜的公共事務的驅使下成了政治家，而不僅僅是個騎在馬上的劍客。庫西的等級、威望和領地的重要性在任何情況下都有理由使其成為軍事指揮官，但正是其他才能使他對王室而言不可或缺。智慧、計謀、能言善辯以及令人注目的冷靜穩健逐漸變得比傳統上那種裹在鐵甲之內的騎士的匹夫之勇更加重要。

那麼，他為什麼要拒絕騎士統帥之職呢？緊接著而被授予這一職位的桑謝元帥也同樣拒絕接受它的事實表明了某種對兩人而言相同的動機，也許與國王每況愈下的健康有關。事實上，查理五世將在兩個月內去世，死神那步步進逼的陰影也許一直都顯而易見。在太子年幼、國王的三個貪得無厭、野心勃勃而又相互憎恨的兄弟爭奪攝政的前景下，騎士統帥之職對於佔據那個位置的人而言似乎在政治上頗具風險。庫西為此失去的可能會比得到的更多。與將會接受那一職位的克利松不同，庫西避免了與人為敵，而且擁有廣大土地和古老祖先的他，也不需要這一職位來力爭權力和地位。

由於他的謝絕，國王任命他為皮卡第統帥，將位於圖爾內和瓦朗謝訥之間的北方邊界上的莫爾泰涅（Mortaigne）的城鎮、城堡和領主權給了他，為的是確保這一前哨基地將掌握在強有力的手中。他也被提名為太子的攝政委員會成員之一，查理在王后去世後，就一直在為太子的事日益煩憂。由於王室公爵們拒絕接受克利松，所以騎士統帥一職空缺了一陣子。

一三八〇年七月十九日，就在庫西接受了皮卡第指揮之職的那一天，白金漢伯爵帶領一支部隊在加萊登陸，根據發薪官員的記錄這支軍隊共有五〇六〇名士兵，開始了針對庫西如今負責管理的整個地區的破壞和劫掠之旅。為了募集此次遠征的費用，英格蘭王室求助於向教士徵收什一稅以及向羊毛及獸皮徵收出口稅，但由於這些進程不能立竿見影，國王不得不將王室珠寶典當了一萬英鎊，而這只夠剛出征時的費用。因此，重甲騎兵們的薪水將來自征途上的掠奪。因為軍艦的損失已經減少了航量，所以遠征軍只能「一點一點地」渡海，整支軍隊花了兩週時間才完成原來只需一、兩天的時間便可渡過英吉利海峽最近的距離。直接開往布列塔妮的航程因為耗時更久而被取消。

事實將證明白金漢的襲擊是七年前蘭開斯特襲擊的翻版——眼睜睜地陷入匱乏、饑餓和最終的徒勞無益。其戰略目標是增援布列塔尼的蒙福爾，並重新控制英格蘭在當地的立足點。可是，就像之前的蘭開斯特一樣，白金漢不是直奔目標而去，而是向東繞了個大圈子，穿過香檳和勃艮第地區，以便尋求作戰機會和戰利品。與之前相同的戰術依然帶來了相同的結果，問題便出現了：為什麼這種愚蠢會持續發生？

白金漢的湯瑪斯（Thomas of Buckingham）本人即是答案的一部份。白金漢生性好鬥而殘忍，行為舉止像他的哥哥黑王子一樣「異乎尋常地飛揚跋扈」，他憎恨蘭開斯特的大權獨攬，認為自己繼承了父親和長兄的英勇和光榮。英格蘭人仍然覺得自己生活在普瓦捷和納傑拉會戰所向披靡的時代。離他們而去的克利松說：「英格蘭人過於驕傲自大，並且（在戰爭中）過了那麼長時間的好日子，所以他們以為自己不可能失敗。」

英格蘭最富作戰經驗的軍人羅伯特・諾利斯爵士，以及其他如湯瑪斯・珀西閣下和修・卡爾維勒爵士之流的著名騎士都伴隨著白金漢來到法國。吸引他們以及年輕人的是，加入武裝衝突、獲取名望和利益以及對法國施以任何懲罰的個人機會。「他們在戰爭中比在和平時過得好，因為靜靜地躺著沒有任何好處。」正如人們所言，大多數騎士參戰都是為了「使自己加官晉爵」。國家的戰略目標不在他們的考慮範圍內，布列塔尼幾乎只是個藉口而已。

憑著一支一半重甲騎兵一半弓箭手的軍隊，英格蘭人在阿圖瓦和皮卡第北部縱橫馳騁，保持著密集的隊形，以防法國人的進攻。「他們會在完成行軍之前打上一仗！」庫西向給他帶來敵人的進軍路線情報的法國騎士保證說，儘管他清楚地知道法王禁止交戰。查理五世將不會背離他的戰爭哲學。由於他本人不是一名戰士，所以他不會受困於個人的驕傲而不吸取經驗教訓，也不會猶豫不決地因害怕傷害騎士精神的尊嚴而不敢提及過去的失敗。他本人在普瓦捷會戰那可怕的一天的初涉戰爭留下了永久的印跡。如果說有種不可思議的成功使英格蘭人陷入了「他們不可能失敗」的自信中的話，查理則忍受著相反的心理折磨。從戰爭初期的主要衝突中，他得出了這樣的結論：武裝力量的調遣可能會遇到不可靠的引導，戰爭太過重要，所以不能給戰鬥留下機會。

庫西從位於索姆河岸的佩羅納（Péronne）向阿爾圖和皮卡第的全體騎士發出了總召集令。文獻顯示，他從一個地方來到另一個地方，在埃丹、阿拉斯、阿布維　和聖昆廷（St. Quentin）舉行會談，雇傭部隊來防禦城鎮，「因為他感到焦慮的是，不能因為他這個方面的疏忽大意而造成任何損失」。作為一名執劍者，庫西會在多大程度上同意國王的戰略頗有討論的餘地；他在跟隨白金漢的行蹤的同時卻又執行避免交戰的命令，甚至當白金漢的部隊在他自己的領地各處都留下一行熊熊燃燒的村莊之時也是如此，但某些行為表明他也有著騎士們的那種急躁情緒，急於打破那令人痛苦的克制。

法國騎士各方始終與英格蘭行軍路線保持著近距離，以阻撓其恣意劫掠，而這近距離開啟了誘人的作戰機會。儘管一份報告將法國人形容為「堅若磐石」（immobilis quasi lapis），但小衝突是不可避免的，總的來說，法國人並未從中獲得什麼榮譽。一個例子是，在一場持續了一個小時的馬上和馬下的激戰中，英格蘭人俘虜了一支三十人的法國部隊中的十八人；在另一場戰鬥中，感到敵人更強大的法國人全線撤退，潰不成軍。「戰馬感覺到了馬刺的作用，而極其巧合的是這些領主們發現（他們自己）城鎮的壁壘是洞開的」，但在那之前，已有十五人被俘。另一支三十人的英格蘭部隊「正致力於實施某些武裝行動」，他們帶著自己的覓食者在黎明出發，但當一群重要的法國領主從他們手中逃脫時，他們的主要目標遭到了嚴重挫敗。他們喊道：「天啊！如果抓到了他們，我們該是多麼幸運，因為他們將會付給我們四萬法郎。」

當鄉村被洗劫過一遍後，英格蘭人開始向受到攻擊威脅的城鎮索要糧食。到有城牆保護安全的蘭斯的拒絕後，他們在一週之內燒掉了周圍的六十座村莊以示報復。在發現數千隻羊雲集在城牆外的壕溝中時，英格蘭人派人在弓箭手的掩護下將它們趕了出來，弓箭手的射擊密集強悍，沒有一人敢冒險從蘭斯露頭，甚至連出現在防禦工事上都不敢。由於害怕英格蘭人會燒掉成熟的莊稼地，市民們現在為他們送去了十六車麵包和葡萄酒。

白金漢以這種方式向勃艮第挺進，在那裡，兩千名法國騎士和侍衛聚集起來，群情激憤地打算放棄國王的克制，投入戰鬥。王國中首屈一指的貴族——波旁、庫西、巴爾公爵、德歐伯爵、讓・維埃訥海軍上將——都在場，聽命於勃艮第公爵「大膽」腓力的調遣。武裝到牙齒、手執戰斧的公爵懷著誓死一戰的決心檢閱了自己的部隊。傳令官從對陣雙方出列，發出英勇的挑戰。國王依舊坐在自己的帷幄之中，禁止作戰，除非法國人覺得自己處於絕對優勢。勃艮公爵第不敢違背他的意願，但當一個英格蘭侍衛在一場打鬧中喪命時，克制被打破了。為了回應敵人的挑釁，包括庫西在內的一群騎士與英格蘭人在特魯瓦（Troyes）城門外展開了一場激戰。結果是非決定性的，白金漢繼續前行，法國人尾隨其後，一面懇求國王，不要讓敵人從自己的手中溜走。查理只回應說：「別理他們，他們會自取滅亡。」

在盧瓦爾河畔，法國人取得了人數上的優勢。庫西及其戰友下定了決心：「無論國王願意與否」，也要在英格蘭人渡過薩爾特河（Sarthe）進入布列塔尼之前與他們大幹一場。與此同時，乘著軍隊前進之機進行談判的查理已說服布列塔尼的重鎮、支持法國的南特市不放英格蘭人入內，在沒向領主蒙福爾報告的情況下宣佈將效忠法國。在九月的第一個星期，英格蘭人渡過了薩爾特河，而就在那一週，查理已步入生命垂危之際。他手臂上的膿腫分泌物乾涸了，這宣告了死亡的來臨，醫生和病人都接受了這一信號。查理乘著轎子來到他喜愛的馬恩河畔美墅後，派人找來自己的兄弟和姻親兄弟——只有安茹除外，查理希望他遠離王室寶庫——準備為自己的靈魂之旅做出安排。

「大膽」腓力匆忙趕往巴黎，庫西也是如此，因為他肩負著攝政委員會成員的責任。接到其在巴黎的黨羽的有關此事的通知後，安茹也從朗格多克急忙趕來，不管查理想不想見他。

國王在最後幾日飽受身體上的折磨，但他的精神痛苦更加沉重。兩件事情重重地壓在他的良心之上：他在教廷分裂中的作用以及他的稅制的令人質疑的合法性。他將第三等級會議批准的暫時性徵稅延長為期十年的持續徵稅，儘管他把錢用在了王國的防禦和「社會福利」上，但在這過程中，他也充實了王室的金庫，並用人民的稅錢贖買貴族的忠誠。他該怎樣向上帝交代呢？他將法國從一堆「廢墟」中振興起來；他清除了英格蘭人在他父親和祖父時代對法國領土的佔領——加萊除外；他將納瓦拉從諾曼第永久剷除；如果在他的治下達成了和平，那麼他便會通過對國家目標的穩定追求而使所有在抉擇時刻覺得自己是法國人的人的忠誠變得合情合理。

但他以人民的悲慘境遇為代價換來了復蘇嗎？朗格多克的起義揭示了其代價，而查理通過收稅官的報告意識到了擊中要害的憤怒言論。對臣民的壓迫影響到了他靈魂的結局，因為一位君主不合法的徵稅可能引發神的憤怒，他曾冤枉過的人的控告將尾隨他到審判席。他自己時代的寓言故事《樵夫之夢》的佚名作者將所有讓自己的臣民背負了「無法承受的課稅」的君王都打上了暴君的烙印，而神學專家則警告統治者說，如果他們想要得到救贖，就應該取消所有勒索敲詐，賠償一切大小人物的損失。那一希望決定了國王最後的行為。

在臨死前的數小時之內，穿戴齊全地躺在躺椅上的國王當著由高級教士、各方領主和代表著三個等級議會成員構成的慌亂人群的面，用越來越微弱的聲音首先說到了教廷分裂。他困惑不安而又語無倫次地堅持說，「在這件事上，就像在其他所有事情上一樣」，他致力於遵循「最有把握的路線」，「假如竟有謠傳說紅衣主教是在惡魔的啟迪下行事，你們可能就需要肯定地知道，指引我做出選擇的不是對血緣關係的考慮，而僅僅是該紅衣主教的聲明和教士和我的政務委員們的建議」；最後，他將遵守教會全體會議的決定，而「假如由於我的無知，我做出了有違教會的未來決定的舉動的話，上帝也不能責備我」。這是一個憂心忡忡的人的聲明。

在中世紀，在死亡的入口處，渾身顫抖的旅行者常常覺得有必要否認他生前的所作所為。在涉及稅收問題時，這位當時最具良心的君主拒絕實施王權。他宣佈了一條旨在「減免和消除」灶台稅法令的條款，「從這裡開始，還是這些相同的文字記錄下了我們的欣慰、意願和命令，從現在起，灶台稅將不復存在於我們的王國中，我們的百姓和臣民應不再繳納它們，而應停止和免責」。

其他的間接稅收是存在的，但灶台稅是財政體系賴以維持的基本財產稅。宣佈它將「不復存在」的法令將蒙蔽百姓，並將剝奪他的繼任者——理應是此法令的執行者——的統治手段。查理的行為不是失常之舉。在他之前的君主們也曾取消過賦稅，歸還非法索取的資助，而且臨終之際的捐贈者通常都會做出賠償，建立基金，如果此基金被執行的話，很有可能使其傾家蕩產。查理已為自己的兒子積聚了大筆的財富，但到一三八〇年為止，國王可以靠自己領地生活的理論還是一種不成熟的懸想。正如查理所心知肚明的那樣，常規而穩健的財稅是歐洲最大的課題。在冰冷的死亡面前，他的靈魂需求更加強烈。

國王接受了臨終前的塗油儀式，把十二歲的兒子託付給自己的兄弟們，用最後一口氣催促他們免去賦稅：「儘快地去除它們。」一直在床邊垂淚的比羅•里維埃爾擁抱了國王；房間裡清空了啜泣的人群，所以他最後的時刻應當是平和安詳的。他死於一三八〇年九月十六日，他最後的命令在第二天被宣佈。在民眾的歡呼雀躍與已故國王的兄弟們的衝突情緒之間，出現了一種爆炸性的局面。

同月，在布列塔尼，白金漢受到了不冷不熱的歡迎。蒙福爾的一生都在制衡敵人、密謀、作戰、爭執以及與眾人達成協議中度過，所以他是個習慣性的口是心非者。查理已死，所以他準備與新國王和平共處，開啟與法國人的談判，與此同時，他又簽署了一份契約，向白金漢發下許多誓言，答應參加對南特的圍攻。但布列塔尼貴族不願意支持一場對同胞的進攻，這決定了其領主選擇法國。熱烈贊成與布列塔尼人和解的庫西是談判者之一，他們最終於一三八一年一月與蒙福爾簽署了協定。未得到其盟友的持續通報的白金漢發現，城鎮和城堡對他關上大門，糧草供應也撤入了城牆之內。在整個冬季的月份中，他精疲力竭的軍隊從一個地方遊蕩至另一個地方，常常缺衣少食，無處安身。最後，蒙福爾告訴他，他必須離開，於是他和自己的部隊於一三八一年三月乘船返回英格蘭。除了個人的騎士稱號和贖金以及沿途搜羅來的掠奪成果，白金漢及其戰友沒有實現任何軍事目標，「這讓他們極為不爽，也讓整個英格蘭王國極為不爽」。

同處於少主統治下的兩個國家現在都經歷著野心勃勃而又爭鬥不休的王叔們的殘酷統治，由於沒有王冠加身，這些王叔們不負責任地亂施權威。戰爭捲土重來，內部壓力達到了爆發點。

第18章

蟲豸鬥雄獅

「讓他見鬼去吧！他活得夠長了，」一名工人在聽到國王的死訊時喊道，「假如他十年前就死掉，也許我們會更好過些！」在國王死後不到數月的時間內，法國經歷了已經橫掃佛羅倫斯和法蘭德斯的工人階級暴動的爆發。除了壓迫性的賦稅之外，窮人對富人的日益敵視以及最底層對體系中更大權利的有意識要求也都提供了推動力。財富的集中在十四世紀向上層移動，窮人的佔比加大了，而該世紀的災難又使大量人群變得境遇悲慘，缺衣少食。只要慈善團體可以維持窮人最低的物質要求，他們就是易於控制的，但是當城市人口因戰爭和瘟疫導致的無業遊民人數膨脹並受到捲土重來的瘟疫的新一輪入侵時，這種局面發生了改變。

隨著雇主變得越來越有錢，工人則淪落為計日工的地步，沒有絲毫翻身的希望。行會成員資格已經向普通熟練工關閉，因複雜的要求和費用而留給了雇主階層的後代和親戚。在許多行業，工作外包給居家的工人，常常會以更低的薪水外包給他們的妻子兒女（行會禁止雇用他們）。每年多達一百二十天至一百五十天的強制性宗教節日使收入維持在低位。儘管禁止罷工，某些城鎮還禁止集會，但工人們還是形成了自己的協會，迫切要求提高工資。這些協會有自己的職責和財產，有跨行業的聯繫。通過它們，成員的工作和住宿可以得到保證，所以它無疑充當了串聯的管道。

作為一個階層——「人民」——的自我意識正在形成。基督時常被描畫為一個普通人出現在壁畫和雕刻之上，身邊環繞的是工匠或農民的工具——錘子、刀子、斧頭、梳毛工的梳子——而非用耶穌受難像的器具。在佛羅倫斯，工人們自稱為「上帝的子民」（il popolo di Dio）。「人民萬歲」（Viva il popolo!）是一三七八年梳毛工起義的口號。作為當時最大的工業中心，佛羅倫斯自然成了起義的發源地。 366

梳毛工是工人階級中的最底層，與任何行會都毫無關聯，但當以他們命名的起義爆發之時，位於主要手工行會管理下的所有層面和級別的工匠都被捲入了起義。梳毛工人領取通常低於貧困生存線的固定工資，每天工作十六至十八個小時，而且他們的工資還有可能被扣款以彌補原材料的浪費或損壞。教會與大人物的結盟足夠直白，以至於在一位主教致教區內信徒的信中宣稱，如果紡紗工浪費羊毛，可以被開除教籍。工人若頂撞雇主，便有可能被鞭撻或入獄，或從可雇用者的名單上被刪除，或被剁掉一隻手。爭取組織權利的煽動者可能被吊死，一三四五年，有十位梳毛工就因這一指控而被判處死刑。

在一三七八年的這次起義中，在一場席捲了整個城市的暴力風暴後，工人們沖上市政廣場的臺階，提出他們的要求。他們要求打開組織行會的門路，要求擁有組織其自己工會的權利，改革懲罰體系。其中意義最為重大的是他們要求「參與城市管理」的權利。在一個沒有槍炮和催淚彈的時代，烏合之眾會激起即刻的恐怖。儘管市政廳的防禦手段十分充足，但市長被嚇壞了，有條件地繳械投降。工人們在行會中勞工代表的基礎上任命了新的政府。它維持了四十一天，直到開始在內部壓力和巨頭的反攻下分崩離析。在起義中獲得的改革慢慢地遭到腐蝕，到一三八二年，主要行會重申了它們的控制權（若不是他們的信心的話）。此後，對另一次無產階級暴動的擔憂導致了對共和政府的抵制，以及美第奇（Medici）家族作為重要的統治家族的興起。

根特的紡織工人具有更持久的力量。在伊普爾（Ypres）和布魯日，最初的起義已被法蘭德斯伯爵用由火刑和絞刑組成的可怕報復所鎮壓。但岡圖瓦（Gantois）人則經歷了圍攻、休戰、背叛和雙方的野蠻報復，雖然重重封鎖，幾近餓死，卻依然堅持鬥爭。雖然根特人的鬥爭讓人覺得是種階級之戰，但事實上非並如此。它其實是對抗伯爵的堅決捍衛城鎮自治的鬥爭，與社會衝突和宗教內訌交叉在了一起。它是城鎮間、行業間、同一行業的不同層面之間的複雜對抗。紡織工人會懷著對伯爵同樣多的敵意去壓迫更下層的漂洗工。

在法國，國王彌留之際發出的取消賦稅的承諾使得人們迫不及待地期待它的落實。賦稅依舊在與英格蘭作戰的名義下予以徵收，由此激起的義憤之情在白金漢未遇任何阻撓地襲擊鄉村、百姓眼睜睜地看著自己的錢財白白消失時，達到了不可遏制的程度。事實上，查理五世將資金花在改善防禦方面的結果是相較於普瓦捷會戰之後的那些悲慘年代，城鎮和城堡已更有能力抵擋敵人。但這既沒有減輕最底層應徵稅階層的負擔，也沒有減少獨立城鎮必須為國王的事務支付費用的憤恨。正是出於這種情緒，拉昂拒絕向身為皮卡第統帥的庫西打開城門，也拒絕向他送出他要求的由三十名弓箭手組成的部隊。皮卡第各城鎮不願再納稅。在聖昆廷和貢比涅，群眾揭竿而起，燒死收稅官員，襲擊收稅人，將他們趕出城。

在巴黎，政府因圍繞著王位的權力之爭而處於半癱瘓。作為最年長的王叔，安茹擁有攝政王的頭銜，並利用它盡可能多地霸佔財富，以便角逐那個在義大利向他發出召喚的王國。因為意識到了自己兄弟的掠奪習性，已故國王已做出安排，在兒子年滿十四歲時結束攝政，但他早死了兩年。他已授命自己的兄弟勃艮第及妻兄波旁作為兒子的監護人。在安茹當攝政王時，他們將運作一個十二人委員會。沒有野心且遠離陰謀的波旁有「善良公爵」（the Good Duke）之名，與那些王叔們截然不同，但因為他不是王

367

室血親，所以影響力沒有他們的大。

王叔們因各自的利益而各行其道——勃艮第在法蘭德斯，安茹在義大利，貝里熱衷於收藏——對王國的完整性沒有一致的興趣。他們唯一的共同點是，都渴望清除已故國王的大臣們的控制權。與此同時，在不和之中，他們還找出時間來瓜分他那有一千冊圖書的豪華圖書館。安茹拿走了三十二冊經過精心選擇的書籍，它們都用絲綢、琺瑯以及金鉤裝訂，是收藏中最為精美的，其中包括一本名為《君主統治》（*The Government of Princes*）的書。

克利松被指定為騎士統帥，加冕禮加緊進行，以加強政權的權威性。一個不體面的場景擾亂了君主於十一月四日舉行的神聖典禮。在宴會桌上，相互憎恨的安茹和勃艮第為了挨著新國王的榮譽之座進行了肢體上的衝突。在黨羽的吵鬧和高級教士的沮喪之中，一個委員會被匆匆召集起來，它決定勃艮第為法蘭西的第一貴族，可不管怎樣，安茹都佔據了那個座位，只是由於坐在了其位置上的「大膽腓力」才把他擠開。在這種丟臉的表現下，新政權開始了。

它的君主是十二歲的查理六世，他是個相貌英俊、體態勻稱的男孩，像他的祖父那樣高挑秀美，長著一張面無表情的臉孔，它映射出了一個膚淺的靈魂。「閃閃發亮的武器要比全世界的珠寶都更加令他喜悅」，他崇尚騎士團的種種儀式，它們最恰當的展現莫過於在加冕禮的宴會上，庫西、克利松和維埃訥將軍威風凜凜地騎在披著一直垂至地面的金色馬衣的高頭大馬上，從馬背上為國王奉上佳餚。為了讓國王進入巴黎的時刻獲得最大可能的喝彩，人們在高懸著掛毯的數個廣場之上舉行了為期三天壯麗輝煌的慶祝活動，活動還伴隨著吟游詩人演奏的音樂。以流淌著牛奶、葡萄酒和清泉的人工噴泉形式出現的「新奇觀」被打造出來以取悅民眾。

這並不能讓民眾感到滿足。一次為了提供灶台稅的替代品的三級會議於十一月十四日被召集起來，這加劇了公眾對未來新納稅前景的焦慮。情緒激動的工匠們聚集在街道上，討論著他們的苦況，秘密會議在晚上召開，旨在聲討政府的集會也紛紛舉行，「一種想要享受自由，將自己從援助資金的枷鎖中解放出來的強烈渴望激怒並煽動了」民眾。

當御前大臣、博韋大主教邁爾斯・多爾芒（Miles de Dormans）通知三級會議，說國王需要來自民眾的援助時，預料中的爆發接踵而至。一群平民攻擊了一次商人會議，這些商人雖說反對援助，卻也不準備強行表態。

「市民們，看看你們遭到了何種蔑視！」一個皮匠在充滿激情的演說中向自己的追隨者喊道。小人物對抗大人物的全部辛酸都在他對「君主們永無饜足的貪婪」的譴責中得到了表達，這些君主「如果可能，甚至會拿走你應得的那縷陽光」。他們用勒索來壓榨百姓，一年重似一年。「他們不希望我們呼吸、說話，或長著張人臉，與他們在公共場合混雜在一起……我們向這些人表示了被強迫的尊敬，用我們的財產養活了他們，可他們只關心閃亮的金子和珠寶，建造華麗的宮殿，發明新的賦稅來壓榨城市。」他劈頭蓋臉地大肆嘲諷商人的懦弱，將他們與根特的堅定市民加以比較。就在那個時刻，根特人正在因賦稅而與其伯爵進行著殊死鬥爭。

如果說這位皮匠的滔滔宏論部份要感謝記錄了這一演說的聖丹尼斯僧侶的潤色的話，那它也只是表明了許多禁欲主義的編年史學家對百姓困境的同情。行乞修道士讓・羅克塔亞德（Jean de Roquetaillade）在其著名的預言中已看到了「蟲豸以最冷酷的方式吞吃獅子、豹子和群狼……渺小而普通的民眾將摧毀所有暴君和賣國賊」的時日到來。

對於皮匠及其三百名同胞而言，那一天近在咫尺。他們吶喊著，揮舞著刀子，強迫商會會長將他們取消賦稅的要求傳達給安茹和御前大臣。在王宮院子中的大理石桌子邊，商會會長懇求去除那「難以承受的負擔」。民眾用「令人恐怖的」叫喊聲證實了他的言辭，發誓說他們寧肯死一千次，也不會交一分錢，從而忍受「這樣的淩辱和羞恥」。這些意想不到的話語頻頻出現在抗議聲中，彷彿是為了增加騎士原則的尊貴似的。窮人像大人物一樣需要覺得自己表現得十分高貴。

安茹用對窮人深表同情的平靜而安慰的言辭承諾，將於第二天去獲取國王對撤銷賦稅的首肯。夜裡，人們聽到了有關挑戰貴族和教會成員之主權的危險忠告。據聖丹尼斯的編年史作者所說，他們相信，「政府若是由他們而非他們天生的領主來指導，將會變得更好」。無論這種革命性的思想感情是真的存在於民眾心中，還是只不過是編年史作者心中的恐懼，但它確實彌漫在空中。

當受到驚嚇的政府於次日確認了的賦稅撤銷時，寬慰之情太快地充溢而出。在勝利的狂亂和沒有發洩完的憤怒的作用下，民眾冲去搶劫和攻擊猶太人，窮人只有對社會的這一部份才能放手地發起攻擊。據說，這種攻擊是由人群中的某些將之視為一種抹去自身債務之途徑的貴族所教唆的。雖然也有一些民眾在全城奔跑，奪取稅收保險箱，銷毀登記簿，但有貴族參與的主體部份則大鬧猶太人居住區，嘴裡呼喊著「No.l! No.l!」（指基督的生日）。他們破門而入，搶奪商品和文件，拿走有價值的東西，滿大街地追著猶太人，把抓到的猶太人扔進河中，並抓了許多兒童，強迫他們接受洗禮。大多數猶太人都逃向夏特萊堡的地牢尋求庇護，但在殘殺之後，發現了十具屍體，其中包括一位猶太法學博士的屍體。大屠殺傳播到了沙特爾、桑利斯和其他城市。作為一個紛亂社會的症狀，這種迫害在接下來的十年中一直持續，直到王室於一三九四年被迫再次頒佈驅逐猶太人的法令。

370

此刻，王室的金錢需求決定了它要通過巴黎市長烏格斯・奧布里奧（Hugues Aubriot）來將猶太人置於王室的保護之下。奧布里奧是個喜好辯論的人物，也是個聲名狼藉的浪蕩子，他派出傳令，命令歸還從猶太人那裡盜取來的一切，包括被施洗的兒童。「沒有什麼人尊奉命令」，而市長從基督教洗禮中搶奪靈魂之舉也成為在他即將到來的失勢中的一項罪名。

通過十一月十六日的號令，政府按照承諾的那樣，「自此以後永久性地廢除了所有令我們的臣民深受傷害的賦稅、什一稅、鹽稅，停止和免除自我們的先祖國王腓力起直至今日的因上述戰爭而收取的所有援助資金和補助金」。這種突然的財政自殺式舉動反映了一時的驚慌失措而非認真嚴肅的意向。在十四世紀，除了查理五世，大多數統治者都是憑衝動來實施統治。

為了尋找其他金錢，政府立即向各地三級會議發出請求，爭取自願的幫助，其結果普遍不盡如人意。在諾曼第的三級會議上，當一位成員提議為一項撥款投票時，與會者異口同聲地喊叫：「分文不給！分文不給！」在盧昂和亞眠，民眾「齊心協力地」表示反對。「以上帝的名義，它永遠也通不過！」一名布爾喬亞演說者在桑斯豬市集的一次抗議集會上叫道。人們普遍的意見是，國王的財產足夠其用度，更多的金錢只會讓貴族更加的揮霍無度。雖然有些地區投票同意資助，但召集地方三級會議的大部份結果都是擴大了討論，刺激了反感。

第三等級中的利益劃分使這種鬥爭變得更為錯綜複雜。小布爾喬亞正致力於從佔統治地位的由商人和行會頭目構成的寡頭集團手中爭取控制權，而兩個派別都在利用工人階級越來越強烈的憤怒來實現自己的目的。他們掌握著由被戰爭趕入城市的不熟練的、無依無靠的農民構成的生活困苦階層的導火線，這些農民構成了憤怒和不幸之源。

已故國王的內閣構成例如財政組織，很快便因王叔們清除顧命大臣的作為而變得千瘡百孔。查理五世曾經寵愛有加並希望將來他走了以後埋在自己腳邊的比羅・里維埃爾遭到公爵的一位發言人的叛國指控，克利松將自己的手套摔在整個法庭所有人面前，而無人敢接受這一可怕的挑戰，這才救了他一命。因為害怕報復，里維埃爾隨後離了職，德奧格蒙特和默西埃最終也被趕了出去，而另一位前顧命大臣、亞眠紅衣主教讓・格蘭奇（Jean de La Grange）也找了個不錯的藉口離開了。

年幼的國王不喜歡拉格蘭奇，在主教的敵對者的引導下，國王相信他畜養了一個放肆的惡魔。當在查理十歲時，他曾在主教靠近時，一面劃著十字一面叫道：「逃離惡魔！把惡魔扔出去！」這讓紅衣主教大為惱怒。當聽說年幼的國王在即位時對一個朋友說「到了我們向這位神父復仇的時刻了」後，拉格蘭奇主教將自己的財寶置於了安全的地方，然後逃至亞維農，再也沒有回來。

巴黎市長震動政壇的敗落增加了權威的破碎感。烏格斯・奧布里奧是個六十多歲的人，憑藉奢華的宴會和禮物贏得了勃艮第的腓力的寵信，又憑藉修築最早的下水道、大興土木地整修城牆和橋樑而獲得了布爾喬亞的青睞。但讓他名聲大噪的是教士和大學對他的詆毀，他曾公開侮辱過教士，也曾將大學嘲笑為「神父的保育室」，對大學的特權大加反對。只要有藉口，他就會拘捕其成員，傳聞他在夏特萊堡中專門為學者和神職人員保留了兩間地牢。在查理五世的葬禮上，當奧布里奧拒絕允許大學在送葬隊伍中佔據優先位置時，在市長的警衛與學者們之間發生了激烈的衝突，結果大學的許多人受傷，三十六人被投入監獄。「哈，那群暴民！」奧布里奧大叫道，「很遺憾他們沒有更慘。」

奧布里奧對猶太人事件的干預給了大學復仇的把柄。他受到異端、雞奸、假基督教徒的指控，尤其因為歸還了猶太兒童而受到「褻瀆洗禮的神聖性」的指控，於一三八一年五月，被帶到巴黎主教面前接受審訊。除了對聖餐冷嘲熱諷，在復活節時未領聖餐，當眾羞辱教士等指控外，他的罪名還有怠慢善良的妻子，購買處女，「任性地訴諸巫術」，將丈夫打入監獄以便與他們的妻子任意來往，有違本份下流地與婦人同居，還跟猶太人發生肉體關係。

他被判有罪，但由於勃艮第的影響而免於死刑，被置於大教堂前的木製平臺上公開示眾。在平臺上，他雙膝跪地，未戴帽子，被迫乞求赦免，發誓要為那些他交還給其父母的受洗猶太兒童奉獻蠟燭。在被主教和大學校長赦免之後，他被判入獄，以麵包和水維生，讓他下半輩子在懺悔中渡過。對他的剷除導致了政府的削弱，使巴黎民眾更加做好了起義的準備。

在這些令人不安的事件發生時，庫西始終在御前會議中與公爵們保持著良好的關係，他們每個人都渴望得到他的支持。安茹作為攝政王的最初行動之一是於九月二十七日確認庫西終身擁有先王贈予他的海峽沿岸的莫爾泰涅。除了龐大的莊園外，庫西顯然還擁有個人的魅力和不與人為敵的才能。在「誰進，誰出」的大賭局中，他總能與掌權者為伍，這也許要歸功於他從自身的婚姻背景中獲得的政治上世故老練。在於一三八一年一月與布列塔尼公爵達成和平協議後，他再次作為使節被派往英格蘭，在蒙特勒伊（Montreuil）就休戰條款進行談判。有文獻顯示當年稍後，他曾出錢雇用間諜密探獲取有關加萊、吉尼斯和其他英格蘭要塞的資訊。在他負責前線防禦之時，又於五月被召回巴黎，為安茹在義大利的目標出謀劃策。

為了爭奪一個王國，安茹需要資金。在得知查理五世在梅倫（Melun）積攢的供兒子使用的財富後，安茹用威脅要將資產監護人處死的直接手段佔有了它。然而，聖丹尼斯的僧侶並不為此故事的真實性背書，因為「你永遠也不知道暗中發生的這些事情的真相」。無論安茹得到了什麼，顯然都沒能滿足他。

他在整個一三八一年都在不斷地索求，在這裡或那裡獲得了一些撥款，但總的來說都遇到了不予理會的抵抗。

當法國革命還在醞釀之時，真正的反叛於一三八一年六月在英格蘭爆發，它不是市民階層的反叛，而是農民的反叛。在一個其經濟主要依靠農村的國度，農民才是重要的勞動階級。四年中的第三次囊括了年齡在十五歲以上所有人的人頭稅成了催化劑。一三八〇年十一月由一個輔助性議會對資助蘭開斯特在西班牙的野心一事進行了投票，收上來的錢數只有期望數額的三分之二，這不只是因為稅務專員易於接受賄賂，從而忽略行賄家庭，或偽造其家庭成員。第二輪收稅在所難免，如果領主和高級教士以及理查政府的王叔們注意到鄉村持續不斷的發出抗命之聲，也許就能料到此舉將引發動亂。但他們沒有，因而將自己帶到了本世紀最可怕的挑戰面前。

五月底，位於倫敦北部東海岸的埃塞克斯郡的村民拒絕繳稅；抵制蔓延開來（有證據表明這是有計劃的），泰晤士河南岸毗鄰的肯特郡爆發了暴力衝突。與從法國戰場上回來的自耕農混雜在一起的農民用生了鏽的刀劍、長柄大鐮刀、斧頭和年久發黑的長弓武裝自己，成功地攻克了一座把逃跑的農奴關押在那裡的城堡。他們推舉一位雄辯的煽動者和久經沙場的老兵瓦特・泰勒（Wat Tyler）為總指揮，攻佔了坎特伯雷，強迫市長發誓要效忠「國王理查和國會下院」，從紅衣主教的監獄中釋放運動理論家約翰・包爾（John Ball）。約翰・包爾是個四處漂泊的神父、學者和狂熱分子，已經在全國各地流浪了二十年，頻頻被政府當局拘捕，因為他發出不利於教會和國家的預言，散佈激進的平等學說。

儘管人頭稅是導火線，但其基本的不平之處還在於農奴制的束縛和缺乏法律和政治權利。農奴們不能在法庭與自己的領主打官司，沒有人在議會替他們說話，他們受到苦役職責的約束，除非強行改變規則，否則這種苦役根本無從打破。改變規則正是此次起義的目標，也是從坎特伯雷開始、向首都進軍的目標。

當肯特郡人以掃蕩之勢向倫敦進發，在兩天時間裡橫掃了七十英里之時，埃塞克斯的起義者則往南進發，以便與他們匯合。沿途的修道院和寺院是特殊的憎恨對象，因為它們是最不同意減免農奴勞作的群體。在城鎮中，同樣進行著小人物與大人物之爭的工匠和小商人為農民提供資助和飲食。當起義的聲音傳至其他郡縣時，暴動和騷亂擴大了。

「瘋狂的民眾」在從肯特和埃塞克斯出發的前進途中打開監獄，搶劫莊園，燒毀記錄。某些遭到憎恨的領主和官員被殺死，他們的頭顱被懸在竿頭，遊街示眾。另一些擔心遇害的領主逃到了樹林之中以避風頭，這些樹林是過去被放逐的農民為了躲避他們而時常藏身其中的。某些領主「無論願意與否」，都在反叛者的強迫下與他們共進退，提供發號施令的必要元素，或是逼迫貴族露臉以示共襄盛舉。

與此同時，農民發言人發誓要殺死「能夠找到的所有國王的律師和僕人」。除國王這個他們想像中的罪魁禍首外，所有的公務人員都是他們的敵人——郡長、林務員、收稅官、法官、修道院院長、領主、主教和公爵——但最主要的是從事法律事務的人，因為法律是農奴的牢獄。英格蘭首席法官約翰・卡溫蒂什爵士（Sir John Cavendish）和許多教士及陪審員一同成為最初的受害人，這並非巧合。根據記載，位於遊行示威途中的每位律師的住宅都遭到了破壞。

如果說二十三年前的扎克雷農民起義是一次無規劃的爆發的話，那麼此次農民起義則出於正在形成的自由思想。雖然在理論上是自由的，但農奴們希望廢除舊有的束縛，獲得用勞作來交換租金的權利，擺脫在過去三十年中致力於將勞工鎖在固定地點的「勞工法令」所積累起來的全部限制。他們傾聽過羅拉德派神父的布道，聽過為當時的災難所促動的世俗講道者的演講，也聽過約翰・包爾的均化理論。約翰・包爾的主要論點是：「在英格蘭，事情若要向好的方向發展，就必須是在一切都為人們所共有時，在既沒有封臣也沒有領主時，當領主不再是我們的領主，我們成為自己的領主時……難道我們不都是同一對父母——亞當和夏娃——的後代？」

敢於否定當時最普遍深入的權威的威克利夫精神傳到了國外。作為瘟疫、戰爭、壓迫和無能的結果，在最近三十年所發生的是對體制接受度的削弱，是對政府和世俗的或教會管理者的不信任，是可以挑戰權威的覺醒感——挑戰，事實上是可能的。道德權威的力量可能僅在於其認知性。當官員貪贓枉法時——甚至在窮人可以看到他們在向稅務專員行賄時——當騎士是一種災禍，教會是壓迫者時，改變的推力便會獲得力量。

它受到了宣教者們對當權者苛評的鼓動。他們說：「富人的比武大會是窮人的磨難場。」他們定期地揭發「惡魔般的王公」，「增加了鰥寡孤獨者悲哀的偽執行人」，「為百姓樹立了最壞的榜樣的邪惡教士」。最主要的是貴族，他們通過自己的奢侈揮霍掏空了窮人的口袋，還看不起窮人「卑賤的出身和粗鄙的身體」，看不起他們畸形的身材或肢體，看不起他們平庸的智慧和平凡的技藝，不屑於同他們說話，一味地驕傲自大——為其祖先、財富、高貴的出身、擁有的財產、權力、美麗、力量、孩子、寶物感到驕傲——「自恃長相，自恃言談……行立坐臥，無不自恃。」在末日審判之時，魔鬼會把他們全部拖入地獄。

多明我會教徒約翰・布羅姆亞德（John Bromyard）用直接訴諸農民的方式說，在那一狂怒之日，富人的脖子上會吊著他們不付錢就強行佔有的牛、羊和田間牲畜。「正直的窮人」，一位方濟各會行乞修道士許諾說，「將在末日審判時站起來與冷酷的有錢人對峙，將控告他們在大地上的所作所為和苛刻行徑。哈哈！被嚇得魂飛魄散的其他人會說，『這些就是以前遭到鄙視的人。看看他們是多麼榮耀——他們是上帝之子！對於現在遭到貶抑的我們而言，富有和壯觀都算得了什麼？』」

假如卑賤者其實是上帝之子的話（即使他們也因貪婪、欺詐和不敬而受到宣教者的申斥），那麼為什麼他們要等到末日審判時才會擁有自己的權利？假如所有人都擁有亞當和夏娃這對祖先的話，那麼為何有些人世世代代都遭受奴役？假如正如中世紀思想不斷強調的那樣，所有人都生而平等，那麼難道地球上的不平等就不可能違背上帝的意願？

農民起義在倫敦郊外達到沸騰，已瀕臨推翻政府的邊緣。政府沒有採取任何措施來反擊即將來臨的行進大軍，這部份是出於對所有那些鄙夫、粗人、雜役和黑指甲的笨伯的輕蔑，部份是因為領導者的平庸和現成資源的匱乏。蘭開斯特公爵遠在蘇格蘭邊境，白金漢公爵在威爾斯，唯一有組織的武裝部隊已在三弟劍橋的艾德蒙（Edmund of Cambridge）的率領下在普利茅斯乘船前往西班牙。除了國王的五六百人的武裝侍衛外，王室手上沒有員警或民兵；倫敦市民是不可靠的，因為許多人都同情農民起義，有些人則坐視叛亂者。

兩萬農民在城外駐紮下來，要求與國王談判。儘管他們承諾會保障國王的安全，卻大叫著說要薩德伯里大主教（Archbishop Sudbury）、御前大臣兼財政大臣羅伯特・黑爾斯爵士（Sir Robert Hailes）的腦袋，他們認為後者要為人頭稅負責，他們還想要「賣國賊」之首岡特的約翰的腦袋，他是不當管理和失敗戰爭的象徵。約翰・包爾對著群眾慷慨陳詞，激動地號召眾人擺脫長久以來加諸在他們身上的枷鎖，消滅所有大領主、法官、律師，為全人類贏得平等的自由、等級和權力。

在焦慮不安的會議上，政府別無他路，只有談判。弱不禁風的十四歲金髮少年理查二世在其騎士的陪同下，騎馬出城，接見起義者，聽取他們的要求：廢除人頭稅和農奴地位的一切約束，以每英畝四便士的比率進行代償，免費使用森林，廢除打獵法——所有這些都在國王蓋上了封印的契據中得到批准。起義者所有要求都得到認可，為的是讓他們解散回家。

同一時間，農民起義的者已經向一隊由瓦特・泰勒率領的人馬打開了城門，開放了橋樑，這隊人馬佔領了倫敦塔，殺死了薩德伯里大主教和羅伯特・黑爾斯爵士。受到根特阻擊的他們沖向他在薩伏伊的宮殿，大肆焚燒打砸。瓦特・泰勒發佈的命令是不掠奪只摧毀。在倉庫發現的火藥桶隨即被點燃起火，掛毯被撕得七零八落，珍貴的珠寶被斧頭捶為齏粉。神殿這個藏著所有契據和文件的法律中心同樣也被破壞。殺戮接踵而至；倫巴底家族和佛萊明家族（僅僅因為是外來者而遭到嫉恨）、權貴、官員和被點名「賣國賊」（如富商理查・里昂，他曾遭到善良議會的彈劾，為蘭開斯特所復位）都遭到追捕和殺害。

在接下來的一系列緊湊紛亂的事件中，只有理查憑著國王才有的威望構成的神奇光環有所行動。一個迷人的少年騎在，高大戰馬之上立於農民面前，穿著繡有皇家雄豹的紫色禮服，頭戴皇冠，手執金杖，和藹可親，笑容可掬，因他對那群烏合之眾的統治權而自信滿滿。他向農民保證會發佈大赦令，由三十名書記當場記錄下來並發佈出去。基於此，許多農民群眾離開了，滿心以為國王是他們的保護者。

而在倫敦，軍事專家羅伯特・諾利斯爵士正在緊急召集一支武裝部隊。被血腥和征服所激怒的瓦特・泰勒力勸自己的追隨者對統治階級展開大屠殺，接管倫敦。他不再滿足於大赦令的許諾，他懷疑那只是一紙空文，而且他知道自己永遠也不會在任何寬恕之列。他只能一條路走到底，攫取權力。根據沃爾辛厄姆的記載，他誇口說，「在四天時間裡，英格蘭的所有法律都將從他的口中發出」。

他重返位於史密斯菲爾德（Smith.eld）的營地，與國王再行會談。會談中，他提出了一系列極端的新要求，讓人覺得它們的目的就是要激起國王的拒絕，從而提供一個扣留理查的托詞：廢除一切階層和地位的不平等，國王之下的所有人都是平等的，沒收教會的財產，將其分給民眾，英格蘭只有一位主教，消滅其餘的等級制度。國王承諾了所有與「其國王之位」相應的條件。有關接下來的時刻的記錄為當時的激情進行了各不相同的渲染，以致其場面始終模糊不清。明確而清楚的是泰勒挑起了與國王隨行人員中的一名侍衛的爭吵，拔出匕首，可他本人卻在猝不及防中被倫敦市長威廉・富豪思（William Walworth）的短劍所擊倒。

一切都混亂不清，群情激憤。農民們抽出弓箭，有零星的箭鏃飛出。理查以非比尋常的勇氣，命令誰也不得跟隨他，而是隻身拍馬向前，對反叛者說：「先生們，你們的要求是什麼？我是你們的指揮官。我是你們的國王。保持安靜。」就在他與反叛者談判時，諾利斯緊急召集起來的軍隊一擁而上，包圍了營地，甲冑密不透風，武器寒光凜凜。群龍無首的農民們驚慌失措，變得膽怯起來；瓦特・泰勒的首級被掛在長槍上示眾，這導致了他們最終的土崩瓦解，與紮克雷農民起義在紀堯姆・凱爾死去時如出一轍。

國王下令他們放下武器，並保證寬恕他們以激勵其解散，在這種情況下，他們三三兩兩地走上了歸鄉之路。包括約翰・包爾在內的領導者都遭到絞殺，英格蘭其他地方的起義也被鎮壓——其即便還達不到紮克雷農民起義後在法國發生的野蠻大屠殺的程度，卻也足夠慘絕人寰。除了零星的報復行為之外，英格蘭起義也在不到一個月的時間內即被鎮壓，打敗它的與其說是軍隊不如說是欺詐。以國王的名義發佈的赦免令被毫無內疚地撤回，一個領主議會以大赦令是在脅迫之下發佈的藉口取消了大赦令。埃克塞斯都派出了一個代表團前去提醒國王他要終結農奴制的承諾，理查對此的回答是：「汝等一日為奴，則將終身為奴。」

專制君主的臆想總是落後於時代。經濟力量已經導致了農奴制的衰落，雖然起義遭到鎮壓，但代償制仍得以繼續，直到無人身自由的農民漸次消失。我們不清楚起義是加速還是延緩了這一進程，但其直接結果助長了以國王為首的統治階級的驕傲自滿。也許是為成功所陶醉，理查養成了專斷獨行的習性，一心仰仗以強硬手段來壓制反對者，而他最終也將成為其受害者之一。軍隊似乎無須改進，教會堅決反對改革。對羅拉德派的平等教義有了警覺的特權階級轉而抵制這些教義。在高爾的「時代的墮落」（Corruptions of the Age）一詩中，詩人公然抨擊它們是被撒旦派來的分裂教會與國家的肇事者。羅拉德派轉入了地下，大大推遲了新教脫離的時間。

在這些「怒火中燒、怒不可遏的日子裡，在這些災難連連、悲慘困苦的日子裡」，許多人眼中的勞動者起義似乎只不過是又一次的磨難，像黑死病一樣，標誌著上帝的憤怒。一位佚名詩人將農民起義與一次發生在一三八二年的地震以及幾次「瘟疫」聯繫起來，得出的結論是，這一切：

是因罪惡而降臨的
大報復和大覺醒的雙重標誌。

就連法國人對英格蘭海岸的進攻也像僧侶沃爾辛厄姆所建議的那樣，有可能被視為「上帝在通過這些恐怖手段來呼喚人們的懺悔」。從這些角度來看，起義傳達的不是政治意義。一位佛羅倫斯的日記作者在當時寫道：「人不會按照上帝希望的那樣，為了我們的罪惡而做出改變。」

很難說英格蘭的這次暴動對外國的革命情操產生了多大影響。無論有沒有它，戰爭及與之相伴隨的惡魔——賦稅——都將為不滿提供充足的燃料。不過，戰爭有可能幾乎沒有影響到工作機會的提供和金錢的流散——物件是兵器製造者、運貨馬車夫、糧食商販、麵包師、馬夫，以及除弓箭手、步卒和軍中僕從之外的上百種其他行業。當時的人們對戰爭是種經濟刺激的主題避而不談，對它加在窮人身上的不公正負擔則口誅筆伐。維拉尼寫道：「應當制定一種既有的原則，即戰爭不得讓窮人掏腰包，而是應當由那些有權有勢者為它買單。」

這不是安茹公爵所認可的原則，他對金錢的追逐激發了法國始於一三八二年二月新一波的暴動。讓娜女王剛剛被一個競爭對手所推翻，這使他規劃中的對那不勒斯王國的繼承危在旦夕。他不聽再次被從皮卡第招來當顧問的庫西的勸告，決心率領一支部隊前往義大利。在一三八二年一月與商會會長和主要的布爾喬亞會面時，他似乎迫使他們同意了就葡萄酒、鹽和其他商品徵收新的賦稅。因為害怕激起眾怒，這份法令被秘密通報，對有利可圖的收稅官職位的許諾也是在夏特萊堡緊閉的大門後做出的。許多人有充足的意願前來投標，卻猶豫著不敢對公眾宣佈。同樣可以理解的是法庭始終都在城外的溫森斯。

當商人和旅行者將新稅的消息傳播開來時，拉昂、亞眠、蘭斯、奧爾良、盧昂以及巴黎紛紛發生騷亂，人們發出了憤怒抵制的叫喊聲。作為首都布爾喬亞的發言人的讓・德馬雷斯（Jean de Marès）是位德高望重且頗具口才的人，曾在自腓力六世起的每一位國王手下任職，他徒勞地想要說服安茹收回成命。商店老闆將前來為其商品估價的收稅官關了起來；市民們拿起了武器，敲響了警鐘，衝撞稅務辦公處。人們普遍相信，「英格蘭人的表率」乃至「法蘭德斯人的來信和資訊」都為這場騷亂火上澆油。可是，齊心協力的行動與其說是種事實，莫若說是統治階級心中的恐懼。

騷亂於二月底在諾曼第的首府盧昂變成了暴動。在這裡，對葡萄酒的徵稅傷及了重要的酒商，他們希望在自己不出面的情況下激起民眾的抵抗。他們慷慨激昂地勸說工匠和貧窮的織布業工人，使他們相信繳納賦稅是可恥的，同時在他們之中分發免費的葡萄酒。一夥由兩百名群情激憤的布匹商人構成的連隊喊著「打倒」（Haro!）政府「打倒」收稅官的口號（一種意味著反抗的隱約呼喊）冲向市政廳，敲響警鐘。著名的哈雷勒起義（Harelle）就此爆發。

在追隨者越聚越多的情況下，布商們搶劫富人的住宅，打開保險櫃，將傢俱扔到街上，打碎窗戶和酒桶，在喝下盡可能多的酒之後，將酒桶推倒，任由桶中的酒肆意橫流。神父、典當商、猶太人和所有前市長的住宅都遭到了攻擊，同時警鐘徹夜長鳴。富人們逃至修道院尋求庇護，有幾位王室官員和收稅官被殺。布商行會負責人是個肥頭大耳、腦子只有一根筋的人，因其體型巨大而被人稱作「胖子讓」（Jean le Gras），他在無奈之下成了這群暴民的領袖，坐上王位巡街示威，如此便連累了致力於保持幕後的上層布爾喬亞。

在襲擊的高潮，吸引了許多更高階層人士的暴民們攻擊了聖歐文修道院，因為人們憎恨它持有大量的土地和不利於城鎮的特權。人們用斧頭劈開大門，燒毀租約和地契，修道院院長被迫簽發為城鎮所有的到期匯款。這些檔都用適當的法律語言進行了說明闡述，這一事實證明瞭上層布爾喬亞在此事中的角色。在那之後，在一次若非嚴肅卻也隆重的市場集會上，民眾向他們的胖「國王」請願，要求他宣佈他們「免去了稅務的枷鎖」，與此同時，也有一些人對此表現「笑著直搖頭」。

由於害怕受到王室的懲罰，上層布爾喬亞派代表前往溫森斯請求寬恕。擔心叛亂散播到其他城鎮的御前會議建議年幼的國王打消怒火，「安撫相當躁動的百姓們」。帶著恰如其分的君王神聖光環的查理六世被送至盧昂，在那裡，該城領導人顯然對他們所釋放出的騷動感到不安，所以應承了一筆固定數目的費用，用以作為對於國王的寬宏大量的回報。在事件暫時平息的遮蓋下，鬥爭仍未得到解決，雙方的怒火都在等待另一次爆發的機會。

在盧昂屈服的同時，巴黎則站了起來。一直沒有一個人敢於冒險當眾宣佈新賦稅，直到一位拿了紅包的使者騎馬進入市場，通過宣佈歸還從宮中偷走的金盤子的獎賞吸引了觀眾的注意力，然後大聲說出了新稅，並同時用馬刺使勁刺馬，奔馳而去。當新消息傳遍了大街小巷之時，人們憤怒地集結成群，發「毒誓」決不繳稅，並策劃反抗。對煽動者的拘捕發生在搬運工、修補匠、蠟燭製造工、糕點製作工、磨刀工、頭巾製造工中——他們都是巴黎的小生意人、手藝人和僕人。第二天早上，三月一日，當集市上的人看到一個收稅官在中央市場要求一個賣豆瓣菜的女商販繳稅時，他們便對他動手並殺害了他。

巴黎立即沸騰起來。人們走街串巷，呼籲自己的鄰居們拿起武器，「為國家的自由而戰」，並且用狂熱的叫喊和威脅喚醒他們。「如果你不跟我們一樣拿起武器，」有個人叫道，「我們就立即把你殺死在自己家中！」隨後，在「可怕的騷亂中」，人群闖入位於格雷夫廣場的巴黎市政廳，在那裡，他們操起通常為員警所使用的三千把長柄槌。這些長柄槌安裝有鉛制的圓柱形槌頭，需用雙手揮舞，是烏格斯・奧布里奧為預防英格蘭人的入侵而存貯的武器，現在，它們賦予了這次起義者以「鉛錘」(Maillotins)之名。

有了這種武器之後，他們走上了格外的恐怖。當他們專注於在右岸各處的狂暴行為時，貴族、高級教士和官員們則匆匆收拾細軟，紛紛向溫森斯逃竄。「鉛錘」們亡羊補牢地關閉了城門，加固了街頭的鏈條，設立哨所阻止富人們的大批逃離，甚至還帶回了一些被他們抓到的人。他們追捕書記官、法律人士以及與稅務有關的所有人，侵入教堂，將收稅官從庇護所中拖出，在聖雅克教堂的祭壇旁捉到了一個正驚慌地抱著聖母雕像的人並割開了他的喉嚨。各處的帳簿都被焚毀，猶太人居住區一如既往地遭到洗劫。「皈依基督，否則我們就殺了你！」一個猶太婦女收到了這樣的命令。「她說她寧願去死，」一個旁觀者親眼目睹說，「於是他們殺死並洗劫了她。」猶太人再次在夏特萊堡中尋求庇護，但被懼怕鉛錘的官員們打發走了。在第一天被殺死的約三十人，有一半是猶太人。

上層布爾喬亞既急於遏制起義，又急於利用它來強迫王室做出讓步。他們迅速動員起一支民兵來抵禦起義者和國王的武裝干預。小分隊駐紮在十字街頭，偵察兵被派往教堂塔樓，以瞭望重甲騎兵的逼近。「他們很快便顯示出自己的強硬」，住在巴黎的佛羅倫斯銀行家博納科爾索・皮蒂（Buonaccorso Pitti）寫道，以至於當時的「鉛錘」們對他們俯首聽命，其結果是布爾喬亞能夠在自己與王室的鬥爭中利用武裝起義者。

381

巴黎的起義與發生在盧昂的事件在時間上的銜接是如此緊密，這加劇了王室對反叛密謀的恐懼。宮廷決定談判。以機智和說服力著稱的庫西與勃艮第公爵和御前大臣一起被派往聖安東尼港（Porte St. Antoine），去聆聽起義者們的要求。讓・馬雷斯充當了中間人。巴黎人堅持要求廢除加冕典禮以來的所有課稅，外加赦免起義者的所有行為，釋放此前因反對安茹課稅而被捕的四位布爾喬亞人士。王室談判代表在帶回回覆之前，批准釋放四名囚犯，以示和解——結果卻適得其反。未等更多的消息傳來，民眾便蜂擁前往夏特萊堡和其他監獄，打開所有牢房和地牢，釋放裡面的囚徒，這些囚徒個個身體虛弱、憔悴不堪，以致不得不送往醫院的病室。所有審判和定罪記錄都在熊熊烈火中被燒毀。

巴黎最著名的囚徒烏格斯・奧布里奧也在被解救者之列。鉛錘們護送騎著一匹「小馬」的前市長回家，並請求他充當領導人。在每次起義中，人們都感到了相同的需求，並做出了同樣的努力，勸說或強迫統治階層的某人來擔負責任或發佈命令。奧布里奧一點兒也不想參與其中。在夜間，當起義者們「在吃喝放縱中」狂歡作樂時，他設法離開了巴黎。第二天早上，當他們發現奧布里奧已經杳然不知所蹤時，他們發出大聲的呼喊，說城市遭到了背叛。

布爾喬亞迫切想要得到解決辦法，焦灼地認為「最底層百姓的狂熱輕率之舉不應當變成有害於財主的行為」。打算使用一切手段制伏巴黎的王室同意了所有條件，只有一條除外：寬恕那些沖入夏特萊堡者的罪行——但它的意圖並不比理查二世的意圖更為誠實。在接到表示同意的王室信件後，布爾喬亞領導人機警地注意到信件的用語具有歧義性，而且文件不是用蓋在絲綢上的綠蠟所封，而是用蓋在羊皮紙上的紅蠟所封，這否定了其永久性。

儘管這種欺騙引發了眾怒，但宮廷依然故我。其他爆發抗議的城鎮彼此並非統一行動，而是各行其是，因此易於為當地所鎮壓。武裝部隊在溫森斯集結，即將遭受報復性懲罰的恐懼彌漫在整座巴黎市。宮廷強迫城市領袖交出四十名暴動煽動者，其中有十四人被當眾處決，引起了平民的憤慨。據聖丹尼斯的僧侶所言，其他人則根據王室的指示，被秘密淹死在河中。在得到了安全保障的情況下，公爵們於三月二十九日將國王送回盧昂，以執行一度被擱置的報復。對王室的到來表示喜悅的這場可憐的儀式上，人們身穿藍綠兩色的節日盛裝，有組織地排在佇列中，懇求王室的寬宏大量，口中喊著：「聖誕，聖誕，國王萬歲！」（No.l, No.l, Vive le Roi!），這可不合勃艮第公爵的身份。為了引起人們對重罰應有的感受，勃艮第公爵命令自己的重甲騎兵長劍出鞘，在人群中騎行，讓人們「懇求饒命，脖子上繞條繩子（la hart au col）」，以示國王可隨意絞殺或饒恕他們的權利。

為了募集向國王和公爵奉送的禮錢，各行會的所有金銀器以及燭臺和香盒都被賣掉了。王室仍未因此息怒。儘管最初表示了寬恕，但還是有十二名反叛者被處決，警鐘被拆下，封鎖街道的鎖鏈被移除，懲罰被施加，盧昂的解放憲章被撤回，城市管理權從獨立自主的行會手中轉給了一位王室總管。被此事例嚇破了膽的諾曼第三級會議投票同意徵收銷售稅、鹽稅和所得稅。通過鎮壓反叛，王室找到了一種充實財富的途徑，更為重要的是找到了一種撤銷城鎮憲章，擴大王室權力的機會。

巴黎的憤怒遠未被根除，根特的危險事件加強了這樣一種恐懼：一場總暴動即使尚未協同起來，但也近在眼前。從法蘭德斯邊界到盧瓦河畔，「根特萬歲！巴黎萬歲！」這種團結的呼聲傳遍了大街小巷。

在根特，雅各・阿特維德時代的白巾會（White Hoods）重新出現。一支平民自衛隊組織了起來，指揮官是阿特維德的兒子菲力浦，一個身材矮小、目光犀利、積極好鬥、精力充沛、「具有逢迎眾意之口才」的人。他之所以當選，主要是因為他名字周圍的光環。若非情願，則是迫於環境的壓力，他不得不依靠普通民眾，下令所有階級都可進行法律申訴，「貧富都一樣」，所有人得到同等的待遇。當三萬人兩週時間沒有麵包可吃時，他強迫修道院分發存糧，要求商人以固定的價格出售商品。在傳統上，法蘭德斯的騷動都會將伯爵、貴族、城市權貴與行會分成相互敵對的聯盟，但這一次，他們在根特持續不休的反抗中看到了革命的赤色光景，於是各個階層都緊密團結在伯爵的領導下來鎮壓它。

一三八二年四月，城市迫於饑餓而同意談判。確信大權在握的伯爵要求所有年齡在十五到六十歲的根特人都要身穿襯衫、不戴帽子、絞索繞脖地前往通向布魯日的半途中，在那裡，他將決定寬恕多少人，處決多少人。在一次公共市場的集會上，市民代表向饑餓的市民宣佈了這些條件，並指出了三個行動方向——投降、餓死或戰鬥。人們選擇了第三種：一支最適於戰鬥的五千人自願軍被動員起來，向伯爵一派的大本營布魯日進發。這帶來了該世紀令人震驚的改天換地的結果之一。

在與老對手的作戰中並不比伯爵少些自信的布魯日民兵通宵達旦地縱酒狂歡，翌日，即五月五日，他們蹣跚向前，在醉醺醺的混亂狀態下大喊大叫，哼唱不休。伯爵及其騎士們徒勞地想把他們拉回來，進行有組織的進攻。一陣石、鐵炮彈的轟炸之後，根特人發起了攻擊，這讓布魯日民兵死傷慘重。驚慌失措和潰不成軍變得一發而不可收，它們似乎輕而易舉地使法蘭德斯騎士們節節敗退。路易・德邁爾伯爵被迫下馬，儘管努力想在天黑之後借助燈籠的亮光聚合軍隊，卻差點兒被俘，靠著與僕人換裝，這才逃過一劫，徒步逃跑，在一個窮婦人的茅屋中找到避身之所。「你認識我嗎？」他問。「哦，是的，閣下，我經常在你家大門邊要飯。」在被他的一位騎士找到後，他要求給他找一匹馬來，結果只有農民的一頭母驢可供他騎，他就那樣威風掃地地騎著沒有鞍韉的母驢進入了里爾（Lille），與多年前他為了逃離與伊莎貝拉的婚姻而縱馬奔馳時相比，此次旅程就沒那麼快樂了。

根特的勝利還在於其他城市在「團結一致（Tout un）！」口號下的支持和加入。在佔領了布魯日並將其五百名最重要的布爾喬亞作為人質之後，菲力浦・范阿特維德（Philip van Artevelde）宣佈自己為法蘭德斯攝政王。所有城鎮都服從於他的統治，「他在那裡任命了新市長和總督，制定了新法律」。他採用了貴族的指揮派頭：號手通知他的到來，走在街上時，前面要打出上有三頂銀色帽子的三角旗，吟游詩人在他的門前進行著表演。他穿著猩紅色衣服和白鼬毛皮，用當作戰利品繳獲來的伯爵的銀盤用餐。

384

正如他父親的時代一樣，英格蘭和法蘭西兩國國勢之彼消我長再度來到關頭。路易・邁爾懇求法國人幫助自己的女婿和繼承人勃艮第公爵。阿特維德向英格蘭提出結盟。英格蘭民眾因羊毛貿易的緣故而對此表示贊成，另外一個原因是，法蘭德斯人像他們自己一樣，在教廷分裂中屬烏爾班的支持者。教皇烏爾班宣佈，支援法蘭德斯的遠征軍是十字軍，這意味著教會的什一稅可被用於此次開銷。儘管有些好處，英格蘭貴族仍對與叛亂者結盟感到猶豫不決，而就在他們猶豫不決之時，機會溜走了。

四月，安茹公爵已出發前往義大利，他通過各種手段，積攢到了足夠的金錢，招募了九千名士兵，並用「任何領主都不曾徵用過的最華麗的」帳篷和陳設來裝備自己。王室再次在要求巴黎提供援助金方面仍舊不那麼成功。國王此時在馬恩河畔的莫城。御前會議希望，如果國王的出現足以安撫巴黎人的話，也許便有望達成解決，所以它決定派庫西去與巴黎人談判，「因為他比任何人都知道該如何對付他們」。

沒有其他領主的陪同，僅僅在自己家庭成員陪伴下的庫西進入了這座充滿敵意的城市。在這裡，他似乎得到了善待和禮遇。他前往自己新近獲得的住宅，一座離格雷夫廣場不遠的名為聖讓修道院回廊（Clo.tre St. Jean）的府第。[1] 他召喚一些領導者來開會，「有判斷力而審慎地」責備他們殺死國王的官員，破壞監獄縱放犯人。單憑這一點，國王若是想的話便可以讓他們付出慘重的代價，但他並不渴望那麼做，因為他熱愛自己的出生地巴黎，還因為它是王國的首都，「他不願意毀滅它心地善良的居民」。庫西

1 該府第在一些當代手稿中被稱為里萊（Rieulet）或尼萊（Nieulet），位於如今已不復存在的、從現在的市政廳通至德里沃利大街（Rue de Rivoli）的聖讓—恩—格里夫大街（Rue St. Jean-en-Grève）。該住宅的履歷表上說，它於一三七九年出售給了拉烏爾・德・庫西，「王國的顧問」，這有可能是昂蓋朗的誤寫，後者在一三九〇年的一份契據中說它是「我們巴黎的府第」。

說，他前來是要平息市民及其領主間的爭執，並將懇求國王和他的叔叔們「仁慈地饒恕他們所犯下的惡行」。

市民們回答說他們並不希望與國王對抗，但課稅必須撤銷，至少巴黎的課稅得如此。一旦免除了課稅，他們隨時準備「以任何其他方式」來協助國王。庫西立即抓住這一點問：「以什麼方式？」他們說，他們每週會向一名被選定的接收者支付一定數額的錢財，以供士兵之用。當庫西問他們會付多少時，他們回答說：「我們將同意支付的數額。」

庫西「循循善誘地」平穩應對，得到了提供一萬兩千法郎的初步承諾作為寬恕條件。國王接受了這個數目，但他重新進入巴黎的條件說明了宮廷的緊張不安：民眾必須放下武器，打開城門，只要國王在城中，晚間街道的鎖鏈就必須放下，並派六、七名巴黎士紳前往莫城作為人質。條件提交給了巴黎的一個議會，遭到了「鉛錘」的憤怒拒絕，他們帶著威脅和詛咒的口吻要求商人也同意他們的意見。六名布爾喬亞懷著極大的不情願將此拒絕帶往莫域，正如他們告訴王廷的那樣，他們是迫於群情激憤的百姓的壓力才那麼做的。政府決定動用武力。重甲騎兵被派去佔領上游的橋樑，以切斷城市的糧食供應，而其他人則肆意掠奪近郊地區，所犯暴行「就如敵人對敵人之舉」。在準備進入巴黎的過程中，士紳們收集了空貨車「用以在有機會時將戰利品從該城運走」。巴黎人加固了街道鎖鏈，分發武器，在城牆上設置了瞭望所。

王室這邊以庫西為首、城市那邊以讓・馬雷斯為首的兩邊的溫和派仍在致力於達成一種解決之道。他們共同的遊說和影響力獲得了百姓的回應，他們同意繳納一筆八萬法郎的稅款，這筆錢將由他們自己派人收取，並直接交給現役軍隊，國王的叔叔們或財政官都不得碰觸這筆錢。作為交換，巴黎將得到總的寬恕以及國王的手寫承諾，保證此援助不會被用作新課稅的先例，將來他也不會對巴黎人心懷惡意。如果說對王室的寬恕的信任仍然存在的話，那是因為一位神授的國王仍具有一定的神聖性，並且人們迫切需要將他——作為領主們的對立面——視為人民的保護者。

就在此刻，根特對法蘭德斯伯爵的令人吃驚的勝利插入進來，嚇壞了有產階級，給了宮廷以迫切的理由與巴黎達成和解。在安茹前往義大利，貝里前往朗格多克出任總督的情況下，勃艮第公爵大權在握，而他現在的主要目標是利用法國軍隊來奪回他在法蘭德斯的繼承權。與巴黎的條約迅速達成。

國王重新入城，但是只在城中待了一天，這引起了市民的極大不滿。盧昂在收稅官在紡織會館支起桌子時再次爆發了起義，但起義很快便被得到了河中一艘全副武裝的單層甲板大帆船之援助的王室官員鎮壓了下去。法國南部也處於騷亂中，到處都是由失去了財產的農民和流離失所的窮人組成的起義隊伍。聖丹尼斯的僧侶稱他們為「絕望者和饑餓者」（désepérés and crève-de-faim），但當地人卻稱他們為「圖欽」（Tuchins）。有人說，此名源於「tuechien」（殺狗），意指百姓的境況如此悲慘，饑荒的時候竟以狗為食；還有人說它源於「touche」，在當地的方言中，意為灌木地帶或灌木，流離失所的人便安身於此。

在奧弗涅高地以及在南方各處，圖欽們以二十、六十或百人小分隊的形式組織了一場反抗現行社會的遊擊戰爭。他們攻擊神職人員——出於對他們不用交稅的怨恨——伏擊旅行者，綁架領主以換取贖金，據說還攻擊所有不曾長著老繭雙手的人。像西西里黑手黨一樣，他們最初是因為境遇悲慘而劫富濟貧，但在變得越來越有組織性時，則被富豪所利用，捲入到當地的宿仇恩怨和搶劫之中。城鎮和領主們雇用他們來與被稱為「食者」（eaters）的王室官員對抗。朗格多克的動亂在下一年中達到了暴動的強度。

在所有這些不幸中，上層階級感覺到了正在興起的顛覆浪潮。有報告說，朗格多克的貝濟耶

（Béziers）暴徒陰謀殺死所有擁有一百里弗以上財產的人，而四十名密謀者計畫殺害自己的妻子，以迎娶受害人中最有錢、最漂亮的寡婦。在一個編年史作者的眼中，英格蘭農民「如同瘋狗一般……如同在全國各地狂舞不止的酗酒女人一般」。梳毛工是「惡棍、怙惡不悛者、盜賊……一無是處的下賤者……骯髒而可鄙」，而「鉛錘」則被視為他們的兄弟。根特的紡織工則被認為想要滅絕所有小至六歲的善良百姓。

所有顛覆之源，也即危險的焦點，都可見於根特（Ghent）。

在意識到所有那些接踵而至的結果後，法國準備對法蘭德斯發動大軍。下層階級對上層階級的反抗，英格蘭與阿特維德結盟的危險，法蘭德斯人在教廷分裂中對烏爾班極力擁護的效忠而與法國敵對等等都牽涉其中。庫西是最早受指派參戰的人之一，他帶著由三位方旗武士、十位男爵騎士、三十七名侍衛、十名弓箭手（後來擴大為六十三名侍衛和三十名弓箭手）構成的隨行人員加入軍隊。他的堂兄弟、「庫西的私生子」、其叔叔奧伯特（Aubert）的兒子拉烏爾雖名列侍衛，卻是他的副手。在沉悶的氣氛中，一支人數充足、裝備精良的部隊經過六個月的時間才得以集結完畢，直到十一月才開始進發。許多人反對在入冬之際開戰，但想搶在英格蘭人之前的盤算使該計劃就得在淒風苦雨、寒冷凜冽的日子裡向前推進。

對這支軍隊的力量的報導可謂大相徑庭、眾說紛紜，有人說人數多達五萬人，但大概是在一萬兩千人左右——大得足以需要步兵，砍倒籬笆樹木來拓寬前進道路像通常所必需的那樣。

如今十四歲的國王與軍隊同行，陪伴他的是他的叔叔勃艮第、波旁和貝里以及法國最主要的領主——克利松、桑謝、庫西、維耶納將軍、馬希伯爵、德歐伯爵、布盧瓦、阿爾古以及許多著名的領主和侍衛。為緊急情況或針對不信基督者的戰爭而保留的猩紅色焰形軍旗自普瓦捷會戰後首次扛了出來，以強調戰爭的神聖性質——因為這樣的事實而多少有些尷尬：如果敵人是烏爾班教派，那麼國王的同盟法蘭德斯的路易也是。路易因與英格蘭人結盟而無論如何都不受歡迎，在整個戰役期間，他都遭受了冷遇。

軍隊背後則暗藏敵意。對根特抱有同情的法國城鎮和民眾拒絕給予或妨礙糧草供應，並繼續拒絕繳納援助資金。勃艮第公爵（若非國王的話）遭到公然的大聲抨擊。在巴黎，鉛錘們憑著自己的槌子發誓，要集體抵抗收稅官。他們開始在夜間鍛造頭盔和武器，計畫佔領羅浮宮和巴黎的大宅第，以便這些地方不會被用作對抗他們的堡壘。可是，曾與艾蒂安・馬塞爾結盟於一三五八年殺了兩位保安宮的布商尼古拉・弗拉芒（Nicolas de Flament）卻從中作梗，未採取行動。他建議等著看根特人是否會獲勝，此後才是良機。與此同時，民眾在奧爾良、布盧瓦、查隆斯（Chalons）、蘭斯、盧昂都發起了反抗，其情緒表達是如此激昂，仿佛「魔鬼進入了他們的頭腦，讓他們殺死所有的貴族」。

在利斯河抵達法蘭德斯邊境處，王室軍隊發現通往科明（Comines）的橋樑被敵軍所摧毀，所有船隻都被轉走。河的兩岸都是沼澤，泥濘不堪；九百名法蘭德斯人在阿特維德的副手彼得・布舍（Peter van den Bossche）的帶領下，手執戰斧站在河的另一邊等候。庫西曾建議在圖爾內（Tournai）較東邊的地方渡河，以便與來自艾諾的糧草供應相銜接，但克利松堅持走更為直接的路線，現在則氣惱不堪，心知他應當採納庫西的建議。

當強征者被派去尋找木材和柵欄以修復橋樑時，一隊騎士則被引到了三艘沉船處，這些船在一個不為法蘭德斯人熟知的地點，借助架在兩岸的繩索被拖了上來，並安裝了帆具。通過這種辦法，一支由騎士和侍衛組成的冒險部隊一次九人擺渡過河，而主力部隊則通過弩和「射石炮」（即小型可攜式大炮）的火力來分散法蘭德斯人的注意力。海軍上將桑謝也位列冒險者中，他們雖然害怕被查覺，但決心「獲得英勇士兵的名聲」，所以繼續渡河，直到人抵達了彼岸。他們誰都不得帶扈從。

他們決定一舉攻佔科明，於是緊扣鎧甲，高舉旗幟，以戰鬥編隊挺進開闊地帶，令觀戰的騎士統帥極度憂心，他的「血液因替他們感到害怕而開始顫抖」。「啊，憑聖艾夫斯（St. Ives）之名，憑聖喬治之名，憑聖母之名，我在那裡看到了什麼？喝，羅恩（Rohan）！喝，博馬努瓦！喝，羅什福爾、邁爾斯特羅伊特（Malestroit）、拉瓦列（Lavalle），」克利松叫喊著說出他能認出的每面旗幟，「我看到了什麼？我看到我們的軍隊之花在人數上少於對手！我寧肯死也不願看到這一切……為什麼我是法蘭西的騎士統帥，若不是我的建議，你們會讓自己如此冒險嗎？如果你們失敗了，將是我的過錯，人們會記得是我把你們送到了對岸。」他宣佈，所有願意的人現在都可以前往對岸，並接二連三地發佈命令，要求加快修橋的速度。隨著黑暗的降臨，法蘭德斯人接到上級的命令，停止了進攻，而法國人也出於同樣的理由停了下來。無遮無攔地暴露在寒冷冬夜中的他們雙腳陷在泥中，雨水順著他們的鎧甲流下，但他們終夜全副武裝，強打精神，以防敵人發起進攻。

破曉時分，雙方都發起攻擊，法國人呼喊著許多缺席領主的作戰口號，使他們的人數看似更多。克利松再次受到無止盡焦慮的折磨，為他不能帶領全部人馬渡河而悲歎不已。結果，當兩軍相遇時，槍尖淬有波爾多鋼鐵的法國長矛勝過了法蘭德斯人的武器，刺穿了他們單薄的鎧甲，佔了上風。彼得・布舍被擊倒，傷到了頭部和肩膀，但被救走、脫離了險境。當法蘭德斯人奮力作戰並敲響村莊的鐘聲以呼喚援助時，法國人已修好了橋樑。克利松的軍隊怒吼著冲過橋去，擊潰了守衛者，最終佔領了科明。在街道上和田野中、在藏身的磨坊裡和修道院中、在鄰近的城鎮，法蘭德斯人都遭到追捕和殺害。在一段時間中，掠奪者進行了全境大搜捕，找到了豐富的戰利品——因為相信利斯河是以阻擋法軍——法蘭德斯人沒有將自己的物品或家畜轉移至有城牆的城鎮中。

由於國王進駐科明，伊普爾的上層布爾喬亞和相鄰城鎮推翻了阿特維德的統治，派代表帶著投降條件求見法國人。伊普爾十二名有錢的貴族跪在查理六世面前，提出將自己的城鎮永久性地交由他管轄，以換取和平佔領。國王以四萬法郎的價格欣喜地接受了此條件，這些錢立即做了抵押。馬林斯（Malines）、卡塞爾、敦克爾克以及其他九個城鎮緊隨其後，又支付了六萬法郎。儘管投降條件理應使城鎮免於掠奪，但布列塔尼人不可能受到約束。他們不願受到皮毛、纖維織物和器皿的拖累，而是將自己的戰利品廉價賣給了里爾和圖爾內的人，「只看重金銀」。生意像頭豺狼一樣，緊隨戰爭的腳步急馳而來。

在北邊約五十英里處的根特，菲力浦・阿特維德從鄰近地區召集起所有能夠拿得了武器的男人，向他們保證他們會打敗法國國王，為法蘭德斯人贏得獨立主權。幾個月來，他的使節一直在向英格蘭人施壓，但儘管曾有位信使帶著一份條約的條款前來，卻沒有滿載士兵的船隻跟進。即使這樣，他還有另一個同盟：冬天正步步逼近。如果他加固陣地，保持防禦姿態，他就能夠聽任冬天和物資匱乏去擊敗入侵者。但因為伯爵黨羽也許會將布魯日交給法國軍隊激起的內部威脅迫使阿特維德採取了行動，即使他仍然擁有重要的布魯日市民作為人質。也許促使他行動的不是恐懼，而是過度的自信；也許他只是打錯了算盤。

一支由「四萬」或「五萬」法蘭德斯人組成的令人畏懼的軍隊被召集起來，他們以大頭棒和鐵頭棍為武器，皮帶上插著大刀，頭上戴著鐵帽，以菲力浦最依賴的九千名根特人為先鋒。他們打著城鎮和行會的旗幟，向南進發去迎擊敵人。偵察兵將他們逼近的消息報告給了法國人，他們佔據了位於山與距帕森達勒（Passchendaele，在這裡，歷史將等待一九一六年的另一場血腥場面）數英里之遙的羅塞貝克（Roosebeke）之間的地勢。作為烏爾班的支持者，路易・邁爾不得不應法國人的要求，扣住自己的部隊不加入戰鬥，這樣他們就不必與一個持異端邪說者和教廷分裂分子並肩作戰。在雨水和寒冷之中，國王的軍隊迫不及待地等待著兩軍的交鋒，「因為他們在這樣的天氣裡極其難受」。

在決戰前夜的會議之上，出臺了一項非同尋常的決定：克利松應當為了作戰日而辭去其職務，以便留在國王身邊，其騎士統帥之職當由庫西來替代。克利松十分激動不安，再三懇求說軍隊將把他看作膽小鬼，因而懇請國王反其道而行之。那個不知所措的男孩經過長時間的沉默之後表示同意，「因為你對此事的看法要比我或那些最先提出它的人都看得更遠」。

這個建議背後的東西在編年史中都未言及，唯一的線索是克利松在利斯河的焦慮發作。在一個眼睛眨都不眨地砍掉十五顆腦袋的人身上，它反映出一種非同尋常的緊張狀態，並一定說服了他同樣緊張的同僚們轉向庫西和中途換帥的極端權宜之計。無論贏或輸，指揮官與其他騎士的作戰不會從根本上改變任何東西，但在這場戰鬥中，貴族們感覺到指揮體系將會危及本身。這種情緒反映在傅華薩的多個敘述中，即如果法國國王和「貴族騎士」在法蘭德斯戰敗，所有貴族都將「在法國死去和失敗」，「平民將在不同的國度發起反叛，摧毀所有的貴族」。

阿特維德如今在激戰前夜更傾向於防禦，建議固守陣地，反擊敵人。他有地形優勢，在山頭上佔據了一個好位置，而且他相信，心焦氣躁、身體不適的法國人會變得盲目冒進或粗心大意，甚至會半途而廢。他的建議遭到了那些仍舊沉浸在早先在布魯日對伯爵的勝利所帶來的驕傲之中的人的否決，他們迫不及待地想要戰鬥。接受了這一決定的阿特維德命令軍隊對敵人一律格殺勿論，不接受投降，不抓俘虜，只有國王除外，「因為他只是個孩子，只是在按照要求行事。我們應當將他帶到根特，教他說法蘭德斯語」。至於戰術，他要求手下始終保持緊密隊形，「這樣便沒有人能夠斷開你們」。為了更加牢靠，他們要用相互纏繞的手臂緊握武器。他們要用弩和曾在布魯日使用過的炮擊的沉重火力來與敵人對峙，然後要肩並肩地憑藉其隊伍純粹的份量和牢固性去攻破法國人的戰線。

在作戰前夜的緊張氛圍中，法蘭德斯哨兵報告說，從法軍營地傳來了喊叫聲和武器發出的鏗鏘之聲，仿佛敵人在準備發起夜間攻擊似的。還有人認為那是「地獄的魔鬼在即將成為戰場的地方奔跑舞蹈，因為他們將在那裡捕獲到大量獵物」。

一三八二年十一月二十九日清晨，敵對雙方穿過迷霧向對方挺進，「濃密的霧氣令人幾乎有置身於黑夜中的感覺」。法軍將馬匹留在後方，徒步前進，而且一反常態地沒有高喊戰鬥口號，而是悄無聲息地前進，所有人的眼睛都注視著前方的黑霧。法蘭德斯人以密集隊形下山，手中的棍棒一律朝上，如同一座移動的森林。他們以鋪天蓋地的弩箭和炮火開始，然後緊握棍棒，以「憤怒的野豬」般的力量發起衝鋒。法軍的計畫是國王的陣營在騎士統帥的率領下坐鎮中央，而分別由波旁和庫西率領的兩個較強大的側翼從兩邊包抄敵人。在法蘭德斯人的衝鋒之下，法軍中央陣營潰退，在混亂中，波旁和庫西的陣營發現自己根本無法向前推進。

「你瞧，好兄弟，」波旁叫道（據他當時的傳記記者的記載），「我們根本無法前去攻擊敵人，除非穿過我們的騎士統帥的隊伍。」

「閣下，你說得沒錯。」庫西答道，此時正在當場設計另一項進攻策略。「在我看來，如果我們作為國王陣營的一支側翼前進，佔領山頭，那麼我們就會如上帝所願地大幹一場。」

「好兄弟，那個建議不錯。」波旁表示同意。於是，根據十四世紀軍事史的記載，他們沖向山頭，用長矛、戰斧和寶劍從敵人的後方發起了可怕的攻擊，「無論是誰，只要看見衝鋒陷陣、砍殺法蘭德斯人的庫西大人，他就將永遠記住一位英勇無比的騎士」。這次進攻使騎士統帥的陣營得到了喘息時間，它緩過勁來，與另一翼的部隊捲土重來，重新投入戰鬥。沉甸甸的戰斧和狼牙棒劈開了法蘭德斯人的頭盔，那聲音「大得就如同巴黎和布魯塞爾的打造兵器的人在一起工作」。被法軍壓迫得更密集的法蘭德斯人彼此緊緊擠作一團，以致裡面的人無法舉起手臂或武器；就連呼吸都變得困難——他們既無法搏擊，也無法呼喊。

法軍長矛和戰斧朝著那些沒有頭盔或胸甲的擠成一團的士兵或刺或砍，死屍堆成了小山。穿梭在重甲騎兵之間的法國步卒用刀結果了那些跌倒的人，「毫無憐憫之心，仿佛他們連狗都不如」。在波旁和庫西一翼的進攻之下，法蘭德斯人的後方丟盔棄甲，潰不成軍。在前線作戰的菲力浦・阿特維德試圖將他們集合起來，但從他的位置很難發出有效的命令。他缺乏黑王子在普瓦捷會戰時的在山頭居高臨下地保持控制的保障。隨著軍隊的節節敗退，他被裹挾著一路後撤。在此過程中，他倒在了自己軍隊的腳下，被踩踏至死，與他一同死去的還有他的旗手，一位名叫大馬戈（Big Margot）的女子。

波旁和庫西騎在高頭大馬上，率領部隊追逐那些逃亡者，在激戰中，擊潰了聚集在一座樹林中準備負隅頑抗的三千法蘭德斯人。敵人被徹底瓦解。在軍隊一路追殺至庫特賴（Courtrai）之際，庫西和波旁騎馬返回了羅塞貝克。在那裡，國王「興高采烈地歡迎他們，為他們的努力而贏得的上帝賜予的勝利而讚美上帝」。戰鬥在兩個小時之內即宣告結束。許多法蘭德斯人的屍體沒有傷口，是被其同伴擠壓至死的，但也有數千人死在法軍的刀槍下，「大地被鮮血所浸染」。對死亡「歹徒」數目的報告頗為荒誕，但普遍的看法是法蘭德斯軍隊幾乎無一生還。無人埋葬的屍體「成了野狗和烏鴉的獵物」，幾天後，戰場上彌漫起令人無法忍受的惡臭。

國王在猩紅色大帳中卸鎧甲時，表示想要看看阿特維德，生要見人，死要見屍。在一百法郎的懸賞之下，搜尋到他的屍體，當他被抬到勝利者面前時，國王靜靜地盯著他看了一會兒。他輕輕地踢了一下屍體，「待它如農奴無二」。然後屍體被抬走，「吊在了一棵樹上」。阿特維德的形象後來被織進了一塊描繪此次戰鬥的掛毯中，該掛毯是勃艮第公爵訂製的，被當成了一塊地毯使用，因為他想要踩在那些曾試圖推翻神授階層之統治的平民身上。

法軍對庫特賴（Courtrai）的掠奪殘忍無情，這是為了報復八十年前馬刺戰役（Battle of Spurs）的失敗。市民們徒勞地逃至地窖和教堂以躲避士兵；他們被拖到街道上殺害。路易・邁爾跪下來為城市求情，但無人理會他的懇求。每座房屋都遭到了洗劫，就連城裡的貴族及其孩子都被帶走以換取贖金。勃艮第公爵有著瓦盧瓦家族搜尋最佳物品的眼光，他將法蘭德斯最精美的大教堂時鐘拆卸下來，用牛車運往第戎（它仍在那裡）。當國王離開時，下令將庫特賴一把火燒掉，「好讓它從此以法蘭西國王曾到此一游而著稱於世」。人們認為，恢復了其慣常的兇殘行徑的克利松曾插手此命令。

總體的勝利中有一個重大的例外。其主要目標根特未被攻克。當根特的民兵戰敗的消息剛剛傳來時，人們目瞪口呆，大失所望，所以假如法軍在戰役後的幾日之內來到城牆下，「他們會不加抵抗地容忍其進入」。但中世紀戰爭往往會在實現政治目標的途中停止下來。法軍對寒冷和雨水厭倦不堪，又為利益和在羅塞貝克即刻出現的報復所牽制，再加上相信根特會按照要求投降，所以他們沒有繼續北上。

彼得・布舍雖然受了傷，卻還是讓人把他運回了根特，並重新激勵市民，堅持說戰爭尚未結束，法國人不會在冬天到來，有了新季節中的新人，「我們將做出史無前例之舉」，哪怕沒有英格蘭人的幫助。英格蘭人一聽說法蘭德斯戰敗的消息便中斷了談判，對這一結果「並非很不滿意」。假如是另一種結局的話，他們害怕「平民的傲慢自大」將在他們自己國家激起新的反抗。

在那之後，當法國人試圖談判時，根特「強硬而驕傲」得如同它才是勝利者一般，堅決拒絕向法蘭德斯伯爵投降，而僅承認法蘭西國王的直接宗主權。伯爵，更具體地說是勃艮第的腓力，那位有確定繼承權的人，拒絕了此一安排。此時已是十二月底，到這個時候，動手圍攻該城已為時過晚。法軍已經恢復了在法蘭德斯其他地方的權威，雖然未能將它轉至教皇克雷芒手中，但它已經打算回家了。他們與巴黎人有事要解決。

在一三八三年一月的第一個星期，王室軍隊駐紮在巴黎城外，派人去見市長和地方行政長官，以確保首都的投降。有武裝軍隊在手，又因羅塞貝克的勝利而力量有所加強，所以王室具有了比一年前更大的威望，並且打算運用它。布列塔尼和諾曼第軍隊受雇對巴黎形成半包圍之勢，迫不及待地想要大肆劫掠一番。巴黎人組成的重兵迫切地想要顯示其長期準備的力量，他們以弩、盾牌和棒槌為武器整裝出發，在蒙馬特爾之外擺開戰鬥陣式。王室小心謹慎地派出一個包括騎士統帥和庫西在內的代表團去評估他們的力量，並質問他們為何要如此殺氣騰騰地前來。平民們回答說，他們希望國王看到他們的力量，因為國王年紀尚幼，還從未見識過這種力量。代表團嚴厲要求他們回去並放下武器，假如他們希望國王進入巴黎的話。自羅塞貝克決戰後已經服軟的巴黎人的精神與他們的表現大相徑庭，他們未加絲毫抵抗地撤退了。王室軍隊卻得到通知，要擺出戰爭的姿態，而非和平的姿態——也就是要全副武裝地——進入巴黎。

庫西和桑謝元帥被派去打開城門，方法是將堅固的城門從其鉸鏈上卸下，並移除街道上的鎖鏈。城門被扔在街上，以便國王可以從上面騎過——「將城市的驕傲踩在腳下」，正如聖丹尼斯的僧侶所悲傷地意識到的那樣。這激起了市民的憂慮和憤怒，他們設立了夜間哨所，並且說：「和平尚未到來。國王已經摧毀並掠奪了法蘭德斯的土地，他也要對巴黎行同樣之事。」為了避免滋生事端，傳令們向人們宣佈，不會有劫掠或傷害加身。在入城那天，以商會會長為代表的布爾喬亞、地方行政長官和五百名士紳身著盛裝前去參加入城儀式，請求國王的寬恕。當他們跪倒在地時，國王及他的貴族們（庫西也在其列）在手持長矛的重甲騎兵的環拱之下從他們身邊經過，穿過被卸下的城門，進入了巴黎。

394

重甲騎兵立即佔據了所有橋樑和百姓經常聚集的廣場。士兵寄宿的住宅被要求不得關門。所有擁有武器的人都被要求將它們裝在袋子裡送帶至羅浮宮，它們將從那裡進而運至溫森斯。

搜捕馬上開始，特別是那些布爾喬亞重要人士，王室將他們視為自己真正的對手。讓・馬雷斯和尼古拉・弗拉芒位列遭到逮捕的三百名重要市民之中。兩名富裕的商人，一名布商和一名金匠，被立即處死，另有十三人在一週之內被處死。在一三五八年得以活命的尼古拉・弗拉芒現在走上了斷頭臺。起義期間曾在巴黎民兵中效力的所有布爾喬亞都被一個個地傳喚至御前會議面前，被判以重罰。恣意報復的國王政府在接下來的六週中繼續對市民進行強行定罪、罰款和處決。巴黎的梅納吉耶寫下，「他們一次會砍下三、四顆人頭」，總計被砍頭的人超過了一百個，這還不包括在其他起義城鎮中被處死的人。

征服的標誌是對所有商品重新強徵十二便士（以里弗為單位）的銷售稅，外加葡萄酒稅和鹽稅——它們正是激起鉛錘起義以及巴黎人在前一年拒絕繳納的相同課稅。一週後，在城市統治階層全部到齊的會議上，當眾宣讀國王的命令，廢除了巴黎人的優惠和特權。各城鎮於中世紀鼎盛之際經過艱苦卓絕的努力才贏得的引以為傲的自治權和特許自由權被一個集權政府所耗竭和吞沒。在巴黎，由商會會長和地方行政長官構成的職務遭到壓制，它們的許可權被王室所接管。像在盧昂一樣，重要行會被剝奪了自治權，從此屈服於由巴黎市長所任命的監督者的管理。以前由商會會長主持的員警部隊被廢除，巴黎的防禦權落入了國王的手中。有可能成為麻煩之溫床的行會會議以及除上教堂之外的所有公眾集會都遭禁止。參與非法集會者將被視為「叛亂者和違命者」，將被判處死刑，沒收全部財產。

接下來是對讓・馬雷斯的審判。聖丹尼斯的僧侶回憶說，他沒有像其他士紳那樣逃離巴黎，而是多容留了一年，一直在平息民眾的怒火，努力在宮廷與城市之間進行調停。為此他得罪了公爵們。一長串的告密者被帶上前來，作證他建議反叛者拿起武器的指控。他被判處死刑，被剝去法衣和兜帽，與另外十二人一起被用馬車送至位於中央市場的刑場。在馬車上，他被安排在高於他人之處，「以便人人都能看到他」。他沖著聚集在街頭的人們喊道：「那些判我刑的人何在？讓他們來判斷我的罪名的合理性，假如他們能的話。」人們為他感到悲哀，但沒有一個人敢開口說話。

劊子手告訴他，如果他乞求國王的憐憫，他也許會得到對其罪行的寬恕，但馬雷斯回答說，他沒有做任何需要乞求寬恕的事，「但我只應向上帝乞求憐憫，謙卑地請求他原諒我的罪行」。向眼含熱淚的民眾道別後，他從容赴死。

事情仍未結束。王室於三月一日的鉛錘起義周年紀念日那天，在大理石桌庭院召集了一次大型集會。巴黎各家各戶都必須派人參加，參加者不得戴帽子頭巾。查理六世在其叔叔和御前會議的陪同下出席了集會，他坐在一個平臺之上，聽擔任御前大臣的皮埃爾・德奧格蒙特以國王的名義宣讀對巴黎人自查理五世去世之後所犯下的所有罪行的嚴厲斥責。在宣讀完各項處決之後，他用可怕的聲音喊道：「事情還沒有結束！」人們知道等待自己的命運是什麼。恐懼的哀泣在人群中響起。身穿雜亂服裝、蓬頭垢面的囚犯之妻向國王伸出手去，含淚哀求憐憫。驕傲自大的王叔們和國王的弟弟路易跪下來請求進行民事的而非司法的懲罰——民事意味著罰款。奧格蒙特宣佈，國王遵從其天生的善良及王族們的請求，同意寬恕眾人，但假如巴黎人重新走上其邪惡之路的話，寬恕將被收回。罪犯將免於囚禁和死亡之痛，但不得免除罰款的繳納。一些有大量錢財的人的罰款數量相當於他們金錢、住宅和土地的總和，使他們一下子破了產。

亞眠、拉昂、博韋、奧爾良和其他城市都採取了相似的處罰措施，亞眠古老的赦免令被收回。巴黎的罰款總額高達四十萬法郎，與外省合計的數字相當。其中相當一部份都落入了國王叔叔們的口袋，或支付給已有兩年未拿到薪俸的騎士統帥及其他王室官員，補償包括庫西在內的貴族在法蘭德斯戰役中的開銷。庫西收到了十三萬兩千法郎，以及從其領地徵收的稅金的 三分之一的抵押款，以彌補加固其城鎮和城堡的開支。

奇怪的是，在親眼目睹在拆除城門過程中所發揮的作用後，庫西仍然是為巴黎人所喜愛的人物。民間有傳言說，「庫西之主不懼對國王提出規勸，告訴他，假如他毀掉自己的國家，他便會一無所有，只能揮動起勞工的鐵鍬」。這則描繪幹著農民工作的國王的預言佔據了公眾的頭腦，將令人好奇地長期存在。

獅子的權威得到全面恢復。巴黎在長達三十年的時間裡沒有商會會長；盧昂從未恢復在哈雷勒起義之前曾享有的那種自由。造反之所以在某些地方一度贏得了控制權，那是因為它們缺少組織化和唾手可得的公共秩序的力量。這個國家沒有採取措施來迎擊革命，儘管相反，鎮壓的作用倒像一出慶典儀式般變得程式化了。

除了根特，起義之所以未能牢牢控制權力，也是因為它沒有準備好即將承擔的角色，它的隊伍遭到了分裂。窮人提供了爆炸性的力量，卻成了其利益與他們截然不同的商人階層的代理人。城鎮本身未能實現其目標，因為它們彼此為敵。根特繼續鬥爭了兩年多，直到路易・德・邁爾死後，勃艮第公爵才恢復了對它的管轄，鞏固了他的資產。在其他地方，公眾自由和自治權都丟失或減少。艾蒂安・馬塞爾起義時所進行的過程仍在持續：在某種程度上，城鎮失敗了，君主政體勝利了，而通過經濟支持，王室越來越與貴族結為夥伴關係。

暴亂過後，下層階級被視為更加危險，更令人懷疑。人們認識到它是社會的動力部份，而非被動部份，有些人對此充滿恐懼，有些人對此充滿同情。「因此，清白之人必須死於饑餓，而這些惡狼則用他們填飽了自己的肚子，」德尚寫道。「這糧食，這穀物，除了是面朝黃土背朝天的窮人的血汗之外，還能是什麼？因此他們的靈魂要懇求上帝為其復仇。禍哉，那些大人們、議員們和所有致我們於此的人，禍哉，所有充當他們爪牙的人，因為現在人們除了裝滿自己的口袋外，什麼都不在乎。」

起義的浪潮過去了，工人階級的狀況沒有絲毫改變。歷史天平上的慣性要重於變化。還要再等上四百年，「鉛錘」們的後代才會攻佔巴士底獄。

第19章 義大利的誘惑

對於法國人而言，在義大利擁有立足點的誘惑，與在法國擁有立足點對於英格蘭人的誘惑一樣大。自從安茹公爵於一三八二年翻越阿爾卑斯山時起，安茹家族對那不勒斯王國繼承權的聲明便將法國引向南方，形成了一種斷斷續續持續了五百年的干涉習慣。其模式從開始便已奠定，當時，安茹的遠征軍幾乎立即慘遭不幸，並於整個一三八三年一再要求在庫西之主帶領下的增援。

398

安茹家族自安茹的查理（Charles of Anjou）之日起便統治著那不勒斯和西西里王國，他是聖路易的弟弟，於一二六六年在教皇的施力下登上王位。西西里在本世紀被亞拉崗所吞併，但安茹家族保有了大陸部份，其範圍包括了羅馬以南的整個義大利南部，是義大利半島上最大的王國。[1] 在商業和文化方面繁榮一時的它享有羅伯特國王的文明統治，羅伯特國王是位「新所羅門王」，其文學素養得到了佩脫拉克的讚賞。薄伽丘接踵而至，因為他青睞居住在「快樂、安寧、慷慨、壯麗，只有一位君主的那不勒斯」，而不願居住在自己土生土長、「被無數願望所吞噬」的佛羅倫斯共和國。那不勒斯的海灣舉世無雙，熱那亞、西班牙和普羅旺斯的船隻都會來此海灣進行貿易，羅伯特就在面朝海灣的岸邊修建了宮

1 西西里（Sicily）之名始終附著於那不勒斯王國，這導致了理應被果斷忽視的困惑。

殿，即新城堡（Castel Nuovo）。貴族和商人在新城堡的周圍加築自己的豪宅，帶來托斯卡納的藝術家為它們填滿壁畫和雕塑。於一三四三年劃上句點的羅伯特一朝法律公正，貨幣穩定，道路安全，遍佈供旅行商人居住的旅店客棧，充斥著各種節日、比武大會、音樂和詩歌，被人們說成是「近乎天堂的地方」。市民可以不帶武器地走遍卡拉布里亞（Calabria）和阿普利亞（Apulia），「只需帶一根木棍來趕狗」。

十四世紀的衰落在那位明君死後降臨。羅伯特的才幹在他的孫女暨繼承人讓娜那裡漸漸消失，她四次想通過婚姻以支持其女性繼承權，這些不幸的努力帶來了騷亂，而這種騷亂在教廷分裂中達於高潮。教皇間的衝突使那不勒斯變成了戰場。當讓娜選擇了克雷芒並在他的鼓動下將安茹命名為自己的繼承人時，勃然大怒的烏爾班宣佈她為異端和教廷分裂分子，廢黜其王位，並加冕另一位安茹家族的後代——都拉佐公爵查理（Duke of Durazzo）——為合法的那不勒斯國王。這位王子從一個來路不明的阿爾巴尼亞公國一躍進入一個偉大的地中海王國，作為查理三世佔據了王位。

都拉佐的查理個頭矮小，髮色淺淡，有人說他在勇氣、為人可親以及熱愛學習方面與羅伯特頗為相似，但他不會讓自己的好脾氣妨礙他與讓娜的爭鬥。在兩個月的時間裡，他打敗了她的軍隊，讓自己坐鎮新城堡中，將女王打入監獄，強迫她將自己任命為他的繼承人，從而使自己的征服具有合法性。披上合法的外衣是所有政變的首要目標。當讓娜拒絕承認他，而安茹進入義大利來援助她時，查理果斷行事。他命人將女王扼死在監獄，並使她的屍體暴露在大教堂中，六天後才加以埋葬，為的是讓世人知道她的死訊。

安茹借道亞維農前來，在亞維農，他被教皇克雷芒加冕為包括普羅旺斯在內的那不勒斯、西西里和耶路撒冷國王，而他的競爭對手都拉佐的查理則在同一時間被開除教籍。儘管他能言善辯，但安茹還是

399

未能在法國起義期間募集到足夠的資金讓他長驅直入那不勒斯，也未能說服御前會議資助他冒險發起國家戰爭。現在，作為普羅旺斯的君主，他大量鑄造錢幣，並藉口懲罰其新臣民近期的反叛行為而縱放自己的軍隊進行搶劫，從而增加軍隊的財富。他從教皇克雷芒那裡募集到了額外的人力和物力，並把那位精力旺盛的貴族薩伏伊綠伯爵阿馬德奧（Amadeo）拉入了自己的艱巨事業，阿馬德奧貢獻了一萬一千柄長矛與士兵，這讓安茹每月要支付兩萬達克特。

補充了軍需的安茹帶領一支「滿載戰利品」的一萬五千人的軍隊跨越國境進入倫巴底地區，身後是三百頭馱騾和無數裝運行李的貨車。綠伯爵的裝備包括一頂巨大無比的綠色大帳篷，上面裝飾著十二塊繪有紅白兩色的薩伏伊紋章的盾徽；一件繡有紅白兩色圖案的翡翠色絲綢外套；十二套全為綠色的鞍轡；為其貼身侍衛準備的另外四套裝飾著「匈牙利綢緞結」的鞍轡；還有侍衛穿戴的綠鞋、綠頭巾和綠束腰外衣。在出發前，他的旗下些男爵反對他在不同的土地上冒險時，他讓他們安靜下來，帶著不祥的預感說：「即使我必死無疑，我也要兌現我的諾言。」許多貴族領主加入他的麾下，「因為熱愛他的英勇善戰，欣賞他的慷慨大度」。

在米蘭，維斯康提家族的財富為安茹提供了最大的一筆資金，正如它曾在其父親的贖金中佔據了最大比例一樣，其交換物也如出一轍。安茹七歲的兒子路易被推出來，與貝爾納博的女兒露西婭（Lucia）訂婚。為了女兒將會成為未來那不勒斯王后的前景，貝爾納博支付了五萬弗羅林——大約相當於一百個布爾喬亞家庭的年收入[2]——外加一筆來自吉安・加萊亞佐的錢。安茹利用一切手段來收集資源，以供

2 一三八八年，皮亞琴察的喬瓦尼・德穆西（Giovanni de Mussi of Piacenza）聲稱，一個擁有兩匹馬的九口之家需要至少三百弗羅林的年收入。一四一五年，一個富裕的義大利市民為自己的婚姻慶典花了五七四弗羅林。大約同時的一位收入頗豐的工匠一年可掙約十八弗羅林。

一位前往自己王國之路途上的國王適當展示之用。

羽冠華服、威儀赫赫的安茹、阿馬德奧及其騎士們滿載著禮物和榮譽離開了米蘭，身後跟隨著為數眾多的士兵和車輛，「看上去就如同〔古波斯〕薛西斯（Xerxes）的軍隊一般」。他們一路向東，選擇了沿亞得里亞海岸而下的困難路線，因為既反對安茹也反對都拉佐的佛羅倫斯不想因他們的通過而陷於尷尬境地——也不想受到其劫掠——於是召集了六千人堵住了通向托斯卡納地區的道路。據聖丹尼斯的僧侶——他像同為僧侶的沃爾辛厄姆一樣，採取了一種認為公爵們是掠奪者的尖刻視角——所言，安茹及其貴族們自鳴得意地說，通過他們，法蘭西百合花的「怡人芳香」將散發到遙遠的地方。他們在策馬而行的同時，還在歌謠、詩篇以及有關法國勇士的「寓言般的吟誦」中頌揚自己的偉大事業。

儘管安茹宣稱自己的意圖是「通過騎士團的力量」——也就是說，通過武裝力量——「來改善教會的命運」，但他並未發揮那一力量去抗擊烏爾班。在九月初於安科納（Ancona）離開海岸線、翻越亞平寧山脈時，他繞開了通往羅馬的道路，儘管此時只要大膽一試，便有可能攻佔這座城市。探子帶信來說，答應為烏爾班進行防禦的霍克伍德白色連隊已經因佛羅倫斯本身的保護需要而被撤回。可是，安茹沒有接受薩伏伊的阿馬德奧的建議，而是選擇比較靠南的道路前往那不勒斯，而當軍隊穿行於「高聳入雲」的山峰間的羊腸小徑和崎嶇峽谷時，災難突然來襲。高地土匪在那不勒斯的操縱下襲擊了行李車隊和護送財寶的殿後衛兵，其結果是，安茹到達距那不勒斯只剩一天行軍距離的卡塞塔（Caserta）時，比他出發時還要捉襟見肘。事先勘察地形不是中世紀戰爭的構成部份，因為它不是比武大會的構成部份。衝撞就是一切。

此時已是十一月。在進入那不勒斯地區時，安茹曾在阿魁拉（Aquila）停留了一週，參加由其事業的支持者們舉辦的歡迎慶典。他前進的延緩給了被佛羅倫斯支開的霍克伍德喘息之機，前來增援其對手。現在，在需要當機立斷之時，安茹派人向都拉佐發出傳統的挑戰，要求指定作戰的時間和地點。事實證明，查理三世採取了迴避戰術。他固守在新城堡中，指望堅持得比安茹時間長，耗損他的物力，直到可以輕而易舉地打敗他，重新奪取此刻地佔領的全部領地。查理假裝欣喜若狂地接受了安茹的挑戰，使安茹不斷處於運動之中，迫使他耗時費力地向一場無論如何也看不到的會戰進發。

到耶誕節時，在深深的焦慮之中，安茹立下了遺囑，而放棄了勝利希望的阿馬德奧提出進行和平談判。作為安茹放棄對那不勒斯的繼承權的回報，都拉佐的查理將放棄他對普羅旺斯的繼承權，為安茹提供前往海岸的秘密通道，便於他返回法國。查理三世拒絕了這些條款。於是，雙方同意進行一場各出十名勇士的對陣較量，而像往常一樣，當利害關係十分重大之時，這樣的較量並未發生。

一三八三年二月，一場瘟疫在屯兵那不勒斯的山間軍隊中傳播開來，大量士兵喪命，其中就包括年僅四十九歲的薩伏伊的阿馬德奧。三月一日，在離開薩伏伊的冰雪度過了沉悶的一年後，他光彩奪目的綠色生涯走到了終點。匆匆趕來的安茹在屍床邊無助地抹著眼淚。

垂頭喪氣且饑餓難耐的安茹軍隊撤退到了義大利的腳跟部位。所有剩餘的國王財富都被用於購買糧草輜重。安茹的金盤銀碟未能換來幾個錢，就連他帶來用於加冕典禮的婚禮王冠也不得不被賣掉。他穿在鎧甲外的光彩奪目的繡金鎖子甲也賣掉了，代替它的是一件繪有黃色鳶尾花的樸素衣物。他曾習以為常的精緻肉食和餡餅被燉兔子和大麥麵包所取代。數月以後，饑餓的馱畜動彈不得，而戰馬「不再驕傲地用蹄子刨地，發出陣陣嘶鳴，而是衰弱無力地低垂著腦袋，與普通牲口別無二致」。

從他離開巴黎起到現在，安茹一直不斷地向御前會議寫信或派出信使，要求它履行承諾，資助一次由昂蓋朗・德・庫西指揮的針對那不勒斯的增援。尚在亞維農時，他便催促自己在巴黎的代理人皮埃爾・傑勒德（Pierre Gérard）千方百計地聘用庫西。除非庫西立字為據，承諾加入安茹的隊伍，否則他一分錢也拿不到，但傑勒德接到的指示是，「始終盡可能和藹莊重地做這位領主的工作」。教皇克雷芒急切地支持安茹對王冠的籲求，提出了來自義大利各地的「極好的」報價和所有成功的保證，對法國御前會議拒絕援助一項教會的健康發展將有賴於此的事業而深表失望。然而，安茹在羅塞貝克（Rosebeke）會戰那整整一年中都仍在孜孜以求。只有在巴黎起義被鎮壓、國庫被罰款重新裝滿後，王室才打算兌現自己的承諾。到這時，阿馬德奧已經死去，「薛西斯的軍隊」境遇悲慘地龜縮在巴里（Bari）。

402

庫西做好了準備，迫不及待地想去增援安茹。他與安茹的御前大臣讓・費夫爾主教（Bishop Jean le Fèvre）反覆商議，不斷地要求知道，勒費夫爾是否從國王那裡得到了積極的回應。最終在一三八三年四月，御前會議同意給安茹十九萬法郎，其中八萬法郎是從他自己的財產中征來的象徵性援助。就在此時，剩下最後一點兒戰爭渴望的英格蘭發起了又一次侵略。所有人力物力都轉去應對這次侵略，勃艮第公爵下令，所有重甲騎兵都不得離開法蘭西王國。庫西的遠征之行遭遇了挫折。一支軍隊確實組織了起來，但那不是針對義大利，而是再次針對法蘭德斯，因為英格蘭人已經佔據了那裡的敦克爾克。

在諾威奇主教（Bishop of Norwich）亨利・德斯潘塞（Henry Despenser）帶領下的英格蘭人的襲擊是烏爾班發起針對主張教廷分裂的法蘭西的「十字軍東征」之努力的結果。它始於醜聞而終於慘敗。在英格蘭，通過資助「十字軍東征」的方式表達對教廷的服從所造成的道德傷害超出了教皇能夠獲得的一切，即使是打了勝仗。作為教皇代理人的行乞修道士「驚人地放任自流」，且被賦予了額外的權力，可以出售，更糟的是可以拒絕赦罪，「除非人們根據自己的能力和產業交錢」。有時，那些拒絕為十字軍東征出錢出力的教區居民甚至領不到聖餐。據奈頓（Knighton）所言，金銀珠寶和錢財尤其搜刮「自貴族婦女和其他婦女……這樣一來，王國內掌握在婦女手中的私房錢便源源不斷地流出」。抗議再度受到鼓動，令人想起了威克利夫最後的短論之一：「反教士的戰爭」（Against Clerical Wars）。羅拉德派宣教者譴責「這些世俗的高級教士……撒旦那意在驅散善良生活和慈善事業之戰爭的主要首領和隊伍」。他們說，因為赦罪的錯誤性質，「誰也無法說出有多少靈魂因為這些受詛咒的首領和反基督者的審判權和非難而下了地獄」。

諾威奇是個不僅尚武而且積極好鬥的高級教士。雖然是位主教，可沃爾辛厄姆對他的描述卻是「年輕、放縱和傲慢無禮……既不擅學習，也欠缺謹慎，既不曾維持也不曾奉獻友情」。到他搜羅了足夠的資金和約五千人的軍隊時，他在根特的預期同盟卻令人悲傷地被征服了。可是，他在登陸加萊之後，卻連續佔領了位於法蘭德斯海岸的格拉沃利訥（Gravelines）、敦克爾克和布林堡（Bourbourg）。在圍攻伊普爾失敗之後，他將日光轉向了當時擔任統帥的庫西所防禦的皮卡第。當諾威奇的沙場老手修・卡爾維勒爵士，他帶領下的軍隊有一半的人都拒絕繼續追隨諾威奇時，諾威奇不戰而退。一支大大佔據優勢的法國軍隊現在拉開了進攻架勢，諾威奇連忙將自己關在布林堡，而卡爾維勒則向加萊進發。這位久經沙場的指揮官厭惡地說：「我擔保，我們打了一場最丟人的仗；英格蘭還從未派出過如此可憐或如此可恥之人。」他說，這就是相信「這個翅膀還沒長硬就想飛的諾威奇主教」的結果。

八月，一支龐大的法國軍隊駐紮下來包圍布林堡，在馬上長槍比武、競相爭勝的歡宴以及旨在「提升其古老貴族之聲譽」的英勇行為中彼此娛樂，探訪外國騎士。在這些活動中，庫西給人留下了深刻的印象，尤其是他的馬上風度。他騎在一匹威武雄壯的高頭大馬上，身後還跟著另外幾匹披著繡有屬於其家族紋章的華麗馬衣的馬匹，「以最優雅的姿態從一邊騎到另一邊，讓所有看到他的人都為之喝采，所有人都對他的高貴氣質和傑出風采大加讚賞，紛紛致敬。」四個月的時間令人愉快地過去了，其氛圍大大不同於布林堡一年前針對平民的戰鬥。法國人沒有表現出進攻熱情，並在冬季逼近時，通過布列塔尼公爵的某種巧妙的調解而讓此事畫上句號。諾威奇接受了賄賂，在虧空和恥辱中返回了家園。英格蘭已經減弱了十來年的軍事名望進一步沉淪，為道學家們提供了反對不公正和持劍者的壓迫的文本。「上帝之手在反對他們」，羅切斯特主教湯瑪斯・布林頓（Thomas Brinton）說：「因為他們的手在反對上帝。」

儘管好戰分子們不可能知道，但諾威奇的入侵註定是本世紀的最後一次，雖然不是這場戰爭的最後一次。戰鬥在沒有給英格蘭和法蘭西帶來任何更接近的解決辦法的情況下停止了。談判在布林堡包圍之後一如既往地開始，但最好的結果也只不過是同意休戰九個月，休戰協議於一三八四年一月簽署。這一次庫西不在談判者之列，因為他正投身於一場私人戰爭，為其未來的親戚而戰，此人是他女兒未來的公公德巴爾公爵，公爵非常迅速地付給他兩千法郎來支付他的開銷。瑪麗與亨利・德巴爾的婚姻慶典在之後的十一月舉行。

一直以來，安茹伯爵夫人及其丈夫的大臣讓・費夫爾都在懇求御前會議兌現許諾過的資助。安茹此時比任何時候都窮，因為他自己的一個貴族從他那裡侵吞了他妻子為他籌集的（或者，據其他版本所說，是從維斯康提家族那裡借來的）八萬至十萬法郎。這名在十年後將犯下另一樁具有歷史性後果罪行的盜賊是皮埃爾・克朗（Pierre de Craon），是一位貴族家庭出身、擁有龐大莊園的騎士，曾追隨公爵前往義大利。被安茹派去取這筆錢的克朗在途經威尼斯返回時，在威尼斯舉行豪華盛宴，狂賭濫輸，縱情聲色，將這筆錢揮霍殆盡，想必是渴望以一種與其所代表的領主身份相匹配的方式來展現自己。他留下了剩餘的錢財，沒有重新回到公爵身邊。

如此針對其領主的不經意犯罪似乎近於令人難以置信的地步，除非有人處心積慮想看到安茹失敗，並強大得足以保護克朗免於應有的訴訟。此人只能是勃艮第公爵，但他會做得這麼絕，不惜毀掉其兄弟，似乎有些牽強。然而，當克朗返回法國時，他確實借助於勃艮第（他與勃艮第的妻子有親屬關係）的保護而逃過了懲罰。

在國王和御前會議眼中，法蘭西的榮譽不允許安茹在失敗中衰弱下去，也不許讓烏爾班那麼舒坦。一三八四年春，在與英格蘭達成休戰協定後，也是在勃艮第因其岳父之死而獲得了法蘭德斯的領地之後，庫西的救援之戰終於啟動。這時拯救安茹已為時過晚，但庫西不是一個翅膀還未長硬就想飛的指揮官。在他將要在義大利心臟地帶展開的武裝與智慧的較量中，他顯示了自己的機智敏捷和責任感，以及從周圍災難中破繭而出的與生俱來的神奇才能。

五月，在出發前，像在進行瑞士戰役之前一樣，他為自己及其繼承人設立了永久性的每日彌撒，這一次是在蘇瓦松附近的聖梅達爾修道院（Abbey of St. Médard），以保證他得到雙重的庇佑。王室為他的遠征提供了七萬八千法郎，其中有八千法郎將由教皇償還。王室另外還給了庫西四千法郎，以補償承前一年諾給他，但未拿到手的補助。他召集了一支估計有一千五百名長矛手的軍隊，加上步兵和弓箭手，總人數約為九千人。在過去一年裡一直迫切想要前往的前御前大臣邁爾斯·多爾芒帶領兩百名長矛手加入進來。軍隊的主力顯然由雇傭兵構成，部份是在亞維農招募而來。在亞維農，庫西先去與教皇克雷芒進行了商討。

七月，他經由塞尼峰翻越阿爾卑斯山脈，同時肩負著代表安茹之子與貝爾納博之女締結婚姻之責。貝爾納博派出信使邀請庫西帶領其兩百名最高級別的手下進入米蘭，而庫西要麼是出於炫耀，要麼是出於謹慎，將人數擴大為六百人。貝爾納博「歡天喜地地」出城迎接，並與他們一起入城，「但人數實在太多，竟然把橋都壓壞了」。這似乎是庫西唯一的失禮之舉，但並無損於豪華慶典和在其歷時兩週的拜訪期間舉行的每日禮物巡展。

兩週時間對於規劃出一個穿越義大利錯綜複雜的對立派別的路線而言不算太長。威尼斯、熱那亞、米蘭、皮埃蒙特、佛羅倫斯和義大利北部各式各樣的專制者和公社之間的相互關係總是在不斷地變化著。一旦一個政權為了當下的利益而與另一個結盟反對第三方政權時，所有盟友和仇讎都會隨之發生改變，就如同十四世紀的廣場舞一般。威尼斯與熱那亞不和，米蘭利用一個去反對另一個，且與佛羅倫斯和皮埃蒙特的數個公國有嫌隙，佛羅倫斯則與其鄰居西恩納、比薩和盧卡有宿怨，且結成各種聯盟以對抗米蘭；教皇政治使得整個版塊都顫動不已。

庫西足下的第一個難題是貝爾納博與其憂鬱的侄子吉安・加萊亞佐之間的相互妒忌，後者自其父親於一三七八年去世之後便統治著帕維亞。心思縝密、鬼鬼祟祟、一副具有欺騙性的溫和模樣的吉安・加萊亞佐表面上顯得膽小怕事，暗中卻像貝爾納博一樣強硬有力而放蕩不羈。後來，當人們對他有了更清楚的認識時，帕多瓦的法蘭西斯科・卡拉拉（Francesco Carrara）提到了他：「我認識吉安・加萊亞佐。無論是榮譽感、憐憫心還是信誓旦旦的發誓都不會讓他去做一件他不感興趣的事。如果他竟然在追求善的東西，那也是因為他的利益在此，因為他根本沒有道德感。對於他而言，善與恨或怒一樣，只是種算計而已。」作為一位對立者，卡拉拉的看法自然是帶有敵意的，但並不一定全無價值；它歸於吉安・加萊亞佐的特點比馬基雅維利筆下的〔理想的〕君主超前了一個多世紀。

吉安・加萊亞佐憎恨且懼怕貝爾納博對自己與法國王室家族之優先關係的干預。「貝爾納博在與法國建立全新的聯盟，」他的母親警告說：「假如他有了親緣關係，他就會來奪取你的君主地位。」由於他羽翼未豐，而貝爾納博已萬事皆備，所以吉安・加萊亞佐無法與自己的叔叔在聯盟中抗衡。假如他不能與之抗衡，那乾脆就除之而後快，這個冷酷的選擇從那時起——正如人們後來所意識到的那樣——便開始在他腦海中成形。

與此同時，他不動聲色地向安茹支付他應付的那份援助金，並且為迎接庫西前來帕維亞做準備。此時距離他們在蒙蒂基亞里的遭遇戰已有十年之久，那次遭遇戰使吉安・加萊亞佐對戰爭深惡痛絕，他從此再也不曾走上戰場。但庫西沒有在帕維亞露面來再續前緣，這有可能是因為貝爾納博不希望自己的侄子與法國使節見面。

庫西到來的消息讓義大利北部騷動起來。西恩納派出使節秘密前往米蘭，為獲得庫西對其反佛羅倫斯的支持討價還價。佛羅倫斯派出使節，用熱情洋溢的言辭和擲地有聲的友情聲明將之誘離托斯卡納地區。執行佛羅倫斯的外交的是那位長期擔任執政官的科盧喬・薩盧塔蒂（Coluccio Salutati），他是位學識淵博的學者，可以用優雅的拉丁修辭來書寫外事信函，為共和國增光不少。他連續擔任的那一相當於總管理者的官職給了他極大的影響，事實上，在三十年的時間裡，對他的任命會定期更新，有鑒於佛羅倫斯動盪不安的政局，這顯然體現了一個人出類拔萃的政治能力，更別說體現了其鎮定自若了。他傾心於文學和新人文主義，但做起事來高效勤勉，博學多聞，和藹可親，因其誠實正直和風度翩翩而受人欽佩。按照吉安・加萊亞佐的說法，薩盧塔蒂的一份國書所具備的政治份量可抵得上千軍萬馬。這就是庫西的對手。

在回應佛羅倫斯人的問候時，庫西異乎尋常地客氣。一份有可能是薩盧塔蒂所寫的報告稱：「我們以歡天喜地的擁抱和問候相迎，而他則報我們以令人慰藉、平和寧靜的言辭。他不是稱我們為朋友和兄弟，而是稱我們為他的父輩和主人……他不但承諾放棄對我們的敵意，而且發誓要為我們的國事助一臂之力。」庫西顯然對義大利的行事風格瞭若指掌。他向佛羅倫斯人保證，他們的擔憂都是捕風捉影，承諾會將自己的路徑限制在嚴格的路線中。因為由於霍克伍德人在那不勒斯，他們沒有一支可以阻止他前進的軍隊佛羅倫斯人接受了他的保證，也許並非因為他們信任他，在中立卻又半信半疑之中，他們募集了一支由四千名農民和平民構成的部隊來守衛那一路線。

庫西八月出發，翻越了亞平寧山脈，進入位於西部被稱為「托斯卡那的奇跡」的地面。絲柏佇立在蔚藍的天空之下，葡萄園和銀色的橄欖樹倚著山坡而生。山頭城堡或村莊林立，白色的牛群在山間緩步而行，穿過一道人們親手照看了兩千年之久的鄉村風景。法國軍隊粗暴地穿行其中，其過程可不像庫西許諾的那樣和平友好。正如佛羅倫斯人後來向法國國王悲痛地抱怨的那樣，他們震驚而悲哀地（stupor et dolor）發現「他對我們表裡不一」。部份是為了脅迫佛羅倫斯人繼續保持中立，部份是為了給自己的雇傭軍支付錢和糧草，庫西向城鎮索取貢物，掠奪村莊，甚至攻佔城堡。佛羅倫斯人派出更多的使節，高呼「和平！和平！」，提出只要他繞開佛羅倫斯的邊境而行，他們便會奉上豐厚的禮物，並做出進一步的中立保證。庫西繼續好言相勸，但軍隊一旦行動，便會迅速變得掠奪成性，極難加以約束。

根據佛羅倫斯人的抱怨，「他們不僅偷鵝偷雞，洗劫鴿舍，搶了綿羊、公羊和牛就跑」，「他們實際上還猛攻我們沒有軍隊的城池和毫無防衛的住宅，仿佛他們在與我們開戰似的。他們抓走百姓，折磨他們，強迫他們繳納贖金。他們冷酷無情地殺死男男女女，並縱火燒毀其空無一物的房屋」。

當庫西進軍之時，佛羅倫斯人驚恐地獲悉，他正在與被放逐的阿雷佐（Arezzo）的領主們接觸。阿雷佐是座古老而重要的山城，位於佛羅倫斯東南四十英里處，長期以來，佛羅倫斯人都對它垂涎三尺並正在準備吞併它。它的歷史可追溯到伊特拉斯坎人（Etruscans）之時，其紅釉陶器對羅馬人而言如雷貫耳；在喬托的繪畫中，聖方濟各就在是它佈滿亭台的塔樓叢中驅趕飛翔的魔鬼。在圭爾夫派和吉貝林派之間的鬥爭中，它的統治家族，彼得拉馬拉（Pietramala）的領主塔拉提（Tarlati）家族，於一三八〇年被推翻，而獲勝的一方太過軟弱，無力維持統治，於是向都拉佐的查理求援。查理及其代理人對待阿雷佐如同一座被征服的城市，動不動便向市民大肆搶劫或罰款，結果使阿雷佐市民更傾向於佛羅倫斯。經過錯綜複雜的討價還價，佛羅倫斯人已萬事俱備，只差從都拉佐那裡買下城池這最後一步，此時庫西如果插手很有可能令他們前功盡棄。他們聽說，被放逐的彼得拉馬拉領主們已經向庫西提出要幫助他佔領城市，而他已經與他們達成有此意向的協議。庫西的目標是為安茹的事業贏得立足之地和一個他可以從那裡向佛羅倫斯施加提供輜重之壓力的地點。如果他能令霍克伍德從那不勒斯抽出軍隊來對付他，那麼進攻安茹的兵力就會被減弱。

庫西與佛羅倫斯之間的決鬥現在開始了。正接近其目標的庫西提出了更多的要求，但做出的保證卻越來越少。在回應佛羅倫斯人對其士兵的劫掠所再次提出的抗議時，他將之歸咎於居民的反抗，並冰冷傲慢地要求佛羅倫薩上貢兩萬五千弗羅林，西恩納上貢兩萬弗羅林。西恩納人陷入了焦慮之中：一些人選擇付錢，一些人反對付錢，一些人主張象徵性地付些錢，以維持友好的表象，阻止庫西士兵的進攻。

在派出帶著各種提議的使節的同時，佛羅倫薩也警告現在拿他們的錢為他們效力的阿雷佐總督雅各・卡拉喬洛（Jacopo Carraciolo），要求他加固城牆，準備在佛羅倫斯援兵出現時為他們提供糧草，並期待於九月十八日發起的進攻。在布爾喬亞巨頭的慷慨資助下，佛羅倫斯人開始集結一支武裝軍隊。

在等待對回覆的時候，庫西在附近地區駐留了一個星期，沒有繼續前進。西恩納付給了他七千弗羅林；佛羅倫斯沒有明確拒絕，卻分文未付。庫西彷彿已心滿意足，部隊開始前進，但不是向阿雷佐進發，而是掉頭向南，朝著科爾托納（Cortona）前進。事實證明，這次改道是個令卡拉喬洛放鬆警惕的計謀。九月二十八日至二十九日的夜晚，庫西給阿雷佐來了個回馬槍，在抵達阿雷佐時，兵分兩路，令一路兵馬大叫大喊地攻城，自己則連同自己最優秀的騎士們率領兵力更強的一路悄悄繞到另一邊的聖克萊門特（San Clemente）門。在撞倒城門之後，法軍一擁而入，口中高喊：「路易國王萬歲，庫西之主萬歲！消滅圭爾夫派，消滅都拉佐！」當卡拉喬洛的人馬冲上前來迎擊時，廝殺聲和鏗鏘的撞擊聲充斥了整個城市，戰鬥遍及每條街道，並在古羅馬的圓形劇場周圍展開，直到守城者在寡不敵眾的情況下放棄抵抗，退至保壘中。彼得拉馬拉的領主們憑藉勝利重獲家園，而在阿雷佐再次遭到洗劫的同時，庫西宣佈城市歸那不勒斯、西西里和耶路撒冷的國王路易所有。

就在那一刻，安茹的路易已經死去九天。他在義大利的腳跟部位停留了一年半的時間，只不過是個有名無實的國王，而他的軍隊則耗損嚴重，大幅減員，有些負擔得起的人則乘船回家了。由於他控制著巴里和亞得里亞海岸邊的其他城鎮，所以他可以靠海得到補給維繫，也許並不像喜歡誇大虛榮落空之主題的僧侶編年史作者所描繪的那樣徹底地窮困潦倒。但他因為缺乏資金而動彈不得。他捉襟見肘的騎士們騎著毛驢或徒步「奔赴戰場」，到頭來卻一無所獲，只不過偶爾會碰到些小衝突。一三八四年九月，安茹親自上陣反擊軍隊中的劫掠者，在過份操勞後染上了嚴重的風寒之症。由於高燒日益加重，公爵意識到死亡在即，於是像他的兄弟查理五世那樣，在生命的最後一日完成了遺囑。將死之人似乎總是知道自己還有多少時間，這無疑是因為治癒無望，而且某些症狀的來襲被認為是致命的。更難理解的是他們何以如此經常地在行將咽氣的狀態下口授遺囑或遺囑附錄，除非那是因為，彌留之際是種有組織的儀式，有許多參與者來協助這一過程。

出於未有減損的征服慾望，安茹在遺囑中呼籲教皇克雷芒保證他的兒子路易二世繼承那不勒斯王位，要求查理六世「揮舞起天下無敵的寶劍」為讓娜女王報仇。他指派庫西為其副王，以便將戰爭進行下去，但如果沒有得到國王、勃艮第和貝里首肯的德安茹伯爵夫人的命令，庫西不得動用糧草供應。他於九月二十日死在巴里城堡中的一個可以俯瞰大海的房間。當他裝在鉛棺中的屍體用船運回法蘭西安葬、他的軍隊土崩瓦解之時，都拉佐的查理也為自己已故的對手舉行了合乎其身份的葬禮，讓宮廷上下都為他戴孝服喪。

當佛羅倫斯人獲悉庫西佔領了阿雷佐的消息時瞠目結舌，亞諾河（Arno）畔尚未傳來安茹的死訊。受命於危難之中的十人委員會被匆匆召集起來。信件和特使被派往熱那亞、博洛尼亞、帕多瓦、佩魯賈、維羅納、那不勒斯甚至米蘭，督促所有人都與佛羅倫斯為盟，抗擊侵略者，散播這位侵略者的出現會使整個義大利都陷入危險境地。從那不勒斯召回霍克伍德的軍隊，教皇烏爾班被要求向教士徵收特別的什一稅，為將「教廷分裂分子」趕出義大利而助一臂之力，挫敗反教皇者的勝利。在一片騷亂之中，從威尼斯傳來消息那不勒斯的法國繼承人死了。佛羅倫斯人欣喜若狂，加大了準備力度，打算包圍身在阿雷佐的庫西。

沒有查察到正在四週興起的風暴和安茹之死的庫西興高采烈地向西恩納通報了其佔領阿雷佐的消息，他有條不紊地寫道，毫無疑問他們會為一件令路易國王的支持者喜笑顏開的事件而感到欣喜。西恩納人帶著更大的喜悅給這位「傑出卓越的領主的最親愛的朋友」回了信，「極其沉痛地」通知他，安茹已死，他的幾個主要夥伴已經出現在了威尼斯，從這裡取道海路返回家園。庫西自然不相信此事，懷疑那是佛羅倫斯人的詭計，目的是讓他的意志受挫。

為了給居民留下深刻印象，他以華麗的派頭樹立起自己的威望，著手為那位安茹家族的繼承人贏取追隨者，方法是顯得熱情好客，慷慨地接待所有聲稱自己是其事業支持者的來訪者。但在圍攻城堡時，他迅速意識到他雖然還沒被團團圍住，但已腹背受敵，北面是一支佛羅倫斯軍隊，南面則是自己以前的戰友約翰・霍克伍德爵士。在此關頭，當他拿到了確鑿的證據，證實了安茹死亡此一事時，他此次戰役的目標土崩瓦解了。

庫西發現自己孤立無援身陷義大利腹地，既無解圍之望，也無堅持下去的理由。反之，他的問題正源源不斷地出現。為了遵照安茹的遺囑，追求安茹家族的事業，固守阿雷佐將是正確之舉，卻又註定失敗。安茹所剩無幾的追隨者其中一人帶來口信，催促他進入那不勒斯王國，出任它的總督，但庫西不是那種要麼不假思索地走向災難，要麼在災難降臨時懷著愚蠢的勇氣加以接受的有勇無謀的騎士。他打算利用對阿雷佐的掌控，在不對安茹事業名譽有所傷害的情況下全身而退——同時補償此次戰役的花費。

拒絕加入佛羅倫斯聯盟的西恩納是他的杠杆。他提議以兩萬弗羅林的代價將阿雷佐出售給西恩納，心知那種競爭會迫使佛羅倫斯提出更好的價錢，包括通過托斯卡納地區的安全通行權。佛羅倫斯並沒有從任何一位盟友那裡得到任何十分堅定的支持，因為其他國家擔心她會藉此為自己的擴張服務。為其法

410

國盟友著想的貝爾納博建議借助金錢而非武力來重新奪回阿雷佐，並警告佛羅倫斯人，如果庫西遭到攻擊，那麼法蘭西國王及其叔叔們也許就會對佛羅倫斯商人和銀行家施以嚴厲的報復。

佛羅倫斯人也知道何時當把謹慎置於武勇之前。通過庫西，她獲得阿雷佐的前景現在突如其來地恢復了。為了讓該城總督卡拉喬洛繳械投降而提出的建議包括給他的士兵付還薪資。鑒於有望得到以為已經到手無望的薪資，卡拉喬洛的手下讓自己的長官知道，他們隨時準備放棄無謂的抵抗。因此，他同意投降，條件是佛羅倫斯補償他在守城時所遭受的損失。沒錢不打仗是騎士時代的標準。

411

因為佛羅倫斯這一直打算利用武裝力量來對付庫西，與她的中立承諾相反，所以她擔心法國可能實施的報復。為了先發制人，西恩納人寫信給查理六世，歷數庫西的錯誤行徑：搶劫，破壞，要求援助資金，在佛羅倫斯領地上與反叛者（彼得拉馬拉人）做交易。信中用悲傷的語氣訴說了庫西如何在假裝意欲和平之後，其表現卻像敵人一樣充滿惡意，「我們」如何「即使不習慣於欺騙的言辭，也看穿了他的詭計」，悲哀地發現，「這樣一個出身高貴、心靈高尚的人，尤其是身上還流著高盧人的血液，其固有的和天然的美德本該是寬宏大量，卻允許自己編造謊言，設下圈套」；因為相信這樣的舉動不可能真的代表了法蘭西國王的意願，所以「我們」如何「準備了一支軍隊，打算以暴制暴」；最後，「我們」如何「懷著悲傷和痛苦寫下此信，以便讓您知道，我們的行動是正義之舉」。

在將此記錄在案後，該共和國與庫西在十一月五日的兩份措辭巧妙、各自起草的協定中達成了友好安排。在第一份條約中，庫西出於對得到佛羅倫斯共和國一向對法蘭西王室所顯示的熱愛、忠誠和尊敬的承認和彌補的渴望，將阿雷佐的城牆、堡壘、房屋、傢俱、居民、權力和特權永久地割讓給佛羅倫斯。草約未提及雙方做出的一個對價承諾，為的是使條約看上去純粹像是庫西為了安茹家族的利益而針對都拉佐的政策行為。他提出的條件是彼得拉馬拉人將收回其財產，佛羅倫斯在那不勒斯問題上將保持中立，法國前往那不勒斯的使節和信使將可自由通行，且有權利購買糧草，他及手下在返回法國時應享有同等的條件。

第二份條約中同意支付的錢數是他從西恩納那裡索要的兩倍。考慮到庫西之主攻佔阿雷佐時的巨大花費，也鑒於他曾「在未造成傷害的情況下」橫越佛羅倫斯領地（佛羅倫斯在這些事情上很靈活），並打算以同樣的方式離開，所以佛羅倫斯共和國同意支付他四萬金弗羅林，其中四分之三將會在城市交割之前立即支付，其餘的一萬弗羅林將在他撤出阿雷佐後的兩週之內，根據他的意願，在博洛尼亞、比薩或佛羅倫斯付訖。佛羅倫斯對於市民財產的處置顯得慷慨大度，他們允許法國人在離開當日拿走所有他們能夠帶走的東西。

對於在保留顏面的同時又獲得渴望的結果而言，這項安排堪稱外交傑作。失敗者是都拉佐，他被迫接受一個既成的事實；失敗者是彼得拉馬拉人，一直期望重新獲得權力的他們怒火中燒；失敗者是阿雷佐的百姓，無人對他們進行任何補償。為了報復，在法軍撤離的那天，彼拉拉馬拉人伏擊了一支法軍糧草徵收隊，將其他人誘至「自己的家，給他們食物，然後殺死了他們」。庫西立即要求佛羅倫斯採取懲罰行動，以證明這種敵意「讓你們極為不快，我們之間的友誼堅不可摧」。佛羅倫斯虛情假意地表示遺憾，並以一番對「可憎的」彼得拉馬拉人的措辭巧妙的譴責取代了實際行動。據說，他們的姓氏塔拉提（Tarlati）源於一個意為「被鑽木蟲咬穿的爛木頭」的詞彙，而彼得拉馬拉這個名字則來源於意為石頭的「pietra」，非常適合他們，「因為他們犯罪時顯得又臭又硬」。伴隨著這些雖然沒用卻也富有色彩的註解，佛羅倫斯與庫西之間的對決畫上了句號。

約定的義務得到履行。佛羅倫斯於十一月十五日和十七日支付了三萬弗羅林，卡拉喬洛於十八日投降，庫西於二十日撤離阿雷佐。為了避免因走回頭路而遭遇充滿敵意的民眾，他翻山越嶺，沿著東邊的坡地返回博洛尼亞，一路上都安排有殿後的部隊，做出凱旋的樣子。在耶誕節那天，他在博洛尼亞收到了尾款。他於一三八五年一月再次進入亞維農，於隆冬之際翻越阿爾卑斯山脈卻無人員傷亡，創造了引人側目的紀錄。

庫西那對於他那個時代而言非比尋常的天份在於對現實的認知，這在他指揮遠征軍的方式與安茹的方式兩人之間的對比中可見一斑。對那不勒斯王位的追求——無論批評家事後對此有何冷酷的判斷——不一定註定會是場災難。安茹與其競爭對手有著相同的機會，且更具備資格。令他失利的是遲緩的開始、糟糕的用兵術，以及將時間和資源浪費在事情尚未盡在掌握之中便開始擺君主架子的炫耀儀式上。假如他將全副精力和資源都用在目標上，進行一次迅速的、斯巴達式的進軍，那麼結果可能截然不同。但這個「假如」是在用一種現代態度來要求中世紀的人。

社會破壞不在於失敗中，而在於行事之舉中，而後者的代價是巨大的。戰爭開支是貫穿了整個十四世紀的毒藥。王室和安茹本人貢獻的資金，更別提被皮埃爾・德克朗偷走的那筆錢，都是從法國百姓身上榨出的，只是為了一樁無論當前還是將來無論如何都不會有益於他們的事業。這一點沒有被民眾疏忽，也未緩解民眾的情緒。在聽說了安茹的死訊後，奧爾良的一個名為紀堯姆・居波尼耶（Guillaume le Jupponier）的裁縫「在酒醉之中」，迸發出一番長篇大論的攻擊性演說，其中反映了他那個階層罕有被記載下來的呼聲。「他去那裡幹什麼，這個安茹公爵，去那個他去的地方？他明火執仗地大肆搶劫，把錢帶到義大利，以便征服另一塊土地。他死了，他該死，國王路易也是，就像其他人一樣。屁，一個國王又一個國王的臭屁。我們沒有國王，只有上帝。你以為他們的所得是誠實地得來的嗎？他們一而再、再而三地向我徵稅，這對他們也沒好處，因為他們不能拿走我們的一切。他們憑什麼拿走我一針一線地掙來的東西？我寧願這位國王以及所有國王都去死，也不願讓我的兒子傷到他的小指頭。」

對裁縫案件的記錄表明了他的話表達了「別人不敢說的東西」。在被捕入獄後，他得到了奧爾良總督的饒恕。

安茹遺孀的娘家姓名是布列塔尼的瑪麗（Marie of Brittany），是雖然冷酷無情卻品德高尚的布盧瓦的查理（Charles of Blois）及其堅強不屈的妻子所生之女，她懷著與其父母角逐布列塔尼王位時相同的那種奮發不屈的精神，為了兒子路易二世而爭奪那不勒斯王位，其結果也不見得更好。在與都拉佐的查理及其兒子終其一生的競爭中，路易二世也並不比他的父親更加成功。儘管那不勒斯改由亞拉崗統治，然後又歸西班牙的波旁家族統治，但安茹家族對其王位繼承人身份的聲明維持了兩個世紀，在追逐一個不被承認的王冠的過程中，一如既往地堅持不懈。

法國在義大利的另一個目標——依靠武力令其接受克雷芒——雖從未得到安茹的努力推動，卻也未被放棄。相反，它成了一個日益縈繞不去的目標。與此同時，教皇烏爾班在與都拉佐的查理產生致命爭執並被逐出那不勒斯時，變得越來越瘋狂。烏爾班啟用雇傭兵，於無休無止的爭端中，在整個義大利境內橫衝直撞，被圍攻和圍攻，被俘和被救，唾沫橫飛地咒逐和開除教籍，拖著六位被俘的紅衣主教走在自己的身後，指責他們陰謀囚禁他。當其中一位紅衣主教的馬匹瘸了腳時，烏爾班令人處死了那位不幸的高級教士，他的屍體被丟棄在路邊，無人埋葬。在那之後，他又處決了剩餘五人中的四人。他沒有為羅馬教會增光添彩。

揮霍光了顯而易見的財富的皮埃爾・克朗在安茹死後重返法國。當許多他近期的戰友、安茹軍隊的殘部可憐巴巴地徒步走出義大利時，他卻帶著一個衣飾華美的隨從出現在宮廷之中，令人義憤填膺。「哈！虛偽的叛徒，」貝里公爵在看到他走進御前會議時叫道，「邪惡而不忠之人，你只配去死！是你造成了我兄弟的死亡。抓住他，伸張正義！」沒有人敢執行這一命令，因為他們顧慮克朗與勃艮第的關係。克朗繼續在很長時間裡出入查理六世的宮廷，並逃脫了德安茹伯爵夫人及其兒子對他的不懈訴訟，儘管最終他被命令償還十萬法郎。

具有諷刺意味的是，在逃脫了在義大利的傷害後，庫西在亞維農從馬上摔了下來，腿部嚴重受傷。可能是開放性骨折，所以它足以嚴重到使他臥床不起近四個月。作為安茹的副王，他承擔起了對從巴里返回的衣衫襤褸的復員老兵的責任，分發薪水，調和爭執。當安茹的遺孀前來確立兒子對普羅旺斯的王位繼承權時，他去拜訪過她幾次（應該是乘轎前往），在皮埃爾・克朗的事情上為她出謀劃策，「盡最大的可能安慰她」。在這些拜訪期間，他也許遇到了十四世紀偉大評論之一的作者，並與他進行過交談。

奧諾雷・博內特（Honoré Bonet），沙龍（Salon）的聖本篤修會修道院院長，憑藉著某種能力攀上了安茹家族，在一三八二年至一三八六年間居住在亞維農，在此期間，寫下了他對某種庫西是其中的表演者的經歷的觀察。《戰爭之樹》（*The Tree of Battles*）是對戰爭法律和慣例的檢查，並不可避免地要查看其道德和社會影響。博內特說，他寫此書的目的是想找尋自己時代的「大動亂和極其殘忍的行徑」的答案。他的結論尖銳直率。他的結論以問題的形式出現——「這個世界是否有可能自然而然地沒有衝突，和平安寧？」——他的回答是：「不，絕對不可能這樣。」

414

「我在本書的一開始種下了一棵悲傷之樹，」他寫道，在樹上可以看到三樣東西：教廷分裂所帶來的「前所未有的大磨難」，信仰基督教的親王和國王之間的「重大分歧」，社群中的「大悲痛和大衝突」。博內特查看了許多現實的和道德的問題——如果一個人在有安全通行權的情況下被俘，擔保人是否一定得用自己的錢來贖他；一個人是否應寧肯戰死沙場也不願逃之夭夭；騎士的薪水該怎麼付，包括病假期間的工資和休假期間的工資；戰利品的規則是什麼。他貫穿於所有討論的主導思想是，戰爭不應該傷害那些未曾製造戰爭的人，而他自己時代的每個例子都顯示它會傷害他們。他「傷心欲絕地耳聞目睹加在貧窮勞動者身上的悲慘境遇……除上帝之外，教皇和世界上的所有國王及領主都要通過這些勞動者才能得到自己的衣食住行」。在回答是否容許俘虜敵人中的「商人、土地上的農夫和牧羊人」的問題時，他的答案是不：「所有帶著自己的牛」以及任何套著犁的驢、騾或馬「從事自己工作的百姓和農夫」都應當「因其所做工作的緣故」而免於被俘。其理由是根本性的：勞動者及其牲畜的安全會令所有人受益，因為他們是在為所有人工作。

博內特為這一原則的日常破壞所造成的「大悲傷和大衝突」而日益悲痛。像他本人那樣的僧侶以及像德尚那樣的詩人之所以會公開探索戰爭行為，不是因為他們一定就比其他人更敏感，而是因為他們表達清晰，並且習慣於將思想付諸文字。博內特對騎士精神不抱任何幻想，他寫道，有些騎士之所以勇敢無畏，是因為他們渴望榮耀，另一些人是因為害怕，還有一些人是因為「貪求財富和其他原因」。當於一三八七年出現的《戰爭之樹》在獻給查理六世時，他並未因在書中說了實話而遭受折磨。相反，他被請進宮廷，被授予年金和職位。像其他預言家一樣，他的命運將受人尊敬——並被人忽略。

第20章

第二次諾曼征服

當庫西仍在亞維農時，他的外交才能在一項微妙的任務上派上了用場，即通知教皇克雷芒，法蘭西國王與有可能與站在教廷分裂另一端的一個家族建立的婚姻聯盟。未來的新娘是巴伐利亞的伊莉莎白（Elizabeth of Bavaria）——或伊莎博（Isabeau），因為她越來越以其名字的法語對應稱呼而著稱——維特爾斯巴赫（Wittelsloach）王朝的一員，貝爾納博・維斯康提的孫女。巴伐利亞像所有德意志王國一樣，始終尊崇烏爾班，令〔法國國王〕查理五世頗感失望。可是，一樁德意志婚姻對於反擊英格蘭而言卻十分重要，尤其是因為〔英國國王〕理查二世正在就娶已故皇帝之女波希米亞的安妮之事進行商討。

巴伐利亞是德意志境內最強大和最繁榮的國度，而維爾特斯巴赫家族是三大家族中最富裕的——另外兩個是哈布斯堡家族和盧森堡家族——它曾數次坐上皇帝的寶座。與維爾特斯巴赫的聯盟著實令人渴望，以至於貝爾納博・維斯康提將至少四個孩子婚配給那個家族的後代。這四個孩子中的第二個是塔迪婭（Taddea），她帶著十萬金達克特的嫁妝嫁給了巴伐利亞公爵史蒂芬三世（Duke Stephen III of Bavaria），後者雖然是與兩位兄弟聯合執政，卻將獨裁者的所有品質發揮到了極致。他隨心所欲、揮霍無度、浮誇虛榮、好色多情，離開了比武大會或戰爭便坐立不安，與維斯康提的女兒恰為絕配，當她於結婚十二年後去世時，她的妹妹馬達萊娜（Maddalena）又帶著十萬達克特的嫁妝接替了她的位置。伊莎博是頭次婚姻

416

的產物，在一三八五年，是個漂亮、豐滿的十五歲德意志少女，註定要幹出一番驚人之舉。

她與查理六世的婚姻是在她的叔叔弗雷德里克公爵（Duke of Fredercik）在布林堡被圍期間前來分享法國騎士精神之樂時首次被提及的。他聽說與法蘭西國王訂婚的一個條件是未來的新娘得赤身裸體地接受宮廷貴婦的檢查，以決定她是否有生兒育女的合適身材。在將此傳達給他那易於激動的兄弟時，這個提議被憤慨地拒絕了。假如她被送回來該怎麼辦？史蒂芬公爵詢問道，並立即將遞上的王冠扔在了一邊。可是，艾諾暨荷蘭（Hainault-Holland）的統治者、他的叔叔巴伐利亞的阿爾伯特（Albert of Bavaria）卻機智老練地繼續建構這一盟約，正在籌辦他們的兒子女兒名噪一時的雙重婚禮的勃艮第公爵也同樣用力。史蒂芬最終同意了這樣一種安排：伊莎博以朝聖的理由前往法國，儘管史蒂芬警告自己將要護送她前去的兄弟，假如他把她帶回來，「你不要再來見我」。

有關這樁包辦婚姻的傳聞傳到了米蘭，激起了當時最轟動的政變——貝爾納博被自己那本應安靜靦腆的侄子吉安·加萊亞佐所推翻。貝爾納博的婚姻政策在很長一段時間裡干擾了吉安·加萊亞佐的主權性，因為貝爾納博習慣於在不徵求侄子意見的情況下，把侄子同樣有資格擁有的維斯康提的領地或它們的稅收當作嫁妝送人。貝爾納博的孫女嫁給法蘭西國王的前景，以及再度出現的貝爾納博的女兒露西婭嫁給那不勒斯國王的前景，威脅到了法國對吉安·加萊亞佐的支持。從未停止勸說其法國親戚為那不勒斯王位再做嘗試的德安茹伯爵夫人成功地得到「支持」那一努力的躊躇許諾，於是派人去請露西婭完成與其子的代理婚姻，這時，露西婭再次出現。這種氣氛的結合促使吉安·加萊亞佐採取了行動。

一三八五年五月，他派出一位信使前去對自己的叔叔說他將去朝拜馬焦雷湖（Lago Maggiore）附近的「山上聖母」（Madonna del Monte），並將很高興與他在米蘭城外會面。他的提議似乎十分自然，因為吉安·

加萊亞佐雖然「心思縝密，精通世故」，卻非常虔誠，無論走到哪裡都會帶著念珠，並有僧侶陪伴左右，極為在意苦行和朝聖。他還依靠占星家來為自己的決定選擇吉時，曾經拒絕在一個特殊時刻討論一件外交事務，正如他在自己的信中所寫的那樣：「我的一切事務都要視占星術而定。」他的這些品味，以及他表面上對叔叔的懼怕（這表現為將自己的護衛增加一倍，並讓人嘗他所有的食物），使得貝爾納博對他毫無提防。一位朝臣對吉安・加萊亞佐的信使心生懷疑，警告說這有可能是個陰謀，這時，他卻遭到了貝爾納博的嘲笑。「你一點兒道理也沒有。告訴你，我瞭解自己的侄子。」欺淩弱小了一輩子的他在七十六歲時，既過度自信又粗心大意。吉安・加萊亞佐的計畫依靠的正是這一點。

418

貝爾納博帶著兩個兒子，但在其他方面卻毫無防備地騎馬走向城門外的會面地點。在大批護衛陪伴下的吉安・加萊亞佐翻身下馬，擁抱了他的叔叔，在緊緊抱著他的同時，用德語發出一聲指令，於是他的一個將軍，指揮官雅各・韋爾姆（Jacopo del Verme），砍斷了貝爾納博的劍帶，而另一人一面高喊著「你被俘了！」，一面奪過他的權杖，將他監禁起來。吉安・加萊亞佐的軍隊立即縱馬馳入米蘭，佔領了它的要害地點。因為他把帕維亞治理得井井有條，所以民眾很願意把他當作拯救者來歡迎，他們高呼著「Viva il Conte!」（伯爵萬歲！）來迎接他，接下來最先想到的就是去除暴君者，「打倒苛捐雜稅！」為了平順過渡，吉安・加萊亞佐允許暴民們搶劫貝爾納博的宮殿，焚燒稅收登記表。他將減輕課稅作為其第一項措施，並用貝爾納博貯存的黃金來填補空缺。他召集了一次大議會，讓它賦予自己正式的統治權，並向所有國家和統治者派送有關貝爾納博之罪行的法律抄本，從而為自己的統治提供合法性或表面的合法性。

米蘭王國現在控制在了一位統治者手中，隨著時間的推移，他的權力將變得更大。貝爾納博的兒子們被中立化，其中一個被終身監禁，第二個自身碌碌無為，第三個也是最小的一個則得到了終身年金。倫巴底地區的城鎮平靜無事地俯首聽命，暴君本人則被幽閉在特雷佐（Trezzo）的堡壘之中，當年十二月死在了那裡，據說是在篡位者的授命下被毒死的。貝爾納博被體面地安葬在米蘭，儘管手中沒有了權杖，但他的騎馬雕像已經按照他的設計塑造完畢，被樹立在他計畫樹立的地方。

現代塔奎因[1]的倒臺震驚了世界，其迴響延伸到了《坎特伯雷故事集》中，它在「僧侶的故事」中講述了「你的兄弟之子」如何「在其監禁之中置你於死地」。此事的一個並非微不足道的結果是在巴伐利亞的伊莎博那淺薄而毫不寬容的心中埋下了向吉安・加萊亞佐復仇的持續而強烈的慾望，因為此人即使沒有謀害她那無疑從未謀面的爺爺，至少也把他拉下了王位。既然篡位者將成為歐洲的重要人物之一，而她將成為法蘭西王后，其後果便十分嚴重且影響深遠。

十七歲的查理六世是個熱情洋溢、反覆無常的人，他曾為了向勃艮第的雙重婚禮表示祝賀，九次出現在比武大會的比賽名單上。為了有利於其自身的戰爭，他的軍事嗜好受到了王叔們的鼓勵。在外形上，「大自然似乎對他份外眷顧」。他的身高超過了一般人，強壯結實，金髮披肩，為人坦率直白、精力充沛，慷慨起來毫不手軟，視金錢如糞土，會把國庫裡的任何東西隨手送給任何一個人，但喜怒無常，不夠正經。他十三歲時，在一次打獵期間，據說抓住了一頭戴著金項圈的鹿，項圈上刻著一行「古代文字」：「Caesar hoc mihi donavit」（文中為拉丁語，意為「凱撒曾這樣對我」。），說明這頭鹿必定自尤利烏斯・凱撒「或其他皇帝」時代起便生活在此森林中。這位年幼的國王對此著了迷，以至於下令所有王室盤碟及其他陳設上都要刻上一頭戴著王冠狀金項圈的鹿。他不僅易於陷入狂熱的戀愛，並且，按照聖丹尼斯的僧侶所言，還是「肉體嗜好」的犧牲品，又會同樣迅速地清醒過來。健康的外表下隱藏著躁動不安的情緒。他的母親讓娜王后曾於一三七三年患過一段時間的精神錯亂，而且他是近親結婚的倖存者，他的姊妹除了一位，其餘全部夭折。

在勃艮第的兒子和女兒一三八五年四月於康布雷舉辦的豪華的雙重婚禮上，查理六世的各位叔叔嬸嬸們都適時地詳細敘述了伊莎博的魅力和婚姻之趣。作為一位極其自負的王子，腓力打算舉辦一場舉世無雙的婚禮。他從查理六世處借來王室珠寶，從巴黎運來超出所需的掛毯和專門用於馬上長槍比武的馬匹，訂製用紅綠天鵝絨（兩種最貴的顏色）製成的專門的僕人制服，讓所有女士都穿上黃金布料製成的禮服，為比武大會提供了一千把馬上長槍。他得到了教皇有關其近親結婚之赦免書的副本，兩位教皇各出具了一份，因為這兩樁婚姻橫跨了兩個教派。在持續了五天之久的慶祝會上，不停地送出禮物，其價值是衣服的兩倍。婚禮的總花銷達十一萬兩千里弗，在一個社會深切動盪不安、風雨飄搖的時代，它相當於法蘭德斯－勃艮第國年收入的四分之一。

伊莎博在位於艾諾的維特爾斯巴赫親戚的宮廷中接受了四周的指導之後，於七月抵達法國，身穿法國裙裝，既舉止得體，又風情萬種。由於法蘭德斯重新爆發的戰爭，法國宮廷已經搬到了亞眠，所以她與查理的會面就發生在那裡。激動萬分的國王於七月十三日抵達，就在同一天，庫西「帶著教皇的消息匆匆」從亞維農趕來，儘管史書上沒有記錄那是什麼消息。難以入眠、騷動難耐的查理不斷地詢問：「我什麼時候才能見到她？」而當他見到她時，對她可謂一見鍾情，懷著欽慕與熾熱的情感凝視著那個

1 譯者註：塔奎因（Tarquin，約西元前五三四－約前五一〇），半傳說中的伊特拉斯坎國王。

德意志姑娘。在被問及她是否將會成為法蘭西王后時，他斬釘截鐵地回答：「我擔保，是的！」

伊莎博對正在進行的交談一無所知，因為她的課程中顯然沒有教給她多少法語，她只會用濃重的德語口音說幾個法語詞彙而已。可是，她的舉止迷人，使得查理是如此迫不及待，所以婚禮在七月十七日便匆忙舉行，與之相伴隨的是許多有關這對熱辣的年輕夫婦的玩笑之語。傅華薩的結論是：「你盡可以相信，他們欣喜若狂地度過了那個夜晚。」還沒有一樁如此熱切的婚事會在瘋狂、墮落和憎恨中淪入一種更為令人悲哀的結局。

愛情之後是戰爭。甚至尚未等與英格蘭的休戰協議於十月到期，蘇格蘭人便已派來使節要求法國派出一支軍隊，與他們聯起手來，「給英格蘭捅個讓它一輩子也別想復原的大窟窿」。驕傲的法國人巴不得有機會顯示自己，證明他們不僅強大得足以擊退進攻，而且準備發起反攻。正如庫西向查理五世所建議的那樣，要讓英格蘭人知道他們不可能總是侵略者，而是必須「習慣於遭受攻擊」——在他們自己的土地上。有效地控制著政府部門的「大膽腓力」安排海軍上將維埃訥，「一個被證明是英勇過人、渴望榮耀的騎士」，率領一支遠征軍前往蘇格蘭，為將由克利松、桑謝和庫西率領的隨後而來大部隊打前站。然後，他們將與蘇格蘭人一道，「勇敢地突破」邊界。

維埃訥帶著八十位騎士和一支預支了六個月薪水，總數為一千五百人的軍隊於一三八五年初夏越過了邊境，給蘇格蘭國王帶去了五萬金法郎的「免費禮物」，並給他的貴族帶去了包括長矛和盾牌在內的五十套鎧甲。蘇格蘭使節確曾要求法國帶去可武裝一千名蘇格蘭人的武器，這應該是一種提醒，但事實證明，蘇格蘭的實況還是讓法國人怏怏不樂地大吃一驚。城堡荒蕪陰暗，狀態原始，在惡劣的氣候中令人不適。部落酋長潮濕的石頭小屋更糟，沒有窗戶或煙囪，彌漫著煤煙和糞便的味道。他們的居民陷在長期的相互仇殺之中，包括有組織地襲擊城堡、奪人之妻、出賣背叛和謀殺屠戮。他們既沒有鐵來給馬釘馬掌，也沒有皮革來製作鞍轡，在此之前，這些東西都是從法蘭德斯進口現成的。習慣了「裝飾著掛毯的大廳、漂亮的城堡和柔軟的床鋪」的法國人捫心自問：「我們為什麼來此？在此之前，我們對貧困一無所知。」他們的東道主也並沒有更喜歡來訪者。他們討厭熱愛奢侈的法國騎士，所以對他們冷臉相迎。當他們聽說一支英格蘭大軍正在向前推進時，他們不是高舉旗幟前去參加激戰，而是撤了兵。

421

由於被法蘭德斯爆發的新一輪戰爭分散了力量，法國援軍並未到來。在被迫無奈的賦閑無事期間，德維埃訥將軍那遭到挫敗的尚武熱情轉向了愛情：他與蘇格蘭國王的一位表親發生了有罪的戀情，這讓他的東道主勃然大怒，「以致將軍處在了生死關頭」。不管是因為圍繞這一問題的最終爭吵，還是因為蘇格蘭人堅持要求法國人開銷自付，總之將軍承諾會自掏腰包，急匆匆地雇了許多船隻撤離了。

與此同時，由阿特維德的後繼者法蘭西斯・阿克曼（Francis Ackerman）領導的一夥根特人攻佔了達默（Damme），它是布魯日的港口，位於斯凱爾特河的河口，法國前往蘇格蘭的援軍本該從那裡出發。這次攻擊得到了英格蘭人的促動，這些英格蘭人正一如既往地因有關法國入侵的謠言的散播而驚恐不已。

一支由剛從其婚床上爬起來的國王帶領的法國軍隊北上前去包圍達默，儘管高溫難耐，英格蘭弓箭手又從中阻撓，並且還爆發了瘟疫，可是法軍還是在圍攻了六周後拿下了它。

主要由勃艮第人實施的懲罰野蠻而殘暴，他們焚燒並摧毀了根特的城門。許多抓起來換取贖金的俘虜被處死，以便殺一儆百。他們中的一人在斷頭臺上警告他的行刑者：「國王可以殺死有著強壯心臟的人，可是即使他將佛蘭德人斬草除根，他們的枯骨也將站起來與他作戰。」勃艮第公爵逐漸認識到疏遠自己的臣子對他並無益處。十二月，一份沒有進一步處罰或罰款的和平協定在圖爾內達成，此後他更做出努力恢復法蘭德斯飽受創傷的商業。但數十年的戰爭所造成的傷害不可能一筆勾銷：法蘭德斯的繁榮時代已成過眼雲煙。

有可能是在所有那些婚禮的刺激下，庫西四十六歲時再婚，於一三八六年二月迎娶了一個小他約三十歲的少女。這位新娘是洛林公爵的女兒伊莎貝爾，「一個非常漂亮的貴族少女，布盧瓦家族的偉大後裔」。在巴伐利亞的史蒂芬頑固抵制的間隔期間，她曾被考慮成為國王的新娘，被描述為「與國王同齡，或是年齡相仿」，這說明她年齡在十六到十八歲之間。查理「幾乎同意了」這樁婚配，直到巴伐利亞人的婚姻提議重獲首肯。

有關這第二位伊莎貝爾・庫西的情況少有人知，除了一點：在結婚之後，昂蓋朗對城堡進行了大規模的修整，由此有可能（儘管不是一定如此）得出推論：他這麼做是為了取悅一個年輕貌美的新娘。

結婚之後，城堡西北部新增了一個幾乎如著名的城堡主塔一樣壯觀的側室，同時還進行了許多內部改進。[2] 新側室中有個巨大的宴會廳，寬五十英尺，長兩百英尺，名為「武士大廳」（Salle des Preux）或「九傑廳」（Hall of the Nine Worthies），這九傑指中世紀最令人欽佩的歷史英雄。他們之中三位是古人——特洛伊的赫克托（Hector of Troy），亞歷山大大帝（Alexander the Great），尤里烏斯・凱撒；三位是《聖經》中的猶太人——約書亞、大衛王、猶太・馬加比；三位基督徒——亞瑟王、查理曼（Charlemagne）、十字軍戰士布雍的戈弗雷（Godfrey of Bouillon）。一個寬三十英尺長六十英尺的鄰近小廳奉獻給幾位女中豪傑：希波呂特（Hippolyta）、塞米勒米斯（Semiramis）、潘西斯莉（Penthisilea）以及其他傳奇女王。每個大廳的兩頭都有巨大的有蓋煙囪，有高高的穹形天花板，寬大的拱形窗戶使大束的陽光可以照射進來，與舊牆壁上的窄小切口截然不同。「武士大廳」中還建有一個高高的看臺，與民眾分隔開來的達官貴人及其家眷可從那裡觀賞舞蹈和娛樂活動。看臺後面佇立著淺浮雕的九傑像，它「由一隻如此靈巧的手刻出」。一位欣賞者寫道：「若非親眼所見，我永遠也不會相信，樹葉、果實、葡萄以及其他精緻之物竟能如此完美地出現在堅硬的石頭上。」

其他新增設施還有：一個供女性化粧室使用的壁爐和煙囪，現在隱藏在新側室與老城堡之間的一個夾角處；一塊帶有經過雕刻的木制天花板的室內網球場；一座位於下院的新馬廄；與露臺同長的低矮擋牆；為防止木頭起火而在露臺下所設的雙重拱形空間；一間帶有公共廁所的狗舍，「以便讓龐尼菲斯（Bonniface）和蓋東（Guedon）有地方躺下來」；一個寬六英尺、長八英尺、深十六英尺的水槽，通過四根大石水管為廚房供水。城堡主塔中新裝了木製天花板，城堡各處的屋頂都重新鋪設了一遍，滴水嘴和排水漕都經過打掃，「被庫西夫人的猴子弄壞的」上層房間的窗戶也修好了。

各行各業的工匠都被雇來——製造馬車的人被叫來對新庫西夫人從洛林帶來的馬車進行砍削，因為它太寬了，進不了城門，只能縮窄一英尺；刻木工來鑲嵌庫西之主的老鷹廳、祈禱室和更衣室的天花板，並為新大廳的宴會桌製作兩個擴展台；鐵匠來更換舊的鑰匙、鎖、插銷和合頁，特別是要為領主祝禱室中的小箱子打造新鎖；管子工來焊接廚房洗滌槽和排水管；從巴黎來的畫家裝飾牆壁，「用新的被服布料來給庫西僕人的制服增補紅白兩色的兜帽」。

2 出於僥倖，庫西城堡一三八六—一三八七年度的家庭帳目保存得足夠長久，使得當地的一位古物研究者盧西恩・布洛切（Lucien Broche）於一九〇五—一九〇九年間發表了一份有關它們的報告。原稿於第一次世界大戰期間亡佚，皮卡第在那時遭到了重大的破壞。

出現在帳目上的許多未出租的土地是葡萄園，需要花重金種植、耕作和收穫，並為領主帶來了相當可觀的收入。其他花銷包括管家和收稅人的工資，給兩個禮拜堂的本堂神父的供品，醃魚、添置家畜、刻木頭、割草和曬草、為領主及其隨從提供衣物和裝備的費用。庫西前往蘇瓦松和其他地方的旅行顯示，通常有約八十名騎馬的騎士、侍衛和僕從相伴左右，一位占星師，總管紀堯姆・德凡爾登（Ma.tre Guillaume de Verdun），會為他完成「某些必不可少的事」。

第二次婚姻像第一次一樣，沒有生育多少子女，這也許反映了昂蓋朗的婚姻關係中的某種問題，或者僅僅因為他長期不在家的緣故。沒有兒子來延續王朝的香火和維持這座龐大的男爵王國，只有一個女兒。她跟隨母親，取名為伊莎貝爾，最終嫁給了勃艮第公爵的二兒子。在一個未知的時間點，有可能是幾年以後，昂蓋朗家終於誕下了一個渴望已久的兒子——在婚外。他名叫珀西瓦爾（Perceval），又被稱為「庫西的私生子」（Bastard of Coucy），於一四一九年結婚，這表明他是一次遲來的姻緣的產物。他母親的身份不明。她也許是庫西妻子的競爭對手，或是她在他後來在南方擔任吉耶納統帥期間的替代者。很顯然，她是庫西生命中的一個重要人物，或者他為有兒子而感到驕傲，或者兩者兼而有之，因為他承認了父子關係，並封珀西瓦爾為奧布蒙特（Aubermont）的領主，這是一處屬於拉費爾閣下的封邑。私生子從此可自稱為庫西閣下和德奧布蒙特領主。

在一三八五年至一三八六年的婚姻期間，庫西出席了他的哈布斯堡親戚、新近成了他的敵人的阿爾伯特三世公爵（Duke Albert III）與「大膽腓力」之女在第戎舉辦的婚禮。就在這一年，瑞士矛兵打敗了哈布斯堡家族，於森帕赫湖取得了歷史性勝利，所以庫西出席了位於第戎（Dijou）的婚禮，有可能與哈布斯堡家族渴望得到他的援助有關。不管怎樣，他與自己母親家族的爭執顯然得到了調和。按照檔發現者的話來說：「他們最終總能達成和解。」

蘇格蘭慘敗並未使法國的進攻設想受挫。相反，該設想現在擴展為一幅全面入侵英格蘭的畫面，這是一次真正的入侵，也許是第二次諾曼征服。法國人強烈地感覺到只有通過法國的軍事勝利才可結束戰爭，確保法國裔教皇的最高權威。除此之外，人所共知的是英格蘭陷入了巨大的混亂之中，貴族不再團結一致地支持國王，而是深感不滿。勃艮第公爵最初是入侵計畫的贊助人，但在一三八六年四月做決定時，御前會議經過投票，一致同意支持這一決定。許多人都是曾為查理五世效勞的人，但查理五世所擁有的控制感覺情緒的可能技藝已經不復存在。通過普瓦捷會戰後的「殘垣斷壁」，查理已經學會了調和雄心壯志與可能性之關係的原則，他兒子的統治將不會花時間儘快學習這一點。「Folie de grandeur」——妄自尊大的「無所不能的幻覺」——在一個令人發狂的世紀正在走向終結時，突然降臨在法國人身上。

「你是最偉大的國王，有著人數最多的臣子，」勃艮第對自己的侄子說，「這讓我多次想到，我們為什麼不向英格蘭進發，一舉粉碎這些英國佬的驕傲自大……使這一偉大事業名垂青史。」當蘭開斯特公爵於復活節之後沒多久帶著大隊人馬乘兩百艘戰艦離開英格蘭去爭奪卡斯提爾王位時，法國人的機會近在眼前。法國和英國漁民傳遞著有關彼此動向的資訊，這些人不顧兩國的敵對狀態，在海上互助，交換漁獲，使跨海峽的交流保持了暢通。

根據計畫，法國侵略艦隊將成為「上帝創造世界以來」最龐大的。克利松和庫西將要帶領前往蘇格蘭的第一批軍隊將是入侵部隊，其比例猛增到令人敬畏的地步。編年史作者的記載是四萬名騎士和侍衛，五萬匹馬，六萬名步卒，這些數字令人印象深刻，但未必準確。在法蘭德斯攪局前，為進軍蘇格蘭所做的準備已經十分充分，現在則更是來了個行動大爆發。金錢一如既往地首當其衝。為了蘇格蘭戰役，一筆百分之五的銷售稅外加百分之二十五的飲料稅已經在全國徵收，帶來了二十二萬里弗的收入。現在它再次徵收，正如它周而復始的那樣，永無滿足之時。

從普魯士到卡斯提爾，船隻從歐洲各地雇來或買來，而同一時間，法國船塢則在夜以繼日地工作。前一年集結起來的六百艘船隻翻了兩倍還不止，它們在斯凱爾特河口造成的景象是「有史以來最壯觀的」。博納科爾索·皮蒂這位無處不在的佛羅倫斯人看到了一千二百艘船隻，其中六百艘是戰艦，上面佇立著弓箭手的「堡壘」。指望通過在英格蘭的戰利品和贖金來補充開銷的法國貴族不遺餘力地在鍍金的船頭、銀制的桅杆和用一條條黃金和絲綢布料製成的船帆上面競相攀比。德維埃訥海軍上將委託法蘭德斯藝術家皮埃爾·德利斯（Pierre de Lis）將他的旗艦漆成紅色，飾以他的盾徽。勃艮第的腓力的黑色戰船上裝飾著他所有領地的紋章，迎風招展的絲綢旗幟上有他張揚醒目的標記「Il me tarde」，大概的意思是「我不等候」，這個標記還金燦燦地出現在了主帆上。庫西的船是「艦隊中最豪華的船隻之一……船身龐大，富於裝飾」，它在停靠西耶納時遭遇了不幸的命運。在一個以蘭開斯特公爵的盟友身份出戰的葡萄牙將軍發起的逆流而上的冒險襲擊中，它與另外兩艘船隻被攻佔。

庫西未能免於時下的傲慢。他蓋在一三八六年十月的一張與入侵艦隊有關的付費收據上的圖章上，他的紋章與英格蘭王室的豹子圖案結合在了一起。很顯然，也許是因為他女兒菲利帕的緣故，他覺得自己有權永遠說自己是英格蘭國王的姻親兄弟。在入侵艦隊中，庫西自己的隊伍包括五名騎士、六十四名侍衛和三十名弓箭手。

斯凱爾德河那寬闊的海灣和河口為艦隊提供了巨大、隱蔽的聚集地，它與陸地和海洋相通，亦可通過內陸運河通往布魯日。供給的行列日復一日地前來——兩千桶餅乾、製作手推車的木材、磨麵的可攜式手磨、從亞眠運來的鐵製和石製炮彈、繩索、蠟燭、提燈、床墊和草墊、尿壺、刮臉盆、洗衣盆、馬用踏板、鏟子、鶴嘴鋤和錘子。書記員書寫著源源不斷的指示，採購人員遍搜諾曼第和皮卡第、荷蘭和齊蘭（Zeeland），甚至遠至德意志和西班牙，尋找糧草供給——尋找可製作兩千噸餅乾的小麥，尋找鹹豬肉和火腿、煙燻青花魚、鮭魚、鰻魚、風乾的青魚、幹豌豆、蠶豆、洋蔥、鹽、一千桶（或四百萬升）法國葡萄酒，以及八七五桶來自希臘、葡萄牙、雷龐多（Lepanto）和羅馬尼亞的葡萄酒。勃艮第公爵訂購了一〇一頭肉牛、四四七隻羊、二二四隻火腿、五百隻肥雞、閹雞和鵝，成罐的薑、胡椒、藏紅花粉、肉桂、丁香、九百磅杏仁、兩百磅糖、四百磅米、三百磅大麥、九十四桶橄欖油、四百磅布里（Brie）乾酪和一四四磅紹尼（Chauny）乾酪。

劍、矛、戟、成套的鎧甲、新式帽舌的頭盔、盾牌、旗幟、三角旗、二十萬隻箭、一千磅火藥、一百三十八發石製炮彈、五百個供船隻使用的撞擊用船頭、彈弩、火焰拋射器被收集來。武器製造者把榔頭敲得叮噹響，把武器擦得錚錚亮，刺繡工埋頭於旗幟，麵包師傅忙於製作船用餅乾，供給需要運送、打包、貯藏並裝載進船艙。停泊處擠滿了貨船、軍用商船、駁船、單層甲板大帆船和西班牙大帆船。

在所有準備中，最驚人的是可搬運的木製城鎮，它可保護登陸後的入侵者，並為他們提供住宿。一個巨大的營房所佔地盤可將每位船長及其隊伍都容納在內，它實際上是個人工加萊，將被拉過英吉利海峽。它的尺寸集中體現了「無所不能的幻覺」。它將擁有九英里的周長和一千英畝的面積，周圍環繞著二十英尺高的木牆，間隔為十二碼和二十二碼的塔樓使之更加牢固。房屋、兵營、馬廄和隊伍可來此領取其供給的市場都沿預先安排好的街道和廣場排列開來。征服者威廉在三百年前登陸英格蘭實施攻擊時就曾帶來一座可拆卸的木製堡壘，從此以後類似的裝置已被多次使用，但沒有一種在概念上和規模上可與這次前所未有的嘗試更大膽。它在諾曼第由五千名刻木工和木匠在一隊建築師的監督下預製而成，將會按照編碼分批打包裝船，其設計如此精密，據傳可在令人難以置信的三個小時之內，在灘頭陣地組裝完畢。出於好戰的目的，十四世紀像二十世紀一樣，人們掌握的技術要比引導其使用的精神和道德能力更為高端複雜。

在斯凱爾特港，各級貴族、官員、工匠和僕從雲集於此，所有人都得交錢住宿。薩伏伊伯爵丟失的光輝被他號稱「紅伯爵」（Red Count）的兒子阿馬迪厄斯七世（Amadeus VII）找了回來，他招待所有人，無論貴賤高低，都不會令來客空著肚子離去。臨時充當桂冠詩人的厄斯塔什・德尚也曾在場，他充滿信心地寫道：

英格蘭的土地將歸你所有；
那裡曾有過一次諾曼征服，
英勇的心將使戰火重燃。

所有法國貴族領主都在現場，只有德貝里公爵除外，他的遲遲沒現身引發了重重疑慮。迫不及待地想乘船出發的情緒日漸高漲。留在布魯日的貴族「更加隨心所欲」，他們每過幾天便騎馬前往國王駐足的斯勒伊斯，打聽出發日期是否已經決定。回答永遠是明天或下周，或等霧散時，或等德貝里公爵抵達時。擠在那一地區成群結隊的人變得越來越躁動不安和混亂無序。包括較貧窮的騎士和侍衛在內的許多人都拿不到薪水，而生活費因當地人抬高了物價而不斷飛漲。騎士們抱怨說四法郎幾乎買不到過去只值一法郎的東西。法蘭德斯人則悶悶不樂，動輒爭吵，「因為普通民眾心中抱有對羅塞貝克戰役的不滿之情」。他們相互說道：「真見鬼，法蘭西國王為什麼還不去英格蘭？難道我們還不夠窮嗎？」——儘管他們承認：「法國人會讓我們窮到了極點。」

所有等待的藉口現在都變成了一個——等待德貝里公爵。他的遲遲不來表明，軍隊並非那麼同仇敵愾，懷疑和相互衝突的利益正在幕後糾結爭鬥，以貝里為代表的主和派與主戰派針鋒相對。

貝里太專注於收藏和藝術，對戰爭毫無興趣。他是為了佔有而非榮耀而活著。他在巴黎有兩所住宅，一所是德內勒大宅（H.tel de Nesle），另一所則靠近聖丹尼大教堂，而在他的貝里公國和奧弗涅公國，他還興建或獲取了總計十七座城堡。他用鐘錶、錢幣、琺瑯、馬賽克、鑲嵌細工、精裝書籍、樂器、掛毯、雕像、將生動的場景繪製在以珠寶鑲邊的令人眼花繚亂的金底之上的三聯畫、金容器和金湯匙、鑲珠寶的十字架和聖骨匣、神聖遺物和古董將它們填得滿滿當當。他擁有一顆查理曼的牙齒、一片以利亞的斗篷、基督享用最後的晚餐時使用的杯子、聖母的數滴乳汁、多到可以當禮物分送他人的聖母的頭髮和牙齒、來自各部《聖經》原址的土壤、一枚獨角鯨的牙齒、豪豬的刺、巨人的臼齒、多到一次可供三座大教堂中所有教士穿著的綴金邊的法衣。掮客不斷挑逗著他的好奇心，一三七八年，當有人報告說在里昂附近挖出了「巨人的遺骸」時，他立即批准購買。他豢養代表著他所選擇的標記的天鵝和熊、包括猿和單峰駱駝在內的獸群，花園裡長著罕見的果樹。他用水晶餐具吃堆在金銀器皿中的草莓，借著從六只雕刻繁複的象牙燭臺上散發出的燭光閱讀書籍。

像大多數有錢的領主一樣，他擁有一個收藏古典及當代著作的優質圖書館；他命人翻譯拉丁語書籍，從巴黎的書商那裡購買傳奇作品，用珍貴材質裝幀書籍，有些是用紅天鵝絨與金別針裝訂。他從著名的闡釋者那裡獲得了至少二十部時禱書，其中有兩部是精美絕倫的傑作：《大時禱書》（*Grandes Heures*）和《豪華時禱書》（*Très Riches Heures*）。他的樂趣是看到對自己喜歡的場景和肖像（包括他自己的在內）的圖解。高塔攢簇的精美城市和城堡、鄉村勞作、花園中的騎士和淑女、狩獵、宴會大廳，這些圖案都賦予了圖書優雅之至的外表，裝飾著那些祈禱書籍。公爵本人常常一身純天藍色長袍加身，其色料是如此寶貴，以致有兩罐被列入了一份貝里的「珍寶」名錄中。

貝里將新近發明的踏板管風琴引進了自己的教堂，並花四里弗購買了一件新外套，好讓他演技高超的木笛手可在查理五世面前表演獨奏。他用金粉和珍珠粉混合起來製作瀉藥，在他為了緩釋其暴飲暴食之後果及中風趨向而接受放血治療時，被迫賦閑期間的他以擲骰子為樂，這是他最喜歡的打發時間的遊戲。在一次與一群騎士的賭博期間，他將自己的珊瑚念珠抵押了四十法郎。他會帶著自己的天鵝、狗熊和掛毯不斷從一個城堡搬到另一個城堡，帶著一個地方的工匠的半成品去讓另一個地方的工匠最終完成，參加當地的遊行和朝聖之旅，參觀修道院，享用秋日的葡萄酒收穫，某一年的六月，他派人給公爵夫人送去新鮮的豌豆、櫻桃和七十八粒成熟的梨子。他收集名犬，不管他已經有多少隻，總是要搜尋更多的。一次，當他聽說蘇格蘭有一種罕見的灰狗品種時，他從理查二世那裡搞到通行證，好讓他的四位急差騎馬往返，為他帶回一對。

滿足其嗜好的資金榨取自奧弗涅和他曾擔任其總督的朗格多克的百姓，他向他們徵收那個時代法國最沉重的課稅，散播仇恨和不幸，導致了蒙彼利埃的反叛和他自己的收回成命。當他代替安茹再次成為總督時，對一三八三年圖欽起義的懲罰成了他最有利可圖的機會。他沒有處死那些帶頭者，而是讓他們以金錢購買寬恕，向公社徵收八十萬金法郎的懲罰，這是整個朗格多克曾經為讓二世所能收取到的贖金的四倍之多。它將前所未有地徵收二十四法郎的灶台稅。貝里將這樣不知悔改、一成不變地繼續揮霍三十年，直到他為了支應開銷而毀掉了自己的田產，於一四一六年，在他七十六歲時，於破產中死去。

在大家都在斯凱爾特河伴等候他的到來時，他時年四十六歲，自高自大，熱愛享樂，剛愎自用，是寄生蟲的獵物，頭腦平庸，精神平凡，只是由於他對美的熱愛和推動使他免於粗鄙。也許那種終身的激情是對他自身那乖張地加以強調的粗劣形象的反應：他那長著獅子鼻的面容出現在盤子、封印、有浮雕的寶石、掛毯、祭壇嵌板、彩色玻璃窗和時禱書上。根據一句流行的詩句，公爵希望「在他的宮廷中，只有塌鼻子」環繞在他左右。

貝里直到十月十四日才到達斯凱爾特河。當地，白天已經越來越短，越來越冷，而英吉利海則越來越波濤洶湧。與此同時，在九月中旬，災難重擊了那座可搬運的城鎮。用七十二艘船隻裝載的它正在從盧昂前來斯凱爾特河的路上，結果遭到一隊從加萊出發的英格蘭分遣隊的襲擊，有三艘法國船隻被奪走，一起被俘的還有負責組裝的工匠師傅。由於船體太大，進不了加萊港，所以有兩艘船隻被拖到了英格蘭，它們裝載的那部份城鎮在倫敦展出，令英格蘭人震驚且欣喜不已。對於法國人而已，這一損失是個惡兆。

從來不會錯過預兆的聖丹尼斯的僧侶報告說，成群結隊的烏鴉將點燃的煤塊帶來，存放在屋頂的穀倉之上，還有一場可怕的風暴（它們會有規律地出現在他的編年史的所有黑暗時刻）將最高的樹木連根拔起，並用一道雷電摧毀了一座教堂。在貝里終於到達的那天之後，「似乎被其拖延所惹怒的」惡劣天氣將大

429

海攪得波濤洶湧，掀起「山一樣高的」巨浪，粉碎了船隻，而接踵而至的豪雨是如此之猛烈，似乎上帝正在發起第二次洪水。許多尚未裝船的物資都遭到毀壞。

三個星期過去了，決策猶未出臺。十一月，入侵艦隊中的一百五十位船長提出了一系列理由，說明為什麼到此時乘船出發是萬不可行的：「說實話，大海遭到了詛咒：一則，夜晚太長；一則，太黑（自始至終有一長串的「一則」），太冷，太多雨，太混亂。一則，我們需要滿月；一則，我們需要風。一則，英格蘭的土地上危險重重，港口危險叢生；我們的老舊船隻太多，小船太多，恐怕小船會被大船撞沉……」種種未得緩解的消極意見暗示了一個業已做出的決定的合理性。

整個龐大的遠征事業連同它在船隻、武裝、人員、金錢和糧草供應上的投入都被取消，至少在冬季如此。大部隊被解散，四散離去，容易腐爛的物資以低於成本的價格出售給法蘭德斯人，國王將可搬運城鎮的剩餘部份給了勃艮第公爵，他將之用在了自己領地的建築之上。在海峽的另一邊，英格蘭人額手稱慶。

貝里本人「無意前往英格蘭」，也不想讓遠征軍前往，這在當時是種共識。經由談判取得和平的嚮往在兩邊都變得日益強烈，儘管它總是會遭到各國主戰派的反對。商人階層尤其希望終止這場「無用的戰爭」，許多人都意識到指望和平談判達成終止教廷分裂、使兩個偉大的國王聯合起來對抗突厥人的步驟是徒勞無益的。無論貝里是否考慮到了這些問題，他肯定會擔心被戰爭吸取的金錢，而且他已經與蘭開斯特公爵交換過意見，後者願意讓自己的國家與法國和平相處，好讓他騰出手來去追逐其在卡斯提爾的野心。以和談為理由，貝里與蘭開斯特早在年初便舉行過會談，會談結束後，雙方似乎都顯得欣欣然。而一年後，鰥居的貝里曾商談過娶蘭開斯特之女為妻的事，儘管此事最後無疾而終。

即使有使王國落入其兄弟的掌控之中的風險，但只要大膽腓力的意願與飄揚在其桅杆之上的大膽標語相匹配，他便有可能在沒有貝里的情況下遠航。但他擔心如果他一離開，法蘭德斯便有可能發生起義。聲稱「我不等候」的旗幟被拽了下來，他終究還是一等再等。與此同時，御前會議也對是否能取得軍事成功漸生懷疑。遠在點燃穀倉的烏鴉和將樹連根拔起的風暴所代表的徵兆出現之前，一則來自亞維農的報告便提到「有關國王是否會發動侵略的激烈辯論」。

真正的決定因素有可能是不願意臨水而戰。渡過海峽無論如何都是件不確定的事情，更糟糕的是冬季那「可怕的西風」。最重要的是另一邊隱隱出現的是一個充滿敵意的灘頭陣地。面對那種危險，潛在的侵略者，在做出如一三八六年的那些規模宏大的準備之後，都望而卻步——一次是拿破崙，一次是希特勒。在整個十四世紀的戰爭中，英格蘭人都在法蘭德斯、諾曼第或布列塔尼擁有可供其任意使用的有盟友關係的灘頭陣地，或是擁有自己在加萊和波爾多的港口。缺乏這項優勢的法國人一向僅僅發起過報復性的襲擊，從未試圖守住陣地。在一〇六六年至一九四四年之間，無論是在哪個方向，都未完成過對一塊敵人的灘頭陣地的成功佔領。

如果恐懼是原因，那麼它未被承認。出兵被說成是只是延遲到了下一年度，彼時，在騎士統帥和庫西的率領下，將發起一場較小規模的攻擊。一三八七年三月，查理六世對庫西城堡進行了儀式性訪問，正如一份倖存下來的檔所表明的，此行的部份原因是商討計畫，因為它提到了庫西將帶「往英格蘭」的「軍隊」之用的供給問題。毫無疑問，國王的訪問還在於王室對庫西領地的興趣的增強。這一次，沒有宮廷詩人記錄此場合，但在訪問期間犯下的一樁小罪引出了一封王室赦罪函件，這些函件是瞭解窮人生活的視窗。

博代・勒費爾（Baudet Lefèvre）是個「有很多孩子的窮人」，他偷拿了兩隻供國王晚餐上菜用的錫製上菜大淺盤，將其藏在自己的束腰外衣下，前往城裡的一家旅館，結果被「我們親愛、摯愛的親戚庫西之主」的軍士看到，他問道：「你在這裡幹什麼？」博代回答說：「我來取暖。」他說話時，軍士看到了大淺盤，拘捕了他。他被帶到城堡中的監獄，在那裡，人們發現他還拿了一只有凸起的王室標誌的鍍銀淺盤。「他很有可能就此死在獄中，他卑微地懇求我們的饒恕和恩典，既然這個博代一向為人老實，不曾說過謊話，沒有不良記錄，因而我們樂意賜予他這種恩典和憐憫」，並且，借助於「我們特殊的恩典和王室的權威」，在現在直至未來，終止、減輕和赦免這位懇求者的全部冒犯、罰款、民事的和刑事的處罰，如此他便可以維繫並恢復他及其善良的妻子的私人財產，且將此告知所有地方司法官員及其巡警或現在及未來的繼任者。

所有這些以國王之名為偷了三只淺盤的賊——檔裡沒有使用「賊」這個字——所獲取的恩典表明，除了冗長囉嗦之外，這種照應意在展示國王是窮人的保護者。

五月，在國王來訪的兩個月後，庫西出席了御前會議與德維埃訥海軍上將、代表勃艮第的居伊・德拉特雷穆耶（Guy de la Tremoille）、國王的大臣讓・勒默西埃以及其他人就重新入侵英格蘭之事進行的會談。據聖丹尼斯的僧侶的記載，國王及貴族們從斯凱爾特河的「喪失顏面的」撤離給全體法國人留下了令人苦痛的印象，其結果是，人們覺得有必要通過對英格蘭發起強有力的攻擊來抹去那一印象，「對那裡施以對敵人的全部肆意之舉」。很顯然，征服計畫已經縮減為某種更具襲擊性的計畫。

遠征軍將被分成兩部份：一部份由騎士統帥率領，從布列塔尼出發，另一部份由海軍上將、庫西和

432

沃爾倫・聖波爾伯爵（Count Walerande St. Pol）率領，從諾曼第的阿夫勒爾（Harfleur）出發。他們的目標是多佛。他們將帶領六千名重甲騎兵、兩千名長弓手、六千名「其他作戰人員」，攜帶包括供馬匹食用的乾草和燕麥在內可維持三個月的充足食物以及情況良好的鎧甲。這些意圖無疑是真實可信的，因為在六月，庫西之主的一支艦隊在恩河（Aisne）河畔的蘇瓦松裝載將要運送到盧昂的食品、餐具、烹飪工具、亞麻製品、武器和帳篷。庫西、維埃訥以及其他人此時都在阿夫勒爾。由人稱「急性子」的性格火暴的哈里・珀西爵士領導的從加萊發起的海岸攻擊並未使準備活動終止，因為珀西從錯誤的方向向北發起了進攻。出發的日期已定，所有的物資都已裝船，所有的人都拿到了十五天的薪水，「征程已推進至此，沒有人覺得它會半途而廢」。

竭盡所能地橫加阻撓的英格蘭人這次在他們長期的同謀者布列塔尼公爵讓・蒙福爾那裡找到了可利用的傀儡。判斷蒙福爾在任何特定時間段的立場（因為他試圖在英格蘭和法蘭西之間保持平衡）需要魔法師的法術。當兩國在內部都各自形成了支持不同政策的派別時，他的問題變得更加錯綜複雜，而他的政策則變得更加糾纏不清。這也難怪有人說他是個動不動就哭天抹淚的君主。

他的一種持之以恆的情緒是對自己的布列塔尼同胞和屬臣、法蘭西騎士統帥奧利維爾・克利松的仇恨。這種雙方共有的感覺並未阻止蒙福爾於一三八一年與克利松達成協議，根據此協定，「鑒於我們對我們親密有加、深受愛戴的親戚和封臣、克利松之領主、法蘭西之騎士統帥奧利維爾閣下的無瑕之愛和親密關係……我們承諾要成為該領主之善良、真切而仁慈的主人……充分維持他的名譽及其個人狀態」。奧利維爾承諾報以身為封臣的忠誠。當克利松安排了一樁自己女兒與蒙福爾新近的對頭布盧瓦的查理之子、現在的公國繼承人（因為蒙福爾當時尚沒有兒子）讓・德彭提維的婚姻時，蒙福爾的愛和親昵變成了熊熊燃燒的怒火。

通過種種軟硬兼施的措施，英格蘭力圖說服蒙福爾採取行動，挫敗法國人的入侵。與此同時，他又與勃艮第和貝里有所接觸。作為勃艮第公爵夫人的親戚，他便在那種激烈的拉幫結派中與她的丈夫有了關聯，在中世紀，這種派別會根據姻親關係而自動生成。一三八七年五月，他與德貝里公爵達成了一份私人協定。這兩位兄弟的共同利益在於對騎士統帥（克利松）的仇恨。

正如庫西所預見到的那樣，騎士統帥之職樹敵無數，首當其衝的自然是國王的叔叔們。任何居於此位的人，其權力都有可能對他們形成威脅，況且克利松的個性也激起了敵意，而他的富有更是火上澆油。他的騎士統帥之職給他帶來了兩萬四千法郎的年收入，他還獲取封邑，在巴黎修建宮殿，向所有人放貸：給國王、安茹公爵夫人、貝里、比羅・里維埃爾，還於一三八四年給教皇借了七千五百弗羅林。當借貸者們一如既往地延遲還款時，他也有能力擴充貸款，從更多的抵押和利息中獲利。

一三八七年六月，這位獨眼騎士在一次設局下，蒙福爾當場抓住，此事如同對貝爾納博的突襲轟動一時，儘管沒有它那樣完美。蒙福爾在瓦納（Vannes）召集了一次議會會議，所有布列塔尼貴族都必須參加。在會議期間，他待克利松如座上賓，會議結束後，還請他共進晚餐以為消遣，並邀請他帶著隨從人員去參觀他位於瓦納附近的赫麥恩（Hermine）的新城堡。蒙福爾親切友好地安排自己的客人在建築中遊覽，參觀地窖，品評美酒，在抵達城堡主塔的入口處時，他說：「奧利維爾閣下，據我所知，在大海的這一邊，沒有人比您更瞭解防禦工事的了；所以我請求您移步臺階，給我提出有關建造塔樓的意見，若有失當之處，我將令人依照您的意見進行整改。」

「樂意效勞，閣下，」克利松回答，「我將隨您前往。」

433

「不，先生，您得自己單獨前往。」公爵答道，說在騎士統帥視察之時，他將與克利松的妻舅勒瓦爾大人（Sire de Laval）交談。儘管克利松沒有絲毫理由相信其東道主，但他還是寄望於作為客人的安全性。他登上臺階，當他進入位於第一層的大廳時，一夥等候在那裡的重甲士兵將其逮捕入獄，給他戴上了三道沉重的鐐銬。同時，在城堡上下，其他人則嘭嘭作響地關門閉戶。

聽到聲響後，勒瓦爾為之顫抖，他盯著「臉色變得鐵青」的公爵叫道：「天啊，閣下，您在幹什麼？別傷害我的內兄，騎士統帥！」434

「騎上你的馬從這裡滾出去，」蒙福爾回口道，「我對自己必須要幹的事一清二楚。」勒瓦爾拒絕在沒有騎士統帥的情況下離開。就在那個關頭，克利松一派的另外一個人，讓・博馬努瓦（Jean de Beaumanoir）焦急地匆匆上前。對他也心懷敵意的蒙福爾拔出寶劍，像著了魔似的沖向他，口中喊道：「博馬努瓦，難道你想得到你主子一樣的下場？」博馬努瓦說，那樣他將榮幸之至。「你希望，你希望像他一樣？」公爵暴怒地叫道，當博馬努瓦做出肯定的回答時，蒙福爾尖叫道：「好呀，那麼，我就把你的眼珠剜出來！」他手臂顫抖著將劍指在那人的眼睛前，卻刺不下去。「滾，滾！」他嘶啞地叫道，「你的下場將和他一樣。」然後他命令自己的手下將博馬努瓦拖到一間囚室，也給他戴上鐐銬。

勒瓦爾通宵盤桓在公爵左右，一個勁地懇求他不要下令將克利松處死。蒙福爾曾經三度下令砍掉他的腦袋或將他裝進麻袋淹死，衛兵則兩次卸下克利松的枷鎖，準備執行命令。每一次，勒瓦爾都雙膝跪地，設法在最後一刻勸阻備受煎熬的公爵，提醒他，他與克利松是如何從小一塊長大，克利松曾如何在歐賴為了他的事業而戰，假如他現在，在邀請克利松以客人的身份與他共進晚餐和參觀他的城堡之後殺掉他，如何「沒有哪位親王會像您一樣名譽掃地，因為您……會遭到全世界的指責和唾棄」。如果他代之以向克利松索取贖金，那他就會得到一大筆錢，還有城鎮和城堡，勒瓦爾承諾自己可為這一切做擔保。

對於這一建議，蒙福爾終於做出了回應。他既不想要抵押，也不想要擔保，而是要十萬法郎的現金，並將兩個城鎮和包括克利松的住宅若瑟蘭（Josselin）在內的三座城堡轉讓給他，在那之後才會釋放這位騎士統帥。克利松別無選擇，只能簽署協定，在博馬努瓦被派去籌錢時繼續被關押。「如果我說發生了這樣的事，卻沒有公開地說出事情的來龍去脈，」傅華薩寫道，「那它就只是個年代記，而非歷史。」

隨著騎士統帥的消失帶來的驚恐迅速傳播開來，人們普遍相信他已經被處死，於是所有人都立刻假定向著英格蘭的航行已「不復可能，會半途而廢」。在阿夫勒爾，庫西、維埃訥和聖波爾從未想過在沒有克利松的情況下帶領遠征軍勇往直前，即使在得知他還活著時也是如此。公爵的可怕行徑引起了所有人的注意，逮捕國王的騎士統帥所代表的對國王的羞辱要優先於對英戰爭加以處理。遠征連同其船隻、供給和士兵都一如既往地遭到放棄，其輕易程度令人提出這樣一個問題：這樣的中止是否不受歡迎？假如政變旨在阻撓出兵，那麼它可謂絕對成功，但對於缺乏吉安•加萊亞佐之堅定意志的蒙福爾來說並非如此。

如同教廷分裂，如同騎士的土匪行徑，如同行乞修道士的庸俗世故，蒙福爾的行為是對基本假設的破壞。它引來一片驚慌失措。騎士和侍衛在焦慮的討論中相互說道：「那麼誰都不會再相信任何親王，因為公爵欺騙了這些貴族。」法蘭西國王會說些什麼？無疑，在布列塔尼或其他任何地方，從未出現過這樣丟人現眼的事情。假如一個可憐的騎士做出如許行徑，他便會顏面盡失，永世不得翻身。「一個人除了自己的領主外，還能相信誰？而那位領主應當維護他，公平地對待他。」

被釋放的克利松只帶著兩名侍衛快馬加鞭地直奔巴黎，他急於獲取令人滿意的結果，所以據說一天跑了一百五十英里，在四十八小時之內便抵達了首都。覺得自己的名譽與其騎士統帥息息相關的國王迫不及待地想進行報復，但他的那些仍舊為他代管國家的叔叔們則顯然沒那麼渴望。他們似乎對克利松的損失置若罔聞，對他說，他應當明通事理，不至於接受蒙福爾的邀請，尤其是在進擊英格蘭的前夕，並且壓下了任何對公爵將取軍事行動的建議。政府就此問題分成了兩派：一派是王叔們，一派是得到庫西、維埃訥、里維埃爾、默西埃和國王的弟弟路易支持的騎士統帥。庫西堅定主張國王必須行使其司法管轄權，要蒙福爾做出賠償。而一直對克利松對國王的影響以及他與庫西和里維埃爾的親密關係心懷嫉妒的王叔們則不想採取任何有可能提高其威望的努力。在爭執過程中，另一場危機爆發了。

一個愛出風頭的魯莽年輕人，格德司公爵（Duke of Guelders），派人向查理六世發出了令人驚訝且傲慢無禮的挑戰，宣稱自己是理查二世的盟友，是查理六世的敵人，準備挑戰「你這個自稱為法蘭西國王之人」。他的信僅稱查理六世為查理・德瓦盧瓦。一個位於默茲河與萊茵河之間的彈丸之地的統治者。微不足道的德意志親王做出的這一傲慢姿態使法國宮廷目瞪口呆，儘管它事出有因。格德司公爵新近接受了報酬，宣稱自己是英格蘭國王之封臣，而他向法國國王發出的挑戰無疑是在英格蘭人指使下的搗亂之舉。

查理癡迷於這個展現騎士精神的機會。他給信使無數的賞賜，期盼在一次親臨戰場下為自己的名聲增光添彩，並「開疆拓土」。面對來自西部的布列塔尼和來自東部的格德司的雙重挑釁，御前會議針對如何因應進行了漫長的爭論。一些人認為，格德司的姿態應被當作純粹的「自我吹噓」，可不予理會，

436

但庫西再次使之成為一個尊嚴問題，它與王室的尊嚴並無多大關聯，而是更關乎貴族的尊嚴。在御前會議上，他一個勁兒地爭論說如果受到如此侮辱的國王聽之任之，不予追究，那麼外國就會對法國貴族不屑一顧，因為他們是國王的顧問，且發誓要維護國王的名譽。他也許是覺得在兩次放棄對英格蘭的攻擊之後，法國必須做點兒什麼。他切身地感覺到這一問題的事實給他的聽眾留下了深刻印象，他們一致認為，他「比任何人都更瞭解德意志人，因為他與奧地利公爵有過數次爭端」。

這一次，庫西發現自己有了一個同盟，即「大膽腓力」，他為了個人的利益，強烈贊成與格德司作戰。位於法蘭德斯與格德司之間的是布拉班特公國，著眼於擴張的腓力對該公國的事務涉及頗深。他對國王的洋溢熱情大肆煽風點火，支持法國與格德司開戰，但御前會議堅持先解決布列塔尼問題，因為他們認為如果國王及其貴族前去與格德司作戰，那麼蒙福爾也許就會向英格蘭人敞開大門。

里維埃爾和德維埃訥海軍上將被派去與蒙福爾談判，結果對方惱怒地拒絕投降。公爵只是表示他對自己針對騎士統帥的所作所為毫不後悔，只有一事除外：他讓騎士統帥活著逃走了。他也沒給自己拘禁客人之舉進行辯解，「因為一個人應當盡其可能地抓住敵人」。在接下來的幾個月中，各派展開了拉鋸戰，而庫西會就每一次延遲向御前會議施壓。到這一年結束時，問題仍懸而未決，且又帶上了一個曾經的超級惹是生非者，即那條業已衰弱的毒蛇，納瓦拉的查理。

在最後一次投毒嘗試——這一次是向勃艮第和貝里投毒——之後，納瓦拉在可怕的情形中死去。五十六歲的他疾病纏身，未老先衰，寒戰和哆嗦折磨著他，根據醫囑，他晚上裹著浸滿白蘭地的布來暖身和發汗。為了不讓包裹身體的布料移位，每次都要將它們像裹屍布般縫合起來，一天晚上，當一位隨從傾身去剪蠟燭頭時，導致了失火。浸滿白蘭地的布在國王周身熊熊燃燒，令他發出痛苦的尖叫；他又活了兩個星期，這段期間醫生們無法減緩他的極度痛苦，直到他咽氣。

在新的一年中，御前會議決定派出曾是蒙福爾姻親兄弟的庫西再做一次努力，將他帶至談判桌前。大家都認為沒有人會比庫西更適合，也沒有人「比他更具份量」；由於里維埃爾和維埃訥將隨他一同前往，因而組成了由「三個最睿智的領主」構成的使團。在獲悉他們的到來後，蒙福爾由庫西的出面明白了事態是多麼嚴重。蒙福爾熱情地對庫西表示歡迎，提出要帶他去狩獵，護送他到房間，「消遣運動，閒談瑣事，就像兩個久未謀面的領主所做的那樣」。當涉及問題時，就連庫西那著名的好口才和「精妙、文雅的言辭」最初都未能打動公爵。公爵站在一扇窗戶前，一言不發地向外眺望了好長時間，然後轉過身來說：「在心中只有恨的時候，怎麼可能培育出愛？」並重複說，他只後悔讓克利松逃之夭夭了。

庫西又進行了兩次拜訪，以最合理和雄辯的論據，以及對蒙福爾弱勢處境的機智暗示——因為事實上，他自己的臣僚都不支持他——終於達成了自己的目標。在首先說服蒙福爾放棄克利松的城堡之後，他又被派回去說服他償還所有錢財，最為困難的是將公爵連拉帶拽、連哄帶騙地帶到巴黎接受審判。拼命想要避開克利松的蒙福爾提出了成百上千個藉口，但在如今急於解決事端的勃艮第公爵的額外壓力之下，他終究屈服了。針對他害怕遭暗殺的推諉，庫西說服他遠行至布盧瓦，王叔們會在那裡迎接他。帶著國王頒發的通行證，加之在自己的一千兩百人的護衛下，蒙福爾冒險帶領一支由六艘船組成的小型艦隊前往盧瓦爾河，並於一三八八年六月最終抵達巴黎羅浮宮的大門。對克利松財產的歸還和國王的正式寬恕都依照慣例的和解程序按部就班地確定下來，在此過程中，公爵和騎士統帥發誓要彼此成為「優秀而忠誠的」君主和屬臣，並相互怒視著喝下同一杯酒，這象徵著「愛與和平」。

庫西從國王那裡得到了象徵著王室感激之情的法語《聖經》，而通過傅華薩，則從歷史那裡得到了更加令人難忘的感謝之辭。「我認識四位領主，他們是所有我認識的領主們中最佳的演出者：他們是布拉班特公爵、富瓦伯爵、薩伏伊伯爵，尤其是庫西之主；因為他是整個基督教王國中最和藹可親、最具說服力的領主……是最精通各種風俗的人。在法蘭西、英格蘭、德意志和倫巴底以及所有知道他的地方的所有領主和女士中，他都久負盛名，因為在他一生中，他曾行游四方，見多識廣，而且天生地彬彬有禮。」

憑藉這些才華，庫西使自納瓦拉的查理以來最棘手的封臣俯首就範。

第21章
虛構之瓦解

法國對英格蘭的入侵兩次都以失敗告終，而在英格蘭一方，白金漢和諾威奇的襲擊也連遭慘敗，這揭示出了自命不凡的騎士精神的空洞無用。更令這種不光彩雪上加霜的是，奧地利騎士於一三八五年在森帕赫的一場戰鬥中遭到瑞士平民的屠殺，這逆轉了羅塞貝克戰役的定論。

期望複製法國人對非騎士階層中的「罪大惡極者」屠戮的奧地利人，也曾像法國人在法蘭德斯所做的那樣下馬徒步作戰。但瑞士人在靈活性和快速移動方面久經訓練，恰恰與導致法蘭德斯人戰敗的那種密集隊形相反。當形勢轉而對奧地利人不利時，他們騎在馬上的後備部隊掉頭就跑，根本不曾加入戰鬥，就像奧爾良的部隊在普瓦捷會戰時逃之夭夭一樣。在奧地利九百人的先鋒隊中，將近有七百人都橫屍沙場，其中也包括利奧波德公爵，他最終也倒在了戰場之上。

在逐漸衰敗的十四世紀，騎士們所缺乏的是革新創造。墨守成規的他們很少思考戰術，或對其進行專業性研究。當貴族莊園中的所有人都是按功能劃分的戰士時，職業化不是增強了，而是削弱了。

騎士制度並未意識到它的衰落，即使意識到了，卻會懷著更大的熱情緊緊抓住外在形式和輝煌儀式不放，從而讓自己相信那種虛構仍為現實。然而，當虛構變得越來越不合情理時，外部的觀察者的批判也就日益激烈。現在，距與英格蘭的開戰已有五十年，而五十年的破壞性戰爭不可能不使一個既不能獲

438

勝也不能求和，只會給百姓帶來更多傷害和不幸的武士階層名譽掃地。

德尚在一首帶有疊句的長篇歌謠中公開嘲笑那次在蘇格蘭的冒險：「你現在不是在巴黎的大橋之上（You are not now on the Grand Pont in Paris）」。

> 你如新郎般喬裝打扮，
> 你在法國時的談吐如此動聽，
> 說起你將要立下的豐功偉績，
> 你去征服你一度失去的土地：
> 那是什麼呀？久負的盛名
> 令你的祖國備受尊敬。
> 如果你要在戰場上挽回聲名，
> 就別光展示你精緻的服裝，而是亮出你的真心……
> 你現在不是在巴黎的大橋之上。

梅齊埃在於一三八八年撰寫《老朝聖者之夢》（*Songe du Vieil Pélerin*）一書時，也不遺餘力地大加嘲諷，[439]就如奧諾雷・博內特不遺餘力地放聲指責一般。因為騎士們「憑藉上帝之手在羅塞貝克與一群漂洗工和紡織工作戰時」贏得了勝利，「他們便驕傲自大起來，以為自己可與祖先亞瑟王、查理曼和布雍的戈弗雷並駕齊驅。在亞述人、猶太人、羅馬人、希臘人和所有基督徒所撰寫的全部戰爭規則中，這個法國騎士團能遵守的還不到十分之一，卻認為世界上沒有什麼騎士之勇可與他們並駕齊驅」。

貴族的時髦衣飾和奢侈習性，他們將自己關在裡面不到日上三竿不露頭的臥室，他們柔軟的床鋪和芳香的浴室，以及出征時的舒適設備，都被用來證明騎士精神已經軟化。正如大學校長讓・格爾森數年後譏諷地評論的那樣，古羅馬人「不會在身後拖著三四匹馱馬和貨車，上面裝載著禮服、珠寶、地毯、靴子、長筒襪和雙層帳篷。他們不會隨身攜帶製作小餡餅的鐵爐或銅爐」。

相較於柔軟的床鋪和紈絝習氣，騎士精神之道德衰微更使人錯愕。過去，民謠歌手在傳奇詩史中讚美理想的騎士和理想的愛情，現在，取而代之的是，道德家們在諷刺文、寓言和說教文章中悲歎騎士業已變成了什麼東西——掠奪者和侵略者，而不再是正義的守護者。在本世紀的後半葉，「武功歌」已不復創作，儘管，由於貪歡作樂的寓言故事也同時消失了，所以我們並不能說，其原因是理想的失敗，甚至於文學精神的有些神秘的失敗。當時的惡習、荒唐事和奇怪的混亂都需要道德說教，可是，具有諷刺意味的是，反而是傅華薩對想像中的騎士精神的歌功頌德經久不衰。

在義大利，抱怨有著不同的源頭：騎士精神與高貴相分離。「幾年前，」佛朗哥・薩凱第在世紀末哀歎道，「麵包師、梳毛工、高利貸者、外幣兌換商、流氓無賴都變成了騎士。為什麼當一個官員前去主持某個外省城鎮時，會需要騎士精神？……你是怎麼磨滅的，快快不樂的高貴尊嚴？在長長的一系列騎士職責中，我們的這些騎士們承擔起了哪一樣？我希望說出這些話來，以便讀者也許會看清楚騎士精神已經死去。」

如果說薩凱第的語氣有些傷感的話，那麼它是一種普遍共有的感覺。由於法國和英格蘭宮廷都由未成年人所統治，並且成了派系鬥爭的犧牲品，由於剛即位的溫塞斯勞斯皇帝原來只是個酒鬼和禽獸，由於教會在兩位教皇之間分化，各自都竭盡所能地使教會遠離神聖，所以統治階級的光輝無法掩蓋其汙跡。庫西對於聲望衰落的感知是正確的，即使他所提出的矯正措施只會使事情變得更糟。

一三八八年九月至十月的格德司戰役證明，「snafu」（混亂）在這個詞被創造出來很久以前便是種軍事狀態。相較於小小不值得一提的問題或可能的收穫而言，動員起的遠征軍的規模大得不相稱。因為庫西與征途中的巴爾和洛林的關係，以及他對地形的瞭解，所以計畫由他來招募那一地區的領主，並策劃戰役。較可取的路線要穿過布拉班特，但那個公國的城鎮和貴族警告他們決不允許法國軍隊通過，因為它對其領土所造成的破壞將大於「敵人出現在國土上時的破壞」。

不得不做出的決定是徑直穿越阿登（Ardennes）黑暗、可怕的森林，傅華薩對此地做出了錯誤得可怕的評論：「以前從未有旅行者從其間穿過。」這就必須先派出勘測者尋找通道，然後再派出一支兩千五百人的部隊披荊斬棘地修出一條路來，其工程的挑戰性幾乎不比可搬運式城鎮更少。其開支來自對鹽和商品銷售的三倍課稅，而其目的很難說是為了捍衛國家。也許是由於那一原因，庫西被要求以自己的名義招募人員，仿佛是為了對哈布斯堡進行另一次遠征，而不是以國王的名義進行招募。

在庫西的率領下，一支由一千名長矛手構成的先鋒部隊開始進發，身後是國王和由「一萬兩千」輛行李車（不算馱畜）組成的大部隊。途中，庫西突然被調去出使亞維農，其目的未有記錄，但有可能與繼續讓法國人牽絆於為克雷芒征服羅馬的計畫有關。他在不到一個月的時間內返回——「令全軍上下喜不自勝」，鑒於那是段單程幾乎達五百英里的旅程，所以他的這次出使堪稱精力旺盛之旅。

在格德司，既未發生小的戰役，也沒有獲得榮耀。戰鬥在交涉中陷入了困境。經過一個夏天的大雨浸潤，帳篷潮濕不堪，糧秣在濕氣中腐爛，雖然是在一個富裕的國度，食物卻十分匱乏。經過談判，格

441

德司公爵表示了道歉，讓法國人挽回了顏面，可在那之後的返程之旅則在更大的雨中陷於悲慘。道路泥濘，馬匹被濕滑的圓木和岩石絆倒，士兵在涉水渡過洪水氾濫的河流時被淹死，裝載戰利品的車輛被沖走。騎士、侍衛和大領主們兩手空空地回到家鄉，既未收穫榮譽，也未得到利益，許多人疾病纏身或精疲力竭，對勃艮第公爵怨聲載道，他們正是為了他在布拉班特的野心而擔負這項任務。庫西似乎沒有招致指責，正如他在巴黎起義中未招致怨恨一樣。打從新王登基之日，王叔們的統治政府便為了一系列最終一無所獲的宏大目標而將國家拖進了毀滅性的消耗之中。在格德司，他們的信用被耗光了。

壞政府的警示通過插在由如聖丹尼斯的僧侶那樣苛刻的編年史作者的記錄中的預兆和事變而發聲。聖丹尼斯的僧侶報告說，在為格德司戰役募集軍隊之時，一位隱士從普羅旺斯一路行來，告訴國王和他的叔叔們，他受一位天使的引導，前來警告他們，要更加溫和地善待自己的臣子，減輕課稅和貢金。宮廷貴族們對隱士的貧窮大加嘲諷，對他的忠告充耳不聞，儘管年輕的國王對他友善相待，且有傾聽他的勸說的意思，但王叔們將他打發走了，並徵收了三倍的課稅。

德尚的諷刺在格德司戰役後變得更加刻薄，他親身參與了此次戰役，像其他人一樣患上了一種「腸子發脹」的疾病。軍隊在一場戰爭中能找到的最好朋友就是痢疾之苦。在許多歌謠中，德尚的主題都是不如往昔騎士的對比。過去的騎士會通過長期的修煉和訓練變得結實耐勞，他們長途騎行，練習摔跤、投擲石塊和攀爬堡壘，用盾和劍作戰。現在，年輕人對訓練嗤之以鼻，稱那些想要指導他們的人為膽小鬼。他們把青春時光用於吃喝玩樂、借錢花錢之上，「將自己收拾得如象牙般潔白……人人都是查理大帝的十二騎士之一」。他們在白床單間遲遲不睡，剛一睡醒就讓人端過酒來，吃鷓鴣和肥大的醃雞，把頭髮梳得溜光水滑，對莊園管理一無所知，除了撈錢以外什麼都不關心。他們傲慢無禮，缺乏宗教信仰，因暴飲暴食和沉湎酒色而虛弱不堪，完全不合適從軍這一「世界上最嚴峻的」職業。

德尚一方面因其軟弱和怠惰而對他們大加斥責，另一方面則公然抨擊他們的不計後果、目光短淺和糟糕的判斷力。在他的《英勇善戰》（*Lay de Vaillance*）一詩中，他們不講秩序，不值夜，不偵察，不派先鋒，不保護草料，聽任馬車和輜重被敵人奪去。「當麵包缺上一天，或早晨開始下雨時，他們就會大呼小叫：軍隊要餓死了！」而「當他們聽任糧草在地上腐壞時，他們便想掉頭返回」。他們在冬季出發，不計後果地發起攻擊，出師無名，不到大禍臨頭之時，從不向老人徵詢意見，一遇到麻煩就大聲抱怨，而且一觸即潰。「因為瘋狂地草率行事，這樣的軍隊將遭人鄙視。」

德尚只是責罵，而不曾提倡根本性變革，或是提倡將新鮮血液融入貴族之中。他同情布爾喬亞，譴責對農民的不公正，撰寫歌謠頌揚熱愛法蘭西的羅賓和馬戈，可他又斥責試圖變成鄉紳、離開土地上的勞作的農民。「這樣的惡棍應當被帶去受審，讓他們老老實實地待在自己的階級之中。」

在梅齊埃的《老朝聖者之夢》中，所有社會都腐化墮落。像朗蘭的《農夫皮爾斯之幻想》一樣，《老朝聖者之夢》是一部寓言性的旅行指南，讓人認清那個時代的困境。除此之外，還呼籲「全世界、全基督教王國，尤其是法蘭西王國的改革」。朝聖者「強烈渴望」（Ardent Desire）和他的姊妹「美好希望」（Good Hope）在世界各地旅行，考驗適合的人類，為久不在人間的「真理女王」（Queen of Truth）及其侍者「和平」（Peace）、「憐憫」（Mercy）和「正義」（Justice）的回歸做準備。梅齊埃傳達的訊息緊急迫切，他對錯誤行徑的感知入木三分，他對未來的預測昏暗憂鬱。

像是在對此做出回應似，一三八八年，查理六世在二十歲時從格德司返回伊始，便打發了自己的叔叔們，隨即親自掌握了一切君權。位列高級教士的拉昂紅衣主教（Cardinal of Laon）在御前會議的一次會議上提出了這一動議。幾天後，他身體感到不適而且隨即死之，「傳遞了王叔們的暴怒和仇恨」。人們普遍認為他是被王叔們毒死的。

克利松後來對一位英格蘭使節吹噓是他讓查理六世成了「其自己王國的國王和領主，將政府從他叔叔們的手中奪了過來」。除了克利松個人的仇恨，庫西和當時御前會議的其他人都急於使王室和本身擺脫公爵們大失人心所造成的負擔。然而，最密切關注事態發展的人是國王那位較年輕、更聰慧、更精力充沛的弟弟，他當是都蘭公爵（Duc de Touraine）路易的繼承人，不久便因他更為人所熟知的名號——德奧爾良公爵而著稱。

從一三八九年起，奧爾良的路易取代了勃艮第公爵在御前會議中的地位，在他短暫、多事的一生（他已將近走完了半程）中，他將在法國事務中扮演重要角色，並與庫西建立特殊的關係。他是個相貌英俊的尋歡作樂者，是「維納斯的虔誠僕人」，享受著「舞者、阿諛奉承者和生活散漫者」的陪伴，可他又是虔誠的宗教信仰者，時不時地去塞利斯廷修道院一次靜修兩三天，他在巴黎的寓所（位於現在的塞利斯廷碼頭）是由其父親在一三六三年修建的。懺悔令也得到了一直擔任王子們的導師菲力浦·梅齊埃的贊成，塞利斯廷的修士們遵守極端的節制法則，旨在促進對來世和身體的消失的關注。路易深受梅齊埃的影響，指定他為自己的遺囑執行人。他顯然比自己的哥哥從梅齊埃那裡學到了更多的東西，因為據說他是王室家族成員中唯一可以通曉古拉丁語的人。頗有點兒學者地位的他又是個癡迷於象棋、網球以及擲骰子和撲克牌的賭徒。他與自己的男管家、侍從、雕刻工玩這些遊戲，在網球場上則與同輩的貴族下注，損失了高達兩千金法郎的金錢。

路易像他的叔叔們一樣對權力具有貪婪的野心，他將叔叔們趕下臺去，就是為了替自己的野心開闢道路。他因此結下的宿仇將在十九年後有了了斷，那時，他將被自己的堂兄弟、勃艮第公爵之子和繼承人讓（Jean）謀殺，使法蘭西與勃艮第分裂開來，為英格蘭重新敞開了大門。在他生命將盡之時，他接受了一種具有奇怪意義的服飾「camal」，一種教士的兜帽或騎士的斗篷，據說當時代表的是「Ca-mal」，即「Combien de mal」，意思是這些日子中做了多少壞事。作為這個世紀出生的最後一代人，路易雖然極盡享樂之能事，對自己世界的看法卻陰沉憂鬱。當時的一首詩篇把他描寫為：

憂心忡忡，甚至悲傷哀怨，卻又美麗俊俏；
對於一個鐵石心腸的人來說，
他似乎太過憂鬱了。

庫西雖然顯然與公爵們的被逐有關，卻在這之後隨即款待了「大膽腓力」和他的兒子內韋爾伯爵。公爵的帳目顯示，他和兒子於十二月八日在城堡用膳並下榻，「費用由庫西閣下負擔」。在這次訪問期間，他贈送給庫西夫人一枚鑽戒，並給她繈褓中的女兒一枚用藍寶石和珍珠製成的胸針。庫西總是值得深交之人。

經過改組的御前會議做出了認真的努力，以終止公爵們的個人專斷橫行，恢復查理五世時的治理體系。「絨猴」們——里維埃爾、默西埃和其他人——重新掌權，官僚機構中肅清了王叔們的手下，任命了五位改革專員以找出最惡劣的弊端，撤除貪官污吏，用「好人」代替他們。作為與巴黎的布爾喬亞達成和解的一個步驟，巴黎市長之職和一些（儘管不是全部）前市政職位以及特權都得到恢復。改善汙物收集和限制常業乞討者的措施得到採用，或至少是提出了措施，在以發生在那裡的轉變之德而著稱的行政區，如聖跡區（Cour des Miracles），職業乞丐的拐杖、眼罩和可怕的瘡口及殘肢每晚都會被剝去。

政府財政的核心問題在一系列有關金融和司法改革的法令中得到認知。大學的免稅政策的撤銷是里維埃爾和默西埃試圖採取的一項措施，但結果不盡如人意，因為在公爵們對他們的仇視之外，它又招致了大學對他們的強烈仇視。

與此同時，在英格蘭，發生了更加致命的國王反對王叔及其他對立面的戲劇性事件。其中的核心人物是菲利帕·庫西的丈夫羅伯特·維爾，他是第九代牛津伯爵，是國王理查最親密的顧問和朋友。由於與菲利帕訂婚的緣故，牛津自小便被帶入宮廷，獲得了比他小五歲、失去了父親的理查佔據優勢的影響力。他「任意擺佈國王」，「如果他把黑的說成白的，理查也不會反駁他……有他在，事事可成，沒他在，事事皆空」。

二十一歲的國王身材修長，頭髮金黃，面色蒼白，皮膚動不動就會發紅，「說起話來粗魯生硬，結結巴巴」，穿著過於華麗，厭惡戰爭，對自己的家人動輒發火，傲慢自大，反覆無常。他那金雀花王族的驕傲，加上牛津的影響，造就了一個古怪而任性的君主，他徵收賦稅以維持自己的奢侈生活。在他倒臺之前（這終結了金雀花王朝），他發明了手帕，在他的家庭案卷中記錄為「小塊（的布），供國王陛下拿在手上，以便他揩拭和清理鼻子」。

由寵臣進行的管理傾向於權力的專斷獨行，這無論如何都是理查天生的趨向。他任命牛津為嘉德騎士，在二十一歲時，又使他成為樞密院成員，源源不斷地給他許多饋贈——土地、城堡、戰船、領主頭銜、稅收——以及屬於白金漢妻子的娘家的世襲管區。這不是明智之舉，但假如專制者總是聰明行事，他們就不會供給歷史以道德教訓。冷酷無情的白金漢，現在的格洛斯特公爵，不需要額外的刺激來仇恨自己的侄子，他看不起侄子，因為他不願意從事戰爭。在牛津召喚的敵意下，格洛斯特變成了決心抑制國王心腹之權力的反對派的核心人物。

當愛爾蘭發生叛亂之際，理查為牛津創造了前所未有的頭銜：都柏林侯爵（Marquis of Dublin）以及接下來的愛爾蘭公爵（Duke of Ireland），位在所有伯爵之先。這時，鬥爭達到了白熱化。牛津被賦予了代表王室出兵平叛的權力，但他並沒有前往愛爾蘭（這至少會滿足貴族們眼不見為淨的心願），而是突然對理查王后的一位波希米亞侍女著了迷。他滿腔激情，決心與菲利帕離婚，娶那位波希米亞女士為妻，從而激怒了菲利帕的王叔蘭開斯特公爵、格洛斯特公爵和約克公爵。儘管這是對王室家族的侮辱，但理查被牛津灌了迷魂藥，他寧肯「行為失當、罪惡深重地同意」對自己表姊妹的遺棄，甚至暗中施助。牛津利「偽證」向羅馬提交了離婚申請，理查懇請教皇烏爾班做出有利的裁定，而教皇沒有任何良心責備地順從了王命，因為菲利帕有著克雷芒一派的血統。

據傳華薩所言，牛津對自己妻子的錯待將是「令他名譽掃地的重大事件」。就連他的母親也與眾人一道對他進行譴責，通過讓菲利帕與自己一起生活的方式昭示了這一點。很有可能，是菲利帕的王室血統以及牛津個人的不得人心而非道德義憤激發了全面的非難。儘管婚姻神聖，但離婚仍頻繁發生，而且只要手段得法，便易於獲得。在《農夫皮爾斯》中，所有律師都被說成會「為了金錢促成或毀壞婚姻」，而宣教者抱怨說，一個男人只要給法官一襲毛皮斗篷，就可以擺脫自己的太太。理論上，離婚是不存在的，可是婚姻訴訟卻充斥著中世紀的法庭。無論理論如何，離婚都是一種生活事實，是中世紀理論與實踐之間的極其不和諧中的永恆元素。

對牛津及其他四位屬於國王黨羽的委員會成員的正式控訴於一三八七年十一月由一群領主提出，他們因其作為「上訴人閣下」（Lords Appellant）的行為著稱於世。當他們任命了一個由具有攝政王權力的格洛斯特牽頭的政府委員會時，理查和牛津集結一支軍隊，打算用武力來維護國王的君主權力。衝突在所謂的拉德克特橋戰役（Battle of Radcot Bridge）中達到巔峰：面對勝出一籌的軍隊，牛津騎馬跳進河流，得以逃脫，在丟棄了部份鎧甲之後，快馬加鞭地消失在黃昏中。他乘船前往法蘭德斯，他曾在那裡採取了防範措施，在布魯日的倫巴底銀行家那裡存了大筆金錢。

一個月後，一三八八年二月，在一次被稱為「無情議會」（Merciless Parliament）的會議中的領主們對牛津以及同樣逃之夭夭的御前大臣、薩福克伯爵（Earl of Su.olk）邁克爾・波爾（Michael de la Pole）提出叛國起訴。他們被指控陰謀控制國王，排除異己，謀害格洛斯特公爵，通過給自己及親屬授權使王室致貧，僭越議會，返回加萊去找法國國王以爭取援助，反對自己的祖國。議會缺席判決牛津和薩福克為叛國者，將處以絞刑。其他三個沒有逃跑的人——首席法官、倫敦市長和理查的前導師西蒙・伯雷爵士（Sir Simon Burley）——被處決。理查留了下來，顏面盡失，失去了將終身不復相見的朋友。貶抑一位國王，又讓他留在王位上，自有其危險之處。理查將實施報復。

法國王室不顧庫西的激烈反對，於一三八八年邀請牛津前往法蘭西，其理由是從他那裡獲取有關發生在英格蘭的爭端的資訊將大有裨益。還有可能，牛津其實已提出了有關加萊的提案。儘管庫西「打心眼裡討厭他」，他還是被迫暫且順從了。牛津到來，受到宮廷的歡迎和盛情款待，但庫西並未作罷，直到在克利松、里維埃爾和默西埃的支持下，說服了國王，將這個使自己女兒受辱的人驅逐出法國。牛津

446

在布拉班特找到了一所住宅，一三九二年，他三十歲在一次野豬狩獵中死於當地。國王理查派人將他的遺體帶回了英格蘭，在那裡重新安葬，並在一個豪華但冷清的儀式上，悲哀地凝視著那張塗了防腐藥物的臉，將一枚戒指套在那個到處惹是生非的死者的手指上。與此同時，離婚已被取消，菲利帕仍舊是合法的牛津伯爵夫人。

此時王室給庫西的一項授權證實了過去幾十年的瘟疫和戰爭所遺留的創傷。一三八八年十一月，他被任命為法蘭西大僕役長（Grand Bouteiller of France），相當於王室總管或家庭管事。與此同時，他獲准擁有特權，每年可舉辦兩次每次為期三天的集市，集市上出售的所有商品都可免稅。授權書上記載，庫西的城鎮曾三次遭受「火災，其起因是該城鎮缺乏勞動力，他們多在人口大量死亡期間死去。也因為此前的戰爭，該城鎮的居民和社區、庫西的城堡和土地都貧困交加，人口、房屋、莊園、租金、稅收和所有其他商品及牲畜都大幅減少，以致該城鎮有變為荒無人煙的不毛之地的危險，葡萄園、土地和其他農事都將荒蕪」。

這份授權是在前一年國王探訪庫西之時對男爵領地進行的一次考察之後出臺的，其意圖十分明顯，即為了王室以及庫西雙方的利益，要恢復一個重要區域的健康常態。授權將該男爵領地形容為王國的「鑰匙和前沿陣地」，其邊界與法蘭德斯和神聖羅馬帝國接壤，還將它的城堡說成是「王國中最高貴優美的城堡之一」。「倘若發生了上述城鎮和城堡變得荒無人煙之事，那麼便有可能出現巨大的危險、破壞和不可彌補的不便。」授權緊接在權力向由「絨猴」、克利松和庫西本人為首的集團轉移之後發出，這一事實肯定不是種巧合。

從這時起，庫西充任了審計部（Chambre des Comptes）的第一任主席，這個職位與僕役長之職有關，最初負責王室的稅收和帳目。雖然他似乎不從這一職位上拿工資，但他仍繼續從王室那裡收取一筆年金。他的領地因其許多獲得物而得到了極大的擴張，現在由一百五十座城鎮和村莊構成，顯然大得足以克服較小地主的那種財富衰滅。

他的起家區域皮卡第作為入侵的常經之地，「飽受蹂躪，慘遭破壞」，自己就是皮卡第人的梅齊埃寫道，「如今已不復繁華」。根據一三八八年的一份投訴，最後的農民從滿目瘡痍之地逃往其他地區，以至於「目前，找不到勞動力來工作或耕種土地」。一個苦難世紀的標誌——減少的人口，縮減的商業，荒蕪的村莊，成為廢墟的修道院——在法國各地隨處可見，足以營造出悲觀的氣氛。諾曼第的某些公社減少至只有兩三戶人家；在巴約（Bayeux）的主教教區，自一三七〇年以來，已有好幾座城鎮被廢棄，與布列塔尼的幾個教區如出一轍。馬恩河畔的查隆斯從一年生產三萬匹布減少到一年只產出八百匹布。在巴黎地區，根據一三八八年的一項法令，「許多著名而古老的通衢大道、橋樑、街巷和馬路」都無人照管，任其朽壞——被溪流沖得溝壑縱橫，樹籬、荊棘和樹木瘋長，已變得無法通行，完全遭到棄用。在南方，同樣的例子可能要多出數倍。

教廷分裂不但帶來了精神損害，也造成了實際上的破壞，例如，一座已經被連隊焚燒過兩次的聖本篤修會修道院失去了其位於法蘭德斯的莊園的稅收，花費重金聘請律師進行各種訴訟，使得教皇被迫將其課稅從兩百里弗減少為四十里弗，為期二十五年。其他遭受連隊搶劫或因瘟疫人口銳減的修道院陷入無人管理的混亂狀態，有些廢棄無用，它們的土地再度淪為荒地。降低的稅收和攀升的成本使許多地主變得貧困難以支撐，於是千方百計地向他們的承租人榨取新的稅金，發明新的稅種。當這種情況加速了人們從土地上的逃離時，貴族們試圖通過沒收商品及其他處罰來加以阻止，這更增加了農民的怨恨。

所有這些衰敗的事實加起來，傳達了一種非常穩固的印象。在現實生活中，每個年代都是個黑白縱橫的棋盤。在世紀之交，著名的西班牙騎士唐佩羅•尼諾在前往法國遊覽時，留下了一幅表現現實中的貴族生活的繪畫，將其描畫得充滿田園風情，就如經常在掛毯上和時禱書中看到的那樣迷人。他參觀過的塞里方丹（Serifontaine）城堡坐落在諾曼第的一個河畔，富庶繁華，「如同巴黎一般」。它四周環繞著果園和優美的花園，一個砌有圍牆的池塘每天只要打開水管，即能抓獲足夠三百人食用的漁獲。年老多病但彬彬有禮的主人雷諾•泰里（Reynaud de Trie），法國海軍上將維埃訥的繼承人，擁有四十五隻獵狗，二十匹供其個人使用的各個品種的馬匹，充斥著大小獵物的森林，供在河畔打獵之用的獵鷹。至於他的妻子，她是「當時法國最美麗的女士」。她顯然一直擁有非凡的特權。

這位女士，「除了擁有海軍上將的住宅之外，還有她自己的高貴寓所」，儘管有一座吊橋與之相連，十位高貴而富有的未婚少女照管著它，她們別無他責，只需自娛自樂以及取悅她們的女主人，因為她也有許多侍女。清晨，她和她的少女們會前往小樹林，每人都帶著自己的時禱書和念珠，各據一席，祈禱祝念，直到祈禱完畢之後才會相互交談。在回城堡的路上，她們採摘紫羅蘭和其他花卉，耳中聆聽著小禮拜堂中低沉的彌撒聲。在那之後，她們會就著一隻銀盤吃烤雲雀和雞，葡萄酒是其佐飲。隨後，她們騎上備有精緻鞍具的馬匹，與騎士和侍衛們一道在鄉間馳騁，她們會在那裡編織花環，吟唱「民歌、一節二韻的詩歌、一唱三歎的小調、哀歌、謠曲以及法國人創作的各種歌謠」，用「多變而合拍的」聲音發出和聲。

在城堡大廳享用當天的精緻主餐時，每位紳士旁邊都坐著一位女士，「隨便一個具有適宜分寸和禮貌的男子都可能談論武器，而愛情是必然之事……有人會依其所願地傾聽他的訴說並加以回應」。吟游詩人會在席間進行表演，之後則會為騎士與女士們的舞會伴奏，舞蹈將持續一個小時，而以一吻告終。午睡之後，會奉上香料和葡萄酒，在那之後，一行人會起身去河邊用獵鷹獵取蒼鷺。在那裡，「你將看到偉大的運動、游泳的狗、嘭嘭作響的鼓、搖動的魚餌，以及享受著難以形容的樂趣的淑女和紳士們」。他們在一塊草地上翻身下馬，有人會奉上冷鷓鴣和水果，他們一邊吃喝，一邊編製著青枝的花環，然後唱著歌兒返回城堡。

黑夜降臨時，他們享用晚餐，玩木滾球，或借著火把的光亮跳舞，「直至深夜」。有時，也許對這樣的取樂圈子感到厭倦了的夫人會「在鄉間散步消遣」。在吃過更多的水果，喝下更多的葡萄酒後，一行人上床睡覺。在羅馬衰敗時，也一定有許多的財富和賞心樂事，有永遠無憂無慮的平靜日子。

巴黎則另當別論。德尚描寫了一次喧鬧的夜間娛樂，它發生一個未指明的日子，始於貝里的德內勒大宅中的晚宴，然後轉去一家酒店玩擲骰子遊戲。客人是庫西及三位公爵——貝里、勃艮第和波旁——以及「幾個優秀的倫巴底人」，還有騎士及侍衛，他們在下層人的環境中喝酒賭博，引得這位詩人寫下了令人昏昏欲睡的反賭博宏論。

不幸的是，庫西的形象也出現在一首以禿頭為主題的極為生動活潑的哀歌之中。在歌中，德尚為假髮在宮廷的回歸辯護，以減緩禿頭者們的情緒，在這些人中，他提及了自己和包括庫西之主在內的十二位大貴族。禿頭應當是庫西留給後代的外表上的唯一特殊細節，這是歷史的一個令人遺憾的惡作劇，即使他有一大幫人相陪。德聖波爾伯爵、德昂熱大人（Sire de Hangest）、紀堯姆・德博茲（Guillaume de Bordes）、布林堡的焰形旗幟的持旗者，以及其他的偉大騎士和已故國王的出類拔萃的僕從們都在「光頭黨」之列。更不幸的是那些「cheveux reboursés」——也就是那些還有一點兒頭髮的人，他們會隨身攜帶梳子和鏡子，好讓自己的那幾根毛髮經過梳攏，覆蓋在禿掉的部份。令人迷惑不解的地方在於沒有遮蓋的頭顱，一種羞愧的標誌，可能隨時會變為一種時尚——除非它們被當時的紈絝子弟們在渴望中認為是種反時髦，傳教士約翰·布羅姆亞德抱怨說，「從而發明某種新的愚行，使男人們重新如癡如醉地凝視著它們」。

德尚擔心的是人們的現在，而不是他們的未來。皮條客、魔術師、僧侶、潑婦、律師、收稅人、妓女、高級教士、無賴、老鴇，以及各類令人生厭的老巫婆充斥著他的詩篇。隨著他年紀漸長，他的目光變得更加乖戾，也許這得歸因於他的多種病症，包括牙痛這種「最殘酷的折磨」。對於保持健康的養生之道，他的建議是喝加入活水的淡紅葡萄酒，放棄加香料的飲品、甘藍、難消化的食物、水果、栗子、黃油和奶油，以及用洋蔥和大蒜製成的調味汁，冬天穿暖，夏天穿單，做運動，千萬別趴著睡覺。

雖然德尚從未喪失其對社會不公的憤慨，但他會帶著譏諷的目光注視人類，人類雖然被賦予了理性，卻寧可愚蠢行事。他責之最切的時代罪惡是導致了對上帝的違背的大不敬，產生了所有其他惡習的驕傲，雞奸這種「非自然的」罪惡、魔法和對金錢的熱愛。在新王朝中，儘管他佔據著路易·奧爾良的家宅領班一職，可他覺得自己在宮廷中被輕佻而打扮過度的年輕人所取代了，這些年輕人有令人疑懼的勇氣、模棱兩可的習性和不確定的信仰。他對宮廷生活的抱怨與對任何年代高高在上的政府的抱怨如出一轍：它由偽善、奉承、謊言、報酬和背叛構成；誹謗和貪婪佔據著主位，缺乏常識，真相不敢浮出水面，為了生存，你必須是聾子、瞎子和啞巴。

五十年後，戰爭目的已經模糊不清，其起因可能也幾乎被人遺忘。儘管格洛斯特公爵及英格蘭「公豬們」一如既往地好戰，但他們無法募集到資金再進行一次遠征。在法國，入侵英格蘭計畫的流產也耗光了侵略的渴望。反戰情緒日益高漲，就梅齊埃的例子而言，其興趣在於將敵意轉向無宗教信仰者。「因為你們獲取一點地盤的野心，整個基督教世界被擾亂了五十年。長期以來，是非曲直模糊不清，所有基督徒現在都必須承擔起令基督徒血流成河的責任。」像梅齊埃這樣的人不會將召集基督徒進行十字軍東征看作戰爭，而是會將其當作為了上帝的榮耀而亮劍。

經過六個月的商談，一份為期三年的休戰協議（但仍不是最後的解決方案）於一三八九年六月簽署，附帶著有關每次領土或主權交接的複雜條款，目的是為了防止爭端。隨著交流的恢復，庫西現在能夠派信使給身在英格蘭的菲利帕，「迫切想要確定地瞭解她的幸福安康」。他被任命為吉耶納的長官，以監督南方的休戰情況，警戒並捍衛從多爾多涅河（Dordogne）到包括奧弗涅和利穆贊（Limousin）在內的沿海領土。

至少在一個事例中，普通民眾帶著懷疑之情接受了和平的消息，曾歸結於庫西的有關國王及其鏟子的預言也奇怪地再次出現。利穆贊的博伊斯—格里包特（Bois-Gribaut）的市民熱烈地討論起由他們村一個剛從巴黎回來的布爾喬亞帶回的休戰消息。一些人態度平淡，說他們很快就會被重新召集起來攻打英格蘭。一位名叫馬西亞爾・維泰（Marcial le Verit）的貧窮無知的牧羊人據說一直被英格蘭人囚禁在監獄中，遭受了極大的折磨，他表達了一種更具顛覆性的意見，後來並因此被捕：「你們千萬別信。你們永遠也見不到和平。至於我，我不相信，因為國王就像先前對巴黎的所作所為一樣，破壞並掠奪了法蘭德斯。更有甚者，庫西之主帶給他一把鏟子並告訴他，當他毀掉了自己的國家時，他就會用到它。」這種說法顯然一呼百應。

在休戰協議簽訂之前，庫西作為另一種象徵出現在湯瑪斯・莫布雷（Thomas Mowbray）向他發起的挑戰中。莫布雷是諾丁漢伯爵和未來的諾福克公爵（Duke of Norfolk），是理查進行拉攏的「上訴人閣下」之一，被任命為任職終身的英格蘭紋章院院長（Earl Marshal）。對於這個二十三歲的年輕人而言，庫西代表了騎士精神的縮影；在戰場上與之交鋒將學會本領，獲得榮譽。當虔誠和美德這假定的騎士行為之泉源因其缺乏而顯得分外引人注目時，榮譽和英勇的偽裝便會愈加被迫不及待地追逐。任何時代的人類都需要證明自己；當他們做不到這一點時，歷史上的黑暗時刻便會到來。

作為「一個在許多光榮之地眾所周知的、具有得到認可的榮譽、勇氣、騎士精神及偉大聲望的人」，庫西受到了諾丁漢的挑戰，讓他指定時間和地點進行一場比武，比武中要進行三次矛擊、三次劍擊、三次匕首，以及三次徒步的斧擊。庫西將送上由國王出具的、加蓋了其封印的「有用且忠誠的通行證」，而如果加萊被選為比武地點，諾丁漢也將提供由他的國王出具的通行證。他建議，戰鬥要當著「你我可提供通行證和住宿地的盡可能多的人」的面進行。沒有庫西回應的記載，也沒有發生此類比武的記錄。庫西要麼是對此毫無興趣，要麼是不願意在休戰協議懸而未決之時參與其中節外生枝。

在榮譽的挫敗之餘，諾丁漢在下一年度接受了聖英格爾伯特（St. Ingelbert）的著名挑戰，當時，那位鬥志昂揚的布西科和兩名同伴因不滿英格蘭人在休戰後的自吹自擂，提出要坐鎮競技場，在三十天之內，迎接所有來客的任何作戰形式的挑戰。謹慎的律師提出建議，反對因為「狂暴的年輕騎士」的奇想而在休戰後這麼快便重新開啟爭端，朋友們則向三人諫言：它超出了他們的能力範圍。布西科不是個會被謹慎言論所動搖的人。十六歲時，他便在羅塞貝克打了其平生的第一仗。在那裡，一個高大魁梧的佛蘭德人嘲笑他的年幼矮小，讓他回到娘懷裡去。布西科拔出劍來，將它刺進那人的身體一側，同時說

452

道：「你們國家的兒童會玩這些遊戲嗎？」他及他的同伴懷著極大的勇氣維護著聖英格爾伯特的競技場，他將進而成為法蘭西統帥，在庫西最後的冒險中與之並肩作戰。

諾丁漢對決鬥的渴望將有一個較陰暗的結局。十年後，這種渴望使他作為諾福克公爵與博林布魯克（Bolingbroke）進行了歷史性的對決，這次決鬥將使理查二世走向末路。在決鬥到來時，諾丁漢及其對手一起遭到了放逐，在不到一年時間，便死在了流放地。

讓・傅華薩從一個地方走到另一個地方，一路走門串戶，調查訪問，提出問題，於休戰協定簽署的那個月抵達了巴黎，來拜訪「有教養的庫西之主……我的領主和資助人之一」。自從其第一位資助人、英格蘭的菲利帕王后去世之後二十年，傅華薩享有過來自神聖羅馬帝國皇帝溫塞斯勞斯的某些幫助，也在布盧瓦伯爵居伊・德沙蒂永的贊助下謀得了一份辦事員的生計，他別無職責，只需繼續他的歷史寫作。當居伊・德布盧瓦破產時，庫西推薦傅華薩充任迄今為止尚未落實的里爾教士之職。與此同時，

> 好心的領主庫西常常往我手中塞入
> （一袋）封著紅色封印的弗羅林。[1]

雖然接受恩惠者很有可能轉過頭來奉上慷慨的溢美之詞，但傅華薩對庫西的讚美似乎不僅僅是約定

1 原文：「M'a souvent le poing fouci/De beaux .orins a rouge escaille」——語義晦澀，但也許提及了這樣一個事實：有價值的錢幣（而非用舊的或經過修剪的硬幣），通常放在一個頂部紮起來的袋子中，並用彩蠟加蓋封印，在這個例子中，是一種「紅色封印」。

俗成的：它們成就了一個與眾不同的個人。「Gentil」是個老套地用於任何重要而考慮周全的貴族身上的詞，意思只不過是說他或她出身高貴；除此之外，庫西還「敏銳」「謹慎」，尤其「imaginatif」或「fort-imaginatif」，意思是足智多謀、深思熟慮或富於遠見，而且是個無所不知的「sage」或「très-sage」，它可能意為聰明、敏感、機警、理智、謹慎、明智、冷靜、沉著、舉止得當、堅定不移、品德高尚，或有可能是其中任何一種意思，也有可能包含全部的意思。他還被形容為「cointe」，意為舉止和著裝優雅，和藹可親，彬彬有禮，英勇過人——騎士精神之屬性的高度概括。

傅華薩《編年史》的第一冊（在書中，騎士精神立即便認出了一位讚美者）出現於一三七〇年，立刻便變得供不應求。第一冊最古老的現存手抄本現今收藏於比利時皇家圖書館（Royal Library of Belgium），上面加蓋著庫西的紋章。

抄本的多次謄抄不再是居於單身陋室之中的孤獨僧侶的專利，而成了擁有自己行會的專業抄寫員的職業。抄寫員在巴黎由大學頒發執照，這大概是為了保證文本的準確性，他們是尚在人世的作者的痛苦之源，這些作者們苦不堪言地抱怨抄寫人的延誤和錯誤。佩脫拉克哀歎道，一位作者所遭受的「麻煩和挫折」是難以形容的。「這些傢伙是那麼愚昧、懶惰和傲慢」，當一位作者把自己的著作交給他們時，他從來也不知道，再把書拿回來時裡面會變成什麼樣子。

十四世紀布爾喬亞觀眾的興起和造紙的增加創造了一群閱讀的民眾，他們的範圍要比通過在其城堡大廳中的大聲朗讀來瞭解文學作品的貴族要寬泛得多。商人階層因其職業的緣故而熟知讀寫，他們樂意閱讀各種書籍：詩篇，歷史，傳奇，遊記，低級趣味故事，寓言，宗教著作。擁有藏書已成為有教養的人的象徵。由於權貴和新近富裕起來的人會模仿貴族的風度、理念和著裝，有關騎士精神的編年史風靡一時。

昂蓋朗七世可能擁有的圖書除了傅華薩的《編年史》之外，其他大多不得而知，唯有那些列在王室檔案中的國王作為禮物送給他的圖書是個例外。除了他因在剷除勃艮第公爵期間的效力而獲贈的從《創世記》到《讚美詩》的法語《聖經》外，他還於一三九〇年收到了浪漫小說《國王派平和他的妻子大腳伯薩》（*King Peppin and His Wife Bertha Bigfoot*）及押韻詩《查理曼之雄姿》（*Gests de Charlemagne*），它「精雕細刻在一部大部頭卷冊的三欄書頁上」，本屬於王后所有，「國王從她那裡取過來，送給了庫西閣下」。

傅華薩是從南方到達巴黎的，在南方，他還拜訪了另一位資助人富瓦伯爵，並在亞維農受到了教皇的接見。他還出席了德貝里公爵與一位十二歲新娘的婚禮，那是個充斥著粗俗談話的場合。迫切地想要得到有關這些事件的第一手報告的庫西邀請傅華薩同他一道前往自己位於莫爾塔涅河的封邑。他們一起騎行，交換著各種消息。庫西告訴這位編年史作者自己對休戰談判的瞭解，而傅華薩則滿腹有關東道主在富瓦光彩奪目的故事。很顯然，對貝里的新娘有監護權的富瓦伯爵冷酷地利用了公爵的熱情；他故意延長婚姻協商，直到貝里失去了耐心，同意支付三萬法郎來彌補那位少女在受富瓦監護期間的開銷。

在連連發問的過程中，傅華薩從富瓦伯爵的角度勾勒出一幅十四世紀的當代觀察，那是一個從特權地位出發的視角。「太陽神加斯頓」說，他自己的生命歷程較其他任何人都吃香，因為「在這五十年中，世界上出現的武功和奇跡比此前三百年中的還要多」。對他而言，時代的動盪不安是令人興奮的，他毫不擔憂。當局者迷。

對騎士身份的無憂無慮在對那種尊嚴的瘋狂慶祝中發揮了作用，那是在十二歲的安茹的路易二世及其十歲的弟弟的受爵儀式上。慶典為時四天，每天都充斥著在王室的聖丹尼斯修道院上演的過於世俗的慶祝活動。在這四天中，十四世紀的法國重演了羅馬的衰落，實際上，小男孩們的受爵與那位讓自己的一匹馬當領事的皇帝並無多大程度的不同。儀式的華美壯觀以及選擇聖丹尼斯為慶祝地點都意在促進對安茹家族收復那不勒斯王國的熱情。在修道院的管轄區域中，為了承辦比武大會、舞會和宴會，進行了根本性的變動。宗教儀式讓位於木匠釘錘的敲打和勞工及其材料的來來往往。在慶典上，在儀式性的沐浴和祈禱之後，兩位年幼的王子身著用雙重紅色絲綢製成的垂至地板的毛皮斗篷，在倒持出鞘之劍、讓金馬刺從劍柄上垂下來的侍衛的護衛下走向祭壇。查理六世出於對騎士精神外在形式的熱情，復興了在他父親時代被棄置不用的古代儀式，這一儀式已經衰落至極，以至於觀眾「覺得它奇怪而特別」，四處打聽儀式象徵著什麼。

在第二天的比武大會上，上演了同樣的懷舊之情，當時，身著光亮如新的鎧甲的騎士們由貴族婦女引導著走向競技場，「以仿效古代名人的英勇之舉」。每位女士都要輪流從自己的胸部掏出一條彩色絲緞，將它親切地贈予她的騎士。在每天的馬上長槍比武和其他比賽結束後，慶典的參與者們都會用舞蹈、化裝舞會、宴會、酩酊大醉以及那位憤憤不平的聖丹尼斯的僧侶所說的「放蕩和通姦」，「將黑夜變為白晝」。由兩個幾被遺忘的小王子所代表的騎士身份，並未得到顯著的提升。

政府開支在一三八九年整整一年中持續攀升，比之王叔們的花費有過之而無不及，儘管其用途在民事而非軍事。其巔峰是巴伐利亞的伊莎博在其王后加冕禮上進入巴黎的慶祝儀式，這一事件蔚為壯觀，盛況空前，令公眾大飽眼福。儘管其開銷與新政府的好意相衝突，但其自身的表現則是一種政府形式，其意義如同羅馬的馬戲團。只不過是一種令許多人接受少數權威之擺佈的政府是什麼？馬戲和慶典本意是想促進接受度；它們要麼大獲成功，要麼則因花費過高而適得其反。

王后的風頭被路易・德奧爾良的新婚妻子瓦倫蒂娜・維斯康提（Valentina Visconti）搶去了一些，她到來時剛巧趕上這一盛典。自從她通過代理形式於一三八七年與路易結婚起，她的父親吉安・加萊亞佐要求中間有兩年的間隔，以便積聚她前所未有的嫁妝，使之達到五十萬金法郎，外加阿斯蒂和皮埃蒙特的其他區域。瓦倫蒂娜是加萊亞佐唯一活下來的孩子，他對她是如此鍾愛，當她出閣時，他離開了帕維亞，而不是留在現場，「這是因為他無法在她離開時不流下眼淚」。作為他已故妻子法蘭西的伊莎貝拉的女兒——因而成了奧爾良的路易的姻親——瓦倫蒂娜在被她父親營造成「名人的港灣」的家中長大，「男人們都博聞強記，精通藝術，他對他們都讚賞有加」。她的拉丁語、法語和德語說得都很流利，還帶著自己的書籍和豎琴前往法國。一千三百名騎士護送她翻越阿爾卑斯山，她的嫁妝也許由一件禮服即可推知，它上面繡了兩千五百顆珍珠，還有閃閃發亮的鑽石；她與路易的未來住處所用的地毯用的是亞拉岡皮毛，牆壁上懸垂著繡有玫瑰和弩的朱紅色天鵝絨。家庭帳目上記載有作為新年禮物的絲綢床單，價值達四百法郎，但這一切的奢華都阻擋不了滲透在這樁婚姻中的憂鬱悲涼。

在王后進城的盛大之日，大隊人馬沿聖丹尼斯大街（Rue St. Denis）行進，這是通往夏特萊城堡和塞納河大橋的主幹道。它是屬於女士們的一天，公爵夫人和貴婦們乘著裝飾富麗的轎輿，兩側各有一位貴族領主護駕。庫西護送的是女兒瑪麗和岳母巴爾公爵夫人，而他的妻子則乘坐的是另一乘轎子。女士們的禮物和珠寶是刺繡工和金匠們的藝術傑作，因為國王希望蓋過以往所有慶典的風光。他調來聖丹尼斯修道院的檔案，諮詢古代王后加冕禮的細節。總是衣著出眾的勃良第公爵無須幫助：他的緊身上衣上繡有四十隻羊和四十隻天鵝，每隻羊和天鵝的脖子上都掛著一個珍珠鈴鐺。

在市長的帶領下，一千兩百名布爾喬亞沿街而立，站在街道一邊的穿著綠色禮服，站在街道另一邊的則穿著深紅色禮服。擠在街頭看熱鬧的民眾數不勝數，「仿佛全世界的人都聚集在此」。沿聖丹尼斯大街的房屋和窗戶都懸掛著絲綢和掛毯，街道本身則覆蓋著精美的紡織品，「其數量是如此之多，仿佛它們一錢不值似的」。

在通過聖丹尼斯門進入巴黎時，行進隊伍從一直延伸至大門的用布匹製成的天國似的天空下走過，天空上綴滿了星辰，打扮得像天使的孩子們在下面唱著甜美的歌謠。接下來經過的是噴射著紅白葡萄酒的噴泉，唱出悅耳歌聲的少女用金杯奉上美酒；然後是搭建在聖三一教堂（Church of Ste. Trinité）前的舞臺，舞臺上表演的是「Pas Saladin」，有關第三次十字軍東征的戲劇；接下來又是一個綴滿星辰的蒼穹，「上帝的身影威坐其中」；然後是「天堂之門」，從上面降下兩位天使，他們一邊唱著應景的歌曲，一面將自己的黃金和珠寶王冠摘下來戴在王后的頭上；接下來，在聖雅克的前面是一個被簾幕環繞之處，男人們在其間演奏著管風琴音樂。在夏特萊堡，一座奇跡般的仿製城堡和長滿樹木的田野已被樹起，作為一出將「國王的御座」戲劇化的演出的道具。戲劇的主題是為大眾所喜聞樂見的信仰：國王投身於皇家，為的是維護正義，令弱小者可與大人物對峙。在成群結隊的鳥獸之中，十二名少女手執出鞘之劍，保護著白鹿免受獅子和鷹的攻擊。

一路上可觀賞遊覽的奇景令人目不暇接，流連忘返，所以一直要到傍晚，行進隊伍才走過通向聖母院和展示高潮的橋樑。在從聖母院塔樓斜拉至位於聖蜜雪兒橋（Pont St. Michel）上最高建築的屋頂的高高繩索上，一位雜技演員手執兩根點亮的蠟燭保持著平衡。「他一面唱著歌，一面走在貫穿整條大街的繩索上，看到他的人都嘖嘖稱奇，覺得不可思議。」由於他手中的蠟燭仍在燃燒，所以整個巴黎以及兩英里外的人都能夠看到他。在五百丈火把的照耀下，行進隊伍於夜間從大教堂返回。

加冕禮和其他節日都充斥著黃金布、貂皮、天鵝絨、絲綢、冠冕、珠寶和五花八門的發出美妙光芒的物件，它們也許會讓旁觀者覺得眼花繚亂，目眩神迷。一場盛大的宴會在查理五世招待神聖羅馬帝國皇帝的那個大廳中舉行，之後是一個類似的露天表演（用的也許是相同的道具），表演的是「特洛伊的陷落」（Fallof Troy），城堡和船隻都置於車輪之上來回移動。在國王和王后所坐的高桌邊，只有高級教士和八位女士作陪，其中就包括庫西夫人和巴爾公爵夫人。國王戴著黃金王冠，穿著綴以貂皮的深紅色外套，鑒於當時正值八月，這給了德尚夏季穿單衣的建議以論據。大廳裡擁擠不堪，悶熱難耐，已有七個月身孕的王后經歷這在八月舉行的一連五天的慶典，幾乎暈倒，而庫西夫人的確暈倒了，還有一張女士們圍坐的桌子被人群翻倒在地。窗戶被打破，好讓空氣流通，但王后和許多女士都退入了自己的房間。

炎熱的天氣對比武大會也有影響：馬蹄揚起的漫天塵土令騎士們抱怨不已，但庫西之主一如既往地「光彩奪目」。國王下令用兩百桶水來平抑灰塵，「可第二天，一切都有過之而無不及」。

巴黎的四十位首要的布爾喬亞向國王和王后獻上珠寶和金器作為禮物，希望國王能放鬆稅款。兩個打扮成古代聖哲的人將禮物封在一頂用精美的絲製薄紗覆蓋的轎子中帶來，你可以透過薄紗看到珠寶和黃金的熠熠光芒。這富於想像力的呈現並不比它的價值更少說服力。兩個月後，當國王離開巴黎前往南方以向百姓展示其新確立的君主權力並試圖減輕其壓迫時，他前腳一走，巴黎的課稅便應聲攀升，以便支付王后入城儀式和此次新旅程的開銷，這次旅程反過來證明是如此地奢華，以至於它沒有降低而是增加了課稅。在一次操縱貨幣以資助開銷的過程中，普通民眾常用的四便士和十二便士的小銀幣的流通在巴黎遭到禁止，使窮人失去在集市上購物的手段達兩周之久。誰能夠說出兩周的忍饑挨餓和義憤填膺與站在繩索上的雜技演員帶來的奇觀以及流淌著葡萄酒的噴泉相比，孰輕孰重？

457

第22章 巴巴里圍攻

一三九〇年，庫西已年屆五十歲。現在，在王室的隨員中，除了國王的兄弟和舅父外，他成了首屈一指的貴族，王室在政治使命和軍事指揮方面都同樣要仰賴於他。他擔任著奧弗涅和吉耶納的統帥之職，還是御前會議成員，但他在其第五十歲時的冒險將他帶到了遠遠超越了這些職務之地。

一三八九年九月，查理六世與自己的弟弟路易及其叔叔波旁一起前往亞維農，以便與教皇進行商討，並在朗格多克展示其國王地位。這時，庫西負責為王室保駕護航。此次旅行的目的，一是要與教皇克雷芒商討重新獲得對教廷的唯一控制權的方法，二是要修復王室因為貝里公爵的壓迫而疏離的朗格多克的藩籬。南方來的代表們已經雙膝跪地、涕淚交流地向國王控訴了貝里手下官員的「毀滅一切的殘暴」和「無法容忍的勒索」。他們說，除非國王採取行動，否則已經逃往亞拉岡的四萬朗格多克人將會有大批的後繼者。

既然與英格蘭有休戰協議，於是里維埃爾和默西埃勸說查理進行這次旅行，以便瞭解他的臣民的被統治狀況，並為了「他迫切需要的」資金之故，使他本人更加深受他們的愛戴。查理六世時年二十二歲，他父親在這個年紀時，已經是一位成熟的統治者，但查理則是個淺薄的年輕人，慷慨到了入不敷出的地步。財政大臣為了阻止這一趨勢，在接收饋贈者的名字邊寫下「他已得到太多」或「他應該償還」

的字樣，可這種努力是白費功夫。

國王通知勃艮第和貝里，他們不必陪他出行，而是必須留在自己的莊園中，這令他們大為惱火。他們得知這一命令的始作俑者是里維埃爾和默西埃，而且國王將會「持續調查」那些曾統治過朗格多克的人，於是兩人一起商量對策，一致認為他們必須「假裝不知道這種侮辱」，可是一旦時機成熟，「那些出此餿主意的人將為之追悔莫及」。他們告訴彼此，只要他們保持團結，別人「便傷不了我們一根汗毛，因為我們是法蘭西最偉大的顯要人物」。「這些，」傅華薩毫不臉紅地添油加醋地寫道，「就是這兩位公爵所說的話。」

國王及其隨行人員從里昂搭乘船隻（一種比騎馬更舒適的旅行方式），順著羅納河而下，繼續前往亞維農的旅程。在這樣的旅行中，王室隨員將裝滿好幾隻船，其中一隻供國王使用的船上有個帶有兩個壁爐的房間，其他船上則有廚房、辦公室和一批盤碟和珠寶，以供旅途需要時的典當之用。查理順著水流湍急的羅納河而下的通路必定包括了多個停留地，以便使沿途的城鎮居民認識他，因為這段旅程用了九天的時間。當時有組織的歡迎形式與現在並無多少不同。多達上千名的兒童穿著屬於王室色彩的服裝，站在木頭平臺上，手裡搖著小旗子，「在國王經過時，大聲地發出可以讓他聽到的向他表示敬意的歡呼聲」。

十月三十日，身著貂皮緋衣的查理走進了教皇的大廳，在那裡受到克雷芒和二十六位紅衣主教的歡迎，並率其所有隨從人員出席了一次豪華盛宴。他贈送給教皇一襲藍色天鵝絨長袍，上面用珍珠繡出天使、鳶尾花和星辰的圖案。不管錢包裡有沒有錢，「他都希望聽到別人對他展現出的富麗豪華嘖嘖稱道，哪怕是在國外」。

459

因為除了法國的支持外，克雷芒的教廷別無基礎，所以如果法國人願意的話，克雷芒的教廷就會煙消雲散，而毀滅性的教廷分裂也會走向終結。可是法國人並沒有那麼做。個人之間即很少承認錯誤，減少損失，國家之間這種做法就更是聞所未聞。國家只有在被大權在握者視為權力和個人野心時才會發揮作用，而權力和個人野心兩者都是盲目的。憑藉權力政治或武裝力量使義大利接受克雷芒從來都不是切實可行之舉。倒是羅馬的烏爾班（無論瘋狂與否）以及他的繼任者擁有作為教皇應有的民眾支持。法國人無視那顯而易見的事實，以及目標與手段間的懸殊差異，一味憑著近乎輕浮的盲目堅持來追求目標。

與克雷芒會談時，查理六世及其顧問們提出，通過使奧爾良的路易在北方復興模糊不清的亞得里亞王國，使安茹的路易二世在南方復興同樣未到手的那不勒斯和西西里王國，來打開教皇通向羅馬並重新掌握義大利的通道。為此目的，被他那不知疲倦的母親帶至亞維農的路易二世得到了一次盛大的加冕禮，被加冕為那不勒斯和西西里（包括耶路撒冷在內）國王。庫西再次因適合於這種場合的優雅和神采而被選中，與教皇克雷芒的兄弟日內瓦伯爵一起完成為那位年幼的國王加冕的儀式。

就在這些安排幾乎還未完成之時，有消息傳來羅馬教皇，可怕的烏爾班，已經死了三週，他的位子被選舉出的那不勒斯紅衣主教皮耶羅・托馬切利（Piero Tomacelli）匆忙地秘密佔據，後者成了卜尼法斯九世。羅馬像亞維農一樣，並不打算為了一種經過談判的解決方案而放棄自已的教皇繼承人資格。由於沒能利用烏爾班之死，法國人與克雷芒現在一致同意，解決廢除卜尼法斯的問題。查理六世承諾他回到法國後，他將「心無旁騖地致力於恢復教會的統一」。

當這些事情正在一一解決之時，輕浮之舉吸引了國王。他和弟弟路易以及綠伯爵之子、年輕的薩伏伊的阿馬迪厄斯（Amadeus of Savoy），「因為年輕和輕浮」，與亞維農的女士們夜夜笙歌，這些女士們為著國王一擲千金地揮霍在她們身上的許多精緻禮物而熱情地對他大加讚美。教皇的兄弟充當了狂歡的主人。最令人難忘的消遣是一次有關高尚愛情問題的文學比賽：是忠貞不渝還是反覆無常會帶來更大的滿足感。這個專題研討化身為一組名為「百歌集」（Cent Ballades）的詩歌，它由四位在最近的一次聖地冒險中湊到了一起的熱情洋溢的年輕騎士發起，這其中包括布西科和國王的親戚德歐伯爵。在暫時囚禁在大馬士革時，這四個人靠用詩歌進行辯論的方式來消磨時光，在途經威尼斯回國時，適逢其時地加入了亞維農的集會，受到貴族朋友和王子們的邀請而做出唱和。

路易・奧爾良貢獻了一首歌謠，居伊・特雷穆耶、庫西的一個追隨者讓・德布西（Jean De Bucy）以及奧伯特（Aubert）另一個庫西的私生子都同樣有所貢獻。奧伯特是昂蓋朗的前侍衛和堂兄弟，是他叔叔的兒子，後來，在昂蓋朗死後，查理六世承認了他的合法性。人們對於他的情況知之甚少，只知道德尚將他描寫為自己的一群沉溺酒色的「迫害者」之一。儘管昂蓋朗的朋友和追隨者參加了這次比賽，但他本人卻沒有，這也許是一個瞭解其個性的次要線索。

在印刷機出現之前，文學像室內音樂一樣以群組的方式被人欣賞。《百歌集》的聽眾傾聽著有關忠誠的事例，它以一位名叫修丁・維梅勒斯（Hutin de Vermeilles）的年老騎士為代表，「他」真有其人，以忠於愛情和尊重婦女而著稱。修丁的論點十分傳統：忠誠的愛情要勝過單純的「肉體的歡愉」，因為它會讓愛人得到提升，因對一人之愛而產生對所有婦女的禮貌謙恭，並增加了騎士的英勇，因為他渴望取悅自己愛人的芳心。愛情使他在包圍、襲擊、埋伏、衝鋒或防禦、去耶路撒冷朝聖或進行針對突厥人的十字軍東征時變得更加英勇。有關不忠的事例，則以一個名叫拉・吉尼亞爾德（La Guignarde）的女子之名而作，她強調放蕩的歡愉和一樁認真地通姦的危險。於是「所有戀愛中人」都被召集來，對這一爭論做出評判。

儘管大多數貴族詩人都宣佈支持修丁和忠誠，但有些人的態度則模擬兩可。剛剛娶了自己十二歲的新娘的德貝里公爵慶祝自己「逃離了愛情」，建議嘴巴說忠誠而踐行欺騙。庫西的私生子也持同樣的論調，他在每個詩節中都在傾吐激情四射的忠誠和永恆的愛情，而每首詩都以這樣的疊句結束：

Aussi dist on, mais il n'en sera riens.（人們嘴裡這樣說，可到頭來卻一切皆是空。）

他的詩是歌集中最為憤世嫉俗的。其他人的詩，或坦白、或諷刺、或糾結，還有幾首很嚴肅，但沒有人表達出絲毫深切的情感，如果他們以騎士精神為主題，情況也會如出一轍。高尚的愛情是一種習以為常的遊戲，不是一種激發人心的理想——這種理想會令男人不顧一切地加以堅守，為了它，他們就如那些堅守聖英格爾伯特競技場的騎士一樣，會押上自己的身家性命。

在繼續前往朗格多克時，查理六世及其宮廷成員經由尼姆、蒙彼利埃、納博訥至圖盧茲，一路行進，一路慶典，得到了盛情款待，穿過被裝飾一新的街道，其景象「堪稱奇觀」。所有團體和階層都身著合乎身份的禮服參加儀仗遊行，對他表示歡迎，桌子被支在外面，以供人們吃喝之用。國王的食品室被他的臣民們所填滿：在一座城鎮，他得到的饋贈是一群羊、十二頭肥牛以及十二匹戴著銀鈴鐺的打獵用馬。與此同時，他的大臣們則在調查情況，下令改革，取消最沉重的賦稅。

王室的干預在貝濟耶擺出的姿態最為顯著，這表現在對貝里的主要官員、人人仇視的貝提札克

（Bétizac）的嚴懲上。國王大臣的秘密調查揭露了此人的許多「殘暴行徑和巧取豪奪，使得舉國上下都對他口誅筆伐」。在被捕受審時，貝提札克一口咬定。數目達三百萬法郎的錢財都已按時轉付給貝里公爵，並有帳可查。他被捕時也一併帶走的文件票據似乎可以證實他的說法。他的行為似乎並不足以使他受到死亡判決，正如某些調查者所言：「如果這些錢被奢侈無度地揮霍掉了，他能有什麼辦法呢……因為這個貝里公爵是世上最貪得無厭的人。」有人表示反對，說貝提札克對百姓的盤剝是如此之重，「這些窮鬼打心眼裡仇恨他」。他應當對公爵加以規諫，或者如果未能阻止住他，就應當通知國王和御前會議。

462

貝提札克被捕的消息引來民眾的滔天控訴，顯示了人們對他是多麼恨之入骨，而與此同時，貝里傲慢的信件則宣稱，貝提札克的一切所作所為都是在依他的命令列事。儘管國王希望判這位總督死刑，但御前會議則尷尬地找不出這麼做的司法根據，因為他的上級貝里，一直由王室所任命。

問題藉著計謀得到解決。有人私下裡告訴貝提札克，他肯定會被判死刑，唯一的希望是宣稱自己是異教徒。如果他這麼做了，就會被交給教會，送到亞維農接受審判，而在那裡，誰都不敢譴責他，因為教皇得依靠貝里，貝里是教皇所有的支持者中最有權、最熱心的人。貝提札克對這番話深信不疑，「因為那些生命危在旦夕的人頭腦往往含混不清」，所以他依計行事。他在貝濟耶主教面前承認了自己錯信異教的罪行，而這位主教根據教會處理供認自己是異教徒者的方式，迅速將他交還給民事法庭進行處決。貝提札克被拖至設在公共廣場上的火刑柱，用項圈和鐵鍊捆在上面，腳下堆滿柴火，被執行火刑，他的遺骨懸掛在那兒，以悅民心。貝里被剝奪了朗格多克的職務，為一隊王室改革者所取代。該省百姓為年輕國王的公正大聲喝彩，投票通過向他提供三十萬法郎的資助。

來自熱那亞的使節在圖盧茲拜見了國王，帶來了一項提議，主張從事一場針對突尼斯的柏柏爾王國（Berber Kingdom of Tunis）的「偉大而高尚的事業」。他們希望法國騎士領導一場壓制巴巴里海盜（Barbary pirate）的戰役，這些海盜在其蘇丹的非官方支持下，侵擾熱那亞商業貿易，攻擊並劫掠西西里島和地中海島嶼，在奴隸市場出售俘獲的基督教徒。熱那亞人假定既然法蘭西已與英格蘭休戰，那麼便沒有了後顧之憂，所以他們覺得她的騎士們「無所事事，將會很樂意參加戰鬥」。提出的攻擊目標是馬赫迪耶（Mahdia），這是海盜們的主要基地，也是突尼斯海岸最好的港口。使節告訴國王查理，若是將這個絕佳的根據地掌握在基督徒手中，柏柏爾國王的權力就將被瓦解，然後他們就有可能被摧毀或皈依。熱那亞提出由它提供必不可少的艦隊、給養、弓箭和步兵，以回報法國作戰部隊——僅指騎士和侍衛，而非僕人——它由王室家族的一位親王率領，以確保是一次真正的承諾。

這個提議假定不信基督者就是敵人，所以套上了一次十字軍東征的所有光環，並充斥著阿諛奉承。使節說，出於其歷史上與不信基督者交戰的豐功偉績，法蘭西的名字使遠至印度的國度都聞風喪膽，所以其本身即足以阻止突厥人和撒拉森人。[1]他們提醒不信基督者統治著亞洲和非洲；他們已經進入了歐洲，威脅到了君士坦丁堡，嚇壞了匈牙利人，佔領了格拉納達。但在熱那亞的支持下，一場法國戰役將速戰速決，永垂青史。「這對您的國家而言是個善舉，」他們對查理說，「因為您是基督教徒中最偉大的國王，並且名震天下。」

這項計畫是那個「非常狡猾的人」——熱那亞總督安東尼奧托・阿多爾諾（Antoniotto Adorno）的詭計，他的壓迫已導致了在其臣子們之中產生了反對派別。他希望通過援助共和國的商業事業來挫敗該反對派的威脅，並同時得到一支強大的同盟以防萬一。雖然法國貴族們被這一前景弄得眉飛色舞，但大臣們則小心翼翼。因為與英格蘭之間沒有永久的和平協議，所以他們反對將法國軍事力量派出國；而且領導權的問題必定會招徠嫉妒。進一步的商議尚在進行之中，所以熱那亞人不得不在沒有得到肯定答覆的情況下回國。

在圖盧茲時，庫西與保皇黨一起進行了一次狩獵，這幾乎導致了將其面容留給歷史的令人求之不得的肖像。獵手們在傍晚的森林中迷了路。他們騎著馬走進越來越黑暗的迷宮中，完全找不到出路，直到國王發誓如果他能夠逃過此劫，就將與他的坐騎同價的金錢捐贈給位於圖盧茲的卡姆（Carmes）修道院的德波奈・埃斯佩蘭斯聖母院（Notre Dame de Bonne Espérance）的禮拜堂。作為回應，閃電劃破了天空，一條小徑呈現在眼前，於是，國王在第二天便立即兌現了自己的誓言，後來修道院中的一幅壁畫對此事進行了紀念，上面包含有昂蓋朗・德・庫西唯一為人所知的當時的形象。不巧的是它沒有畫臉。在修道院於一八〇八年拆除時倖存下來的複本中，他位列在國王身後一字排開的七位貴族之中，每人都可憑其紋章辨別身份。他們是路易・奧爾良，波旁公爵，亨利・納瓦拉（Henri de Navarre），奧利維爾・德克利松，菲力浦・德歐，亨利・巴爾，最後是庫西，他是唯一將臉轉向一邊使觀者無法看見的人，仿佛是在故意嘲弄後代一般。

在那之後不久，他也許便前往了西班牙，與亞拉岡國王和王后一道安排他們八歲的女兒約蘭德（Yolande）與安茹的路易二世的婚事。傅華薩對此舉旨在為安茹家族在追尋那不勒斯王冠過程中贏得同盟

1 撒拉森人是對包括柏柏人、阿拉伯人、摩爾人和突厥人在內的所有穆斯林人不加區別的統稱。

的任務的記錄混亂得令人絕望，無法得知可能發生了什麼以及不可能發生什麼。他說，庫西護送安茹前去完成一次實實在在的婚姻，可這樁婚姻事實上直到一四〇〇年才締結，而且他將此場景放置在了許多其他存在爭議的時間和地點之中。不過，一份婚姻契約確實是在一三九〇年達成的，而庫西有可能是為之談判的自然人選。德安茹公爵夫人自從丈夫死後，便在其事業中尋求庫西的影響；再者，庫西因婚姻而與亞拉岡王后有了親屬關係，而且為亞拉岡王后所熟知，因為亞拉岡王后就是以前的約蘭德・巴爾，他女婿的姊妹。他也曾在小路易之前與貝爾納博・維斯康提的女兒之間的婚姻中充當過代理人，當貝爾納博倒臺時，這樁婚姻便利索地取消了。

在傅華薩的版本中，德安茹公爵夫人請求庫西護送自己的兒子前往西班牙，而他「愉快地同意」進行這一旅行。十二歲的路易哭哭啼啼地向教皇和母親辭行，因為「他們的心在為這次別離而絞痛，不知道何時才能再相見」。庫西及其所護送的人由陸地騎馬前往巴賽隆納（距亞拉岡兩百五十英里或更遠，距圖盧茲兩百英里），當他們抵達時，亞拉岡王后「為見到庫西之主而喜不自勝」，並感謝年幼的安茹的路易把他帶來，說「一切都會因此變得更美好」。儘管此情此景未必發生過，但也足夠自然，逝去的時間構成的迷霧遮蔽了事實。

如果庫西確實去了西班牙，他便會看到一個瀕臨混亂的國度。這個位於庇里牛斯山脈下方的半島現在正經歷十年前曾橫掃歐洲的起義風暴的遺響。「殘酷的佩德羅」與其同父異母的兄弟恩里克之間的長期內戰尾隨在無法逃避的瘟疫、壓迫和課稅之後。社會苦悶在反猶太人那裡找到了發洩口，而猶太人在歷史上總是會定期成為世界大弊病的微觀寫照。在西班牙，他們的作用一向比在其他地方來得顯著和成功。「殘酷的佩德羅」曾大量雇用他們充當顧問和代理人，除此之外還養了個猶太情婦，而他的偏袒成了恩里克譴責告的主題，直到恩里克以勝利者的姿態出現。隨後，他也會利用猶太人的金融服務。

民眾的敵意是由對猶太人越來越大的影響感到擔心並要求取消所欠殺害基督者的債務的煽動者點燃的。在宗教動機的刺激下，經濟恐慌便會上升為暴怒。一位狂熱的大助祭費倫・馬丁內斯（Ferran Martínez）發表了類似希特勒的最後解決方案的演說。一三九一年，對猶太人的殺害、奪取財產和強制皈依行動開始，而這種暴力的初嘗很快便變成了針對神職人員和有產階級的普遍反抗，它在巴賽隆納令人恐怖的四天裡達於頂點。平民百姓宣佈，保護猶太人是對基督教王國的背叛。漸漸地，統治者重新佔據了上風，但對猶太人的侵犯很普通且進行了人身傷害，所以很難修補。對於百年後的最終驅逐，猶太人脆弱不堪，而西班牙人則跟風回應。

根據記錄，庫西於一三九〇年一月五日又出現在圖盧茲，一月二十八日出現在亞維農，為一位法國聖徒被追封為聖者之事在聽證會上作證。這位聖徒候選人是貴族出身的皮埃爾・德盧森堡，一個極為虔誠聖潔的年輕人，家世高貴，不久前，以十七歲的年紀告別人世，對他的提名意在提高法國教皇的地位。如果上帝在他的管轄範圍內提供了一位聖徒的話，那麼克雷芒的合法地位就幾乎是不可置疑的。提名皮埃爾的都是最高級別的贊助人：先是由德安茹公爵夫人於一三八八年提出，然後由巴黎大學的新任校長皮埃爾・德阿伊利以國王的名義提出。

作為聖潔而虔誠的居伊・聖波爾伯爵（他在英格蘭當人質時，死於那場瘟疫）和與已故的神聖羅馬帝國皇帝查理四世出自同一家族的讓娜・盧森堡（Jeanne de Luxemburg）之子，皮埃爾在三歲時便父母雙亡，六歲時便早熟地在一次永世忠貞的誓言中宣佈放棄肉體的歡愉。據說他還將同樣的誓言強加在十二歲的姐姐身上，因兄弟的歡笑而指責他，因為根據福音書的記載，耶穌流過淚，卻不曾笑過。八歲時，他已經是個少年老成、凹胸駝背的苦行者，被送往巴黎學習，在那裡，他實習齋戒和自鞭，要求加入當下時興的紀律嚴格的塞利斯廷教團（Célestin Order）。由於他的監護者們不答應讓他實現願望，他便定期去訪問教團，吃那裡的麵包，喝那裡的水，和衣睡在光光的地上，腰帶不解，鞋子不脫，為的是隨時可以在午夜時分祈禱，而不浪費一分一秒的時間。

他異乎尋常的虔誠與高貴的出身為他在九歲時便贏得了大教堂教士之職，幾年後當上了大助祭，十五歲時當上了梅斯主教（Bishop of Metz），十六歲時當上了紅衣主教。紅色教袍未曾阻止他的苦行節儉或孤獨祈禱。他的生活中「除了謙卑別無所有」，「總是在逃避世事的浮華和奢侈」。他不分晝夜地獨自祈禱，或是借著燭光將自己的罪過記在筆記本上，每天兩次向自己的本堂神父懺悔它們。他的迫不及待就如同西耶納的凱薩琳的滔滔雄辯一樣，偶爾會令本堂神父有些招架不住，所以當聽到皮埃爾於深更半夜來敲門時，神父會假裝睡著了。

年幼的紅衣主教擁有可奇跡般地令病人痊癒的才能：據說他曾解除了德波旁公爵夫人持續兩週的產後疼痛，在一次比武大會上治癒了令居伊·特雷穆耶疼痛難當的傷口，使德波旁公爵的一位被雷電劈倒的管家復活，除了這個人數相當有限的圈子外，他還令一位曾受強盜折磨的窮工匠恢復了健康。當他於一三八七年死於結核病和自我強加的克恭克儉時，人們按照他的遺願，將他埋葬在亞維農的貧民墓地，在亞維農，他的墓地成了窮人和病人的朝聖目標，使得每天在那裡的探視成為「偉大的奇觀」。國王和包括庫西之主在內的貴族們會奉上豐富的禮物和銀燈，而從不錯過有新聞價值的東西的傅華薩也前去墓地觀察眾人。

為了保證追封聖者的儀式不出差錯，有關皮埃爾的品行的聽證會持續了六個月，根據兩百八十五條不同的條款，從七十二名證人那裡提取了證據。作為第一週的第八名證人，庫西根據個人的瞭解做出證言，提到當皮埃爾前去擔任梅斯主教時，他如何要求自己的弟弟沃爾倫・波爾伯爵的士兵驅逐持有主教管轄地之財產的烏爾班派教士。當沃爾倫要求從教區稅收中報銷費用時，皮埃爾說他寧肯死，也不願使教會的領地陷入困境，於是兄弟之間出現了齟齬，庫西本人掌管了教會財產的監護權，直到達成解決方案。他還補充說，他從皮埃爾小時候起就認識他，並讚嘆他的虔誠，在亞維農，他從未見過一個具有如此美德的年輕人。

所有這些證人證言還不夠充分。無論是因為克雷芒自己的不夠神聖讓他在一個聖徒問題上望而卻步，還是因為其他原因使他猶豫不決，他讓這個過程失效了，而他自己反教皇的名聲使此事長期擱置，直到一百四十年後才舊事重提。皮埃爾・盧森堡於一五二七年終於得行宣福禮，但未被封為聖徒。

庫西與國王和宮廷成員一道經由第戎返回巴黎，在第戎，勃艮第公爵準備「故作不知」——就像他所有的舉動一樣——其方式是採用大手筆宴客，以期恢復榮寵。有人寫了整整一本書來記述這個場合的歡慶活動、僕從制服、宴會、比武大會、禮物和花費，但在問題越積越多的十四世紀，這些揮霍無度頻頻地反覆上演，已不足以令人驚訝。

在展現政治地位的同時，這樣的歡慶活動必定提供了經濟刺激。為了國王對勃艮第的到訪，裁縫、刺繡工、金匠、武器製造者以及各行各業的人都收到了提供商品和服務的訂單。單是公爵便預定了三二〇柄新長矛，供比賽使用。國王在路途中將要到訪的勃艮第的所有城鎮都得到了資助，以打掃、裝飾甚至重新鋪設道街和廣場。第戎的尖頂、鐘塔和配有防止鸛鳥築巢用的鐵格子的煙囪林立，街道狹窄彎曲，客棧名聲欠佳，其本身必須從清理動物糞便開始。狗、貓、豬和羊在它陰暗的木製拱廊道街上自由徜徉，尤其是豬，更是污穢和臭氣的貢獻者。它們是貪得無厭的食客，整天吵鬧個不停，十分「不合群」，是人們的抱怨對象，因為它們會咬傷孩子，在一樁案子中，還吃掉了一個小孩子，那頭犯罪的豬也因此被處以了絞刑。禁止在城中養豬以及將其糞便丟入河中的規定都收效甚微。

因為沒有足夠大的大廳來接待所有客人，於是宮廷訂製了一頂巨大的帳篷，它使用了三〇一〇〇厄爾的布料，可將宮廷的庭院遮蔽起來。事件結束後，其布料被節儉地剪切開來，分開出售。懸掛在所有公爵房間中的藍緞掛毯、三百襲給出席儀式的女士們準備的絲綢和錦緞禮服、同樣數量五顏六色的天鵝絨和錦緞製成的騎士緊身上衣所消耗的紡織品數量一定掏空了法蘭德斯。有多少縫紉女工被雇來刺繡以棲息在橘子樹和檸檬樹上的蔚藍色鴿子為底、上面繡著與其夫人名字的首字母纏繞在一起的公爵的「我不等候」紋章的掛毯？有多少木匠和勞工在二月的天氣裡找到了拆牆、砍樹、抹地平以及為為期三天的比武大會建有遮擋的看臺的工作？為了這一事件，光是東道主一人手上便需要三十匹戰馬，那麼所有人加起來就需要大批的馬夫和打理馬廄的人。吟游詩人、魔幻劇演員、雜技演員和馴獸員都向這座城鎮集結，在貴族們進行馬上長槍比武時娛樂普通民眾。

庫西雖然已經年屆五旬，卻是一位——或者有可能是唯一的——比武大會的勝出者，從公爵夫人手中得到了珍珠與藍寶石別針的獎勵。在告別時的禮物交換儀式上（每個禮物的價格都根據其價格標籤仔細地記錄下來），勃艮第給國王的禮物比國王給公爵夫人的禮物更昂貴，從而搶了國王的風頭。儀式以女士和少女們的歌唱和舞蹈作為結束，「以示對國王、德都蘭（奧爾良）公爵、德波旁公爵和庫西之主的熱愛」。

在查理返回巴黎後不久，他之前做出的心無旁騖地考慮將教會重新團結在一起的許諾便因熱那亞提出的攻打巴巴里王國的誘人事業而被擱置在一邊。這是一次現成的冒險，無須教廷事業所需的那種嚴肅的政治策略。十字軍東征，即使與十字架沒有任何關聯，也會給參與者以聲望，更別提由此帶來的特權使他們可以延遲償還債務，並可免於訴訟。雖然「英勇的火焰在人人心中燃燒」，但我們還是可以看到小心翼翼的做法：御前會議將可以離開國土的騎士的人數限制為一千五百人，而且若無國王准許，誰都不得離開。所有參戰者都要自掏腰包裝備自己，不得從自己領地以外的地方招募追隨者。

路易・奧爾良決心取代叔叔勃艮第成為王國的領軍人物，所以他想要指揮權，為了得到這一權力，他向有影響力的貴族們大肆饋贈禮物。他的叔叔發揮了足夠的影響力，讓他的希望落空，其理由是路易年紀較輕，缺乏經驗，這樣會使對手獲得更多的優勢。勃艮第在國內的諸多利益都處於搖搖欲墜之勢，所以不想離開國土；貝里已經失寵，而且不是武士。德波旁公爵渴望沿著在最後一次十字軍東征時死於突尼斯海岸的聖路易的足跡追尋榮耀，因此順理成章地被選為指揮官，庫西則擔任副手。

庫西擺出偉大親王的架勢，在出征前修建了一所教堂和修道院。因為人們認為宗教生活要高於世俗生活，宗教機構的創立便成為分享教會特殊美德的一種方式。除此之外，正如勃艮第公爵一三八五年於贊波（Champol）創立天主教加爾都西會修道院時所說，「對於靈魂的救贖而言，沒有什麼比虔誠的僧侶的祈禱更有效的了」。

庫西選擇了塞利斯廷教團，其極端的克己使它如此似是而非地成了涉足于世俗的貴族的所愛。是這種偏愛確實就是似是而非的，還是它的精神上的不安適和對生活中懺悔的需要已遠遠偏離了它所聲稱的原則？基督教信仰下的生活的雙重性在路易・德奧爾良從富庶、愉悅和政治陰謀一變而為在塞利斯廷修道院中的冷清祈禱之舉中可見一斑。分擔僧侶的克勤克儉減輕了自我厭惡的刺痛。就連富瓦伯爵這個常犯暴怒、虛榮和其他罪惡的鐵石心腸的物質主義者，也創作了自己的「祈禱書」，他在書中承認由於漸漸相信，「上帝不復存在，好運和厄運均源於自然之事，而沒有上帝的指引。在那之後是死亡，是肉體和靈魂的死亡」，這使他承受了巨大的痛苦。

無論基督教信仰能夠賦予人何種安慰，這都會被它所導致的焦慮所抵消。在這種焦慮中，喬叟在生命行將結束時，在創作「教堂神父的故事」（the Parson's Tale）時，開始「撤回」他畢生的著作——《坎特伯雷故事集》、《特洛伊羅斯和克瑞西達》、《公爵夫人之書》，以及所有不夠虔誠的詩歌——懇請基督原諒他寫下了這些「世俗的浮華……以便我可以成為那些在世界末日應得救贖的人之一」。如果救贖的需求能夠使一個人撤回自己的創作的話，那麼基督教便確實擁有一種悲劇性的力量。

塞利斯廷教團的十三世紀的創建者自幼便選擇在一個洞穴中過隱居的生活，為的是將自己奉獻給上帝，同時實現徹底的自制，以及自然與生活的相容相諧。他每天花十六個小時祈禱，穿硬毛襯衣，每年要過六次、每次為期四十天的「大齋節」，齋戒時只喝水，吃甘藍葉。為了吸引弟子、獲取名望，他屈尊就任教皇之職，名為塞利斯廷五世；隨後，在痛苦的追悔之中，他採取了對於教廷而言的獨一無二之舉，辭了職，重新過起自我折磨的生活，探尋上帝的存在。該教團便以他命名，並漸漸獲得教皇和國王們的喜愛，被免去了什一稅，得到授權，可以讓在神聖節日參觀其修道院的真正有潛質的人得到兩百年的特赦。

沒有任何證據顯示，庫西有拜訪該教團的習慣，也沒有證據表明他是個有精神困擾的人。很可能他的選擇並不是對其嚴重焦慮的反映，而只是反映了這樣一個事實：由塞利斯廷僧侶所實行的更為嚴苛的克己行為會使其資助人得到更大的救贖保障。

日期為一三九〇年四月二十六日的契據以庫西那典型的自我確信為開頭：「鑒於朝聖和此短暫生命的暫時和現世之優長都在那些可以而且知道如何最好地使用和陶冶它們的人中得到安排，為了為賦予了我們這些優長的上帝的緣故貯存財富，」也為了替他本人、他現在的妻子、他的祖先和後代以及他的王冠軍團的所有騎士和女士們永世祈禱之故，他下令在他的位於蘇瓦松外恩河兩畔的維爾納夫的領地上修建一座修道院，供十二位塞利斯廷教團之僧侶使用。

他向該修道院提供每年四百里弗的收入，以確保該教團得到各種合法的維護。倘若在任何時候，其收入少於四百里弗，他會詳細說明將如何彌補該數額，以便僧侶們「平靜地持有該收入，而不用受到我們或我們子孫之抵押的約束」。在任何未來的爭執中，僧侶們應當擁有「我們以及我們的司法官員、我們的顧問以及我們的僕人的忠告、安慰和幫助，就如同那是我們自己的爭端一般」。塞利斯廷教團顯然擁有一位處理這種情況的厲害律師，否則就是庫西本人在煞費苦心地想要作永久性的捐贈努力，以便無未來之虞。

在未來的數年裡，這座修道院的修建一直都縈繞在他的腦海中。當建築物於一定的時限後仍未竣工時，他追加了兩百里弗的年收入，以便使它們得以完工。後來，他還將位於蘇瓦松的屬於弓箭手行會的精美大宅轉贈給塞利斯廷僧侶，以使僧侶們在戰爭期間有棲身之所，並繼續其修道士的生活，從另一份贈禮來判斷，這種生活的舒適度已大為改觀。在得知僧侶們沒有足夠的葡萄酒——他們的前任根本沒有這東西——昂蓋朗設法替他們購買了一個葡萄園，它大得足以使他們在一年中得到充足的供應。由於未能在他臨死前簽署有關這份禮物的契約，這個葡萄園將成為修道院與其後嗣的一項激烈訴訟中幾個索賠物件之一。

470

法蘭西國王的最尊貴的騎士們為了攻打巴巴里的事業而集結起來，此外還有來自艾諾和法蘭德斯的騎士，以及由蘭開斯特公爵的私生子、薩默塞特伯爵（Earl of Somerset）、都鐸家族的祖先約翰・博福特（John Beaufort）為首的來自加萊的英格蘭部隊。騎士統帥克利松留下來守衛國家，使他的對手勃艮第空不出手來。否則，這群人中除了波旁和庫西，還包括了所有最偉大的名字：維埃訥海軍上將；以其家族地位而彰顯於世的德歐伯爵；讓・阿爾佑七世；庫西女婿的兄弟菲力浦・巴爾（Philippe de Bar）；更加著名的讓的兄弟傑佛瑞・布西科（Geoffrey Boucicaut）；富瓦伯爵的私生子伊萬；一個名為索迪克・闕爾（Soudic de la Trau）的著名加斯科涅人，「世界上英勇無畏的騎士之一」。

國王資助了波旁高達一萬兩千法郎，並將另外兩萬法郎分給了其他領主。波旁又以自己莊園的稅收為抵押，從路易・德奧爾良那裡借了兩萬法郎。庫西剛剛收到王室為他在亞維農和朗格多克的開銷而支付給他的六千法郎，又向路易・奧爾良借了一萬法郎，是除波旁之外「實力最雄厚的人」。他和德歐伯爵帶來了（顯然是兩人合起來）兩百名騎士。教皇克雷芒提供了充分的特權，有鑒於這偏離了他的目標，這一舉措顯得十分慷慨，也許過於慷慨了，因為它本該僅用於一次收復耶路撒冷的十字軍東征。其實，依照「誠實的」博內特的說法，除了耶路撒冷外，「不應當發起針對不信基督者的」戰爭，因為上帝是為眾人締造了這個世界，「我們不能也不應該約束或強迫不信基督者接受神聖的洗禮或神聖的信仰」。

法軍在馬賽迎接來他們的熱那亞運輸船隊，從馬賽出發，他們向熱那亞航行，裝載了糧草、弓箭手、步兵以及外國騎士。騎士和侍衛的人數在一千四百人到一千五百人之間，部隊總人數約為五千人左右，這還不沒計算操縱約四十艘單層甲板大帆船和二十艘貨船約一千名水手。波旁、庫西、德歐伯爵和英勇的索迪克前往海灘，接受熱那亞總督的款待，總督向他們提供了由香料、糖漿、大馬士革洋李脯以及「其他對病人有益的利口酒」構成的禮物。這些並不能彌補供給的短缺。波旁不得不另外補充了兩百桶葡萄酒、兩百條鹹肉和兩千隻雞供病人和傷患食用。空間的不足使得許多馬匹被留下來，而為了節省它們的供給，它們不得不以不到其價值一半的價錢出售。在最後一刻，又出現了尷尬之事，因為教士應當向艦隊表示祝福，可是熱那亞人和法國人承認的是不同的教廷。為了戰爭之宜，同盟也許會在分裂的教派之間搭建橋樑。最終，兩名神父代表兩位教皇主持了儀式。

這些困難一一得到克服，準備於一三九〇年七月一日出發蔚為壯觀的艦隊是一道令人震撼的景觀，在那之後的很長一段時間，都是插畫作者所鍾愛的主題，更別提那位語言描述者的記錄：「這真是種美妙的享受，你眼中看到的是艦隊，它飾以不同領主之紋章的旗幟在太陽下熠熠生輝，迎風招展，而當槳手們吹響號角和喇叭時，你耳中聽到的是那些在海面傳播和迴響的聲音。」

艦隊幾乎立即遭受了厄運，因為一場距厄爾巴島（Elba）海岸不遠處刮起的強烈風暴吹散了艦隊，導致出發時間又推遲了九天，這才將所有船隻在馬爾他的集合地點重新集結起來。七月的最後一週，艦隊駛向馬赫迪耶，這裡位於突尼斯東南方一百英里的北非海岸南下彎曲處。有圍牆的城鎮屹立在一條狹窄的一英里長的半島的中部和最高點上，捍衛其固若金湯的港口的是一道鎖鏈和裝備有投石機的塔樓。

入侵者決定由庫西率領一部份作為先頭部隊登陸海灘，吸引敵人的注意力，而大部份則於第二天登岸。在年輕有朝氣的德歐伯爵的輔佐下，庫西帶領的六百至八百名重甲騎兵在熱那亞弓箭手的掩護下坐上了以划槳為動力的登陸船。當槳手們推動著自己的船隻掠過平靜的海面時，也許是出於久已有之的令人感傷的謬論，海水「似乎很樂於承載這些基督徒前往不信基督者的海岸」。登陸船通常裝載多達二十匹馬，其騎手在船上時要坐於馬上，拉下頭盔，手握長矛，通過船尾寬敞的門登陸，向敵人發起衝鋒，在被敵人追趕的情況下，則騎回自己的船隻，船隻隨後會再次划至海面。

庫西最先登陸，隨後將其隊伍集合為戰鬥隊形，準備迎擊敵人。沒有人前來。柏柏爾蘇丹阿布林——阿巴斯（Abou-'l-Abbas）在得到警告，知道有入侵者來犯時，認為自己的軍隊在裝備上不如那些基督徒，所以決定不冒險一戰，而聽任他們登陸。在那之後，為了避免常規作戰，他將讓侵略者在八月太陽的曝曬下，在石頭城牆外自我消耗，同時不斷發起側面進攻騷擾他們，直到精疲力竭、炎熱難耐、供給不至和無力增援將拖垮他們的鬥志。這正是查理五世針對英格蘭人所發明的同一種策略，從那時起，它在防禦戰中屢試不爽。

十字軍戰士們自信對令人不屑的不信基督者的作戰一定會大獲全勝，所以將其色彩鮮豔的帳篷搭建在城牆前，波旁的飄揚著鳶尾花的大帳篷位於正中，熱那亞的弓弩手位於兩翼。他們可以在半島中部攔腰切斷馬赫迪耶的海路和陸路交通，但這座城市已經貯備了一些給養，並可通過地下運河得到淡水。它像個三角形，可使大量人口和可能秘密活動在居住區域的六千人衛戍部隊藏身其間。蘇丹知道如果馬赫迪耶陷落，基督徒便有可能長驅直入，征服整個突尼斯，所以他加強了馬赫迪耶各個點的防禦，並呼籲鄰國國王提供幫助，在內陸地帶集結起來了一支野戰軍。

侵略者在準備包圍行動時，有三天時間毫無動靜，直到第三天晚上，柏柏人突然從要塞中發出了激烈的吶喊聲。幸虧基督徒營地周圍的警戒體系發揮了作用，敵人被擊退，留下了三百具屍體。城市恢復了寂靜，而基督徒為了阻止敵人的騎兵再次闖入，豎起了四英尺高的壁壘，它由用繩索捆綁的木樁構成，而交叉的船槳和長矛則充當了弓箭手的掩護，相隔一百二十英尺便設立一名哨兵。

遠處傳來的鼓聲和號角聲表明，撒拉森人的救援部隊正在逼近，據說人數達到了四萬。他們在城後駐紮下來，不冒險發起大規模進攻，而是不斷發起一系列惱人的突襲，在太陽最熱時突然騎馬光臨基督徒的陣地，迫使他們穿著沉重的鎧甲迎戰。歐洲人在自己的鐵衣中「幾乎像著了火一般」，而柏柏人則穿著用中間架有棉花的布料或皮革製成的胸甲。若是受到追擊，他們可以迅速分散，然後出其不意地再次集結起來追擊敵人，令受其鎧甲之困的敵人丟掉了許多腦袋。在接下來的六七週時間裡，這種小衝突幾乎每天都會發生，有時候也會出現在晚上。

熱那亞的船隻從西西里和卡拉布里亞（Calabria）等地出發，從海上為基督教徒的營地提供給養，但運送是不定時的，留下了供給的間隙。由熱那亞進口的濃酒令人昏昏欲睡。火熱和乾渴、傷痛和發燒，以及由劣質的飲用水引發的疾病——除了瘟疫外，都與聖路易的十字軍所遭受的狀況如出一轍——困擾著圍城者。成群結隊的昆蟲和久攻不破的城池都令他們的士氣受挫。他們試圖實行定量配給糧草，並彼此打氣。「尤其是庫西之主，」傅華薩記錄說，「照看著較貧困騎士和侍衛的身體健康，而波旁公爵則截然不同，他蹺著二郎腿坐在自己的大帳前，要求每個人都得通過第三人畢恭畢敬地同他說話，而不管較低階的騎士們是否會覺得難堪。與之相反，庫西之主讓他們輕鬆自在。他對人人都和顏悅色，比起波旁公爵，舉止要和藹可親得多，而波旁公爵從未曾以庫西之主那樣適宜的方式與外國騎士和衛兵交談。」

由於無法發起重擊攻破城牆，圍城者開始修建一座裝有輪子的巨大的攻城塔。它有三層樓高，頂部高過了馬赫迪耶的城牆，封閉的四側則有四十英尺見方。與此同時，受封鎖之苦的守城者派出了使節進行談判。談判當著仔細聆聽著熱那亞人的翻譯的波旁和庫西的面進行。使節問，法國和英國騎士為何要向那些對他們沒有造成過任何傷害的人發起戰爭。他們說，他們只是與熱那亞人有紛爭，這在鄰居間是常有之事，因為人們總是習慣性地「相互搶奪我們可以從彼此身上搶奪的東西」。

回答需要小心謹慎，以確保一場正義之戰的順理成章。波旁和庫西與十二位主要領主進行了商議，顯然是基於不信基督者愚昧無知的假設，所以回應說，他們前來發動對撒拉森人的戰爭是因為他們不信基督，「沒有自己的宗教信念」，這使他們成了敵人，而且還要報復他們的祖先，「因為他們曾將名為耶穌基督的上帝之子釘上了十字架，致其死亡」。

「對於這個回答，撒拉森人只報以放聲大笑，說將耶穌釘在十字架上的是猶太人，而不是他們。」談判顯然到此為止了。

接下來，一位柏柏人和一位基督徒在城外相遇，圍繞著其宗教的相關美德展開了爭論——也許這並非出於自發，因為柏柏人正在尋找抓俘虜的途徑。柏柏人發出挑戰，通過每方各出十人進行交戰，以此來決定這一問題的是非。十字軍一方立即做出了回應，包括居伊和紀堯姆・特里穆耶、傑佛瑞・布西科和兩位英格蘭騎士在內的十位十字軍戰士自告奮勇地站了出來。與此同時，營地裡則因對這一事件的預期而激動地吵嚷成了一片。只有庫西表示不贊同。

「住嘴吧，你們這些從來都不計後果的人，」他說，「我看不出這場較量有什麼好處。」假如撒拉森人不派出騎士，只派出無賴，那麼打敗他們將贏得什麼榮譽或優勢？假如挑戰是個詭計，想要抓捕他們到目前為止尚未抓到一個的基督徒騎士，那該怎麼辦？無論結果如何，這樣的戰鬥都不可能攻下馬赫迪耶。再者，一次武力考驗，特別是與不熟悉的敵人的武力對決，在缺乏慎重考慮的情況下，或是在沒有得到長老委員會的批准或充分瞭解挑戰者姓甚名誰、級別和武器的情況下，都絕對不應該被接受。庫西指責擁護者們無組織無紀律，不服從上級指揮官的命令，而服從命令應當是一支軍隊的獲勝關鍵。就這一概念而言，他走在了其同胞的前面。

儘管他的建議贏得了許多擁護者，但還是有些人支持德歐伯爵和菲利普・巴爾，他們堅持主張已經接受的挑戰不能撤回，戰鬥必須進行。傑佛瑞・布西科「驕傲得過了頭」，提出要以二十人對陣四十人。在他的率領下，勇士們身著鎧甲按時騎馬前往指定地點。他們的大群夥伴陪同他們前往，一時間人數激增，直到實際上所有身強體壯的人都出現在那裡，營地裡只留下老弱病殘聽命於庫西的指揮。看到如此眾多的人數，柏柏戰士情願不出戰。

無疑是在庫西的建議下，意欲阻止那一衝突的波旁公爵匆匆騎上騾子趕上前去，發現自己被數千名情緒激動的武士所環繞。因為擔心如果自己下令撤退，沒有人會聽從命令，所以他決定任由事態發展。戰鬥以向敵營的一次進攻開始，之後參加的人越來越多，越來越激烈。基督徒對敵人造成了傷害，卻無法擊垮佔有極大優勢的撒拉森軍隊，又因為被自己的鎧甲所窒息，他們自身也損失慘重。他們揮汗如雨，張大了嘴和鼻孔拼命呼吸，口渴難耐。傷者在自己同伴的懷中咽下了最後一氣；精疲力竭的人倒在地上，一動不動地躺在那裡。到黃昏時分，就連德歐也建議撤退，其理由是假如撒拉森人向營地發起衝鋒，「而只有庫西之主和幾個老弱病殘守在那裡，那麼他們可能一敗塗地」，營地也會遭到蹂躪。

有關傷亡人數的記錄大相徑庭：根據波旁的傳記作者，傷亡人員是兩位騎士和四名侍衛；而根據傅華薩的記錄，則傷亡人數不少於六十人，而且許多人他都點出了姓名。無論人數多少，他們都死於一場毫無意義的戰鬥。

灰心喪氣與已經持續了兩個月卻毫無結果的包圍所造成的身體困苦交織在了一起。有人開始說起要提高包圍強度。有人發牢騷說小打小鬧永遠也攻不下那座城市。因為每殺死一個敵人，可能就有十人取

475

代他的位置，因為撒拉森人是在自己的地面作戰。冬季正在來臨，夜晚越來越長，越來越冷，有人開始懷疑，作為「粗魯無禮的叛國者」，熱那亞人也許會擅離職守，乘著夜色坐船離開。對持續的貿易中斷很不耐煩的熱那亞人確實變得越來越心神不安。他們說，他們原指望法國人在兩週之內便拿下馬赫迪耶，可是隨著事態的發展，他們在當年或下一年絕對佔領不了那座城市，更別說突尼斯了。在這些懷疑與不滿中，十字軍召開了一次作戰會議，會議同意最後再向馬赫迪耶發起一場大規模進攻。

那是大屠殺之日。在蘇丹的兒子們率領下的撒拉森野戰軍的抵抗十分頑強。馬赫迪耶的衛戍部隊「因為確信會在來世獲得光榮的回報」而奮勇作戰，從城牆上傾瀉下大量的弓箭、石塊和燃燒的油，這成功地破壞了十字軍戰士們巨大的攻城塔。從梯子上爬至城牆邊緣的士兵被掀倒在地。儘管這是幾乎攻破了城市的三個城門之一的最激烈的攻擊，但馬赫迪耶就是無法被攻克。柏柏爾野戰軍被擊退了，但是正如在法國經常發生的那樣，這座有圍牆的城市在敵人面前就是屹立不倒。

在那之後，雙方都打算結束敵對狀態。被圍困的柏柏人承受著於侵略和封鎖，沒有絲毫的好處要在其自己的土地上延長戰爭。由於其武器和戰術都略遜一籌，所以他們無望在陣地戰中取得決定性勝利。身為這一軍事行動的煽動者的熱那亞人則巴不得立即撤退。當他們與柏柏人就談判條款討價還價之時，侵略者們則拔營而去。鮮豔的旗幟放倒在地，帳篷被捲了起來，向船上的撤離在登陸的九週後完成。「既然你是第一個登陸的人，好兄弟，」波旁對庫西說，「我希望自己是最後一個上船的人」——一個不大緊急的選擇。

最終達成的條約是，熱那亞人要求保證讓法國人能夠發表體面聲明的條款，這使他們在離開時不至於顏面掃地，雖然不是凱旋。實際上，在為討論條約條款舉行的最後一次軍事會議上，他們自信自己表現良好。索迪克・闕爾說，將三個撒拉森國王和一個強大的城市堅持包圍了兩個月，這件事「就如同我打了三場仗一樣光榮」。其他的發言者都高興地接受了他的暗示，包括庫西在內的所有人都同意接受那些條款。

自蘇格蘭慘敗之後的第四次艱巨事業無疾而終，它不是因為缺乏意志或勇氣，也不是因為缺乏作戰能力，而是因為輕率地執行了一場不具備軍事可行性的任務。城牆對人的優勢，包圍帶給圍域者的問題，海外供給的風險性，騎士們都心知肚明。他們理應從聖路易的兩次十字軍東征的潰敗中對北非的狀況有所瞭解，而不去考慮時間的流逝：就希望中的變化而言，一百二十年前就如同昨天一般。然而，軍事上的粗心大意可以找個一些藉口。在一個交通不便的時期，通常缺乏先進的情報。馬赫迪耶的固若金湯可能確實出乎意料。對敵人的無知是時代造就的狀況；對敵人的輕視，則是其心理造就的狀況。

傅華薩聲稱騎士們後來對他說，「如果指揮官是庫西之主的話，結果將大相徑庭。」這是不可能的。儘管缺乏指揮結構是導致其後果的原因之一，但巴巴里包圍不成功的首要原因是缺乏利害相關的利益。當利益攸關時，當事關得失時，就如在查理五世的帶領下收復法國領土那樣，不計後果和目光短淺都是不被允許的。對於法國人而言，突尼斯戰役僅僅是一次披著宗教外衣的騎士冒險。促使騎士們走向戰場的是對做出英勇之舉的渴望，它因信仰狂熱而有所增強，而不是為了借助軍事力量而獲得政治結果。他們關注的是行為，而非目標——這就是原定目標很少達成的原因。

在法國，人們未得到有關遠征軍的命運的隻言片語的消息，他們舉行遊行和祈禱，懇求上帝垂憐於以祂的名義作戰的十字軍戰士。查理六世於九月探訪了庫西城堡，也許是為了安慰焦慮不安的年輕的庫西夫人，也許是為了再次檢閱一塊為王室所覬覦，也許很快便會失去其領主的領地。當十字軍於十月中

477

句返回了熱那亞的消息傳來時，人們歡呼雀躍，額手稱慶。更多的病人死在了那裡，其他人則從其苦難中慢慢恢復了過來。在於冬季翻越了阿爾卑斯山脈之後，還要再等上六週，波旁和庫西才抵達巴黎，他們的夥伴們也三三兩兩地陸續到達。

時間間隔和距離掩蓋了事實。儘管返回時沒有帶回戰利品、贖金或俘虜，可他們受到了凱旋般的歡迎（如他們在穆斯林大廳中的對手一樣）。既然法國人認知的情況與事實相反，那麼取得了對不信基督者的勝利的印象便會流傳來開。沒有突尼斯的外國記者報導戰役的挫敗，也沒有法國的報紙發表戰役的挫敗。死亡或失蹤的騎士和侍衛達到了二七四人，也就是正好不超過百分之二十，這沒有留下什麼負面的印象：它們司空見慣。最終，法國因其行動而得到誇獎，這不只限於熱那亞人，因為法國作為其作戰盟友的出現足以警告了柏柏人，使他們暫時減少了自己的海盜行為。

迫切地想要瞭解事情的一切經過的國王查理詢問了波旁和庫西以及其餘的人。他們的敘述一點也沒有令他灰心喪氣。他宣佈，一旦能夠與英格蘭達成和平，一旦教會內部變得風平浪靜，他將很高興帶領一支王室軍隊前往那些地方，「弘揚基督信仰，挫敗不信基督者」。在參與者中，痛苦和無益的回憶漸漸消失，當一支新的十字軍在不到幾年的時間裡再次被鼓動起來，準備向突厥人發起進攻時，他們對敵人的態度仍舊未變，他們的熱情仍舊洋溢。

第23章

在一座黑暗的叢林中

在巴巴里所取得的模棱兩可的後果並未使法國國王和御前會議產生挫敗感，他們片刻不停地轉向了一個更加棘手的冒險活動：通過武力終結教廷分裂。向羅馬進軍、驅逐教皇卜尼法斯並使克雷芒就位的計畫被稱為「Voie de Fait」，即行動之道（Way of the Deed）——也就是武力之道——與「退讓之道」（Way of Cession）相反，後者是由大學所宣導的兩位教皇自願的共同退位之舉。進軍義大利全境並武力佔領羅馬是一場不亞於入侵英格蘭的行動——就在不久前，事實證明，這一入侵超出了法國的能力——但政策制定者們卻顯得毫不猶豫。在庫西和波旁從突尼斯返回的數日之內，御前會議便於十一月底做出了決定。

該計畫被當作十字軍東征的前奏呈報給國王。國王的大臣們告訴他，除非教會恢復統一，否則他就不可能心安理得地帶領十字軍進攻突厥人。「我們想像不出比您帶領軍隊前往羅馬摧毀這個反教皇的卜尼法斯更好、更合理的事了……這是您的當務之急。我們會心懷希望，當這位反教皇者及其紅衣主教們在意識到您將率領大軍前來征討他們時，他們會俯首稱臣，請求您的饒恕。」在完成此一偉業之後，甚至繼續向耶路撒冷挺進的光輝前景也將指日可待。

他何時可以出兵？國王立即大為激動地詢問。他是在梅齊埃的強烈影響下長大成人的，而後者整天在宮廷裡宣揚十字軍東征是法蘭西的命運，宣揚要拯救社會於水火之中。查理的顧問們告訴他，戰役可立即打響，各種計畫隨即被付諸行動。所有王室家族都被囊括在內，就連布列塔尼公爵也在邀請之列，因為「他們認為將他留在身後不是個審慎之舉。」他令人不快地預告，這項事業將是「紙上談兵」。

一支一萬兩千名長矛手的強大軍隊起而應命，出發日期訂在四個月以後，即一三九一年三月，集合地點在里昂。國王及其兄弟將帶領四千名長矛手；勃艮第、貝里和騎士統帥各帶兩千名長矛手；波旁和庫西各帶一千名長矛手；所有人都預支了三個月的酬金。為了徵集這樣一支軍隊並維持其戰場所需而需要徵收的課稅似乎被輕描淡寫地一筆帶過；資助這樣的冒險就像「武力之道」一樣不現實。當御前會議召開會議以批准此項費用時，以可怕的風暴形式出現的常見預兆使他們變得猶豫不決起來。難道這是上帝的信號，反對在已經不堪重負的百姓頭上再強加新的負擔？

大學反對「行動之道」的呼聲比電閃雷鳴來得更加明確。一三九一年一月六日，在當著國王和宮廷成員的面宣講的一次為時十二小時場面宏大的布道中，當時作為布道者已聲名鵲起的年輕學者讓・格爾森表達了反對意見。格爾森時年二十七歲，距離他獲得神學博士學位還有兩年時間，是皮埃爾・德阿伊利校長的得意門生。不久之後，格爾森便在三十一歲時繼任了校長之職。當圍繞教廷分裂而展開的鬥爭日趨激烈時，格爾森將變為宣導成立一個地位在教皇之上的教會理事會（Church Council）的第一人，也將是他那個時代最值得紀念的法國神學家。

格爾森是個很難歸類或概括的人。在信仰上他是個神秘主義者，但在實踐上卻充滿理性。作為中庸之道的崇信者，他懷疑其他神秘主義和虛無幻想的虔誠過度。作為一名教會成員，他既因循守舊，又標新立異。他推崇人道主義的理念，卻又粗暴地反對圍繞《玫瑰傳奇》而展開的激烈爭論中的早期法國人文主義者。儘管他討厭幻覺，尤其是女性的幻覺，可是在他生命的最後一年中，卻是願意擔保聖女貞德的聲音的真實性僅有的兩位神學家之一。這不是因為他是現代人所稱的自由主義者，而是因為他明瞭她的宗教信仰的強度。他是他那個時代的思想和知識份子影響力的縮影和反映。

若在早期，他將只是個僧侶，但在最近數百年間，大學已經從修道院手中接過了傳播過往的知識、追尋當前的知識的主要任務。十四歲進入巴黎大學的格爾森發現神學和哲學已在經院哲學家那枯燥乏味的演繹推理之中石化了。在偉大的阿奎納時代，經院主義一直承擔著用理性和邏輯來解答所有信仰問題的任務，但事實證明，理性和邏輯無法解釋有關上帝和宇宙的問題，於是其努力逐漸消退，只留下邏輯論證的堅硬空殼，就如佩脫拉克憎惡地所說的那樣，由「皓首之童」來加以踐行。當他們開始「滔滔不絕地說起三段論」時，佩脫拉克建議大家趕快溜之大吉。像那個亂世之中的其他人一樣，格爾森渴望某種對靈魂更有意義的東西，他在神秘主義的信仰和與上帝的直接交流中找到了替代品。

他相信，社會只有通過一種經過更新和深化的信仰才可再造，「徒勞的好奇心」在此信仰中將無立足之地。他寫道，有關上帝的知識「最好是通過悔過感獲得，而非通過智慧的調查研究來獲得」。他對超自然持有相同的觀點，肯定魔鬼的存在，指責那些因缺乏信仰和「感染了理性」而嘲弄一切的人。可是，格爾森阻止不了理性的強行進入。他奚落魔法和占星家的迷信，建議在相信幻覺之前要仔細地檢查一下它們。

他不贊成使用本地話的《聖經》，可是，作為一位詩人、教師和演說家，他又用法語寫了許多布道文和論文，以便將自己的思想傳輸給頭腦簡單和少不更事者。中世紀的教育家通常會花大量時間為兒童編制訓誡文字。格爾森尤其關注兒童的發展，非同常人地將他們看作與成人有所區別的人。在一個為教會學校開辦的課程上，他極力主張有必要在最年幼孩子的寢室點一盞守夜燈，將之作為信仰的象徵，同時為他們在夜晚因「自然的需要」而起身時提供照明。他警告說，教會的改革必須始於對兒童的正確教導，而大學的改革則始於小學的改革。

他建議懺悔神父喚起兒童有關其性習慣的負罪感，以便使他們意識到悔過的必要。即使是沒有射精的手淫也是一種罪惡，「相較於在相同的年齡與女人交媾，它更會奪走兒童的貞潔」。兒童對於手淫無負罪感是必須改變的狀況。必須讓他們聽不到粗俗的談話或不允許他們相互親吻和撫弄，也不允許他們與異性睡在同一張床上，而如果對方是成人，那麼就連同性也不行。格爾森有六個姐妹，她們全都終身未嫁，保持了神聖的貞潔之身。此處必定有強大的家庭影響在發揮作用，由此誕生了這種鮮明的個性。

性是讓格爾森對讓・德默恩的《玫瑰傳奇》加以堅決抵制的因素之一。默恩歌頌肉體之愛，諷刺貞潔，推崇理性，思想自由，對一切持懷疑態度，有反教士的傾向，這都令格爾森厭惡之極。當克莉絲蒂娜・皮桑一三九九年在其《致愛神書》中對讓・默恩大加聲討時，格爾森懷著焚書者的全部熱情在一篇布道文中對她表示支持。他指責《玫瑰傳奇》貽害無窮，缺乏道德：它使婦女墮落，美化惡習。他說，假如他手中握有它唯一的抄本，且價值一千里弗，他也會毫不猶豫地將它付之一炬。「投入火中，善良人，投入火中。」

默恩的崇拜者在給克莉絲蒂娜和格爾森的公開信中冷不防地衝破了他的防禦工事。默恩的辯護者讓，蒙特勒伊（Jean de Montreuil）、貢蒂埃（Gontier）和皮埃爾・考爾（Pierre Col）都是在王室充當秘書的教士和學者。他們與志趣相投的學術界人士一道在對經院哲學的迂腐回答做出回應時，採取了與格爾森完全不同的方式。他們信仰人的理性，認可自然的本能，所以他們承認世俗的精神。在這個意義上，他們是人文主義者，儘管他們並不關心佛羅倫斯的人文主義運動的經典研究。他們欣賞默恩的無拘無束的思想和他對標準格式的大膽攻擊。作為毫無疑問的博學多才、開明進步者之一，讓・蒙特勒伊聲稱，《玫瑰傳奇》令人欣賞之至，所以他們寧肯沒有襯衣，也不可沒有這本書。「我越是對這本深刻而著名的著作的奧妙之引力和引力之奧妙加以研究，便越是驚訝於你對它的撻伐。」

雖然熱情似火，但這並不那麼獨特。皮埃爾・考爾更富勇氣，為令格爾森大感冒犯之縱欲行為加以辯護。他認為「所羅門之歌」讚美了暴君之女的愛情，而非讚美教會；根據聖盧加的《福音書》，玫瑰所代表的女性陰戶應當得到神聖的對待；格爾森本人終有一天會陷入愛情，就如其他神學家一樣。

爭論不斷擴大。克莉絲蒂娜以《玫瑰的故事》、格爾森以一篇權威文章《玫瑰傳奇之批判》（*Tractatus Contra Romantium de Rosa*）加以回應。在文中，寓言式人物在「基督教的神聖法庭」前向讓・德默恩提出指控，而後者則得到了罪有應得的判決。儘管格爾森在爭論中擁有最後的決定權，但他還是無法摧毀這本書的吸引力。一直到十六世紀，它都被人們所廣泛閱讀，甚至在一次使其人物形象「道德化」的虔誠努力之後，仍倖存了下來。在那次努力中，玫瑰變成了耶穌的象徵。

儘管格爾森仍舊留在了制度之內，但對信仰的追尋卻在運動中將其他人拉到了外面，遠離了制度化宗教。人們在世俗交流中尋找變得老套而敗壞的儀式的替代品。當道路似乎迷失在一座由驚慌和困擾構成的黑暗叢林中時，人們便愈加需要信仰。

教廷分裂所造成的傷害變得更加深刻。兩位教皇都身不由己地捲入了為了樹立威望而進行的奢華炫耀中，並且為了支撐這種奢華而搜刮越來越多的錢財。人在羅馬的教皇卜尼法斯直取捷徑，放高利貸，兜售有俸聖職到了醜聞百出的地步，有時會將同一個職位再次出售給出價更高的人，將委任日期張冠李戴。他一次會出售十到二十個有俸聖職的擁有權。克雷芒七世榨取「自願的」貸款和貢金，不斷抬高教會的稅金，直到他的主教們在一三九二年拒絕繳稅，並將自己的抗議書釘在亞維農的教皇宮殿的大門之上。作為投靠法國的人，克雷芒將向法國教士徵收什一稅的權利轉讓給了王室，在由此引發的多次爭端中，使王室與教士變得勢不兩立。他慾壑難填，不得不向放高利貸者借錢，典當神聖的寶物。傳聞在他臨死時，就連教皇的寶冠都被當掉了。

在神聖羅馬帝國內部，教廷分裂的影響並無多大差別，因為情況已經混亂不堪，糟糕到了無以復加的地步。查理四世採取了防範措施，在他臨死之前，加冕自己的長子溫塞斯勞斯為波希米亞國王，並預先指名他為皇帝，但這一切都名不副實。這並不令人意外，因為查理已經將帝國疆域的統治權指派給了溫塞斯勞斯的兩個兄弟、一位叔叔和一位堂兄弟。他們之間經常出現利益衝突，維特爾斯巴赫家族與哈布斯堡家族針鋒相對，相互敵視，二十多個公國各自為政，為維護其特權而鬥爭的城鎮結成了反對貴族的聯盟。用於中央政府運作的稅收因無政府狀態而無法徵收，皇帝的權威淪為表象，無法控制住局面。

一三七八年，在陪同父親對巴黎進行了令人難忘的訪問之後不久，十八歲的溫塞斯勞斯四世登上了皇位。儘管他接受了父親的治理訓練，受到了良好教育，通曉拉丁語、法語、德語和捷克語，但他缺乏掌控局勢的個性。儘管他起初曾做出努力，試圖尋找力量的平衡點，但黨派與階級、城鎮對君主、小貴族對大貴族、德意志對捷克、同盟對同盟的無休無止的衝突造成了一個相互傾軋的網絡，它藐視君權——並毀掉了君主。

溫塞斯勞斯是個悲劇性的、破壞性的人物，在編年史上，他是個野蠻而殘忍之人，半滑稽、半惡毒，是個半真實、半虛構的複合體，反映了他的各方敵人對他的憎恨。由於他的統治是胡斯信徒（Hussite）反抗教會的根源，也是憎恨德意志的捷克民族主義興起之源，所以溫塞斯勞斯在死後成了教士和德意志編年史作者口誅筆伐的對象。書面文字的不公平優勢最終贏得了勝利。但即使有些言過其實，有關溫塞斯勞斯的故事卻太過雷同，不能不說呈現了某些事實真相。

雖然據他的黨羽所說，他相貌英俊，風度翩翩，但他更常以一個「野蠻的公豬」的形象出現，於夜間在壞同夥的陪伴下橫衝直撞，闖入市民的家，強姦他們的妻子，將自己的妻子關在妓院，把一個給他上了道燒焦了的菜肴的廚子放到火上去烤。根據這些版本，他的父親是個皮匠，他天生醜陋和殘疾（造成了他母親生育他時的死亡），在洗禮儀式上弄髒了洗禮用的水，兩歲時，在他的加冕典禮上，因大汗淋漓而玷污了祭壇——這一切儘管很有可能都是事後捏造的，卻成了一個邪惡君主的預兆。他只有在打獵時才會興高采烈，常常在樹林裡和打獵宿營地一次待上數月，不理朝政，寧願跟馬夫和打獵夥伴朝夕相處，給他們加官晉爵，而不願理會貴族們的憤怒。他試圖維持正義、實現秩序的早期努力令他心灰意冷，他青睞一個派系而非另一個派系的做法只令他樹敵無數，他的判斷失誤加重了無能為力之感，他變得在執行政策上朝秦暮楚，逃避問題，靠打獵和酗酒來掩飾自己的無能。

雖然在德意志，任何社會階層的男人讓自己醉倒在桌子下面都是件司空見慣之事，但溫塞斯勞斯則變成了一個徹頭徹尾的酒鬼。作為一位君主，他變得越來越易怒、暴躁和怠惰，盤桓在布拉格，對帝國的其餘地方視而不見，動輒大發雷霆，有時讓人覺得他已經「失去了理性的控制」。他的一隻與他形影不離的獵狗就如同是其主人的翻版，據說它襲擊並咬死了他的第一任妻子巴伐利亞的瓊安娜（Joanna of Bavaria）——儘管根據其他資料，她死於瘟疫，留下了一個悲痛欲絕的丈夫，他因為太過痛苦——或者，有可能是醉過了頭——以致無法出席她的葬禮。他顯然不像後來人們所描述的那樣惹人討厭，他娶了第二位巴伐利亞公主為妻，據說她十分美麗，令他陷入深深的愛戀之中。教會就沒這麼幸運了，他給它的教士連同他們的情婦一起套上枷鎖示眾。在他統治時期內，發生了一三八九年臭名昭著的大屠殺，當時，一個神父於復活節領著一隊人從布拉格的猶太人居住區穿過，一個猶太小孩朝他扔了塊石頭，致使市民傾巢出動，屠殺了猶太人社區的三千人。當倖存者向國王討要公正時，溫塞斯勞斯宣佈猶太人是咎由自取，反而對倖存者而非犯罪者處以罰金。

他最著名的衝突來自與教會的衝突，結局是令他的受害者成了聖徒。它的起因是世俗權威對教會權威的常規性鬥爭。仇恨於一三九三年達於頂點。當時，布拉格大主教（Archbishop of Prague）命令他的代理主教波穆克的約翰（John of Pomuk）批准了一個由僧侶們選出的修道院院長人選，而不是國王想要的候選人。怒不可遏的溫塞斯勞斯將大主教、代理主教和另外兩個高級教士投入了監獄；接下來，在釋放了大主教之後，對其他人刑訊逼供，目的是迫使他們承認對統治集團懷恨在心。他們沉默以對，這讓國王氣得發瘋，據說他親自抓起一隻火把去燒受害人的腳。被自己的所作所為嚇住了的他隨後提出，只要他們發誓不說出自己受到的折磨，就饒過他們的性命。當事實證明，波穆克的約翰因傷勢過重而無法簽署誓約時，溫塞斯勞斯為了銷毀證據，命人綁住他的手腳，將他從一座橋上扔進了伏爾塔瓦河（Moldau），致使其淹死。波穆克的約翰後來被封為殉教者，成為所有橋樑的守護神。

國王的問題在整個十四世紀九〇年代不斷增多。他絕大部份時間都爛醉如泥，卻又沒有不省人事到不去盤剝大貴族以增加其波希米亞財產的地步。結果，他成功地使他們因對他的仇恨而團結起來，時間長得足以使他們在一四〇〇年罷黜了他的皇帝之位，儘管他仍舊是波希米亞國王。

溫塞斯勞斯的問題不僅是個人問題或性格問題。它們是他的那個世紀的縮影。他也迷失在了他那個時代的黑暗叢林中。如同法國的讓二世一樣，在一個事事乖背的時代，他生來便不堪管理責任之重負。像政府一樣，他的國家中的教會也未能履行自己的職責，從而引發了歐洲最激烈的改革運動。胡斯信徒們接過了羅拉德派的教義，打著於一四一七年被當作異端而燒死的揚・胡斯的名號，在百年後開啟了改革之路。它也導致了溫塞斯勞斯的終結，因為它誘發了他的中風發作，導致他在一四一九年往生。

在法國，一三八九年出現了一種狂熱的氛圍，當時，一場圍繞聖母的無垢受孕說（immaculate conception）而展開的激烈辯論導致多明我會僧侶像瘟疫中的猶太人一樣遭到指責，說他們在河裡（而不是井裡）投毒。正巧一位多明我會僧侶讓・門特松（Jean de Montson）宣傳聖母因原罪而受孕。他受到了巴黎大學的譴責，後者持相反的立場，即聖方濟各會的立場，認為她是無垢受孕。當門特松向教皇克雷芒申訴時，德阿伊利和格爾森前往亞維農，要求教皇認可他們的見解。克雷芒進退兩難。門特松的觀點是此前得到過湯瑪斯・阿奎納稱許的正統說法。假如克雷芒抨擊它，他自己的正統性就會遭到在羅馬的競爭對手的挑戰。假如他支持它，他就會與大學發生矛盾，在法國引起眾怒。在局勢最危急的關頭，憤怒的威脅追著多明我會修士們不放。因為害怕性命不保，門特松跑到了羅馬，使得克雷芒毫無壓力地宣佈支持無垢受孕說。

儘管對聖母的熱愛可能仍舊會激起此類感情，但懷疑和不尊敬在該世紀末期也相當普遍，假如教士和宣教者的抱怨反映了真實情況的話。申斥俗人是教士的正常職責，但現在，其卷帙越來越浩繁。許多老百姓「對空無的信仰高過了他們的屋頂」，後來的聖徒西恩納的貝納迪諾哀歎著說。同為僧侶的沃爾辛厄姆報告說某些英格蘭貴族相信，「沒有上帝，否認聖壇聖禮和死而復生，認為正如馱畜之死一樣，

485

人的結局亦復如此」。與信仰衰落的證據相並行的，也許是永不衰落的向聖殿、禮拜堂、女修道院、隱士的遺產捐贈以及用於祈禱和代理朝聖的財產數額。沒有幾個生前聲稱無信仰的人會在彌留之際冒險一試。

格爾森和其他改革者悲歎說，因未領聖餐或遵守宗教節日而被開除教籍的懲罰的頻繁使用是宗教儀式之衰落的衡量尺度。教堂空無一人，彌撒乏人問津，尼古拉・克拉芒熱在其偉大的短論《教會的毀滅和改革》（*De Ruina et Reparatione Ecclesiae*）中寫道。據他所說，除了節日，年輕人很少去教堂，而即使是在節日去了，也只是為了去看女士們描眉畫唇的面容和低頸露肩的禮服以及她們洋洋大觀的頭飾，「用懸著珍珠的角製品堆出的高聳的雲髻」。在教堂守夜的人不是伴以祈禱，而是伴以淫亂的歌舞，而神父則一邊觀看，一邊擲著骰子。格爾森對同樣的散漫表示悲悼：人們為了喝上一杯而在宗教儀式的中途離開教堂，「當他們聽到宣佈獻祭的鐘聲響起時，便像公牛一樣沖進教堂。」他寫道，玩撲克、詛咒發誓以及污辱褻瀆會在最神聖的節日期間發生，猥褻的畫作在教堂中傳播，毀掉了年輕人。朝聖成了放蕩、通姦和世俗之樂的源頭。

許多事例中的不敬之舉都是這樣一種宗教的副產品：它是日常生活的一部份，以至於人們對它視若無睹，但世紀末異口同聲的指責表明了一種日益令人憎惡的元素。「人們漠然入睡，對醜聞視而不見，」聖丹尼斯的僧侶悲歎道，「談論教會改革的途徑是在浪費時間。」

然而，冷漠就如自然中的真空一樣，不是人類事務的自然狀態。一場新的奉獻運動在荷蘭北部的小貿易城鎮興起，這些城鎮位於靠近萊茵河河口的荒涼的沼澤地與荒野之間——因為只有在因衝突而分裂的歐洲的遙遠角落，新生的虔誠才能找到萌發之地。因為其成員共同生活在一起，所以他們的鄰居漸漸稱他們為「共同生活兄弟會」（Brethren of the Common Life），而他們自己則只是簡單地將自己稱為「虔敬者」。他們的目的是尋找與上帝的直接交流，通過布道和出色的工作來創造一個虔誠的世俗社會。他們不像早期的自由靈兄弟會（Brethren of the Free Spirit）那樣的極端主義者，而是如他們所言，只不過是「試圖在世上生存的虔誠的人」——他們指的是與隱修世界判然有別的世俗世界。

這場運動的發起者赫拉德・赫羅特（Gerard Groote）是荷蘭德文特（Deventer）的一位生意興隆的布商之子。他與庫西同年，在巴黎大學學習法律和神學時，度過了放蕩不羈的青年時代。在巴黎，他涉獵魔術和醫藥，「在每座綠色的樹林，在每個山頭」與女人做愛。在發現學者們的爭論「於事無補且充滿不和」時，他離開了大學，加入了教區神父之列，在烏德勒支（Utrecht）和科隆當了一段時間的入世神父之後，他經歷了一次信仰的轉變。他在德文特將自己的財產捐給了慈善團體，進而去宣講福音，提倡從「忠誠的內心深處」奉獻上帝，而不是通過洗禮和聖餐來奉獻上帝。

他的熱誠、他的語言天賦以及一種令人印象深刻的個性吸引了成群結隊的聽眾，常常令教堂人滿為患。人們從數英里之外趕來聽他布道。他身穿一件破舊的灰斗篷和補丁摞補丁的外套，總是推著一隻裝滿書的大桶。在布道之後，他會從中取出書來加以駁斥批評。他極力主張像愛上帝一樣愛鄰居，消滅惡習，順從基督的戒律。他為教會的腐敗悲歎不已，預言教會行將崩潰。在此過程中，他以拉丁語向教士布道，以本地話向俗眾布道。一位弟子記下他的語錄，而另一個則會前往下一個城鎮，將即將到來的宣講聲明貼在教堂大門上。仰慕者們成群結隊地前來與他見面，接受他的原則，並逐漸合起夥來實踐它們，共同生活在同一屋簷下，但不同性別會相互隔開。

協會是自願形式的，沒有在常規教團中將成員投入與世隔絕的生活的必不可少的約束誓言。在赫羅特的「Devotia Moderna」[1]的規則之下，成員們將生活於貧困和慈善之中，但他們不像行乞修道士那樣乞討，而是通過教習兒童以及抄寫手稿和烹飪這兩種不受行會控制的職業謀生。赫羅特相信，工作「是人類極好的必需品，可使思想復歸純潔」，儘管它不是那麼商業化：「勞動是神聖的，但生意是危險的。」到他於一三八四年死於疾病時，他在荷蘭和萊茵蘭的追隨者的住宅正好過百，其中供婦女居住的較供男人居住的要多出三倍。

該共同體強調個人的奉獻，強調他們的存在不依靠誓約或正式的規則，這種強調本身就是對經過認可的教團的批判。對於教會而言，自願、自主的宗教比任何不信基督者還要來得危險。赫羅特在臨死之前，被烏德勒支主教禁止布道。當其他教會成員在那之後試圖壓制這個運動時，他的追隨者們為自己的信條進行了強有力的辯護，並且大獲成功。在一四一五年的康斯坦茨會議（Council of Constance）上，儘管討厭其教義，但格爾森還是為他們辯護，反對指責他們為異端。他們的團體之所以能夠倖存下來，是因為存在一種支持他們的同情氛圍，這種同情不僅只存在於俗眾之中。在赫羅特死去兩年後，該兄弟會與奧古斯丁教團（Augustinian Order）聯合建立了他們的第一座正式的修道院，儘管仍然沒有誓約。儘管該運動始終規模很小，十分有限，但它很快便導致了湯瑪斯·阿肯披斯（Thomas a Kempis）的《效法基督》（*The Imitation of Christ*）一書，這是在天主教義中繼《聖經》之後被閱讀最廣泛的書籍。

一三八〇年，在德文特以南的小鎮肯彭（Kempen），一個農夫的兒子呱呱落地，他的母親是位顯然讀書識字的女性，替一位貴婦管理著為鎮上的年幼孩童開設的學校。十二歲時，肯彭的湯瑪斯——他後來被叫作阿肯披斯——進入了位於德文特的共同生活兄弟會舉辦的一所學校，與兄弟會的門徒們共同生活和學習，隨後加入了一所與奧古斯丁教團合辦的修道院。在那裡，他度過了其九十一年生命的剩餘時光。熱愛書籍和安靜角落的他將赫羅特及其門徒的語錄和訓誡編纂為一部長篇的狂言，其主題是世界是種幻覺，上帝的王國存於內心；內在的精神生活是在為永生做準備。他通過無窮的變體和反覆警告論說的是，感官生活是毫無價值的，財富、快樂和世俗權力——大多數人都想得到卻很少得到的東西——無論如何都對他們沒有好處，而只是位於通往永生道路上的絆腳石；救贖之道存在於對世俗慾望的放棄中，存在於為了對上帝的愛騰出空間而與罪惡的持續鬥爭中；人類天生「具有一種向惡的傾向」，必須加以克服，才可得到救贖；善在於行而非存於知——「我寧肯感到悔恨，也不願知道如何去定義它」；只有精神謙恭的人才會心平氣和——「相較於大權在握，身處卑微要更加安全」；人類只是生活中的朝聖者，世界是流亡地，家園與上帝同在。

488

這一切沒有什麼新奇或非凡之處。《效法基督》名副其實是對基督要旨的效法，是對屬於人類大多數的卑微者的安慰，是對他們的報償將在來世兌現的再三保證。在湯瑪斯的書籍出現之後的很長一段時間裡，人們對它的作者知之甚少，以致有人推測讓・格爾森是這位默默無聞、北方莎士比亞背後的培根。[2]

一三九一年，在宮廷中，從晨禱到晚禱，格爾森反武力之道的呼籲都引起了關注。回想一下他的前輩所遭受的牢獄之災，他的這番論爭還是頗有點兒風險，但作為勃艮第人，他得到了公爵的庇護，也許這使得他的布道成為可能。他敦促王室放棄「行動之道」，以及它「難以預測的戰爭和流血事件」，更加

1 譯者註：上文為拉丁語，通常寫作 Devotio Moderna，意為「現代奉獻」。
2 譯者註：自十八世紀起，一些西方學者認為，莎士比亞戲劇的真正作者是法蘭西斯・培根，由此引發了長達數百年的爭論。

推薦一種增加祈禱和懺悔遊行的手段。在一次謹慎的譴責中，他悲歎大學在教會理事會這一主題上所受到的窒息，「因為我毫不懷疑，如果你們更清晰地聽說了你們謙卑而虔誠的女兒——巴黎大學——就這一問題想要說的話，那麼你們便會非常願意傾聽它，從而帶來極大的好處」。

他大膽地建議，教廷的福祉要從屬於作為一個整體的基督教共同體的福祉，假如教廷這個為教會的良善而創立的機構變成其嚴重破壞的工具，那將是「難以容忍的」。他回顧了聖路易、查理曼、羅蘭和奧利弗以及《馬卡比書》（Maccabees）[3] 以鼓勵查理六世去除教廷分裂之污點，毫不猶豫地宣稱，這項任務比針對伊斯蘭教的十字軍東征來得更加重要。「還有什麼比基督教王國的統一更重要的？誰能比最信仰基督的國王更適宜於實現那一統一？」

目前，干涉比格爾森對「行動之道」的抨擊更關鍵。若無盟友，或者至少是沒有佛羅倫斯和米蘭的仁慈的中立（此願景顯然受到了它們正在彼此征戰這一的事實的妨礙），法國便不可能發動在義大利的戰爭。佛羅倫斯和米蘭在法國都有各自的相匹敵的辯護者。米蘭的代表是路易・奧爾良的妻子瓦倫蒂娜・維斯康提。路易夢想得到承諾中的亞得里亞王國，這個王國仍有待於教皇國為回報法國的支持而創建。這個夢想取決於可否獲得米蘭的財富，也取決於路易的岳父在「行動之道」中的合作。吉安・加萊亞佐的興趣有些首鼠兩端。他贊成將亞得里亞王國放在友好的——即法國人的——手中，但與此同時，他又擔心讓法國成為義大利境內的一股力量。他希望有個法國同盟來對付佛羅倫斯，可他又不想公開選擇支持克雷芒，或自己投身於「行動之道」。在駛過這些淺灘時，他必須挫敗反對他的佛羅倫斯聯盟，攪亂一心想置他於死地的貝爾納博諸子及親屬的計畫。

在那不勒斯傳播著這樣一則消息：法蘭西國王和反教皇的克雷芒正帶領大軍前來羅馬，以重新統一教會。克雷芒本人對此計畫十分篤定，所以他已經訂製了可攜帶的祭壇、供騎行和載物用的鞍轡、毯子以及一次重大行動所需要的一切。驚慌失措的教皇卜尼法斯懇求英格蘭人轉移法國的注意力。這一結果的達成靠的不是戰爭威脅，而是和平提議。英格蘭使節於一三九一年二月來到法國，帶來了一個商談最後條約的提議。庫西和里維埃爾被派去與英格蘭人商議，宴請他們，「陪伴他們」。為了表示其目的的嚴肅性，英格蘭使節聲明理查國王的叔叔們——蘭開斯特和好鬥的格洛斯特——將代表英格蘭進行談判。法國無法拒絕這千載難逢的機會，即使這意味著要推遲「行動之道」——而這當然正是英格蘭人的目的。談判安排在六月底，向羅馬的進軍被暫時擱置。

到了六月底，已經達成其最初目標的英格蘭人在和平的邊緣畏縮不前。應他們的要求，談判又被推遲了九個月，直到第二年的三月進行。實情是英格蘭的議政者們產生了尖銳的對立。理查國王和他的兩位叔叔蘭開斯特和約克，贊成和平，可冷酷無情的格洛斯特的湯瑪斯則堅定不移地反對和平。自從他的父親心猿意馬地與法國作戰以來，已經過去了一代人的時間，在此期間，支撐騎士之友誼的意義已經萎縮殆盡。老么格洛斯特固執地堅信法國人背信棄義，詭計多端，借助於靠不住的合法性和模棱兩可的語言欺騙了英格蘭人，獲得了在《布勒丁尼和約》中得到確認的好處。他拒絕講和，除非他們歸還他們錯誤地奪取的「所有這些城市、城鎮、土地和主權」，更別提他們還欠著一百四十萬法郎的國王讓的贖金。

他的態度其實有更深層的原因。從根本上說，格洛斯特及他那一派的貴族之所以反對和平是因為他們認為戰爭就是他們的職業。在他們身後的是英格蘭較貧窮的騎士和侍衛以及弓箭手，他們不關心是非

3《馬卡比書》（*Maccabees*）：《聖經》中的「末世警言」，講述了猶太人反對塞琉古統治的故事。

對錯，而「傾向於他們一直以來引以為生計的戰爭」。

就在此時，一如既往地沉溺在與法國宿怨的英格蘭老盟友布列塔尼公爵突然重新挑起與法國的爭端。他放棄了一位屬臣的忠誠，變得越來越爭強好勝、自以為是，鑄造帶有他自己形象的錢幣，實施獨立主權國的其他權利。法國人迫不及待地想要在與英格蘭人的談判之日到來之前讓他俯首聽命，因為他們知道，若不是這樣的話，他們一馬平川的翼側將置他們於不利之地。庫西是那位暴躁的公爵可以接受的寥寥無幾的人之一，他安排公爵與國王及御前會議在圖爾會面。蒙福爾在由一千五百名騎士和侍衛組成的隨從人員的陪同下，在五艘裝備有大炮的船隻的護送下，前往盧瓦爾河。在從十月至十二月的三個月中，努力延宕無果。半因狡猾半因強硬，蒙福爾就是不肯就範。作為最後的手段，有人提出將國王還不到一歲的女兒讓娜嫁給蒙福爾的兒子，將此作為拉攏布列塔尼的唯一手段。不久之前，以同樣的手法企圖拉攏納瓦拉的查理已經遭到了引人注目的失敗。在達成此項安排之後，蒙福爾「懷著滿腔的憎恨」極其勉強地重返家園。

在圖爾的時候，庫西捲入了一個將給他本人帶來痛苦以及死後反諷的事件。當時，居伊・布盧瓦伯爵唯一的兒子暨繼承人死去了，使得一座巨大的莊園沒了繼承人。貪得無厭的路易・奧爾良立即盯上了這份位於他自己的都蘭和奧爾良領地之間的財產。他連同國王和庫西一起從附近的圖爾出發，前去拜訪那位痛失愛子並且業已破產的父親。居伊伯爵曾與庫西一道在英格蘭當過人質，為了贖回自由，他通過愛德華國王將自己位於蘇瓦松的產業轉給了庫西。自那時起的巨大開銷消耗了他大量的財富；暴飲暴食使他及妻子「肥胖過度」，以致伯爵不再能騎馬，不得不坐著一乘轎子打獵。一次，動輒大發雷霆的他用自己的匕首殺死了一名騎士，這似乎成了十四世紀的一種習慣。現在，老病交加、無子無息的他陷入了誰將是繼承人的紛擾爭論的包圍中。

除了握有因蘇瓦松買賣所欠債務而持有的財產扣押權外，庫西對居伊伯爵還有很大的影響力。作為「一個駕輕就熟的談判代表」（un grand traiteur），他由雙方共同推派，對莊園進行估價，安排將它出售給路易・奧爾良的事宜。為了現金而出售王朝財產被認為是某種有失體面的事。如果說庫西是不情願地捲入了此事——沒有證據證明他如此——他仍因其貢獻而得到了路易慷慨的，幾乎是過於慷慨的報償。當他成功地將布盧瓦為其在艾諾的土地的二十萬法郎的要價減少了五萬法郎，也就是百分之二十五，路易將此差價送給了庫西。與此同時，「鑒於我們這位親戚為我們提供的如此眾多而又偉大的奉獻」，路易還免除了庫西因突尼斯戰役而向他借貸的一萬弗羅林的債務。路易從妻子的嫁妝中出了四十萬法郎買下了整個布盧瓦莊園，從而一躍成為與他的叔叔們旗鼓相當的領地所有者。

傅華薩在居伊・盧瓦窮困潦倒之前一直在其底下服務，他發表了自己對此事的嚴厲而且相當令人驚訝的判斷：「庫西之主在這件事情上應受到極大的譴責。」也許他的意思是庫西不應該從這筆傅華薩認為不光彩的交易中收受酬勞。等級制度的崇拜者常常比其成員對其持有更高的理想。最終，很諷刺性的，庫西自己的領地在他死後也繼布盧瓦之後落入了奧爾良家族之手。

庫西即使在家的時候——這樣的時候也極少——一三九二年一月，他再度擔任了奧弗涅和吉耶納的統帥之職，並於三月再次北上，陪同國王出席在亞眠舉行的重大談判。就在談判之前出現了吉兆，查理和伊莎博生下了一個兒子，這是他們的第五個孩子，而五個孩子中最大的兩個已經夭折。巴黎人為此進行了興高采烈的慶祝活動，鐘聲齊鳴，公共廣場上燃起了巨大的篝火。他們湧進教堂，為太子的降生而感謝上帝，在那之後，又於街頭載歌載舞，而在擺放於街頭的桌子上，放置著貴婦和有錢的布爾喬亞為他們準備的美酒和食物。他們為之歡呼雀躍的對象在九歲時夭折，與國王的另外四個兒子命運相當。在那之後，有一個弱不禁風的子嗣總算存活了下來，成了軟弱無能的太子，並最終由聖女貞德（Joan of Arc）加冕為查理七世。

為了確保法國和英國隨從之間不會滋生事端破壞談判，法國人採取了非比尋常的措施。御前會議下令，法國人不得有任何冒犯之舉，不得發表煽動性言論，不得挑起甚至談論戰爭的話題，違則處死。在夜間，人們不打火把不得外出，所有在酒館挑起爭執的聽差或無賴都將被判死刑。四支各一千名衛兵的部隊夜以繼日地瞭望放哨，阻止有可能招來麻煩的集會。如果火警的鐘聲響起，衛兵不得離開自己的崗位，而將它留給專職的滅火連隊去應對警報。英格蘭人將獲得「最大的榮耀」，受到「最高的禮遇」，得到免費的款待。酒館老闆不跟他們收錢，而是將他們的帳目交給掌管王室財政的人，讓他們來買單。

這些防範措施所傳達的，與其說是法國人對和平本身的渴望，不如說是對將為「行動之道」和十字軍東征開闢道路的解決方案的渴望。在英格蘭這一邊，蘭開斯特公爵和約克公爵顯示出了類似的態度，但格洛斯特的缺席留下了一個不祥的空洞。因為深知庫西的影響力，所以英格蘭公爵們帶著他的女兒菲利帕一起前來，無疑是希望借此贏得庫西對他們的條件的支持。菲利帕表達了強烈的願望，想要看看她幾乎不認識的父親，而庫西從此次會面中得到了很大的喜悅欣慰。他的女兒「旅行狀態良好，但就像一個婚姻不幸的寡婦一樣」。

在坐於王座之上的查理親臨現場的情況下，談判於復活節這一天啟動，慶典儀式極隆重盛大之能事，仿佛是為了支撐其結果帶來的沉重負擔。蘭開斯特在表示敬意的儀式期間，在靠近王座時，曾三次跪倒在地，國王以感人肺腑的談話對他表示歡迎，而勃艮第和貝里則以和平之吻相迎。勃艮第公爵的華麗裝扮史無前例地令人贊嘆。他身穿黑色天鵝絨長袍，左袖上繡有由二十二朵玫瑰組成的花束，它們都是由環以珍珠的紅藍寶石構成。另外一天，他穿著一襲深紅色天鵝絨長袍，兩側各繡有一頭銀色的熊，熊的頸項、口鼻和皮帶都閃著寶石的光芒。包括庫西在內的法國大貴族分別一連數夜宴請英格蘭人，在宴會上，人們相互致以騎士之禮，老友重續舊情。

所有這些防範、免費的飲食和舒適的環境並不足以換來和平。談判持續了兩個星期，但雙方都知道它毫無意義。英格蘭人提出一百多萬法郎的讓的贖金欠款，而法國人則針鋒相對地為英格蘭人在自己土地上所造成的戰爭破壞提出三百萬法郎的損失賠償。他們甚至將歸還加萊的要求縮小至要求將這座城市夷為平地，從而使這個地方無法使用。英格蘭人嚴詞拒絕，因為他們認為只要他們掌握著加萊，「他們便把通往法國的鑰匙繫在了自己的腰帶上」。阿基坦的主權一如既往地爭執不下。即使當法國人最終提議，只要將加萊夷為平地，他們便支付讓的贖金欠款、承諾和平佔有阿基坦（若非擁有其主權）時，英格蘭人還是退縮了。他們並不確定自己想要和平。當查理極力主張十字軍東征的事業時，他們一如既往地說，他們沒有權力達成最終條款而是得回去向國王彙報。無數次和平談判中的又一次無果而終。休戰又延長了一年。要終止戰爭真是舉步維艱。

不管是因為心情失望還是出於身體自然的原因，國王查理在談判進行到一半時病倒了，高燒不退，神志昏迷。人們將他送出亞眠，在位於博韋的主教府邸那安靜的環境中休養。在那裡，他得到了細心的照顧，很快便痊癒了，到了六月，他恢復了打獵和其他娛樂活動。人們沒有將這突如其來的奇怪疾病與不祥之兆聯繫起來，儘管它們也許即將帶來不幸。

493

第24章 死亡之舞

歷史從未更殘酷地像法國始於一三九二年的苦難那樣，向一個國家的最高權威個人如此地這樣證明其國家的不堪一擊。

引起危機的環境起於一場權力鬥爭，其焦點人物是騎士統帥克利松。作為朝臣一派的主要支柱，他是王叔們的政治仇恨目標，也是勃艮第公爵那不曾磨滅的仇恨對象。因為，只要他留在握有軍權的位置上，可獲得其巨大的經濟利益，並且與「絨猴」們及國王的兄弟保持夥伴關係，王叔們便覺得自己被摒除在了權力核心圈之外。布列塔尼公爵害怕他在布列塔尼事務上成為競爭對手，並因為自己未能在有機會時殺掉他而對他更加恨之入骨。由於他們都想毀掉克利松，所以布列塔尼與王叔們的利益不謀而合，於是他們始終暗中保持著聯絡。

在其中穿針引線的是勃艮第的一個門客，他與勃艮第公爵夫人和布列塔尼公爵都有關係，他就是那個在那不勒斯戰役中盜用德安茹公爵的資金的陰險的皮埃爾・克朗。從那時起，他一直無視要求其將錢財退還給安茹遺孀的王室命令，還曾經殺傷了拉昂的一位騎士，卻利用他的影響力而得到了寬恕。這些斑斑劣跡並沒有妨礙他在尋歡作樂的王室圈子裡得到青睞。他顯然擁有巫蠱般的魅力。然而，顯然是出於不可抑制的惡作劇衝動，他向路易・奧爾良的妻子透露了公爵曾向他吐露的一次婚外情，這觸怒了公爵。路易甚至帶著克朗去探望那位美麗的，抑或太過善良的女士，她曾拒絕了為得到她的垂憐而提供的一千金克朗。在發現了克朗的背叛後，路易氣沖沖燒地向國王告狀，國王順了路易的心意放逐了這個惹是生非之徒。克朗聲稱他之所以被踢走，是因為他曾試圖讓路易放棄從事秘密活動，放棄與魔法師們沆瀣一氣。

心懷怨恨的他在自己的親戚布列塔尼公爵處找到了庇護所。在克朗身上，公爵找到了另一次嘗試毀掉克利松的代理人。因為克利松娶的是安茹伯爵夫人的侄女，所以他便自動分享了那個家族對克朗的深仇大恨。在此基礎上，克朗已經有所懷疑，因此布列塔尼公爵輕而易舉地便讓他相信克利松是他被放逐的幕後黑手——這也許正是事實。據說克利松已發現了克朗與公爵們之間的秘密聯絡。無論如何，克朗現在「只為復仇而活著」。

一三九二年六月十三日夜晚，秘密返回巴黎的克朗埋伏在克利松回自己府邸所必經的十字路口，等候著克利松的到來。在黑暗中與克朗一起的是四十位全副武裝的追隨者，在非戰爭環境中，這夥人足以確保夠壓倒性優勢打倒一個對手。當一個人一心想要另一位貴族的性命時，騎士精神之準則便令人驚異地被拋到了九霄雲外。克朗不願向敵人發起公開挑戰，而更願意採取偷襲。根據他的行蹟來判斷，他是個沒有道德感的人，但並非只有他才這樣。蒙福爾在綁架克利松時，也違反了榮譽、忠誠和騎士精神的各種其他準則。克利松本人也非聖人。在這些人的生命中，在瘟疫、盜賊和教廷分裂所帶來的破壞性影響下，正常的行為準則已分崩離析。

在八名打著火把但未裝備戰鬥武器的隨從護衛下，克利松騎馬從國王在聖波爾舉辦的聚會上打道回府。他正在與侍衛討論著次日為庫西、奧爾良和維埃訥舉辦的晚宴，突然間，火把照在了一大群昏暗不

495

明地騎在馬上的人身上，照在了頭盔和護胸甲所發出的微弱光亮之上。刺客們衝上前來，撲滅了克利松的火把，大聲高呼：「殺死他！殺死他！」克朗的手下不知道自己襲擊的是誰，因為受害人的身份被秘而不宣。他們驚駭地聽到揮舞著寶劍催促他們上前的首領激動地大叫道：「克利松，你死定了！」

克利松衝他不知名的刺客叫道：「你是誰？」

「我是皮埃爾・克朗，你的敵人！」那位首領公然地回應，因為他預料中的結果是一具死屍和一次政權的顛覆。他的手下震驚地發現自己在從事謀殺法國騎士統帥的行動，因而躊躇於是否該壓上前去攻擊，「因為背叛永遠算不得勇敢。」只有一把匕首在手的克利松奮力自衛，直到在多方打擊之下被拉下馬來。他跌倒在了一個麵包店的門口，因掉落馬下的重量而撞開了店門，就在此刻，聽到喧鬧紛亂的麵包師及時出現，將他拉入屋內。克朗和他的黨羽認定克利松已死，於是急忙揚長而去。克利松倖存的侍衛在商店中找到了遍體鱗傷、血流如注、奄奄一息的他。等到國王在聽到這可怕的消息從床上躍起趕到麵包店時，克利松已經恢復了意識。

「你近況如何，總管？」被眼前的景象震驚的查理苦苦地追問道。

「很虛弱，陛下。」

「誰對你下此毒手？」當克利松說出刺客的名字之時，查理髮下誓言：「無論何種行徑都無法贖此罪行，無論多重的懲罰都不足以解我心頭之恨。」他叫來醫生，後者在檢查了於上百場戰鬥中倖存下來的騎士統帥那變得僵硬的身體後，擔保他會康復。被抬回住處後，克利松因庫西的來訪而「大為高興」，他的這位戰友是繼國王之後第一個得到消息的人。

逮捕克朗的命令沒有成功，因為自從起義起到現在依舊沒有柵欄的巴黎城門關不上。在聽說克利松竟令人難以置信地活著時，克朗逃出了城，縱馬狂奔到遙遠的沙特爾，從那裡又奔向布列塔尼。「真是活見鬼了，」他在解釋自己的失敗時這樣對公爵說，「我相信騎士統帥屬於地獄，正是在地獄裡的一切惡魔的庇護之下，他才溜出了我的掌心，因為他中了不下六十刀，我真的相信他死了。」

國王查理覺得是身為國家主要捍衛者的自己受到了攻擊，怒不可遏地追捕刺客。克朗的兩個侍衛和一個聽差被抓住砍了頭，而他在巴黎住宅的管家也因未報告他返回首都的消息而受到同樣的制裁。沙特爾的一名給他提供庇護的大教堂教士被剝奪了聖職，被判在監獄中過永遠節制的生活，只能以麵包和水為食。克朗的財產和稅收被抄，沒入國庫；他的住處和城堡夷為平地。國王頭腦的激動狀態如同王室的憤怒一樣傳染給了他的副手們。據報告，負責清點克朗財產的維埃訥將軍將他的妻子女兒身無分文地趕出家門，只穿著一身衣裳出門——根據一份記錄，是在強姦了那個女兒之後——自己則趁火打劫任意搶奪她們住宅中富麗堂皇的傢俱和財寶。也許他覺得克朗的背叛使這種不當之舉變得合情合理了，儘管他的行為受到了同為貴族者的普遍譴責。不同尋常的暴行自刺殺騎士統帥的努力之後大肆橫行，彷彿克朗的行動釋放了魔鬼的傳染病似的。

當被要求交出罪犯的布列塔尼公爵否認自己知道一切並拒不承認自己參與其中時，事情從謀殺轉為了戰爭。為此感到遭蔑視的國王向公爵宣戰。幾乎尚未從其在亞眠的疾病中康復的查理時常心煩意亂，說話也不連貫。御醫反對他作戰，但在其兄弟的鼓動下，他拖定主意了。仰賴布列塔尼公爵作為自己政治鬥爭之同盟的勃艮第和貝里竭盡全力地阻止此事。激烈的家庭紛爭又因勃艮第公爵夫人而為此衝突火上澆油，她是蒙福爾的侄女，因此站在他那一邊，對克利松恨之入骨。勃艮第家族的影響無疑是為克朗提供庇護的幕後因素。至於貝里，據說他早已預先知道了克朗行刺之事。

497

當時有傳聞，克利松在襲擊之後口授的遺囑留下了一百七十萬法郎的財富，這還不包括土地在內。王叔們嫉恨交加地發現，自己在永無饜足的貪婪回報中處於了下風。這樣一筆巨大的財富——比國王的還多，他們讓它廣為人知——不可能通過正當的管道得來。公眾完全相信這麼回事，因為里維埃爾和默西埃也已從政府部門積累起了財富，並且因為既傲慢無禮又貪污腐敗而遭到普遍的厭惡。所有這些衝突和怨恨都在叫囂著戰爭而身心狀況都不穩的國王背後暗中發酵。

御前會議批准了戰爭；王叔們別無選擇，只能與國王同上前線，他們對大臣們的仇恨與日俱增。「他們一心只想著如何毀掉那些傢伙。」國王在波旁和庫西陪伴下，於七月一日離開巴黎，向西緩慢進發，以便騎士及其隨行人員們前來加入行進隊伍。查理不堪的健康狀況需要長時間的停留，而等待王叔則導致了進一步的拖延。想要阻撓戰爭的王叔們一味地虛耗時間，拖延耽擱，使得查理心急如焚。查理幾乎不吃不喝，每天都出現在御前會議上，嘮嘮叨叨地說著通過他的騎士統帥而對他造成的侮辱，任何不同意見都讓他心煩意亂，堅決不打消懲罰布列塔尼公爵的想法。隨著勃艮第和貝里的到來，不和在軍隊中蔓延開來，騎士們爭論著這項行動的是非對錯。對於再次要求他交出克朗的命令做出回應時，蒙福爾又一次否認自己知道有關他的任何事情。雖然御醫們告知查理「有些發燒，不宜騎乘」，可是他再也等不下去了。

在八月中旬的熱浪之中，大軍從位於布列塔尼邊境的勒芒（Le Mans）起程。在炫目的太陽底下，在沙質的道路上，穿著黑天鵝絨外套、戴一頂裝飾著珍珠的緋紅色天鵝絨帽子的國王為了躲避灰塵，與眾人拉開距離騎行著。兩名侍衛騎馬跟在他身後，一個扛著他的頭盔，一個扛著他的長矛。在前面的騎行者中，兩位王叔一組，路易・奧爾良、庫西和波旁是一組。當這隊人馬穿越勒芒森林（Mans）時，一個身穿襤褸罩衫的粗野的赤足男子突然從一棵樹後跳出來，抓住了國王的馬籠頭，用厄運般的聲音大叫道：「別再向前了，尊貴的國王！回頭吧！你遭到了背叛！」查理被這聲音嚇了一跳。衛兵敲打著男人抓著馬籠頭的手，但因為他似乎只是個貧窮的瘋子，便沒有拘捕他，甚至在他尾隨著軍隊走了半個小時，同時衝著國王的耳朵叫喊著背叛時，也沒有拘捕他。

從森林中走出來後，騎行者們在火熱的正午時分來到了一個開闊的平原上。在太陽的照射下，人和馬都苦不堪言。兩名侍衛中的一位在馬鞍上打著瞌睡，結果遺落了國王的長矛，使之鏗地一聲打在了他同伴扛著的鋼製頭盔上。隨後，國王顫抖著突然抽出寶劍，策馬向前衝去，同時大叫道：「衝啊，打倒叛國者！他們想把我交給敵人！」旋轉著，衝鋒著，他攻擊著所有在其攻擊範圍中的人。

「天啊，」勃艮第叫道：「王國失去理智了！誰去抱住他！」誰都不敢上前一試。他們避讓著國王的攻擊，卻又不能還手，在驚恐之中一群人無目的地亂轉，而查理則狂野地一會兒衝向這個人，一會兒衝向那個人，直到他精疲力竭，氣喘吁吁，揮汗如雨。隨後，他極為寵信的管家紀堯姆・馬特爾（Guillaume de Martel）從後面抱住了他，其他人則拿下了他的劍，將他從馬上抬下來，輕輕把他放在地上。他一動不動、一言不發地躺在那裡，大睜著雙眼盯著眾人，可誰也認不出來。他在其狂亂中殺死的一個或數個騎士（這個數字因版本的不同而各不相同）就躺在他身旁的塵土上。

向來大膽無禮的勃艮第的腓力趁機奪取了權威。「我們必須返回勒芒，」他決定，「這終結了向布列塔尼的進軍。」躺在一輛路過的牛車之上，法蘭西國王被運了回去，而心驚膽戰的軍隊（有的人已經在翻江倒海地思考著未來）在一旁騎行著。查理幾乎沒有了生命跡象，只是心還在跳，就這樣一連昏迷了四天。在這段期間，人們認為他隨時都會蒙主寵召。他的醫生愛莫能助，其他被召來的醫生——勃艮第的、奧爾良的、波旁的——在會診之後一致認為他們的醫術已無能為力。

隨著國王發瘋的可怕報告的四處傳開，有關魔法和投毒的謠言四起，公眾的情緒是如此不安，以致病房不得不向公眾開放。與一位王室成員的死亡相伴隨的全部眼淚和憂傷充斥著房間，「所有如同是在為一個獨生子，為法蘭西的健康而流淚的善良法國人都與法蘭西國王休戚與共」。痛哭失聲的教士帶領大家祈禱，主教們跣足而行，帶領扛著真人大小的國王蠟像的遊行隊伍前往教堂，人們在據說有治病功效的神聖遺物上堆放供品，倒伏在基督和聖徒前懇求他們治癒國王。

很少有人相信這場讓人悲痛的事情出於自然的原因。有些人將它視為神聖的怒火，因為國王未能帶領軍隊終止教會分裂；有些人將之視為上帝對其意圖的警告；還有些人則將之視為對沉重賦稅的神聖懲罰。大多數人都相信起因是巫術，尤其是因為那年夏天的一場大旱乾涸了江河池塘，致使家畜死於乾渴，水上運輸中斷，商人們聲稱遭受了二十年來最慘重的損失。

在一個陰鬱的時刻，對陰謀的堅信浮到了表面，人們交頭接耳。為什麼「森林裡的幽靈」一直沒有被抓到和審問？他是受布列塔尼公爵還是王叔們的指使，為的使國王打道回府？難道是國王因公爵們的拖延而造成的過度惱怒導致了他的瘋狂？為了緩和公眾的懷疑，勃艮第公爵主持了一次正式的調查，在調查中，國王的醫生為查理此前的疾病提供了證明。

庫西也召來了自己的醫生，他是法國最受人尊敬和最博學多才的人。他就是紀堯姆．阿斯尼（Guillaume de Harsigny），一位拉昂的本地人，當時已經九十二歲，與世紀同齡。他在巴黎大學取得學位之後，四處旅行，擴大自己的知識面，師從開羅的阿拉伯教授和薩勒諾（Salerno）的義大利教授門下，最後載譽而歸，回到了自己的家鄉皮卡第。他對人類的疾病無所不知。在他的照料下——或者是因為與之巧合的自然過程——國王的高燒退了下去，那位還不滿二十五歲的年輕人斷斷續續地恢復了理智，驚恐地意識到了發生在自己身上的事。不到一個月，查理的身體康復程度便大為改觀，足以讓阿斯尼帶著他前往高高淩駕於瓦茲河上的克德耶（Creil）城堡，享受那裡的「巴黎地區最清新的空氣」。宮廷上下洋溢著歡樂的氣氛，對庫西醫生的高超技藝讚不絕口。

在頭四天，當人們預期查理必死無疑時，王叔們有了對付「絨猴」們的機會。「時機到了，」貝里說：「我以牙還牙的時候了。」就在國王攻擊人的同一天，某個對命運之輪有迅速感知的人警告「絨猴」們離開。第二天，儘管仍然身在勒芒，貝里和勃艮第便聲明自己具有作為國王最年長親屬的權威，雖說事實上路易與王冠更為接近。他們解散了整個御前會議，遣散了軍隊，攫取了統治權。在兩周內趕回巴黎後，他們召開了一次附庸性會議，以路易・奧爾良太過年輕為由正式將政府交到了大膽腓力的手上，並借助司法程序罷免了「絨猴」們。沒有做好及時放棄權利之準備的里維埃爾和默西埃被逮捕入獄，他們的土地、房屋、傢俱和財富通通被沒收。他們的一位頗為先知先覺的同事，據說是查理五世的親生兒子的讓・孟塔古（Jean de Montagu），在聽說國王襲人事件之後，立即攜帶家產去了亞維農。

政權顛覆之易幾乎令人費解。只是國王的失能和克利松的受傷便使之成了可能。沒有最高權威支持的里維埃爾和默西埃沒有獨立的地位；還沒有為六個月大的太子指定攝政輔政大臣；路易缺乏自信和果決，不然的話，只需庫西、波旁以及其他御前會議成員打算做出反對公爵們的表態，他便有可能掌握控制權。很明顯，他們無此打算。他們無法篤定會得到軍隊的支持，因為領頭的貴族們缺乏凝聚力。在國王狀況不穩定的情況下，誰都不知道將鹿死誰手。最重的是騎士統帥喪失了戰鬥力（hors de combat）。

直覺準確的庫西似乎迅速做出了自己的選擇，因為他於八月二十五日接受了一項任務，與勃艮第的

500

管家居伊・特雷穆耶一道前去通知布列塔尼公爵，針對他的征討已被撤銷。在里維埃爾和默西埃的命運中，他扮演了一個較晦暗不明的角色。儘管在過去十五年，庫西與里維埃爾曾密切合作，並肩完成過多項任務，他卻被派去在自己老搭檔的城堡中逮捕他的成員之一，里維埃爾在針對他的拘捕令發佈之前逃到了那裡。據說里維埃爾向自己的緝拿者們敞開了大門。十年後，里維埃爾的遺孀在自己的丈夫和庫西雙雙死去之後，聲稱庫西從城堡中拿走了包括金銀餐盤和掛毯在內的資產，儘管在這些大人物活著的時候，沒有出現過任何此類指控。

然而，在默西埃的案子上，庫西公開受益。為了讓庫西聽命於自己，公爵們將默西埃位於拉昂主教教區的最重要的努維永——勒——孔特（Nouvion-le-Comte）城堡連同其租金和稅收都給了庫西。統治者將一個貴族被沒收的財產授予另一個貴族的做法是獲取支持的常規手段。無論庫西是否會對接受這種贈予心懷悔意，但拒絕接受則標誌著他將與公爵們公然為敵。

在監獄中，里維埃爾和默西埃天天等候著折磨和處決，這是那些失去權力者的普通下場。里維埃爾始終堅忍克制，但默西埃據說整日以淚洗面，幾乎哭瞎了眼睛。人們每天都前往格雷夫廣場，期望看到兩位囚犯被處死。「小心謹慎、頭腦冷靜、具有遠見卓識」的勃艮第尚未執行最後的處罰（處死）。在國王仍有機會恢復君主權力之時，他寧肯小心行事。查理在身體剛剛好轉，迫不及待地要求釋放自己的前御前會議成員，而公眾輿論出於對國王的愛戴和同情，轉而舉手贊成。現在，人們想起來，里維埃爾「對窮人總是那麼溫文爾雅、彬彬有禮、和藹可親、耐心寬容」。在被關押了十八個月之後，兩人都最終獲釋，被逐出宮廷，儘管他們的財產得以歸還，大概也包括被庫西暫時監管的部份。

克利松的解職將成為勃艮第的勝利。出於無奈，克利松以騎士統帥的身份前來見勃艮第，詢問有關王國統治措施事宜。腓力惡狠狠地看著他。「克利松，克利松，」他咬牙切齒地說道，「你用不著忙乎這事；王國離了你照樣運轉。」隨後，因為無法掩飾其憤怒的真實原因，他質問「魔鬼」克利松「從哪裡」積累起如此巨額的財富，甚至比他和貝里加起來的還多。「別讓我再看見你，」他咆哮著說，「若不是為了自己的榮譽，我會把你另一隻眼睛也剜出來。」克利松滿懷心事地打馬回家。那天夜裡，在黑暗的掩護之下，他帶著兩個隨從從後門離開了自己的府邸，縱馬前往自己位於巴黎南面的蒙特雷（Monthéry）城堡。在那裡，他才有可能捍衛自己。

克利松的逃跑令勃艮第怒不可遏，他再次選擇庫西作為與其老戰友作對的代理人。庫西與居伊・特雷穆耶一起被任命為一支由三百名長矛手組成的軍隊的指揮官，這些長矛手中有不少都是前任騎士統帥的戰友，他們接到的命令是兵分五路前去攻打克利松，無論死活，都得將克利松帶回，否則就不要回來。這似乎不是勃艮第的一次明智之舉。克利松自然會得到在這夥人中的朋友的警告，他逃向了自己位於布列塔尼的若瑟蘭（Josselin）森林，在那裡，在他自己的土地上，他便可以擊退來犯之敵。但他的逃跑使勃艮第讓他當了替罪羊。他遭到了缺席審判，被定以「虛偽而邪惡的叛國者」之罪名，被撤銷了騎士統帥之職，遭到放逐，並處以十萬馬克的罰款。路易・奧爾良拒絕批准這項訴訟，但在整個政權顛覆過程中，他自始至終都不敢公開挑戰自己的叔叔們。

騎士統帥的寶劍再次提供給了庫西，勃艮第顯然急於把他拉入自己的陣營。如果說這一職位在查理五世臨死前幾日對庫西便沒有吸引力的話，現在他對它更是興味索然，而且他也不希望因自己朋友的倒臺而受益。他「斷然地拒絕」接受這一職位，「即使這意味著他有可能被迫離開法國。」這潛藏中的危險所幸並未成真。在發現庫西的意志難以動搖後，王叔們將這一職位給了年輕的德歐伯爵，據說在這樣的安排下他就有能變得足夠富裕，可以娶貝里的女兒為妻。

在庫西的醫生的照料之下，國王似乎在九月底重新恢復了心智健全。在庫西的護送之下，他進行了一次朝聖之旅，前去向列斯聖母院（Notre Dame de Liesse）致謝，這是位於拉昂附近的一座小教堂，為的是紀念三個來自皮卡第的十字軍士兵的奇跡，他們在被撒克遜人俘虜期間，使蘇丹的女兒皈依了基督教，並給了她一個聖母像，在聖母的幫助下，他們連同公主一道騰空而起被送回了自己的故鄉。查理經由庫西城堡返回，在勃艮第公爵的陪同下，於十月四日在那裡用餐，然後，還是在庫西的護送下，於返回巴黎的途中在聖丹尼斯做了禮拜。在新政權之下，庫西仍然是御前會議的主要成員，他將自己的時間分成兩塊，一塊用以出席御前會議，一塊用以履行自己作為奧弗涅統帥之職責。

令宮廷大失所望的是，睿智而年高的阿斯尼拒絕了懇請留下來的所有哀求和財富許諾，堅持要回到自己位於拉昂的家鄉去過安靜的生活。他得到了兩千金克朗的獎賞，以及在任何想再次造訪宮廷時可免費使用王室馬廄中的四匹馬的特權。他從未使用過此特權。幾個月後，他與世長辭，留下了一座有歷史意義的雕像。

死亡崇拜是十四世紀的遺風，在這樣的風氣之中，阿斯尼的墳墓是首座這種的墳墓。他的大理石雕像並未依照慣例、懷著死而復生的希望表現他在三十三歲時的榮耀生活，若依慣例而選擇這個時候，是期望在與耶穌基督年齡相當時復活。截然不同地，遵照他的特殊要求，雕像是棺材內的屍體的可視形象。平躺著的身體精確地顯示了它死亡時的狀態，全身赤裸，有著極為年老者的那種極端的消瘦，皺巴巴的皮膚覆於骨骼之上，雙手交叉地置於生殖器之上，沒有任何布料或其他遮蓋物，逼真地體現了凡俗生活的空洞虛無。

在離開自己的王室病人之前，阿斯尼曾提出建議，反對將沉重的國家責任加在國王身上。「我把他好端端地交還給你們，」他說，「但要小心，別讓他感到憂慮或煩惱。他的心智還不強健，它會一點一點地改善。盡可能少讓他承擔工作，沒有什麼比快樂和遺忘對他更好的了。」這個建議正中公爵們的下懷。只頂著個君主的虛名的查理返回巴黎，在聖波爾的花園中與女士們嬉鬧，享受著他妻子和兄弟每晚組織的娛樂和慶祝活動。在擺脫瘋癲的過程中，輕佻之舉遍地開花，王叔們對此從不干涉，「因為只要王后和奧爾良公爵在跳舞，他們便可高枕無憂，甚至全無煩惱」。

503

宮廷的糧食供應者和金錢借貸者春風得意，神秘劇和魔術每時每刻都在上演，魔法師和騙子找到了無限輕信的土壤，時尚尤其在髮式上走向了極端。年輕男子將自己的頭髮一縷縷地捲成捲兒，把自己的鬍子修得兩頭尖尖的，而女士們戴的蓋住耳朵的鑲綴著飾帶的精美帽飾變得如此奇異而巨大，以至於她們在通過房門時不得不側起身子走路。王后伊莎博和她的妯娌瓦倫蒂娜在新奇和奢侈方面競相攀比：衣服上綴滿了珠寶、流蘇和奇妙的徽章。在酒館客棧，人們對這種奢華和放縱議論紛紛。他們熱愛那位戴著王冠的年輕人，他因其和藹可親、慷慨大方和與各等級人都可暢談無礙而被稱為「深受愛戴的查理」（Charles le Bien-aimé），但他們譴責那兩個來自巴伐利亞和義大利的「外國人」，並指責王叔們縱容那與法蘭西國王不相稱的揮霍。

在年不及弱冠之時便坐上王朝最高統治者之座的查理和路易誰都沒有得到父親的關照，培養其王室成員的尊嚴；他們既無紀律原則，也無禮貌合宜之感。在喪失了大部份的責任之後，他們在玩樂中尋找彌補，而成人的玩樂需要不斷地創新才會令人興味盎然。

在這一切於恐怖之中達到高潮的那個夜晚，庫西不在場，因為他人在薩伏伊，正利用自己的談判才能去解決一次重大的家庭糾紛，這件糾紛分裂了統治家族和所有相關的貴族家庭，帶來了一場充滿敵意的危機，有阻礙進軍羅馬之道路的危險。這個涉及公爵家族、亡夫遺產權和財產角逐的問題源於這樣一個事實：紅伯爵阿馬迪厄斯七世最近以三十一歲之齡去世，將兒子的監護權留給了母親（她是波旁公爵的姊妹），而不是將它留給了自己的妻子（她是貝里公爵的女兒）。庫西和居伊・特穆耶里用了三個月的時間才成功地商討出一份條約，結束了這個喧騰一時的事件，使相互敵對的伯爵夫人們「彼此握手言和」。

在聖燭節（一三九三年一月二十八日）之前的那個星期四，也就是庫西離開巴黎的四天之後，王后為了慶祝一名寵愛的宮女的婚禮而舉辦了一場化裝舞會。這名宮女兩次成為寡婦，現在是她第三次結婚。按照某種傳統，婦女的再婚被當作一次捉弄人的場合，其慶祝方式常常是針對新婚夫婦的大胡鬧，充斥著五花八門的放縱、偽裝、混亂，還有洞房外嘈雜無序的音樂聲和銅鈸的鏗鏘聲。儘管這是種「與一切體面背道而馳的」慣常做法，苛薄的聖丹尼斯的僧侶說，國王查理還是在放縱無度的朋友們的勸說下，自己也加入了這樣一場假面舞會。

包括國王和富瓦伯爵的私生子伊萬在內的六個年輕男子將自己化妝為「叢林野人」，穿著縫在他們身上的亞麻布衣服，衣服上浸滿了樹脂蠟，也就是松脂，以便粘住用腐爛的大麻製成的覆蓋物，「這樣他們便從頭到腳都顯得蓬亂而多毛」。面具完全隱去了他們的身份。他們意識到了進入到處是火把的大廳的危險，所以禁止任何人在舞會期間打著火把進入。很明顯，俄羅斯輪盤賭的一種元素被捲入其中，那就是令這位出身高貴卻頹廢虛弱的年輕人反反覆覆地亢奮不已的死亡的誘惑。更很明顯的是這裡面有種冷酷的元素，因為表演者之一是個才勉強脫離瘋狂的人。

這件事的始作俑者，「最冷酷和最傲慢之人」，是休格特・居賽（Huguet de Guisay），他因自己那些令人髮指的設計而深受王室圈子的寵愛。他是個過著「邪惡生活」的人，「敗壞和教唆年輕人沉湎於酒色」，對普通百姓和窮人深惡痛絕，充滿蔑視。他稱他們為狗，用劍刺他們，用鞭子抽打他們，強迫他們模仿狗叫取樂。如果有僕人得罪了他，居賽便會強迫他躺在地上，然後站在他的脊背上，用馬刺踢他，口中叫道：「叫啊，狗！」以此作為對那人的痛苦叫喊的回應。

在其野人之舞中，戴著假面的人在飲酒狂歡者面前雀躍不已，模仿狼的長嚎，當客人們試圖發現其身份時，做出下流猥褻的手勢。正當查理在十五歲的德貝里公爵夫人面前又是逗樂又是打手勢時，路易・奧爾良和菲力浦・德巴爾從其他地方的狂歡中抵達，不顧禁令，在火把的照耀下進入大廳。無論是為了弄清跳舞的人是誰，還是有意招來危險——有關這一情節的記錄各不相同——路易將一隻火把舉到了那些跳躍的怪物的上方。一顆火星掉落下來，一條腿上竄出了火焰，先是其中一人著起火來，然後是另外一個。只有王后知道查理在那群人中，她尖叫著暈了過去。已經認出國王的德貝里公爵夫人用自己的裙子遮住了他，使他沒有沾到那些火星，從而救了他一命。屋子裡充滿了賓客們的哭泣聲和恐懼的叫喊聲，還有渾身著火的人的痛苦尖叫聲。試圖滅火並將服裝從痛苦掙扎的受害人身上扯下來的賓客被嚴重燒傷。除了國王，只有南圖耶大人（Sire de Nantouillet）因跳入了一隻裝滿水的大冷酒器中而逃過一劫。茹瓦尼伯爵（Count de Joigny）當場被燒死，伊萬・富瓦和艾默里・普瓦捷（Aimery Poitiers）在兩天後，於痛苦的折磨中死去。休格特・居賽在極度痛苦中活了三天，他詛咒並侮辱與他共舞的人，無論他們是死是活，直到咽下最後一口氣。當他的棺材被抬過街道時，老百姓們用「叫啊，狗！」的喊叫來向它致意。

這個繼國王發瘋之後不久發生的可怕事件如同折磨著那個世紀的一連串惡性事件的驚嘆號。查理僥倖逃過一劫，這將巴黎投入了「巨大的騷動」之中，市民們對如此隨便地置國王的生命和榮譽於危險之中的駭人聽聞的輕佻之舉感到怒不可遏。假如他死了，他們說人民將血洗王叔和整個宮廷；「他們中誰也逃不了一死，所有在巴黎找得到的騎士也休想活命」。這些危險的情緒與幾乎不到十年前的鉛錘起義遙相呼應，受此警告的王叔們說服國王騎馬走在前往聖母院的莊嚴肅穆的遊行隊伍中，以安撫民眾。在騎在馬背上的查理身後，他的叔叔和兄弟以悔罪者的身份赤腳跟隨著。作為此次悲劇的非自願的當事人，路易因其放蕩的習慣而備受指責。為了贖罪，他為塞利斯廷修建了一座帶有奇異的彩色玻璃和富麗堂皇的祭壇的教堂，還捐了一筆錢，用於永久的祈禱。他用國王從克朗被沒收的財產中給予他的稅收來支付這一費用，留下了一個疑問：到底是誰的靈魂得到了赦免。

這次致命的假面舞會逐漸被稱為「Bal des Ardents」——燃燒者的舞蹈——但它可能也被稱為「Danse Macabre」死亡之舞。它得名於一種新類型的遊行戲劇，其主題是後來逐漸風靡一時的死亡。「Macabre」之名的起源和意義都不太確定，它最早出現在安茹的編年史作者讓・費夫爾於一三七六年所寫的一首詩中，詩中有這樣的句子：「Je .s de Macabré le danse（我跳起死亡之舞）」。它也許源於一首更加古老的「Danse Machabreus」，意為「馬卡比書的舞蹈」，或是源於與掘墓人同義的希伯來詞彙以及猶太人在中世紀的法國充當掘墓人的事實。舞蹈本身也許是在捲土重來的瘟疫的影響下形成的，它是種街頭表演，以作為有關眾生皆要向死神這位平均主義者屈服的布道的說明。在巴黎純真教堂（Church of the Innocents）描繪此種舞蹈的牆壁上，十五對僧俗人物，上至教皇和皇帝，下至僧侶和農民、行乞修道士和兒童，構成了遊行佇列。

「前進，在我們之中看到你自己，」他們附和著詩句說，「死亡，赤裸，腐爛，發出惡臭。你將如此……不思量這種危險詛咒地活著……權力、榮耀和財富皆為虛無；在臨死之時，只有優秀的勞作值得一提……人人每天應該思考至少一次自己令人作嘔的結局。」這樣做是為了提醒人多行善舉，多做彌撒，前提是他希望得到救贖，逃離「那無法言傳的無盡而可怕的地獄之苦」。

每個人物都在自己的片段說話：騎士統帥知道，死神會帶走最勇敢的人，哪怕他是查理曼大帝；曾被女士們深愛著的騎士知道，他再也不會令她們翩翩起舞；肥頭大耳的修道院院長知道，「最肥的最先腐爛」；占星師知道，他的知識不可能救他不死；整天面朝黃土背朝天辛苦勞作、常常希望自己死去的農民，現在，在那一時刻到來時，是多麼情願在葡萄園中挖土，「哪怕是在風雨之中。」它一遍遍地指出的重點是這就是你，你及你的一切。走在遊行隊伍前列的枯槁形象不是死神，而是死人。「彼即汝，」奧弗涅的拉謝斯迪約修道院（La Chaise-Dieu）的死亡之舞的壁畫下方銘刻著這樣一句話。

死亡崇拜將在十五世紀達於頂點，但它起源於十四世紀。既然每天在每個角落都將與死神遭遇，它也許本該變得稀鬆平常；可是正相反，它發揮了一個食屍鬼般的迷惑力。它強調蛆蟲和腐爛，還有令人毛骨悚然的身體細節。雖然此前有關死亡的主宰性觀念是它是靈魂的精神之旅，可現在，屍體的腐爛似乎更加重要。前幾個世紀的死者雕像都顯得很寧靜，雙手合十，呈祝禱狀，雙目睜開，期待著永生。現在以阿斯尼為榜樣，偉大的高級教士們常常讓自己呈現為死屍狀，細節十分寫實。為了實現這一目的，死亡面具和身體部位的模具都用蠟製成，這附帶地促進了肖像畫法和對人體特徵的新認識。死者雕像傳達的資訊就是死亡之舞的資訊。在將於一四〇二年死於亞維農的紅衣主教讓•拉格蘭奇那骨瘦如柴、沒有遮蓋的屍體上方，銘文詢問觀看者：「那麼，可憐的人，讓你驕傲的原因何在？」

在即將來臨的數十年中，哀榮崇拜使得在其牆壁上畫著死亡之舞的巴黎純真教堂的公墓成了巴黎最

506

讓人渴望的葬身之地，也是巴黎最受歡迎的聚會場所。被建在佔地四十八英畝的修道院的藏骸所由富裕的布爾喬亞和貴族捐贈——其中包括布西科和貝里——以便放置他們的遺骸。因為有二十個教區的人有權埋在純真教堂公墓，所以時間久的死者必須不斷地被挖出，他們的墓碑被出售，以便為新來者騰出空間。在修道院拱門下堆積著的頭骨和屍骨對好奇者頗具吸引力，也是最終平等的蕭瑟證明。各種各樣的商店都在修道院裡面或周圍紛紛設點；妓女在那裡拉客，煉金術士在那裡找到了市場，豪俠將它當作碰頭地點，野狗在那裡進進出出。巴黎人前來參觀藏骸所，觀看葬禮和挖墳，專注地欣賞壁畫，閱讀詩句。他們傾聽長達一天的布道，在吹響自己號角的死神從聖丹尼斯路領著他那由可怕的舞者組成的遊行隊伍進入時，感到不寒而慄。

藝術與悲哀亦步亦趨。荊棘製成的王冠以前很少被描畫，現在變成了描繪痛苦的寫實工具，用以繪製這個世紀後半葉繪畫中的鮮血。聖母獲得了七種悲哀，其範圍從逃入埃及，到聖母憐子圖——她兒子柔軟無力的屍體橫躺在她的雙膝之上。克勞斯・司呂特是給勃艮第公爵塑像的人，他於一三九〇年為第戎的尚莫爾（Champmol）女修道院繪製了第一幅著名的聖母憐子圖。與此同時，身披雅緻衣衫、與快樂的嬰孩在一起的所謂的美麗聖母的頑皮笑容出現在了憂鬱氣氛之中。世俗的繪畫顯得歡天喜地，精緻細膩；死亡從不會打擾那些位於被施了魔法、高塔之下的充滿了詩情畫意的野餐。

黑死病於一三八八年到一三九〇年之間第四次捲土重來。較早的復發主要影響的是那些沒有獲得免疫力的兒童，但在第四輪復發中，新一代的成人迅速受到感染。這時候，歐洲人口已經相較於世紀之初減少了百分之四十到百分之五十，而到十五世紀中葉，它還將進一步下降。當時的人們很少提及他們世界中的這種令人震驚的縮減，儘管他們對此肯定有目共睹，它見諸減少的商業貿易中，見諸縮減的耕地

507

面積中，見諸因缺少收入而被拋棄或無力維持禮拜儀式的修道院和教堂中，見諸在戰爭中遭到破壞、在之後的六十年中都未加修繕的城市區域中。

另一方面，很有可能，當人口減少時，他們會吃得較好，而且相應地會有更多的貨幣流通。相互矛盾的狀況總會出現。商業增長的證據與貿易減少的證據同時存在。一名在一四一〇年往生的義大利商人留下了十萬份與位於義大利、法國、西班牙、英格蘭和突尼斯的代理商的通信文獻。商人階層手中掌握了比以前更多的金錢，而它的消費促進了藝術、生活舒適用品和技術進步。十四世紀不是枯燥乏味的。阿拉斯、布魯塞爾的掛毯作坊和巴黎著名的尼古拉・巴塔伊（Nicolas Bataille）生產而令人贊嘆的工藝搶走彩色玻璃在裝飾藝術方面的頭把交椅。航海地圖變得更為有效，海怪從它下面的角落中消失了，而代之以更準確的海岸線和航行輔助。布爾喬亞的金錢通過圖書購買為作家和詩人帶來了新的觀眾，促進了文學的發展。數千名抄寫員被雇來抄寫複本，以供應巴黎的二十五個書商和書店的需求。精彩絕倫的建築，因其豐富多樣、數不勝數的逐漸收細的尖塔、帶有天篷的壁龕、裝飾著花邊的橋墩等，表達的不僅是技術的繁榮昌盛，而且也是對衰落的否定甚至挑釁。如何才能與米蘭大教堂這一令人歎為觀止的石製精美工藝品於該世紀最後二十五年中開啟的悲觀主義相調和？

心理影響比身體影響更為清晰。從未有過這麼多有關人類生活之苦難的描寫，日趨減少的人口所帶來的感覺即使未被提及，卻促成了有關人類命運的悲觀主義。「此後將有何事降臨，全憑上帝的意願，」約翰・高爾於一三九三年在英格蘭寫下：

——目前當此潮頭，

人們從四面八方觀看世界，
方式五花八門，數不勝數，
立場堅定，卻截然相反。

對於不只是詩人的實業家而言，當時的不安全感使他們對未來不抱一點信心。普拉托（Prato）商人法蘭西斯科・達蒂尼的信件顯示，他每天都生活在對戰爭、瘟疫、饑荒和叛亂的恐懼中，既不相信政府的穩定，也不相信同事的誠實。「大地上和海洋中充斥著強盜，」他給自己的一位同伴寫信說，「人類的偉大之處被邪惡地清除掉了。」

格爾森（Gerson）相信，他生活在世界的衰老期，這時，社會，就像某個神志昏迷的老者一樣，飽受幻想和錯覺的折磨。他像其他人一樣，覺得反基督和世界末日到來的時間指日可待——在那之後，會有一個更美好的世界來臨。人們普遍期望，世界末日將帶來一位偉大皇帝——第二位查理曼，第三位腓特烈，一位帝國的救星——的回歸，他將與一位天使般的教皇一道改革教會，復興社會，挽救基督王國。教士和衛道士們懷著世界末日的情緒，比任何時候都更加強調世俗事務的虛無——儘管這並沒有明顯減少任何人對財產的渴望，以及對擁有財產的驕傲。

對人類命運的悲觀看法是教士之職責所在，為的是證明救贖的需要。它絕非十四世紀的創新。如果德阿伊利紅衣主教認為反基督的時刻即將到來，那麼湯瑪斯・阿奎納早在一百年前便已這樣想過。如果教會的腐敗使虔誠的教徒感到驚慌，那麼人們在不遲於一〇四〇年時就已如此，當時，克盧尼（Cluny）的一位僧侶寫道：「不論何時，宗教在羅馬教宗之中都已失利……整個人類種族，從根源到分支，都再次心甘情願地滑向遠古的紛亂深淵之中，除此之外，我們還能夠想到什麼？」如果在一個日趨衰落的時代，梅齊埃最喜歡的格言是「這個飛逝的世界的諸事只會從壞走向更壞」的話，那麼便有羅傑・培根（Roger Bacon）與他並駕齊驅，後者在一二七一年那活力充沛的時期的最高潮時聲稱：「在當今時代橫行霸道的罪惡遠多於此前的任何時代……正義枯萎了，一切和平都被打破了。」

這種情緒不是新生的，但在十四世紀，它們更普遍深入，更蔑視人類。「往日歲月具有美德和正義，但當今朝代只有罪惡。」德尚哀歎道。通行證如何可信？克莉絲蒂娜・皮桑在討論騎士精神之失敗時問：「眼見著如今跑遍世界也找不到真理和忠誠？」她在別處寫道：「所有美好的風俗都消失了，美德大打折扣。學習曾經支配世界的東西現在不值一提。」她的抱怨有某些合理性，因為就連大學都已開始向不願意從事其漫長而艱辛的學習或害怕考試失利的申請人出售其神學學位。授予學位的許可擴展到了其他大學，甚至擴展到了沒有大學的城鎮，因此有了一種譏諷的說法：「豬圈為何不能出（學位）？」抨擊那個時代的衰敗是種時尚，但這種衰敗感覺像是真實的，過往美好時光之後的道德衰敗感揮之不去。詩人們為他們抨擊的那個圈子寫作，而他們一定觸到了某些共鳴。德尚——他從不乏諷刺精神——於一三八二年被任命為路易・奧爾良的管家。

生活的各個層級都遭到譴責。深受農民起義震動的高爾寫了一部有關腐敗年代的哀史，名為《吶喊》（*Vox Clamantis*）。在書中，他展現了窮人及富人中的「形形色色的罪惡瘟疫」。另一場控訴的佚名作者將之命名為「不同社會團體之罪惡」（Vices of the Di.erent Orders of Society），他發現所有人都有不可推卸的責任：教會陷於分裂和僧職買賣，教士和僧侶們身處黑暗之中，國王、貴族和騎士沉湎於聲色和劫掠，商人只知放高利貸和欺騙；法律是賄賂的創造物；一般民眾無人關注，被強盜和殺人犯所欺壓。

人類處於一個歷史衰退期。在中世紀，黑死病已引起了上帝對人類的憎恨之問題，而從那時起發生的事件並未讓人放下心來。對於當時的人而言，那個時代的悲慘境遇反映了罪惡，事實上是以遍及各處的貪婪和無人性的形式出現的罪惡。在中世紀的下坡路上，人類失去了自己建設一個美好社會之能力的自信。 510

到處都可聽到對和平及終止教廷分裂的呼聲。這時，卡奧爾（Cahors）的一位公證人說道在他生命的全部三十六年時間裡，他從不知曉一個沒有戰爭的教區。深思熟慮的觀察者們意識到了社會的破壞，呼籲和平，將之作為改革、教會的重新統一、抵抗已經抵達多瑙河的突厥人的唯一希望。梅齊埃在其作於一三八九年、旨在勸說查理六世和理查二世握手言和的《老朝聖者之夢》（*Dream of the Old Pilgrim*）中，描繪了一幅哀婉動人而又富於戲劇性的畫面：一位白髮淩亂、衣衫襤褸的老婦斜靠在一根手杖上，拿著一本被老鼠啃過的小書。她過去被稱為「奉獻」（Devotion），但現在被叫作「失望」（Despair），因為她的王國的居民成了穆罕默德的奴隸，基督教事業危在旦夕，基督教王國的東邊屏障到了「信仰」（Faith）的敵人的威脅。

「願和平來臨！」（Veniat Pax！），格爾森十五年後的著名布道已經在人們的頭腦中迴響了。沒人能夠說出戰爭到底是為了什麼。在英格蘭，高爾不再將它看作正義的戰爭，而是一場想從中獲利的「貪得無厭的領主們」拖長了的戰爭。讓它結束吧！他喊道，「好讓世界有可能平靜地屹立在那裡」。法國農民的呼籲也許被聽到了，如果德尚是位良史的話，他們在收穫時談論著戰爭。「它進行的時間已經夠長了，」羅賓（Robin）說，「我不認識不害怕它的人。毫無疑問，整件事連棵小洋蔥都不值。」

「不過，」駝背的亨利聰明得令人悲哀地回應道，

「人人都必須拿起盾牌，
因為除非他們歸還加萊，否則我們將沒有和平。」

那是每個詩句的副歌部份，是關鍵所在。法國統治者們對他們也許得被迫終止戰爭狀態感到焦慮，他們尚未準備簽署一份永久的和平條約，因為這將加萊洞開的大門留在了英格蘭人手上。對於勃艮第公爵而言，若要恢復法蘭德斯與英格蘭之間的商業貿易，和平是急不可待的要求。只有可能是在他的批准下，一位名為隱修者羅伯特（Robert the Hermit）的教士才有可能出現在宮廷中，在國王的管家紀堯姆・馬特爾的擔保下，說出和平是天堂的要求的話來。隱修者說，在從巴勒斯坦返回時，在大海上，一個聲音透過可怕的風暴對他說，他將逃過此劫，在抵達陸地之後，他必須去面見國王，讓國王與英格蘭締結和平，並警告說，反對和平的人將付出慘重的代價。既有人反對和平，也有人宣導和平。

最重要的和平宣導者——也是對改變局面意義最為重大的人——是英格蘭國王。理查二世像他父親一樣是個專制者，但不是戰士，他想終結戰爭的目的，是為了減少貴族們的權力，促成一個更加純粹的君主政體。他的願望正巧與蘭開斯特公爵的願望不謀而合，已經將自己女兒確立為卡斯提爾和葡萄牙王后的他希望與法國締結和平以保護他們的利益。「讓我兄弟格洛斯特去與蘇丹巴耶濟德（Sultan Bajazet）作戰，此人在匈牙利邊界對基督教王國形成了威脅。」他說，那將正中那些渴望作戰的人的下懷。

通過蘭開斯特和勃艮第的共同努力，雙方於一三九三年五月在勒蘭岡（Leulinghen）重新回到了談判桌，這個地方位於阿布維爾附近的索姆河畔，是個飽受戰爭蹂躪的村落。由於沒有住房，代表們——代表法國的勃艮第和貝里，代表英格蘭的蘭開斯特、格洛斯特和約克大主教——以及他們的隨員都住在帳篷裡，其中勃艮第腓力的帳篷自然是眾所矚目的焦點。它用彩繪的帆布製成，形制如同城堡，有角樓和雉堞牆，還有一座格子吊閘把守著位於兩座木塔間的入口。內部的大廳面對著許多由小街道劃分開來的獨立套房。

國王查理若不能說是積極出席，也算是在理論上參與其中，他住進了附近的一座聖本篤修會修道院，該修道院有座位於美麗河岸上的不對外開放的精緻花園。法蘭西國王一心惦記著十字軍東征的冒險活動上，所以像英格蘭國王一樣，打算結束一場在他倆出生之前便開始的爭鬥。談判會議在一個小禮拜堂中舉行，它有個茅草屋頂，牆壁上掛滿了描繪古代戰爭的掛毯，以此來遮蔽掛毯後那千瘡百孔的壁畫。蘭開斯特察覺到代表們不應該在討論和平條約時面對戰爭場景，於是掛毯被迅速移除，代之以基督最後數日的場景。作為老資格的王叔，貝里和蘭開斯特坐在被抬高的椅子上，勃艮第和格洛斯特緊挨著他們，伯爵、高級教士、騎士、博學的律師以及辦事員沿牆壁依次而坐。代表中有一位王室來賓，他是利昂五世・呂西尼昂（Leon V de Lusignan），號稱是亞美尼亞國王（King of Armenia），儘管實際上，他的領地只剩塞浦路斯。連塞浦路斯也落入了突厥人之手後，他成了一個熱心的鼓動者，不斷懇請法國公爵們和英格蘭人進行一次十字軍東征。

當教皇克雷芒派貴族出身的西班牙紅衣主教佩德羅・盧納滿載著金子和奇珍異寶前去促成亞維農教廷在英格蘭人中的合法性時，教廷分裂成了一個問題。蘭開斯特義憤填膺地對他說：「正是你們，亞維農的紅衣主教們，導致了（教廷分裂）的出現，正是你們使它持續不衰，正是你們使它日益加重。你們禍哉禍哉！」勃艮第對此問題未做爭辯。他提議忽略教廷分裂，以便使會談朝著和平條約的方向前進，將教廷分裂問題留給大學去處理，讓它去尋找重新統一教會的方法。

當涉及法國要將加萊夷為平地、英格蘭人要求履行《布勒丁尼和約》全部條款的問題時，雙方的意見一如既往地大相逕庭。英格蘭人說加萊是「我們最不可能放棄的城鎮」，而法國人則堅持已堅決拒絕向英格蘭效忠的領地是不可能強行轉讓的。在這種僵局之下，雙方謹慎地擱置了自己主要要求的項目，轉而商談一些較小的問題，一個個來逐項討論。

面色嚴峻、心存懷疑的格洛斯特拒絕了所有提議。他抱怨說，法國人使用模棱兩可的語言，裡面充滿了「可造成雙重理解的微妙而遮遮掩掩的詞匯」，他們會將它們向有利於自己的方向扭轉——英格蘭人不使用這樣的詞彙，「因為他們的言語和意圖都一目了然。」詭計多端的法國人和虛張聲勢的英格蘭人的刻板印象已經在發揮作用了。在格洛斯特的堅持下，英格蘭人要求所有提議都要付諸文字，以便他們可以仔細查看所有他們覺得語義模糊或有雙重含義的字句。然後他們會派自己的書記去弄清楚法國人是怎麼理解它的，然後再要求要麼修改它，要麼刪除它，這樣一來，整個過程便變得極為冗長。

這正是締結和平困難重重的真正原因。儘管英格蘭貴族都說法語，但這種語言是後天習得的，不是母語，所以他們沒那麼篤定。高貴如著有《聖醫書》的第一位蘭開斯特公爵也在談及自己的著作時說：「假如法語不佳，我應得到原宥，因為我是英格蘭人，不那麼精通法語。」格洛斯特將語言問題當作一個藉口，拒不合作，拖延協議的達成，但對法語的懷疑的確屬實。甚至從查理五世對《布勒丁尼和約》的條款進行操縱時起，英格蘭人就因為害怕受騙而已經在探討解決方案——然後又躊躇不決。

為了利用其神聖的使命和雄辯的口才來影響格洛斯特，勃艮第招來了隱修者羅伯特。這位聖人用充滿激情的言辭請求公爵：「為了上帝之愛，不要再反對和平。」當英法戰爭使基督教四分五裂之時，巴耶濟德和他的突厥手下已大軍壓境。他懇切地說，基督徒的責任，是團結起來對付不信基督者。

「哈，羅伯特，」格洛斯特回應道，「我不希望阻礙和平，但你們法國人用了那麼多讓人眼花繚亂的辭藻，它們超出了我們的理解範圍，所以只要你們願意，你們就會隨心所欲地使它們代表戰爭或和平……總是遮遮掩掩，直到你們達到目的。」不過，格洛斯特不得不使自己的寸步不讓屈從於他不屑一顧的侄子——國王——的意願。由於無法在加萊問題上達成協議，永久的和平仍舊無從談起，但談判還是取得了一些進展，休戰時間被延長為四年，在此期間，各個有爭議的版圖都將各自回歸兩國，從而為最終的解決方案掃清了道路。

六月，正當雙方就最後的條款爭執不下時，瘋狂再次吞噬了法蘭西國王。正如亞眠的疾病預示著他首次發作一樣，第二次發作恰與一次和平會談同時發生。也許對冗長拖延的過程的不耐煩是一個令人不安的因素。這一次，瘋狂比前次更為嚴重，時間持續長達八個月。查理一直到一四二二年，在他第一次瘋狂發作的三十年後才離世。在他的餘生之中，他會間歇性地陷入瘋狂，而之間較輕微的瘋病次數也很頻繁，足以妨礙任何穩定政府的形成，且足以加劇圍繞一個半空置的王位所展開的權力鬥爭。在這三十年中，奧爾良和勃艮第以及他們各自的繼承者之間的惡性的派系糾紛將使英格蘭人捲土重來，使法蘭西再次淪落為像普瓦捷戰役之後那種四分五裂和絕望無助的國度。

在一三九三年的發作中，國王的精神「為沉重的陰影所遮蔽」，竟然讓他想不起來自己是誰或自己是什麼。他不知道自己是國王，不知道自己已經結過婚，不知道自己有孩子，不知道自己的名字是查理。他表現出兩種顯著的憎恨：一種是對王室盾徽上與自己名字或首字母纏繞在一起的鳶尾花的憎恨，無論在哪裡看到它，他都會憤怒地試圖損毀它；另一種是對自己妻子的憎恨，他總是驚恐地從她身邊逃離。如果她靠近他，他就會大叫：「那個我一見到她就感到痛苦的女人是誰？如果你們辦得到，就找出她想要的東西，把我從她的要求中解放出來，那樣她也許就不會再跟蹤我了。」當他看到巴伐利亞的紋章時，會在它們面前手舞足蹈，做出粗魯的手勢。他認不出自己的孩子，儘管他認識自己的兄弟、叔叔、顧問和僕人，還記得那些很久以前就已死去的人的名字。只有他兄弟的被忽視的妻子，悲傷的瓦倫蒂娜才能使他平靜下來，他不斷會問起她，稱她為自己「親愛的姊妹」。這種表現自然會惹得謠言四起，說瓦倫蒂娜用精細的毒藥蠱惑了他，而勃艮第家的內訌更助長了這一謠言。鑒於維斯康提的罪行記錄和義大利人擅長投毒的名聲，人們嚼舌根地說瓦倫蒂娜對更高的地位懷有野心，早就受教於她那臭名昭著的父親，要讓自己成為法蘭西王后。

瘋狂的所有變種在中世紀都為人們所熟知。英格蘭菲利帕王后的侄子艾諾——巴伐利亞的威廉（William of Hainault-Bavaria）「高大，年輕，健壯，皮膚黝黑，活潑開朗，」曾是個胡言亂語的瘋子，被關在一座城堡中達三十年，大多數時間手腳都是被綁起來的。瘋勁兒稍輕一點的人一般不會被關起來，但會與殘疾人、痙攣性麻痹患者、淋巴結核患者和其他不適應社會的人比鄰而居，並加入前往霍卡曼都（Rocamadour）的朝聖之旅，以尋求治癒之道。瘋狂多半被看成可治癒的，被理解為一種由精神或情感壓力造成的自然現象。對它的處方是休息和睡眠，以及放血、洗浴、藥膏、用金屬製成的藥劑，以及快樂。同樣，它還被看作來自上帝或魔鬼的折磨，其治療方法是驅邪，或在受害者的頭髮中剃個十字架，或者把人綁在教堂內的聖壇隔板處，這樣一來，他的症狀也許就會因為聽彌撒而有所改善。

在查理六世近期的發作中，醫生和治療對他無能為力。一個名叫阿爾諾・吉揚（Arnaut Guilhem）的蓬頭垢面、目光邪惡的騙子和冒牌術士被允許來治療查理，因為他聲稱自己擁有一本上帝傳給亞當的秘笈，人類可以憑藉它克服所有因原罪引起的痛苦。他可謂得到了王后和朝臣的信任的拉斯普廷（Rasputin）的原型，他堅持說，國王的疾病是由魔法所引起，但由於他自己無法傳喚超自然的力量，所以最終遭到了驅逐。其他騙子和各種各樣的藥品也都被試了個遍，但都毫無效果。就連大學裡的醫生都號召找出並懲罰「魔法師們」。有一次，兩個信奉聖奧古斯丁教義的行乞修道士在施過魔咒、用過一種以珍珠粉製成的液體但全無效果之後，提議要切除國王頭腦中的魔法。在未得到允許後，兩位行乞修道士控告國王的理髮師和奧爾良公爵的門房是騙子，在他們被宣佈無罪時，又輕率地將譴責的矛頭轉向了奧爾良本人。結果，行乞修道士們被審判和折磨，承認自己是與魔鬼結盟的騙子、巫師和偶像崇拜者，在被剝奪了教士地位之後，移交到了俗眾手中處決。

查理案例中對魔法的沉迷反映了神秘學和惡魔信仰的興起。焦慮不安的年代滋養了對魔鬼陰謀的信奉，這在十四世紀被看成是可獲得惡魔幫助的個人或團體的工作。於是女巫的幽靈出現了。到十四世紀九〇年代，巫術已被宗教裁判所正式批准為與異端相當的罪惡。教會採取防守姿態，被教廷分裂所瓦解，其權威和教義都受到了持異議者的進攻活動的挑戰，被改革的呼聲所包圍。像普通人一樣，它感覺被惡毒的力量所困擾，其中男女巫師被視為執行魔鬼意願的當事人。值此之時，在一三九八年，巴黎大學的神學家們舉行了隆重的秘密會議，宣佈妖術將懷著復興的活力感染社會。

可憐的瘋國王成了這種信仰的犧牲品。「以耶穌基督之名，」他叫道，一面苦惱地落下淚來，「假如你們之中有人正是我所遭受的這種不幸的同謀的話，我求他不要再折磨我，就讓我去死好了！」在這次淒慘的發作之後，期望平息天堂之憤怒的政府通過了一項法令，提出要嚴懲褻瀆者，允許懺悔神父去照料被處以死刑的囚犯。進而，「地獄之門」（Porte de l'Enfer）被重新命名為「聖蜜雪兒之門」（Porte St. Michel）。

在後來的歲月中，國王的發作都來無徵去無兆。有一年，一三九九年，他六次發作，並且一次比一次嚴重，直到他退縮進一個角落，相信自己是用玻璃做的，或是在回廊上遊蕩，發出像狼一樣的嚎叫。在瘋狂的間隙，查理希望恢復國王的功能，儘管它不得不主要表現為儀式性能力。在這些時候，據說他恢復了與伊莎博的婚姻關係，後者於一三九五年到一四〇一年之間給他生育了四個孩子，但其本身並無父子關係的證明。

輕佻豐腴的伊莎博因其濃重的德意志口音而依舊是個外來者，又被丈夫的瘋狂嫌惡所羞辱，所以她將查理扔給了他的男僕和一個她用來填補自己位置的姑娘，她是個馬販子的女兒，名叫奧德特・尚迪韋爾（Odette de Champdivers），與伊莎博很像，被公眾稱為「小王后」。王后本人轉而去追逐狂亂的樂趣，以及與政治陰謀和對金錢的熱烈追求相伴隨的出軌。由於在法國沒有安全感，她熱衷於積累個人財富，增加其娘家人的富裕程度和利益。她明裡暗裡地要求查理以她和她孩子的名義獲得土地、稅收、住宅和獨立的家庭帳目。她得到了由財產和珠寶構成的資產，將它們存放在不同的地窖中。她在宮廷中的影響變得更加過分和狂熱，女士們的裙子領口開得更低了，姦情變得更可恥，宴飲變得更極端。王后成立了一個愛情法庭，其中，由兩性充當辯護人和法官，據一位充滿蔑視的時人所言，「在這個荒謬的法庭上討論最荒謬的問題」。

宮廷生活甚至會令一位王后感到厭倦和噁心。出於對田園生活的懷舊，伊莎博比瑪麗・安圖瓦內

（Marie Antoinette）早了四百年在其位於聖歐文（St. Ouen）的地產上修建了一座「H.tel des Bergères」（牧羊人之家），擁有花園和田地、穀倉、馬廄、羊圈和鴿舍，她在那裡以種田為樂，照看雞和牲畜。隨著時間的推移，有謠言說國王遭到了忽視，甚至到了赤貧的程度，生活在不潔甚至饑餓中，其寓所的紙窗戶破舊撕裂，鴿子會飛進來拉下糞便。在一次恢復理智期間，他拘捕了王后的管家和當時的情夫，將其投入獄中，鐐銬加身，刑訊逼供，之後，將其秘密地沉入了塞納河。

在政治鬥爭中，伊莎博讓自己接觸到了權力地位。當路易・奧爾良被任命為攝政王時，她加入了他的陣營，與勃艮第為敵，並被普遍認定為奧爾良的情婦。當奧爾良被勃艮第之子暨繼承人「無畏的約翰」（John the Fearless）暗殺時，她改變了立場，搬進了路易的謀殺者的營地和床榻。在由一個活著卻無能的國王所製造的真空之中，法國不知所以，而缺乏任何應對能力的王后變成了移入真空中的冷酷勢力——勃艮第和英格蘭——的工具。由於在巴黎捉襟見肘，地理上和政治上與太子相分離，無法調動支持力量，她最終同意了那個聲名狼藉的條約，將英格蘭國王的後嗣指定為法國王位繼承人，讓他取代了自己的兒子。最後，肥胖而墮落的她比丈夫多活了十五年，最終將在德薩德侯爵（Marquis de Sade）那裡找到一個太富想像力的傳記作家。

在從一個大約兩百年後的視角回顧過去時，亨利四世的御前大臣德薩利公爵（Duc de Sully）說查理六世統治時期的特徵是，「孕育著不祥事件……是法國良好法律和良好道德的墳墓」。

第25章

錯失良機

當和平談判於一三九三年五月至六月在勒蘭岡（Leulinghen）如火如荼地進行時，庫西正在亞維農與教皇克雷芒會談，他是在解決了薩伏伊家的後院爭吵後抵達那裡的。他的任務是開始在接下來兩年多時間裡的一次重大推動，將克雷芒安置在羅馬，將法國安置在教皇國，使其變為亞得里亞王國。兩種努力都有賴於吉安・加萊亞佐・維斯康提的合作而定，後者對此次冒險的關注不在於教廷的命運，而在於米蘭的擴張。儘管自己信教，但他似乎對一個教皇或另一個教皇沒有多少強烈的好惡，對教廷分裂也是如此，除非是利用它來達成自己的利益。他的目標是通過法國與米蘭的結盟，將法國拖入義大利，以突破佛羅倫斯和博洛尼亞的勢力。

內省、睿智、富裕而憂鬱的吉安・加萊亞佐是義大利的權力政治（realpolitik）大師。他的勢力範圍已經伸至北方，吞併了維羅納、帕多瓦、曼圖亞和費拉拉，並向南探入了托斯卡納和教皇國。他也許一直瞄準的是一個倫巴底王國，甚至是一個統一的義大利，或者他有可能是為了權力而玩弄著遊戲。在教廷分裂政治中，他在自己那些忠於羅馬教皇的米蘭臣子與法國的夥伴關係（這意味著選擇克雷芒）之間打著太極。他打算怎樣駛過這些困難不得而知。然而，正是他舊話重提，認為法國應當恢復對亞得里亞王國的追求，因為他的女婿奧爾良的路易將從中受益。這一規劃——它正是庫西此次任務的目標——已經由

517

維斯康堤家族七十歲的駐巴黎大使、當時最有才幹的外交家之一尼科洛・司丕內利（Niccolo Spinelli）滿腔熱情而又十分巧妙地進行了論證。司丕內利認為教皇諸領地為教廷贏得的除了憎恨外，別無一物。在它們被授予教廷以來的千年間，最激烈的戰爭一直是因它們而起，「可是教士們既沒有心平氣和地擁有它們，保境安民，甚至也沒有能力去擁有它們」。如果它們能夠將現世的領主權力「不僅認清這不過自己的負擔，而且當作全體基督教徒，特別是義大利人的負擔」而徹底放下，事情就會好得多。

法國人無需他人勸說，自己就會挑起擔子，但他們希望在自己發起武力征服之前，將該王國作為教廷封邑正式授予路易。可是，教皇希望的是在將教皇國交付他人之前先把它掌握在自己手中。庫西作為首屈一指的勸說者和最熟悉義大利政治迷宮的法國人，承擔起了說服克雷芒在征服之前做出承諾的任務。陪同他一起去完成此任務的是諾揚主教（Bishop of Noyon），他也是御前會議成員，以其演說才能著稱於世，另外還有國王的秘書讓・塞恩斯（Jean de Sains），他的任務是做記錄。在「富於雄辯的談話」中，庫西和主教告訴教皇，沒有奇跡，沒有別的可能，只有法國的干預才可終結教廷分裂，單靠克雷芒將一事無成。

通過將亞得里亞王國授予路易，教皇將從那份祖產（它自從教廷搬至亞維農後便脫離了教廷的控制）中重新獲得穩定的年收入。使節們說，法蘭西國王將自己的兄弟作為承擔征服任務的最適合人選加以推薦，是因為「他年輕力壯，可以辛勤工作」，並且會得到米蘭領主的幫助。

克雷芒以他不想被人稱為「教廷遺產的清算人」為由拒絕了。十年前，當他將授權令交給安茹公爵時，這並未給他帶來煩憂，但他對法國的能力不再那麼肯定。三位法國紅衣主教被召來提供建議，其中就包括亞眠紅衣主教讓・蘭奇（Jean de La Grange），他曾因與一個放肆的惡魔過從甚密的傳言而令查理六世心懷畏懼。克雷芒希望得到某種確定的回答：法國將出多少錢和多少人用於作戰，他們在義大利境內要待多長時間。他希望法國人許諾出兵兩千人，由重要的指揮官和貴族指揮，一年提供六十萬法郎的資助，為期三年。尷尬的使節們無法回應；他們不少於十七項「條款」的指令對軍事細節隻字未提。蘭奇紅衣主教順水推舟地提議，奧爾良也許可以開始他的戰役，然後將他在推進過程中征服的地方授予他。儘管庫西和主教停留了六個星期之久，但他們所能得到的答覆不過是克雷芒承諾將自己的使節派往巴黎以做進一步的討論。

在法國，和平協議的無法達成和國王的瘋病復發——它加劇了勃艮第與奧爾良之間的鬥爭——削弱了執行「武力之道」的衝動。法國人不打算挺進義大利，除非他們與英格蘭達成協議。事實上，當英格蘭人風聞法國人的計畫時，他們傳達了一項警告：如果法國起兵對付羅馬教皇，他們就會中止休戰。由於不信任以格洛斯特為首的主戰派，法國人向全國各地派出傳令官，命令各地加強防禦，修復殘垣斷壁。在新一輪的訓練弓箭手的努力中，國家曾發佈了一條禁賭令。普通民眾正在從貴族那裡模仿接受的網球運動和場地曲棍球（soules，一種曲棍球形式，因布爾喬亞而變得流行起來，玩起來很少不斷胳膊斷腿的），以及骰子和紙牌都遭到禁止，以期鼓勵人們練習箭術和石弓。這與查理五世於一三六八年所做的努力相同，它說明統治者們深刻地意識到了法國箭術的落後。

法國人並不缺乏技巧，問題是法國人的戰術未給箭術以重要地位。弓箭手與騎士的聯合行動不被接受；弓弩部隊得到雇用但很少使用。其原因顯然交雜著對平民的輕蔑和對騎士在戰爭中的首要位置的擔憂。到一三九三年，對叛亂的新增畏懼使得這項法令變得十分短命。在弓箭和弓弩練習流行了一段時期之後，貴族們堅持認為，禁賭令應當被撤銷，因為他們害怕普通民眾將會太過高效地使用一種可能對抗

519

貴族等級的武器。他們陷入了那種當一種私利與另一種私利相抵時的人類行為的普遍反諷之中。

圍繞著「行動之道」（Voie de Fait）產生了兩種相互對峙的壓力。佛羅倫斯派出一支十六人的龐大使團前往巴黎，懇請法國不要與吉安・加萊亞佐結盟。他們在勃艮第公爵那裡找到了盟友，後者因其法蘭德斯屬地的緣故，從來不是克雷芒的堅定支持者，如果克雷芒前往羅馬意味著將路易扶上亞得里亞國王及攝政王的位置的話，他肯定不打算為其助一臂之力。公爵又在王后伊莎博那裡找到了同盟——儘管他鄙視她，她為了傷害吉安・加萊亞佐會與魔鬼打交道。

在公開的場合，反對「行動之道」的最具影響力者是大學這座由有知識的教士所創辦的堡壘。大學的教士們對亞維農的巴比倫沒給過好臉色。它買賣僧職，腐化墮落，越來越追求物質財富；它聲望日衰；它激起了羅拉德教派和神秘主義者中持異議者的抗議運動；它因法國企圖主宰教廷而激發了民族主義，而這種情緒又因競爭國度站在教廷分裂的對立面而得到強化，所有這些結果都使教會名聲掃地。從歷史上看，信仰的舊有統一的打破和民族主義的興起是進步的，但它們不是由教廷分裂所導致。在歷史的長河中，一向是不破不立，但人們眼前所看到的以及在十四世紀行將結束時所看到的是教廷分裂對社會的破壞以及重新統一教會的迫切需要。

神學教員現在公開宣導「退讓之道」，儘管法令禁止討論這一話題。一三九二年，格爾森在其以「精神裁判」（Spiritual Jurisdiction）為題的神學學位答辯會上，為兩位教皇的相互退讓提供了教義基礎。「若保留權威無益於公眾利益，它就應該被摒棄。」他論證並大膽地斷言，保留這種情況中的權威是犯下了道德罪。進而，任何不積極為終止教廷分裂助力的人都在道德上犯下了延長它的罪行。這種看法將矛頭直指那些願意與兩位教皇共處的教士們，因為這樣的局面會增加有俸僧職的數量。格爾森在巴黎的公開言論是壓力日增的信號，而這種壓力又因德阿伊利校長的在位而得到強化。它也證明了勃艮第的保護，如果沒有這種保護，格爾森絕不敢如此直截了當。

在對立陣營中，向義大利進發的動力因一項新近給路易・奧爾良的提議而突然受到激勵。他被要求接受熱那亞的主權，那裡的內部紛爭已經激烈到了要請外國人來主政的有害程度。這一計畫是否是由想使熱那亞成為米蘭之一部份的吉安・加萊亞佐所策動的不得而知，但他顯然對它舉雙手贊成，因為他相信在他女婿的主宰之下，熱那亞將處於自己的掌控之中。對於路易而言，這真是天上掉下來的餡餅，是處於光天化日之下的根據地，比自己堂兄弟安茹那尚未實現的對那不勒斯王位的繼承要加唾手可得，而且它也是邁向亞得里亞的重大一步。

他的第一步是再派庫西去亞維農，與庫西同行的除了前次的諾揚主教和國王秘書外，還有他的私人代表讓・泰（Jean de Trie）。他們將再次要求亞得里亞的授予，同時將其向羅馬的進軍和征服推遲三四年。這種推遲目的在給路易時間在熱那亞站穩腳跟。紅衣主教們又一次錙銖必較地討價還價——為了金錢，為了軍隊，為了查理及其兄弟所簽署的承諾，以及其他實際上排除了武力之道的條件。但克雷芒也許終於意識到了，他只是在阻止一件從來都不切實可行之事。在經歷了讓庫西和他的同伴們在亞維農停留了三個月之久的一再拖延和種種藉口之後，他們成功地拿到了授權文件，只有當法蘭西國王及其兄弟批准那些條件時，授權才可以教皇敕令的形式得到確認。使節們於一三九四年九月三日離開了亞維農。兩個星期後，當他們聽到克雷芒去世的驚人消息時，心知肚明自己所有的努力已付諸東流。

將克雷芒推上教皇寶座的教廷分裂又是其假手巴黎大學的劊子手。自從一月起，當國王查理恢復了他的理智時，大學便一直重重施壓，要求舉行發表其意見的聽證會。迄止目前，克雷芒最熱烈的支持者貝里公爵一直在阻撓任何此類聽證會，以激烈的申斥和「將此事的主謀處死並扔進河中」的威脅來回應大學的要求。誘發這些強硬情緒的是來自克雷芒的「豐厚禮物」，後者在聽說了大學的意圖之後，派盧納紅衣主教前往巴黎，進行貝里最心知肚明的金錢收買工作。勃艮第一定是在某個時候向自己的兄弟提供了令人信服的相反證據，因為，貝里突然令人吃驚地態度翻轉，對請願者做出了回應：「如果你們能找到可讓御前會議接受的解藥，我們隨時都可接受它。」

正如格爾森所闡明的那樣，退讓已經成了大學的解藥。為了盡可能地爭取公眾的支援，教員們組織了一次深受歡迎的全民投票活動，投票箱設在聖馬圖藍（St. Mathurin）修道院，百姓可在那裡投票，尋找解決方案。各個學院合計五十四位教師清點了一萬張票，從中出現了三種解決方案，這之中不包括武力之道。市民投票不會一致支援一個不需要的結果。現在提出的三種方法為：第一，雙雙退位；第二，如果兩位教皇都繼續執迷不悟，則由一個經過選舉的小組做出公斷；第三，設立一個教會大公會議。最後一個方法被視為是最不稱心的，因為人們相信肯定會分解現有的派系，由此，教廷分裂將一如既往地存在下去。

註定將左右下個世紀頭幾十年的對的依賴已經投下了長長的陰影。兩位教皇自然對之深惡痛絕，因為它會削弱他們的權威。大公會議至高無上的理論將教會的無上權威交到了大公會議手中，這將剝奪教皇的權力。「某些有悖常理的人，」克雷芒的競爭對手卜尼法斯九世憤怒地說，「相信人力可大過上帝，號召成立一個大評議會（General council）。呸，被詛咒的、可詛咒的大逆不道！」

不過，當雙雙退位的希望破滅後，雙方陣營的神學家們都開始越來越多地討論起大公會議，並爭論與之相關的問題。誰將召集它？如果由世俗統治者召集，那它的合法性何在？它對教皇個人擁有權威嗎？如果在目前的僵局中由一位教皇來召集，它的決定會被另一位教皇所接受嗎？怎麼才能說服兩位教皇和兩位教皇的繼承人採取一致的行動？一三九四年六月三十日，法國王室觀眾聽證了這個過去遭到禁止，而今天毫不留情遮掩地被公開的議題。

聽證會由勃艮第的腓力一手安排，在極其隆重的氣氛中舉行，大學在會上提交了全民投票的結果。國王端坐在王座之上，王室的公爵們和主要的高級教士、貴族和大臣都列席了會議。支持退讓的論點以二十三頁致國王信的形式由格爾森和德阿伊利的朋友、大學校長尼古拉·克拉芒熱宣讀。克拉芒熱是大學中的人文主義者之一，被認為是法國最優秀的拉丁語文學者，因其「西塞羅式的雄辯口才」而成為無人可敵的演說家。

中世紀教士的辯論不是冷冰冰的。在對兩位教皇都惡言相向的長篇攻擊演說中，克拉芒熱滿懷激情並十分誇張地描述了教會所遭受的病痛以及治癒它的迫切需要。他宣佈兩位教皇無論拒絕接受三種方法中的哪一種，都應當將之當成一個「頑固不化的教廷分裂分子，其結果是成為異端」；一個強姦民意者，而非一個神父；一匹「吃人的惡狼」，而非牧羊人，應該將其從基督教王國的羊欄中趕出去。如果兩位教皇因為過於自信而繼續推託交付到他們手中的良藥，他們便「將為無視改革而追悔莫及……傷害將是不可治癒的……長期以來陷於不幸的世界現在正處於滑向邪惡的危險斜坡上」。

「你們認為，」他以永恆的抗議之聲高喊道，「人民會永遠忍受你們的腐敗管理嗎？在如此眾多的其他弊端之中，你認為誰會忍受你們唯利是圖的任命，你們對有俸聖職的多重兜售，你們將不具備誠實或美德的人提拔到最顯赫位置的做法？」每天都有「對聖潔一無所知，對誠實一無所知」的高級教士得到

522

任命。在他們的敲詐勒索之下，「僧職已淪入悲慘境地，貶為了對自己教義的褻瀆……手段是出售神聖遺物、十字架和聖餐杯，拍賣神秘的聖禮儀式」。一些教堂根本就不舉辦禮拜儀式。如果早期的教堂神父重返人世，「他們將找不到一絲一毫虔誠的痕跡，找不到一絲一毫奉獻的殘留，找不到一絲一毫他們所熟知的教堂的影子」。

他說，基督教成了不信基督者口中的笑柄，這些不信基督者希望「我們這般自我分裂的教會自取滅亡。」他指出，異端思想正在興起，它們的毒性「如同壞疽一樣日益加劇」。他預言，當天主信仰的內部紛爭促成了異議和不敬時，將出現更糟糕的局面。他舉出了所有反對大公會議的論點，然後一一加以駁斥，引用《舊約》——讚美詩、先知書、約伯記——來確立它的權威。他聲如雷霆地叫道：「當此之際，在整個教會的原則、道德、法律、機構、傳統和精神上以及世俗上最古老的實踐都受到了震動之時——當它受到可怕而不可修復的毀滅威脅時，還有什麼比一個大公會議更緊迫的需要？」

在將話題轉向國王時，他毫不猶豫地提及查理的個人悲劇，如果上帝回應了讓國王康復的祈禱的話，那一定是因為國王也許會意識到他的人民以及神聖教會的利益，去根除「這種可怕的教廷分裂」以及它所經歷的苦難。以大學之名他忠告查理，如果他不想失去他最虔誠的基督徒國王的頭銜的話，他就得立即帶頭致力於矯正之道。

對使用拉丁語進行的演說一無所知的查理和藹莊重地傾聽著，可一個字也沒聽懂。在那之後，一篇譯文遵照指示呈交給了御前會議，它的世俗成員們顯然也不懂拉丁文。克拉芒熱激情四射的請求遭到了無視。政府不喜歡面對激烈的矯正；讓政治支配一切要容易些，宮廷目前牽涉其中的政治是讓路易在義大利立足的努力，它受到路易的推動，而遭到勃艮第的抵制。國王——或者是以他的名義——命令大學禁止進一步挑起事端。大學的回應是停止上課，這等於是教員的罷工，這個方法在一三九二年反徵稅時得到成功運用，儘管其代價是許多外國學生都離開了巴黎。

大學還將克拉芒熱的信件傳遍了歐洲，尤其是傳給了亞維農的教廷。在那裡，它在一次全體紅衣主教會議上被呈交給了教皇。在讀了幾行後，克雷芒的眼中充滿了憤怒，他大聲叫道：「這封信在誹謗教廷！它邪惡至極！它惡毒至極！」他譴責它是種誹謗，「當眾和私下裡都不值一讀」，然後怒氣沖沖地離開了房間，再也不跟任何人交流。紅衣主教們從頭到尾地讀完了信件，自己商議了一番後，得出了這樣的結論：拖延實際上十分危險，教皇將不得不接受大學的提案。當克雷芒在聽說了他們的議論而將他們召來時，他們建議他，假如他真心實意地為了教會著想，他就必須在三種方法中選擇一種。他對這種「叛徒和懦夫行徑」感到怒不可遏，以致在三天之內，於九月十六日，死於心臟病發作或中風，或者，按照他的同時代人的說法，死於「深切的失望」。就這樣，日內瓦的羅伯特的結局是，被教會記錄為反教皇者。

他的死訊在六天後，於九月二十二日傳到巴黎。在不動用武力或大公會議的情況下毫無痛苦地重新統一教會的時刻終於到來了，只要阻止進行克雷芒繼承人的選舉。「再沒有這樣的機會了，」大學寫信給紅衣主教們說，「就仿佛聖靈站在門口敲門似的。」御前會議立即以國王的名義向亞維農的紅衣主教們傳達了一條訊息，力勸他們「為了全體基督教徒的利益」推遲其選舉會議，直到他們接到隨後將會由法蘭西國王寫給他們的一封「特別而鄭重的」信件為止。

在布西科元帥的率領下，王室信使快馬加鞭地奔向亞維農。根據記載，他們四天時間裡趕了四百英里的路程。當他們抵達時，選舉會議正在進行。紅衣主教們渴望統一，但不能以他們為代價。他們已被前教會法典教授、溫和的西班牙人盧納紅衣主教所說服，相信他們的地位取決於手中的選舉權，這一權利務必不得削減。預料到國王來信內容的他們決定不打開它，直到選舉完成。但為了防止自己受到維持教廷分裂的指責，他們同意簽署一份書面誓約，聲明無論他們中的誰被選為教皇，只要大多數紅衣主教要求他辭職，他就得依約行事。誓約規定他們要為教會的統一勤奮努力，「無論如何都不得弄虛作假或圖謀不軌」，要誠心誠意地進行審視，不得推託或延遲通向那一目標的任何可能方法，「哪怕是在必要時放棄教廷」。二十一位紅衣主教中有十八人簽了誓約，其中就有統一的最熱烈擁護者亞拉岡的佩德羅·盧納紅衣主教。

在選舉會議中，當一位紅衣主教的名字被提為候選人時，他誠實地痛苦承認：「我很軟弱，也許不會棄職。別把我暴露在誘惑之下。」

「我則另當別論，」盧納紅衣主教大聲說，「我將像摘下帽子那樣輕鬆地棄職。」所有目光都轉向了這位同事，如今他六十歲，自從那次使教廷陷入分裂的突如其來的羅馬選舉以來，就一直是紅衣主教。他出身名門，博學多才，聰明睿智，精於外交，生活簡樸，是個老練的操縱者，儘管熱情洋溢地宣導統一，卻又強硬地反對大公會議。他於九月二十八日被選為克雷芒的繼承者，是為本篤十三世。

第二批法國大使在前往亞維農的路上聽到了這個消息。等他們到達時，新教皇向他們保證，他意在千方百計地尋求終止教廷分裂，並反覆聲明，如果大家建議他棄職，他將像摘下帽子一樣輕鬆放棄這一職位，他還抬起帽子以為證明。他回應國王的保證像通往天堂的階梯那樣步步提升。他接受選舉只是為了終結「可詛咒的教廷分裂」，更願意在「荒地或修道院」度過餘生，而不願延長它；如果國王派來博識之人提出明確提議，他將毫不猶豫地接受它們，「堅決地執行它們」。他將「願意、決定並決心」為統一而努力，將接受國王及王叔們的忠告，「以便讓他們而非其他的君主獲得因此值得嘉獎的努力而應得的永恆榮耀」。

盧納也許是真誠的，但一旦他登上了教皇寶座，棄職的可能便迅速為無上地位所培養出的權利感所取代。像戰爭一樣，教廷分裂是個不易跳出的陷阱。

所有這段時間裡，庫西都一直在義大利北部，代表路易・奧爾良進行著一場爭取熱那亞統治權的金融、政治和軍事戰役。該提議出自該市的長期無政府狀態：遭到了放逐且缺乏凝聚力的格里瑪律迪（Grimaldi）、多里亞（Doria）、斯賓諾拉（Spinola）和其他貴族想要一個君主來使他們復歸原位，將城市從布爾喬亞的統治中交付給他。權力在布爾喬亞的群體間搖擺不定，每個團體都會設置一位總督，直到他被反對者推翻和流放。在一三九三年，至少有五位總督任職；一三九四年，讓位於重歸故里的突尼斯戰役的總督阿多爾諾。總督、派系和被放逐的貴族都在佛羅倫斯和米蘭之間變動不已的權力平衡間施加著自己的各不相同的份量。

作為德爾良公爵「在跨阿爾卑斯山區域」的總代理人，庫西立身於阿斯蒂（Asti），這個地方作為瓦倫蒂娜嫁妝的一部份歸屬了路易。他指揮著從法國最優秀的人中招募而來的約四百名長矛手和二百三十名弓箭手，並雇用了幾乎數量相當的加斯科涅和義大利雇傭軍。但在沒有絕對人數優勢的情況下，他並不期望單憑軍事佔領就能征服熱那亞地區，假如當地統治者起而保衛它們的話。正如多年前在諾曼第那樣，他的策略是通過談判拿下城堡和市鎮，以軍事力量的展示為後盾，不到萬不得已時不發起攻擊。

提出最初建議的貴族們前來向他交出了自己的城堡，但是出於「謹慎和細緻」，加上與倫巴底人和熱那亞人打交道的經驗，庫西並不太相信他們的承諾，並小心翼翼地不讓自己置身於他們的勢力範圍之內，甚至到了在開闊的田地上而非城堡建築內舉行會議的地步。當年在突尼斯與熱那亞人的合作一定留下了令人不快的印象。

在牽線搭橋、出錢出力的吉安・加萊亞佐的引導下，庫西在義大利迷宮中步步推進，招募雇傭軍並付錢給他們，就交出城堡和版圖的條款和價錢進行談判，與比薩和盧卡打交道，換取它們的不加干涉，派出使節前往義大利的其他區域，爭取它們對未來的亞得里亞國王的支持。案頭工作充實可觀，透過其留存下來的檔案，一場十四世紀的政治暨軍事戰役栩栩如生地呈現在我們面前。招募是零碎進行的：格東・富瓦薩克（Guedon de Foissac）帶來了兩名騎士、十九名侍衛和十名弓箭手，艾梅・米里貝爾（Aimé de Miribel）帶來了二十六名重甲騎士，埃內坎・渥特雷（Hennequin Wautre）帶來了十六名弓箭手。六支義大利雇傭軍的人數從十名到三百五十名「騎士」不等。博奈雷爾・格里莫（Bonnerel de Grimaut）（有可能是格里瑪律迪）因「指示道路和路徑」而收到了一百金弗羅林，薩沃納（Savona）的冒險因此得以完成。法律博士傑羅姆・巴拉爾（Jerome de Balart）和侍衛盧金・莫爾（Luquin Mourre）也因為同一個計畫的建議而收到了一百金弗羅林。

一直在反抗總督的領地薩沃納是進軍的癥結所在，需要微妙的談判。當加斯科涅商人為了報復一座殺死了自己的三匹馬的所屬城鎮而即將把它「付諸一炬並加以血洗」之際，他們被匆匆以九十六埃居的代價所收買，以此來避免敵意，代價並不太大，因為敵意將使佔領的費用變得更高。與周邊領主就允許通過他們所控制的河谷地帶的交易打開了向薩沃納的進軍之門。最後，薩沃納及其市鎮和城堡得到了「秘密條約」和六九九〇金弗羅林的付款的保障。

每座表示效忠的城堡都得樹立奧爾良的旗幟，每位領主都將被交付一個商定數額的每月分期付款，「直到奧爾良公爵成為熱那亞之主。」斯皮諾拉家族的四十個成員因其表示效忠並同意讓庫西的軍隊在其城鎮和堡壘中宿營而整體家族每月會收到一千四百弗羅林。以當時清晰而符合建築學要求的筆跡記錄下的每筆買賣都表明，在騎士精神盛行時，它的一個主要興趣點是金錢。

527

起草這些協議的公證人和為它們背書的使節都有報酬，來往於巴黎的信使也是如此。重甲騎兵和軍隊指揮官的家臣的薪水被記錄了下來，同樣，炮手安東尼奧・德科夫（Antonio de Cove）為了對一座城堡的圍攻而從某個領主處取來一門巨大的射石炮，由此得到了二十弗羅林；被庫西派往帕維亞向吉安・加萊亞佐借四百弗羅林的使節得到了十八弗羅林；吉安・加萊亞佐的秘書得到了一隻銀高腳杯和大口水罐。

一點兒也不足為奇的，庫西常常會花光手頭上的現金，但當時的銀行和信用網絡使他得以保持運作。使他能夠從米蘭商人波洛穆斯・波洛梅斯（Boroumeus de Boroumeis）那裡借到一萬兩千弗羅林，它將由奧爾良償還給巴黎商人和雜貨店老闆雅克（Jacques）和弗朗舍坎・茹昂（Franchequin Jouen）兄弟。還有一次，庫西典當了珠寶和餐盤以支付自己的重甲騎兵薪水，直到奧爾良的管家從巴黎帶來了四萬里弗。

十一月，在獲得法蘭西國王及德奧爾良公爵的全權代表權後，庫西與薩沃納達成了一項協定，它包括大量的權利、保證、職責，幾乎像《布勒丁尼和約》一樣複雜。有此協議在手的他前往帕維亞，安排讓吉安・加萊亞佐共同參與當前的冒險和將來的「行動之道」。

自從庫西與吉安・加萊亞佐於蒙蒂基亞里戰役中各為其主地作戰以來，已經過去了二十一年。他們是否還記得過去的時光，並分別讓對方想起了他們各自是如何幾乎性命不保的？或者，他們的關係純粹是禮儀式的？他們是否比較過其各自的修道院建築（庫西為蘇瓦松的塞利斯廷修道院，吉安・加萊亞佐為帕維亞的加爾都西修道院）特徵，而那位義大利君主是否像他在其他地方那樣，說他意在修建一個「舉世無雙的」修道院？他沒有活到他自吹自擂的著名的帕維亞的切爾托薩（Certosa of Pavia）修道院實現之日。

他無疑曾帶領庫西參觀過其朝廷檔案庫，也無疑參觀過他的圖書館，該圖書館的收藏始自佩脫拉克為他父親開始著手的收藏。它包括了這位詩人抄寫的維吉爾的詩集以及他自己的詩集，還有薄伽丘的著作以及但丁的《神曲》。吉安・加萊亞佐的圖書購買使其收藏穩步增加，超過了九百卷冊，堪與查理五世在羅浮宮的圖書館媲美，並向這位帕維亞君主想要吸引至其宮廷的藏書家和學者開放。它的榮耀是他訂製的那些精美抄本。不管正文是普林尼的還是賀拉斯的，它們的插圖反應的都是當代社會狀況，如植物和動物、醫學醫療程序、婚禮儀仗、船隻、城堡、宴會，尤為首屈一指的是維斯康堤的《時禱書》，以及吉安・加萊亞佐本人的三幅肖像。庫西來訪的那一年，藝術家喬瓦尼・格拉西（Giovanni dei Grassi）正在其色料罐和珍貴金葉的包圍中，為《時禱書》而辛苦工作著。

毫無疑問，庫西看到了米蘭大教堂的修建，他的東道主於一三八六年為該教堂打下了基礎，以虔誠地感謝他能成功地取代了那位不敬的貝爾納博。儘管吉安・加萊亞佐每月提供五百弗羅林的資助，這座建築卻是公眾意願的產物，人們懷著熱切的衝動建設著它，它的中殿支柱已經完成。參與者和基金來自各個階層。兵器製造者行會全體出動，開始了用筐子運走碎石的工作。不想被蓋過的布商緊隨其後，然後是公證員學院、政府官員、貴族和其他人，他們組成了穩定的志願勞動大軍。城市各區攀比著各自的貢獻。當東區提供了一頭價值五十里拉的驢子，並幹了一天的挖掘工作時，維爾切利納區就提供一頭價值一百五十里拉的小牛犢。在捐贈記錄中，整個社會都出現在此：連續不斷的三里拉登記名單，四枚多拉多銅幣出自「拉法爾達，妓女」，一百六十里拉出自德奧爾良公爵夫人瓦倫蒂娜・維斯康提的秘書。

庫西與那位米蘭之主達成了兩項協議，一項提供了佔領熱那亞的聯合軍隊，另一項涉及「行動之道」。在第二份協議中，維斯康提承擔了在法蘭西國王親自前來義大利時提供一定數量的長矛的責任，如果頭領是奧爾良或勃艮第公爵（這幾乎不可能）的話，其數量則相應要少一些。

憑藉吉安・加萊亞佐那難以捉摸的治國才能，這裡提及勃艮第的原因始終秘而不宣。他是個為追求自己的目標而總是腳踏兩隻船的統治者，必要時，他隨時會為了一邊而拋棄另一邊。當他需要一個反對佛羅倫斯和博洛尼亞的同盟時，他能夠察覺到法國由於其國王情況不穩，加上叔侄之間為政策控制而展開的爭鬥，因此是種可變因素，而「行動之道」隨著克雷芒的死亡也前景漸衰。在與庫西談判時，他已經提到了與他法理上的最高君主溫塞斯勞斯皇帝的關係，後者像他本人一樣，需要外來支援以對抗內部的敵人。為了確認其皇帝頭銜，溫塞斯勞斯將不得不冒險前往羅馬，以獲得教皇的正式加冕。維斯康提的財富使這成為可能。一三九五年，為了換得十萬弗羅林，溫塞斯勞斯用超過二十五座城市君權的代價，將米蘭公爵的頭銜賣給了吉安・加萊亞佐。作為義大利境內第一個這樣的頭銜，它標誌著城邦時代的界線已被越過，進入了專制時代。這對溫塞斯勞斯並無幫助，他的對手指責他不合法地轉讓帝國領土，並在其地位變得穩固得足以出遠門展開義大利之旅以前便將他拉下了皇帝的寶座。

當庫西推進針對熱那亞的戰役之時，另一場交易正在他的背後進行。佛羅倫斯、勃艮第和伊莎博王后的聯盟誘使阿多爾諾總督將熱那亞的主權交給查理六世，以此來換取他的留任，這有效地挫敗了奧爾良和維斯康提。一三九五年，處於再次發瘋邊緣的查理是有可能被操縱的。在那一年「令人憂傷的三月」，在得知國王已經用三十萬法郎買下了路易在熱那亞的權益後，庫西發現自己在為一個不同的君主效力。在王室的指示下，他現在在與阿多爾諾總督談判休戰協定，後者迅速破壞了這一協定，為了重新得到薩沃納而對它進行了圍攻。在抵抗過程中，庫西於七月因一條「傷腿」而有四天動彈不得，這也許是新傷，也許是十年前的舊傷發作。在檔案中，只能間歇性地瞥見他的名字，就如同湧動的雲層之中的一塊天空。

到八月，薩沃納的包圍被解，熱那亞的主權確定落入法蘭西國王之手，庫西的戰役走向了終點。他最後的現身是帶領由一百二十名騎士組成的隨從人員於十月十三日離開阿斯蒂，當天晚上抵達都靈，其目的是再次翻越阿爾卑斯山。當他返回法國時，路易以一萬法郎的禮物——或者報酬——相迎，「以幫助他克服在義大利所受的苦。」事實上，庫西為法國王室（若不是為了德奧爾良公爵的話）爭取到了渴求已久的在義大利的立足點。法國對熱那亞的統治於第二年正式確立。這一統治於一四〇九年被一次民眾起義所推翻，使得查理和路易的後代查理八世、路易十二世以及法蘭西斯一世一直到進入十六世紀時，還聲稱其對熱那亞有繼承權。

在庫西從事針對熱那亞的活動之時，宮廷和大學則團結一致地致力於將本篤十三世拉下馬來的努力。儘管法國人對他很熟悉，但選舉一個西班牙人當教皇，還是令他們頗感不快。而且，他儘管是貴族出身，卻與瓦盧瓦、波旁和扶持了克雷芒的薩伏伊伯爵家族沒有親屬關係，在法國人看來，他不是「自己人」。當十字軍東征的警鐘更加緊迫地敲響時，終結教廷分裂的目標便變得更為迫不及待。匈牙利大使正在前往法國的路上；耶路撒冷和亞歷山大的主教們已經帶著一個悲哀消息抵達。

正如低聲下氣的巴里大主教一夜間變成了恃強淩弱的烏爾班六世一樣，敏感而圓滑的佩德羅・盧納

530
也搖身一變成了正直而頑固的本篤十三世，大學催人淚下地請求他不要將辭位的意圖拖延「一天、一小時、一瞬間」，但本篤不為所動，儘管大學由克拉芒熱馬史再次充任了作者的動情言辭使鐵石心腸的人也會感到良心不安。大學寫道，通過辭職，他將獲得「永恆的榮譽、不朽的聲望、寰宇之內異口同聲的讚美和永垂青史的美名」。如果他推遲一天，就會推遲第二天、第三天。他的精神將削弱，阿諛奉承者和追名逐利者將帶著甜言蜜語和珍貴禮物前來；在友情的面具之下，「他們將用對不幸下場的恐懼來毒害您的頭腦，冷卻您對這番高貴而艱巨的事業的熱情」。榮譽和權力的甜蜜芬芳將會佔據上風。「如果您今日已經準備完畢，為何要等候明天的到來？如果您尚未做好準備，那麼明天將更加懈怠。」教會的安寧和健康就掌握在他的手中。假如本篤辭了職，而他的競爭者卻拒絕那麼做，那麼後者將使自己淪為「最乖張的教廷分裂分子」，並向全體天主教徒證明，有必要將他趕下臺去。

單方面的辭職對本篤毫無吸引力，他也不相信其道德影響可以趕走對手（另一位教皇）。當德阿伊利校長和他熱情洋溢、暢所欲言的同事吉勒斯・德尚（Gilles Deschamps）作為國王的使節前往亞維農施加壓力時，他們發現以前的盧納的摘帽子的輕巧然諾已讓位給「強驢之國」哺育出的西班牙人的頑固不化。

在巴黎，壓力越來越大。一三九五年二月，一次由一百零九位高級僧侶和博學多才的教士參加的會議以國王之名召開，旨在決定如何終止教廷分裂。與會的大主教、主教、修道院院長和神學博士們經過兩個星期的審議，以八十七票對二十二票的投票結果支持「退讓之道」而放棄「武力之道」。投票不完全與信念有關，它反映了勃艮第公爵的支配力量。高級教士和神學家們的地位取決於這位或那位密切關注事件走勢的王室公爵的資助。與此相應，當勃艮第或奧爾良的權力此消彼長——通常是，當國王發瘋時勃艮第當權，當國王清醒時奧爾良當權——，他們的態度會隨之改變，從而無法生成一種前後一貫的政策。

大多數與會者現在都否定了「行動之道」。會議宣稱「行動之道」太過冒險，有可能將法蘭西國王拉入針對所有那些歸順羅馬的那個「不速之客」的戰爭。高階教士們表示，即使打敗了卜尼法斯，英格蘭、義大利、德意志和匈牙利等國仍舊不會接受本篤十三世，「教廷分裂將更甚於今朝」。唯一的希望是讓本篤將自己的棄職放入法蘭西國王手中，後者隨後號召服從另一位教皇的君主們讓卜尼法斯做出相同的舉動。儘管這一進程中存在明顯的缺陷，但退讓的決定顯然正是王室所希望的。如果沒有一位從中受益的法國裔教皇，則「行動之道」便失去了吸引力。

亞得里亞和對教皇國的征服煙消雲散，與之一起消失的還有「行動之道」，以及本篤借法蘭西之手驅逐其競爭對手的所有前景。為了讓本篤相信這一點，王室派遣了有史以來行色最為壯觀的使團，由三位王室公爵——勃良第、貝里和奧爾良——組成，輔佐他們的是十位大學的高級教士。儘管由勃良第葡萄酒和法蘭德斯掛毯構成的豐厚禮物軟化了資訊內容，但它是對淩駕於教會之上的王室意願的有意識維護。它遇到了一個在敷衍搪塞之技巧上難以超越的對手。

這一問題在一系列聽證會上進行了唇槍舌劍的爭論，每個聽證會都根據一個適當的主題而召開，論辯雙方都一如既往地「言辭華麗」，引經據典。擔任過蒙彼利埃前教授的本篤將不會被來自巴黎的學者們所打敗。雖然他繼續再三保證自己會為了教會統一而鞠躬盡瘁、死而後已，卻又拒絕在沒有雙邊保證的情況下被逼入辭職的死角。由於法國提案中存在顯著的弱點，他也許一直在懷疑，法國人想讓他走，主要是為了將一個法國教皇安放在他的位置上——他也許是對的。他像獵人追尋獵物那樣曲折前進、躲躲閃閃。當使團要求看一下在教皇選舉會議上由紅衣主教們簽署的誓約內容時，他先是一口回絕，隨即表示願意在私底下說出誓約的定義。然後，在進一步的施壓之下，又提出要大聲地將其讀出來，但不交出來。當那也被拒絕之後，他聲稱自己擁有一種行政特權，理由是教皇選舉會議的決議不得向任何人公佈。

在被迫讓步之後，他又提議召開由兩位教皇及雙方的紅衣主教隊伍共同參加的聯合會議。來訪者說這是不可能的，因為那位「不速之客」冥頑不化，而本篤的自動退讓則是眾望所歸。他要求書面的提議。吉勒斯・德尚回答說沒那個必要，因為它的構成只是一個雙音節詞彙：「退位。」教皇說需要時間思考。在停頓期間，勃艮第請紅衣主教們給他提出意見，「以個人的身份摸著良心說話，而不是以教廷樞機主教團成員的身份來說話。」他們以十九比一的比例贊成退位，唯一的反對者是另外一個西班牙人潘普洛納紅衣主教（Cardinal of Pampeluna）。當紅衣主教們將自己的意見付諸文字時，本篤不准他們在文件上簽字。在一次將大學代表排除在外的聽證會上，他告訴公爵們，如果他們支持他，他就將聽由他們去征服並擁有羅馬教廷。公爵們對此建議充耳不聞。

討論現在已經持續了兩個月，來訪者每天都從他們所居住的維爾納夫渡過河去開會。一天早上，他們發現有人在夜間焚燒集中停泊的船隻時，把那座著名的橋也一把火燒掉了。他們的第一個念頭是害怕「通敵者」和襲擊，所以拿起了武器，但轉念一想，開始懷疑起了教皇。如果那個西班牙人正在河對岸開懷大笑，那也會是不為人知的。他發誓自己與放火毫無關係，並派工人去修橋，安排讓人將船鏈在一起搭成一座臨時浮橋，它幾乎完全不適合那些驕傲的公爵們體面地騎馬過河。唯一的選擇是乘船渡河，它又慢又不安全，易受激流的衝擊。心懷厭惡的來訪者們在與紅衣主教們討論過後，決定發出最後一次呼籲，仍舊信誓旦旦地說自己致力於教會統一的本篤拒絕了這一呼籲。法國人在三個月後兩手空空、垂頭喪氣地離開了。教廷分裂的問題仍舊未能解決。

由於無法保證其退位將終結教廷分裂，所以本篤不可能承擔一切惡名。令人驚訝的是他把尼古拉・克拉芒熱爭取到了自己的一邊，而後者曾如此心急火燎地預告，即使教皇晚一天退位，也會有厄運降臨。他做出了一個在大學刮起了一場風暴的決定，現在接受了本篤的秘書這一職位，並在後來寫到本篤時說：「儘管他飽受指責，卻是個偉大而值得稱讚的人，我相信他一直都是個聖徒，我不認識還有比他更值得稱讚的人。」尼古拉的舉動是出於信服，還是因為他被收買了？由於我們對他的動機不得而知，所以就讓我們相信它們是真誠的吧！

大學被此番努力的結果弄得火冒三丈，更因為本篤最初的話語滋養了極高的希望，所以大學提出了兩種激進的措施：它建議國王扣留法國的教會稅收，不給本篤，這一步驟等於是與亞維農決裂；它還建議紅衣主教們，如果本篤繼續拒絕退位，他就應當被一個大公會議罷黜。王室尚未準備好要拒絕效忠，儘管它在三年後會走到那一步。在歐洲有可能為了大公會議的緣故而暫時團結之前，將經歷十四年的時間，而即使是到了那時，它也未能成功。

大學繼續著自己的戰役。寫給統治者和其他大學的信件督促他們堅持教皇雙雙退位之請。神學博士們騎著馬在各城鎮和省份四處布道，反對邪惡的教廷分裂。在譴責教會之腐敗的過程中，他們傳播了改革的要求——這個結果也許並非出於他們的本意。法國王室向英格蘭國王和德意志親王們派出代表團，敦促雙雙退位之道，而人人都嘴上表示同意，實際上卻按兵不動。本篤十三世頂住了所有壓力。在即將到來的近三十年中，儘管法國人撤回了對他的效忠，包圍了亞維農，他的紅衣主教們也都離他而去，又被兩次理事會所罷免，還有三位其他教皇的競爭，但他都不會退位。一四二二年，在退隱到一座西班牙

533

堡壘時，他死於九十四歲的高齡，此刻仍自稱為教皇。

出人意料的是，戰爭（如果不是教廷分裂的話）終於有了終結的希望。一三九五年三月，理查二世提出了他本人與法蘭西國王之女伊莎貝爾締結婚姻的建議。他二十九歲，她六歲。作為一種通過其他途徑繞過互不相讓的爭執而爭取和平的方式，這是一次大膽之舉，即使和平並非其唯一的動機。

理查二世不需要他稱之為「無可容忍的戰爭」的東西，他也沒有大多數英格蘭人孕育在心中的那種對法國的仇恨。相反，他欣賞法國，渴望與其國王相見，希望獲得和平，以便加強自己的力量來對付國內的對手。自從遭到「上訴人閣下」們的粗魯相待後，他已經循規蹈矩地統治了英格蘭七年時間，但他被那一羞辱所強化的專制天性則渴望絕對的君主政體和對敵人的征服。可能腐化或改善的王權似乎在十四世紀有種普遍一邊倒的影響：只有查理五世從責任中獲得了智慧。理查喜怒無常、荒淫無度、專制暴戾、感情用事，若稱不上有實際上的好鬥表現，至少有好鬥的氣質。當他的妻子、溫塞斯勞斯之妹、波希米亞的安娜於一三九四年去世時，他一味沉浸在憂傷之中，下令將王國位於希恩（Sheen）的莊園搗毀，因為她就死在那兒。在她的葬禮上，由於認為自己受到了「上訴人閣下」之一的阿倫德爾伯爵（Earl of Arundel）的侮辱，國王抄起一根棍子，將伯爵打倒在地。

安娜是他自己那個時代的一位生性甜美的女子，不同於她那位怏怏不樂的兄弟，她激發了編年史上最良好的評價。她的死除了讓理查沒有留下直系繼承人外，也許還鬆動了某種束縛性影響。為了確保香火的延續，再婚合情合理，但選擇一個在十二歲之前完全不可能結婚生子的六歲兒童為妻，表明繼承人並非理查的主要目標。他想與法國和解，以便讓英格蘭「公豬們」無機可乘，說得具體一點，是要獲得法國的支持，在必要時與他們對抗。他的使節們得到的指示是，要獲得來自法國國王及其王叔和兄弟的保證，「將竭盡所能地幫助並支持理查對付他的任何一位臣子」。

這幾乎算不得是一位國王對另一位國王的正常要求，尤其是一個不久之前還是其敵人，而且嚴格上仍舊是其敵人的國王。理查僅在兩年之後，即會奪取絕對專制，謀殺格洛斯特，處決阿倫德爾，放逐諾福克和蘭開斯特的亨利，挑起一系列難以抑制的爭端，這些爭端在兩年後將使他失去自己的王冠，最終丟掉性命。現代歷史學家一向認為在他最後的歲月中，他一直受困於精神疾病，但這只是對在十四世紀的統治者中間十分常見的機能障礙的現代解說：無力抑制衝動。

理查這位國王所處的時代是一個日益劍拔弩張的時代，這種緊張狀態自農民起義以來遭到了壓制，卻並未緩和。由四處劫掠的騎士和弓箭手們構成的無法無天的連隊仍然在四處製造混亂，沉重的賦稅仍舊惹得人們怨聲載道，羅拉德派在試圖消滅它的努力之下依舊星火燎原。它的一點兒也不亞於其宗教威脅的社會威脅使得王室與教會團結起來打壓它：岡特的約翰與威克利夫結盟的歲月一去不復返，儘管羅拉德派似乎地位很是崇高。在一三九四年至一三九五年的議會期間，該運動突然隨著有關十二點「英格蘭神聖教會改革之結論和真相」這具有煽動性的公共聲明而浮出水面。

幾位樞密院成員——包括一向都在惹事生非的理查・斯塔里爵士和另一位騎士在內的幾位眾議院成員的支持下，一份用英語寫成的要求十二項改革的請願書作為一條法案被呈給了議會。與此同時，它被釘在了聖保羅和威斯敏斯特修道院的門上向世人公開。「十二點結論」是中世紀晚期教會的一面鏡子，持鏡觀看者是那些心懷不滿的人，那些想要崇信並且擁有信仰卻又遭到積重難返的物質主義和偶像崇拜之阻礙的人。它們是威克利夫已經逐一言及的結論，開始的兩點對教會和僧職的威脅最甚：剝奪教會的世俗捐贈和否定聖餐變體之「假定的奇跡」。其他在十二點結論中遭到聲討的儀式包括貞潔誓言，它在教士中會鼓勵惡習，而在「生性脆弱和不完善的」婦女中會導致許多可怕的罪惡；實物的獻祭或驅邪，它僅僅是種類似於通靈術的「戲法」，除此之外什麼也不是；對由木頭或石頭構成的又聾又啞之形象的朝聖，它是種偶像崇拜形式。第十點結論是新的——對殺伐權利的實際否定。它斷言，在戰場上的大舉屠刀或因為任何世俗的原因而借著司法庭審殺人都明顯與新約背道而馳。

535

「十二點結論」令主教們心生警覺，他們把當時人在愛爾蘭的理查召回國，以頒佈新的鎮壓措施。國王本人對異端思想大感惱火，威脅說，如果理查・司塔里爵士膽敢放棄加諸於他的誓言，他就要「用也許是最殘酷的死刑」來處死他。可是，「十二點結論」是君主權力所無法消滅的。羅拉德派已經在安娜王后的波希米亞侍衛中找到了回應，並通過他們在威克利夫思想與揚・胡斯之間形成了一種關聯。

在法國公爵們前往亞維農之前理查就進行過討論的求婚並沒有得到眾口一詞的歡迎。菲力浦・梅齊埃為了十字軍東征之故而對它舉雙手贊成，就如勃良第公爵為了商業利益而贊成它一樣。可是，半個世紀的仇恨不會輕易煙消雲散。貝里和奧爾良雙雙表示反對，而當該求婚在法蘭西議會上進行討論時，有好幾位成員表示反對，理由是沒有和平的婚姻是不自然的。如果庫西不是因為人在義大利而缺席了會議的話，也許會贊成此一立場。同年的一件插曲顯示也許是因為他的特殊關係的緣故，他竭力反對在敵人之間保持正式的關係，即使是在休戰期間也不行。傅華薩在準備探訪英格蘭時曾要求他寫一份給理查及其叔叔們的介紹信，庫西斷然拒絕，「因為他是法國人」，不能寫信給國王，儘管他給了傅華薩一封寫給自己女兒菲利帕的信。如果寫信給英格蘭國王有失禮貌的話，那麼與英格蘭國王聯姻實在會顯得很激進。

在會議上，大臣阿諾・科爾比（Arnaud de Corbie）贊成接受求婚，其理由是婚姻紐帶將加強英格蘭國王對抗自己國內的主戰派的力量。和平利益佔了上風。七月，一千二百名法國士紳護送由紋章院院長諾丁漢帶領的正式的英格蘭使團走向位於巴黎的會議桌。達成的協議是伊莎貝爾的嫁妝為八十萬法郎，但沒有土地，雙方休戰二十八年。休戰時間第一次長得足以顯示出一種真正的發願放棄作戰的意圖——至少在談判者這方面如此。這是困難所在。

如果說戰爭在其領土上展開的法國人整體上都厭倦了戰爭的話，有太多的以格洛斯特公爵為典型的英格蘭人則並非如此。他們被一種被摒棄在《布勒丁尼和約》中得到確認的利益之外的感覺所激怒。他們渴望獲得滿足，認為聯姻將它永遠地推開了。無拘無束的騎士和自耕農仍舊為戰爭的生活方式及其在歐洲大陸的戰利品所吸引。因遭破壞的商業和沉重的賦稅而飽受折磨的普通民眾也許嚮往和平，但他們不喜歡與法國人的聯姻。他們害怕理查會對法國人做出太多的讓步；人們對有關加萊的事情議論紛紛，對於選擇一個幼小王后的決定以及繼承人仍舊無法確定的事實若非心懷猜忌，也是大失所望。

因為格洛斯特在倫敦人中頗具影響，且深受愛戴，所以理查不想冒著風險在未得到他及其黨羽合作的情況下簽署盟約。爭取和平的努力進行了一年有餘。法國人派遣隱修者羅伯特去宣講上帝對和平的要求，以此來增加重量，並讓英格蘭人牢記突厥人的威脅，這是這位隱修者在敘利亞旅行時親身體會到的。一位幻想家，即使他是在法蘭西國王資助之下騎著七匹馬旅行，也不是影響格洛斯特的最佳選擇。隱修者在其結論部份的高潮處警告說：「毫無疑問，無論是誰正在或將要反對和平，不管是在生前還是死後，他都將為此付出慘重的代價。」格洛斯特尖刻地將了他一軍：「你是如何知道這一點的？」羅伯特只能回答，是由「神啟」，而這並未給公爵留下深刻影響。他仍舊「冷酷無情地反對和平」，並用他的言辭「對法國人表示出極大的輕蔑和鄙視」。

理查憂心忡忡地告訴陪伴隱修者的沃爾倫・聖波爾伯爵（Count Waleran de St. Pol）。格洛斯特正在努力向百姓施加影響，反對和平，甚至有可能「激起民眾來反對我，這是種極大的危險」。聖波爾是聖徒般的皮埃爾・盧森堡的鐵石心腸的兄弟，他建議國王用恭維話和豐厚的禮物來贏得自己叔叔的支持，直到婚姻與和平得以實現。隨後他便可以「另做打算」，因為到那時，他將強大到足以「鎮壓所有的反叛，因為法蘭西國王在必要時將助你一臂之力；對此您可以篤定無疑」。政治的圓滑古往今來都如出一轍。理查答應給格洛斯特十萬英鎊，並且將一塊價值每年兩千英鎊的伯爵領地給他的兒子（他後來未遵守這一諾言），又通過百般的勸說和蘭開斯特公爵的施壓，終於換來了格洛斯特悶悶不樂的默許。

一三九六年三月，巴黎舉行盛典，慶祝以諾丁漢充當國王代理人的委託婚姻和休戰協議的批准。諾丁漢現在有機會在招待會上而非戰場上見到他尊敬的對象了，因為在英格蘭使節於巴黎停留的三個星期的時間裡，庫西是負責款待他們的人之一。在簽署了由英格蘭貴族們帶回的婚姻契約後，理查親自於八月前往加萊，在那裡與勃艮第公爵舉行了會談，以此來顯示自己是法蘭西的朋友。他同意支持「退讓之道」，致力於令羅馬教皇退位，更實事求是的，他同意交出英格蘭在布列塔尼的據點。他又回去向自己的同胞昭告和平條款，因為他說，「如果沒有英格蘭人民的普遍贊成，他便不能夠堅定不移地實現和平」。

他於十月返回，與法蘭西國王進行高峰會，會面地點在加萊邊境，色彩鮮豔的大帳篷鋪天蓋地，場面恰如其份地豪華壯觀。四百名法國騎士和四百名英格蘭騎士「仗劍在手」，分列而立，在行列之間，兩位國王各自在對方的王叔的護送下走向對方。當他們見面並擁抱時，八百名騎士全部跪倒在地，許多

537

人流下了激動的眼淚。會議、宴飲和歡樂接踵而至。淹沒在深紅色天鵝絨和綠寶石之中的七歲新娘被送交英方，十一月在加萊，在坎特伯雷大主教的主持下正式嫁給了理查。昂蓋朗・庫西沒有出席這些慶典，也沒有見到位於英格蘭一方的他女兒菲利帕，因為他已經與王國主要的騎士和貴族一起踏上了中世紀最後一次重要的十字軍東征的征途。

國王們握手言和了，但所有的老問題——有爭議的邊界和領土，效忠和賠償，吉耶納和加萊——依舊沒有解決，格洛斯特的怨恨也仍未消除。法國人發現，他們為了軟化格洛斯特的敵意而堆放在他面前的所有榮譽、消遣和金銀財寶都毫無效果。他拿走禮物，卻依舊冷若冰霜、態度強硬，語帶保留。「我們將努力浪費在了這個格洛斯特公爵身上，」勃艮第對自己的委員會說，「因為只要他活著，法蘭西與英格蘭之間便定無和平。他總能找到新藉口和意外事件來釀成兩國之間的敵意和衝突。」這倒不勞在一年之內就將死去的格洛斯特來尋找這些藉口和事端。勃艮第本人，通過他兒子進行的與奧爾良的自相殘殺，才要為一切負責。那場永無止境的戰爭造成的鴻溝太深，很難被輕易越過。在英格蘭，理查和蘭開斯特是親法政策的唯一真正支持者，而兩人都在與法國聯姻的三年後死去。對法國的敵意持續了下去。在達成和解之後還不到二十年時，亨利五世便號召自己的追隨者們「再次衝鋒陷陣！」

第26章 尼科波利斯

五十年來，歐洲人一直多多少少有些漫不經心地聽著突厥人在東方蠶食的消息以及標誌著他們無情近逼的不幸呼喊。奧斯曼突厥人（Ottoman Turks）是最後，也註定是持續時間最長的一波遊牧騎士。他們在十一世紀至十三世紀期間，浩浩蕩蕩地走出了亞洲大草原，以摧枯拉朽之勢征服了小亞細亞，就如同他們之前征服羅馬的哥特人和匈奴人一樣。最初，奧斯曼人定居在安納托利亞（Anatolia）的黑海岸邊，是先前的塞爾柱突厥人（Seljuk Turks）的封臣，也是塞爾柱邊境的守衛者。當塞爾柱帝國在成吉思汗及其後裔帶領的蒙古大軍入侵下土崩瓦解時，邊境首領奧斯曼（Osman，Ottoman 之名的由來）率領的訓練有素、英勇善戰的部隊於一三〇〇年宣佈脫離塞爾柱的統治，在自己祖先的廢墟上拔地而起。以二十五年的時間，憑著一個正在崛起的民族所擁有的全部野性力量，他們征服了安納托利亞的重要城市和大片領地，成了將亞洲與歐洲分開的那條狹窄的藍色海峽的海岸的主人。

渡過海峽，在歐洲那一邊，屹立著君士坦丁堡（Constantinople），這是拜占庭帝國（Byzantine Empire）之殘存的首都。在羅馬帝國向早期的野蠻人屈服的八百年後，這個古羅馬帝國的東方遺跡現在終於處於土崩瓦解之中了。被趕回到歐洲的它是早先偉大卓越的縮小乾枯的殘留，它在海軍和商業上的優越地位輸於了熱那亞人和威尼斯人，它的結構被在西方發揮著作用的相同過程——被貨幣經濟不充分地取代了的封建徭役、黑死病、經濟破壞、宗教分歧、勞動者起義、好戰的民族——所削弱。形成了自己王國的塞爾維亞人（Serbs）和保加利亞人（Bulgars）在西邊向它發起了攻擊，愛琴海地區的各小政權也不斷騷擾著它。它的各省區混亂無序，它的軍事力量要仰仗雇傭軍，它的君權因圍繞王位寶座而展開的激烈鬥爭而分崩離析。這些糾擾開啟了讓奧斯曼突厥進入歐洲的大門。

宿怨始於約翰・坎特丘津（John Cantacuzene）的自負，他是位要臣，頭銜是「大當差」（Great Domestic），擔任著年幼的王位繼承人約翰五世・佩利奧格洛（John VPaleologus）的攝政者。一三四一年，坎特丘津宣佈自己為聯合——實際上是競爭者——皇帝，號為約翰六世。在連年的內戰期間，他通過購買吃苦耐勞、紀律嚴整的奧斯曼軍隊的服務，保持了自己的控制權。當烏爾汗蘇丹（Sultan Orchan）在坎特丘津的邀請下於一三四五年渡過達達尼爾海峽時，吉本鳴響了喪鐘，說這正是古羅馬帝國漫長的衰落過程中的「最後一次致命打擊」。

烏爾汗的繼承人穆拉德一世（Murad I）於一三五三年奪取了通往達達尼爾海峽的門戶加里波利，從而在歐洲這一邊取得了立足點。整整一百年後，突厥人將佔領君士坦丁堡本身，但坎特丘津像歷史上的其他偉大表演者一樣，沒有看到他的行為必然的後果。為了加強與其新盟友的合作，他寧可在一場穆斯林婚禮上將自己的女兒嫁給烏爾汗，從而在基督教徒與不信基督者之間的深淵上架起了橋樑，沒有絲毫的躊躇——也沒有影響到他的信仰。數年後，在被迫退位時，曾經的「大當差」成了僧侶，隱居在一座修道院中撰寫被他攪得烏煙瘴氣那段時間的歷史。

君士坦丁堡不可救藥的混亂給了突厥人可乘之機來使用他們在加里波利的門戶。隨著坎特丘津的退位，他的前被監護人約翰・佩利奧格洛重新登上王位（這解釋了約翰六世為約翰五世所取代的令人驚訝的傳承

539

順序），結果只是陷入了一場惡毒的家族鬥爭。在此糾紛中，兒子們和孫子、叔叔和侄子在接下來的三十五年間一個接一個地被廢黜、入獄、折磨和彼此取代，而他們都與穆拉德一世有著各種合作關係。

在推波助瀾地使佩利奧格洛家族走向自相毀滅時，像一隻從位於加里波利的腕部向外打開的手一樣，突厥人擴展到了拜占庭和保加利亞人的領地。一三六五年，穆拉德將自己的首都推進到阿德里安堡（Adrianople），即埃迪爾內（Edirne），這裡深入了歐洲一百二十英里。一三七一年，他在保加利亞的馬里察河（Maritza）上戰勝了塞爾維亞與保加利亞聯軍。約翰五世從此以後只掌握著他的帝國的一部份，而保加利亞采邑貴族作為蘇丹的封臣掌握了自己的版圖。一三八九年，由塞爾維亞人、羅馬尼亞人（Rumanians）及其北方鄰居摩爾達維亞人（Moldavians）組成的新聯盟企圖阻止突厥人，卻被穆拉德在決定性的科索沃戰役（Battle of Kossovo）中打敗，這場戰役成了塞爾維亞人獨立的墳墓。塞爾維亞沙皇及他的貴族精英們被殺，他的兒子被迫接受對蘇丹的臣屬地位。穆拉德本人在戰鬥結束後，被一個垂死的塞爾維亞人所刺殺，此人假裝要告訴蘇丹一個秘密，當穆拉德俯身去聽他說話時，將刀刺入了他的腹部。可是，蘇丹給自己的繼承人巴耶濟德留下了該地區最為強大的力量。自從他們渡過博斯普魯斯海峽（Bosporus）以來，在三十五年間，突厥人已越過東巴爾幹，直抵多瑙河，現在站在了匈牙利邊境線上。

對手的不和是突厥人入侵的主要因素。自從拉丁語族的十字軍士兵促據東邊領地以來，一種傳承已久的強烈不信任就將君士坦丁堡與西方隔離開來。羅馬天主教會與希臘東正教會之間歷史悠久的基督教教派分裂留下了有關次要的儀式問題的難以調和的爭論——事情越是微不足道，怨恨就越是強烈——並且使巴爾幹民族之間相互敵視。保加利亞和瓦拉幾亞（Wallachia，羅馬尼亞當時的名稱）以及塞爾維亞的大部份都屬於希臘教會，與屬於拉丁語族的匈牙利勢不兩立，而後者強推羅馬天主教教士並且致力於搶奪鄰國的土地的努力也招致了怨恨。米爾洽恰（Mircea），瓦拉幾亞的「統治者」（voyevod），在科索沃與突厥人展開戰鬥，但是，因為宿仇，他並不迫切地想與匈牙利合作對抗其共同的敵人。塞爾維亞人也是如此，一旦他們接受了蘇丹為最高君主，那麼他們在任何情況下都會受阻於與他國的聯合對抗。這一向是穆拉德的政策：讓巴爾幹的統治者們以效忠義務為條件保住王位，從而使他們保持中立。因為巴爾幹各王國缺乏團結性，只是半自治的統治者的鬆散聯盟，所以他們有可能被各個擊破。為了避免突厥的持續進攻，保加利亞、波士尼亞（Bosnian）、塞爾維亞和瓦拉幾亞的統治者一個個地相繼宣誓效忠。在直接佔領的區域，穆拉德將領土作為封邑分封給自己的追隨者，使他們在歐洲紮下根來。科索沃在一半的突厥軍隊都已經在博斯普魯斯海峽的遠端擁有了采邑。

巴耶濟德如他的祖先一樣衝力十足。在科索沃戰場上被推舉為蘇丹後，他先是用弓弦扼死了自己的兄弟（突厥人慣有的預防措施），然後立即幫助約翰七世推翻自己的祖父，以此來繼續進行動搖拜占庭王位的事業。當約翰又被自己的叔叔曼紐爾二世（Manuel II）推翻後，巴耶濟德包圍並封鎖君士坦丁堡達七年之久。與此同時，他在保加利亞擴大自己的勢力範圍，入侵馬其頓（Macedonia）和阿提卡（Attica），劫掠波士尼亞和克羅埃西亞（Croatia）——據說帶走的俘虜比留下的居民還多。他英勇善戰，有膽有識，總是騎在馬背上，「對敵人的鮮血充滿渴望，同樣，他也毫不吝惜地揮灑其士兵的鮮血」。他的由「ghazis」（阿拉的戰士）組成的先鋒懷著聖戰的極端狂熱與不信阿拉的基督教徒進行戰鬥。根據突厥的定義，「ghazi」是真主的寶劍，它會淨化地球，使其免受多神教的玷污，此處的多神教指的是基督教的三位一體說。

一三九三年，在佔領了東保加利亞王國的首都特爾諾沃（Tirnovo）之後，巴耶濟德攻佔了尼科波利斯（Nicopolis）這座保加利亞在多瑙河畔的最堅固堡壘。

該堡壘坐落在俯瞰位於多瑙河畔的尼科波利斯城的高地之上，控制著當時是多瑙河的一處淺灘的地方，保護這裡的是對岸的一座瓦拉幾亞要塞。兩條支流在該城堡的基部匯入多瑙河，因而這座城堡控制著內陸以及通往多瑙河的交通。歐洲與奧斯曼的衝突即將在此戰略要地展開。

當保加利亞沙皇伊凡・希什曼（Ivan Shishman）通過一位封臣拒絕向突厥人提供繼續進攻所需軍隊的輜重供給時，巴耶濟德將他囚禁在了尼科波利斯。對附庸體系變得越來越不耐煩的蘇丹隨後勒死了自己的囚徒，將他的王國降為突厥的一個「sandjak」，也就是一個省，並向西保加利亞王國首都維丁（Vidin）進軍。當匈牙利國王西吉斯蒙德（Sigismund）派使節去要求蘇丹放棄對保加利亞的君權時，巴耶濟德一言不發，只是指了指掛在他牆上的武器和戰利品作為回答。在他身後，他建造了一座巨大的高塔，以便加強對加里波利的防禦，還建造了一個供其艦隊使用的永久性港口。他在阿德里安堡興建恢宏壯麗的清真寺，在進軍途中修造大的客棧。當他的武裝騎兵在歐洲推進時，他則在阿德里安堡繼續作戰，擴大自己的勢力範圍。因其「靈魂的火熱能量」以及其進軍速度，他贏得了意為「霹靂火」的伊爾德里姆（Ilderim）這一別號。

在尼科波利斯被佔領之後，西吉斯蒙德國王向西方發出的求救呼籲越來越急迫。他的國家現在是東歐最後一個抵抗突厥的有組織的政府，而它對上世紀曾經橫掃多瑙河平原後撤回的蒙古人蹂躪造成的恐怖依舊記憶猶新。儘管匈牙利是「周邊國家的王后」，其對新入侵者所能提供的抵抗卻受到了與北部的波蘭和立陶宛的無休無止的爭端、其南部鄰國的敵意、其統治階層內部以及其普通民眾之間分裂的牽制。這個國家是東拼西湊出來的，其構成者包括一位外國君主、匈牙利貴族、與西方無接觸的以農業為生的本地農民，以及一個由德意志移民構成的商人階層，該商人階層像他們在波希米亞和波蘭所做的那樣，修建城鎮，然後聚族而居，不與外界接觸。

在安茹王朝一個世紀的統治期內，匈牙利王室都與法國宮廷保持著密切的聯繫，並且在始於西吉斯蒙德的盧森堡王朝統治之下依舊如此。西吉斯蒙德因娶了安茹王朝的最後一位皇帝路易（Louis the Great）之女為妻而於一三八七年成為國王，因為路易死時沒有男性繼承人。西吉斯蒙德是已故皇帝查理四世的兒子、溫塞斯勞斯的同父異母的弟弟。與自己的父親相比，他不是那麼嚴肅的政治家，卻比其心神不寧的哥哥更有能力，更明智。像溫塞斯勞斯一樣，他也受過良好的教育，精通四門語言。他身材高大，體格強健，英俊非凡，一頭淡褐色的捲曲長髮，具有統治者的智慧和善意，卻又酷愛享樂，揮霍無度，放縱不羈，見不得人的戀愛傳聞不斷。在歷史上，他主要以後期的皇帝頭銜聞名，但在此時，他只是個二十八歲的毛頭小子，幾乎無法在不穩定的環境中保持自己的平衡。

十九歲時以外來者身份當上了匈牙利國王的他面臨著與一個精力充沛、權勢顯赫的前輩的比較，面臨著反叛貴族的敵意，面臨著一個作威作福的岳母，面臨著一個王位的競爭對手，此人便是都拉佐的查理，是對王位垂涎三尺的安茹家族的繼承人。都拉佐的查理與王太后匈牙利的伊莉莎白（Elizabeth of Hungary）多年來一直在明爭暗鬥，陰謀和暗殺活動層出不窮，都想方設法地要毀掉對方，而桀驁不馴的貴族們多多少少地也牽連其中，儘管如此強烈的情緒曾導致他們中的一人向西吉斯蒙德吼叫著說：「我永遠也不會向你彎腰致敬，你這頭波希米亞豬玀！」在西吉斯蒙德當上統治者的頭八年裡，他的精力全被這些形形色色的挑釁所佔據，無力組織對突厥人發起有效的抵抗，而後者利用了這一局勢，在他的邊境地區大肆劫掠。

雖說不夠老練，急躁易怒，生起氣來殘酷無情，但個性勇敢無畏的西吉斯蒙德還是渡過了難關。當有人拿著一件據說是聖伊莉莎白（St. Elizabeth）骨頭的神聖遺物給他看時，他翻來倒去地擺弄著它，評論說它也可能只是一個死去的皮匠的骨頭。在出席巴黎的議會以觀察法庭之運作過程時，他聽到一項針對一個名叫塞涅（Seignet）的平民原告的不利裁決，裁決的根據是塞涅不是騎士，而被告則是騎士。令他的侍衛和濟濟一堂的律師、法官和旁觀者大吃一驚的是西吉斯蒙德站起身，大聲宣佈他命名騎士的權利，將塞涅召喚到身前，吩咐他跪下，當場封他為騎士。他解下一隻金馬刺和掛著一隻短劍的皮帶來代表長劍，讓自己的一個手下將這些徽章放在那位呆若木雞的新騎士身上，「國王就這樣推進了這位塞涅的事業」。

雖然並未忘記突厥人的進逼，但對君士坦丁堡沒有多大依戀的西歐對此危險一直漫不經心，直到突厥人抵達了匈牙利。近四十年來，每位教皇都情真意切地呼籲對漸漸逼近的不信基督者進行十字軍東征，有的教皇確實充滿了熱忱，但這熱忱更是為了鼓舞信仰，而非出自對危險的現實評估。這樣一個針對突厥人的艱巨事業眼界狹隘，受到特殊利益的促動。教皇的利益在於將東正教會重新納入拉丁語族的圍欄之中；威尼斯人和熱那亞人的利益在於保護其在黑海和東地中海的貿易點；塞浦路斯的呂西尼昂家族的利益在於保護自己的王國不受突厥人的衝擊。最近一次聯合嘗試是由教皇克雷芒六世於一三四四年組織的拉丁聯盟（Latin League），這個時間甚至早於突厥進入歐洲之時。克雷芒曾希望憑藉教廷、威尼斯、塞浦路斯以及羅德島醫院騎士團（Hospitalers of Rhodes）的聯軍，通過針對突厥人的初始成功，促成君士坦丁堡加入拉丁聯盟，與羅馬教會重新團結在一起。拉丁艦隊初戰告捷，佔領了士麥那（Smyrna），摧毀了一百艘突厥艦船，但十字軍的地面部隊，因疾病、糾紛和猶豫不決的領導層而陷於癱瘓狀態，沒有取得絲毫進展，根據經過談判的條件，戰役漸漸減少，直到停止。

543

另一次努力是在十四世紀六〇年代做出的，其推動者是塞浦路斯的皮埃爾・呂西里昂（Pierre de Lusignan of Cyprus），他的興趣最為直接。在徒勞地糾纏了歐洲宮廷三年時間，試圖募集起一支十字軍東征部隊，他終於在一三六五年得以從塞浦路斯發動了一支遠征部隊，它凱歌高奏地佔領了埃及的亞歷山大城，以此作為向耶路撒冷進發的第一步。他的手下希望保證自己數量龐大的戰利品的安全，所以堅持滿載著自己的收穫離開了，給呂西里昂留下的部隊不足以拓展其勝利，甚至不足以保住其勝利。他不得不放棄了亞歷山大城。

與此同時，薩伏伊的阿馬迪厄斯（他的姑姑薩伏伊的安妮，是君士坦丁堡的皇太后）領導了一場旨在與呂西里昂會師的著名戰役。他重新奪回了加里波利，但這一勝利也轉瞬即逝。理應同時從西邊經由陸地向突厥進兵的蓋克蘭的自由連隊始終不見蹤影。像呂西里昂一樣，阿馬迪厄斯缺乏繼續向前挺進的部隊，所以在幾年之內，穆拉德便收復了加里波利。

一三六九年，君士坦丁堡本身發出了呼救。出於想要激起西方援助的最後掙扎，皇帝約翰五世前往羅馬，宣佈放棄希臘與拉丁教會之間的分歧，讓自己成為首位皈依者。此行反倒造成自己的教士和俗眾的憤怒，他們拒絕接受他的計畫。而全神貫注於英法之間重新燃起的戰火的歐洲，對此卻興趣缺缺。

根據記載，一個堅持不懈地試圖為這一挑戰而做出的適當回應、注入活力的人是菲力浦・梅齊埃，儘管對他而言，突厥人與他並無直接瓜葛：十字軍東征本身就是他的偉大目標。對於他而言，這是種道德需求，一種可以治癒社會困苦、改惡向善的「賢者之石」：爭執和敵意將平息，專制陷於失敗或得到改革，基督教將使突厥人、韃靼人、猶太人和撒拉森人皈依基督，為世界帶來和平和團結。儘管他是個狂熱分子，但梅齊埃對黎凡特（Levant）和奧斯曼土耳其瞭若指掌，必然的，他明白問題的嚴重性，對待它的態度十分嚴肅。

作為一個為對聖地的熱情所吸引的年輕教士，他參加過拉丁聯盟對士麥那的十字軍東征；後來，作為塞浦路斯的皮埃爾・呂西里昂的大臣，他長期以來都在與突厥問題打交道，呂西里昂死後，他回到法國宮廷，將為基督教收復東方作為自己的終生目標。他認識到這不是意味著不計後果的冒險，而是意味著與一個組織嚴密、紀律嚴明的敵人之間有組織的嚴肅戰鬥。通過士麥那之戰，他瞭解到這個敵人訓練有素、英勇善戰，並且意志堅定。他構想中必不可少的軍隊是一支國家軍隊，其中包括充當士兵的布爾喬亞和普通民眾，以及擔當領袖的騎士，其動機是美德和熱忱，而非貪婪。像過去的聖殿騎士和醫院騎士一樣，他們獻身於服從、公正和軍事紀律，在進行其偉大事業的過程中，使騎士精神的真正理想得以復興。他為此成立了一個熱愛耶穌基督騎士團（Order of the Passion of Jesus Christ）。正如這個名稱所表明的，他的興趣在於道德，而非軍事。

梅齊埃堅持不懈的宣傳——包括為神聖羅馬皇帝訪問巴黎所表演的第一次十字軍東征的那個奇異的舞臺場景在內——無疑對查理六世產生了影響，對其他人的影響則更是不容置疑。一三八九年，一份有關突厥人的第一手報告由從聖地返回的布西科帶回來，布西科是在前去贖回德歐伯爵的途中去了一趟聖地，這趟行程導致了《百歌集》的誕生。他在書中詳述了自己在東方的全部見聞，他在匈牙利對西吉斯蒙德的拜訪以及他在加里波利受到的穆拉德蘇丹的款待，這位蘇丹給了他華貴的禮遇，送給他豐富的禮物，還有一張安全通行證。這些回憶加強了年輕國王對進行「光榮冒險」的渴望。十四世紀九〇年代，來自東方的消息變得日益緊迫。在一三九三年的和平談判未能與英格蘭達成和約時，查理卻敦促蘭開斯特考慮對突厥進行聯合遠征，「捍衛信仰，援助匈牙利和君士坦丁堡皇帝。」但在與英格蘭遲遲不能實

545

現和平之時，這一切都是紙上談兵，直到勃艮第公爵自己有了興趣，情況才會有所改觀。

勃艮第依舊是事件的主要推動者。在通過國王的瘋癲而重新得到國家權力之前，他就一直在尋找一支可以繼承十字軍事業的部隊，其選擇在普魯士——這除了讓武士們保持忙碌外，沒有任何其他目的——和匈牙利之間。一三九一年，他派居伊・特雷穆耶前往威尼斯和匈牙利調查局勢，讓人們相信這項迎合其自身需要的事業足夠冠冕堂皇，計畫了一次原本由他本人、路易・奧爾良和蘭開斯特公爵率領的十字軍東征。到最後，這三人誰也沒去。對突厥人的防禦是否符合至關重要的歐洲利益很令人懷疑。勃艮第資助十字軍東征的個人利益在於自抬身價及其家族，而既然他是自吹自擂的親王，那麼其結果便是富麗的展示變成了首當其衝的主題；計畫、後勤、有關敵人的情報如果有的話，也只佔次要地位。

像往常一樣，第一個難題是資金。一三九四年，勃艮第要求因連年內戰而變得一貧如洗的法蘭德斯出一筆二十萬里弗的援助金。佛蘭德人費盡九牛二虎之力，將這一數目降低到十三萬里弗，足夠其開始準備無比奢華的服裝（若非武器的話）。一三九五年一月，公爵再次派出特雷穆耶的兄弟紀堯姆去通知西吉斯蒙德，對法蘭西國王尋求幫助的正式請求將被欣然接受。

八月，四位儀表堂堂的匈牙利騎士和一位主教到達巴黎。他們告訴宮廷，巴耶濟德蘇丹正在召集一支四萬人的軍隊，以使匈牙利重蹈保加利亞、瓦拉幾亞和塞爾維亞的覆轍，除非法國人伸出援手，否則匈牙利國王很快便會落入最悲慘的境遇之中。他們訴說冷酷無情的突厥人如何將基督徒囚禁在地牢之中，搶走兒童，讓他們變成穆斯林，搶奪處女，沒有一個人或一件事可以免遭他們的褻瀆。他們的國王已經與這個可怕而強大的敵人進行了數次交戰，結果都令人發愁。承認這一切無論是多麼令人痛苦，

「基督徒的命運都迫使我們要說出一切」。西吉斯蒙德國王「以國王之名和對上帝的熱愛」，懇求法國的幫助。

由於與英格蘭的婚姻已經排定，國王查理得以回答：「作為信仰基督的國王之魁首。」他有責任接過使命，保護基督教免受蘇丹鐵蹄的踐踏，並對他的厚顏無恥予以懲罰。一時之間，群情激憤。現在的法蘭西騎士統帥德歐伯爵以及現在的大元帥布西科宣佈，每個富於勇氣的人都有責任投身於與那些「惡棍」的戰鬥。「惡棍」一詞通常用來稱呼穆斯林，正如它常被用以稱呼農夫和勞工一樣，含有輕蔑之意。匈牙利使團滿載著禮物和保證返回，一路上將法國十字軍的消息傳遍了德意志和奧地利，並為其過境安排糧草供應。 546

在匈牙利人來訪的兩個月之後，庫西從義大利返回，他發現整個宮廷都為十字軍東征而激動不已，於是絲毫不耽擱地加入了十字軍。依照他這人的習慣，只要他能夠助一臂之力，就決不會留在家中。勃艮第、奧爾良和蘭開斯特全都退出了這項偉大事業，因為與英格蘭的談判需要他們在場——或者是因為他們不願意離王位太遠。但勃艮第家族仍舊處於控制地位，因為勃艮第公爵提議將自己的長子，時年二十四歲且尚不是騎士的讓·內韋爾放在名義指揮的位置上。這位會成為其如同亞伯般的堂兄弟路易·奧爾良命中註定的該隱（用米什萊的話說）的內韋爾伯爵，此時尚未表現出在他父親死後顯示出的那種果決個性的任何跡象。作為公爵，他將以「無畏的約翰」（Jean Sans Peur）之名著稱於世，也就是說他不害怕做惡事。他十四歲時即在那場著名的雙重婚禮上娶妻，如今已是兩個孩子的父親。他身材矮小，腦袋巨大，面容嚴峻，舉止失當，衣著俗氣，除了勃勃野心之外，處處都與他那位相貌堂堂、風度翩翩的堂兄弟路易恰恰相反。米什萊寫道：「大自然似乎故意把他塑造成這個樣子，好讓他去仇恨奧爾良公爵。」

儘管內韋爾的王室血統和地位賦予了這項事業以光彩，但他的父親也意識到了更具責任感的領導者的必要性，而他在年紀均不到三十五歲的騎士統帥德歐或布西科那裡都看不到這種特質。他轉向庫西這位較年長的政治家以及王國中經驗最豐富的武士（因為克利松已失寵）。

庫西在十五歲時初上戰場與英格蘭人作戰，十八歲時參與了對扎克雷農民的追捕。從那時起，庫西的經驗範圍已擴大至作戰、外交、管理、社會和政治關係等方方面面，具有非同尋常的多樣性。作為愛德華三世的女婿，他在戰爭中效忠於兩位國王，這種地位堪稱獨一無二。他作為指揮官或頂級指揮官之一，在十一場戰役中目睹了戰爭——在彼埃蒙特、倫巴底、瑞士、諾曼第、朗格多克、托斯卡納、法國北部、法蘭德斯、格德司、突尼斯和熱那亞；他指揮過雇傭軍，作為薩伏伊伯爵、格列高利十一世、霍克伍德、維斯康堤家族、哈布斯堡家族、瑞士人、納瓦拉人、加斯科涅人、英格蘭人、柏柏人、佛羅倫斯共和國、熱那亞貴族的聯盟或對手作過戰。作為外交家，他曾與教皇克雷芒七世、布列塔尼公爵、法蘭德斯伯爵、亞拉岡王后進行過談判，曾與英格蘭人進行和平會談，與巴黎的反叛者談判。他娶過一位年長他八歲的喜怒無常、揮霍無度的妻子，而第二位妻子又比他小了將近三十歲。他曾為安茹和奧爾良這兩位王室公爵擔當過顧問或代理人，是皮卡第，後來又是吉耶納的統帥，是御前會議的成員，是法蘭西的大祭酒（Grand Bouteiller of France），還兩次成為騎士統帥的更為理想的人選。他認識從極端邪惡的納瓦拉的查理到極端聖潔的皮埃爾・盧森堡等形形色色的人物，並與他們打過交道。

一點兒也不奇怪，勃艮第公爵和公爵夫人派人來找他，並對他說：「閣下，我們清楚地知道，您是法蘭西騎士中的佼佼者，對一切事物都最嫻熟，最為精通，因此我們熱切地要求您陪伴在我們的兒子左右，擔任他的首席顧問。」

「尊敬的閣下和夫人，」庫西回答道，「我將前去，第一是為了獻身於捍衛對耶穌基督的信仰；第二，是因為你們賦予了我如此的榮耀，讓我負責你們的兒子讓閣下。我將鞠躬盡瘁，死而後已。」可是他又補充道，他寧願不接受任命，而讓它授予與內韋爾都有血緣關係的德歐伯爵和雅克・馬希伯爵。（作為安茹家族成員，德歐擁有瓦盧瓦家族的血統，這也是他擔當騎士統帥一職的主要原因，而十字軍中最年幼的、「嘴上無毛的」馬希，則是波旁家族成員。）

「庫西閣下，」公爵回答說，「您比這兩位都要見多識廣，比我們的親戚德歐或德拉馬希更瞭解在異國他鄉的軍隊部署，因此我們委您以重任，懇請您履行我們的要求。」庫西鞠躬作答：「您的懇請即是我的命令」，並同意接受任命，條件是有居伊和紀堯姆・特雷穆耶以及維埃訥將軍相助。很顯然，他憑著不幸的直覺，也對那些年輕人沒有多大的信心。

因為指揮問題將是十字軍東征之結果的關鍵，所以勃艮第任命一位「首席顧問」的努力意義十分重大，無論傅華薩的採訪報告是否是逐字照抄的。以直接引語的方式來撰寫歷史是中世紀編年史家賦予自己的許可。修昔底德也是這麼做的。如果我們接受伯利克里（Pericles）對雅典人發表的言論，那麼我們便無須拒絕接受勃艮第對庫西的言辭。人們一直因為這樣一個原因而心懷質疑：庫西的名字沒有顯示為「首席顧問」——或者根本就沒有出現在內韋爾首要顧問的名單中，這份名單由全都是勃艮第宮廷中人的兩位特雷穆耶和奧達特・切瑟龍（Odard de Chasseron）外加菲力浦・巴爾和維埃訥將軍構成。庫西、德歐、布西科、馬希和亨利・巴爾構成了另一份內韋爾「在似乎對自己有益時」可向其諮詢的名單。作為一場軍事戰役的管理安排，這是有缺陷的。它也許反映了內韋爾與其父親間的某種爭論；更為根本的是它反映了統一指揮這一概念的缺失。

因與英格蘭的和平而變得無所事事的騎士們興高采烈地加入了十字軍，「以逃避空虛無聊，使自己忙於騎士做派」。據說有約兩千名騎士和侍衛加入進來，支援他們的是從最可能派得上場的志願者和雇傭軍中征來的六千名弓箭手和步卒。正如他在雙重婚禮上創下的富貴紀錄那樣，勃艮第現在決定，他兒子初上戰場的裝備應該是有史以來最華麗的。內韋爾自己的兩百人的部隊都穿上了「鮮綠色的」新制服，綠色的綢緞帳篷和大帳篷整整裝了二十四輛貨車，還有四面繪有十字軍徽章的大旗——徽章圖案是在法蘭西百合花及勃艮第和內韋爾之紋章環繞下的聖母形象。供長矛和帳篷使用的細長三角旗、供喇叭使用的信號旗、天鵝絨鞍褥和供十二位號手穿著的紋章戰袍，都用金絲銀線繡著同樣的徽章，許多上面還飾以珠寶和象牙。廚具為軍事活動而專門訂製，由四十打碗和三十打盤子構成的鉛錫銻合金餐具也是如此。在部隊出發之前，必須預付四個月的薪金。所有這一切的開支都使從法蘭德斯搜刮來的錢財入不敷出。勃艮第治下的所有區域都被征以新的賦稅，包括提供給長子授爵以及海外航程的傳統貢金。代替參加十字軍的報償甚至從老人、婦女和兒童身上榨取。為了路途上的進一步用度，公爵與市政當局、稅款包收人、倫巴底家族和其他銀行家商討貸款之事。

相互攀比成為準備階段的主調。庫西的開支部份由路易・奧爾良支付，他以偏低的數額付給庫西在熱那亞戰役中所應得的剩餘的六千里弗，另外給了他女婿亨利・巴爾兩千里弗，並支付了將投身庫西旗下的路易家的十七名騎士和侍衛的開銷。

外國盟軍中最重要的是羅德島醫院騎士團成員，他們自從君士坦丁堡和塞浦路斯衰落以來，成為在黎凡特主要的基督徒地位；其次是威尼斯人，他們提供了一支艦隊；在陸路，是萊茵蘭、巴伐利亞、薩克森以及帝國其他地區的德意志親王們，他們是由匈牙利人所招募的，在途中加入了法國軍隊。來自納瓦拉、西班牙、波希米亞和波蘭（法國的傳令者在這些地方宣告了十字軍東征之事）的冒險者以各人身份加入十字軍。義大利城邦太過沉溺於他們慣常的內訌之中，所以未派分遣隊，而據說曾大張旗鼓地表示要出征的英格蘭人只出現在想像之中。沒有關於派一支英格蘭軍隊出國作戰所必需的資金記錄，也沒有關於出國所必需的王室許可的記錄。無論是博林布魯克的亨利還是「蘭開斯特公爵的其他兒子」都不可能領導一支英格蘭分遣隊，因為他們以及大部份英格蘭最主要的貴族都出席了在十字軍出發五個月後舉行的理查的婚禮。對英格蘭參與者的零星提及可由英格蘭「口音」的醫院騎士們的出席來解釋，他們加入了自己的羅德島兄弟的隊伍之中。存留的問題不是英格蘭人是否在場，而是為什麼他們不在場。一個可能的原因是國王理查與格洛斯特之間的衝突日益激烈，他們各自都想將自己的黨羽留在身邊；另一個可能的原因是長期戰爭所遺留下來的敵意深深地刻進了歷史悠久的騎士兄弟情誼之中，使得英格蘭人對由法國人領導的十字軍東征毫無興趣。

並非人人都那麼熱情洋溢。內韋爾的岳父、巴伐利亞公爵和艾諾伯爵阿爾伯特，並不覺得有必要驅逐突厥人或捍衛信仰。當他的兒子奧斯特雷萬特的威廉（William of Ostrevant）和許多跟風的年輕騎士和侍衛一道表達了前去東征的強烈願望時，阿爾伯特公爵簡明扼要地向他指出他的動機是「虛榮」，並問他他為什麼非得「將武力強加於從未給我們帶來任何傷害的民族和國家之上」。他說，威廉若是將自己的力量用於恢復被相鄰的弗里西亞（Frisia）領主所非法佔有的家族財產將會更加有用。被允許從事一項武力活動的威廉興高采烈地服從了。歐洲東部邊界是那麼遙遠，而且鑒於當時的交通狀況，對於大多數歐洲人而言，突厥幾乎只是個名稱而已。

教廷的分裂並沒有妨礙此次冒險。匈牙利、威尼斯和德意志對之表示服從的羅馬教皇卜尼法斯自一三九四年起便一直在積極宣導十字軍東征。他想獲得那一名聲，正如他已故的競爭對手克雷芒想要贊助一位聖徒的名聲一樣。亞維農的教皇本篤支持法國人。在勃艮第的請求下，他按慣例赦免了十字軍全體士卒的罪過，特別允許他們與「分裂者」（希臘基督徒）和不信基督者共處一室。

一三九六年四月三十日從第戎出征的場面極其壯觀，不可能不令旁觀者為之心潮澎湃。然而，在夢想實現的那一刻，梅齊埃卻無法感到喜悅。他寫道，朝聖者的謙卑不曾給那聲勢浩大的行進行列增光添彩，「他們走得像國王般趾高氣揚，後面跟著身穿華麗紫裳的吟游詩人和傳令官，用數量駭人的食物製作盛宴」，在一個月內花光了本該三個月的用度。它將與以前的遠征如出一轍，被奢侈浪費和不守紀律所破壞，而這一切的動機是騎士們「對於世界上最偉大女子之一——虛榮——的熱愛」。

十字軍的路線帶領他們經由斯特拉斯堡穿越巴伐利亞，前往多瑙河上游，再從那裡利用河流為運輸工具，在布達（Buda，布達佩斯）與匈牙利國王會合。聯軍將從那裡前去與突厥人作戰。模糊不清的目標難說低調適度。十字軍計畫在將突厥人從巴爾幹半島逐出之後，前去援助君士坦丁堡，渡過達達尼爾海峽，在突厥和伊利亞各地縱橫馳騁，解放巴勒斯坦和聖墓，在大獲全勝之後從海上凱旋。安排好的部署是威尼斯艦隊和曼紐爾皇帝的單層甲板大帆船在馬爾馬拉海（Sea of Marmora）封鎖突厥人，威尼斯人於七月從黑海逆多瑙河而上，與瓦拉幾亞的十字軍會師。這項如計畫中的對英格蘭的入侵和向羅馬的進軍一樣恢宏的計畫未受到過去挫折的影響。許多參加過的馬赫迪耶圍攻的指揮官也未改變他們對作為敵人的不信基督者的蔑視。各級騎士仍舊相信他們的英勇無畏必將勢不可當。

三月二十八日，一次作戰會議頒佈了紀律規章，它規定製造爭端的貴族將被剝奪馬匹和馬具，在爭執中抽出刀子的無賴將被砍去雙手，任何實施搶劫者將被割去耳朵。法令隻字未提服從指揮這一更重大問題——這是自從讓二世以來的軍事法令就試圖解決卻未能解決的問題。三月二十八日的會議加入了一條將在尼科波利斯起決定作用的最後條款：「條款：（在戰鬥中）伯爵及其部隊有充當先鋒的權利。」騎士精神的自我感要求在前線證明其英勇無畏。勝利需要的不只是這些。

庫西未與大部隊同行，因為他被派去見米蘭之主。對將熱那亞從他的影響範圍內搶走大為惱火的吉安・加萊亞佐正在用計阻止將其君權交付給法蘭西國王。庫西被派去警告他，他的干預將被視為一種敵對行徑。在背後爭吵的不只是熱那亞一個問題。吉安・加萊亞佐之所以會心懷憎恨地（若非公開地）轉而反對法國，是因為他摯愛的女兒瓦倫蒂娜正在遭受一場指責她蠱惑國王或向國王投毒的誹謗。這番邪惡的謠言是王后伊莎博的傑作，她想將瓦倫蒂娜除掉，這也許是出於對她對國王的影響力的嫉妒，也許是想促進自己與奧爾良的戀愛事件，也許是伊莎博與佛羅倫斯長期的反米蘭陰謀的一部份，也許各種原因都有一點兒。人們在酒館和市場竊竊私語，加之民眾本身就傾向於相信，這個外來的義大利人心懷不軌，因而謠言變得甚囂塵上，竟致有暴徒高喊著威脅的口號，在瓦倫蒂娜的住所前聚集。路易・奧爾良未做出任何努力去保護自己的妻子，反而順從伊莎博的目的，藉口為了瓦倫蒂娜的安全，將她從巴黎送出去。從那以後，她便在放逐之中，生活在她位於塞納河畔的阿西涅（Asnières）的鄉間住所裡，十二年後，她死在了那裡。

瓦倫蒂娜的搬離發生在四月，也就是十字軍出征的那個月，對她十分寵愛的父親為此事大動肝火。他威脅要派出騎士去捍衛自己女兒的榮譽，但他的同時代人相信，他做的不只那一點。出於對法國的報復，據說他向巴耶濟德透露了十字軍的作戰計畫，並將十字軍的進程隨時通報給他。對吉安・加萊亞佐

551

的指控很有可能是法國人的敵意以及在令人震驚的結局後尋找指責對象的產物，但它也可能是事實。維斯康提家的人從不怯於復仇，特別是一個曾如此冷酷地將自己的叔叔送入監獄並處死的人。

也並非沒有這樣一種可能：庫西也許無意間將十字軍的作戰計畫告訴給了他在帕維亞的東道主。吉安・加萊亞佐是個性情奇特、怏怏不樂、敏感多疑的君主，會讓自己身為父親的感情深藏不露。然而，若是涉及熱那亞這件事，庫西的干預是成功的：主權於隨後的十一月按時轉交給了法蘭西國王。庫西在亨利・巴爾及他們的追隨者的陪伴下，於五月離開米蘭前往威尼斯，在那裡，他向威尼斯參議院申請了一艘船，於五月十七日送他渡過了亞得里亞海。他於五月三十日登陸前往塞尼（Senj，塞尼亞），這是位於克羅埃西亞的一個小港口。在那之後，他的行蹤便沒有了記錄，但選擇塞尼的舉動有可能表明，他和他的一行人馬採用了最直接的途徑前往布達，這是段三百英里的路程，要穿越荒蠻、殘破和危險重重的鄉村。

他在不急不忙的內韋爾之前到達了會合地點。在多瑙河上游沿線，內韋爾及其穿金著綠的華麗軍團不斷駐足，接受德意志親王們提供的款待和慶祝，甚至直到六月二十四日仍尚未到達維也納，比德歐和布西科率領的先鋒部隊晚了一個月。一支由七十艘裝載著葡萄酒、麵粉、乾草和其他供給物資的艦船組成的艦隊從維也納出發，順多瑙河而下，而內韋爾正享受著由他的姐夫、奧地利公爵利奧波德四世提供的更加豐盛的慶祝活動。在向他的姐夫借了十萬達克特的鉅款（這需要時間來安排）之後，內韋爾終於在七月的某一天到達了布達。

西吉斯蒙德興高采烈地歡迎盟友們，但也不無憂慮。儘管匈牙利貴族已經熱情洋溢地加入了十字軍，但他們對他的忠誠並非百分之百，而且他預見到了與來訪者進行聯合進攻和戰略合作問題中的困難。法國人盛氣淩人，剛愎自用，而於過去五十年的戰爭中形成的劫掠強搶的慣常模式已經在他們穿行德意志時展現了出來。

戰略的協調合作對象還必須包括熱情似火的十字軍將領、醫院騎士團大團長菲利伯特・尼亞克（Philibert de Naillac），還有威尼斯艦隊的代表。威尼斯的四十四艘船運載著來自羅德島的醫院騎士團成員，行經愛琴海，進入馬爾馬拉海，其中的一些繼續進入黑海，上溯至多瑙河，一路上都未遇到什麼敵對行為。由於在海上處於弱勢，所以突厥人未向他們發出挑釁，他們也沒有反過來在亞洲封鎖突厥人，這表明，巴耶濟德及他的大部隊已經位於歐洲一側。

衝突立即成為布達的作戰會議的標誌。西吉斯蒙德建議等待突厥人採取主動進攻，然後在他們抵達他可實施控制的邊境時與之作戰，從而避免長途行軍的困難以及在宗教分裂分子令人起疑的地區將遭遇到的不確定性。他一年前曾在瓦拉幾亞領導過一次與突厥的戰役，其結果是巴耶濟德派傳令官前來宣戰，並宣佈他打算在五月底之前進入匈牙利。那位蘇丹吹噓說，在把西吉斯蒙德逐出匈牙利後，他將繼續向義大利挺進，在那裡，他將把自己的旗幟插在羅馬的山頭上，在聖彼得大教堂的祭壇上給他的馬匹喂燕麥。

現在，到了七月底，巴耶濟德還沒有出現。西吉斯蒙德派出的遠至達達尼爾海峽的偵察分隊沒有看到「大突厥」的絲毫跡象，這使得法國人宣佈他為膽小鬼，不敢與他們當面鑼對面鼓地交手。西吉斯蒙德向他們保證蘇丹肯定會來，最好讓他在長途行軍中拉長自己的戰線，而不要主動出擊。但由於西吉斯蒙德的名聲份量還不夠，所以他既無揮斥方遒的權威，也無使自己的建議佔上風的聲望。法國人堅持他們要在任何找得到突厥人的地方將他們趕出歐洲，並誇下海口：「即使天塌下來，他們也將用自己的矛

553

尖把它撐起來。」

被選為盟軍發言人（這傾向於證實了他的「首席顧問」的地位）的庫西拒絕防禦性戰略。「就算蘇丹的自吹自擂是彌天大謊，」他說，「它也不應該阻止我們採取軍事行動，追擊敵人，因為那就是我們此行的目的。」他說，十字軍士兵決心找出敵人。他的話得到了出席會議的全體法國人和外國盟友的支持，儘管它們在德歐伯爵心中激起了致命的嫉妒，他覺得，作為騎士統帥，他應該是當仁不讓的發言人。

西吉斯蒙德被迫接受了這一切：在這個當口，他幾乎無法猶豫不決。部隊繼續向前推進，沿多瑙河左岸順流而下。部份匈牙利軍隊掉頭向北，去徵集瓦拉幾亞和特蘭西瓦尼亞（Transylvania）的不情願的臣屬國軍隊。盟軍的大部隊沿著寬廣、平坦、沉悶的河流而下，在那裡，唯一有生命的東西是水鳥在褐色水面上的一閃而過，偶爾會看到從蘆葦叢生的岸邊駛出的漁船。國王西吉斯蒙德率領的匈牙利軍隊殿後。據記載，法國人的無組織無紀律和沉湎酒色隨著他們的進軍步伐而與日俱增。晚餐要供應最美味的葡萄酒和最豐盛的食物，出行則要乘船。騎士和侍衛們讓自己放縱於與他們一路帶在身邊的妓女們的聲色交易之中，而他們的榜樣鼓勵男人們向他們路過國家的婦女施暴。法國人的傲慢和輕佻激怒了他們的盟友，引發了持續的衝突。當他們進入教派分裂者的土地時，對當地居民的劫掠和虐待變得更沒了束縛，使已經對匈牙利心懷不滿的百姓更生離心。在聖母的旗幟之下，在十字軍的目標之下，卻做出如此行徑，這令同行的教士們大為震驚，他們呼籲紀律，以上帝的怒火相威脅，但全都徒勞無益。聖丹尼斯的僧侶寫道：「他們就如同是在對牛彈琴。」

有關法國人「行為失當、搶劫成性、詭計多端、缺乏誠實等等」的故事，在異教徒的講述下，顯得冗長而明確，並隨著歲月的推移而越傳越多。聖丹尼斯的僧侶基於自己根據一位倖存者講述的十字軍東征事蹟的記錄，因道德上的不贊同而激動不已。他從頭到尾都對法國的十字軍士兵報以極端的輕蔑和申斥，指責他們不講道德，褻瀆神明，玩作為「欺騙和謊言之父」的擲骰子的賭博遊戲，並不斷警告將會出現可怕的結果來懲罰他們的邪惡之舉。後來的歷史學家以此為線索，對永恆的縱酒狂歡主題添油加醋，說年輕騎士們整天與他們的風塵女子廝混，恬不知恥地嬉鬧取樂，說士兵們淹溺在葡萄酒中。我們已無從獲知真相，因為我們要記住，就連當時的記錄也是事後撰寫的，那時，人們的自然反應是將十字軍東征的悲劇歸咎於十字軍士兵的道德失序。如果他們取得了勝利，他們還會因如此連篇累牘、駭人聽聞的罪行而受到指責嗎？

554

在奧索瓦（Orsova），多瑙河變窄，穿過一條名叫「鐵門」（Iron Gates）的峽谷地帶，遠征軍在這裡過河，到了河的右岸。靠浮橋和船隻渡河用去了八天時間，儘管這並非因為軍隊人數如有人所記錄的那樣達到了十萬人。因為以這樣的人數，要渡過河去得花一個月的時間。編年史學家們習慣性地將人數與人們對事件的敬畏程度匹配起來。像黑死病一樣，尼科波利斯戰役將投下如此黑暗的陰影，以致有些關於作戰人數的報告達到了四十萬人，因為雙方的編年史學家們都將敵人的人數說成是自己人數的兩倍。最接近第一手數字的報告是由德意志人席爾特貝格（Schiltberger）提供的，他是戰鬥的參與者，不是編年史學家。他是一個巴伐利亞貴族的僕人——或者如他自稱的那樣，是個「跑腿的」。當他在尼科波利斯被突厥人俘虜時，是個十六歲的男孩，三十年後，當他終於脫離了突厥人的奴役，走上了回家的道路時。他根據記憶，寫下或者更有可能是口授，他的簡單而樸素的敘述。他將基督教軍隊的總人數記錄為一萬六千人。十九世紀的德意志歷史學家經過各種錯綜複雜的交叉比對，得出的人數是基督教軍隊約為七千五百到九千人，突厥人則在一萬兩千人至兩萬人左右。他們順帶注意到了為數千人馬（更不用說上萬人馬）

供應糧食的不可能。（五百年後，在一八七七年，在同一戰場上爆發了俄國與奧斯曼土耳其的戰爭，正如近期一位研究這一問題的學生所指出的，雙方的軍隊人數為，八千名突厥人對陣大約一萬名俄國人。）

奉奧斯曼土耳其為宗主國的西保加利亞首都維丁是十字軍的首個征服地。他的本地君主並無多大動力為一個外國征服者去與一支勢不可擋的侵略軍隊作戰，因而立刻繳械投降，這讓法國人省得大動干戈。儘管唯一的流血是對衛戍部隊的突厥軍官的殺戮，但維丁的戰場還是充當了內韋爾及三百名同伴的騎士授封典禮。隨著他們的前進步伐，他們感覺到了得到確認的自信：突厥衛戍部隊足以讓保加利亞人俯首稱臣，卻不足以挑戰偉大的基督教軍隊。

下一個目標是七十五英里開外的拉肖瓦（Rachowa），這是座在一條護城河和一道雙重環形城牆保護之下的強大堡壘。決心在戰鬥中大顯身手的法國人借由連夜的急行軍，搶在盟友之前，於黎明時分抵達了這裡，正值突厥守城者出來破壞護城河上的橋樑。經過激烈的戰鬥，包括庫西、德歐、布西科、馬希和菲力浦・巴爾在內的五百名重甲騎兵奪下了橋樑，但在強有力的抵抗之下，無法取得進一步的勝利，除非是西吉斯蒙德派來援軍。布西科不願意讓別人來分享作戰帶來的榮譽，所以本打算拒絕援助，可是儘管他反對，軍隊還是聯合了起來，於夜幕降臨時抵達城牆之下。第二天早上，未等戰鬥重新打響，保加利亞居民已打算向西吉斯蒙德交出城鎮，條件饒過他們的財物和性命。法國人對投降者背信棄義，對該城鎮大肆劫掠和屠戮，後來則聲稱這個地方是被攻佔的，因為他們的重甲騎士已經登上了城牆。一千名包括突厥人和保加利亞人在內的俘虜被抓走以換取贖金，該城鎮則陷入了熊熊烈火之中。匈牙利人將此次行動視為是對其國王的侮辱，法國人則指責匈牙利人試圖搶奪他們的榮耀；西吉斯蒙德的擔憂得到了證實。

在留下了一支衛戍部隊鎮守拉肖瓦後，這支出現了分裂的部隊向尼科波利斯前進，沿途猛攻並佔領了一兩座堡壘和居民點，卻繞過了一座城堡。從那裡，出逃的密使將基督教軍隊的消息帶給了蘇丹。

巴耶濟德身在何處？人們一直在無休無止地爭論著這個問題。他還在亞洲，還是已經出征？他將在拉肖瓦被攻佔的三週之內帶領一支大軍抵達尼科波利斯，即使他以速度著稱，這個時間也太短，不足以讓他聚集一支軍隊，並將之運送過海峽。也許會阻止他通過的聯盟艦隊未實施海軍作戰行動。可能的情況是，巴耶濟德已經位於歐洲一側，正在圍攻君士坦丁堡。在那裡，通過截取西吉斯蒙德與曼紐爾皇帝間的通信，他獲知了十字軍的作戰計畫——如果他不是已經從吉安•加萊亞佐那裡得知了的話。他中斷了對君士坦丁堡的包圍，帶領手中的軍隊前往尼科波利斯，沿途在各要塞又徵集到另外一些部隊。

作為控制多瑙河下游和與內陸的交通的樞紐，尼科波利斯對於十字軍而言至關重要，十字軍相當正確地將它設立為自己的戰略目標。九月十二日，他們到達了可以看到那座高高屹立在其石灰岩懸崖之上的堡壘的地方。一條道路在河流邊緣與懸崖底部之間的窄狹空間裡向前延伸。在內陸一側，一道深谷將懸崖劈為兩個高地，它們俯瞰著低處的城鎮，陡然地向平原直降下去。如同庫西城堡一樣，它天然形成了一個戰略要地。所謂的堡壘實際上是兩座有城牆防禦的圍場或城鎮，較大的位於斷崖之上，較小的位於斷崖之下，各自都有軍事、民用和宗教建築，在較大的鎮子中還有一座集市，即購物街。法國人不難認出一個像馬赫迪耶一樣難以克服的目標，即使他們不知道，它裝備有充足的軍隊、供給，而指揮它的是一個不屈不撓的突厥總督，多甘•貝（Dogan Bey）。總督相信蘇丹一定會前來保衛如此重要的根據地，所以努力爭取時間，在必要時抵抗到底。

法國人沒有攜帶彈弩或其他攻城武器，就如他們在攻打柏柏爾人時什麼也沒帶一樣。資金都花在了絲綢、天鵝絨和黃金刺繡之上，載貨空間塞滿了葡萄酒和宴飲器皿。為什麼要拖著沉重的機器在歐洲土地上走上一千英里，只為了與一個不值一提的敵人作戰之用？文化中的某種基本東西決定了這些選擇。

布西科對缺乏圍攻武器一事不以為意。沒關係，他說梯子很容易製造，當它們被勇敢的人使用時，比任何彈弩都有價值。布西科是騎士精神的瘋狂熱愛者，十二歲時曾在諾曼第戰役中充當德波旁公爵的聽差，十六歲時在羅塞貝克加封為騎士，二十四歲時在聖英格爾伯特競技場上堅持了三十天，這是他那代人中最為人欽佩的成績。兩年後，在一三九一年，他被任命為元帥。無法忍受平靜生活的他兩次前去與條頓騎士團的將士作戰，在那之後，又前往東方，在開羅贖回德歐，並參觀了耶路撒冷。在突尼斯曾有過這樣一個傳說：兩個身穿白衣、手執上有鮮紅色十字架的旗幟的美麗女子從天而降，阻止了撒拉森人的進攻。為了紀念這件事，布西科創建了一個白衣女士騎士團（Order of the White Lady），其既定的目標是，在任何需要的時候為防禦者提供文雅的性愛。他是騎士精神的縮影，但不是標準，可以表達（儘管這些話是下個世紀的騎士讓・比尤爾（Jean de Beuil）所說的）在一個個人作戰時代曾激勵了他那種騎士的東西：

> 戰爭是多麼誘人！當你知道，你的爭吵將變得正當，你的血液為戰鬥做好了準備時，你熱淚盈眶。當你看到自己的朋友為了履行並完成其造物主的命令而征戰沙場時，內心會感受到甜美的忠誠和同情。你將準備與他並肩作戰，同生共死。一種令人愉悅的感覺由此而生，沒有經歷過這種感覺的人永遠也不知道該如何解釋。你認為一個有過那種經歷的人會畏懼死亡嗎？決不，因為他是如此身心安泰，如此心花怒放，以致忘卻了自己身在何處，

真正是無憂無懼。

557

無論是魯莽的進攻還是深得足以容下三個直立的人的礦井都無法攻破尼科波利斯。圍攻器械的缺乏和陡立的山坡使憑藉猛攻佔領此地變得不可能，這使封鎖包圍變為必然的選擇。十字軍在各個方向都駐紮下兵力，嚴格把守所有出口，再加上盟軍在河面上的封鎖，他們安營札寨，靜待衛戍部隊和居民的饑餓難耐。兩個星期過去了，這期間，軍隊紀律鬆弛，大擺筵宴，賭博遊戲，縱情聲色，對未現身的敵人口出狂言，以示輕蔑。盟友應邀前來參加在裝飾著圖畫的帳篷中舉行的豪華晚宴；貴族們相互拜訪，每天都會換套長袖新衣，尖頭鞋自然不可或缺。儘管盛情好客，但有關其盟友之勇氣的諷刺和玩笑加深了軍隊裡的惡劣情緒。由於酒醉和粗心大意，沒有哨兵站崗。因劫掠而疏離的當地居民不會帶來任何情報。可是，飼料每天都在減少，突厥人正在迫近的謠言四起。

事實上，帶領著騎兵和步兵的蘇丹此時已經穿過了阿德里安堡，邁著有力的步伐前進，翻越希普卡（Shipka）山口，前往特爾諾沃。由西吉斯蒙德派出的一支五百人的匈牙利騎兵偵察隊深入到了特爾諾沃以南七十英里的地方，帶回了「大突厥」真的到來了的消息。同樣的消息也傳到了被圍困的、絕望的尼科波利斯居民耳中，他們發出慶祝的歡呼聲，喇叭和鑼鼓齊鳴，布西科稱這是一種詭計。他相信突厥人絕不敢發起進攻，所以威脅說要割下散播突厥大軍正在逼近之謠言的人的耳朵，因為這會使軍營中的士氣受挫。

庫西不大傾向於因為驕傲的緣故而坐視不理，而是覺得有必要採取行動，喚醒軍營。「讓我們看看我們的敵人是什麼樣的人，」他說。根據一位退伍軍人五十年後對編年史學家吉安・瓦夫蘭（Jehan de

Wavrin）的講述，庫西對當地的百姓總是和藹可親，「非常樂意將熟悉突厥人的風俗和計謀的瓦拉幾亞人留在身邊作為陪伴。」他一直是個務實的武士，是少數關心敵人的性質和下落的人之一。他在勃艮第的侍衛雷諾・盧瓦（Renaud de Roye）和讓・塞姆派（Jean de Saimpy）的陪同下，帶著一支由五百名長矛手和五百名馬上弓箭手組成的部隊，騎馬向南進發。在聽說一支突厥大部隊正經由一個關口逼近時，他派出一支兩百人的馬隊去與敵交戰，然後佯裝撤退，吸引他們追擊，從而使其隱蔽起來的餘部可以從後面包抄他們。這是個在地形允許的情況下的常用戰術，這一次它發揮了作用，大獲成功。當突厥人匆匆跑過時，十字軍從其樹林中的隱蔽處沖了出來，口中高喊：「我聖母與庫西之主同在！」並從後面包抄他們，而假裝逃跑的法國先頭部隊也掉轉頭來，從前面攻擊敵人。陷入混亂的突厥人無法重整旗鼓，遭受了慘重的屠戮。庫西的部隊不允許其投降免死，而是盡其所能地大開殺戒，然後離開了戰場，「很高興他們能夠因此逃過一劫，返回駐地」。

庫西的勝利震動了營地，使其不再那麼輕浮，卻帶來了兩個不幸的結果：它增加了法國人的自信，加劇了騎士統帥的嫉妒，「因為看到庫西之主是如何得到了全軍上下以及外國人的讚賞」。他挑起不和，指責庫西因虛張的勇氣而危及軍隊，剝奪了內韋爾的領導地位和榮耀。

西吉斯蒙德召集了一次作戰會議。他提議，瓦拉幾亞的步兵應派往前方，與敵人的先鋒部隊交戰，這支先鋒部隊通常是由未經長久訓練的應徵士兵構成的烏合之眾，突厥派他們在主力部隊之前出戰，是為了劫掠之目的。在戰鬥中，他們會暴露給對手進攻的正面衝擊，以便消耗對手的力量。西吉斯蒙德說，他們不值得讓騎士出馬。當交戰的衝擊力被普通士卒吸收之後，形成了十字軍之前線的法國騎士便可以精神抖擻地全力投入戰鬥。匈牙利人和盟軍將緊隨其後，援助他們的進攻，讓「sipahis」，也就是突厥騎兵，無法衝撞他們的側翼。西吉斯蒙德本想得出的結論是戰鬥的名譽和光榮不在於第一擊，而在於最後一擊——在於那些結束戰鬥、決定勝利的攻擊。

德歐激烈反對。他說迄今為止，法國騎士還從未讓更習慣於逃跑而非作戰的可憐的農民民兵打過頭陣。騎士的習慣不是跟隨而是領先，以自己的榜樣激勵別人。「殿後是在羞辱我們，將我們暴露在眾人的輕蔑之下。」更有甚者，他以騎士統帥的身份要求打頭陣；任何搶在他前面的人都是在對他進行道德侮辱——這明顯是指庫西。布西科熱烈地支持他；內韋爾堅信，突厥的軍刀和彎刀不可能抵擋得了法國的長矛和寶劍，因而輕而易舉地便被說服，與那些急性子的年輕人站在了同一條陣線上。西吉斯蒙德離開去制定自己的作戰計畫。

顯然在數小時之內——記錄有些混亂——他便傳回消息說，巴耶濟德現在離尼科波利斯只剩不到六個小時的路程。據說正在晚宴之上尋歡作樂、被葡萄酒灌得迷迷糊糊的十字軍戰士在混亂中站起身，有的對這項消息大肆嘲笑，有的驚慌失措，有的急忙拿起武器。戰役的所有缺陷和分歧都在一場駭人聽聞的行動中達於危急關頭。大概是因為缺乏多餘的衛兵，拉肖瓦的俘虜被屠殺，也許沒有伴隨多少良心上的責備，因為他們是教會分裂分子和不信基督者。沒有編年史學家提到是誰下的命令，儘管聖丹尼斯的僧侶和其他人都認為它是一場「野蠻人的」行動。

破曉時分，當陣式正在首領的旗幟下形成之時，西吉斯蒙德做了最後一次努力，派自己的大元帥前來報告說他們只看到了突厥的先頭部隊，請求不要在不瞭解蘇丹的主力部隊還有多遠以及人數多少的情況下匆忙發起進攻。偵察兵已被派出，將在兩個小時之內帶著制定作戰計畫所必需的訊息返回。十字軍可以放下心來，那位元帥說假如他們等一等，就不會有被包圍的危險。「先生們，照我的建議去做，因為這是匈牙利國王及其委員會的命令。」

內韋爾匆忙召集了自己的會議，徵求庫西和維埃訥的意見，他倆都建議遵循匈牙利國王的要求，在他們看來這似乎是明智之舉。「他有權利告訴我們，他希望我們做什麼。」庫西說。德歐勃然大怒：「是，是，匈牙利國王希望得到戰鬥的鮮花和榮光。」那就是他的原因，而非別的。「我們是先鋒。他把它授予了我們，現在又想收回去。那些想這麼做的人也許相信他。我可不信。」他抓起自己的旗幟叫道，「冲啊，以上帝和聖喬治之名，你們將看到，我今日是個英勇無畏的騎士！」

這番由沒有頭腦的騎士統帥（那一職位的第三選擇）發表的議論被庫西宣佈為一種「貿然之舉」。他要求維埃訥進行評論，後者作為最年長的騎士，執著十字軍的主戰旗。「當真相和原因無人傾聽時，」將軍回答，「那麼貿然之舉就必定佔據上風。」如果騎士統帥希望戰鬥，他說軍隊就必須跟上，但假如與匈牙利和盟友的部隊團結向前，就將更加強大。德歐固執地拒絕等待。爭論變得具有了火藥味兒，那些頭腦發熱的人控訴說，他們的長者的動機不是謹慎而是畏懼。令人熟悉的對彼此勇氣的輕蔑被激動地說出。如果庫西和維埃訥做出了讓步，那是因為謹慎不能提出充分的證明來反對那神秘的勇氣。

德歐發出了前進信號，由他本人指揮先鋒部隊。內韋爾和庫西指揮主力部隊。法國騎士們坐在馬背上，背對著堡壘和城鎮，鎧甲是那麼光彩奪目，「人人都像位國王」，他們同騎在馬上的弓箭手們一起冲向從前方的山頭壓下的敵人。這一天是九月二十五日。醫院騎士團、德意志人和其他盟軍都留下來與匈牙利國王待在一起，國王再也控制不住局面了。

法軍進攻的衝力輕而易舉地粉碎了處於突厥前線的那些未經訓練的應征士兵。雖然雙方實力相差懸殊，但騎士們還是嘗到了成功的甜頭，他們趁熱打鐵，向前冲去，與訓練有素的步兵交戰。衝鋒途中，他們上有羽箭齊發，下有成排削尖的樹樁，這些樹樁是突厥人埋在地下的，其尖部恰與馬肚等高。法國人是怎麼突圍的不得而知。由於各執一詞的混亂版本，不會有關於戰場上的調動和運氣的一致記錄，有的只是一隻抖動不已的萬花筒。有人提到馬匹被刺穿，騎手摔下馬來，樹樁被拔了起來，這最後一點大概是由法國人的援軍完成的。騎士們揮舞著長劍和戰斧繼續戰鬥，因為他們鬥志昂揚，馬匹和武器都沉重有力，所以似乎主宰並擊潰了突厥步兵團，他們兜了個圈子，又回到騎兵的掩護之下。庫西和維埃訥催促在此時暫停片刻，以便養精蓄銳，恢復隊伍的秩序，並給匈牙利人時間跟上來，但那些年輕人「熱血沸騰」，相信勝利在望，堅持勇追窮寇。由於對敵人的數量一無所知，所以他們以為目前已經遇到的就是敵人的全部主力。

文獻記錄提及一場向山頂的攀登，提及兩翼的突厥騎兵席捲而下，形成夾擊，提及匈牙利和外國分遣隊陷入了平原之上的混戰之中，還有擠成一團的沒有騎手的馬匹——顯然是從樹樁線開始。在那裡，在一片混亂之中，侍衛無法抓住馬匹。在看到那擠作一團的場景時，瓦拉幾亞人和特蘭西瓦尼亞人立即得到結論：失敗已成定局，於是鳴金收兵。西吉斯蒙德和羅德島醫院騎士團大團長以及德意志人集合自己的部隊，衝擊突厥人的包圍，在一支一千五百人的塞爾維亞騎兵的關鍵援助給了敵人以優勢時，帶著「無以言表的嚴重挫敗」在兩線搏殺。作為蘇丹的屬臣，塞爾維亞暴君史蒂芬・拉扎列維奇（Stephen Lazarevich）本可以像戰爭正在其土地上打響的保加利亞人一樣選擇被動的中立，但他對匈牙利的仇恨更甚於對突厥人的仇恨，於是主動選擇向其穆斯林大君主效忠。他的介入是決定性的。西吉斯蒙德的軍隊被打敗了。在被朋友拉出戰場後，國王和大團長逃到了多瑙河畔的一個漁民的船上，在其追捕者的箭雨之下，成功地登上了盟軍艦隊的一艘艦船。

法國十字軍有一半以上的人都失去了戰馬，他們穿著沉重的鎧甲掙扎著走向高原，希望在那裡能找到突厥軍隊的殘兵敗將。但取而代之的是，他們發現自己面對的是一支新銳的突厥騎兵團，他們是蘇丹留下來的預備隊伍。「他們中的獅子變成了膽怯的兔子」。聖丹尼斯的僧侶不客氣地寫道。伴隨著由喇叭和銅鼓發出的刺耳聲音以及「阿拉偉大！」的戰鬥口號，突厥人向他們步步逼近。法國人意識到，一切都結束了。有些人逃回到了下面的山坡；其餘的懷著破釜沉舟的勇氣作戰，「無論是吐沫橫飛的野豬還是怒不可遏的惡狼都不會比他們更兇殘」。德歐持劍的手臂左揮右砍，像他曾鼓吹的那樣英勇。布西科心中充滿武士的驕傲，又混雜著因自己的錯誤而給戰友帶來如此災禍的羞愧，以大無畏的精神戰鬥著，在自己周圍砍殺出一個由死屍堆成的圓圈。菲力浦・巴爾和奧達特・切瑟龍被殺。抓在德維埃訥將軍手中的聖母的旗幟搖晃著倒了下去。渾身是傷、流血不止的他將它重新立了起來，一手執旗，一手仗劍，試圖喚回那些膽小的人不讓他們逃跑，就這樣被擊倒殺害。人們看到庫西那醒目的身影「在撒拉森人擊向其頭顱的沉重的皮製棍棒」和他們撞向其鎧甲的武器之下「巋然不動」。「因為他身材高大魁梧，力大無窮，他對敵人狂砍亂殺，彷彿要將他們全部砍為碎片」。

突厥人將內韋爾包圍了起來。他的侍衛拜倒在地表示投降，無言地請求饒命。無論是否是聖戰，不信基督者都像任何其他人一樣鍾情於豐厚的贖金，於是他們饒過了伯爵。隨著他的投降，法軍餘部也跟著投降了。尼科波利斯戰役失敗了，瓦解得很徹底。數千人被俘，十字軍的所有裝備、供給、旗幟和黃金布都落入勝利者手中。「自從（全部）十二位元法國大貴族被殺的龍塞斯瓦列斯戰役[1]以來，基督教國王還沒有遭受過如此慘重的損失。」

儘管傅華薩不可能知道這一點，但他給十字軍撰寫的墓誌銘卻具有歷史的公正性。法國人的勇氣是非凡的，他們給敵人所造成的損失足以證明假如他們與盟軍團結作戰，其結果——以及歐洲歷史——也許會截然不同。事實上，突厥的勝利使他們反擊了西方的挑戰，保住了尼科波利斯，從而堅實地立足於歐洲，保證了君士坦丁堡的陷落只是遲早的事，在接下來的五百年間，將保加利亞牢牢控制在手中。「我們因這些法國人的驕傲和虛榮而打了敗仗，」西吉斯蒙德對大團長說，「假如他們聽從了我的建議，我們就有足夠的人手來打垮敵人。」

緊接著這次失敗的是一個可怕的後遺症。當巴耶濟德巡視戰場、希望找到匈牙利國王的屍體——結果發現了維埃訥的屍體，他至死仍緊握著旗幟——時，他因目睹自己的損失而「悲痛欲絕」，因為他死去的士兵要多於基督教徒。他發誓要以血還血，而在發現了對拉肖瓦囚徒的大屠殺後，更是如同火上澆油。第二天早晨，他下令將所有戰俘都帶到自己面前。雅克・赫利（Jacques de Helly）是位法國騎士，曾效力於穆拉德一世，突厥軍官們認出了他，讓他指出可換取贖金的主要貴族。庫西、巴爾、德歐、居伊・特雷穆耶、雅克・馬希還有除內韋爾伯爵之外的許多其他人都因此得以活命，還有所有那些被判定不滿二十歲、被迫參軍與突厥作戰的人也是如此。

其餘的人，人數是幾千人不能確定，赤身走到蘇丹面前，三、四人一組綁在一起，雙手被捆，繩索繞頸。巴耶濟德掃了他們一眼，然後示意劊子手動手。劊子手們一組一組地斬首俘虜，有時會割他們的喉嚨，或切斷他們的肢體，直到屍體和劊子手都被鮮血所淹沒。內韋爾、庫西和其餘的人都被迫站在蘇丹身邊，看著自己戰友的頭顱在彎刀下墜落，鮮血從他們失去頭顱的軀幹中噴出。頭昏眼花、有傷在身

1 龍塞斯瓦列斯戰役（Battle of Roncesvalles），七七八年發生在隆塞斯瓦耶隘口的一場戰役，查理曼的殿後軍隊指揮官羅蘭在此次戰役中被巴斯克人擊敗。後來這場戰役被浪漫化為一場基督教徒與穆斯林之間的衝突。

的布西科在隊伍中被認出。內韋爾在蘇丹面前雙膝跪地，做出雙手緊握、手指交纏的手勢，意思是說他們情同手足，可以繳納相同的贖金，因此成功地救了布西科一命。殺戮從清晨一直持續到午後，直到巴耶濟德本人厭倦了眼前的情景，或者如有些人所言，他被大臣說服，相信基督教王國過多的憤怒會使人們起而反對他，從而召回了劊子手。對被殺者人數的估計——除去更大的數字之外——從三百至三千人不等。

戰死沙場的人更多，逃亡者也並非全都安全逃脫。有些人逃過了突厥人的屠刀，卻因他們在成群逃離時蜂擁登上的船隻超載沉沒而淹死在多瑙河中。那些已經登上船隻的人會阻止其他試圖上船的人。一位波蘭騎士身著鎧甲游過了河去，但大部份試圖這樣做的人都沉入了河底。擔心在瓦拉幾亞海岸遭到背叛，西吉斯蒙德坐船駛向黑海和君士坦丁堡，最終經由海路回到家園。他那些成功渡過多瑙河，試圖從陸路回家的盟友發現這個國家遭到了瓦拉幾亞人的掠奪。他們在林間遊蕩，衣衫襤褸，痛苦難當，以乾草和稻草蔽身。許多人遭到搶劫，衣不蔽體，饑餓難耐，倒斃在路上；有幾個人回到了家，其中一位是穿著乞丐衣服的巴伐利亞的魯珀特伯爵（Count Rupert of Bavaria），他於幾天後死於痛苦的折磨。

奢侈與不道德，驕傲與分歧，突厥人在訓練、紀律和戰術上的優勢，都對這種致命的後果產生了影響。不過，從根本上說，打敗十字軍的是騎士精神對個人戰技的堅持——它引發了這樣一個問題：為什麼人要戰鬥？投身戰爭也許是為了讚頌人們對於自身的情感，也許是為了在權力、疆域或政治平衡中的某個特殊目標。中世紀的戰爭並非總是不切實際。查理五世只要能將英格蘭人趕出法國，對讚美之辭毫不在意。在諾曼第、阿雷佐和熱那亞的戰役中，庫西為了達成一個特殊目標，會首先使用各種其他手段——金錢、外交和政治交易——武力僅是最後的選擇。雖然他以其騎士精神著稱於世（諾丁漢的挑戰就是被這種精神所吸引），可他更屬於查理五世一派而非布西科一派，儘管他似乎兩者均有涉足。

在查理五世和蓋克蘭於一三八〇年死去後的短短幾年裡，他們的實用主義便被遺忘。它一直很成功，卻脫離了常規。騎士理想在尼科波利斯戰役進行過程中重申了自我，決定了所做出的選擇。在一個由騎士崇拜所主宰的社會中，奢侈的炫耀為何比勝利的裝備更加重要？為什麼從近至馬赫迪耶這樣的經驗中連一點兒教訓也未曾學到？最近十年中的所有宏偉計畫——入侵英格蘭、格德司、突尼斯和「行動之道」——要麼只是空中樓閣，要麼毫無結果。在距克雷西以來的光榮時代還不滿五十年後，為什麼法國十字軍的態度會浸透著傲慢自大和過度自信？為什麼他們不能思考這樣的事實：對手不是在為了同一價值觀而戰，他們遵循的是不同的規則？唯一的答案只能是主導思想變化緩慢，還有不顧一切的法國人仍舊相信自己在戰爭中戰無不勝。

一三九六年的十字軍東征始於將突厥人從歐洲驅逐出去的戰略目標，但十字軍戰士的頭腦裡卻想著其他事。布西科一代的年輕人出生在黑死病、普瓦捷會戰以及法國命運的最低潮之後，轉回身去重新追求那些奇怪的蠱惑、榮譽和光榮。他們只想當先鋒，拒絕偵察、戰術計畫和常識，正因為如此，他們的頭顱將滾落在蘇丹腳下浸透了鮮血的沙土中。

第27章

天空張起黑幕

死的死，逃的逃，被俘的被俘，偉大的基督教軍隊已為明日黃花。突厥人通往匈牙利的道路已打開了，但他們承受的損失太過巨大，所以無法乘勝追擊。就此意義而言，十字軍的戰鬥並非完全徒勞無功。巴耶濟德經歷了一次痛風發作，據說這阻止了他繼續前進，這個提法出自吉本：「落在某人頭上的一毫之戾氣也許就會阻止或延緩許多國家的悲慘境遇。」事實上，不是痛風，而是軍事能力的侷限才是決定因素。蘇丹轉身回了亞洲，在此之前，先是把發誓會返回的雅克·赫利派去向法蘭西國王和勃艮第公爵傳達突厥的勝利消息，並要求贖金。

戰俘中許多人都受了傷，在前往加里波利的三百五十英里的路途上，他們所經歷的痛苦折磨是殘忍難當的。他們的衣服被剝去，只留下襯衫，大多數人都沒有鞋子，雙手被捆綁著，遭受著押解者的鞭打和殘酷對待，跟著拘捕自己的人，亦步亦趨地翻過山脈，下至平原。對於幾乎生下來就騎馬的貴族而言，赤腳長途跋涉帶來的侮辱幾乎與身體的痛苦一樣大。在阿德里安堡，蘇丹停留了兩個星期。下一段征程要穿越廣袤、空曠、沒有樹木、一望無垠地伸向達達尼爾海峽的平原。這裡荒無人煙，連叢灌木都看不到。白天太陽的照射令人酷熱難當，而當它落山時，又變得寒風凜冽，十月的夜晚冰冷如霜。俘虜們掌握在異族的手中，無人照管，食不果腹，被失敗壓得喘不過氣來，又對蘇丹的意圖心懷憂懼，所以他們身處的環境從未有過的淒慘。

庫西是俘虜中年紀最長的人，以前從未當過俘虜或戰敗者——這在他那個時代實際上是獨一無二的——他能夠倖存下來，只是因為一個奇跡，它不是隱喻上的奇跡，而是信仰的奇跡。他身上只穿著一件「小外套」，雙腿赤裸，沒有帽子，體面盡失，因寒冷和精疲力竭而處於崩潰的邊緣。相信自己即將死亡的他向沙特爾的聖母（Notre Dame of Chartres）祈求幫助。儘管那座大教堂不在他的領地，但沙特爾聖母廣為人知，因為有人曾親眼看到過她，而且她以實施奇跡而著稱於世。

「突然間，在原本空無一人、伸向遙遠平坦的鄉村盡頭的道路上出現了一個保加利亞人，他不是個對我們友善的人。」那個神秘的陌生人帶了件長袍、一頂帽子和厚實的斗篷，他把它們都給了庫西之主。庫西將它們穿在身上，因上天的垂顧而精神大振，頓時恢復了活力，可以繼續前行。

出於感激之情，庫西在其最後的遺囑上留下了六百金弗羅林給沙特爾大教堂，這筆錢在他死後，由傑佛瑞・莫普瓦夫爾（Geofrey Maupoivre）定期給付，後者是十字軍的隨隊醫生，同樣遭到俘虜，目睹了那一奇跡，並且充當了庫西的遺囑執行人。他為沙特爾的聖堂參事會記錄了那一場景，讓他們知道這份意外獲得的禮物的緣起。

在加里波利，戰俘中的貴族被拘押在塔樓上層的房間裡，而三百名普通囚徒——年幼的席爾特貝格亦在其中——則拘押在下面。粗鄙條件中最糟糕的是被剝奪了喝葡萄酒這一歐洲人終其一生的日常飲料。當西吉斯蒙德從君士坦丁堡乘坐的船隻經過達達尼爾海峽，離岸不到半英里時，無法在海上向其發起挑戰的突厥人將其囚徒在海岸線上一字排開，嘲諷地向國王喊話，讓他走下船來把自己的同伴運走。西吉斯蒙德事實上曾在君士坦丁堡主動表示要贖回自己的盟友，儘管他們使他打了敗仗，但他的財力被耗光了，而蘇丹知道從法國將會得到更多的錢。

守在歐洲最遙遠的邊緣處，囚徒們可以看到海峽對岸特洛伊城的致命海岸線。那裡曾上演神話或歷史上最著名、最愚蠢、最悲哀的戰爭，它是人類之好戰的原型。在那十年的不幸目錄中，沒有錯失任何一件卑賤、偉大、悲傷、英勇或荒謬之事。阿伽門農為了可讓他揚帆啟程的風而將女兒做了犧牲，卡珊朵拉向自己的城市發出警告，卻沒有人相信，海倫在痛苦中為自己的致命私奔而後悔不已，阿喀琉斯為了發洩因朋友之死所帶來的憤怒，將死去的赫克托拖在自己的戰車輪下，在塵土中跑了七圈。每當作戰雙方向彼此提出和平建議時，天神們就會低聲地說出謊言，玩弄詭計，直到他們再次爭吵和戰鬥。特洛伊淪陷了，火焰吞噬了它，阿伽門農從那座龐大的廢墟出發，步上回家的旅程，將遭到背叛和謀殺。從那時起，在大約兩千五百年的時間裡，到底有過多少改變？特洛伊的傳奇是中世紀人的最愛：赫克托是刻在庫西城堡城牆上的九位英傑之一。當他凝視著海峽對岸時，他這位新戰爭中的奧德修斯是否想到過那位古代聖賢以及那空洞的勝利？

在加里波利停留了兩個月後，囚徒們被送到了布魯薩（Brusa），奧斯曼帝國在亞洲的首都。布魯薩伸入內陸四十英里，被一道新月形的山脈所環繞，排除了任何救援的念頭，並且使囚徒們離家更遠，無法與家人聯繫。一切取決於贖金。等待消息得以抵達法國並從法國帶回消息的時間十分漫長，而蘇丹在此期間的脾氣捉摸不定。囚徒們害怕他隨時都會下令將他們處死，就如他們曾將拉肖瓦的囚徒處死那樣易如反掌。

令人難以置信的謠言在十二月的第一個星期流傳到了巴黎。不信基督者竟能粉碎法蘭西和勃艮第的精英，這似乎是難以想像的；可是，焦慮與日俱增。在缺乏官方消息的情況下，散佈謠言的人被抓入夏特萊堡的監獄中，如果被判以撒謊之罪，就將被處以溺斃之刑。國王、勃艮第公爵、路易・德奧爾良和德巴爾公爵分別單獨派出使者，快馬加鞭地趕往威尼斯和匈牙利打探十字軍的消息，尋找他們的蹤跡，傳遞書信，帶回答覆。十二月十六日，商船將尼科波利斯的災難以及西吉斯蒙德逃脫的消息帶到了威尼斯，但直到耶誕節，巴黎仍舊沒有官方的消息。

耶誕節那天，雅克・赫利「全副武裝地」進入聖波爾宮（St. Pol Palace），宮廷中的人都聚集在那裡，等待著那天的隆重儀式。他跪倒在國王面前，確認了失敗的可怕事實。他講述了戰役經過、殊死的戰鬥、「光榮的死亡」以及巴耶濟德駭人聽聞的報復。宮廷中的人們聚精會神地傾聽著。國王和公爵們熱切地向赫利發問。他帶來的內韋爾和其他領主的信件首次證明了他們還活著，而那些沒有寫信的人則要麼失蹤，要麼死亡。哭泣不已的親屬們擠在他周圍，打聽著自己兒子、丈夫或朋友的命運。赫利向自己的聽眾保證蘇丹會接受贖金，因為他「熱愛黃金和財富」。如果傅華薩的話是可信的（他的話不一定總是可信），那麼在場的領主們都表達了自己的「幸運，因為生活在一個可以發生這樣一場戰鬥的世界上，並有幸聽說一位像阿姆拉茲—比昆（Amurath-Bequin）（這位遙遠的君主的眾多版本的名稱中的一個）這樣強大的異教徒國王」，他以及他的所有後裔，「將從這偉大冒險中獲得榮光」。重要的不是這些情感是否真的得以表達，而是它們被傅華薩視為那一場合的適宜情感。在聽證會結束時，夏特萊堡的造謠者得到了釋放。

據聖丹尼斯的僧侶所言，貴族們感到了「辛酸的絕望」，「所有人心中都充滿了痛苦」。黑色衣服出現在各處，德尚描寫了「從清晨到傍晚的葬禮」。教堂裡充斥著祈禱聲和哭聲，又因為死者未能得到基督徒的葬禮，而倖存者的生命仍然堪憂，這更加深了人們的悲哀。哀痛和悲悼遍及勃艮第各地，在那

567

裡，有那麼多家庭都失去了親人。一月九日是首都和各省為死者舉行隆重的宗教儀式的日子，「當巴黎所有教堂的鐘聲齊鳴時，真令人不忍卒聽」。在喜悅被窒息之時，與英格蘭人的婚姻和古老戰爭的負擔終於被抬起的喜事幾乎未加慶祝，彷彿上帝不希望人類有歡樂的理由。

法國的女士們為自己的丈夫和愛人而憂傷滿懷，「尤其是，」總是心繫其資助人的傅華薩說，「庫西夫人，她日夜哀哀哭泣，無法得到任何安慰。」她的兄弟洛倫公爵和費里・洛倫前來安慰她並給她提出建議，也許正是在他們的建議下，她於十二月三十一日是寫信給威尼斯總督，請求他幫助安排自己丈夫的贖金事宜。兩位使者——羅伯特・艾斯奈（Robert d'Esne），一位有五位隨從的康布勒齊騎士，以及雅克・威萊（Jacques de Willay），屬於庫西財產之一的聖戈班的城堡主——被分別派出，任務是去安排庫西和亨利・巴爾的救援事宜。派出他們並為其支付開銷的是路易・奧爾良而非庫西夫人。由於交通只能以人的行走速度來度量，所以有可能一連數月音信全無。

安排贖金的問題充滿了焦慮，因為大家不熟悉該如何與一個基督教王國之外的君主打交道，對他也許只能做最壞的打算。雅克・赫利報告說，蘇丹對打獵裝備分外癡迷，在他的建議下，一支滿載著為了吸引他而經過精心挑選的豪華禮物的船隊被召集起來，陪同公爵的使節們一同前往。十二隻品種罕見、價格高昂的白矛隼（據說吉安・加萊亞佐每年給蘇丹送兩隻）分別由其馴鷹者護送前往，一起送出的還有繡以珍珠和寶石的馴鷹者的鐵手套。披著裝飾有勃艮第紋章的馬衣的十匹駿馬和十隻獵犬，在穿著公爵家白紅兩色制服的馬夫的引領下，將前往安納托利亞，與之一起送出的還有刻有「撒拉森文字和域外花朵」的做工富麗的馬鞍，以及帶有金色玫瑰形扣環的鞍料和據信在東方聞所未聞的精美的蘭斯紅布。為了向巴耶濟德表示微妙的恭維，還送上了描繪亞歷山大大帝（巴耶濟德聲稱是其嫡傳後代）之歷史的阿拉斯掛毯。所有這些都與國王的管家（他是一位經驗豐富的外交家）和三位貴族大使（他們是勃艮第的官員）一起起程，他們於一三九七年一月二十日出發，前去商討贖金事宜。因為急於兌現他對蘇丹的誓言，雅克・赫利已帶著給囚徒們的信件，匆忙走在了前面。

因為吉安・加萊亞佐在奧斯曼宮廷眾所周知的影響力，與他的和解突然變得十分重要。大使們受命經由米蘭前往目的地，向其第一任妻子是位法國公主的吉安・加萊亞佐傳達國王遲到的授權，允許在維斯康堤的飾有紋章的盾上加入鳶尾花，並竭盡全力得到他的幫助。與此同時，第一批於十二月初派出的接力前往的特使已經抵達威尼斯；在那裡，他們聽說了失敗的消息，正全力奔赴囚徒所在地。威尼斯有志於維持其在黎凡特的貿易，這使之與伊斯蘭世界建立了聯繫——以及算不得全心全意的十字軍戰士——所以它自始至終充當了消息、旅行安排、現金和信貸的中心。

在勃艮第和法蘭德斯，公爵的收稅官員再次雲集。他的臣民們幾乎尚未從資助十字軍東征之舉中緩過勁來，現在又被要求援救倖存者。每個城鎮和鄉村都被要求依照傳統出資籌備領主的贖金，教士們也要貢獻一份力量。公爵遭遇到了討價還價和抵抗拒絕，不得不接受比他要求的要少的數目。這筆錢不是現金，而是從延長數月和數年的稅收中支取的付款。有一部份在三年後仍在徵收，從而引起了爭端。德尚寫道，「錢！錢！」的叫喊聲在他畢生之中都在迴響。他說，時不時地被逼發狂的平民會起而殺死收稅官，隨後，震驚於他們的成功，又陷入崩潰，再次被手執長劍的貴族和手執檔的律師所追逐，這些人口出發出威脅的呼喊：「拿錢來！拿錢來！」

在布魯薩，庫西一直不大走運。有些記錄載了他陷入了深深的失望和憂鬱之中，什麼都無法使他感到輕鬆，他一直認為自己再也見不到法國了，在那麼多的冒險之後，這將註定是他的最後一次冒險。他的評價足夠現實，更有可能是根源於由傷口或嚴酷條件中的疾病所造成的身體病痛，而非根源於「為反基督戰勝了基督徒而生出的哀痛」，正如研究庫西王朝的首位歷史學家拉盧埃特（L'Alouëte）所認為的那樣。時年五十六歲的他還不老，雖然在中世紀，人們普遍認為老年會早早到來。事實上，雖然大量人口都會早早死亡，但那些活到五六十歲的人在身體和頭腦方面都並不令人肅然起敬，人們也不認為該如此。壽命圖表可以反映統計數字，但反映不了人們看待自身的方式。用十四世紀中葉一位佚名詩人的話來說，人的壽命為七十二歲，它由十二個階段構成，對應於一年有十二個月。十八歲時，年輕人開始蠢蠢欲動，如同春天臨近時的三月；二十四歲時，他變得如同鮮花盛開的四月一般多情，莊嚴和美德與愛一道進入他的靈魂；三十六歲時，他處於夏日的至點，如同六月的驕陽般熱血沸騰；四十二歲時，他獲得了經驗；四十八歲時，他應當考慮收穫；五十四歲時，他處於生命的九月，此時應當貯存貨物；六十歲是生命的十月，是老年的肇端；六十六歲是黑暗的十一月，此時，所有的綠意俱已凋零和消失，人應該思考死亡，因為如果他貧窮，他的繼承人在等待著他的離去，如果他有錢，這種等待會更為焦灼；七十二歲是十二月，生命如冬日一樣令人悲哀，除了死亡，別無所期。

庫西一直過著極其積極活躍的生活，在完成一項任務之後，承擔起另一項任務之前，從不休息，從無停頓。當他參加十字軍時，當他在戰役打響之前的那天領導針對突厥人的傑出襲擊——此次戰役中的唯一一次成功的法軍行動——時，他沒有顯示出年老或鬆弛的信號。接下來發生的是有違他建議的戰役中的災難，他一直予以指引的艱巨事業的失敗，他的戰友和手下在他眼前被屠戮的可怕景象，不光彩的被俘所帶來的羞恥和艱苦，家園的遙不可及，救援的不確定，以及對一個不受規矩約束的拘捕者的恐懼。作為一位終其一生都一帆風順的人（儘管一點兒也不風平浪靜），庫西不習慣這麼多不幸。也許他在尼

569

科波利斯戰役中意識到了騎士制度的深刻失敗，在它的結局中感覺到了死亡的時刻。

一三九七年二月十六日，為死亡做準備的他在布魯薩立下了最後的遺囑，或者更準確地說是前一遺囑的冗長附錄。到這時，他也許已從監獄搬遷到了較好的寓所，在米推利尼（Mitylene）（萊斯博斯島）的熱那亞領主——據傅華薩所說，是庫西的「親戚」——富有而高貴的法蘭西斯科·蓋提盧西奧（Francesco Gattilusio）的供給下，獲得了暫時的自由。蓋提盧西奧是被稱為「群島」（Archipelago）的愛琴海群島中的獨立領主之一，是一位在奧斯曼王宮中頗具影響力的人，雖然沒有親屬關係，卻有可能為一名在熱那亞大名鼎鼎的法國大貴族提供擔保。在突厥人步步推進的陰影之下，群島的基督教勢力受到了尼科波利斯戰敗的劇烈影響。對基督教威望——更別提其軍事力量——的打擊破壞了他們的地位，著名的基督徒貴族被打入監獄並有可能死於不信基督者之手的前景對於他們而言是種令人不安的未來。他們有心爭取囚徒的釋放，而有關囚徒們的悲慘境遇的報告也激發了他們的同情。群島的一位商人艾諾斯的尼古拉（Nicholas of Aenos）送來了由魚、麵包、糖和他妻子的亞麻布構成的禮物，外加一筆借款。人們只能希望借助於蓋提盧西奧的好意，處於其生命最後數日的庫西不是睡在光禿禿的石頭上。

「思想健康，但身體虛弱，加之考慮到沒有什麼比死亡更加確定，而沒有什麼比死亡的時刻更加不確定。」庫西用拉丁文起草了自己冗長的遺囑附錄，有可能是借助於傑佛瑞·莫普瓦爾夫之手，他是位藝術大師和醫藥大師。在這些指令的關注、精確和本質方面，在它們對一個處於彌留之際的人的思想的反映方面，再沒有比這更好的中世紀寫真了。

「首先」，他根據他此前遺囑的條款指示了在法國的葬禮（它特別吩咐將他的身體葬在諾讓修道院，將他的心葬在他在蘇瓦松創建的「聖三一」修道院。在遺囑附錄的最後，彷彿是想起了對屍體防腐並運

570

至法國過程中可能遇到的困難，他要求其遺囑執行人將自己的骨骼和心臟帶回去，不得有誤。在一個官方信仰堅定主張身體是腐肉而後世的靈魂才至關重要的時代，這裡顯示出的對遺骸的每個處置細節的極端關注始終是引人注目的。

其次重要的是聖三一修道院，他在救贖方面的最重大投資。他為修道院訂製了「一個重四十巴黎馬克（約二十三磅）的耀眼的銀十字架，一隻銀香爐，兩隻在做禮拜時用來盛水和葡萄酒的盛器，一隻供神父洗手之用的銀製大口水罐，一隻在重量和手藝上都與此修道院相匹配的精美而醒目的鍍銀聖餐杯，四對供神父、執事和副執事使用的教堂用品，其中三對當用於普通用途，第四對供重要的神聖節日的儀式之用」。

為了其靈魂的更進一步安頓，他向不少於二十一座不同的教堂和禮拜堂捐贈了遺物，其中就包括沙特爾聖母院，「她，正如我們所堅信的那樣，為我們創造了一個看得見的奇跡」。其他捐贈從給亞維農的皮埃爾・盧森堡禮拜堂的一百弗羅林到給列斯聖母院（庫西曾在查理六世第一次發瘋後護送他去那裡）的一千弗羅林不等，外加給蘇瓦松的五個獨立的小教堂各一百弗羅林，令其為自己的靈魂祈禱，又給了自己的遺囑執行人六千弗羅林，讓他們根據自己的考慮做進一步的祈禱之用。一筆一千弗羅林的錢財將分發給巴黎的窮人，同樣的數目將分發給自己領地上的窮人，八百弗羅林被捐贈給了巴黎的醫院。

與許多考慮臨終前的補償的貴族不同，庫西顯然沒有覺得自己做錯過什麼，只有一些需要履行的債務。他手邊唯一的財產——一件長袍和一塊掛毯——將被賣掉以支付其僕人的工資，以及付給「布魯薩的藥劑師和商人」亞伯拉罕做藥錢。發生在航程中的債務將用他存放在威尼斯的珠寶來支付。他要求法蘭西國王掌管自己在法國的土地，以確保賦稅得以徵收並用以他已經做了指示的所有遺產。傑佛瑞・莫

571

普瓦夫爾和雅克・阿芒斯（Jacques d’Amance）、洛倫（他妻子家族的公國）元帥被指名為遺囑執行人，作為補充，歐伯爵、布西科和居伊・特雷穆耶將提供幫助和建議。所有這三人再加上紀堯姆・特雷穆耶、雅克・拉馬希和六位其他法國騎士見證了這一切，並簽署了文件。

兩天後，一三九七年二月十八日，昂蓋朗七世，庫西之主暨蘇瓦松伯爵，在布魯薩溘然長逝。

作為一個分崩離析的時代的一個完人，他是他那個階層和類型中最少受到殘暴、唯利是圖和不計後果的放縱之破壞的人。克利松的傳記作者將他的同伴們入木三分地描繪為「優雅與野蠻、寬厚與殘忍、無賴與勇武交替呈現，在勇氣和熱愛榮譽方面超乎常人，在心懷憎恨、愚昧囂張、口是心非和野蠻殘酷方面則處於人類水準之下」。庫西因顯然未沾染那些囂張的愚行而迥異於大多數人。他踏實地對待自己的角色，接受每份責任，只推卻了騎士統帥之職，保持了富於洞察力的判斷，行事冷靜，能力卓越。在那種踏實、敏銳和能力方面，在博得所有夥伴的尊重和信任方面，他擁有許多與喬治・華盛頓相同的品質，只是缺少他的領導能力，這需要一個喚起它的起因。假如在鄉下村落中存在默不作聲、有失體面的彌爾頓，大概就會有生於危難之時的未被認識的華盛頓。十四世紀產生了像兩位范・阿特維德、艾蒂安・馬塞爾、庫勒・迪里恩齊這樣的布爾喬亞領袖，卻少有出自貴族階層的領袖，這部份是因為領導權預先假定為掌握在國王手裡，直到查理五世時代，國王都會親自率領貴族走上戰場。當讓二世被俘時，法國北方貴族要求納瓦拉的查理（因為他是位國王）帶領他們鎮壓扎克雷農民起義。然而，貴族只有在其作為一個階層而受到威脅時才會團結一致。否則，貴族的利益太過不同，獨立的習慣太過強大，不允許出現一位領袖，甚至在對英格蘭人的戰爭逐漸成了一個理由時也是如此。

庫西的英格蘭婚姻使他在關鍵的十二年間作壁上觀。他在岳父死後拒絕了英格蘭身份，在那之後，

572

他開始成為諾曼第戰役中的領導人物。如果他願意，他可以勝過蓋克蘭當上騎士統帥，但那個位置與國家領導的概念無關，沒有公眾輿論實體或同事團隊需要被領導。隨著查理五世之死，可能出現的運動成為過眼雲煙，在王叔們自私自利的統治下，國家目標被忽略了。昂蓋朗沒有創造也沒有克服他那個時代；他隨波逐流，較大多數人都更好地服務於它，並且死於它的價值觀。他的離世使這種價值觀衰微了。「這位昂蓋朗七世，」布西科的傳記作者寫道，「被譽為他那個時代最具美德的領主。」

庫西之死直到兩個月後才傳到巴黎。羅伯特・艾斯奈以及隨後的雅克・威萊在他們前往東方的路途中，在威尼斯當地聽說了這件事。三月三十一日，仍未意識到這一點的路易・奧爾良在聽說了囚徒們的貧困狀況後，憂心忡忡地派庫西莊園中的一位辦事員帶著衣物去奧斯曼土耳其。四月，威萊帶回了經過防腐處理的心臟和屍體（或骸骨，實際的屍體是否埋葬在法國一直有爭議）。直到此刻，庫西夫人才獲知自己的丈夫已死。根據布西科那位通常傾向於誇大其詞的傳記作者所言，她因自己的損失悲痛欲絕，「似乎心與生命都將離她而去，她再也不想嫁人，也不讓哀痛離開自己須臾」。諾揚和拉昂的主教們為他主持了令人難忘的莊嚴葬禮，屍體（或其他遺物）被埋在諾讓修道院的一座形制壯麗的墓穴中，心臟被埋在聖三一修道院，以一塊飾板為標記，上面刻著一顆與庫西的紋章疊加在一起的心。德尚寫了一首挽歌，如同這是國家大事，悲歎「高貴的昂蓋朗的終結和死亡……每位貴族的心都為之哀悼不已」。

哦，聖蘭伯特，庫西，拉費爾，
馬爾萊，瓦茲和聖戈班，
為你們的主人，那優秀的領主而哭泣吧

他為自己的領地鞠躬盡瘁，
在許多地方都曾英勇殺敵……
他為了信仰而死於突厥。
讓我們祈禱上帝會寬恕他。
他活著的時候，神采飛揚，瀟灑俊美，
聰明、強壯而又慷慨大方，
一位真正勤勉努力的騎士，
從不知歇息；在他的豪宅之中，
他從早到晚都在迎接
前來加入他隊伍的騎士。
他的武士風度和英勇無畏曾威震倫巴底，
他攻佔大名鼎鼎的城市阿雷佐，
讓帕維亞和米蘭為之顫抖不已。
讓我們祈禱上帝會寬恕他。
萬眾一心地為他感到悲傷
沒有人能夠扛起他的武器……

詩節還在持續，但是，鑒於一種與只有三個韻蜿蜒於五十五行詩句中的僵硬束縛相結合的飄忽不定 573

的韻律，十四世紀的這首以及其他法國詩歌的魅力著實有限，而英格蘭人，無論怎樣，都不會對它公平相待。

其餘囚犯的贖金經過公爵的大使在蘇丹王宮的持久談判，終於在一三九七年六月商定。數目定在二十萬達克特或金弗羅林，大約與法國法郎的價值相當。據說勃艮第的奢侈禮物沒有奏效，它反而讓巴耶濟德相信能夠擁有如此稀有珍貴之物的親王其實可以支付非常高的費用。銀行網絡的全部資源都被調動了起來，這主要是在勃艮第的主要糧食供應者和銀行家迪諾・拉龐第（Dino Rapondi）的指揮下進行的，此人是托斯卡納本地人，在巴黎和布魯日都設有總部。他的商業領域是如此廣大，據說只要有商人的地方，就知道他的大名。通過他，國王及其叔叔獲得了珍貴的書籍、絲綢、皮毛、掛毯、細亞麻襯衫、手絹、琥珀和獨角獸的角以及其他奇珍異寶。拉龐第建議從群島的商人那裡募集贖金，應該語氣溫和地給他們寫信，承諾他們可以安排的借款的利潤和信用。

與此同時，為在黎凡特尋找資金而暫時獲釋的布西科和居伊・特雷穆耶已經抵達羅德島。在那裡，明顯身體虛弱的特雷穆耶病倒了，並且在復活節那天死去。羅德島的騎士們像商人一樣為基督教徒的聲譽感到擔憂，他們典當了自己軍團的名牌，募集到三萬達克特作為分期支付的贖金的頭款。塞浦路斯國王添了一萬五千達克特，群島的各類商人和富裕市民借款累計達三萬達克特。西吉斯蒙德曾慷慨地提出由他來捐獻一半的贖金，但因為他永遠都缺錢，所以他傾其所有也只不過是將威尼斯欠他的七千達克特的稅收指派出去。超過總數一半的數目都是由米推利尼的領主蓋提盧西奧代表勃艮第承擔下來的。

在付了七萬五千達克特的頭款之後，囚徒們於六月二十四日獲釋，條件是他們承諾會留在威尼斯，直到全款付清。又有一個成員沒撐到獲得自由。出於殘酷的公正，德歐伯爵於六月十五日去世，距釋放的時間僅有九天。巴耶濟德為其他人的錢行不是那麼莊嚴隆重。在提到讓・內韋爾時，他說他不屑於要求他發誓將來不會拿起武器反對他。「集汝之全力，勿留餘地，來與吾戰。汝行將獲悉，吾時刻準備於普通一戰之沙場迎接汝等……吾隨時備行武事，更欲深入基督王國而舉之也。」蘇丹隨後要求即將離開的十字軍戰士們觀看他打獵的場景，這次打獵出動了七千名馴鷹人和六千名馴犬人，獵犬都身披綢毯，豹子則帶著鑽石項圈。

由於身體虛弱，而資源更加匱乏，十字軍戰士們並未匆忙重返法國，甚至是威尼斯。在窮困潦倒中旅行對於一位勃艮第的王子而言是無法想像的。他和他的同伴在米推利尼、羅德島和其他島嶼駐足休息，恢復身體，並到處借錢。米推利尼夫人給他們提供了全新的襯衫、外衣和用精美的錦緞製成的衣服，「每個人的衣服都依照其級別訂製」。羅德島的騎士們招待了他們一個月。他們直到十月才到達威尼斯，在那裡，涉及所有與十字軍東征有關的團體的財政事項都錯綜複雜，數目龐大。通過貸款和抵押，他們湊足了贖金，卻沒有湊足可以氣派地回家的錢。

償還的債務累計達十萬達克特，這是他們自獲釋以來生活和旅行所產生的費用，再加上以得體的壯觀場面回家的旅行費用，所需數目幾乎又與贖金相當。勃艮第公爵和公爵夫人不希望自己的兒子像個逃亡者一樣穿越歐洲後在法國露面。公爵搜刮了所有的資源，竟致減少勃艮第官員的薪金和年金，為的是給兒子提供豪華的侍衛陣容，並向所有相關人員贈送禮物。迪諾・拉龐第帶著以公爵的金庫為抵押的價值十五萬法郎的匯票來到威尼斯，用一個冬天的時間來安排資金移轉事宜，其中給群島的商人們的償付放在了最後。三年後，米推利尼的領主借出去的款子仍舊全數未還，而勃艮第、西吉斯蒙德和威尼斯共和國之間的三角交易持續了二十七年才算結清。這些困難不會抑制公爵的生活方式。一三九九年，他從迪諾・拉龐第手中花六千五百法郎買了兩部精印插圖書籍，第二年，又分別花了九千法郎和七千五百法郎買了兩本。

十字軍尚在威尼斯時，威尼斯爆發了一場瘟疫，這使他們搬到了位於義大利半島的特雷維索（Treviso），但瘟疫又帶走了另一個人的生命——亨利・巴爾。如果這場流行病是黑死病的話，那麼它便在庫西家族中完成了一個完整的輪迴：先是帶走了他的母親，這下又帶走了他的女婿。在離家這麼近的時刻死去真令人悲哀，它使得主要繼承人瑪麗既失去了父親，又成了寡婦，這將對王室覬覦已久的庫西領地產生令人悲痛的影響。

十字軍的領導人中只剩下了內韋爾、布西科、紀堯姆・特雷穆耶和雅克・馬希，他們與約七八個其他領主和騎士一道於一三九八年二月重返法國。他們在第戎的城門邊得到了市政當局的熱烈歡迎，且收到了銀製禮物。回想起自己的被俘經歷，內韋爾「親手」從城市監獄裡釋放了所有他在那裡找到的囚犯。第戎為死去的十字軍戰士舉行了莊嚴隆重的宗教儀式，但在那之後，歡迎場面全然是一派喜氣洋洋的氣氛。

在巴黎，國王給自己的堂兄弟贈送了經過深思熟慮的兩萬里弗作為禮物。勃艮第和法蘭德斯的城鎮競相以款待他為榮。依照父親的命令，他進行了一次凱旋式的巡遊，向繳納稅錢買回他的民眾展示自己。吟游詩人先於他穿過城門，迎接他的是招待會和遊行隊伍，人們向他送上了更多的禮物，包括銀器、美酒和魚。考慮到那些失去了兒子的勃艮第家庭，這些招待會也許代表的不是民眾的熱情，而是有組織的歡慶，十四世紀在這方面十分擅長。慶典是公爵及其繼承人的聲望所需，而城鎮很樂於配合，期望著通常與此快樂場合相應的恩賜。圖爾內的地方長官們期望內韋爾的入城慶典將帶來全體赦免之恩，但他們大失所望。

在華麗盛況和吟遊技巧中，騎士身份的終極慘敗被埋葬了。在尼科波利斯之後，在很長時間之內，法國步步出錯。騎士精神的主要價值觀沒有改變，但體系本身日益衰落。傅華薩在英格蘭也發現了這一點，在那裡，一位以前的朋友對他說：「那些偉大的事業和勇士、光榮的戰鬥和征服到哪裡去了？可以有如此行為的英格蘭騎士如今何在？……時代變得越來越糟……現在，這裡正滋養著重罪和仇恨。」 576

為內韋爾舉辦的慶典不能掩蓋失敗，道德家們在其中發現了悲觀主義的強化。梅齊埃立即創作了《哀悼與慰藉書簡》（*Epistre Lamentable et Consolatoire*），德尚創作了一首歌謠「致在尼科波利斯失敗的法國人」（For the French Fallen at Nicopolis），博內特創作了一則寓言性諷刺作品，其形式是「讓・默恩大師的幽靈」（Apparitionof Master Jean de Meung），默恩出現在了一場夢中，斥責作者沒有保護好正在毀滅法國和基督王國的惡魔。德尚公然說，尼科波利斯的失敗「源於驕傲和愚蠢」，儘管他將部份指責加在「逃跑的」匈牙利人身上。梅齊埃與之相似，對「分裂者」大加撻伐，那些分裂者「出於對拉丁族的極大仇恨」，寧願臣服於蘇丹而非匈牙利國王。但在根本上，他將戰敗歸於十字軍缺乏對於任何一支軍隊而言都必不可少的四種道德品質：秩序、紀律、服從、公正。由於缺乏這些道德品質，上帝離開了一支軍隊，它隨後變得極易挫敗，而這解釋了自克雷西和普瓦捷以來的所有失敗。梅齊埃呼籲進行一次新的十字軍東征，但沒有引起任何的回應。《哀悼書簡》是他最後一部作品。八年後，他的斥責和激情都最終在死亡中靜默下來。像所有以賽亞一樣，他變得令人厭倦了，但他對社會中「善」的渴望道出了所有也渴望它卻沒有留下記錄的沉默大眾的心聲。

博內特雖然也對騎士們柔軟舒適的生活以及他們對閹雞和鴨子的熱愛提出了非難，但他觸及到了某種更基本的東西。他寫道，騎士們將農民留在身後，是因為他們認為農民「一錢不值」，儘管窮人可以忍受艱難困苦和粗劣的食物，如果武裝起來，還將進行英勇的戰鬥，就如在阿爾儒巴羅塔（Aljubarrota）勇敢戰鬥並殺死了許多騎士的葡萄牙農民那樣。（這裡提及的是一三八五年的一場戰役，它與森帕赫的瑞士戰役發生在同一年，結果也相類似。）雖然博內特和其他人過去常常譴責騎士們的搶劫行為和對農民的殘暴行徑，但現在他們打算要譴責騎士制度的根本假定：軍事能力只存在於騎在馬上的騎士身上。大約作於此時的《瓦盧瓦四相編年史》的作者指出，普通士兵在某些戰鬥中發揮了決定性的作用，「因為這一點，窮人不應該不加表彰，也不應該遭到鄙薄」。他援引了一三六七年塞浦路斯國王與撒拉森人的一次戰役，挽救了這場戰役的是堅持保衛船隻的水手的行動，這是出於基督的意願，他不希望信仰基督的騎士毀滅在不信基督者手中，更「希望為貴族樹立一個榜樣……因為我主耶穌基督不想要高談闊論或浮誇虛榮。他希望勝利是靠普通人而獲得，這樣那些大人物們便不會那麼虛榮自負」。

然而，無論中世紀基督教如何堅持認為虛榮自負是一種罪惡，它卻是人類的原動力，並不比性更容易根除。只要戰鬥被當作名譽和榮耀之源泉而為人所渴望，騎士就不希望與平民分享它，哪怕是為了勝利之故。

奧斯曼土耳其的勝利沒有立即對歐洲產生影響，因為巴耶濟德不得不返回東方，以對付一個兇悍之敵在亞洲的崛起。用吉本的宏大語言來說，帖木兒（Tamerlane）乘蒙古突厥遊牧部落復興之勢的快速征服，可與「攪動並改變了地球表面的自然的原始災變」相提並論。在入侵了安納托利亞，留下了一連串的毀滅城市和枯骨金字塔之後，帖木兒於一四〇二年在安哥拉（Angora）（安卡拉）與奧斯曼軍隊相遇並打敗了它，活捉了蘇丹。巴耶濟德被囚禁在裝著鐵柵的車中，被拖拽著沿著蒙古人的征服之路一路前行，直到他在悲慘和羞辱中死去——仿佛歷史有意安排了一種對稱的報應似的。

被本身的恩怨和分裂所吞噬的歐洲未能抓住機會破解奧斯曼對巴爾幹半島的結合。除了由布西科率領的一次小規模遠征——十字軍東征的最後一次涓涓細流——之外，君士坦丁堡再也無法得到西方的幫助；西吉斯蒙德被捲入了德意志與波希米亞的糾紛；法蘭西和英格蘭各自為內部衝突所分裂。巴耶濟德的兒子堅持與帖木兒相對抗，蒙古人的一時噴發平息了下去，巴耶濟德的孫子再次挺進歐洲，一四五三年，他的曾孫穆罕默德二世（Mohammed II）拿下了君士坦丁堡。

在庫西，很多雙眼睛都虎視眈眈地盯著那塊龐大的男爵領地以及它壯麗的城堡、它的一百五十座城鎮和村莊、它聞名遐邇的森林、它「眾多精美的池塘、眾多優秀的臣民……極其偉大的貴族和難以估計的稅收」。庫西的長女瑪麗・巴爾與他的遺孀庫西夫人陷入了有關繼承權問題的長期爭奪之中，瑪麗聲稱有權繼承全部，而庫西夫人聲稱有權繼承一半。她們互不相讓，生活在仇恨之中，分別與自己的指揮官和隨從親戚住在領地中的獨立城堡中，分別提出了訴訟。與此同時，聖三一修道院的塞利斯廷又提起了對那位寡婦的訴訟，聲稱她未執行庫西給他們修道院的最後一筆遺贈。

與此同時，仍然將關注重點放在其娘家的王后伊莎博正努力促成時任帝國駐巴黎大使的她的父親、巴伐利亞的斯蒂芬與庫西夫人的婚事。這激起了那一戰略要地落入外國人之手的前景，因為有人擔心，瑪麗也許會在壓力之下，允許巴伐利亞家族通過購買或其他方式奪走擁有權。為了阻止這一計畫，路易・奧爾良向瑪麗施壓（根據另一資料，通過「威逼利誘」），讓她將男爵領地賣給他，而全然不顧那位寡婦以該男爵領地是可以分割的為由提出的繼承權問題。奧爾良的主要動機是為了法蘭西的利益，還是為了增加自己與勃艮第公爵對抗的籌碼，這是個懸而未決的問題。無論怎樣，他都得到了法國北部最大的產業之一，這使他楔入了兩位叔叔在勃艮第和法蘭德斯的領地之間。為了證實其愛國動機，瑪麗在別人的說服下，就於一四〇〇年十一月十五日完成的出售行為發表聲明，說她「為了法蘭西王國的利益，將（財產）放到或轉到奧爾良公爵閣下名下是最為安全的做法」。

購買價格是四十萬里弗，其中路易只付了六萬里弗的首款。瑪麗保留了領地的收益權，以及用作其住宅的拉費爾和迪夏特萊（Du Chatelet）的城堡的使用權，但法律爭端在出售之後仍然持續著。通過種種手段，她被迫免掉了路易二十萬里弗，也就是一半的價錢，而另外一半剩下的十四萬里弗始終未予支付。瑪麗於一四〇五年參加完一場婚宴之後暴卒（並非沒有「中毒的嫌疑」），在那之前，她至少對奧爾良提起過十一次訴訟，試圖收回領地。她的兒子羅伯特・巴爾（Robert de Bar）一方面作為奧爾良的原告，一方面作為庫西夫人的被告繼續了訴訟，庫西夫人最終並未嫁給巴伐利亞的斯蒂芬，因而仍舊保留了她有關丈夫遺產的司法權。一四〇八年，在路易・奧爾良死後，議會認可了這位寡婦的繼承權，但幾年後，當她的嫁給了讓・內韋爾的兄弟的女兒伊莎貝爾在沒有生下繼承人的情況下死去時，這份權利遂宣告失效。同時，路易的兒子查理・奧爾良（Charles d'Orléans）保留了財產權，而當查理的兒子成為國王路易十二世時，庫西男爵領地便轉入了長期以來對它垂涎三尺的法國王室。

這個飽受痛苦的世紀直到走向尾聲時，仍舊保持了其特性。一三九八年三月，溫塞斯勞斯皇帝和法蘭西國王在蘭斯會面，再次試圖終結以他們互為對立一方之代表的教廷分裂。有人使查理六世相信，除非教會重新統一，否則他的病痛將永遠不會痊癒。為了讓本篤退位，巴黎大學提議法國撤回對他的效忠，但在採取這激進的措施之前，再做一次努力，使教皇雙雙退位。這需要皇帝同意向本篤施壓，而這正是蘭斯會談的目的所在。由於兩位主要君主的無能（一個無能的原因是酗酒，一個是瘋癲），會談結果不盡如人意。當查理到達蘭斯時，瘋狂的再次萌發已經使他的頭腦陷入陰鬱，而在他清醒的短暫時刻，溫塞斯勞斯又喝得爛醉如泥。皇帝因為固定的酒精消耗而處於昏昏沉沉的狀態之中，就這樣進入了談判，含糊地同意所有的提案。當理智完全棄查理而去時，會談解散了。

兩位教皇都承受了軟硬兼施的壓力，也都抗拒了這種壓力。法國求助於撤銷效忠，甚至包圍了本篤身處其中的教皇宮殿，但這兩項措施都未有效地將他拉下馬來，而前者引起了巨大的困擾，直到不得不廢止。意欲與法國交好的理查二世同意要求本篤退位，而這只是成功地激起了本已對國王的管理失當心懷不滿的英格蘭人的強烈反對。倫敦市民是格洛斯特的追隨者，他們現在只稱國王為波爾多（他的出生地）的理查（Richard of Bordeaux），情緒激動地反對他，聲稱：「他的心完全是法國人的心，以致他無法隱藏，但終有一天，他要為這一切付出代價。」

隨後在英格蘭發生了那些「偉大而可怕的」事件，傅華薩覺得它們在他已經記錄的全部歷史中前所未見。因為相信有不利於自己的陰謀，理查將格洛斯特轉移至加萊（在那裡，格洛斯特被用一條毛巾勒死），處決了阿倫德爾，放逐了瓦立克和珀西，因此引發了自己臣子的恐懼和仇恨，一三九九年，他的堂兄弟博林布魯克的亨利（Henry of Bolingbroke）得以在沒有一刀一劍起而保護國王的情況下廢黜了他。在被迫公開辭去國王之位後，理查被從倫敦塔轉至一個更加隔離的監獄。在那裡，不到一年的時間，他便死於有意的無視或更糟。與法國的和平關係的支柱被移除了。博林布魯克（現在的亨利四世）大膽地談起廢除休戰協議，但篡位孕育了叛亂，他太忙於維護自己的王位，所以無力去找外國的麻煩。

由於這些事件，傅華薩變得灰心喪氣。如果說居伊・布盧瓦財產的出售破壞了他的理想的話，那麼英格蘭國王的罷免則深深地震驚了他，這不是因為他對理查有任何的熱愛，而是因為這一行徑顛覆了支撐著他的世界的全部秩序。六十多歲的他生命在陰影中走向了終結（這在他看來似乎是一場由連綿不斷的趣味和刺激構成的盛會）。他瞥見了空洞，無法繼續向前；他的歷史在這個世紀結束之時中止了。

如果這六十年對於少數處於高位的人而言似乎充滿了輝煌和冒險的話，那麼它對於大多數人而言則是一連串的任性而為的危險，構成它的還有掠奪、瘟疫和賦稅這三個縱橫疾馳的惡魔，還有激烈而富悲劇性的衝突、古怪的命運、無常的財富、魔法、背叛、暴動、謀殺、瘋癲和君主的垮臺，還有耕田的勞動力的減少以及耕地成為荒原的過程，還有瘟疫那黑暗陰影的無例外的復發。它承載著內疚和罪惡的訊息，以及上帝的敵意。

人類沒有因為那些訊息而有所改善。對邪惡的意識使行為變本加厲。暴力失去了束縛。那是個不履行責任的時代。規矩被粉碎，制度失去了其功能。騎士身份不曾發揮保護作用；更為世俗而非神聖的教會沒有引導人們走向上帝；曾經是進步和公益之代理人的城鎮被相互的敵意所吞噬，被階級鬥爭所分化；因黑死病而銳減的人口沒有得到恢復。英格蘭和法蘭西的戰爭以及它孕育的劫掠揭示了騎士精神之軍事驕傲的空洞以及其道德自負的謬誤。教廷分裂動搖了核心體制的根基，傳播著深刻而普遍的擔憂。人們覺得易於受到他們所無法控制的事件的影響，像大海上的漂流物一樣，在一個缺乏理智和意圖的宇宙中隨波逐流。他們一直生活在一段飽受折磨、痛苦掙扎卻看不到進步的時期。他們渴望矯正，渴望信仰的復蘇，渴望從未到來的穩定和秩序。

580

時間不會靜止不動。對秩序擔保人的信心的喪失開啟了要求變革的道路，痛苦激發了衝動的力量。被壓迫者不再默默忍受，而是揭竿而起，儘管像那些試圖推行改革的布爾喬亞一樣，他們還不能夠完全勝任地、有充分準備地、裝備齊整地去完成那一任務。馬塞爾不可能強行推行優秀的政府管理，「善良議會」也無法做到。扎克雷農民起義無法推翻貴族，佛羅倫斯的梳毛工也無力提升他們的地位，英國農民遭到了自己國王的背叛；每一勞工階層的起義都被粉碎了。

可是，變革一如既往地發生著。威克利夫及抗議運動是教會不履行職責的自然結果。君主政體、集權政府、民族國家獲得了力量，無論這是好是壞。被指南針所解放的海上運輸事業正在伸向將突破歐洲界線和發現新世界的發現之旅。從但丁到喬叟的文學以民族的言語表達著自我，正準備向印刷時代奮起一躍。在昂蓋朗・庫西去世的那一年，印刷機的發明人約翰・古騰堡（Johan Gutenberg）誕生，儘管這事件本身並不標誌著浪潮的轉向。十四世紀的疾病和混亂不可能毫無結果。在接下來的五十多年時間裡，事態更趨惡化，直到某個感覺不到的時刻，在某種神秘的化學物質的作用下，精神得以恢復，觀念突破了中世紀的模式，進入了新的王國，人類重新找到了自己的方向。

尾聲

在接下來的五十年間，於十四世紀期間開始發動的力量登場亮相，其中的一些形式誇張，如同人類在以往的過失一般。黑死病在這個古老世紀最後一年的重大復發之後消失了，但戰爭和掠奪捲土重來，對死亡的崇拜變得更加極端，終止教廷分裂和改革教會弊端的鬥爭更加孤注一擲。在一個實際上和道德上均已遭到削弱的社會，人口減少達到了其最低點。

在法國，於一四〇四年繼其父親之後成為勃艮第公爵的讓·內韋爾變成了暗殺者，陷入一系列邪惡行徑之中。一四〇七年，他雇用了一幫惡棍公然在巴黎大街上殺害自己的競爭對手路易·奧爾良。當路易在天黑之後返回自己的官邸時，遭到被雇用的殺手的攻擊，他們砍斷了他執韁繩的左手，把他拖下騾子，用劍、斧和木棍將他砍擊致死，將他的屍體扔在排水溝中，而他的那些騎馬的護衛（他們在這樣的場合似乎從來沒多大用處）則逃之夭夭。

因其公爵身份而免受懲罰的「無畏的約翰」通過一位發言人公開為自己的行為辯護，稱自己為伸張正義的誅殺暴君者，指責路易行惡、腐敗、施巫術，以及犯下長長一串的公然的或私密的罪行。由於路易在公眾腦海中與宮廷的鋪張浪費和特權聯繫在一起，與它無休無止的金錢貪念聯繫在一起，所以勃艮第的約翰得以通過反對政府最近的一次徵稅而將自己喬裝成人民的擁護者。在一位瘋狂的國王所留下的空白中，公爵填補了人們對一位王室朋友和保護者的渴望。

勃艮第與奧爾良的支持者之間的道義仇恨和無法調和的衝突在接下來的三十年間使法國變得心力交瘁。圍繞著對抗，雙方形成了區域和政治團體，受雙方雇傭的強盜連隊重出江湖，到處留下了他們劫掠和屠殺後的濃煙滾滾的遺跡。每一方都樹起反對對方的旗幟，贏得或失去對無能的國王和首都的控制權，使稅收成倍增加。管理結構陷入混亂，財政和司法遭到濫用，官職任意買賣，議會變成了腐敗的市集。一份奧爾良派的宣言宣稱王國陷入了罪惡和為非作歹之中，上帝在各處都遭到褻瀆，「甚至於教士和兒童」。

中產階級在與艾蒂安．馬塞爾於五十多年以前領導的驅逐腐敗官員，確立優良管理措施的相同努力中崛起——也未取得更大的成功。由巴黎的屠夫、剝皮工和製革工構成的騷亂群體因其領導者卡博什（Caboche）之名而被稱為卡博什分子，由於急不可耐地想要看到立竿見影的結果，他們演變為激烈的暴動，複製了當年的鉛錘起義，只是帶有更加殘忍的行徑。布爾喬亞不可避免地反對他們，向鎮壓暴動、重新起用貪污官員、取消改革、迫害改革者的奧爾良派敞開了大門。頭腦精明地於暴亂期間置身事外的勃艮第的約翰被宣佈為叛亂者，他依著納瓦拉的查理的老模式，著手與英格蘭人結盟。

英格蘭的亨利四世在連續不斷地與威爾斯暴動、貴族敵對者和一個急於得到王位的兒子進行較量之後，於一四一三年去世，其繼位者就是上述那個兒子，他時年二十五歲，帶著一個浪子的回頭道貌岸然的全部能量，打算開啟一個由苛嚴的德行和英雄式的征服構成的統治時代。亨利五世依靠法國的無政府狀態和他與勃艮第公爵的部署，希望憑藉軍事成功將英格蘭統一在蘭開斯特家族身後，重新發起了古老的戰爭和對法國王冠的老調重彈的繼承權主張，這種通過一個篡位者傳給他的繼承權根本就沒有任何有效性。以法國的種種背信棄義為藉口，他於一四一五年，在戰神最喜歡的八月入侵法國，宣佈他進入的

583

是「他自己的土地，他自己的國家，他自己的王國」。在包圍並攻佔了諾曼第的阿夫勒爾之後，他北上朝著加萊挺進，打算於冬季回家。在離他的目標約三十英里、距克雷西戰場不遠的阿金庫爾（Agincourt），他與法軍相遇。

阿金庫爾戰役給了許多的書籍、研究和愛好者以靈感，但它既不像導致了攻佔加萊，將愛德華三世半認真的冒險變成了百年戰爭的克雷西戰役那樣具有決定性意義，也不像決定了對身為騎士的貴族的信心之缺失的普瓦捷會戰那樣具有決定性意義。阿金庫爾戰役只是證實了這兩個結果，尤其是第二個，因為就連尼科波利斯戰役也沒有如此痛苦地證明，作戰的英勇並不等於作戰的能力。這場戰役因法國騎士的無能而失敗，而英格蘭的勝利更多地取決於普通士兵而非騎在馬上的騎士行動。

儘管勃艮第及其臣下沒有參戰，但集合起來面對侵略者、在人數上三四倍於敵人的法國軍隊一如既往地過於自負。騎士統帥查理・阿爾布雷（Charles d'Albret）拒絕了巴黎民兵提供的六千名弓弩手。戰術上也沒有任何改變，唯一的技術性發展（除了大炮以外，它在開闊的戰場上起不到任何作用）是更為沉重的鎧甲。它本意是增加對箭的防禦性，可實際上卻增加了疲勞度，降低了機動性和執劍臂的作用。鐵繭中可怕的悶熱較以前有過之而無不及，而鐵繭本身有時是致命的：騎士們有時會心力衰竭地死在它裡面。隨從們不得不在戰場上幫助自己的老爺，以免他們倒下去後無法再站起來。

兩支軍隊在兩片樹木之間的有限空間裡相遇。在他們等待作戰時，大雨下了整整一夜，而法國侍衛和馬夫們則來來回回地遛馬，將地面攪成了鬆軟的泥地，恰好適合讓鋼鐵加身的騎士們滑倒和絆倒。法國人沒有試圖選擇一個可以有效發揮其人數優勢的戰場，其結果是他們被排成三個作戰行列，一排跟著一排，沒有給側翼留下行動空間，被迫相跟著進入泥濘的山谷。由於沒有負責的指揮官可以實施戰術計畫，貴族們為了榮譽而競相要求位列前排，直到它像羅塞貝克的法蘭德斯戰線那樣緊緊地擠在一起。弓箭手和弓弩手被安排在後面，在那裡，他們的發射物無法淡化衝撞的光榮，事實上毫無用處。

儘管疲憊、饑餓且對他們在人數上的劣勢感到沮喪，但英格蘭人擁有兩個優勢：親自上陣指揮的國王和一千名騎士和侍衛對六千名弓箭手和幾千名其他步兵這一失衡的比例。他們的弓箭手被部署在位於重甲騎兵之間的堅固的楔形隊伍中，以及位於側翼的障礙物中。由於未穿鎧甲，所以他們充分靈活機動，而且除了弓箭外，他們還攜帶了各種武器，包括斧子、短柄小斧、錘子，有的還帶著懸在腰帶上的重劍。

在這些狀況下，結果從戰爭一開始就呈現出一邊倒的情況。由於過分擁擠，法國前線的未騎馬的騎士們幾乎無法揮舞他們巨大的武器，被泥巴絆住腳的他們陷入了動彈不得的失序狀態之中，而當與第二條陣線的前進隊伍混合並因潰退、驚慌和沒有騎手的馬匹而亂成一鍋粥時，這種失序狀態速變成了大混亂。抓住戰局的英格蘭弓箭手扔下弓箭，拿著斧頭和其他武器冲進戰場，展開了恣意的大屠殺。許多法國人受到沉重鎧甲的妨礙，毫無招架之力，累計有數千人被殺和被俘，而相比之下，英格蘭人總共才損失了五百人，其中至少包括一個可能是心力衰竭而死的人。此人是約克的愛德華公爵，愛德華三世的孫子之一，時年四十五歲，身體肥胖，他被人發現死於戰場之上，渾身上下無一處傷口。在法國一方，三位公爵、五位伯爵、九十位男爵和其他許多人被殺，其中有兩人來自庫西家族——他的孫子羅伯特・巴爾，以及他的第三位女婿、內韋爾的菲力浦伯爵（Philip Count of Nevers），儘管他的哥哥勃艮第公爵未上戰場，他卻投入了戰鬥。戰俘名單中名列前茅的是查理・奧爾良，庫西的新領主，他的戰俘身份將會持續二十五年。騎士英雄布西科元帥也被俘虜。拙劣的阿金庫爾戰役是他的最後一戰：六年後，他死於英格蘭。

中斷了兩年後，亨利五世捲土重來，進行對疆域的系統性佔領。在火藥和炮兵的使用上有所改善的技術現在帶來了不同，使有城牆的城市也無法倖免。當仗劍時代結束時，火器時代開啟，而這個時代又不允許人的交戰能力失去效力。在從一四一七年至一四一九年的三年時間裡，亨利佔領了整個諾曼第的領土，而法國人則在內部的紛爭中糾纏和格鬥。兩位太子在一年內相繼死去，使得查理、一個其母親宣佈其不合法的倒楣的十四歲男孩成了王位繼承人。卡博什分子再次揭竿而起，伴隨著野蠻和謀殺的狂暴行徑。「無畏的約翰」控制了國王和首都，而太子逃到了盧瓦爾河下游。亨利五世在一個自我分裂的法國縱橫馳騁。在英格蘭人包圍盧昂的過程中，守城者為了節約糧食，將一萬兩千名市民逐出城外，而英格蘭人拒絕讓他們通過自己的戰線，於是他們於冬季滯留在兩座軍營之間，靠野菜和根莖為食，或是死於寒冷和饑餓。當盧昂的陷落給巴黎造成了直接威脅時，法國各派系被嚇住了，試圖停止爭吵，共同對敵。

一四一九年，在勃艮第公爵的一再拖延之後，他與太子之間的一次會面被安排在離巴黎東南約三十五英里的蒙特羅（Montereau）的橋上。兩派人滿腹狐疑地向彼此走去，說出刺耳的話語，仿佛特洛伊的天神們又在竊竊地說著邪惡之語，手則快速伸向寶劍，當太子退出那一場合時，他的隨從沖向公爵，將手中的武器插入他的身體，「將他撞倒，使他僵硬地死在地上」。路易・奧爾良的大仇得報，只是代價更為慘痛。

和解遭到了破壞。這下輪到新任公爵勃艮第的腓力發誓報仇了，他與亨利五世完全勾結在一起，即使亨利五世意識到自己正在不合時宜地要求得到腓力祖先的皇冠。他們共同起草了英格蘭國王與仍舊是

586

活幽靈的法蘭西國王之間的《特魯瓦條約》（Treaty of Troyes）。根據它於一四二〇年簽署的條款，失智的國王及其出生在國外、從未感覺像個法國人的王后聲明與「所謂的太子」脫離關係，接受亨利五世為法蘭西王位繼承人以及他們的女兒凱薩琳的丈夫。在查理六世在世時，亨利確定擁有諾曼第及其他佔領地區，並與勃艮第公爵共同管理法蘭西。

法蘭西的完整性達到了其最低點。如果說一位國王在普瓦捷會戰時成了俘虜的話，那麼在特魯瓦，則交出了王權本身。首屈一指的法蘭西淪為了英格蘭與勃艮第的共管領地。造成此局面的不只是亨利五世五年的快速征戰：它是百年來的分裂勢力與勃艮第國的興起以及國王的長期瘋癲這一偶然事件相結合的產物。但在此階段，在民族主義的形成過程中，無論亨利五世的方案是多麼小心謹慎，它都不是一次可能成功的征服。如果說法國民族感在一三六〇年已經強烈到無法接受移轉主權的程度的話，那麼兩代人之後，這種感覺已變得更加強烈，《特魯瓦條約》的簽署者對此心知肚明。他們納入了一個條款，禁止任何人反對條約，將這種反對說成是叛國行為。

然而，有一個被佔領的法國，還有一個位於盧瓦河下游的自由法國。那位不幸的太子憑藉著他所擁有的耐力，拒絕接受條約，並與自己的御前會議退至貝里的布爾吉（Bourges），在那裡，他維持著王室的微弱心跳。在舉行了進入巴黎的王室入城禮之後，亨利五世重返家鄉，留下自己的兄弟貝德福德公爵（Duke of Bedford）充當自己在法國的攝政者。歷史，或是其他任何解圍的人或事，安排了人類事務，縱容人們偶爾品嘗一下嘲弄的味道。在那之後不到兩年，查理六世和亨利五世在一個月內相繼去世，那位女婿先死，所以他從未戴上過法蘭西的皇冠。繼承權傳給了他九個月大的兒子，與之相伴隨的是，通過法蘭西的凱薩琳，瓦盧瓦家族發出了詛咒。瘋狂將攻克成年後的亨利六世；世子，後來的查理七世，因為不合法，所以逃走了。

據說，再一次地，「森林跟著英格蘭人一起捲土重來」，因為戰爭和瘟疫使土地變得一片荒蕪。在皮卡第這一侵略者的永久性路徑，村莊變成了燻黑的廢墟，田地無人耕種，廢棄的道路消失在荊棘和雜草之下，荒無人煙的土地孤零零地躺在那裡，聽不到一聲雞鳴犬吠。在阿布維爾的邊界，人們發現了一名饑餓的農婦，她醃製了自己兩個被她殺死的孩子的屍體。隨著英格蘭竭力地想要成功征服法國的努力，破壞四處傳播。只有勃艮第聯盟和一個精疲力竭的被掠奪和蹂躪的國度才使它們持續了下去。查理・奧爾良的秘書寫道，沒有一支武裝力量可以在戰爭期間佔領庫西城堡，可是，由於「內部的背叛」，它一時間落入了敵人之手，它美麗的教堂窗戶「被褻瀆之手拆掉了大半」。

農民逃離鄉村，在城鎮尋找庇護所，他們希望在那裡找到安全感，想像那裡的人過著一種更美好的生活。在城區的窮巷陋屋之中，他們發現了並不比自己好多少的不熟練的勞工階層。在過度擁擠和營養不良中，瘟疫發起了一輪更大的攻勢，虛弱的人口變得更易被斑疹傷寒、麻風病和瘟疫擊倒。衰退的貿易和製造業造成了失業，促成了對難民的仇恨。有些人重返土地，試圖重建家園，重新開墾雜草叢生的田地，有些人生活在叢林裡，以打獵和捕魚為生。

聖羅奇和其他與對抗瘟疫和各種形式的突然死亡有關的聖徒塑像在教堂中成倍增加，對赤身裸體、瘦骨嶙峋的死者雕像的推崇蔚然成風。如今，在十五世紀，死亡崇拜發展到了其最病態的時期。畫家以殘忍的細節詳盡描畫肉體的腐爛：蛆蟲在每具屍體上蜿蜒蠕動，發脹的蟾蜍坐在死人的眼球上。嘲弄人的、誘人的、歡天喜地的死神帶著跳著死亡之舞的遊行隊伍圍繞著無數面畫著壁畫的牆壁環遊。一部關於死亡的文學作品以有關「Ars Moriendi」（死亡藝術）的流行論文的形式表達了自我，裡面的場景描繪了屍床、在場的醫生和公證人、徬徨的家人、屍衣和棺材、用鑷子挖出了之前的死者屍骨的掘墓人，最後是等待上帝審判的裸屍，與此同時，天使和邪惡的黑魔鬼則在爭奪他的靈魂。

戲劇和神秘劇的演出走向了可怕的極端，彷彿人們需要較以往任何時候都更加過度的行為去體驗一種令人震顫的厭惡。對處女的強姦以令人目瞪口呆的現實主義形式上演；士兵邪惡地砍剁著基督那逼真的假身；孩子被自己的母親炙烤或吞食。在人們所鍾愛的尼祿—阿格里皮娜（Nero-Agrippina）場景的一個十五世紀版本中，母親阿格里皮娜請求兒子的憐憫，但那位皇帝在下令劃開她的肚皮時，還要求看看「女人接納精子而懷孕生子的地方」。

與死亡崇拜相聯繫的是對世界末日的預期。十四世紀的悲觀主義在十五世紀變成了這樣一種信念：人類正日益墮落，這是逐漸逼近的末日徵兆。正如在一篇法國故事中所描寫的，這種衰落的一個象徵是人類仁慈之心的凍結，這表明人類靈魂正在衰老，過去常溫暖人類的愛的火焰正在黯淡下去，不久就將熄滅。瘟疫、暴力和自然災害都是進一步的徵兆。

隨著英格蘭人對首都的佔領，勇氣消磨殆盡。法國不乏有人打算接受一個王冠下的統一視為無休止的戰爭和經濟衰敗的唯一解決之道。然而，總體上看，對英格蘭暴君或所謂的「詛咒」的抵抗是不言而喻的，只是這種抵抗缺乏協調，群龍無首。太子軟弱無能，無精打采，是肆無忌憚或被動消極的大臣們的傀儡。誰都未曾預料到，勇氣來自社會上最不可能的來源——一個出身平民階層的女子。

聖女貞德現象——那個對她說她必須將英格蘭人逐出法國，使太子加冕為國王的來自上帝的聲音，那種主宰那些通常對她不屑一顧的人的氣質，那種解除對奧爾良的包圍並將太子帶至蘭斯的力量——難以歸類。也許只能將其解釋為由一個緊迫的歷史需求所喚起的回聲。那一時刻需要她，她便應運而生。

588

她的力量來自這樣一個事實：在她身上，第一次出現了古老信仰與新生的愛國力量的結合。上帝通過聖克莉絲蒂娜、聖邁克爾和聖瑪格麗特的聲音對她說話，但他所要求的不是純潔，不是謙卑，也不是精神生活，而是將她的祖國從外國暴君手中解救出來的政治行動。

她這顆流星的飛翔只持續了三年。她於一四二八年出現，激勵路易・奧爾良的私生子迪努瓦（Dunois）以及太子圈子中的其他人攻打奧爾良，於一四二九年五月解放了該城，並乘勝利之勢，於兩個月後在蘭斯為查理舉行了神聖的加冕儀式。一四三〇年五月，貞德在貢比涅（Compiègne）被勃艮第黨徒抓獲，被出賣給了英格蘭人，又被臣服於英格蘭人的教會當作異端而遭到審判，於一四三一年五月被燒死在火刑柱上。她的判決對英格蘭人而言是根本性的，因為她聲稱是受到了上帝的促動，如果這一聲明不禁止的話，那麼上帝，人類事件的仲裁者，就將呈現為反對英格蘭對法國統治的立場。審問者的全部嚴酷極端和冷酷無情都競相加在她身上，以證明她的聲音的無效。在審判之前，無論是因她而得到皇冠的查理七世，還是任何一個法國人，都未曾做出絲毫努力去贖回或挽救她，也許這是因為貴族們對於被一個村姑引向勝利這一情況感到尷尬吧。

聖女貞德的生與死都未能立即引起一場全國性的反抗；不過，在那之後，英格蘭人都在為一場失敗的事業而戰鬥，無論他們知道與否。勃艮第人對這一點很清楚。作為神定的法蘭西國王的查理的即位，加上一支重新振作起來的軍隊，改變了局面，而當英格蘭人因在一個嬰兒國王的統治下發生的摩擦而分神時，情況更是如此。意識到箇中含義的勃艮第公爵漸漸疏遠了英格蘭人，與查理七世達成協議，並於一四三五年通過《阿拉斯和約》（Peace of Arras）而確立聯盟關係。在不到一年的時間裡，通過一位精力旺盛的新騎士統帥的活動，國王重返巴黎，這標誌著王國的重新統一即將到來。沒有人可以說由那位奧爾良少女點燃的星星之火已經燎原，因為她的意義更多地為歷史而非她的同時代人所瞭解，但重生的希望和活力指日可待。戰爭並未終結，事實上，當被征服者拒絕屈服時，出於征服者的剛愎自用，英格蘭人仍固執於毫無希望的努力，在勃良第的背叛下已使英國的努力毫無希望，從而使戰爭變得更加殘酷。

在此期間，歐洲知識份子的努力主要在於終結教廷分裂以及在教會內部進行改革的堅持不懈、爭吵不休、劍拔弩張的活動。這兩個目標都取決於一個淩駕於教皇之上的大公會議的至高無上地位的確立。只要教皇們堅持拒絕退位，教廷分裂的一致同意的終結便是不可能的，這使得大公會議的成立成了唯一的選擇。同樣顯而易見的，無論是教皇還是紅衣主教團都不會無視既得利益，從內部進行改革；因此，只有通過確立一個大公會議的權威，才可能獲得一種改革手段。認真的神學家們認真地與這些問題做著鬥爭，真誠地致力於影響變革、尋找限制教皇權力並使之憲法化的方法。問題即使不說是引發了實質性的，至少也引發了極為激烈的哲學和宗教爭議，有關這些爭議的討論通過一系列持續的會議進行了四十年。召集這些會議的不是教會這一核心，而是由大學、君主和國家構成的週邊圈子，會議地點在比薩、康斯坦茨和巴塞爾。

一四〇九年，在比薩，德阿伊利和格爾森為之大唱頌歌的改革問題被遏制住了，當時人們將所有精力都投入了罷黜亞維農和羅馬兩位教皇並選舉一位單一的繼任者上。這個人〔亞歷山大五世〕很快便死去了，將被一個更像是雇傭兵隊長而非紅衣主教的尚武的義大利人博多塞爾・科薩（Baldassare Cossa）所取代，他獲得了約翰二十三世〔一譯若望二十之世〕之號。由於他的兩位前輩仍然固守著自己的主教許可權，現在教會呈現了三足鼎立之勢。由於法國深陷於重重困難之中，主動權交到了皇帝西吉斯蒙德手中，他於一四一四到至一四一八年之間，在帝國版圖上的康斯坦茨召開了那次令人記憶猶新的會議。

由於教會的歷史性結果，康斯坦茨會議開啟了第三個問題，即對異端的壓迫，這裡的異端指的是因上個世紀的莫名不安所引發的所有持異議的派系。宗教的生命力已經傳給了持異議者、神秘主義者和改革者，從消極意義而言，也傳給了魔法和巫術的實踐，儘管對魔法的強調更多地反映為權威的譴責而非實際的作為。受到威脅的教會以惡毒的迫害作回應。譴責、審判和火刑增加，在其對所謂的異端的折磨中，宗教裁判所在殘酷行為的野蠻和獨創性方面較不信基督的突厥人和中國人有過之而無不及。在該世紀的後半葉，對巫師的追捕將達到愈演愈烈的地步，其標誌是一四八七年的著名論文《女巫之槌》（*Malleus Maleficarum*），這是部探測鬼神學及其愛好者的百科全書。

康斯坦茨會議關注的是威克利夫的意識形態上的繼承人揚・胡斯更為根本的異端思想。他被召至康斯坦茨會議上解釋自己的教義，並為其進行辯護，之後，他被定罪，並於一四一五年被燒死在火刑柱上。拉蒂默主教（Bishop Latimer）預見到——他的聲明也許是對的——胡斯他的死亡所帶來的火焰將點燃無法撲滅的燭火。

會議還經過一系列與約翰二十三世的激烈抗爭，設法指控他犯有剽竊、謀殺、強姦、雞奸和亂倫（對此吉本評論說，「最可恥的」指控被壓下了），從而罷黜了他，選舉羅馬紅衣主教科隆納（Cardinal Colonna of Rome）為馬丁五世（Martin V）。前一位羅馬教皇已經在勸誘之下辭職，仍舊頑固不化的亞維農的本篤被有效地孤立了起來，教廷分裂宣告結束，儘管它將圍繞改革問題而短暫地死灰復燃。大公會議與教皇為最高權力而展開的更激烈的鬥爭持續了下去。在馬丁五世治下，教皇國及其稅收得到恢復，這種若非精神上也是物質上的力量獲取使得馬丁的繼承者尤金四世（Eugenius IV）治下的教廷得以在巴塞爾會議上重

591

啟了大公會議之爭。像某種巨人的角鬥一樣，此次會議持續了十八年。

在教義之爭激烈進行、各團體紛紛退出、尾閭會議召開之後，一位教皇競爭者——他還是在位的薩伏伊伯爵，可以自掏買路錢——被選為斐理斯五世（Felix V）。對教廷的改革和約束一派投票同意，另一派則堅決反對，與此同時，國家和君權再次被權力政治所劃分。最終，改革者被打敗，斐理斯五世退位，巴塞爾會議於一四四九年解散。再次牢牢掌握在義大利人手中的教廷在書面上承認了大公會議的最高地位，實際上卻重新獲得了自己的最高地位。事實證明，它於一四五〇年的周年慶典上得以慶祝的勝利只不過是種幻影。教廷將再也不復是教廷分裂和各次會議之前的那個教廷了。它在這些危機中，先是丟掉了聲望，其次是丟掉了對全國教會的影響力和控制權。憑著「教宗權制限主義者的自由」（Gallican liberties）這一表達，於一四三八年舉行的一次法國宗教會議獨立地接受了改革，限定教廷對法國教士的收稅。由大公會議鬥爭所導致的運動和觀念不可避免地朝著新教分離的方向前進。

另一個領域的變化發生在胡斯運動成員的戰爭中，這個運動是由捷克民族主義和為胡斯之死復仇的狂熱所點燃的。它的成員大多為布爾喬亞和農民（加上來自捷克貴族的心緒矛盾的支持），在他們反對騎士階層的鬥爭中，正是布爾喬亞而非他們的對手，形成了一種新的軍事戰術。他們採用了一種「活動堡壘」，它由用鎖鏈連在一起的行李車組成的方陣或圓陣構成，用以防禦騎在馬上的武士們的衝鋒。以長槍、手執火炮和連枷武裝起來的小分隊守護著車輛之間的縫隙，當成功防禦住進攻者之後，小分隊會從這些縫隙中發起向敵人的衝鋒。一四二〇年，在一次意欲重新建立正統的「十字軍東征」的過程中，他們打敗了一支西吉斯蒙德掛帥的軍隊，並且從他們所激起的恐懼中獲得了自信後，向匈牙利、巴伐利亞、普魯士乃至遙遠的巴爾幹發起進攻，造成了一種出現異端領地的勢頭。他們從車輛方陣內發射大炮，是首支使手執火器成為主要武器的隊伍。到十年結束時，三分之一的胡斯分子部隊都擁有了這些武器。

作為人，他們經歷了溫和主義者與激進分子之間的意識形態衝突，這最終從內部破壞了他們的運動。可是，在巴塞爾會議上，他們的力量足以強大到迫使教會首次與異教徒達成了一項和平協定。像大部份也是由非貴族階層構成軍隊的瑞士人一樣，他們學會了如何有效地戰鬥，因為他們未曾獻身於榮譽，也未與馬匹捆綁在一起。

在十五世紀二〇年代和三〇年代，葡萄牙王子、岡特的約翰之孫「航海者亨利」（Henry the Navigator），發起了一年一度的進入大西洋的航程，遠征並聲稱擁有亞速爾群島（Azores）、馬德拉群島（Madeiras）和迦納利群島（Canaries），沿非洲西海岸冒險南下，直到於一四三三年繞過非洲西部巨大的突起部位，抵達黃金象牙海岸，開啟了新的貿易。即使亨利王子的最初動機是為了他作為基督軍團將軍的更偉大榮耀，但他的任務及其影響是現代的。他在中世紀與現代之間架起了橋樑，人文主義者和科學家在此橋樑之上蜂擁雲集。

變革是不均衡的和不穩定的。歐洲人口在一四四〇年左右已經降至其最低點，且在三十年的時間裡不會有所增加。黑死病之前擁有一萬五千人口的盧昂在十五世紀中葉只有六千名市民。石勒蘇益格大教堂（Cathedral of Schleswig）拿其在一四五七年的稅收與一三五二年的稅收進行了比較，發現其租金和大麥、裸麥和小麥的數量都下降到了以前的約三分之一。在許多地方，基礎教育消失，直到現代才得以恢

592

復。一四三九年，某位這些年來一直堅持寫日誌的巴黎布爾喬亞記錄了說首都街道上雜草叢生，狼群在人口減半的郊區向人發起了攻擊。就在同一年，波爾多大主教抱怨說，由於「剝皮者」的詛咒，學生們再也無法在大學尋求知識的珍珠，因為「許多人被半路上帶走，投入監獄，書、物品都被奪走，有時，唉！還會被殺掉」。百年戰爭在援助資金和貢金、人頭稅和間接稅以及貨幣貶值方面的代價是難以計算的。不過，雖然財政負擔帶來了悲慘的境遇和階級的對抗，但為了資金的批准而強行召集的如此眾多的等級會議和議會可能也加強了代議機構的功能。

在查理七世統治的頭十年中，幾乎看不到前方有任何進步的信號。這一統治時期的諾曼第編年史學家湯瑪斯・貝辛（Thomas Basin）寫道，通過持續的國內和國外戰爭，通過國王的官員們的「疏忽和怠惰」、重甲騎士的「貪婪和渙散」以及軍事紀律的缺失，大面積的破壞肆虐，從盧昂到巴黎，從盧瓦爾河到塞納河，在布裡和香檳的平原之上，再從塞納河到遙遠的拉昂、亞眠和阿布維爾，所有這些地方都難逃厄運。「人們擔心，這種大破壞的標識會長期存在並隨處可見，除非上帝對這個世界上的事更加留意。」

慢慢地，令人難以置信地，統治職責塑造了國王查理七世（一四二二——一四六一年在位），而較好的運氣也將較優秀的人帶來為他服務。卓越的布爾喬亞金融家雅克・柯爾（Jacques Coeur）提供了金錢和信用基礎，因騎士等級之外的技藝高超的炮手而變得完美的攻城炮兵以十四世紀無法想像的效能攻破了英格蘭人把持的堡壘和城鎮。一座接一座的城市向國王的軍隊敞開了城門，這種勢頭因為查理七世終於完成了曾打敗其祖父查理五世的軍事改革而變得更加勢不可擋。在一四四四年至一四四五年間，他成功地建立了一支常備軍，在與當時最大的禍害、無法無天的雇傭軍結合的同時淘汰著它們。根據新的法規，建立了二十個直屬連隊（compagnies d'ordonnance），它們各由一百名配矛騎士構成，每位配矛騎士配有兩名弓箭手、一名侍衛、一名聽差和一名戰場僕從，每個連隊總計達六百人。新連隊的軍官由最可靠的雇傭兵長官自行招募，其工資和供給由王室以正常的年度稅收為手段進行支付，它們駐紮在法國各地的戰略要地。通過堅韌的努力，「剝皮者」的殘留部份被解散。在該世紀中葉的變革信號中，沒有什麼比這一常備軍的發明更為重要的了。它標誌著一種秩序原則，而以前的一切——瘟疫、戰爭和教廷分裂——則是混亂的代理人。

英格蘭征服意願的下降也助了法國復興一臂之力。長大成人的亨利六世（一四二二——一四七一年在位）希望和平。作為一位衰弱、多變的國王，他是貴族與高級教士中的相互爭執不休的派系的棋子。他能幹的叔叔貝德福德公爵已死，使得沒有一個德高望重的人能夠領導或終止戰爭。到一四五〇年，法國已經收復了整個諾曼第；炮兵部隊剛一出現，城鎮便繳械投降。就連英屬阿基坦也縮小到不及波爾多的周邊地區那麼大。

一四五三年，在卡斯蒂利翁（Castillon）這個位於波爾多週邊的唯一一個殘留的英格蘭據點，最後一場戰鬥打響了。傳統的角色遭到了顛覆，英格蘭人靠的是莽夫之勇，法蘭西人靠的卻是布爾喬亞的能力。在卡斯蒂利翁向法軍投降後，什魯斯伯里伯爵（Earl of Shrewsbury）約翰·塔爾伯特閣下（Lord John Talbot）從波爾多出發前來收復它。據貝辛的記載，塔爾伯特習慣於發起「魯莽的冒險而非審慎的襲擊」，不顧一位經驗豐富的副官的建議，堅持率領自己的騎在馬上的重甲騎兵進行正面進攻。領導法國軍隊的是「某個叫讓·比霍（Jean Bureau）的巴黎公民，他地位卑賤，卻志存高遠，勇敢無畏，特別擅長使用（炮兵），在這方面經驗豐富」，他借助於一條壕溝、一道用樹幹加固的土牆和「戰爭機器」——長管炮、蛇形炮、勁弩以及各種各樣的投射物發射器——守住了營地。塔爾伯特及其騎士向這樣的防禦工事撲去，結果被石頭、鉛彈和上述的各種發射物所擊退。塔爾伯特戰死，他的軍隊徹底潰敗。不久之後，波爾多本身也陷落。除了加萊以及對法國王冠的空洞要求外，英格蘭在歐洲大陸上的帝國已一無所有。

最漫長的戰爭結束了，儘管也許沒有幾個人意識到這一點。在如此眾多的休戰和再次開戰之後，誰又能意識到結局已經到來？在沒有慶典或停火、條約或解決方案的情況下，五代人的冒險和痛苦漸漸消失了。在此過程中，國民身份認同得以形成。百年戰爭，如同發生在同一時期的教會危機一樣，瓦解了中世紀的單一性。騎士精神中的兄弟之情斷裂了，正如大學宣揚的國際主義在戰爭和教廷分裂的聯合影響之下無法存在一樣。在英法之間，戰爭留下了一種相互敵視的精神遺產，它將一直持續到一九一四年前夜形成必不可少的聯盟之時。

就在卡斯蒂利翁戰役爆發的同一年，瘋狂突然襲擊了亨利六世，使英格蘭陷入了曾如此重創法國的同一種控制皇權的競爭之中。失業的士兵和弓箭手返回英格蘭，為貴族的派系糾紛效力，將自己的暴力和武器加入了如今取代了在法國的戰爭的內戰玫瑰戰爭（Wars of the Roses, 1455-1485）中。就在一四五三年這致命的同一年中，固若金湯的君士坦丁堡在穆罕默德二世的包圍槍炮之下陷落。突厥帶來的攻城裝備是七十門大炮，位於最前面的是一門以鐵加箍的超級射石炮，它由六十頭公牛牽引，可以發射重達八百磅的炮彈。拜占庭帝國的衰落為中世紀的結束提供了一個約定俗成的日期，但在同一時間，發生了一件更孕育著變化的事件。

在一四五三年到一四五四年間，古騰堡在美茵茨用活字印刷出了第一份檔，接著，在一四五六年，第一次出現了印刷書籍——拉丁文的《聖經》。正如維克多·雨果（Victor Hugo）以堪稱恰當的溢美之詞所指出的，「哥特的太陽落在了美因茨的龐大印刷機之後」。傳播知識和交換思想的新手段以非中世紀的速度流傳開來。在接下來的不到十年的時間裡，印刷機出現在了羅馬、米蘭、佛羅倫斯和那不勒斯，於十五世紀七〇年代出現在了巴黎、里昂、布魯日和巴倫西亞。一四七三年，印刷了第一份樂譜。威廉・卡克斯頓（William Caxton）於一四七六年在威斯敏斯特安裝了自己的印刷機，於一四八四年出版了迄今仍無法越超的英國散文著作，馬婁禮（Malory）的《亞瑟王之死》（*Morte d'Arthur*）。

隨著都鐸家族坐上英格蘭王位，英格蘭與法蘭西於一四九二年（這一年因其他的原因而更具意義）簽署了《埃塔普勒條約》（*Treaty of Etaples*），英法關係正式確立。曾經在十字軍東征中尋找發洩口的歐洲能量現在將於航海、發現和對新世界的殖民中去尋找其出口。

庫西家族的血統在昂蓋朗七世死後，懸於瑪麗的兒子羅伯特・巴爾之一線。菲利帕死時沒有子息。庫西第二次婚姻之產物伊莎貝爾死於一四一一年，她唯一的孩子，一個還是嬰兒的女兒，在她死前或死後的六個月內也死去了。庫西的私生子珀西瓦爾於一四三七年立下遺囑，將自己的領地留給了羅伯特・巴爾的女婿，由此也許可以推斷，昂蓋朗七世唯一的兒子死的時候沒有子女。不過，這一脈單傳將通向一位國王。羅伯特・巴爾的女兒讓娜嫁給了法蘭西騎士統帥路易・盧森堡，她又生育了一個嫁到了承自聖路易的支脈的波旁家族的女兒。這一婚姻的孫子安東尼・波旁（Antoine de Bourbon）娶了納瓦拉王后讓娜・阿爾伯特（Jeanne d'Albret），此次婚姻產下的兒子，帶著他的納瓦拉的白羽毛和他著名的讓步——「巴黎值得一場彌撒」——登上了王位，成為亨利四世。勇敢、敏銳、多情、通情達理的他是所有法蘭西國王中最受歡迎的，並且——也許是由於昂蓋朗七世的幾個基因——是一個理性的人。

偉大的庫西男爵領地在與查理・奧爾良之子路易十二世治下的王室領地合併後，一直是這個王室家族之奧爾良支系的財產。在未成年的路易十四——他的兄弟菲力浦・奧爾良（Philippe d'Orléans）得到了「庫西之主」的頭銜——統治期間，那座最初是為了威懾國王們而建的固若金湯的城堡變成了貴族們為了反對攝政者馬薩林紅衣主教（Cardinal Mazarin）而結成的聯盟投石黨（Fronde）的根據地。為了摧毀敵人的根基，馬薩林於一六五二年炸毀了部份城堡，使之無法居住，儘管他的手段不足以使巨大的主塔倒下。一六九二年的一次地震毀滅了城堡更多的部份，給主塔留下了一道從頭到腳的參差不齊的裂縫，但它依然屹立不倒，守衛著下麵空空蕩蕩的大廳。百年後，該男爵領地的最後一位領主是被稱為「平等的菲力浦」（Philippe Egalité）的奧爾良公爵，作為法國國民議會的成員，他投票同意處死路易十六，而他自己在一年後也成了斷頭臺上的犧牲品。他的包括庫西在內的財產都轉給了國家。

與此同時，昂蓋朗位於維爾納夫・蘇瓦松（Villeneuve de Soissons）的塞利斯廷修道院遭到了胡格諾派教徒（Huguenots）的肆意破壞，被修復後，又在投石黨的戰役中遭到毀壞，當塞利斯廷教團於一七八一年被鎮壓時，被作為私人城堡出售。在法國大革命期間飽受劫掠的它幾經轉手，最後於一八六一年為奧利維爾・羅什富科伯爵（Count Olivier de la Rochefoucauld）購得。庫西對永恆的把握並不比大多數人成功。

在拿破崙三世統治時期，歷史古跡委員會（Commission of HistoricalMonuments）建議修復庫西城堡，若不那麼做的話，則急需阻止遺留部份的朽爛毀壞。修復需在庫西與彼埃爾豐（Pierrefonds）之間進行選擇，後者是路易・奧爾良於十四世紀末修建的一座時間較近、更為奢華的城堡。因為庫西將花費三倍於彼埃爾豐的修復費用，加上尤金妮亞皇后（Empress Eugénie）因彼埃爾豐離巴黎更近而鍾情於它，所以後者被選中。令人悲哀的是，中世紀的修復者、建築師維奧勒—勒—杜克（Viollet-le-Duc）拿這座中世紀的重要軍事構造不當一回事兒。「在這座龐然大物旁邊，最大的塔也不過是些紡錘而已。」他寫道。他所能做的就是用兩道鐵箍把那座龐然大物包起來，修理屋頂和主要裂縫，安置了一個管理人，防止有人再偷走城堡落下的石頭。

這座地標建築於寂靜、荒蕪、貓頭鷹築巢其間的狀況之下仍舊令人敬畏。旅行者們前來瞻仰，考古學家們研究它的結構，藝術家們描繪它的平面圖和石碑。位於它腳下、坐落在順著從山上蜿蜒而下、穿過山谷通向蘇瓦松道路邊的村莊的生活還在繼續。時間、人為的騷亂和自然的混亂都對城堡主塔無能為力，但二十世紀的破壞則另當別論。

一九一七年，再次遭到入侵的皮卡第已經被德軍佔領了三年之久。第六十軍的指揮官巴伐利亞的魯普雷希特王子（Prince Rupprecht of Bavaria）督促總參謀長魯登道夫將軍（General Ludendor.）要確保庫西城堡免遭破壞，因為它是個現在已無軍事價值獨一無二的建築珍寶。他指出，無論哪一方都不會試圖將它用於軍事目的，而它的毀壞「將只意味著相當徒勞地打擊我們自己的聲譽」。魯登道夫不喜歡有關文化的訴求。他不明智地注意到了庫西，決定使它成為至高無上的價值觀的榜樣。他下令向裡面填塞了二十八噸炸藥，於是那座由昂蓋朗三世在自希臘和羅馬以來最偉大的建築時代修建的龐然大物被炸為了平地。

外牆、基礎、地下房間和隧道、部份內牆和門道隨著數英畝翻倒的石塊倖存下來。在一道裂開了縫的門楣上，未穿鎧甲的騎士仍舊在與一頭獅子搏鬥。七百年來，這座城堡見證著人類的努力與失敗、有序與無序、卓越與衰落的輪迴。它遺留在皮卡第山頂上的廢墟，靜觀著歷史車輪的滾滾向前。

致謝

我要感謝所有以這種或那種方式為這本書的寫作提供了幫助的人：感謝庫西城堡的副市長、庫西城堡及其周邊建修繕協會主席邁特爾・亨利・克雷潘（Ma.tre Henri Crepin）的盛情和引導；感謝我的編輯羅伯特・戈特利布（Robert Gottlieb）對本書的熱情、信心以及合理的修改；感謝我的女兒阿爾瑪・塔克曼（Alma Tuchman）進行的充實研究，感謝我的朋友卡特里娜・羅姆尼（Katrina Romney）堅持不懈的關注，並感謝她們的批評性閱讀。我要特別感謝伊莉莎白・A. R.布朗（Elizabeth A. R. Brown）教授和約翰・亨內曼（John Henneman）教授在中世紀複雜性方面的重要協助；還要感謝霍華德・嘉里（Howard Garey）教授解釋中世紀法語的問題，我還受惠於理查・法米列蒂（Richard Famiglietti）先生對這一時期資料的熟悉。對於各種各樣的建議、指導、翻譯和疑難排解，我要感謝約翰・本頓（John Benton）、賈爾斯・康斯特布林（Giles Constable）、尤金・考克斯（Eugene Cox）、希爾嘉思（J. N. Hillgarth）、哈里・米斯基明斯（Harry A. Miskimin）、林恩・懷特（Lynn White）等教授，以及菲莉斯・戈爾丹（Phyllis W. G. Gordan）夫人和摩根圖書館（Morgan Library）的約翰・普盧默（John Plummer）。在法國方面，則要感謝巴黎大學的羅伯特・福西耶（Robert Fossier）教授，尚蒂伊（Chantilly）的雷蒙德・卡澤勒（Raymond Cazelles）教授，圖盧茲（Toulouse）的菲力浦・沃爾夫（Philippe Wolff）教授。感謝國家圖書館（Bibliothèque Nationale）的泰雷茲・阿爾韋奈

（Therese d' Alveney），國家檔案館（Archives Nationales）的M・伊夫・梅特曼（M. Yves Metman），恩河檔案館（Archives de l' Aisne）的比羅・德索（Bureaux des Sceaux），M・喬治・狄馬（M. Georges Dumas），以及蘇瓦松博物館（Museum of Soissons）的M・德普伊（M. Depouilly）；還要感謝歐文・桑德斯（Irwin Saunders）教授對索菲亞（Sofia）的巴爾幹研究所（Institute for Balkan Studies）的介紹，感謝這個研究所的喬普科娃—札伊莫娃（Topkova-Zaimova）教授和伊莉莎白・托多羅娃（Elisabeth Todorova）教授對我探訪尼科波利斯的幫助；也要感謝哈佛大學懷德納圖書館（Widener Library）和耶魯大學斯特林圖書館（Sterling Library）給予我的特權，感謝紐約公共圖書館（New York Public Library）那些樂於助人且博學的工作人員在許多方面提供的幫助。對於其他在我七年的旅程中曾短暫地出現並助我一臂之力的未提及姓名的人，我也抱有同樣的感激之情。

Bibliography

I. MATERIAL RELATING SPECIFICALLY TO COUCY

A. MANUSCRIPTS AND SEALS
B. PUBLISHED WORKS

II. GENERAL

A. PRIMARY SOURCES
B. SECONDARY WORKS

ABBREVIATIONS

AESC	*Annales: Economies, Sociétés, Civilisations*
BEC	Biblithèque de l'Ecole de Chartes
BN	Bibliothèque nationale
ECHR	*Economic History Review*
EHR	*English Historiccal Review*
REH	*Revue bistorique*
RQH	*Revue des questions bistoriques*
SHF	Société de l'histoire de France
TRHS	*Transactions of the Royal Historical Society*

I. ON COUCY

A. MANUSCRIPTS

Archives du département de l'Aisne

H 325, folio 239: *Cartulaire-chronique de l'Abbaye de Nogenet-sous-Coucy.*(Modern copy in Bib. de la ville de Noyon, Coll. Peigne-Delacourt, ms. 21.)

H 721: *Fondation du couvent des Célestins à Villeneuve-les-Soissons.*

Bibliothèque nationale, Paris

Founds français, nouv. acq., Coll. Bastard d'Estang, 3653-4-5, 3638-9.

Coll. Clairembault, vol. 35, nos. 74-114; vol. 39, no. 81, dossier Coucy.

*Pièces originales,*875, dossier Cucy, nos. 1-37.

Mss. Coll. Picardies, vol. x, fo. 207 ff.

Ms. fr. 18618, folios 94-141. *Mémoires pour fair servir à l'histoire des seigneurs de Coucy.* (Not an original work, this is a 16th century compilation of material drawn from L'Alouëte, Duchesne, and other sources.)

Ms. Latin 5149, *Historia monasterii SS Trinitatis Caelestinorum.*

Ecole de chartes

Lacaille, Henri, *Enguerrand VII, Sire de Coucy.* (Unpublished doctoral dissertation of 1890. The author's list of *pièces justificatives*-his sources-is unfortunately missing from the ms.) Cited in Notes as Lacaille, *thèse.*

SEALS

Archives nationales-Bureaux des sceaux

Coll. Clairembault, nos. 2838, 2841-2, 8644-6.

Coll. de la Flandre, no. 308.

Bibliothèque nationale-Cabinet des Médailles

Coll. Bastard d'Estang, nos. 28-28bis.

B. PUBLISHED WORKS

++indicates a primary source for the life of Enguerrand VII

++indicates publication of primary documents

+L'ALOUËTE, FRANÇOIS DE, *Traité des nobles avec une histoire généalogique de la très-illustre et très ancienne maison de Couci et de ses alliance.* Paris, 1577.

ANCIEN, BERNARD,"*Les Couleurs d'Enguerrand VII, Sire de Coucy et Comte de Soissons."Mémoire de la fédération des sociétés d'histoire et d'archéologie de l'Aisne,* vol. IX, 1963.

L'Art de vérifier les dates des faits historiques, par un Religieux de la Congrégation de St.-Maur, vol. XII. Paris, 1818.

++BARDY, HENRI, *Enguerrand de Coucy et les Grands Bretons.* Paris, 1860.

BELLOY, M. DE, *Mémoires historiques: I, Sur la maison de Coucy encore existante.* Paris, 1770.

BOUET, M. G.,"*Excursions à Noyon, à Laon et à Soissons."Bull. monumental sur les monuments historiques de la France,* 4th series, vol. IV.

++BROCHE, LUCIEN,"*Notes sur d'anciens comptes de la châtellenie de Coucy."Bull. de la Société académique de Laon,* vol. XXXII, 1905-9.

CHAURAND, JACQUES, *Thomas de Marles, Sire de Coucy.* Vervins, 1963.

++DELAVILLE LE ROUX, J.,"*Le Legs d'Enguerrand VII, Sire de Coucy, à la Cathédrale de Chartres."Mémoires de la Société archéologique d'Eure-et-Loire,* vol. IX, 1889.

+DUCHESNE, ANDRÉ, *Histoire généalogique des maisons de Guînes, d'Ardres, de Gand et de Coucy.* Paris, 1631.

DUFOUR, ETIENNE, *Coucy-le-Château et ses environs.* Soissons, 1910.

DUPLESSIS, DOM MICHEL TOUSSAINTS CHRÉTIEN, *Histoire de la ville et des seigneurs de Coucy.* Paris, 1728.

++DURRIEU, PAUL,"*La Prise d'Arezzo par Enguerrand VII, Sire de Coucy, en 1384."BEC,* vol. XLI, 1880.

DUVAL, M. R.,"*Histoire de l'Abbaye bénédictine de St. Nicolas-aux-bois au diocèse de Laon."Mémoires de la Soc. Acad. de St.-Quentin,* 4th series, vol. XII, 1893-96.

++LACAILLE, HENRI,"*Enguerrand de Coucy au service de Grégoire XI, 1372-74."Annuaire Bulletin de la SHF,* vol. XXXII, 1895. (A collection from the Vatican Archives of the letters of Gregory XI concerning Coucy's command in the War of the Papal League, 1372-74.)

++——,"*La Vente de la baronnie de Coucy."BEC,* vol. LV, 1894.

LAROUSSE, *Grand Dictionnaire universel,* 1869, articl"Coucy-le-Château."

LEFÈVRE-PONTALIS, EUGÈNE, *Le Château de Coucy.* Paris, 1909.

LELONG, DOM NICOLAS, *Histoire ecclésiastique et civile du diocèse de Laon.* Châlons, 1783.

LÉPINOIS, E. DE, *Histoire de la ville et des sires de Coucy.* Paris, 1859.

++MANGIN,"*Enguerrand VII, Sire de Coucy: Pièces inédites concernant son départ pour la Hongrie et sa mort.*"*Bulletin de la Soc. Acad. de Laon,* vol. XXIV, 1882.

MAZAS, ALEXANDRE, *Vie des grands capitaines français du moyen age,* vol. III. 3rd ed. Paris, 1845. (Lively and interesting but unreliable and in some cases imaginary.)

MELLEVILLE, MAXIMILIEN, *Histoire de la ville et des sires de Coucy-le-Château.* Laon, 1848.

MOREAU, JULES, *Notices sur les sires de Coucy.* Chauny, 1871.

++ROUSSEL, L'ABBÉ R., *Histoire de l'abbaye des Célestins de Villeneuve-les-Soissons.* Soissons, 1904.

SARS, COMTE MAXIME DE, *La Laonnais féodale,* vol. IV. Paris, 1931.

SAVAGE, HENRY L.,"Enguerrand de Coucy VII and the Campaign of Nicopolis."*Speculum,* October 1939.

VIOLLET-LE-DUC, E., *Description du château de Coucy.* Paris, 1880. (Largely repeated from his *Dictionnaire.*)

ZURLAUBEN, BARON VON THURN UND,"*Abrégé de la vie d'Enguerrand VII du nom, Sire de Couci.*"*Histoire de l'Acad4émie royale des inscriptions et belles lettres,* vol. XXV. Paris, 1759.

II. GENERAL

A. PRIMARY SOURCES

ALLMAND, C. T., ed., *Society at War: The Experience of England and France During the Hundred Years War.* Edinburgh, 1973. (Excerpts from contemporary texts.)

*Anonimalle Chronicle (*St. Mary's York). End V. H. Galbraith. Manchester, 1927.

BARNIE, JOHN, *War in Medieval English Society.* Cornell University Press, 1974. (Excerpts from contemporary texts.)

BEAUREPAIRE, CH. DE,"*Complainte sur la Bataille de Poitiers.*"*BEC,* vol. XII, 1851.

BELL, CLAIR HAYDEN, Ed., *Peasant Life in Old German Epics.* Columbia University Press, 1968. (Contains two 13th century narrative poems,"*Meier Helbricht*"and"*Der Arme Heinrich,*"which, though not strictly applicable to 14th century France, are revealing of medieval peasant life.)

BERRY, DUC DE, *The Trèe Riches Heures of Jean, Duke of Berry.* Eds. Jean Longman and

Raymond Cazelles, with preface by Millard Meiss. New York, 1969.
BOCCACCIO, GIOVANNI, *The Decameron.* Trans. Frances Winwar. New York, 1930.
BONET, HONORÉ, *The Tree of Battles.* Trans. and ed. G. W. Coopland. Harvard University Press, 1949.
BOUCICAUT. See Godefroy and *Livre des faits.*
BRIANS, PAUL, ed., *bawdy Tales from the Courts of Medieval France.* New York, 1972.
BRUCKER, GENE, ed., *The Society of Renaissance Florence.* New York, 1971. (Excerpts from contemporary documents.)
——, *Two Memoirs of Renaissance Florence.* New York, 1967. (Contains excerpts from the journal of Buonaccorso Pitti.)
CHANDOS HERALD, *Life of the Black Prince.* Trans. M. K. Pope and E. C. Lodge. Oxford, 1910.
CHAPLAIS, PIERRE,"Some Documents Regarding the Fulfillment and Interpretation of the Treaty of Brétigny, 1361-69."*Camden Miscellany,* vol. XIX (Camden Third Series, vol. LXXX). London, 1952.
CHAUCER, GEOFFREY, *The Canterbury Tales.* Ed, Walter Skeat. New York, 1929.
CHRISTINE DE PISAN, *The Book of Fayttes of Armes and of Chyvalrye.* Trans. Villiam Caxton. Ed. A. T. P. Byles. Oxford University Press, 1932.
——, *Le Livre des Fais et Bonnes Meurs du Sage roy Charles V.* Ed. S. Solente. 2 vols. Pairs, 1936-40.
Chronicle of Jean de Venette. Trans. Jean Birdsall. Ed. Richard A. Newhall. Columbia University Press, 1953.
Chronicon Angliae. See Walsingham.
Chronique du Bon Duc Loys de Bourbon. Ed. A. M. Chazaud. Paris, 1876. (Cited in Notes as *Chron. Bourbon.*)
Chronique de Jean de Bel. Eds. Jules Viard and Eugene Deprez. 2 vols. *SHF*, Paris, 1904-5.
Chronique normande du XIV e siècle. Eds. A. and E. Molinier. Paris, 1882.
Chronique des quatre premiers Valois, 1327-1393. Ed. Siméon Luce. *SHF*, Paris, 1862. (Cited as *Chron. 4 Valois.*)
Chronique des règnes de Jean II et de Charles V. Ed. R. Delachenal. 4 vols. *SHF*, Paris, 1910-20. (Cited ad *Chron. J. ▪ C.*)
Chronique de Religieux de Saint-Denys: La Règne de Charles VI, de 1830 à 1422. Trans. and ed. M. L. Bellaguet. 6 vols. Paris, 1839. (Cited ad *Chron. C6.*)
Chronographia Regum Francorum (formerly designated *Chronique de Berne*). Ed. H. Moranvillé. 3 vols. *SHF*, Paris, 1891-97.

CUVELIER, J., *Chronique de Bertrand du Guesclin.* Ed. E. Charrière. 2 vols. Paris, 1839.

DELISLE, LÉOPOLD, *Les Collections de Bastard d'Estang à la Bibliothèque nationale.* Nogent-le-Rotrin, 1886. (Summaries of the contents of contemporary documents. Very valuable.)

DELISLE, M. L., ed."*Un Pamphlet politique au XIV e Siècle*"(the *Tragicum Argumentum*). *Bull. historique et philològique, 1886.* Paris, 1887.

DEMAY, GERMAIN, *Inventaire des sceaux de la collection Clairembault,* vol. II. Paris, 1886.

——, *Inventaire des sceaux de la Flandre,* vol I. Paris, 1883.

DESCHAMPS, EUSTACHE, *Oeuvres complètes.* Eds. Marquis de Queux de Saint-Hilaire and G. Raynaud. 11 vols. Paris, 1878-1901.

DÍAZ DE GÓMEZ, GUTIERRE, *El Victorial: The Unconquered Knight, A Chronicle of the Deeds of Don Pero Niño, Count of Buelna.* Trans. and ed. Joan Evans. London, 1928.

DOUET-D'ARCQ, LOUIS, ed., *Choix de Pièces inédites relatives au règne de Charles VI.* 2 vils. Paris, 1863.

DUCKETT, SIR GEORGE FLOYD, ed, *Original Documents Relating to Hostages for John, King of France, and the Treaty of Brétigny in 1360.* London, 1890.

EGBERT, VIRGINIA WYLIE, ed., *On the Bridges of Medieval Paris; A Record of Early Fourteenth Century Life*. Princeton, 1974. (Excellent reproduction of illustrations with commentary; a beautiful piece of bookmaking.)

FROISSART, JEAN, *Chronicles of Egnland, France and Spain.* Trans. Thomas Johnes, 2nd ed. in 2 vols. London, 1806. (Best for the general reader. Modernized language and some cuts.)

——, *The Chronicle of Froissart.* Trans. Lord Berners, 1523-25. Ed. W. P. Ker. 6 vols. London, 1902. (Text of the original translation with a useful introduction by the editor but no notes.)

——, *Chroniques.* Ed. Siméon Luce et al. 14 vols. Paris, 1869-1966. (The notes are a scholarly work in themselves, but the edition is difficult to use because of confusing organization and pagination. Cited as Luce-F.)

——, *Oeuvres.* Ed. Baron Kervyn de Lettenhove. 25 vols. Brussels, 1870-75. (The most useful edition for index, biographies, and editorial material. Cited as KL.)

——,"*Le Trettie du Joli Buisson de Jonece.*"*Collection des chroniques nationales françaises,* vol. X. Ed. J. A. Buchon. Paris, 1829.

GERMAIN, A., *Projet de lescente en Angleterre. . .pour la délivrance du Roi Jean: Extrait de documents originaux inédits.* Montpellier, 1858.

GILLES LI MUISIS (BEEÉ DE ST. MARTIN DE TOURNAI), *Chronique et annales.*

Ed. H. Lemaitre. *SHF*. Paris, 1906.
GODEFROY, THEODORE, ed., *Histoire de Maréchal de Boucicaut.* Paris, 1620. (This was the first publication of the Livre des faits. . .*de Boucicaut,* from the ms. in the BN, of which only one copy exists.)
GODFREY LE BAKER, *Chronicon.* Ed. Edwin M. Thompson (with parts translated). Oxford, 1889.
Grandes Chroniques de France, vol. IX (to 1350). Ed. Jules Viard. Paris, 1937.
——, vol. VI (to 1380). Ed. Paulin Paris. Paris, 1838.
GRAY, SIR THOMAS, *Scalacronica.* Trans. Sir Herbert Maxwell. Glasgow, 1905-7.
GUIBERT, ABBOT OF NOGENT, *Memoris.* Trans. John L. Benton. New York, 1970.
HELLMAN, ROBERT, and RICHARD O'GORMAN, eds., *Fabliaux: Ribald Tales from the Old French.* New York, 1965.
HERLIHY, DAVID, ed., *Medieval Culture and Society.* New York, 1968. (Anthology of contemporary texts.)
JEAN LE FÈVRE, EVÊQUE DE CHARTRES, *Journal de Jean le Fèvre,* vol. I. Ed. H. Moranvillé. Paris, 1887.
JEAN JUVENAL DES URSINS, ARCHEVÊQUE DE REIMS, *Histoire de Charles VI.* Ed. Th. Godefroy. Paris, 1614. Also in *Nouvelle Collection des mémoires relatifs à l'histoire de France,* vol. II. Eds. J. F. Michaud and J. J. F. Poujoulat. Paris, 1881.
JOHN OF READING, *Chronica.* Ed. James Tait. Manchester, 1914.
KOENIGSHOFEN, JACOB VON, *Elsassiche und Strassburgische chronicke* (c. 1400). Ed. J. Schilter. Strasburg, 1698.
LANGLAND, WILLIAM, *The Vision of Piers Plowman.* Ed. Henry W. Wells. New York, 1935.
LANGLOIS, CHARLES VICTOR, *La Connaissance de la nature et du monde au moyen age d'après quelques écrits français à l'usage des laics.* Paris, 1911. (Contains *Image du monde, Roman de Sidrach,* and other encyclopedists. This is vol. III of what was later published as *La Vie en France au moyen age,* 4 vols., Paris, 1924-28. A collection of medieval writings on many subjects, this work is indispensable for a knowledge of the medieval mind.)
LA TOUR LANDRY, GEOFFREY, *The Book of the Knight of La Tour Landry.* Trans. G. S. Taylor. London, 1930.
Livre des faits du Mareschal de Boucicaut, in *Nouvelle Collection des mémoires relatifs à l'histoire de France,* vol. II. Eds. J. F. Michaud and J. J. F. Poujoulat. Paris, 1881. See also Godefroy.
MACHAUT, GUILLAUME DE, *Les Oeuvres.* Ed. Prosper Tarbé. Reims, 1849.

MÉNAGIER DE PARIS, LE, *The Goodman of Paris.* Ed. and trans. Eileen Power. London, 1928.

MÉZIÈRES, PHILIPPE DE, *Le Songe du Vieil Pèlerin.* Ed. with synopsis and commentary by G. W. Coopland. 2 vols. Cambridge University Press, 1969.

MURATORI, L. A., ed., *Rerum Italicarum Scriptores.* Milan, 1723-51.

NOHL, JOHANNES, *The Black Death: A Chronicle of the Plague Compiled from Contemporary Sources.* Trans. C. H. Clarke. London, 1971.

ORLÉANS, H. D., ed., *Notes et documents relatifs à Jean, Roi de France et à sa captivité en Angleterre,* vol. II. London, 1855-56.

OWST, GERALD R., ed., *Literature and Pulpit in Medieval England.* Cambridge University Press, 1933. (Texts of sermons.)

Petrarch. . A Selection from His Correspondence. Eds. James Harvey Robinson and H. W. Rolfe. New York, 1898.

Polychronicon Ranulphi Higden. Ed. Joseph R. Lumby. Vol. VIII. London, 1882.

PROST, B., ed., *Inventaires mobiliers et extraits des comptes des ducs de Bourgogne,* vol. II. Pairs, 1908-13.

Putnam's dark and Middle Ages Reader. Ed. Harry E. Wedeck. New York, 1965.

ROBINSON, JAMES HARVEY, Ed., *Readings in European History,* vol. I. Boston, 1904.

The Rohan Master, eds. Millard Meiss and Marcel Thomas, New York, 1973.

Ross, J. B., and M. M. MCLAUGHLIN, eds., *The Portable Medieval reader.* New York, 1973.

RYMER, THOMAS, *Foedera Litterae et Acta Publica,* vol. III. part II, 1367-77. London, 1830.

SCHILLING, DIEBOLD, *Berner Chronik,* Eds. H. Blesch and P. Hilber. Vol. I. Bern, 1943. (Incorporates chronicle of Konrad Justinger.)

SCHILTBERGER, JOHANN, *The Bondage and Travels of Johann Schiltberger.* Trans. J. Burden Telfer. Notes by P. Bruun. Hakluyt Society, 1879.

SECOUSSE, D., ed., *Mémoires pour servir à l'histoire de Charles II, roi de Navarre et comte d'Evreux.* 2 vols. Paris, 1755-58.

SERVION, JEHAN, *Gestez et Croniques de la Mayson de Savoye.* Ed. F. E. Bollati. 2 vols. Turin, 1879.

Songe du Vergier, in Pieree Dupuy, ed., *Traitez des droits et libertez de l'église gallicane,* vol. II. Paris, 1731.

VILLANI, GIOVANNI, *Chronicle of Florence.* Trans. Rose Selfe. London, 1906.

WALSINGHAM, THOMAS, *Chronicon Angliae, 1328-1388.* Ed. Sir Edward Maunde

Thompson. London, 1874.
WARD, CHARLES FREDERICK, ed., *The Epistles on the Romance of the Rose and Other Documents in the Debate.* Chicago, 1911.
The Visconti Hours, ed. Millard Meiss and Edith Kirsch, New York, 1972.
WAVRIN, JEHAN DE, *Anchiennes Cronicques d'Engleterre.* Ed. Dupont. Vol. II. Paris, 1859.
WRIGHT, THOMAS, ed., *Political Songs and Poems Relating to English History (1327-1483).* 2 vols. London, 1859.
——, *A Volume of Vocabularies.* London, 1857.

B. SECONDARY WORKS

* indicates works of special value or unique material
ABRAHAMS, ISRAEL, *Jewish Life in the Middle Ages.* Philadelphia, 1958.
ANQUETIL, LOUIS PIERRE, *Histoire de France,* vol. II. 3rd ed. Paris, 1829.
*ANSELME, PÈRE, *Histoire généalogique et chronologique de la maison royale,* vol. VIII. Paris, 1733. (Contains most of the higher nobility including the Coucys.)
ARIÈS, PHILIPPE, *Centuries of Childbood.* Trans. New York 1962.
ARMITAGE-SMITH, SYDNEY, *John of Gaunt.* London, 1904.
ARTZ, FREDERICK B., *The Mind of the Middle Ages, A.D. 200-1500.* New York, 1953.
ATIYA, AZIZ SURYAL *The Crusade in the Later Middle Ages.* London, 1958.
——, *The Crusade of Nicopolis.* London, 1934.
AUTRAND, FRANÇOISE,"*Culture et mentalité: les librairies des gens du parlement au tempts de Charles VI.*"*AESC,* September-October 1973.
BALDWIN, FRANCES E., *Sumptuary Legislation and Personal Regulation in England.* Johns Hopkins University Press, 1926.
BAPST, GERMAN,"*Les Spectacles et les réjouissances des fêtes publiques au moyen age.*"*Revue Bleue,* vol. XLVIII, 1891.
BARANTE, GUILLAUME-PROSPER, BARON DE, *Histoire des ducs de Bourgogne, 1364-1477.* Vol. II. Paris, 1839.
BARNES, JOSHUA, *The History of Edward III.* Cambridge, 1688.
BARON, HANS,"Franciscan Poverty and Civic Wealth as Factors in the Rise of Humanistic Thought."*Speculum,* January 1938.
BARON, SALO W., *A Social and Religious History of the Jew,* vols. IX-XI. Columbia University Press, 1965-67.

BATIFOL, LOUIS"*Le Châtelet de Paris vers 1400.*"*BEC,* 1896.

BAUDRILLART, H., *Histoire du luxe.* Paris, 1881.

BEAN, J. M. W.,"Plague, Population and Economic Decline in the Later Middle Ages."*EcHR,* April 1963.

BÉEDIER, JOSEPH, and PAUL LAZARD, *Histoire de la littérature française,* vol. I. Paris, 1923.

BERESFORD, MAURICE, and JOHN B. HURST, *Deserted Medieval Village.* London, 1971.

BISHOP, MORRIS, *Petrarch and His World.* Indiana University Press, 1963.

BLOCH, MARC, *French Rural History.* Trans. (*Les Caractères originaux de l'histoire rurale fran?aise.*) Berkeley, 1973.

——, *Feudal Society.* Trans. (*La société féodale.*) University of Chicago Press, 1971.

——, *Seigneurie française et manoir anglais.* Paris, 1960.

BLOOMFIELD, MORTON W., *Piers Plowman as a Fourteenth Century Apocalypse.*

BLOOMFIELD, MORTON W., *Piers Plowman as a Fourteenth Century Apocalypse.* Rutgers University Press, 1961.

BOISSONADE, P., *Life and Works in Medieval Europe.* Trans. Eileen Power. New York, 1927.

BONNARD, CAMILLE, *Costumes historiques dex XIIe, XIIIe, XIVe, et XVe siècles.* Paris, 1861.

BOUDET, MARCELLIN, *La Jacquerie des Tuchins, 1363-1384.* Paris, 1895.

BOUTRUCHE, ROBERT, *La crise d'une société.* Paris, 1947.

BOWSKY, WILLIAM,"The Impact of the Black Death upon Siense Government and Society."*Speculum,* January 1964.

BOYER, MARJORIE,"A Day's Journey in Medieval France."*Speculum,* October 1951.

BRADDY, HALDEEN,"Froissart's Account of Chaucer's Embassy in 1377."*Review of English Studies,* January 1938.

——,"The Historical Background of the *Parlement of Foules.*"*Review of English Studies,* April 1935.

BRADLEY, CAROLYN G., *Western World Costume.* New York, 1954.

BRIDBURY, A. R.,"The Black Death."*EcHr,* November 1973.

BROWN, ELIZABETH A. R.,"Taxation and Morality in the 13th and 14th Centurise."*French Historical Studies,* April 1973.

CALMETTE, JOSEPH, *Chute et relèvement de la France sous Charles VI et Charles VII.* Paris, 1945.

The Cambridge Medieval History, vol. VII. Cambridge University Press, 1968.

CAMPBELL, ANNA M., *The Black Death and Men of Learning.* Columbia University Press, 1931.

CARCO, FRANCIS, *La Danse des morts comme la décrite François Villon.* Geneva, 1944.

CARPENTIER, ELISABETH,"*Autour de la peste noire: famines et épidémies dans l'histoire du XIVe siècle.*"*AESC*, Novemeber-December 1962.

——, *Une Ville devant la peste: rvieto et la peste noire de 1348.* Paris, 1972.

CARTELLIERI, OTTO, *The Court of Burgundy.* New York, 1929.

CAZELLES, RAYMOND,"*Etienne marcel au sein de la baute bourgeoisie d'affaires.*"*Journal des Savants,* January-Marth 1965.

——,"*Les Mouvements révolutionnaires du milieu du XIVe siècle et le cycle de l'action publique.*"*RH*, October-December 1962.

——,"*Le Parti navarrais jusqu'à la more d'Etienne Marcel.*"*Bull. philologique et historique,* vol. II,, 1960.

——,"*Le Paste de 1348-49 en Langue d'oil; épidémie prolitarienne et enfantine.*"*Bull. philologique et historique*, 1962, pp. 293-305.

——, *La Société politique et la crise de la royautésous Philippe de Valois.* Paris, 1958.

CHAMBERLIN, E. r., *The Count of Virtue: Giangaleazzo Visconti, Duke of Milan.* New York, 1965.

CHAMBERS, E. K., *The Medieval State.* London, 1903.

CHANEY, EDWARD F., *La Danse macabre.* Manchester University Pres, 1945.

CHAZAN, ROBERT, *Medieval Jewry in Northern France.* Johns Hopkins University Press, 1973.

CHEYNEY, EDWARD P., *The Dawn of A New Era, 1250-1453.* New York, 1962. (A useful general history with excellent bibliographies.)

*CHOTZEN, TH. M.,"Yvain de Galles in Alsace-Lorraine and in Switzerland."*Bull. of the Board of Celtic Studies,* 1928.

CHUBB, THOMAS CALDECOTT, *The Life of Giovanni Boccaccio.* New York, 1930.

CIPOLLA, CARLO M., *Money, Prices and Civilization in the Mediterranean World. Princeton University Press*, 1956.

CIRCOURT, ALBERT DE,"*Le Duc Louis d'Orléans: ses enterprises en Italie.*"*RQH*, 1889, in two parts, vols. XLV and XLVI.

COGNASSO, FRANCESCO, *Il Conte Verde.* Turin, 1930.

COHEN, GUSTAVE, *Histoire de la mise en scène dans le théâtre relgieux français du moyen age*. Paris, 1951.

——, *La Vie littéraire en France au moyen age.* Paris, 1949.

*COHN, NORMAN, *The Pursuit of the Millennium.* New Jersey, 1957. Reissue. Oxford

University Press, 1970.
COLLAS, EMILE, *Valentine de Milan.* Paris, 1911.
COLLINS, ARTHUR, *Life of Edward Prince of Wales, Commonly Called the Black Prince.* London, 1974.
COLLIS, MAURICE, *The Hurling Time.* London, 1958. (A first-rate popular book on English affairs for the period 1337-81.)
CONNOLLY, JAMES L., *Jean Gerson, Reformer and Mystic.* Louvain, 1894.
CONTAMINE, PHILIPPE, *Guerre, état et société à la fin du moyen age.* Paris, 1972.
COOK, ALBERT S.,"The Last Months of Chaucer's Earliest Patron"(Lionel, Duke of Clarence). *Trans. of the Connecticut Academy of Arts and Sciences,* vol. XXI, December 1916.
COPLESTON, F. C., *A History of Medieval Philosophy.* London, 1972.
CORDELY, JEAN, *Les Comtes de Savoie et le roi de France pendant la guerre de cent ans.* Paris, 1911.
COUDERC, CAMILLE, *Album de portraits d'après les collections du Département des Manuscripts.* Paris, 1910.
COULTON, G. G., *The Black Death.* London, 1929.
——, *Chaucer and His England.* New York, 1908.
——, *The Chronicler of European Chivalry.* London, 1930.
——, *Five Centuries of Religion.* Cambridge University Press, 1936.
*——, *Life in the Middle Ages.* Reissue (4 vols. in 2). Cambridge University Press, 1967.
*——, *Medieval Panorama.* Cambridge University Press, 1938. Reprint. New York, 1955.
*COVILLE, A., *Les Premiers Valois et la guerre de cent ans* (1328-1422) (vol. IV of Lavisse, *Histoire de France*). Paris, 1902.
*COX, EUGENE L., *The Green Count of Savoy.* Princeton University Press, 1967.
CRAWFURD, RAYMOND, *Plague and Pestilence in Literature and Art.* Oxford, 1914.
CREIGHTON, MANDELL, BISHOP OF LONDON, *A History of the Papacy*, vol. I. Boston, 1882.
CROCF, BENEDETTO, *History of the Kingdom of Naples.* Trans. University of Chicago Press, 1970.
CUTTINO, G. P.,"Historical Revision: The Causes of the Hundred Years War."*Speculum*, July 1956.
CUTTS, REV. EDWARD L., *Scenes and Characters of the Middle Ages.* London, 1930.
DANDLIKER, KARL, *Geschichte der Schweiz*, vo. I. Zurich, 1900.
DARMESTETER, MARY (DUCHAUX), *Froissart.* Trans. E. F. Poynter. New York,

1895.

D'AVENEL, VICOMTE GEORGES, *L'Evolution des moyens de transport.* Paris, 1919.

*DAVID, HENRI, *Philippe le Hardi, Duc de Bourgogne et co-régent de France de 1392 à 1404: le train somptuaire d'un grand Valois.* Dijon, 1947.

DAVIS, WILLIAM STEARNS, *Life on a Medieval Barony.* New York, 1923.

DEAUX, GEORGE, *The Black Death, 1947.* London, 1969.

*DELACHENAL, ROLAND, *Histoire de Charles V.* 5 vols. Paris, 1909-31. (As a collection of information and reference guide to the sources, this is the single most essential work.)

*DELAVILLE LE ROUX, J., *La France en Orient au XIV siècle: expéditions du Maréchal Boucicaut*, vol. I. Paris, 1886.

DELBOUILLE, MAURICE, *Le Roman du castelain de Couci et de la dame de Fayel.* Paris, 1936.

DELISLE, LÉOPOLD, *Recherches sur la librairie de Charles V* . Paris, 1907. (Part II includes inventories of libraries of Charles VI and Duc de Berry.)

DENIFLE, HENRI, *La Désolation des églies, monastères et hopitaux en France pendant la guerre de cent ans*, vol. I. Paris, 1899. (A detailed and documented history of the war in France up to the death of Charles V, this book is much more than its title suggests.)

DIERAUER, JOHANNES, *Geschichte der Schweizerrischen Eidgenossenschaft*, vol. I. Gotha, 1887.

DINGWALL, JOHN ERIC, *The Girdle of Chastity.* London, 1931. (On the chastity belt.)

DUBY, GEORGES, *Rural Economy and Country Life in the Medieval West.* Trans. N.p., 1968.

DUMAS, GEORGES, and SUZANNE MARTINET, *L'Histoire de l'Aisne vue à travers les archives.* Laon, 1971.

DUPONT, JACQUES, and CESARE GNUDI, *Gothic Painting.* Geneva, 1954.

DURRIEU, PAUL,"*Manuscripts de luxe exécutés pour des princes et grands seigneurs français.*"*Le Manuscrit*, vol. II, 1894.

*——,"*Le Royaume d'Adria.*"*RQH*, vol. XXVIII, 1880.

EMERTON, EPHRAIM, *Humanism and Tyranny: Studies in the Italian Trecento.* Harvard University Press, 1925.

ENLART, CAMILLE, *Manuel d'archéologie française;* vol. III, *Le Costume.* Paris, 1916.

EVANS, JOAN, *Art in Medieval France.* Oxford University Press, 1948.

*——, *Life in Medieval France.* London, 1969.

EVANS, JOAN ET AL., eds., *The Flowering of the Middle Ages.* London, 1966.

FAWTIER, R.,"*La Crise d'une société devant la guerre de cent an.*"*RH*, January 1950.

——, *Ste. Catherine de Sienne*. Paris, 1922.

FLICK, ALEXANDER C., *The Decline of the Medieval Church*, vol. I. New York, 1930.

FOCILLON, HENRI, *The Art of the West in the Middle Ages*, vol. II. New York, 1969.

FOSSIER, ROBERT, *La Terre et les hommes en Picardie jusqu'à la fin du XIIIe siècle*. 2 vols. Paris, 1968.

FOWLER, KENNETH, *The Age of Plantagenet and Valois*. New York, 1967.

——, *The King's Lieutenant: Henry of Grosmont, First Duke of Lancaster, 1310-61*. London, 1969.

——, ed., *The Hundred Years War*. London, 1971.

FRANK, GRACE, *The Medieval French Drama*. Oxford, 1954.

FRANKLIN, ALFRED, *Dictionnaire historique des arts*, métiers et professions. Paris, 1905.

——, *Les Rues et les cris de Paris au XIIIe siècle*. Paris, 1874.

——, *La Vie privée d'autrefois*, vol. I, *L'Annonce et la réclame;* vol. VII, *Le Hygiène*. Paris, 1890.

"Froissart and His Patrons."*Times Literary Supplement*, I I December 1937.

FUNK, ARTHUR L.,"Robert le Coq and Etienne Marcel."*Speculum*, October 1944.

GABOTTO, FERDINANDO, *L'Eta del Conte Verde in Piemonte, 1350-83;* vol. XXXIII, *Miscellanea di Storia Italiana*. N.p., 1895.

GABRIEL, ASTRIK L.,"The College system in the 14th Century Universities,"in Utley, q.v.

GAGNIERE, SYLVAIN, *The Palace of the Popes at Avignon*. Trans. Caisse nationale des monuments historiques, 1965.

GAIRDNER, JAMES, *Lollardy and the Reformation in England*, vol I. London, 1908.

GASQUET, FRANCIS AIDAN, ABBOT, *The Black Death of 1348 and 1349*. 2nd ed. London, 1908.

GAUPP, FRITZ,"The Condottiere John Hawkwood."*History*, March 1939.

GAUTIER, LÉON, *La Chevalerie*. Paris, 1890. (New edition with index.)

GAYLEY, CHARLES M., *Plays of Our Forefathers*. New York, 1907.

GAZEAU, M. A., *Les Bouffons*. Paris, 1882. (On jesters.)

GIRVAN, RITCHIE,"The Medieval Poet and His Public."*English Studies Today*, 1952.

*GREEN, MARY ANNE EVERETT (MRS. J. R.), *Lives of the Princesses of England*, 1952.

*GREEN, MARY ANNE EVERETT (MRS. J. R.), *Lives of the Princesses of England*, vol. III. London, 1851. (Based on extensive and scholarly research in the Wardrobe and Household rolls and other documents, this is essential for Isabella de Coucy.)

GREGOROVIUS, FERDINAND, *History of the City of Rome in the Middle Age*, vol. VI. Trans. A. Hamilton. London, 1906.
GROSJEAN, GEORGES, *Le Sentiment national dans la guerre de cent ans*. Paris, 1927.
HALE, JOHN, ROGER HIGHFIELD, and BERYL SMALLEY, *Europe in the Late Middle Ages*. London, 1965.
HAMMER, J. VON, trans., *Histoire de l'empire ottoman*, vol. I. Paris, 1836.
HARDY, B. C., *Philippa of Hainault and Her Times*. London, 1910.
D'HAUCOURT, GENEVIÈVE, *La Vie au moyen age*. Paris, 1968.
HAY, DENYS, *Europe in the 14th and 15th Centuries*. Paris, 1968.
HAY, DENYS, *Europe in the 14th and 15th Centuries*. London, 1966. (A useful general history.)
HAYWARD, FERNAND, *Histoire de la maison de Savoie, 1000-1554*. Paris, 1941.
HEARNSHAW, F. J. C.,"Chivalry and Its Place in History,"in Prestage, q.v.
HECKER, J. F. C., *The Epidemics of the Middle Ages*. Trans. London, 1844.
HEERS, JACQUES, *L'Occident aux XIVe et XVe siècles*. Paris, 1970.
HENNEMAN, JOHN B.,"Militarism, Politics and Finance in Late Medieval France."Unpublished. 1976.
——, *Royal Taxation in Fourteenth Century France*. Princeton University Press, 1971.
——,"Soldiers, Society and State Finance in France, 1350-1450."Unpublished. 1974.
HERLIHY, DAVID, *Medieval and Renaissance Pistoia*. Yale University Press, 1967.
——,"Population, Plague and Social Change"in Molho, q.v.
HEWITT, H. J., *The Black Prince's Expedition of 1355-1357*. Manchester University Press, 1958.
*——,*The Organization of War Under Edward III, 1338-62*. Manchester University Press, 1966.
HILLAIRET, JACQUES, *Connaissance du vieux Paris*. 3 vols. Paris, 1951-54.
——, *Dictionnaire historique des rues de Paris*, 2nd ed. in 2 vols. Paris, 1964.
HILTON, R. H.,"Peasant Movements in England Before 1381."*EHR*, 2nd series, vol. II, no. 2, 1949.
HONORÉ-DUVERGÉ, SUZANNE,"*Participation navarraise à la bataille de Cocherel*."*Les Cahiers Vernonnais*, no. 4, 1964.
——,"*L'Origine du surnom de Charles le mauvais*,"in *Mélanges à Louis Halphen*. Paris, 1951.
The Horizon Book of the Middle Ages, Morris Bishop et al. London, 1968.
HUGHES, DOROTHY W., *Illustraions of Chaucer's England*. London, 1919.
HUGHES, PENNETHORNE, *Witchcraft*. London, 1952.
HUIZINGA, JOHAN,"The Political and Military Significance of Chivalric Ideas in the

Late Middle Ages,"in his *Men and Ideas*. Trans. New York, 1959.
*——, *The Waning of the Middle Ages*. London, 1968. (First published 1924.)
HUTCHISON, HAROLD F., *The Hollow Crown*. London, 1961. (Richard II.)
HUTTON, JAMES, *James and Philip van Artevelde*. London, 1882.
HYMA, ALBERT, *The Brethren of the Common Life*. Michigan, 1930.
IBN-KHALDOUN, *Histoire des Berbères*, vol. III. Trans. Paris, 1934.
JACKSON, W. T. H., *The Literature of the Middle Ages*. Columbia University Press, 1962.
JACOB, E. F., *Essays in Later Medieval History*. Manchester University Press, 1968.
JAMES, M. R.,"Twelve Medieval Ghost Stories."*EHR*, July 1922.
JARRETT, BEDE, *The Emperor Charles IV*. New York, 1935.
——, *Social Theories of the Middle Ages, 1200-1500*. London, 1926.
*JARRY, EUGÈNE,"*Le Retour de la croisade de Barbarie* (*1390*)."*BEC*, vol. LIV, 1893.
——, *La Vie politique de Louis de France, Duc d'Orléans, 1372-1407*. Paris, 188.
*——,"*La Voie de Fait et l'Alliance Franco-Milanese, 1386-95*."*BEC*, vol. LIII, 1892.
JOLY, M. A.,"*De la Condition des Vilains au Moyen Age d'aprèe les fabliaux*."*Mémoires de l'Académie nationale des sciences, arts et belles-lettres de Caen*, 1882.
JONES, MICHAEL, *Ducal Brittany, 1364-99*. Oxford University Press, 1970.
JORGA, NICOLAS, *Philippe de Mézières, 1327-1405, et la croisade au XIVe siècle*. Paris, 1896.
JORGENSEN, JOHANNES, *Saint Catherine of Siena*. London, 1938.
JUSSERAND, J. J., *English Wayfaring Life in the Middle Ages*. London, 1950. (Contains far more information than the title indicates.)
KEEN, MAURICE,"Brotherhood in Arms."*History*, February 1962.
——, *A History of Medieval Europe*. New York, 1967.
——, *The Laws of War in the Late Middle Ages*. London, 1965.
——,"Robin Hood, a Peasant Hero."*History Today*, October 1958.
KILGOUR, RAYMOND L., *The Decline of Chivalry as Shown in the French Literature of the Late Middle Ages*. Harvard University Press, 1937.
KIRKLAND, DOROTHY,"The Growth of National Sentiment in France before the Fifteenth Century."*History*, June 1938.
KLEMM, FRIEDRICH, *A History of Western Technology*. New York, 1959.
KOUSEV, A.,"*Contribution à l'histoire des forteresses médiévales sur le bas Danube*."*Bull. du Musée national à Varna*, vols. III and IV (XVIII-XIX), 1967-68.
KROLLMAN, CHRISTIAN, *The Teutonic Order in Prussia*. Trans. Preussenverlag, 1938.

LA CHESNAYE-DESBOIS ET BADIER, FRANÇOIS A. A. DE, *Dictionnaire de la noblesse*, vol. VI. Paris, 1865.

LACRIX, PAUL, *France in the Middle Ages: Customs, Classes, and Conditions*. Trans. New York, 1963.

LAGARDE, GEORGES DE, *La Naissance de l'esprit laïque au déclin du moyen age*. 6 vols. Paris, 1934-42.

LAGUILLE, LOUIS, *Histoire de la province d'Alsace*. Strasbourg, 1927.

LEA, HENRY CHARLES, *A History of the Inquisition of the Middle Ages*. Rev. ed. in 3 vols. London and New York, 1906.

*LEADER-TEMPLE, JOHN, and GIUSEPPE MARCOTTI, *Sir John Hawkwood: The Story of a Condottiere*. London, 1889.

LECARPENTIER, GEORGES,"*La Harelle, revolte rouennaise de 1382*."*Moyen Age*, 2nd series, vol. VII, 1903.

LEFEBVRE DES NOTETTES, RICHARD, *L'Attelage: le cheval de sell à trvers les ages*. 2 vols. Paris, 1931.

LEFF, GORDON,"Heresy and the Decline of the Medieval Church."*Past and Present*, November 1961.

——,"In Search of the Millennium."*Past and Present*, April 1958.

*LEFRANCE, ABEL, *Olivier de Clisson, connétable de France*. Paris, 1898. (Excellent biography.)

LEGRAND, HE., *Paris en 1380: plans de restitution*. Paris, 1868. (In same series as Le Roux de Lincy, q.v.)

LE GRAND D'AUSSY, PIERRE J. B., *Histoire de la vie privée des français*. 3 vols. Paris, 1815.

LEHOUX, FRANÇOISE, *Jean de France, Duc de Berri*. 4 vols. Paris, 1966.

LERNER, ROBERT E., *The Age of Adversity*. Cornell University Press, 1968.

LE ROUX DE LINCY, M., and L. M. TISSERAND, *Paris et ses historiens au XIVe et XVe siècles* (in series *Histoire geéérale de Paris*, ed. Baron Haussmann). Paris, 1867.

LESTOCQUOY, JEAN, *Histoire de la Picardie*. Paris, 1970.

*LEWIS, P. S., *Later Medieval France*. London, 1968.

LEYERLE, JOHN, ed.,"Marriage in the Middle Ages."Symposium, *Viator*, vol. IV, 1973.

LINDNER, THEODOR, *Geschichte des deutschen Reiches unter König Wenzel*. 2 vols. Braunschweig, 1875.

LOCKE, A. AUDREY, *War and Misrule, 1307-99*. London, 1920.

LOOMIS, LAURA HIBBARD,"Secular Dramatics in the Royal Palace, Paris, 1378,

1379."*Speculum*, April 1958.

LOT, FERDINAND, *L'Art militaire et les armées au moyen age*, vol. I. Paris, 1946.

LOT, FERDINAND, and ROBERT FAWTIER, *Histoires des instituations françaises au moyen age*, vol. II. Paris, 1958.

LUCE, SIMÉON, *La France pendant la guerre de cent ans*. 2 vols. Paris, 1890-93.

——, *Histoire de Bertraud de Guesclin et son epoque*. Paris, 1876.

*——, *Histoire de la jacquerie*. Paris, 1895.

MCFARLANE, K. B.,"England and the Hundred Years War: War, the Economy and Social Change."*Past and Present*, July 1962.

MACFARLANE, LESLIE,"An English Account of the Election of Urban VI, 1378."*Bull. ofhe Institute of Historical Research*, May 1953.

MACKINNON, JAMES, *The History of Edward the Third*. London, 1900. Reprint. London, 1974.

MCKISACK, MAY, *The Fourteenth Century*. Oxford, 1959.

*MCLAUGHLIN, MARY mARTIN,"Survivors and Surrogates: Parents and Children from Ninth to the Thirteenth Centuries,"in *The History of Childhood*. Ed. Lloyd de Mause. New York, 1975. (An original and informative study full of evidence that does not support the generalizations of the editor.)

*MÂLE, EMILE, *L'Art religieux de la fin du moyen age en France*. 2nd ed. Paris, 1922.

MANLEY, JOHN M.,"Three Recent Chaucer Studies"and correspondence. *Rev. of English Studeies*, July 1934 and April 1935.

MASSON, A. L., *Jean Gerson*. Lyon, 1894.

MEISS, MILLARD, *French Painting in the Time of the Duke of Berry: Patronage of the Dukes*. 2 vols. London, 1967. *The Limbourgs*. 2 vols. New York, 1974.

——, *Painting in Florence and Siena After the Black Death*. Princeton, 1951.

——,"The Problem of Francesco Traini,"*Art Bulletin*, vol. XV, 1933.

MESQUITA, D. M. BUENO DE, *Giangaleazzo Visconti, Duke of Milan*. Cambridge University Press, 1941.

MICHELET, JULES, *Histoire de France*. Rev. ed. in 6 vols. Paris, 1861. (First published 1833-46.)

MILMAN, HENRY HART, *History of Latin Christianity*. London, 1867.

*MIROT, LÉON, *Les Insurrections urbaines au debut de règne de Charles VI, 1380-83: leurs causes, leurs conséquences*. Paris, 1905. (Indispensable.)

——,"*La Politique française en Italie sous le règne de Charles VI (1380-1422).*"*REH*, October-December 1933.

——,"*Sylvestre Budes et les Bretons en Italie.*"*BEC*, vol. LVII, 1897.

——, *Une Grande Famille parlementaire aux XIVe et XVe siècles: les d'Orgemonts*. Parie, 1913.

*——,"*Une Tentative d'invasion au Angleterre pendant la guerre de cent ans* (*1385-86*)."*REH*, July-September and October-December 1915.

MISKIMIN, HARRY A., *Money, Prices, and Foreign Exchange in 14th Century France*. Yale University Press, 1963.

MOISANT, J. *Le Prince noire en Aquitaine*. Paris, 1894.

MOLHO, ANTHONY, ed., *Social and Economic Foundations of the Italian Renaissance*. New York, 1969.

MOLLAT, GUILLAUME, *Les Papes d'Avignon*, 1305-78. 9th ed. Paris, 1950.

MOLLAT, MICHEL, *Genèse médiévale de la France moderne*. Paris, 1970. (With many uncommon and well-chosen illustratoins.)

——, *La Vie et la Pratique religieuse aux XIVe et XVe siècles. . .en France*. Paris, 1963.

*MOLLAT, MICHEL, and PHILIPPE WOLFF, *Ongles bleues, Jacques et Ciompi*. Paris, 1970.

MORANVILLÉ, HENRI, *Etude sur la vie de Jean le Mercier*. Paris, 1888.

——, ed., *Le Songe véritable: pamphlet politique d'un parisien du XVe siècle*. Paris, 1891. (For biographical notes on personages of the reign of Charles VI.)

MORRALL, JOHN B., *Gerson and the Great Schism*. Manchester University Press, 1960.

MUIR, DOROTHY, *A History of Milan under the Visconti*. London, 1924. (Confused and unreliable but worth reading.)

MULLER, JOHANN VON, *Der Geschichten Schweizerischen Eidgenossenschaft*. Leipzig, 1825.

MUNTZ, E.,"*L'Argent et le luxe à le cour pontificale d'Avignon*."*RQH*, 1899.

MUZZY, DAVID S., *The Spiritual Franciscans*. New York, 1907.

NOONAN, JOHN T., *Contraception: A History of Its Treatment by Catholic Theologians and Canonists*. Harvard University Press, 1965. (Covers a wider area of sexual theories than contraception alone.)

OAKESHOTT, R. EWART, *A Knight and His Horse*. London, 1962.

OMAN, SIR CHARLES, *A History of the Art of War in the MIddle Ages*, vol. II. 2nd ed. London, 1924.

*ORIGO, IRIS, *The Merchant of Prato, 1335-1410*. New York, 1957. (No better book exists for the understanding of a real person of Coucy's period.)

ORNATO, EZIO, *Jean Muret et ses amis, Nicolas de Clamanges et Jean de Montreuil*. Geneva and Paris, 1969.

PAINTER, SIDNEY, *French Chivalry*. Johns Hopkins University Press, 1940.

PALMER, J. J. N.,"The Anglo-French Peace Negotiations, 1390-96."*TRHS*, vol. XVI, 1966.

——, *England, France and Christendom, 1377-99.* (C), 1972.

PANNIER, LÉOPOLE,"*Le Livre des cent ballades et la résponse du Bâtard de Coucy.*"*Romania*, vol. I, 1872.

PERNOUD, REGINA, *Histoire de la bourgeoisie en France*. Paris, 1960.

PERROY, EDOUARD,"The Angle-French Negotiations at Bruges, 1374-77."*Camden Miscellany*, vol. XIX (Camden Third Series, vol. LXXX). London, 1952.

——,"*Economie contractié dans les crises du XIVe siècle.*"*AESC*, April-June 1949.

——, *The Hundred Years War*. Trans. New York, 1965.

*——,"Social Mobility Among the French Noblesse."*Past and Present*, April 1962.

——,"Wage Labour in France in the Later Middle Ages."*EHR*, December 1955.

*PETIT, ERNEST, *Entrée durois Charles Six à Dijon, 1390*. Dijon, 1885.

——, *Itinéraires de Philippe le Hardi et de Jean Sans Peur*. Paris, 1888.

PIRENNE, HENRI, *Histoire de Belgique*, vol. II. Bruxelles, 1922.

——, *A History of Europe*, vol. II. New York, 1958.

POLLARD, A. F., *The Evolution of Parliament*. London, 1926.

PLLARD, ALFRED W., *English Miracle Plays, Moralities and Interludes*. Oxford, 1927.

POOLER, R., *Wyclife and the Movements for Reform in the Fourteenth Century*. London, 1911.

POSTAN, M. M.,"The Costs of the Hundred Yeas' War."*Past and Present*, April 1964.

——,"Some Social Consequences of the Hundred Years' War."*EHR*, vol. XII, 1942.

POWELL, J. ENOCH, and KEITH WALLIS, *The House of Lords in the Middle ages*. London, 1968.

POWER, EILEEN,"The Position of Women,"in *The Legacy of the Middle Ages*. Eds. G. G. Crump and E. F. Jacob. Oxford, 1926.

PRESTAGE, EDGAR, ed., *Chivalry: A Series to Illustrate Its Historical Significance and Civilizing Influence*. New York, 1928.

RUTNAM, GEORGE HAVEN, Books and Their Makers During the Middle Ages, vol. I. New York, 1896.

RAYNAUD, GASTON, *Les Cent Ballades: poème du XIVe siècle*. Paris, 1905.

RENOUARD, YVES, *The Avignon Papacy*. Trans. London, 1970.

——,"*La Peste noire de 1348-50.*"*Rev. de Paris*, March 1950.

ROBBINS, HELEN,"A comparison of the Effects of the Black Death on the Econnomic Organization of France and England."*Jour. of Political Economy*, August

1928.
ROBBINS, RUSSELL HOPE, *Encyclopaedia of Withcraft and Demonology*. New York, 1959.
ROGOZINSKI, JAN,"Urban Violence in the Three Words of the Middle Age: The French Perspective."Unpublished. December1972.
RONCIÈRE, CHARLES DE LA, *Histoire de la marine française*, vol. II. Paris, 1899.
ROSENTHAL, JOEL T., *The Purchase of Paradise: Gift-giving and the Aristocracy, 1307-1485*. Toronto, 1972.
ROSETTI, R.,"Notes on the Battle of Nicopolis."*Slavonic Review*, vol. XV, 1936-37.
RUNYAN, TIMOTHY J.,"Ships and Mariners in Later Medieval England."Unpublished. 1976.
RUSSELL, JEFFRY B., *Withcraft in the Middle Ages*. Itchaca, 1972.
RUSSELL, JOSIAH Cox, *British Medieval Population*. Albuquerque, 1948,
——,"Effects of Pestilence and Plague, 1315-85."*Comparative Studies in Society and History*, July 1966.
——,"Medieval population."*Social Forces*, May 19237.
——,"Populations in Europe, 500-1500,"in *Fontana Economic History of Europe*. London, 1969.
SABINE, ERNEST L.,"City Cleaning in Medieval London."*Speculum*, January 1937.
SADE, MARQUIS DE, *Histoire secréte d'Isabelle de Bavière, rein de France*. Ed. Gilbert Lely. Paris, 1953.
SALTMARSH, JOHN,"Plague and Economic decline in England in the Later Middle Ages."*Cambridge Historical Jour.*, vol. Vii, no. 1, 1941.
SAPORI, ARMANDO, *The Italian Merchant in the MIddle Ages*. Trans. New York, 1970.
SCHEVILL, FERDINARD, *History of Florence*. New York, 1961.
——, *Siena: The Story of a Medieval Communc*. New York, 1909.
SCHNYDER, PIERRE,"*Le Flagellantisme à travers les siècles*."*Archives de Psychologie*, January 1932.
SEARLE, ELEANOR, and ROBERT BURGHART,"The Defense of England and the Peasants' Revolt."*Viator*, vol. III, 1972.
SEDGWICK, HENRY DWIGHT, *Edward the Black Prince*. Indianapolis, 1932.
SEE, HENRI, *Les Classes rurales et le régime domaniel en France au moyen age*. Paris, 1901.
SEEBOHM, F.,"The Black Death and Its Place in English History."*Fortnightly Rev.*, vol. II, 1865.
SHEARS, F. S., *Forissart*. London, 1930.

SHERBORNE, JAMES,"The Battle of La Rochelle."*Bull. of the Institute of Historical Research*, University of London, May 1969.

——,"Indentured Retinues and English Expeditions to France."*EHR*, October 1964.

SISMONDI, J. C. L. S., *Histoire des républiques italiennes du moyen age*, vols. IV and V. Paris, 1840.

SNELL, FREDERICK, *The Fourteenth Century*. Edinburgh, 1899.

SOUTHERN, RICHARD W., *Western Society and the Chruch in the Middle ages*. London, 1970.

STANLEY, ARTHUR,"Sir John Hawkwood."*Blackwood's*, March 1929.

STEIN, HENRI, *Archers d'autrefois: archers d'aujourd'hui*. Paris, 1925.

STRAYER, JOSEPH R.,"France: The Holy Land, the Chosen People, and the Most Christian King,"in *Action and Conviction in Early Modern Europe*. Eds. T. K. Rabb and J. E. Siegel. Princeton University Press, 1969.

——, *On the Medieval Origins of the Modern State*. Princeton University Press, 1970.

SUPINO, I. B., Il *Camposanto di Pisa*. Firenze, 1893.

TERRIER DE LORAY, HENRI, MARQUIS DE, *Jean de Vienne, amiral de France*. Paris, 1877.

THIBAULT, MARCEL, *Isabeau de Bavière: la jeuness, 1370-1405*. Paris, 1903.

THOMPSON, JAMES WESTFALL,"The Aftermath of the Black Death and the Aftermath of the Great War."*American Jour. of Sociology*, March 1920.

——, *Economic and Social History of Europe in the Later Midle Ages*. New York, 1931.

*THORNDIKE, LYNN, *A History of Magic and Experimental Sciences*, vols. III and IV. Columbia University Press, 1934.

THRUPP, SYLVIA,"Plague Effects in Medieval Europe,"*Comparative Studies in Society and History*, Jly 1966.

TIPTON, CHARLES L."The English at Nicopolis."*Speculum*, October 1962.

TOURNEUR-AUMONT, J. M., *La Bataille de Poitiers et la construction de la France*. Paris, 1940.

——,"*Originalité militaire de Du Guesclin*."*Moyen Age*, March 1938.

TREASE, GEOFFREY, *The Condottiere*. New York, 1971.

TREVELYAN, GEORGE, *England in the Age of Wyclif*. London, 1899.

TURNER, RALPH E.,"Economic Discontent in Medieval Western Europe,"*Jour. of Economic History*, Supplement VIII, 1948.

ULLMAN, WALTER, *The Origins of the Great Schism*. London, 1948.

UTLEY, FRANCIS L., ed., *The Forward movement of the 14th Century*. Ohio University Press, 1961.

VAISSÈTE, JEAN JOSEPH, and CLAUDE DE VIC, *Histoire générale de Languedoc*, vol. IV. Paris, 1730-45.
VALERI, NINO, *L'ltalia nell' Età dei Principati* (vol. V of *Storia d'Italia*). Verona 1949.
*VALOIS, NOËL, *La Frnce et le grand schisms d'occident*. 4 vols. Paris, 1896-1902.
VAUGHAN, RICHARD, *Philip the Bold*. London, 1962.
VERNOT D'AUBEUFF, ABBÉ AUBERT DE, *Histoire des Chevaliers Hospitaliers de St. Jean de Jérusalem*, vol. II. Amsterdam, 1781.
VIOLLET-LE-DUC, E., *Dictionnaire raisonné de l'architecture de France du XIe au XVIe siècle*. 10 vols. Paris, 1861-75.
——, *Military Architecture of the Middle Ages*. Trans. Oxford, 1860.
VUATRIN, GABRIEL, *Etude historique sur le connétable*. Paris, 1905.
WHITE, LYNN,"Medieval Astrologers and Late Medieval Technology."*Viator*, vol. VI, 1975.
——, *Medieval Technology and Social Change*. Oxford, 1962.
——,"Technology Assessment from the Stance of a Medieval Historian."*American Historical Rev.*, February 1974.
——,"Technology and Invention in the Middle Ages."*Speculum*, vol. XV, 1940.
WILKINS, ERNEST HATCH *Petrach's Eight years in Milan*. Cambridge, 1958.
WORKMAN, HERBERT, *John Wyclif: A Study of the Medieval Chruch*. Oxford, 1926.
WRIGHT, EDITH,"Medieval Attitudes Toward Mental Illness."*Bull. of the History of Medicine*, vol. VII, no. 3, March 1939.
WRIGHT, THOMAS, *A History of Domestic Manners and Sentiment in England*. London, 1862.
WULF, MAURICE DE, *Philosophy and Civilization in the Middle Ages*. Princeton, 1919.
ZACOUR, NORMAN P.,"Talleyrand: The Cardinal of Périgord 1301-1364."*Trans. of Am. Philosophical Soc.* New Series, vol. 50, part 7. Philandelphia, 1960.
*ZIEGLER, PHILP, *The Black Death*. New York, 1969. (The best modern study.)
ZURLAUBEN, BARON VON THURN UND,"*Histoire d'Arnaut de Cervole, dit l'Archiprêtre*."*Histoire de l'Académie royale des inscritptions et belles-lettres*, vol. XXV. Paris, 1759.

Reference Notes

References are given for most quotations and for curious, debatable, or relatively obscure items for which an inquiring reader might want to know the source. I ahve not documented the better-known facts, events, and general conditions, which can be found in standard histories. With regard to quotations from the chronicles and other contemporary writers such as the Ménagier, La Tour Landry, Chaucer, Langland et a., I have given page references where it seemed important. Otherwise, when the source is named in the text and the work appears in the Bibliography, I have not thought it necessary to cite the page. This applies especially to Froissart, both for the sake of reducing bulk and because I read or consulted different editions (Berners, Johnes, Kervyn Lettenhove, Luce) at different times, resulting in too many variants.

ABBREVIATIONS

AN	Archives nationales
BN	Bibliothèque nationale
CMH	*Cambridge Medieval History*, vol. VII
DBF	*Dictionnaire de biographie française*, 1933- (in progress; at the time used by the author, this had reached the letter F)
DNB	*Dictionary of National Biography*
KL	Kervyn Lettenhove edition of Froissart
LUCE-F	Luce edition of Froissart
OCFL	*Oxford Companion to French Literature*

Foreword

p.xiii THOMPSON: *Aftermath*, 565.

xiv SISMONDI: *Républiques*, chap. 38. The original is"*ne fut point beureuse pour l'bumanité*."“A PERIOD OF ANGUISH”: Herrs, 111.

PERROY: *Hundred Years*, x.

xvi COMTE D'AUXERRE: Delachenal, I, 207, n. 3.

ISABEAU OF BAVARIA, A BLONDE: Mazas, IV, 181.“DARK AND LIVELY”: *CMH*, 375.

xvii HUNGARIAN HISTORIAN: Otto Zarek, *A History of Hungary*, trans., London, 1939.

Chapter 1-"I Am the Sire de Coucy": The Dynasty

3 SOURCES FOR THE CASTLE AND *donjon:* Viollet-le-Duc, *Dict.*, II, 440-41; III, 113-14; V, 34, 74-75, 79; Larousse, *Grand Dictionnaire universel*, V, 1869; Dufour; Lefèvre-Pontalis. COMPARISON TO THE PYRAMIDES: q. Dufour, 21.

4 “*Coucy à la merveille!*”: *L'Art de vérifier*.“*Roi ne suis*”: Duchesne, 205. CASTLE BUILT IN SEVEN YEARS: Viollet-le-Duc, *Dict.*, V, 74.

5 “WORTHY OF NERO”: Antoine d'Asti, secretary of Charles, Duc d'Orléans, inheritor of the Coucy domain. Description of the castle written 1410, q. Dufour, 58.

6 “ONE OF THE KEYS OF THE KINGDOM”: so described in a suit over disputed property brought in 1407 by the Duc d'Orléans against Coucy's grandson, Robert de Bar, based on the claim that the barony must be held as a whole by its seigneur in order that he many“better resist those who come against the said kingdom,"q. Jarry, *Orléans*, 240. (The date 1447 given by Jarry must be a typographical error.)

7 ff. HISTORY OF THE DYNASTY: Duchesne, 185-274; *L'Art de vérifier*, 219 ff.; Sars, passim; Duplessis.

ENGUERRAND I AND SYBIL: Guibert of Nogent, 148-50.

“RAGING WOLF”: Suger in *Vie de Louis VI le Gros*, q. Ross & McLaughlin, 267-73.

8 ORIGIN OF THE COUCY ARMS: Ancien, based on Duchesne and L'AlouËte. Other versions in *Rev. Nobiliare*, 1865, vol. III, q. Lacaille *thèse;* also *Histoire de la ville Marle*, q. Chaurand, 67-68. See also Dumas & Martinet, 17; Duckett, 19.

THOMAS DE MARLE'S CAREER: Guibert of Nogent, 170, 184-85, 199, and dynastic sources.

9 CHARTER OF COUCY-LE-CHÂTEAU: Sars, 170; Larousse, *Gr. Encyc.*

10 ENGUERRAND III: Lelong, 281, 286-87.

11 HIS CONSTRUCTIONS AT COUCY: Viollet-le-Duc, *Dict.*, IV, 233-34.

12 AMIENS,"HIGHER THAN ALL THE SAINTS": J. Brandicourt & J. Desobry, *The Cathedral of Amines*, undated brochure issued by the cathedral.

DUC DE BERRY AND CHAPEL WINDOWS: Dufour, 51.

COINED OWN MONEY: Sars, 194.

COUCY OWED 30 KNIGHTS: Lot & Fawtier, 517.

13 ENGUERRAND IV: for his trial, in addition to dynastic sources, see Margaret Wad Lafarge, *St. Louis*, Boston, 1968, 175-76.

VALUE OF 20 SOUS: Perry,"Wage Labour,"45, n. 1; Jusserand, 46-47, 51.

15 "OF THE GOOD TOWNS": Georges Chastellain, q. Cartellieri, 76.

"EXPOSURE OF THEIR BODIES": q. Bloch, *Feudal*, 451.

AQUINAS,"COMMON GOOD": q. Jarret, *Social*, 18."PRINCES ARE INSTITUTED": ibid.

"NOT ONE OF US": Girard de Roussilon, q. Oakeshott, 53.

16 GARIN LI LOHERAINS: q. Gautier (Eng. ed.), 281.

BERTRAND DE BORN: q. Bloch, *Feudal*, 293. DANTE PUT HIM IN HELL: *Inferno*, XXVIII.

17 "NOT PROPER FOR A NOBLE": Lewis, 175, 180. SONS OF NOBLES AS MERCHANTS: Cazelles, *Société politique*, 290.

"SHALL HAVE NO CAUSE": Bonet, 131.

18 KNIGHT WITH 32 COATS-OF-ARMS: He was Jacques de Lalaing; Cartellieri, 75.

DURATION OF NOBLE FAMILIES: Lewis, 176-77.

DISAPPEARANCE RATE OF 50 PERCENT: Perroy,"Social Mobility."CLUSEL AND GUICHARD VERT: ibid.

19 SUMPTUARY LAWS: Baldwin, passim.

IN FLORENCE: Origo, 290, 298, 300-301. IN FRANCE: Franklin, *Rues et cris*, 35-36.

20 KNIGHTON: q. Baldwin, 69.

21 GIRALDUS CAMBRENSIS: q. Shears in Prestage, 57. UNCOUTH GERMANS: Bonet, 204."MOST CHIVALROUS SOJOURN": q. Michelet, III, 255. DON PERO NIÑO: q. Díaz de Gómez (Evans trans.), 133.
FRENCH LANGUAGE, MARCO POLO, ST. FRANCIS, VENETIAN SCHOLAR: Artz, 350; Cheyney, 248-49.
LONDON BRIDGE: Jusserand, 23-24. FRENCH DOLLS: Bradley, 136.
22 FRENCH IVORIES: E. Mâle, *Art et artistes du moyen age*, Paris, 1927, 313-14.
"OU PARIS MASTERS": q. E. R. Chamberlin, *Life in Medieval France*, London, 1967, 118."TWO LIGHTS OF THE WORLD": q. Coville, 394.
23 CEREMONY OF THE *rissoles:* Dufour, 62-64; Lelong, 181.

Chapter 2-Born to Woe: The Century

24 BALTIC SEA: J. C. Russell, *Fontana*, 24. CASPIAN SEA: Carpentier,"*Autour de la peste noire.*"
24 PEOPLE EATING CHILDREN: Russell, op. cit.
26 BISHOP DENIED BURIAL: *CMH*, 280.
27 CHILDREN OF PRIESTS: Flick, 175-76. AND OTHER DISPENSATIONS: ibid., 121-22.
ALVAR PELAYO,"I FOUND BROKERS": q. ibid., 180.
UNFIT CLERGY, BOY OF SEVEN ET AL.: ibid., 174.
BISHOP OF DURHAM: Coulton, *Panorama*, 128.
28 HENRY OF HEREFORD: q. Cohn, 133-34.
JOHN XXII, GOLD CLOTH AND FURS: Origo, 8.
"RICH, INSOLENT AND RAPACIOUS": q. Hay, 277. CARDINAL'S TEN STABLES: *CMH*, 282.
29 PETRARCH ON"BABYLON OF THE WEST": Robinson, *Readings*, I, 502-3.
LATRINES OF THE PAPAL PALACE: Gagnière. AMBASSADOR FROM ARAGON: Origo, 7.
ST. BRIGITTA,"A FIELD FULL OF PRIDE": q. Hay, 277.
30 ARCHBISHOP OF CANTERBURY'S COMPLAINT: q. Cutts, 242-43.
MATTEO VILLANI: q. Emerton, 178.
31 14TH CENTURY POEM: T. Wright, *Political Songs*, I, 264-66.
"DID NOT BEHAVE AS FRIARS OUGHT": q. Jusserand, 170.
ST. FRANCIS AND BREVIARY: ibid., 166.

MONKS LENT MONEY AT INTEREST: Coulton, *Panorama*, 269.

32 "MUSTARD POTTIS": q. Jusserand, 171-72.

BOILING AN EGG: Ménagier de Paris, 295.

FEAST OF FOODLS: Chambers, 294, 315, 325-27; Gayley, 49-50.

33 "THE THORN FALLS OUT": *Chron.* C6, I, 317. WOMAN ACCUSED OF INCEST: Cohen, 327.

34 PETRARCH,"A HARD AND WEARY JOURNEY": *Correspondence*, 398. "TURN THEE AGAIN": q. Herlihy, *Med. Culture*, 409.

35 GASCON SEIGNEUR: He was Amanieu d'Albret VI, q. Boutruche, 177. JOINVILLE ON THE POOR: q. Shears in Prestage, 64.

37 ST. AUGUSTINE: q. Coulton, *Panorama*, 369. ST. JEROME: q. Pirenne, *Europe*, 229.

38 "DEVIL ON THE LID": q. Pirenne, loc. cit. DATINI'S MOTTO: Origo, xiv. PHILIPPE DE BEAUMANOIR: q. Mollat & wolff, 46.

40 *Confréries:* Mâle, 167 ff.; M. Mollat, *Vie*, 91-103.

41 JACQUES DE VITRY: q. Davis, 271, and Evans, *Med. France*, 34.

42 TEMPLARS ACCUSED OF BLACK ARTS: Jeffry Russell, 195-96, 198.

43 "AND HE WOULD HAVE CONFESSED": q. *CMH*, 318-19.

44 MOLAY'S CURSE: The eyewitness report by Godfrey of Paris is quoted in *Nouv.* boig. *générale*, ed. Hoefer, Paris, 1861. See also Marcel Lobet, *Histoire des Templiers*, Liège, 1944, 225; M. Reynouard, *Procès et condamnation des Templiers*, Paris, 1805, 113.

45 "BAD LAME QUEEN": Coville, 399. PHILIP VI and THE BEATIFIC VISION: Lea, III, 590, 593; *Cath. Ency.*, II, 430; Coville, 14.

46 THREAT TO BURN THE POPE: reported by Giovanni Villani, q. J. B. Christophe, *Histoire de la Papauté*, Paris, 1853, II, 30.

PHILIP ARRANGES MARRIAGE OF ENGUERRAND VI: Duchesne, 262-63.

47 EMPEROR LUDWIG AND DAUGHTER: Jarrett, *Social*, 58.

Chapter 3-Youth and Chivalry

49 ENGLISH PREACHER ON MOTHER AND CHILD: q. Owst, 34-35.

50 KNITTING ON FOUR NEEDLES: White,"Technology Assessment"with illus. *Ancren Riwle:* q. McLaughlin, 153, n. 90.

INFANT MORTALITY ESTIMATED: McLaughlin, 111.

PHILIP OF ONOVARA:"*Des iiii tenz d'aage d'ome*" [The four ages of man] in Langlois, II, 210-11.

51 ADVICE ON ETIQUETTE: Ménagier, 10, 14-17, 20, 24, 47, 204, 209, 215, 219; T. Wright, *Manners*, 275; Christine de Pisan, *Livre des trois vertus*, q. Power, 318; Fra Benvenisco da Ripa, *Zinquanta cortesi da Tavola* [Fifty courtesies at the table], q. Aries, 381. On absence of advice on childrearing, see Power, 420.

BARTHOLOMEW OF ENGLAND AND ALDOBRANDINO OF SIENA: q. McLaughlin, 115, 137, 144, n. 31.

52 HALF THE POPULATION UNDER 21: J. C. Russell, *Fontana*, 31.

53 BOCCACCIO,"BIRDS, WILD BEASTS": *Quèstioni d'Amore*, chap. 5, q. *Putnam's Reader*, 188.

54 CHRONICLER'S COMPLAINT OF SHORT TUNICS: Jean de Venette, q. Luce, *Jacquerie*, 37.

MARCH,"IN WHICH THE WORLD BEGAN": Nun's Priest's Tale.

55 A SCHOLAR OF OXFORD: Thorndike, III, 143. MENTAL DEPRESSION AN ILLNESS: ibid., 251. TRIANGULATION BY A MONK: Davis, 338.

WINDMILLS MUST PAY TITHES: White, *Med. Tech*., 89.

TRAVEL-DISTANCES AND CONDITIONS: Boyer; Jusserand, 123; Hay, 363; d'Haucourt, 17; Cipolla, 534; Boissonade, 287; T. Wright, *Manners*.

56 VENICE-TO-BRUGES POSTAL SERVICE: Origo, 99.

SIR HERVÉ DE LÉON: Coulton, *Panorama*, 325. PILGRIMS'"HERTES BEGIN TO FAYLE": ibid.

57 DESCHAMPS ON GERMAN INNS: q. Coopland in notes to Mézières, I, 36.

KNEW THE WORLD WAS ROUND: Bartholomew of England, *Image du Monde* and others in Langlois, *Connaissance*.

58 AS A FLY ON AN APPLE: *Image*, q. ibid., 78. DISTANCE FROM THE STARS: ibid., 79.

UNIVERSE IN GOD'S ARMS: Mâle, 298. MOON, ECLIPSE, RAIN, TIME BETWEEN THUNDER AND LIGHTNING: *Image du Monde*, 97-100.

VIEWS OF INDIA, PERSIA: ibid., 83-84.

GARDEN OF EDEN: Howard Patch, *The Other World*, Harvard University Press, 1950.

59 "THEY ARE AS GOD PLEASES": ibid., 93.

BOOK OF SIDRACH: Langlois, *Connaissance*, 224 ff.

60 DANTE, CHANTED BY BLACKSMITHS, AND PUBLIC LECTURES ON:

Cheyney, 260.

61 ITALIAN BIOGRAPHICAL DICTIONARY: Bandini of Arezzo, *Fons memorabilium universi*, q. Thorndike, III, 562.

61 CATHERINE'S HUSBAND: He is named Cornad de Hardeck in *L'Art de vérifier*, 237, and Conrad de Magdebourg by La Chesnay-Desbois.

62 CATHERINE'S CARE FOR SON'S EDUCATION: BN, ms, fr. 18618.

64 JOHN OF SALISBURY: q. Coulton, *Panorama*, 242. JOHN THE BLIND DUG UP SYNAGOGUE: Jarrett, *Charles IV*, 104, n. 1. HIS DEATH: Froissart on Crécy.

65 COST OF HELMET AND WAR-HORSE: Contamine, 656.

66 ST. BERNARD ON TOURNAMENTS: Gautier, 272.

67 KEEP HIS TEETH AND NAILS CLEAN: Painter, 135.
Châtelain de Coucy: Delbouille, passim.
"MELANCHOLY, AMOROUS AND BARBARIC": Gaston Paris, q. in Larousse, *Gr. Encyc.*, XIII, 34.

68 EDWARD III AND COUNTESS OF SALISBURY: *Chron. Jean le Bel*, 30-34; *Chron. normande*, 54, 59-60; Luce-F, II, 346, and IV, xviii-ix.

69 IDENTITY OF JEAN LE BEL: Snel, 339; Coville, 413.
TEUTONIC KNIGHTS HUNTED PEASANTS FOR SPORT: Pirenne, *Europe*, II, 110.

Chapter 4-War

70 LONGBOW: Stein, 66; Lot & Fawtier, 528.
Ribaude (CANNON): Oman, 211-17; *Chron. Jean de Venette*, 157, n.45.

71 "OH, THE COWARDLY ENGLISH": Walsingham, q. KL, III, notes, 491. FISH DRANK SO MUCH FRENCH BLOOD: *Melsa Chron.*, q. notes to *Chron. Jean de Venette*, 154, n. 27.

72 EDWARD III,"CHARM"AND"PETULANCE": *CMH*, 438.

73 AQUINAS ON"JUST WAR": q. Jarrett, *Social*, 193; Painter, 157."RIGHT OF SPOIL": Keen, *Laws*, 65, 74-75, 140.
MICHELET ON BRITTANY: from the famous"Tableau de France"in the *Histoire*, II, 7-18.

74 CHARLES DE BLOIS-CHARACTER: Huizinga, *Waning*, 178. BAREFOOT IN THE SNOW: ibid.

HURLED 30 HEADS: Mackinnon, 219; see also Roujoux, *Hist. des rois et des ducs de Bretagne*, 1839, III, 127; A. Clauziou, *Hist. de Bretagne*, 1941, 97-98.

76 QUEEN JEANNE ON BRUGES: q. Mollat & Wolff, 25.

MATTHEW OF WESTMINSTER ON WOOL: q. Thompson, 61.

COURTRAI, LOSSES MADE UP BY ENNOBLEMENT: Bloch, *Feudal*, 324-25.

80 ARTEVELDE STRIKES FLEMISH KNIGHT: Pernoud, 241.

ARTEVELDE'S DEATH: Froissart.

"*Il piccolo re*": q. Tourneur, 467.

81 *Double et louche:* III, 250.

82 ADVICE OF PARLIAMENT IN 1344: Barnes, 303.

SHIPS FOR EXPEDITIONARY FORCE: Hewitt, *Organization*, 51, 76; Coopland, in notes to Mézières, I, 59.

RECRUITMENT AND PROPAGANDA: Oman, 126; Hewitt, op. cit., 30, 159.

84 MILITARY OBLIGATION OF TOWNS: Contamine, 33, 176. ROUEN, NARBONNE, NÎMES: Henneman, *Royal*, 116, 120, 122, 135, 147.

84 KNIGHTS' RATES OF PAY: Contamine, 622-23, 626. THE *montre:* ibid., 537.

ARMOR AND HELMET: Oakeshott, 15, 43; Cutts, 344-45; Contamine, 656.

85 "TERRIBLE WORM": q. Lefranc, 137, from an unnamed contemporary poem, not further identified. MACE FAVORED BY MARTIAL CLERICE: Davis, 196.

86 FRENCH DISDAINED MISSILES: Evan, *Life*, 140. archer as"COWARD": q. Davis, 190.

CROSSBOW BANNED BY CHURCH: Painter, 21.

87 CRÉCY: The battle is described in all the chronicles. A useful summary is in Lot, 340-50.

ENGLISH ARCHERS PROTECTED BOWSTRINGS: *Chron. Jean de Venette*, 43. The subject of the wet and dry bowstrings and whether, when wet, they shrink or stretch has been a question of intense discussion among the Crécy buffs, and even of physical experiment by one historian who soaked bowstrings in water to determine the answer.

89 "15 DENIERS WORTH THREE": *Chron.* 4 Valois, 14.

ESTATES' DISPLEASURE VOICE: Perroy, *Hundred Years*, 121.

90 ISABELLE'S BETROTHAL TO LOUIS DE MALE: *Chron, Jean le Bel*, II, 135-39; *Chron. normande*, 84-86, 276, n. 7; Luce-F, IV, nn. 1-2, 34-37; *Grandes Chrons.*, ed. Viard, IX, 292; *Chron. Jean de Venette*, 47-48, 184-85, n. 27; *Chron.*

de Jean de Noyal, ed. Molinier, Bull. *SHF*, 1883, 253. Song about Isabelle is in Jean de Venette, 48. *Hundred Years' War*, 1929, 559-65.

91 CALAIS REDUCED TO EATING EXCREMENT ("*Toutes ordures par droite famine*"): q. *CMH*, 349.

NUMBERS ENGAGED IN CRÉCY-CALAIS: Postan, *EHR*.

Chapter 5-"This Is the End of the World": The Black Death

The chief sources used for this chapter were Campbell; Carpentier; Crawfurd; Coulton, *Black Death*; Gasquet; Hecker; Ziegler; also Barnes; Bowsky; Bridbury; Cazelles, *Peste;* Deaux; Meiss, *Painting. . .After the Black Death;* Nohl; Renouard: Saltmarsh; Seebohm; Thompson; Thrupp. On the Jews: Abrahams; Salo Baron; Chazan, and *Encyclopedia Judaica*, Jerusalem and New York, 1970-71.

92 "DEATH IS SEEN SEATED": Simon de Covino, q. Campbell, 80.

93 "COULD INFECT THE WORLD": q. Gasquet, 41.

WELSH LAMENT: q. Ziegler, 190.

94 "DOGS DRAGGED THEM FORTH": Agnolo di Tura, q. Ziegler, 58.

"OR IF NO MAN IS PRESENT": Sishop of Bath and Wells, q. Ziegler, 125.

95 "NO BELLS SOLLED": Agnolo di Tura, q. Schevill, *Siena*, 211. The same observation was made by Gabriel de Muisis, notary of Piacenza, q. Crawfurd, 113.

95 GIVRY PARISH REGISTER: Renouard, 111. THREE VILLAGES OF CAMBRIDGESHIRE: Saltmarsh.

PETRARCH'S BROTHER: Bishop, 273. BROTHER JOHN CLYN: q. Ziegler, 195.

96 APATHY;"AND IN THESE DAYS": q. Deaux, 143, citing only"an old northern chronicle."

AGNOLO DI TURA,"FATHER ABANDONED CHILD": q. Ziegler, 58.

"MAGISTRATED AND NOTARIES": q. Deaux, 49. ENGLISH PRIESTS TURNED AWAY: Ziegler, 261.

97 PARENTS DESERTING CHILDREN: Hecker, 30. GUY DE CHAULIAC,"A FATHER": q. Gasquet, 50-51.

NUNS OF THE HÔTEL DIEU: *Chron. Jean de Venette*, 49.

PICARDS AND SCOTS MOCK MORTALITY OF NEIGHBORS: Gasquet,

53, and Ziegler, 198.

CATHERINE DE COUCY: *L'Art de vérifier*, 237. AMIENS TANNERS: Gasquet, 57."BY THE JOLLITY THAT IS IN US": *Grandes Chrons.*, VI, 486-87.

98 JOHN OF FORDUN: q. Ziegler, 199. SIMON DE COVINO ON THE POOR: Gasquet, 42. ON YOUTH: Cazelles, *Peste*.

KNIGHTON ON SHEEP: q. Ziegler, 175. WOLVES OF AUSTRIA AND DALMATIA: ibid., 84, 111. DOGS AND CATS: Muisis, q. Gasquet, 44. 61.

99 BAVARIAN CHRONICLER OF NEUBERG: q. Ziegler, 84. WALSINGHAM,"THE WORLD COULD NEVER": Denifle, 273.

"OH HAPPY POSTERITY": q. Ziegler, 45.

GIOVANNI VILLANI,"*e dure questo*": q. Snell, 334.

100 PHYSICIANS OF VENICE: Campbell, 98. SIMON DE COVINO: ibid., 31. GUY DE CHAULIAC,"I WAS IN FEAR": q. Thompson, *Ec. and Soc.*, 379. THUCYDIES: q. Crawfurd, 30-31.

101 CHINESE ORIGIN: Although the idea of Chinese origin is still being repeated (e.g., by William H. McNeill, *Plagues and People*, New York, 1976, 161-63), it is disputed by L. Carrington Goodrich of the Assiciation for Asian Studies, columbia Univ., in letters to the author of 18 and 26 October 1973. Citing contemporary Chinese and other sources, he also quotes Dr. George A. Perera of the College of Physicians and Surgeons, an authority on communicable diseases, who"agrees with me that the spaces between epidemics in China (1334), Semirechyé (1338-9) and the Mediterranean basin (1347-9) seem too long for the first to be responsible for the last."

REPORTS FROM THE EAST: Barnes, 432; Coulton, *Black Death*, 9-11.

102 ANONYMOUS FLEMISH CLERIC,"MOST TERRIBLE": His corespondence was edited in the form of a chronicle by De Smet, in *Recueil des chroniques de Flandres*, III, q. Ziegler, 22. GENTILE DA FOLIGNO,"COMMUNICATED BY AIR": Campbell, 38.

REPORT OF THE UNIVERSITY OF PAIRS: Hecker, 51-53; Campbell, 15.

103 M. VILLANI,"EXTERMINATION OF MANKIND": q. Meiss, *Painting . . . After the Black Death*, 66. ROUEN PROHIBITS GAMBLING: Nohl, 74.

104 AT MESSINA, DEMONS LIKE DOGS: Coulton, *Black Death*, 22-27.

PEST MAIDEN: Ziegler, 85.

CANTACUZENE: Barnes, 435. PIERS PLOWMAN,"PURE SIN": B text, V, 13.

105 CLEMENT VI,"SENSUAL VICES": Gregorovius, VI, 334.

106 DOCTORS' SKILLS: Thorndike, III, 249-51. CATARACTS: Gilles li Muisis, *Chron.*, q. in Intro. x. SKIN GRAFTS: M. Rowling, *Life in Medieval Times*, New York, 1973, 192. See also Arturo Castiglione, *A History of Medicine*, New York, 1946, 398-99.

107 SEWAGE DISPOSAL: Thrupp; Coulton, *Panorama*, 456; Sabine.

108 VISCONTI MEASURES: Hecker, 58. LEICESTERSHIRE AUTOCRAT RZAED NOSELEY: letter to author, 25 June 1974, from Lord Hazelrigg, direct descendant of the autocrat, and present proprietor of Nosely Hall.

LEGEND OF ST. ROCH;"IN THESE SAD TIMES": q. Mâle, 190."GOD IS DEAF": Passus X, line 79.

109 "HOSTILITY OF GOD": q. Campbell, 132.

JEWS' INTENT TO"KILL AND DESTROY": *Chron. Jean le Bel*, I, 225, and Gilles li Muisis, 222.

WELL-POISONING: *Chron. Jean de Venette*, 50; S. W. Baron, XI, 160.

"RIVERS AND FOUNTAINS": from *Jugement du Roi de Navarre*, 70.

112 RABBI MOSES OF COUCY: *Encyc. Jud.*, VI, 167; VII, 19.

JEWS' BADGE AND POINTED HAT: Abrahams, 287; Enlart, 435.

WILLIAM OF NEWBURGH: q. Coulton, *Panorama*, 359.

113 TRIALS IN SAVOY: Cox, 60-70;"Black Death"in *Encyc. Jud.*

CLEMENT'S BULL: Luce-F, IV, 101.

114 FLAGELLANTS: Coh, 125-37; *CMH*, chap. 10; Lea, II, 882; Hecker, 34-39; Schnyder, 279-89.

115 MASSACRES AT WORMS, FRANKFURT, COLOGNE, MAINZ, ERFURT: Coh, 138-39; Heinrich Graeta, *History of the Jews*, Philadelphia, 1894, IV, 109.

116 DUKE ALBERT ii OF AUSTRIA: S. W. Baron, XI, 163.

"LIKE NIGHT PHANTOMS": q. Cohn, 139.

JEWS RETURN TO ERFURT: S. W. Baron, IX, 224.

117 DICE INTO PRAYER BEADS: Gasquet, 60.

PIERS PLOWMAN: Passus IX, ed. Wells, 110.

M. VILLANI,"BETTER MEN": q. Coulton, *Black Death*, 66-68.

118 ORVIETO: Carpentier, *Ville*, 190. PENALITY FOR INTERCOURSE BETWEEN CHRISTIAN AND JEW: ibid., 196.

EMPEROR CHARLES IV,"PRECIOUS KNOWLEDGE": Campbell, 150. CORPUS CHRISTI: ibid., 150.

119 PETRARCH ON BOLOGNA: ibid., 159-60.

DECLINE IN POPULATION: J. C. Russell,"Med. pop."; Carpentier, *AESC;* Bowsky; Heers, 101-5; Hay, 76.

120 EFFECTS ON LABOR: Perroy in *EHR;* Seebohm, 269, 273; Helen Robbins, 473-76; Heers, 108-11.

121 JUBILEE YEAR: Gregorovious, 323-25."A PONTIFF SHOULD MAKE HIS SUBJECTS HAPPY": q. G. Mollat, *Papes*, 86.

TREASURY OF MERIT: Jusserand, 170.

122 A MILLION VISITORS: Meiss, 80.

BEQUESTS, ST. GERMAIN: Ziegler, 78. SIENA: Bowsky, 26. FLORENCE: Meiss, 78.

CARDINAL-LEGATE ATTACKED IN ROME: Gregorovious, 325.

"*Bene quidem*": Coulton, *Black Death*, 59.

123 "WICKEDER THAN BEFORE": *Chron. Jean de Venette*, 51. CLEMENT,"WHAT CAN YOU PREACH": ibid., 55-56.

LOTHAR OF SAXONY: q. Campbell, 144.

124 TRAINI'S FRESCO: Meiss,"Traini"; Supino, 73-80.

chapter 6-The Battle of Poitiers

127 EXECUTION OF COMTE D'EU: This affair, generating a mass of gossip and speculation, is treated at length by all the chroniclers-Jean le Bel, *Chron. J. • C.*, *4 Valois*, Gilles li Muisis, *Normande*, and Froissart, with extensive notes in Luce-F, IV, and KL Biog. Index, and discussion in Cazelles, *Société pol.*, 249-52.

"*Ung bien bastif boms*": *Chron. 4 Valois*, 16-17.

128 "A VERY CRUEL LADY": KL, IV, 202.

GIRARD D'ORLÉANS, COURT PAINTER: Dupont & Gnudi, 134.

ORDINANCE OF 1351: Lot; Tourneur, *Poitiers*.

129 GILLES LI MUISIS ON MONEY: q. Lewis, 58.

130 GARTER'S HISTORIAN: Elias Ashmole, *The History of the Most Noble Order of the Garter*, London, 1715.

ORDER OF THE STAR: Michelet, III, 294-95; Coville, 92; Contamine, 186-87; Huizinga, *Men and Ideas*, 204; Anquetil, 402. For the Battle of Mauron, in which the members were slaughtered, see *Chron. normande*, 106, and Luce-F, IV, notes.

131 COMBAT OF THIRTY: KL, V, 514.

133 MURDER OF CHARLES D'ESPAGNE: all the chronicles, especially *Chron. 4 Valois*, 25-28.

134 RIOT AT OXFORD: Trevelyan, *English Social History*, London, 1949, I, 49.
FRANCESCO ORDELAFFI: Emerton, 170.
ENGLAND, CORONERS' ROLLS: Coulton, *Panorama*, 371.

135 VILLAGE GAMES: Origo, 42. CITIZENS OF MONS: Huizinga, *Waning*, 22-23.

136 CHARLES OF NAVARRE, LETTERS TO POPE AND EDWARD III: Denifle, 99.

137 EDWARD III,"ON THE WORD OF A KING":"*In verbo regiae veritatis dicimus et contestamur fideliter corma Deo*,"q. Denifle, 103-4, from text in Secousse and Rymer.

138 "HARRYING AND WASTING": letter to Bishop of Winchester, q. Sedgwick, 117.

139 HENRY OF LANCASTER: Fowler, *King's Lieutenant*, 106-10.

141 ENGUERRAND IN THE PICARDY CAMPAIGN: *Chorn. 4 Valois*, 41. For this campaign see also *Chron. Jean de Venette* and Denifle.

142 JEAN'S SEIZURE OF CHARLES OF NAVARRE AND EXECUTION OF NORMAN NOBLES: all the chronicles and summary in Delachenal, I, 140-57.

143 ff. BATTLE OF POITIERS: On the English side the chief sources are *Anonimalle*, Chandos Herald, Godfrey le Baker; and on the French side, *Grandes Chrons.*, *Chron. 4 Valois*, Chron. *normande*, Froissart. Hewitt's *Black Prince* is the most thorough recent account; Tourneur-Aumont devotes a whole book to it, infused with a special thesis; Delachenal, Denifle, Lot, and MacKinnon give full accounts.

145 TALLEYRAND DE PÉRIGORD: Zacour, 8, 24.

152 SIRE DE FERTÉ-FRESNEL: Delachenal, I, 397.
RUINED KNIGHTS: for documents illustrating these cases, see Moisant, 59-61; Delachenal, I, 248, n.
"COMPLAINT OF THE BATTLE OF POITIERS": Beaurepaire.

Chapter 7-Decapitated France: The Bourgeois Rising and the Jacquerie

For the phsical events of this chapter, from the meeting of the Estates to the death of Marcel, the chief primary source is *Chron. J. & C.*, vol. I, with additional material from

Chron. 4 Valois, *Chron. normande*, Jean de Venette, Jean le Bel, and Froissart. These are supplemented by the notes of their respective editors and by the modern accounts of Delachenal, vol. I, and Coville.

156 ROBERT LE COQ'S LIBRARY: Autrand, 1220.
DAUPHIN'S BASTARD SONS: *Chron. normande*, 136; Delachenal, I, 110, n. 2.
GOSSIP ABOUT HIS PATERNITY: ibid., 68, 69, n. 2.
157 MARCEL'S UNCLE, FATHER- AND BROTHER-IN-LAW: Cazelles,"*Etienne Marcel*,"415-17.
FINANCE OFFICERS"WHO TRAVEL IN POMP": Mézières, Coopland, I, 417-18.
Renart le Contrefait: q. Evans, *Life*, 42.
158 TAX SURVEY OF 1292: Franklin, *Vie privée*, I, 12; Evans, ibid., 49-50.
159 ff. CONDITIONS OF PARIS: Franklin, *Rues*, *Dict.*, *Vie privée*, VII, 12-13; Batifol; Hillairet; Legrand; Coulton, *Panorama*, 308; Coville, 427-28.
160 ENGLISH VISITOR ON BOOKSELLERS: q. Evans, ibid., 131.
162 GRAND ORDINANCE: Coville, 119-21.
163 FREE COMPANIES: Luce, *Jacquerie*, 9-28; Denifle, passim; Gray, *Scalacronica*, 130-31; Gregorovious, 137 ff.; Delachenal, II, 28."WRITE SOROW ON THE BOSOM OF THE EARTH": Shakespeare, *Richard II*, act III, sc. 2.
164 FRA MONREALE: Gregorovoius, 356-66; Hale, Highfield & Smalley, 102-3; Oman, 293.
165 *Società dell' acquisito:* Lot, 397, n. 1. CERVOLE RECEIVED BY THE POPE: Luce-F, V, 95; Gregorovius, 395.
KNOLLEYS: *DNB*.
166 EUSTACHE D'AUBRECICOURT: Luce-F, V, 160; Delachenal, II, 40-42.
167 "TRAGIC ACCOUNT": M. L. Delisle, *Tragicum Argumentum*.
168 JEAN'S ENTRY INTO LONDON: John of Reading, 206; *Brute Chron.*, q. Green, 197.
HIS EXPENDITURES ADS A CAPTIVE: Orléans, 29, 42-43; Delachenal, II, 78-79; Putnam, 312; Gazeau.
169 MICHELET'S COMMENT: III, 360.
169 ENGUERRAND ACCOMPANIES CHARLES OF NAVARRE: *Chron. 4 Valois*, 64; see also cazelles,"*Parti navarrais*."
171 ff. CONDITIONAS OF THE PEASANT: H. see, 540-624; Bloch, *Rural*, 80-94;

Perroy,"Wage Labour"; Mollat & Wolff, 19-20; Davis, 268-70; Fossier, 358-59; *Horizon*, 238; Helen Robbins; Turner,"Ec. Discontent"; Viollet-le-Duc, *Dict.*, VI, 292; Bell, *Old German Epics.*

173 COST OF PLOW: Fossier to author.

"BATHING WAS COMMON": Gasquet, 64. DIET: Luce, *Guesclin*, 57; Thrupp, 483; Contamine, 654; *Horizon, 238.*

174 COMFORTABLE PEASANT OF NORMANDY: Duby, 518-19. DOWRIES: Millat & Wolff, 17-20.

Merlin Merlot: Joy, 452-53. DEMONS REFUSE TO CARRY HIS SOUL: ibid., 458.

175 *Le Despit au Vilain:* ibid., 460-61.

176 JACQUERIE: For the outbreak and subsequent events, the major source is Luce, *Jacquerie*, invaluable for its documentation of royal pardons issued after the event, which, in the course of stating the circumstances in each case, gives a picture more true to life than the chronicles. In addition, *Chron. Jean le Bel*, II, 256; KL, VI, 44-58; *Chron J. & C.*, I, 177-78; *Chron. normande*, 127-28; *Chron. 4 Valois; Chron. Jean de Venette.*

179 ATTACK AT MEAUX: KL, VI, 477; *Chron. J. & C.*, 180-84.

180 NOBLES APPEAL TO CHARLES OF NAVARRE: Luce, *Jacquerie*, 147.

181 COUCY'S PRESENCE: *Chron. 4 Valois*, 74. According to the terms of the subsequent Treaty of Calais in 1360, the persons who followed Charles of Navarre"during the troubles"were to receive pardons from the King of France. Coucy's name does not appear either in the list of 300 persons who had been followers of Charles or in a second list of 300 who received pardons from King Jean: Secousse, II, 177-81, 181-85.

"THEY FLUNG THEMSELVES": *Chron. Jean de Venette.*

182 "20,000"KILLED: Secousse, Mem. 239.

184 COUCY GUARDS HIS TERRITORY: *Chron. Jean le Bel*, II, 277; KL, VI, 99.

"DID NOT LIKE THE SAID BISHOP": *Chron. Jean le Bel*, II, 260; Denifle, 224.

Chapter 8-Hostage in England

185 COUCY NAMED HOSTAGE IN TREATY OF LONDON: Delachenal, II, 408.

"THEY SAID THE TREATY WAS DISPLEASING": q. ibid., 87.

186 EDWARD'S EXPEDITIONARY FORCE: Knighton, q. Locke, 53; Hewitt, *Edw.*, 31, 51, 88; Fowler, *Lanc.*, 198-200.

"AS THE STARRES HAVE INFLUENCE TO PRODUCE": Sir Richard Baker, *Chron. of KIngs of England*, q. Barnie, 104.

187 FRENCH RAID ON WINCHELSEA: Gray, *Scalacronica*, 152; Orléans, 50-51, Delachenal, II, 158.

188 ENGLAND IN A PANIC: from the Calendar of Close Rolls, q. Hewitt, *Edw.*, 19.

189 BLACK MONEY,"FOUL DARK DAY": *Chron. of London*, q. Thompson, 101; Knighton and *Eulogium*, q. Delachenal, II, 191.

DESIGNATION OF HOSTAGES: *Chron. 4 Valois*, 122; *Chron. normande*, 155, n.

190 TREATY OF BRÉTIGNLY: the text occupies 33 pagés in *Chron. J. ▪ C.*, I, 267-300. See also Duckett, 7-8.

COUCY'S CONTRIBUTION TO RANSOM: Lépinois, 165.

191 VISCONTI MARRIAGE: Chamberlin, 31-35; cook, 49 ff.

VILLANI QUOTED: ibid., 49, n. 55.

PHILIP THE BOLD EARNS HIS NAME: Froissart.

192 FROISSART SAILS WITH THE HOSTAGES: Shears, 12-13. WALTER SCOTT: *Old Mortality*, chap. 35.

CHAUCER WITH THE HOSTAGES, and HIS RANSOM: Coulton, *Chaucer*, 25-26.

193 "COUCY SHINED IN DANCING": KL, VI, 392.

GOD OF LOVE IN *Roman de la Rose:* lines 2 149-53, 2166-72.

194 POSTHUMOUS PORTAIT: now in the Museum of Soissons.

DUC D'ORLÉANS' 16 SERVANTS: Coulton, *Chaucer*, 33.

195 FROISSART ON THE GERMANS: Luce-F, V, 289.

KING EDWARD NOT FLUENT IN ENGLISH: Coulton, *Panorama*, 237.

ENGLISH COMPLAINT OF 1340: q. Darmesteter, 13. JOHN OF TREVISA: q. Gasquet, 234; Campbell, 177.

"ARRAYED AS FOR WAR"and STATUTE OF 1362: Hewitt, *Edw.*, 175.

196 PLAGUE OF 1361: *Chron. 4 Valois*, 130-31; JOhn of Reading, 150, 364; *Polychronicon*, 411; Saltmarsh; Carpentier, *Ville;* G. Mollat, *Papes*, 106; Coville, 160-61.

197 KONDON, ONE-THIRD EMPTY, and SANITATION: *Sabine.*

198 BUXEAUL: Duby, 523.
DESOLATION OF CHURCHES: M. Mollat, *Vie*, 4, 9. UNIVERSITY OF MONTPELLIER: Campbell, 156-57.
PETRARCH'S ACCOUNT OF FRANCE: text from his *Epistolae de Rebus Familiaribus* in Cook, 23-24. MISSION FROM GALEAZZO AND ORATION AT COURT: Wilkins, 217-24.
199 DAUPHIN'S SORROWS AND NAVARRE'S POISON PLOT: *Gr. Chrons.*, VI, 166, 222; Delachenal, II, 268-69.
CITIZENS OF LA ROCHELLE AND CAHORS: Froissart. ST. ROMAIN DE TARN: Hewitt, *Edw.*, 151.
RINGOIS OF ABBEVILLE: *Gr. Chrons.*, VI, 91; Delachenal, II, 178, n. 4.
200 TREATY OF THE"LILIES"AND COUCY: Letters of King Jean naming Coucy and other correspondence in this matter are collected in Rymer, 72, 694, 700, 702; see also Lehoux, I, 171.
201 FIGHT AT BRIGNAIS: Lot, 404-5; Cox, 164.
JEAN CONSIDERS MARRYING JOANNA OF NAPLES: Orléans, H.D., *Notes et documents*.
202 JEAN'S RETURN TO CAPTIVITY: KL, Ia, 119; Duckett, 9; Delachenal, II, 351.
203 JEAN'S DEATH AND FUNERAL: *Chron J. & C.*, I, 339-41; Michelet, III, 368.

Chapter 9-Enguerrand and Isabella

204 ISABELLA: The facts of Isabella's life, household, possessions, and finances are in Green , 164-228, who collected them from extensive original research in the WardrobeAccounts, Cloes Rolls, Ripe Rolls, and various contemporary English chronicles. On Isabella's character, see Hardy, 168, 182.
205 BÉRARD D'ALBRET: KL, Biog. Index, XX, 20.
207 "ONLY FOR LOVE": *Polychronicon*, 365.
JOAN OF KENT: KL, II, 243.
208 LADIES IN MALE ATTIRE AT TOURNAMENTS: Knighton, q. J. Cammidge, *The Black Prince*, 1943, 108.
PLUCKING EYEBROWS: La Tour Landry, 96.

DUENNA'S ADVICE IN *Roman de la Rose:* lines 13,879-14,444, trans. in Herlihy, *Med. Culture*

209 AGNES AND MACHAUT: Machaut, xiv, xvii.

CHASTITY BELT: Dingwall, 4, 76, 160.

DESCHAMPS,"*Suis-je belle?*": q. Cohen, *Vie*, 293-95.

210 JEAN DE CONDÉ'S TALE: Hellman & O'Gorman, 24-25. OTHER *fabliaux:* ibid., also Brians, *Bawdy Tales*.

211 VINCENT DE BEAUVAIS: q. Owst, 378.

212 PETRARCH RENOUNCES THE FLESH: *Correspondence*, 62, 92, 403."WHERESOEVER BEAUTY SHOWS": Master Rypon, a 14th century preacher, q. Owst, 48.

213 QUESTIONS OF SEX AND SIN: Noonan, 249, 274, 279, 283, 293-94.

SODOMY"AGAINST NATURE"AND"WORST OF SINS": Aquinas, *Summa Theologica*, q. Noonan, 339-40.

214 ILLUMINATED MS. DEPICTING IRE AS A WOMAN: Mâle, 331-33.

AQUINAS ON WOMAN'S PLACE: *Summa Theologica*, q. Jarrett, *Social*, 72, 74.

BONET,"MAN IS NOBLER": 194.

215 DUNMOW FLITCH: For text of the oath, see *Reader's Encyclopedia*, ed. W. R. Benét, New York, 1948.

216 NUNS"LIKE DOGS CHAINED UP TOO MUCH": q. Jarrett, *Social*, 82.

WOMEN'S DEATH RATE: J. C. Russell, *Fontana*, 29.

JACOBA FELICIE: Power, 422. NOVELLA D'ANDREA: Will Durant, *Story of Civilization*, V, 4.

217 MARCIA ORDELAFFI: Emerton, 177-87.

CHRISTINE DE PISAN: Coville, 410-11. POEM ON WIDOWHOOD: ibid. (trans. BT).

OTHER WORKS AND POEMS: Huizinga, *Waning*, 111-12, 123, 286.

218 CONTROVERSY ON *Roman de la Rose:* Kilgour, 136; Masson, 174.

219 ON JOAN OF ARC: Jarrett, *Social*, 86.

220 MARRIAGE OF ENGUERRAND AND ISABELLA: documents in Rymer, 773, 778.

A LADY'S CARRIAGE: Avenel, 49-50; Jusserand, 48-49.

221 ENGUERRAND MADE EARL OF BEDFORD: Issue Rolls, 40 Edw. III, q. Green, 206; also Barnes, 667, 670.

COUCY ACQUIRES SOISSONS: KL, VII, 232-34.

Chapter 10-Sons of Iniquity

222 ONE OF THE WORST OF THE CAPTAINS, he was Anichino Baumgarten: Cox, 138-40.

223 PHILIP OF BURGUNDY AND ARNAUT DE CERVOLE: Zurlauben, *Cervole*, 162.

BERTUCAT D'ALBRET: KL, XI, 228. SEGUIN DE BADEFOL: ibid., XX, 232-36.

AIMERIGOT MARCEL: ibid., XIV, 164.

224 INNOCENT VI, PASTORAL LETTER: M. Mollat, *vie*, 5, 30.

"IF GOD HIMSELF WERE A SOLDIER": q: Kilgour, 26.

COMPANIES DEMAND PAPAL ABSOLUTION: Denifle, 185.

225 HAWKWOOD: Leader-Temple & Marcotti and Gaupp, passim."NOTHING WAS MORE TERRIBLE": q. Leader-Temple & Marcotti, 27."*Perfidi sceleratissimi*": ibid., 14."DID NOT ROAST AND MUTILATE": q. Stanley, 401.

"AN ITALIANIZED ENGLISHMAN": q. Gaupp, 308.

226 CUVELIER ON DU GUESCLIN: 1, 5. In the opinion of Edouard Perroy (*Hundred Years*, 148), Du Guesclin"enjoyed a popularity out of all proportion to his talents and exploits. . . . [He was] a mediocre captain, incapable of winning a battle or being successful in a siege of any scope . . . swollen with self-importance."See also Michelet, IV, 4.

BATTLE OF COCHEREL: Luce-F, VI, 131; Lot, 436.

227 DU GUESCLIN AND ASTROLOGERS: Lewis, 26; Thorndike, III, 586. CHARLES V AND SAME: Campbell, 128; Pernound, 224.

THOMAS OF PISANO: Thorndike, II, 801-2; III, 611, 615.

228 ENRIQUE ELDEST OF FATHER'S TEN BASTARDS: *Chron. Jean de Venette*. Notes, 304, n. 2.

228 "THE TYRANNY OF RHYME": Delachenal, III, 455.

229 DU GUESCLIN, CARDINAL, ET AL. AT VILLENEUVE: Cuvelier, verses 7530-7620, trans. In D. F. Jamison, *Life and Times of Bertrand du Guesclin*, 1864, 260-65.

231 BLACK PRINCE ENCOURAGED TROOPS"UNDERHAND": Froissart, JOhnes ed., I, 383."DID SO MUCH DAMAGE": ibid.

"HE DID NOT VALUE A KNIGHT": Cuvelier, q. Sedgwick, 195-97.

Chapter 11-The Gilded Shroud

232 COUCY'S CHARTER OF LIBERTIES: text in Melleville, 103-6.

235 CHÂTEAU OF HESDIN, MECHANICAL JOKES: Vaughan, 205.

SWAN FESTIVAL OF PICARDY: Le Grand d'Aussy, II, 23.

FORKS, listed in an inventory of Charles V's household in 1379: :e Grand d'Aussy, III, 179.

236 TROUSSEAU OF BLANCHE DE BOURBON: Evans, *Flowering*, 174.

"BUSYING THEMSELVES WITH OTHER THINGS": q. Coulton, *Life*, I, 204.

COMMUNION WAFERS' MAGICAL POWERS: Lea, I, 50.

237 COMMUNION AND CONFESSION ONCE A YEAR: M. Mollat, *Vie*, 72."THIS I KNEW NOT": Jacques de Vitry, q. Coulton, *Life*, I, 57. RELIGIOUS OBSERVANCE IN NORTHERN FRANCE: M. Mollat, *Vie*, 72-73.

CHARLES V: Christine de Pisan, *Charles V*, passim; Coville, 183-85.

TAILLEVENT: Evans, *Flowering*, 172.

238 47 jEWELED CROWNS: Vaughan.

CHARLES V'S ILLNESSES AND ABSCESS: KL, IX, 280-82; Delachenal, I, 14; II, 306-11. Froissart's account, according to Delachenal, V, 389, is a"tissue of fables."

CHARLES V'L LIBRARY: Christine de Pisan, *Charles V*, II, 13; Coville, 189.

239 CLARENCE'S RETINUE: Cook (a study in detail of the entire affair). CLARENCE IN PARIS: *Chron. J.* ▪ C., II, 41; Rymer, 845. VISITED BY COUCY: Green, 208.

240 AMADEUS' PURCHASES: Cordey, 184-85.

VISCONTI FAMILY: Chamberlin, 15-30, 67-70; also Cook, 16, 18; Muir, 70.

241 CASTLE OF PAVIA: Corio, *Storia di Milano*, q. Chamberlin, 119."FINEST DWELLING": J. A. Symonds, *Age of Despots*, q. Cook, 43. PETRARCH: *Correspondence*, 323-25.

MILAN: Mesquita, 2-3; Chamberlin, 13-15; Molho, 30.

242 WEDDING: Cook; Chamberlin, 42-43. For presence of Froissart and Chaucer, see Jarrett, *Charles IV*, 5, and Coulton, *Chaucer*, 48, 50.

243 KING EDWARD'S OFFER TO PLEDGE CALAIS: Vaughan, 5.

244 COUCY SELLS BURGUNDY PEARL NECKLACE: Luce, *Cent ans*, I, 96.

PHILIP OF BURGUNDY'S HABIT: Luce, *Cent ans*, II, 206; Petit, *Itinéraires*, 490-91; Vaughan, 6, 197.
COUCY"FINEST SHOWING": Luce-F, VII, 130.
243 PETRARCH TO BOCCACCIO: *Correspondence*, 213-14.

Chapter 12-Double Allegiance

246 CHARLES CONSULTS UNIVERSITIES: Chaplais, 55.
"SORE TROUBLED IN THEIR MYNDES": Froissart. BONET ON DOUBLE ALLEGIANCE: 167-68.
COUCY'S HAPSBURG INHERITANCE: Duplessis, 119-20Zurlauben, *Enguerrand VII*, 170-73, has collected the evidence; also Lacaille, *thèse*, 17-20.
247 COUCY'S SEAL OF 1369: AN, *Service des sceaux;* No. 308 in Demay, *Flandre*, attached to a document of 14 November 1369 stamped *Sigillum Engueranni filii ducisse Austrie domini de Couciaco et comitis Suessionensis et Bedfordis.* Bears the device *Semper*. A similar seal of 1376 (No, 8644 in Demay, *Clairembault*) bears the device *Sans plus* and shows a shield quartered 1 and 4 *Vairé* and 2 and 3 *facsé*. Anselme, 542, gives a further description of Coucy's seals with the upright figure.
CONTRACT WITH MONTBÉLIARD, and MANIFESTO TO STRASBOURG AND COLMAR: KL, VIII, cxxx, n. 3; Bardy, 13-14.
DOCUMENT DATED PRAGUE: mentioned by Galbraith in notes to *Anonimalle Chron.*, 117. Copied for the author at the Public Record Office (Memoranda Roll, 13 Richard II, Michaelmas communia, Recorda, fourth membrane after 19), the document is an"inspection"made in 1390 of earlier letters patent to Robersart, and repeats the full text of Coucy's letter given under his seal"at Prague in Bohemia on the 14th day of January of the year 1369 [1370]."
248 ITALY INFESTED BY BRIGANDS: John Bromyard, q. Owst, 174; Origo, 153, 275-76.
249 BERNAB VERSUS THE PAPACY: Gregorovius, 408; Milman, VIII, 14-16.
PUBLIC ATTRIBUTED URBAN'S ELECTION TO GOD: Milman, VIII, 13.
250 URBAN'S RETURN: ibid., 20; Jarrett, *Charles IV*, 156. CONDITION OF ROME: Pirenne, *Europe*, 23-24; Flick, 213.

252 ENGUERRAND WITH COUNT OF SAVOY IN ITALY: Cox, 264-68; Cognasso, 197; Gabotto, 201-2.

PASSAGE OF THE ALPS: Cox, *The Eagles of Savoy*, Princeton, 1974, 339-43.

254 VILLANI ON HAWKWOOD'S COMPANY: This is Filippo Villani, q. Cook, 25.

255 ORDERS OF VISCONTI'S PARENTS: q. Chamberlin, 58.

PAPAL CORRESPONDENCE AND CONTRACTS WITH COUCY: Lacaille, *An. Bull. SHF*, 187-206, gives the full texts from the Vatican Archives.

257 ff. CAMPAIGN OF THE PAPAL LEAGUE and BATTLE OF MONTICHIARI: *Annales Mediolanensis is Muratori's RIS*, chaps. cxxxv-vi, 752-56 (trans. for the author by Phyllis G. Gordan): Corio, *Historia di Milano*, q. Mazas, 187-90: Servion, 198-205; Leader-Temple & Marcotti, 72-78; Lacaille, *Thèse*, 26-31; Cox, 276-77; Chamberlin, 58-60; Cognasso, 208.

260 TITLE OF SIRE DE COUCY HELD HIGH: KL, Ib, 17, n. 5.

261 APPOINTED MARSHAL: Luce-F, VIII, cxxxii.

NEUTRALITY HELD HONORABLE: KL, VIII, 291-93. CHEVALIER DE CHIN: ibid., 21, 24.

BATTLE OF ENRIQUE AND PEDRO: Luce-F, VII, xxxii, n. 1.

262 BLACK PRINCE'S ILLNESS: That it was dropsy is stated by Denifle, 497, and Lefranc, 108. English biographers avoid naming this unheroic malady.

264 BATTLE OF LA ROCHELLE: In addition to Froissart and *Chron. 4 Valois*, Roncière, 15-16; Sherborne; Runyan.

266 CAPTAL DE BUCH HELD IN PRISON: *Chron. J. & C.*, III, 62-78; Keen, *Laws*, 90; Delachenal, III, 186-87.

COUCY INTERCEDES: KL, VIII, 401-2.

267 LANCASTER'S LONG MARCH: Walsingham, q. MacKinnon, 552; Lot, 367-68; Delachenal, III, 302.

Chapter 13-Coucy's War

267 BURGUND'S EXPENSES: Delachenal, IV, 568.

270 PROPOSAL TO COUCY TO LEAD COMPANIES: KL, VIII, 369, 372.

RIVIÈRE, MERCIER: Lefranc, 217-18; Coville, 220.

COUCY LENT MONEY TO BERRY: Lehoux, I, 358, n. 3.

BRETON COMPANIES AND THE POPE: Mirot,"*Budes*,"590; Denifle, 583.

OWEN OF WALES: Chotzen. COUCY'S CONTRACT WITH HIM: ibid., 236.

271 CANNON AT SIEGE OF ST. SAUVEUR: *Chron. 4 Valois*, 253; Delachenal, IV, 527-28.

ALSATIAN CHRONICLE: Koenigshofen, 334-35.

272 COUCY'S CHANTRIES AT NOGENT: BN, *Fonds fr.*, *nouv. acq.* no. 3653, no. 293, and a later"vidimus"of this document, *nouv. acq. fr.* 20510, *peèce* 48.

CAPTAL'S MASSES: Lewis, 204.

PRINCESS OF WALES' THREE PRIESTS: Rosenthal, 15.

COUCY'S LETTERS TO IMPERIAL VICAR AND CITIES: Bardy, 17; Zurlauben, *Enguerrand VII*, 177.

273 RAVAGES IN ALSACE: Bardy, 23-25.

274 ff. INVASION OF THE AARGAU: Sources for the Swiss campaign are: Dierauer, 287-92; Dandliker, 547-52; Muller, 201-18 (translated for the author by Kathie Coblenz); also Bardy, 17-29; Cotzen, 234-38; Laguille, 309-10; Zurlauben, 177-80. Chotzen includes a list of the original Swiss chronicles.

MORGARTEN AND LAUPEN: Oman, 235-46.

276 FROISSART'S VERSION: KL, VIII, 376-78.

279 FRAUBRUNNEN, BALLADS ON THE BATTLE: R. Liliencron, ed., *Die Historischen Volkslieder des Deutschen vom 13 bis 16 Jahrhundert*, Leipzig, 1865, I, 88-90; Chotzen, 238.

FRAUBRUNNEN, INSCRIPTION ON STONE MONUMENT: copied by the author and translated by Prof. E. A. R. Brown.

280 HAPSBURG SETTLEMENT WITH COUCY; Delachenal, IV, 583, n. 5; Zurlauben, *Enguerrand VI*, 180 (who undertakes to dispose of the errors of all previous historians).

281 COUCY COMMISSIONED TO ACT AGAINST COMPANIES: Delachenal, IV, 584, n. 1; Lehoux, I, 380, n. 9.

EDWARD'S GRANTS TO ISABELLA: Green, 213-16. ALICE PERRERS: *Chron. Angl.*, Thompson, xlviii.

282 "LADY OF THE SUN": q. Green, 210, n. 2.

COUCY'S FRIENDS URGE HIM TO TURN FRENCH, and HIS MISSION TO ENGLAND: Kl, VIII, 378-80. On double allegiance, see Keen, *Laws*, 89-91.

Chapter 14-England's Turmoil

The major contemporary narrative source for English affairs in this period is Thomas Walsingham's *Chronicon Angliae*, which unfortunately does not exist in English (although Thompson's notes are useful). Those like myself not fluent in Latin must depend on quotations and excerpts in English by other historians. The somewhat less lively *Anonimalle Chronicle* has been translated by V. H. Galbraith. Secondary sources on the condition of England used for this chapter are Jusserand, McKisack, Postan, Saltmarsh, Seebohm, and Trevelyan. Although the last, which was Trevelyan's first book, may lag behind modern scholarship, it is far ahead in general interest and a comprehensive view of the social milieu.

285 "NOT STRONGER IN MIND THAN A BOY OF EIGHT": *Chron. Angl.*, q. Collis, 186, n. 2.

285 "WHEREBY THE JUSTICES BE AFRAID": a statute of 2 Rich. II, q. Jusserand, 76.

286 BISHOP OF ROCHESTER: q. ibid., 86.

COMMONS COMPLAIN OF LABORERS AND SERVANTS: Jusserand, 147-48, from Rymer, V, 668.

"GATHER TOGETHER IN GREAT ROUTS": q. Seebohm, 274.

287 FOUR VILLAGES OF GLOUCESTER: Beresford & Hurst, 8. FIVE CHURCHES OF NORFOLK: Saltmarsh, 24.

WYCLIF: Poole; Trevelyan, passim; Cheyney, 211-24.

288 PRIESTS LICENSED TO KEEP A CONCUBINE: MacKinnon, 563. CONFESSOR IN CASES OF ADULTERLY: lea, I, 31.

EUCHARIST WITHHELD: ibid., 28. MISBEHAVIOR OF CLERICE: Coulton, *Life*, I, 96, 99-100. WORLDLY CLERICS' CLOTHING: Jusserand, 55.

289 LOLLARDY AMONG THE NOBLES: Cheyney, 217.

290 *Horribles expenses:* Q. McKisack, 386, n. 1.

PURVEYORS"SEIZE ON MEN": J. R. Green, *Short History of England*, I, 455-56.

GOOD PARLIAMENT: In addition to sources at head of chapter, MacKinnon; Harold I. Nelson,"Thomas Walsingham and the Crisis of 1376"(unpublished ms.); A. F. Pollard., Powell & Wallis; Stubbs' *Constitutional History.*

291 COUCY AS EARL OF BEDFORD: A search of the Close Rolls, Rolls, and

Parl. Writs made for the author at the Public Record Office disclose no evidence that Coucy was summoned to or attended the Parliament of 1376, although he *was* summoned as Earl of Bedford to the Parliament of 43 Edw. III (1370) (*The Dignity of a Peer of the Realm; Reports from the Lords' Committees* . . . , London, 1829, IV, 645).

293 ISABELLA AND COUCY VISIT BLACK PRINCE: KL, VIII, 379.

294 HIS DEATHBED, WILL, AND MONUMENT: Chandos Herald, 170; *Chron. Angl.*, q. Trevelyan, 27; Coollins, 300-301; *DNB*.

296 COUCY ADVISES INVASION: Froissart, q. Lépinois, 178.

297 KING EDWARD'S PHYSICIANS"DESPAIRED": *Anonimalle*, 95. COUCY'S MISSION TO FLANDERS: Lacaille, *Thèse*, 40.

QUEEN'S ILLNESS: *Chron. 4 Valois*, 244; Delachenal, IV, 536. PAYMENTS TO COUCY: BN, *Pièces originales*, 875, dossier 19, 660 Coucy. MARIE DE COUCY: Lehoux, I, 392, 398, n. 7.

COUCY IN PARLEYS WITH THE ENGLISH: KL, VIII, 383-84; Barnes, 906-7.

298 CHAUCER'S PRESENCE: Braddy; Manley; also F. N. Robinson, Introduction to *Chaucer's Complete Works*.

SUBSTANCE OF THE PARLEYS: Delachenal, V, 4; Delisle, *Coll. BE*, No. 1425; Perroy,"Anglo-French."

301 EDWARD'S DEATH; JUBILEE YEAR PASSED UNNOTICED: J. J. Jusserand, *Piers Plowman*, London, 1894, 53.

ISABELLA'S MOVEMENTS: KL, XXI, 41; Green, 215-17, from Rymer, VII, 153.

302 ROBERSART: Collins, 237, 249.

Songe du Vergier: q. Delachenal, IV, 601-2.

DIALOGUE WRITTEN BY D'AILLY: q. Kirkland, 18.

302 COUCY'S LETTER OF RENUNCIATION: text in KL, XXI, 41-42, and in Rymer, VII, 172, from Patent Roll, 1 Richard II.

303 TRUSTEESHIP FOR ISABELLA: *DNB;* Green, 219, from Rymer, IV, 60; Hardy, 309.

304 ESTATES SETTLED ON PHILIPPA: Lacaille,"*Vente*,"574, n. 1.

FRENCH RAIDS AND EFFECT ON ENGLAND: Searle & Burghart.

305 SIR JOHN ARUNDEL AND LANCASTER: *Chron. Angl.*, q. ibid., 382, and in Delachenal, V, 30.

Chapter 15-The Emperor in Paris

306 CHARLES IV, CHARACTER AND APPEARANCE: Matteo Villani, q. Cox, 189; Jarrett, *Charles IV*, 219-24.

308 WELCOMING PARTY AT CAMBRAI, and SUBSEQUENT ACCOUNT OF THE EMPEROR'S VISIT: *Chron. J. & C.*, II, 200-276; Christine de Pisan, *Charles V*, II, 90-132.

310 CHANCELLOR'S CHRONICLER: Pierre d'Orgement, the Chancellor, is believed to have supervised, or possibly himself written, the *Chron. J. & C.:* Delachenal, I, xviii.

BANQUET DISHES: from menus listed by the Ménagier, 226-36.

311 VISIT TO SAVOY, PLATTERS SERVED ON LANCES: Cox, 197.

BANQUET BY VIDAME DE CHARTRES: Le Grand d'Aussy, III, 343.

DRAMA AND STAGECRAFT: Mâle, 36-37; Artz, 356-60; Cohen, *Theatre*, 49, 93-94, 99, 162, 273; Gayley, 33-34, 75-80, 214, 263-64; Frank, 115-35; A. W. Pollard, xli.

313 LOLLARD PREACHER: q. A. W. Pollard, xxii.

SIEGE OF JERUSALEM STAGED: in addition to the primary accounts, Loomis.

315 BEAUTÉ-SUR-MARNE: Lce, *Cent ans*, II, 41-44.

GREAT THEOLOGIAN ON CONSENT OF THE GOVERNED: Jean Gerson, q. Lewis, 94.

316 BRETHREN OF THE FREE SPIRIT: *Chron. J. & C.*, II, 163-64; Cohn, chap. 8; Leff.

317 BÉGUINES A RETREAT FROM"MARITAL BONDS": Southern, 329.

BIBLE IN FRENCH: Cohn, 161.

ANJOU,"THE WORLD BROUGHT TO NOTHING": q. Campbell, 151.

318 DEMONOLOGY AND SORCERY: Lea, III, 464; J. B. Russell, 208-14; P. Hughes, passim.

319 ORESME: Thorndike, III, 428-38, 466-68; q. Coopland in notes to Mézières, I, 25.

Chapter 16-The Papal Schism

Based on the Italian and French chroniclers, the two major modern authorities for the events of this chapter are Valois, vol. I, and Ullman, supplemented by Creighton, Flick, McFarlane, and of course Delachenal, especially for the role of Charles V. Sources other than these are cited below. All quotations from St. Catherine are from Jorgensen, unless otherwise cited.

320 ABBOT OF MONTMAYEUR: Sismondi, IV, 412.
"FOR WITH NO OTHER QUARREL": The French governor quoted was Marshal Boucicaut. Godefroy, *Boucicaut*, 2-3.

321 "AS IF THESE TIMES": Neri di Donato, q. Jorgensen, 171.
ROBERT OF GENEVA: Valois, I, 109; conflicting versions of his appearance are from Muratori and the chronicler Dietrich of Niem, q. Ullman, 163.

322 BRETONS' SWORDS BLESSED BY THE CARDINAL: Mirot,"*Budes*."
MASSACRE OF CESENA: Leader-Temple & Marcotti, 119-22."*Sangue et sangue!*": lOT, 417; sISMONDI, iv, 422.
BERNAB 'S DAUGHTER MARRIES HAWKWOOD: Leader-Temple & Marcotti, 126.

323 "MAN OF BLOOD"and"BUTCHER OF CESENA": Delachenal, V, 143."PEOPLE NO LONGER BELIEVE": q. ibid., 121.

325 JOHNANNES TAULER: Mâle, 89, 107. ST. BRIGITTA: ibid., 89-90.

326 CATHERINE'S LETTER TO HAWKWOOD: q. Leader-Temple & Marcotti, 82-83.
CATHERINE IN AVIGNON: Delachenal, IV, 598.

327 ON THE RETURN TO ROME: from the Cartier edition of her letters, q. ibid., 596, nn. 3, 4, 5.
ECCLESIASTICAL EXTORTIONS, IN GERMANY: *CMH*, 280. PRIESTS DESERTED: ibid. AS TAVERNERS AND HORSE-DEALERS: M. Mollat, *Vie*, 43.
BRIGITTA,"FEAR OF GOD": q. Jorgensen, 160.
CATHERINE ON REFORM: q. Ullman, 60-61.

328 CHARLES V,"ROME IS WHEREVER": q. Renouard, *Papacy*, 64.
GREGORY'S RETURN TO ROME: Froissart, Berners ed., II, 505; Jarrett, *Charles IV*, 209-11. HIS FATHER: Jorgensen, 237. ONE OF HIS BISHOPS: Renouard, *Papacy*, 66.

330 URBAN REGARDED AS MAD: Ullman, 53; Creighton, 83; *Cath. Encyc.*

332 MICHELET,"NO EPOCH MORE NATURALLY MAD": IV, 8.

"OH, UNHAPPY MEN": q. Ullman, 67-68.

333 JUAN I,"WHAT GOVERNMENT": q. Delachenal, V, 171.

335 EFFECTS OF THE SCHISM: *Chron.* C6, I, 85-87; Michelet, IV, 8; Huizinga, *Waning*, 21.

BONET ON THE SCHISM: 92-93.

336 MONK OF ST. DENIS,"LIKE A PROSTITUTE": *Chron.* C6, I, 91.

ANJOU AND CLEMENT AND KINGDOM OF ADRIA: Valois, I, 145, 167-68; Durrieu,"*Adria.*"

337 UNIVERSITY RESISTS and ARREST OF ROUSSE: *Chron.* C6, I, 87.

338 WYCLIF ON INDIVIDUAL SALVATION: q. Trevelyan, 141.

339 NO ONE HAD ENTERED PARADISE: q. Huizinga, *Waning*, 29.

Chapter 17-Coucy's Rise

343 KING"SORROWED LONG": *Gr. Chrons.*, q. Delachenal, V, 20.

343 ff. CHARLES OF NAVARRE'S TREASON AND PLOTS: *Chron. J. & C.*, II, 286 ff., and documents in Secousse; Coville, 246-47; Delachenal, V, 180-218.

344 FOIX,"IMPETUOUS PASSIONS": q. Tarbé in notes to Machaut, xix. AFFAIR OF GASTON: *Chron.* C6, I, 365; also Froissart; and Tarbé, op cit.

345 NORMANDY CAMPAIGN: KL, IX, 56, 61-63, 77-78.

347 COUCY AND CLISSIN: Lefranc, 189, 270. COMRADESHIP OF BROTHERHOOD-IN-ARMS: see Keen, *Laws*, 138.

CLISSON'S CAREER: Lefranc, 24-37, 58-68, 132-34.

348 "ALWAYS IN PERFECT HARMONY": ibid., 270. ASSASSINATION OF OWEN OF WALES: Froissart, Berners ed., III, 15.

349 POLICY ON BRITTANY and TRIAL OF MONTFORT: Moranvillé, *Mercier*, 76-81; Delachenal, V, 242-45.

COUCY AS A"PEER OF FRANCE": Froissart says specifically, in connection with Coucy's campaign in Italy in 1372-74,"*et li uns des xii pers*": KL, VII, 419. On the somewhat elastic nature of the twelve French peers, see Bloch, *Feudal*, 333-35; Lot & Fawtier, 297, n. 1.

350 KING'S VISIT TO COUCY: *Chron. J. & C.*, III, 215; Lacaille, *thèse*, 59;

Moranvillé, *Mercier*, 70-72, 319.

DESCHAMPS: Coville, 401, 407-9; Gaston Raynaud, 27; intro. and notes to Queux edition of Deschamps' works, vol. XI. BALLADE ON COUCY: Deschamps, I, 269 (Trans. B.T.).

PURCHASE OF GREAT FIEFS: see Lewis, 191.

351 MARRIAGE NEGOTIATIONS: Lehoux, I, 439.

COUCY'S ORDER OF THE CROWN: Deschamps, Queux ed., II, 35 (on the twelve qualities of the crown), and IV, 115. Duplessis, 89; Zurlauben, *Enguerrand VII*, 183.

352 JOHN PHILPOT: *Chron. Angl.*, q. Barnie, 108-9; McKisack, 403.

353 REVOLT OF GHENT,"ON THE FOLLIES OF PRINCES": q. Hutton.

353 ff. OPPRESSION AND UPRISING IN LANGUEDOC, and PUNISHMENT OF MONTPELLIER: *Chron. J. & C.*, II, 365-76; Delachenal, V, chap. 6.

354 "KILL ALL THE RICH!": q. Mollat & Wolff, 182.

"CUT OPEN BODIES": q. Delachenal, V, 303, n. 3.

365 ENGLISH TAX OF 1379: Trevelyan, 100-103. MISCALCULATION OF THE TAXBASE: it was derived from an estimate of the number of English parishes at 40,000-50,000 when in fact they numbered about 9,000, see Coulton, *Five Centuries*, III, 449.

ARUNDEL'S VOYAGE: *Chron. Angl.*, q. Collis, 225-27, and *DNB;* Froissart, Berners ed., III, 11; Roncière, 65-66. HIS 52 SUITS OF CLOTHES: Baldwin, 74.

COMMONS' PROTEST AND GOVERNMANT'S REPLY: Jusserand, 124-25, from Parl. Rolls, 2 Rich. II.

357 "ALL THE WITTE OF THIS WORLDE": B text, xiii, 173.

358 COUCY OFFERED CONSTABLESHIP: KL, IX, 237-38; Lefranc, 211-12.

SCOPE OF THE OFFICE: Vuatrin, 89-90; Lefranc, 230-31.

359 COUCY NAMED CAPT.-GEN. OF PICARDY and GIVEN MORTAIGNE: KL, IX, 243; Duchesne, 267; Duplessis, 91-92.

BUCKINGHAM EXPEDITION: KL, IX, 260-91; *Chron.* C6, I, 7. PREPARATIONS: Sherborne, EHR.

360 CLISSON ON THE ENGLISH: KL, VIII, 302.

"THEY CAN BETTER LIVE IN WAR": KL, XIV, 314.

361 DOCUMENTS ON COUCY'S MOVEMENTS: Luce-F, xcix, n. 8.

Immobilis quasi lapis: q. Coville, 264.

362 ff. CHARLES V'S DEATHBED and THE PROBLEM OF TAXES: Coville in

CMH, 265-66; Perroy, *Hundred Years*, 173-74; Delachenal, V, 408-10.

363 *Songe du Vergier:* q. Mirot, *Urbaines*, 6, n. 1.

TEXT OF KING'S ORDINANCE: ibid., 4.

364 PRECEDENTS: Brown,"Taxation and Morality."

"TO THEIR GREAT DISCOMFORT": *Anonimalle*, q. Collis, 230.

Chapter 18-The Worms of the Earth Against the Lions

On the conditions, taxation, and sentiments of the working class, the chief sources used for this chapter are Mollat & Wolff, *Ongles Bleues;* Turner,"Economic Discontent"; Perroy,"Wage Labour"; Pirenne, *Europe*, 103-12; Boissonade, 303-7; Thompson, *Econ.* and *Soc.* Hist.; Carpentier, *Ville*, 220-21.

For the Ciompi: Mollat & Wolff, 144-62; Turner; Schevill, *Florence*, 277-83; contemporary texts in Brucker, *Society*, 233-39.

For the insurrections in France and associated events, the chief primary sources are: *Chron.* C6 by the Monk of St. Denis, vol. I (especially for Paris), and *Chron. 4 Vaoois* (especially for Rouen), plus Froissart in KL, IX. The most detailed secondary studies are Mirot's *Insurrections urbaines* and, for Rouen, Lecarpentier's"*Harelle*."

On the Peasants' Revolt in England, so much has been written that it is hardly necessary to cite references except, for convenience, McKisack, Trevelyan, Keen's"Robin Hood,"and a good account in Collis. The chief primary sources are *Anonimalle*, Malverne's continuation of *Polychronicon*, and Froissart.

For Ghent, Hutton should be added to the sources mentioned above on the working class, and Froissart.

365 "LET HIM GO TO THE EVIL!": q. Luce-F, Notes, X, xliii.

367 LAON REFUSED COUCY: Lacille, *thèse*, 64-65.

ANJOU TOOK 32 BOOKS: Delisle, *Lib. Chas. V*, 136-37.

369 "WORMS OF THE EARTH": .q Jacbo, 192, and Origo, 66.

371 CARDINAL DE LA GRANGE: *Chron. 4 Valois*, 283; Jean Juvenal des Ursins, q. Moranvillé, *Mercier*, 83-84, and Lefranc, 217.

372 COUCY PAYING SPIES: BN, Clairembault, vol. xxxv. No. 92.

374 "TOURNAMENTS OF THE RICH,""EVIL PRINCES,"JOHN BROMYARD, FRANCISCAN FRIAR: q. Owst, 293, 299, 301, 310-11.

377 "VILLEINS YE ARE": q. McKisack, 418.

"DAYS OF WRATH AND ANGUISH": Walsingham, q. ibid., 414.

378 "TOKENS OF GRETE VENGAUNCE": T. Wright, *Political Song*, I, 252. WALSINGHAM ON FRENCH RAIDS: q. Barnie, 103. FLORENTINE DIARIST: Paolo Sassetti, q. Brucker, *Society*, 42.

VILLANI,"IT SHOULD BE": q. Mollat & Wolff, 133-34.

381 BOUNACCORSO PITTI: q. Mollat & Wolff, 172.

384 COUCY NEGOTIATES WITH THE REBELS: KL, IX, 447; Luce-F, X, xlv, n. 1; also *chron. de Berne* reprinted in KL, notes, X, 456-57; Mirot, *Insurrections*, 152-55. COUCY'S *hôtel:* Roussel, 24, n. 1, and Hillairet, *Dict.*, entry under"St. Jean-en-Grève."

386 TUCHINS: *Chron. C6;* Boudet, passim; also Mollat & Wolff, 10-35, 184-85. RIOTERS OF BÉZIERS IN PLOT: Mollat & Wolff.

386 ff. FLANDERS CAMPAIGN and BATTLE OF ROOSEBEKE: *Chron. Bourbon* (the author, Chateaumorand, was a participant) in addition to *Chron. C6*, I, *Chron. 4 Valois*, and Froissart in KL, X; also Lot, 451-52, and Hutton.

COUCY'S RETINUE IN ARMY FOR FLANDERS: BN, Clairembault 35, *peèce* 2628, nos. 99 and 100.

390 COUCY PROPOSED AS CONSTABLE FOR THE BATTLE: KL, X, 160-63.

392 COUCY IN THE BATTLE OF ROOSEBEKE: in addition to *Chron. Bourbon*, *Chron. de Berne* in KL, X, 477-79.

396 "THE SIRE DE COUCY HAD NOT FRARED": KL, notes, X, 501.

DESCHAMPS,"THEREFORE THE INNOCENT": q. Coulton, *Life*, 111, 112.

Chapter 19-The Lure of Italy

The chief contemporary sources for Anjou's campaign for Naples are *Chron. C6*, vol. I, and the *Journal* of Jean le Fèvre. The fullest secondary account is in Valois, vol. II. Additional meterial from Valeri, 230-31, and on Amadeus of Savoy from Cox, 330-37.

Coucy's campaign in Italy is fully documented in Durrieu's"*Prise d'Arezzo*"(Bibliog. I, B) using the *Documenti degli Archivi Toscani . . . Comune di Firenze*, published 1866, and other Italian sources. Lacaille's *theèse* adds meterial on the proceedings of the Florentine Signoria taken from the Chronicle of Naddo da Montecatini, in *Delizie degli eruditi Toscani*, vol. XVIII, Firenze, 1784. The *Chron. de Berne*, reprinted in KL, XI, 442-43, and Jean le Fèvre are further sources. As part of Anjou's venture, Coucy's campaign is covered also in Valois, II.

398 BOCCACCIO ON NAPLES AND OTHER QUOTATIONS IN THIS PARAGRAPH: Croce, 52.

399 "GORGED WITH BOOTY": *Chron. C6*, I, 165.

400 GIOVANNI DI MUSSI (footnote): Herlihy, *Pistoia*, 3, 266.

402 EFFORTS TO ENGAGE COUCY: Jean le Fèvre, 47-48; Valois, II, 443-45.

NORWICH CRUSADE, HIS CHAACTER: *DNB*. EXTORTIONS: Trevelyan, 268-69.

SACRAMENTS WITHHELD: Barnie, 24.

403 CALVELEY,"BY MY FAITH": q. Barnie, 27.

BOURBOURG,"THEIR ANTIQUE NOBILITY": *Chron. C6*, I, 281. COUCY'S IMPRESSIVE SHOWING: KL, X, 254; also Johnes ed. of 1805-6, VI, 313. BISHOP OF ROCHESTER: q Barnie, 28.

404 NEGOTIATIONS WITH DUC DE BAR: Lacaille, *thèse*, 78.

COUCY, MASSES AT ST. MÉDARD: BN, *Pièces originales* 875, dossier Coucy.

405 COUCY VISITS BERNAB : Mesquita, 28.

GIAN GALEAZZO, CARRARA'S OPINION: q. Sismondi, V, 76.

406 HIS MOTHER'S WARNING: q. Chamberlin, 74.

A STATE PAPER BY SALUTAI: q. Schevill, *Florence*, 320.

"WE MET WITH JOYFUL EMBRACES": Full texts of the Florentine correspondence concerning Coycy's campaign are printed in durrieu,"*Arezzo*."The report of the meeting with coucy and the complaint of his march are from the Signoria's letter to the King of France of 20 October 1384, which is also given in full (in Latin) in KL, XI, 442-49.

409 ANJOU'S WILL: Valois, II, 76-83. DURAZZO'S SERVICES: *Chron. C6*, 339, n. 3.

410 MESSAGES FROM ANJOU'S FOLLOWERS: Jean le Fèvre, 79.

411 CORRESPONDENCE ON THE PIETRAMALA: Coucy to Florence, 18 November 1384; Signoria to Coucy, 24 November 1384, in Durrieu,"*Arezzo*,"189-90.

413 GUILLAUME LE JUPPONNIER: Douet-d'Arcq, I, 59.

"HA! FALSE TRAITOR": q. Collas, 144-45.

414 COUCY IN AVIGNON: KL, X, 323; Lehoux, II, 109, n. 1.

BONET: 63, 68, 81, 117-19, 153, 160, 188.

Chapter 20-A Second Norman Conquest

For events and quotations concerning the invasion of England, the Monk of St. Denis (*Chron. C6*, I) and froissart (KL, XII) may be generally taken for granted as the original sources, supplemented by Mirot's"*Une tentative*,"Terrier de Loray's life of Vienne, and Roncière's history of the French navy.

416 ISABEAU OF BAVARIA, WITTELSBACHS AND VISCONTIS, STEPHEN OF BAVARIA, MARRIAGE NEGOTIATIONS ET SEQ.: Thibault, 12-42, in addition to the chroniclers.

417 GIAN GALEAZZO'S OUSTER OF BERNABO : Sismondi, V, 50; Mesquita, 15-36; Chamberlin, 74-82; Cook, 19. ACTIVITY OF THE DUCHESSE D'ANJOU: Jean le Fèvre, 97; Lehoux, II, 125 ff.

419 CHARLES VI and DEER WITH THE GOLDEN COLLAR: *Chron. C6*, I, 71.
BURGUNDY DOUBLE WEDDING: in addition to the chroniclers, Vaughan, 88; *CMH*, 374.
COUCY ARRIVES IN"GREAT HASTE": Anselme, 542.

420 ff. EXPEDITION TO SCOTLAND: *Chron. C6*, I, 351.

421 FRENCH BROUGHT 50 SUITS OF ARMOR: *Book of Pluscarden*, q. Locke, 84. See also P. Hume Brown, *History of Scotland*, Cambridge, 1929, I, 191-92. The statement in some of the earlier histories that Coucy was a member of this expendition was based on a misreading of a reference in one ms. of Froissart to a Seigneur de Courcy, corrected by Terrier de Loray, 204, n. 2. (The inconvenient Sire de Courcy causes a further error with regard to Coucy's second wife-see notes to chap. 25, p. 650.)
COUCY'S REMARRIAGE: KL, X, 347; Duchesne, 267-68; Zurlauben, *Enguerrand Vii*, 182.
RENOVATION OF THE CASTLE: Broche 340 ff.; Dufour, 50-54; Evans, *Art*, 166.

423 PERCEVAL, BASTARD OF COUCY: AN, Demay, Coll. Clairembault, Nos. 2841-42; duchesne, 273.
COUCY AT HAPSBURG-BURGUNDY WEDDING: Broche, 135. He is the archivist quoted.

424 ROYAL COUNCIL VOTED UNANIMOUSLY: *Chron. C6*, I, 429-31.
"YOU ARE THE GREATEST KING LIVING": *Chron. Bourbon*, q. Mirot, 429, n. 3. FISHERMEN: ibid., 441.

FRENCH INVASION FLEET: In addition to the sources listed above, material from the *Chronique de Tournai* and other primary sources is quoted by Palmer, *England, France*, 77-79.

425 BURGUNDY'S MOTTO: Terrier de Loray, 214.

COUCY'S SHIP: Roncière, 89.

COUCY'S SEAL: AN, Demay. Cooo. Clairembault, I, 2838. his retinue: kl, xxxi, 45.

426 WILLIAM THE CONQUEROR: Cutts, 391.

DESCHAMPS, NORMAN CONQUEST: q. Mirot, 455.

427 DUC DE BERRY: Luce, *Cents ans*, I, 212-27; Wylie, II, 405-32; Dupont & Gnudi, 150-51.

428 HOUNDS FROM SCOTLAND: Jusserand, 125, from Rymer for 3 April 1396.

FINED LANGUEDOC: Boudet, 64-65.

429 "SNUB-NOSES": q. Wylie, II, 399, n. 5.

FLEET CAPTAINS' LIST OF"ITEMS": text from *Chron. de Tournai*, q. Vaughan, 50.

430 THIS"USELESS WAR": Walsingham, q. Barnie, 129.

431 CHARLES VI VISITS COUCY: Broche, 341-43.

BAUDET LEFÈVRE: text of the pardon, which recounts the circumstances, in Mangin (Bibliog. I, A), 42, n. 1.

432 COUCY'S VESSEL LOADED AT SOISSIONS: Broche, 342.

432 ff. MONTFORT-CLISSON AFFAIR: Froissart, Berners ed., IV, 440-59; Lefranc, 279, 304-24; Moranvillé, *Mercier*, 112-13.

435 COUCY'S INSISTENCE ON RESTIUTION: KL, XIII, 84.

GUELDERS AFFAIR: *Chron. C6*, I, 523-25. VASSAL FOR MONEY: Perroy, *Hundred Years*, 191; GUELDERS' LETTER TO CHARLES VI: text in Douet-d'Arcq, I, 78.

436 COUCY ARGUES IN COUNCIL: KL. XIII, 84.

DEATH OF CHARLES OF NAVARRE: *Chron. C6*, I, 437, and Froissart.

437 COUCY'S MISSION TO MONTFORT: KL, XIII, 136, 337 ff.

KING'S GIFT OF A BIBLE: Lacaille, *thèse*, 117, from Delisle. FROISSART'S TRIBUTE: Berners ed., V, 163.

Chapter 21-The Fiction Cracks

As before, events and quoted statements not otherwise identified may be presumed to come from *Chron. C6*, I, or Froissart.

438 DESCHAMPS,"NOT ON THE GRAND PONT": Queux ed., I, 156-57.

439 MÉZIÈRES QUOTED: Coopland ed., 524-25.

SOFT BEDS AND PERFUMED BATHS: preacheers q. in Owst, 412.

GERSON: q. Kilgour, 184.

SACCHETTI: q. Jacob Burckhardt, *Civilization of the Renaissance in Italy*, New York, 1960 (paperback ed.), 262.

441 DESCHAMPS ILL ON CAMPAIGN: Raynaud in Deschamps, Queux ed., XI, 296. An excellent analysis of Deschamps' life, work, and opinions may be found in this long essay by Queux's editorial successor. Ballads discussed here are in II, 214-26, 226-35. See also Kilgour, 64.

442 LOUIS D'ORLÉANS: *Chron. C6;* Jorga, 505; Collars, 143, 296.

443 CAMAL: Evans in notes to Díaz de Gómez, 153. VERSE: q. Mary Duchaux (Darmesteter), *A Short History of France*, 1918, 86.

BURGUNDY VISITS COUCY: Petit, *Itinéraires*, 203; Prost, 475.

BURGUNDY VISITS COUCY: Petit, *Itinéraires*, 203; Prost, 475.

444 RICHARD DESCRIBED: *Vita R. Richardi II*, ed. Hearne, 1729, q. Locke, 110.

HANDKERCHIEF: Hutchison, 239.

446 GRAND BOUTEILLER and PRIVILEGE OF TWO FAIRS: Duplessis, notes, 121; Duchesne, 268-69; Lacaille,"*Vente*,"574-75; DBF, IX, 873. Text of the King's grant in Lépinois, 209-11. ON THE OFFICE OF GRAND BOUTEILLER: Lot & Fawtier, 54.

447 COMPLAINT OF 1388: q. Denifle, 594.

MARKS OF DECLINE: Denifle, 594; Jusserand, 43-44. The Benedictine abbey was St. Nicolas-aux-Bois, diocese of Laon: Denifle, 706.

448 DON PERO NIÑO AT SERIFONTAINE: Díaz de Gómez, 134-38. The host served as Admiral of France from 1397 to 1405, which places the date of the visit about 1405-6.

449 DESCHAMPS' BALLAD ON RAUCOUS EVENING: Queux ed., VII, 253.

ON BALDNESS: Ballade 867. Obscurities in the language of this ballade were elucidated by Prof. Howard Garey of Yale.

BROMYARD ON FOPPERY: q. Owst, 408.

450 DESCHAMPS' AILMENTS, SINS HE CONDEMNED, COMPLAINT OF COURT LIFE: Raynaud in Deschamps, Queux ed., XI, 296-97, 303-5.

COUCY SENDS MESSAGE TO PHILIPPA: Green, 227, from Rymer.

NAMED CAPTAIN OF GUIENNE: KL, XIV, 25.

451 MARCIAL LE VÉRIT: from text of pardon in Douet-d'Arcq.

NOTTINGHAM'S CHALLENGE: text in KL, notes, XIV, 398-99.

452 BOUCICAUT AT ROOSEBEKE: KL, notes, X, 481.

COUCY PROPOSED FROISSART FOR CANONRY AT LILLE: Shears, 55-56.

VERSE ON COUCY AS PATRON: KL, Ia, 345. The meaning of *rouge escaille* was suggested in consultation by Profs. Howard Garey and Harry Miskimin of Yale.

453 COUCY OWNED OLDEST FROISSART MS.: KL, notes, Ib, 224. This copy passed from Coucy's great-granddaughter Jeanne de Bar to the royal library when Louis XI confiscated the books of her husband, Louis of Luxemburg. Listed as ms. II 88 in the Royal Library of Brussels (and as #6941 in the *Catalogue des Mss.* by Van den Gheyn), the copy has the Coucy coat-of-arms on on fo. 16 r.

PETRARCH'S COMPLAINT: *Correspondence*, 28.

BOOKS GIVEN TO COUCY: Lacaille, *thèse*, 117, from Delisle, *Cat. de la librairie du Louvre*, III, nos. 19, 1160.

455 VALENTINA VISCONTI: Chamberlin, 89-91, 109-12; Collas, 48 ORLÉANS HOUSEHOLD: Lacroix, 74-75.

QUEEN'S ENTRY: Both Froissart and the Monk of St. Denis were eyewitnesses.

456 BURGUNDY'S CLOTHES: Vaughan, 43.

ON THE"BED OF JUSTICE": Bapst.

Chapter 22-The Siege of Barbary

458 TREASURY OFFICIALS,"HE HAS HAD TOO MUCH": *Chron. C6*, I, 609.

459 CHARLES VI IN AVIGNON: Froissart; *Chron. C6*, I., Valois, II, 152-54.

460 *Cent Ballades:* Pannier, passim; Raynaud, xxxvi-xlix, li-v, lxiv-viii, 226-27.

BASTARD OF COUCY: La Chesnaye-Desbois.

461 KING'S TOUR OF LANGUEDOC and BÉTIZAC AFFAIR: *Chron. C6*, I; *Chron. Bourbon;* Froissart; Coville, 304-5.

462 GENOESE AMBASSADORS: *Chron. C6*, I, 653; Mirot,"*Politique*,"10.

463 FRESCO IN THE CLOISTER OF CARMES: Vaissète, IV, 396; Sabin Coron-Lesur, unpublished dissertation on the *Couvent des Grands Carmes de Toulouse*, 140-43, supplied through the kindness of Prof. Philippe Wolff of Toulouse. A copy of the fresco, generally known as"The Vow of Charles VI,"exists as an engraving in the Musée Paul Dupuy in Toulouse, and is reproduced in Vaissète, IV, plate XX-C, in G. Lafaille, *Annales de laville de Toulouse*, 1687, I, 143, and in a number of later volumes. Lacking differentiation of faces, it is of little interest.

464 ff. SPANISH MISSION: The Coucy could have gone to Spain in the course of the tour of Languedoc is unlikely by not impossible. The documents show him to have been with the King at Toulouse for the founding of the Ordre de l'Espérance on an unknown date in December, and again (or still) there on January 5 when his signature was added to the King's treaty with the Count of Foix (Vaissète, ed. of 1885, IX, 938-51, X, notes, 125-29; Lacaille, *thèse*, 127-28). He reappeared at Avignon on January 28 to testify in the *Processus* of Pierre de Luxemburg. This allows two intervals-one of unknown length in December and one of 23 days in January-when he might have gone to Barcelona and back, although the time element is very tight. No evidence exists to support Froissart's version of his role in the Anjou-Aragon marriage. According to R. Oliver Bertrand, *Bodas Reales entre Francia y la Corona de Aragon*, Barcelona, 1947, 203, a marriage contract *was* concluded and a dispensation from Clement VII obtained in 1390, but the contract itself was not found. Researches by Richard Famiglietti at the BN and AN and in the published French and Spanish sources, and a search of the documents in the Archivo de la Corona de Aragon at Barcelona (commissioned through the kindness of Prof. J. N. Hillgarth) found no evidence of a journey by Coucy in connection with the Anjou-Aragon marriage.

465 PIERRE DE LUXEMBURG: Baring-Gould, *Lives of the Saints*, VII, 85-88; Jorga, 460-62; Valois, II, 300, 362-66; Huizinga, *Waning*, 179-80. Testimony in the *Processus* for canonization occupies 133 double-column folio pages in *Acta Sanctorum*, Paris, 1863-1940, vol. XXVIII, in which Coucy's testimony appears on pp. 464-65, 468, 472, 476, 488.

467 THE ROYAL VISIT TO DIJON: Petit, *Entrée*, passim; KL, Ia, 556.

468 "FOR THE SOUL'S SALVATION": q. Cartellieri, 29.
COUCY'S FOUNDATION OF CÉLESTIN MONASTERY: Roussel, 19-24.
469 FOIX'S"BOOK OF PRAYERS": Pierre tucoo-Chala, *Gaston Febus*, Pau, 1976, 103.
COUCY'S CHARTER: BN, *Fonds Latins*, 5149, published in Roussel, 193-96, and (in part) in Duplessis, 158-59.
470 ff. THE ENTERPRISE AGAINST BARBARY: *Chron. Bourbon*, 218-57, is the chief primary source, taking precedence in this episode over Froissart (KL, XIV) and *Chron. C6*, I, 650-57 et seq. Secondary accounts: Delaville le Roux, 116-200; Mirot,"*Politique*"; Atiya, *Crusade in Later Middle ages*.
471 BONET ON WAR AGAINST UNBELIEVERS: 126-27.
472 STRATEGY OF ABOU-'L-ABBAS: Ibn-Khaldoun, 118-19.
474 COUCY DISAPPROVES THE CHALLENGE: *Chron. Bourbon*, 233.
477 CHARLES VI VISITS COUCY: Jarry,"*Voie de Fait*,"224.

Chapter 23-In a Dark Wood

478 "WE CAN ENVISION NOTHING FINER": KL, XIV, 280-81. On the *Voie de Fait* in general, froissart and *Chron. C6*, I, continue to be the narrative sources. Valois, II, and Mirot,"*Politique*,"are modern accounts.
479 JEAN GERSON: Morrall, passim.
ON JOAN OF ARC: *CMH*, 810.
PETRARCH ON THE SCHOLASTICS: *Correspondence*, 222-23.
480 ff. GERSON'S OPINIONS: Copleston, 278; Thorndike, IV, 108, 114, 128, ON CURRICULUM FOR SCHOOLS: Gabriel. ON CHILDREN'S SEXUAL HABITS: Ariès, 106-7.
CONTROVERSY OVER *Roman de la Rose:* Bédier & Lazard, 98-99.
481 GERSON,"INTO THE FIRE"; KL, Ia, 221, n. 1.
JEAN DE MONTREUIL AND PIERRE COL: Huizinga, *Warning*, 113-15, 308-9.
482 BONIFACE, SALE OF BENEFICES: Creighton, 116-17. CLEMENT PAWNS TIARA: Coville, 314-15.
WENCESLAS IV: Lindner, II, 170-77; Kamil Krofta,"Bohemia in the 14th Century,"chap. 6 in *CMH;* Jules Zeller, *Les Empereurs du XIVe siècle*, Paris, 1890, 450-52.

483 DRUNKENNESS IN GERMANY: Linder, II, 174. POGROM OF PRAGUE: Baron, IX, 160 ff., 202, 318.

484 CONTROVERSY OVER THE IMMACULATE CONCEPTION: Michelet, ed. of 1840, IV, 57; Creighton, 112.

485 BERNARDINO OF SEINA: q. G. G. Coulton, *Inquisition and Liberty*, London, 1938, 45. WALSINGHAM ON UNBELIEF: q. Jusserand, 224.
CLAMANGES AND GERSON ON IRREVERENCE: q. M. Mollat, *Vie*, 65.

486 BRETHREN OF THE COMMON LIFE: Hyma, passim; Southern, 331-52.

487 GROOTE AND THOMAS A KEMPIS: ibid.

488 *Imitation of Christ* ASCRIBED TO GERSON: Coville, 416-17.
GERSON'S SERMON: Valois, II, 39.5

489 CLEMENT PREPARES FOR ROME: Coville, 302.
THOMAS OF GLOUCESTER: KL, XIV, 314-15, 384; XV, 165, 240.

490 GUY DE BLOIS: KL, XIV, 370; Barante, II, 36-38.

490 COUCY'S ROLE: Jarry, *Orléans*, 85; Lacaille, *thèse*, 138; KL, XVI, 71.

491 PRECAUTIONS TAKEN AT AMIENS: KL, XIV.

492 COUCY AND PHILIPPA: ibid., 378.
BURGUNDY'S LOTHES: Barante, II, 39.

Chapter 24-Danse Macabre

494 ff. THE CRAON-CLISSON AFFAIR: *Chron. C6*, II, 3 ff., and KL, XIV, 316-20, are the basic narrative sources. They are combined in a lively account by Barante, II, 46-55. Modern accounts in Coville, 305; *CMH*, 372; Lefranc, 349-56. Admiral de Vienne's conduct: Lefranc, 356. On Craon personally, see *DBF* and Bio. Index in KL.
CRAON'S ASSASSINATION OF A KNIGHT OF LAON: KL, notes, XV, 362.

495 SECRET CORRESPONDENCE OF THE UNCLES WITH DUKE OF BRITTANY: Sismondi, *Histoire des Français*, Paris, 1828, II, 597.

497 ff. CAMPAIGN AGAINST BRITTANY and THE KING'S MADNESS AT LE MANS: *Chron. C6*, II, 19-25; KL, XV, 40-49; Barante, II, 59-81; Moranvillé, 89, 124-26, 149.

499 GUILLAUME DE HARSIGNY: Edouard Fleury, *Antiquités et monuments du département de l'Aisne*, Paris, 1882, 242-43. Also Mâle.

500 COUCY IN RIVIÈRE'S ARREST: KL, XV, 63-64, and notes, 365; Lefranc, 367.

RECEIVES MERCIER'S PROPERTY: KL, XV, 67; Moranvillé, 158, 161, 163.

501 BURGUNDY AND CLISSION: Lefranc, 365-67.

COUCY REFUSES CONSTABLESHIP: KL, XV, 97.

502 coucy escorts king to liesse: lACAILLE, *thèse*, 142; *DBF*, IX, 873.

HARSIGNY'S EFFIGY: now in the museum at Laon. The inscription reads"*Deo et Nture reddo simplicia. Acta compositi sint Deo Grata*."Allowing for ambiguities of language, the translation could be:"I give back to God and nature my [bodily] elements. May the deeds of the whole [man] be pleasing to God."

503 LADIES HAD TO TURN SIDEWAYS TO PASS THROUGH DOORWAYS: described by Juvenal des Ursins, q. Collas, 75.

COUCY IN SAVOY: Duchesne, 269-70.

CUSTOMS AT SECOND MARRIAGES: M. Mollat, *Vie*, 57.

504 ff. DANCE OF THE SAVAGES: *Chron. C6*, II, 65-71; KL, XV, 77, 85-87, 89-90, 92; *Chron. Valois*, 328; Barante, II, 95-99. Huguet de Guisay's character is from *Chron. C6*.

505 LOUIS' CÉLESTIN CHAPEL: *Chron. C6*, II, 75; Jorga, 506.

505 ff. *Danse Macabre:* Carco; Chaney; Huizinga, *Waning*, 139-41. On origin of the phrase, in addition to the above, *OCFL*. CHURCH OF THE INNOCENTS MURALS: Chaney, from verses and woodcuts in Guyot Marchant's *Danse Macabre*, c. 1485. EFFIGY OF CARDINAL DE LA GRANGE: now in Musée Calvet, Avignon; illustrated in Joseph Girard, *Avignon: ses monuments*, Marseille, 1930. A thorough if pedestrian listing of such effigies with illustrations appears in Kathleen Cohen, *Metamorphosis of a Death Symbol: The Transi Tomb in the Late Middle Ages and Renaissance*, Berkeley, 1974.

506 CEMETERY OF THE INNOCENTS: Mâle, 306; Huizinga, *Waning*, 144; Carco, 29.

507 SEVEN SORROWS OF THE VIRGIN: Mâle, 125. BEAUTIFUL MADONNAS: One of the most characteristic and charming is the statue of the Madonna of the Bird at the church of Notre Dame du Mathuret in Riom in Auvergne.

POPULATION REDUCED BY 50 PERCENT: Russell,"Effects of Pestilence,"470; Carpentier, *AESC*, 1082-83.

508 ff. PESSIMISM: Gower, from *Confessio* Amantis. DATINI: q. Origo, 116. Gerson:

q. Thorndike, *History*, IV, 115. MONK OF CLUNY: q. Coulton, *Life*, I, 2. MÉZIÈRES: q. Coopland ed., I, 255. ROGER BACON: q. Coulton, *Life*, II, 57. DESCHAMPS: q. KL, Ia. 440-41. CHRISTINE DE PISAN: q. ibid.; SAFE-CONDUCTS: from her *Book of Fayttes*, xix. UNIVERSITY SELLING DEGREES: Coville, 395.

509 "VICES OF THE DIFFERENT ORDERS": q. T. Wright, *Political Songs*, I, lxxxiv-vi.

510 NOTARY OF CAHORS: Denifle, 827.
COWER ON WAR: q. Barnie, 123, 121."NO PEACE TILL THEY GIVE BACK CALAIS": q Locke, 95.

511 PARLEY AT LEULINGHEN: *Chron. C6*, II, 77-83; Froissart (who was present), Berners ed., VI, 110-21.

512 THOMAS OF GLOUCESTER: ibid.

513 CHARLES VI'S PERIODS OF MADNESS: *Chron. C6*, II, 87-91, 405, 455; Barante, II, 110-11, 223-24; Collas, 260; Thibault, 222-24.

514 WILLIAM OF HAINAULT: Darmesteter, 38. ON MENTAL ILLNESS: E. Wright, 356.

515 ISABEAU'S CONDUCT: Collas, 297; Thibault, 265, 281, 290, 316."THIS RIDICULOUS TRIBUNAL": Juvenal des Ursins, q. Mazas, IV, 181, Founded in 1400 with the intention of honoring women and cultivating poetry, the *Cour Amoureuse* included one member who was convicted of attempted rape in 1405, and another who kidnapped a *dame d'bonneur* (whom he later married after repudiating his wife). Among other members of all classes were the vocal advocates of the *Roman de la Rose*, Jean de Montruil, and Pierre and Gontier Col. (A. Piaget,"*Cour Amoureuse.*"*Romania*, XX, 447.)

516 MARQUIS DE SADE: see Bibilography. Written in 1813, this was his last book, not published until 1953. Sade claimed to have found at Dijon the transcript of the trial of Louis de Bourdon, the Queen's lover, who revealed under torture her part in the crimes of the reign. Unhampered by the disappearance of the transcript in the destruction of the library by the"Huns of the French Revolution,"the Marquis was able, 40 years after reading it, to write the biography ascribing to Isabeau responsibility for every"drop of blood spilled in this terrible regin."In his version, she prostituted herself to Craon to contrive the attack on Clisson, gave Chales the poisons that caused his madness, arranged for the appearance of the madman in the forest of Mans, planned the fatality of the Dance of the Savages, acted as accomplice in the murder of her

former lover Louis d'Orléans, coupled in the slums with thieves and murderers, poisoned three of her own children, and delivered Joan of Arc to the Inquisition. Sade was a one-cause historian.

516 DUC DE SULLY: q. François Guizot, *Hist. of France*, trans., New York, 1885, III, 9.

Chapter 25-Lost Opportunity

For the effort to end the schism, the death of Clement, the election of Benedict, and his refusal to abdicate, the chief primary source is the Monk of St. Denis (*Chron. C6*, II, 131-317), who was obviously more interested in, and closer to the struggle than Froissart (KL, XIV-XV). Both are supplemented by Valois, II-III; Jarry,"*Voie de Fait*,"523-41; Creighton. Where not otherwise stated, the above are the sources for the events in this chapter that relate to the schism.

517 SPINELLI'S ARGUMENT: q. Chamberlin, 153.

518 COUCY'S MISSION TO AVIGON: KL, XIV, notes, 422-26; Durrieu,"*Adria*,"13-64; Jarry, *Orléans*, 117; Mirot,"*Politiquei*,"527; Lehoux, II, 296.

519 NOBLES FEARED COMMONERS' ARCHERY: *Chron. C6*, II, 131. Also Jean Juvenal des Urisins, q. Fowler, *Plantagenet and Valois*, 177.

520 GERSON'S ORAL DEFENSE: Morrall, 34-36.

COUCY AGAIN IN AVIANON: same sources as above: KL, ibid.; Durrieu, 72-75; Jarry, *Orléans*, 121; Jarry,"*Voie de Fait*,"517; Mirot,"*Politique*,"530-31.

522 NICOLAS DE CLAMANGES: *Ornato*, 16; *DBF* and Michaud, *Biographie universelle*. Text of his address in *Chron. C6*, II, 135 ff.

523 TRANSLATED FOR THE COUNCIL: Jarry,"*Voie de Fait*,"523.

524 "AS THOUGH THE HOLD GHOST": q. Creighton, 129.

400 MILES IN FOUR DAYS: Hay, 363.

525 ff. COUCY'S CAMPAIGN FOR GENOA: The major sources are Jarry's *Orléans*, 134-56, and Delisle's summaries of the documents in the Coll. Bastard d'Estang at the BN, *Fonds fr., nouv. acq.* 3638-9 and 3653-4-5. These contain some three dozen documents covering transactions by Coucy. Payments to him from the crown are in BN, *Peèces originales*, 875, dossier Coucy. Lacaille, *thèse*, 156-94, adds references from Italian sources. Froissart is the source for Coucy holding

conferences with the Genoese outdoors (KL, XV, 221-22). Modern authorities: Jarry,"*Voie de Fait*,"532-37; Mesquita, 157-58; Mirot,"*Politique*,"533-35.

527 VISIT TO PAVIA: BN, Coll. Bastard d'Estang, 231, 234.

528 GIOVANNI DEI GRASSI: Meiss & Kirsch.

BUILDING OF THE CATHEDRAL: Chamberlin, 122-26, 173-75.

529 COUCY'S"WOUNDED LEG"; Jarry, *Orléans*, 161.

532 CLAMANGES GOES OVER TO BENEDICT: Valois, III, 270, n. 4; Creighton, 433-34. Further on this episode: Ornato, 27, 33-41.

533 BENEDICT DIED AT 94: *CMH*, 301.

534 "TO AID AND SUSTAIN"RICHARD 11: q. McKisack, 476, from Rymer, VII, 811.

LOLLARD TWELVE"CONCLUSIONS": Gairdner, I, 43-44.

535 THREATENED TO KILL SIR RICHARD STUDY: Hutchison, 155.

COUCY REFUSED"BECAUSE HE WAS A FRENCHMAN": Froissart, Berners ed., VI, 130.

536 GLOUCESTER, ROBERT THE HERMIT, WALERAN DE ST. POL: ibid., VI, 161-68, 211-12.

537 MARRIAGE OF ISABEL AND RICHARD: Froissart, Berners ed., 224-29. Froissart's statement that the only French lady to accompany Isabel to England was the Dame de Courcy (KL, XV, 306) became Coucy in Lord Berners' translation (VI, 229) and accounts for Mrs. Green's error (228) in identifying this lady, who was later to bring back the news of Richard's deposition, as Coucy's second wife.

Chapter 26-Nicopolis

Apart from Schiltberger's sparse account told 30 years after the even (see p. 554), the primary Western sources for the crusade to Nicopolis are the *Livre des faits du bon messire Jean le Maingre, dit Bouciquaut* (Godefroy ed., pp. 78-104) , written at about the time of the subject's death in 1421 (by an"anonymous cleric"according to OCFL, although Kervyn Lettenhove-XX, 372-be-lieved the author was Christine de Pisan); the Monk of St. Denis (*Chron. C6*, II, 485-519); and Froissart, KL, XV, 218-328, passim. These are the bases for the spirited accounts by Abbé Vertot in the 18th century and Barante in the early 19th. KL's notes add material from Dom Plancher's

Histoire Général de Bourgogne, Dijon, 1739-81. The most thorough modern account and a classic work is Delaville le Roux, *La France en Orient*, Book III, chaps. 1-5, whose wealth of notes fills in a mass of information. Where not otherwise cited, the events in this chapter are drawn from the above sources.

Atiya's *Nicopolis*, usually cited (by English-speaking historians) as the standard work, supposedly draws on an impressive bibliography of Turkish sources, but little evidence of this appears in the text. With minor exceptions, not all of them accurate, this book is not much more than a reworking of Delaville. Rosetti supplies a useful survey from all sources of estimated numbers engaged in the crusade. Savage points up the importance of Coucy's offensive. Tipton contributes an original and valuable investigation of the supposed English role.

540 HALF THE TURKISH ARMY HELD LAND IN EUROPE: Oman, 344.
A *ghazi*,"THE SWORD OF GOD": q. Anthony Luttrell,"The crusade in the 14th century"in Hale, Highfield & Smalley, 139.

541 A FORD OF THE DANUBE AT NICOPOLIS: Kousev, 70. This does not seem to jibe with accounts of fugitives of the battle drowning in attempts to swim across.
BAJAZET ANSWERED WITHOUT WORDS: Hammer, 323.

542 SIGISMUND,"YOU BOHEMIAN PIG!": Otto Zarek, *The History of Hungary*, trans., London, 1939, 182.
BONE OF ST. ELIZABETH: q. Wylie, II, 432, n. 4.
AT PARLEMENT OF PARIS: Douet-d'Arcq, I, 382.

544 MÉZIÈRES' ORDER OF THE PASSION: Kilgour, 148-62.

546 JEAN DE NEVERS, APPEARANCE: Michelet, IV, 45; Calmette, 57-58.

548 EQUIPMENT: David, 37, from Plancher, *Bourgogne*, III, 149.

549 SUPPOSED ENGLISH PARTICIPATION: The evidence refuting it has been effectively presented by Tipton, leading to his conclusion,"No Englishman whatsoever can be identified as positively among the crusading army,"533.

550 "THEY GO LIKE KINGS": q. Jorga, 489.

551 SALANDER OF VALENTINA: chronicles, and Mesquita, 203; Chamberlin, 176.
GIAN GALEAZZO SUPPOSEDLY INFORMED BAJAZET: KL, XV, 253, 262, 329, 338.

554 ESTIMATE OF NUMBERS: Lot, 456; Rosetti, 633-35.

556 "HOW SEDUCTIVE IS WAR!": Jean de Beuil, *Le Jouvencel*, 2 vols. *SHF*, Paris,

1887, II, 20-21.

557 COUCY'S ATTACK: Wavrin, 149; KL, XV, 314; Savage, 437-40.

561 COUCY SEEN"UNSHAKEN": *Livre des faits*, Godefroy ed., 97.

SIGISMUND,"WE LOST THE DAY": Schiltberger, ed. notes, 109.

562 BAJAZET SWEARS REVENGE: Schiltberger, 4.

Chapter 27-Hung Be the Heavens with Black

Livre des faits...de Boucicaut (godefroy ed., 104-14), Froissart, and *Chron. C6*, II, continue to be the main primary sosurces. It may be assumed that these and Delaville le Roux, chaps. 6-9, are the sources for material not otherwise cited.

564 MARCH OF THE PRISONERS: from the account of Geoffrey Maupoivre in Delaville,"*Le Legs d'Enguerrand VII*"(Bibliog. I, B).

565 COUCY'S MIRACLE: ibid.

566 "FORTUNATE TO BE IN A WORLD": KL, XV, 334.

567 DESCHAMPS ON FUNDERALS: Queux ed., VIII, 85-86.

DAME DE COUCY WRITES TO DOGE: XV, 426. ORLÉANS' MESSENGERS: Mangin, 45-46, 52-54; BN, *Fonds fr., nouv. acq.* 3638-9, nos. 268-9, 308, 456.

GIFTS FOR BAJAZET: Barante, II, 201; Jarry, *Orléans*, 185-86.

568 DESCHAMPS,"MONEY!": q. Gustave Masson, *Story of Medieval France*, 1888.

569 L'ALOUËTE: 182.

ANONYMOUS POEM ON TWELVE AGES: q. Mâle, 303-4.

570 NICHOLAS OF AENOS: *Livre des faits*, q. Atiya, *Nicopolis*, 105.

COUCY'S WILL: published in *Testaments enregistrés au parlement de Paris sous le règne de Charles VI*, ed. A. Tuetey, in *Documents inédits, Mélanges historiques, nouv. série*, Paris, Imp. nat., 1858, III, 39-44.

571 COUCY'S DEATH: The assumption made by some historians that he died alone, the Sulatn having moved on, taking the prisoners with him and leaving Coucy behind because he was too ill to travel, cannot be reconciled with the eight signatures to his will. The Sultan and French prisoners did indeed move on to Mikalidsch, two days' journey from Brusa, where Burgundy's envoy Guillaume de l'Aigle met them, supposedly in January. Either that date is an eoor or the prisoners must have returned to Brusa-perhaps because of Coucy's imminent death-in time to sign the will.

"REFINED AND BARBARIC": Lefranc, Intro., x.

572 "SEIGNEUR OF MOST MERIT": *Livre des faits*, Godefroy, 2nd ed., The Hague, 1711, 81.

572 RETURN OF COUCY'S REMAINS: Duplessis, 103. DAME DE COUCY: Godefroy, 1620, 106. FUNERAL: KL, XV, 357, 437; XVI, 31. TOMB: destroyed (presumably) in the destruction of Nogent-sous-Coucy; the plaque from Ste. Trinité is now in the museum of Soissons. DESCHAMPS' DIRGE: Queux ed., Ballad 1366.

573 ff. RANSOM AND RETURN OF THE PRISONERS: In addition to the sources at the head of the chapter, Vaughan, 71-77. BURGUNDY'S GIFTS MISFIRED: Bavyn ms., *Mémoires du voiage fait en Hongrie par Jean dit Sans-Peur, Comte de Nevers*, q. Atiya, *Nocopolis*, 103. BURGUNDY'S BOOKS BOUGHT FROM DINO RAPONDI: Durrieu, *Mss. de luxe*, 163, and Putnam, 275.

575 TOURNAI EXPECTED A PARDON: Delaville, 320, n. 2.

576 *Epistre Lamentable:* Jorga, 500-503; also reprinted as anonymous in KL, XVI, 444-523. BONET'S SATIRE: q. Kilgour, 158-60, 172-73.

Quatre Valois: Chron. 4 Valois, 187, 192.

577 BAJAZET IN WAGON WITH BARS: On this famously disputed question, Gibbon (VI, 370-84) cites French, Italian, Turkish, and Greek sources to refute the claim of Persian historians that the story is a fable reflecting"vulgar credulity."Gibbon's editors (Milman, Guizot, Wenck, and Smith) accept the explanation of Von Hammer that the so-called iron cage was a mistranslation of the Turkish word *bafe* meaning a covered litter, in this case covered by a latticework made of iron. See also F. Schevill, *History of the Balkan Peninsula*, New York, 1922, 190.

COUCY'S"MANY FINE PONDS": as described in the suit brought by Robert de Bar, q. Lacaille,"*Vente*,"594. FAMILY LITIGATION: ibid.

578 PROPOSED MARRIAGE TO STEPHEN OF BAVARIA: originating in *Chron. C6*, II, 765, the erroneous statement that the marriage was concluded was repeated by Duchesne and Duplessis and others down the line until corrected by Thibault, 355. SALE OF THE PROPERTY TO ORLÉANS: Lacaille,"*Vente*,"574-87; Jarry, *Orléans*, 239-42, 311.

Epilogue

583 ORLÉANIST MANIFESTO, SUNK IN CRIME AND SIN: q. Enid McLeod, *Charles d'Orléans*, New York, 1970, 63.

AGINCOURT: Wylie, II, 108-230. An eyewitness account of the battle from the *Chronicle* of Jehan de Wavrin is quoted in Allmand, 107-11.

584 HEAVY ARMOR AND HEART FAILURE: Oman, 377.

587 "FORESTS CAME BACK WITH THE ENGLISH": q. Evans, *Life*, 141. DESOLATION OF PICARDY AND STARVING WOMAN OF ABBEVILLE: Lestocquoy, 47-48. COUCY DELIVERED TO THE ENEMY: Antoine d'Asti, q. Dufour, 51.

REALISTIC HORRORS ON STAGE: Cohen, 149, 267.

588 CONGEALING OF CHARITY: Mâle, 440.

591 HUSSITE"MOVING FORT": Oman.

592 POPULATION, ROUEN: Cheyney, 166. SCHLESWIG: Heers, 106.

592 THOMAS BASIN: *Histoire de Charles VII*, ed. Charles Samaran, Paris, 1933, I, 87, q. Fowler, *Plantagenet and Valois*, 150-51.

593 CASTILLON: ibid., q. Allmand, 11-13.

594 TURKS' SIEGE TRAIN: Oman, 357-58.

VICTOR HUGO: q. Mâle, 295.

595 COUCY LINEAGE: La Chesnaye-Desbois; Anselme, V, 243, VII, 566; *L'Art de vérifier*, 243; Melleville, 20. PERCEVAL HAD NO HEIRS: Duplessis, 107.

FATE OF THE CASTLE AND MONASTERY: Duchesne, 672; *L'Art de vérifier*, 219; Dufour, 21, n. 1; Viollet-le-Duc, *Coucy*, 30-31; Roussel, 42.

596 RUPPRECHT OF BAVARIA: His intervention was related by him to Friedrich P. Reck-Malleczewen, *Diary of a Man in Despair*, trans., New York, 1970, 196. LUDENDORFF'S 28 TONS OF DYNAMITE: *Histoire de Coucy*, pamphlet of Ass'n ... Coucy-le-Château, by R. Leray, J. Vian, and H. Crepin.

遠方之鏡
動盪不安的十四世紀

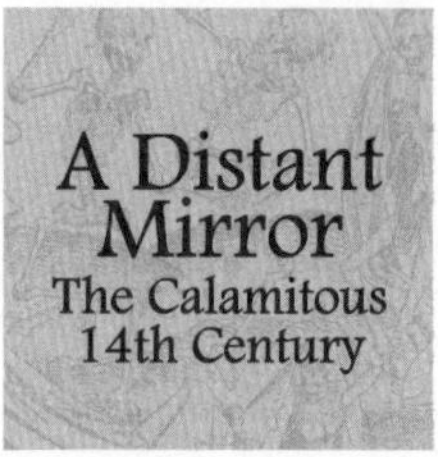

作　　者　芭芭拉・塔克曼(Barbara W. Tuchman)
譯　　者　邵文實
責任編輯　沈昭明

社　　長　郭重興
發行人暨出版總監　曾大福
出　　版　廣場出版
發　　行　遠足文化出版事業股份有限公司
　　　　　231新北市新店區民權路108-2號9樓
電　　話　(02)2218-1417
傳　　真　(02)8667-1851
客服專線　0800-221-029
E-Mail　service@bookrep.com.tw
網　　站　http://www.bookrep.com.tw/newsino/index.asp
法律顧問　華洋國際專利商標事務所 蘇文生律師
印　　刷　前進彩藝股份有限公司
四版一刷　2018年3月
定　　價　800元

遠方之鏡：動盪不安的十四世紀 / 芭芭拉・塔克曼(Barbara W. Tuchman)作;
邵文實譯. -- 初版. -- 新北市：
廣場出版：遠足文化發行, 2018.03　　832面；　公分
譯自：A distant mirror : the calamitous 14th century
ISBN 978-986-95325-6-3(平裝)

1.貴族階級 2.法國史 3.中世紀
742.23　　107000630